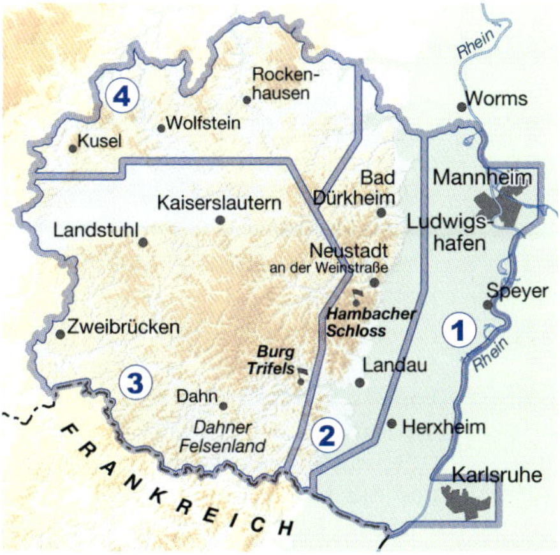
Rhein
Rocken-
hausen
Worms
4
Wolfstein
Kusel
Bad
Dürkheim
Mannheim
Kaiserslautern
Ludwigs-
hafen
Landstuhl
Neustadt
an der Weinstraße
Speyer
Hambacher
Schloss
Zweibrücken
1
Rhein
Burg
Trifels
Landau
3
Dahn
Dahner
Felsenland
2
Herxheim
Karlsruhe
FRANKREICH

Unterwegs mit

Stefanie und Ansgar Schmitz-Veltin

Stefanie Schmitz-Veltin, geboren 1977 in Ludwigshafen am Rhein, aufgewachsen in Karlsruhe, und Ansgar Schmitz-Veltin, geboren 1976 in der Schweiz, aufgewachsen am Bodensee, studierten Geografie in Mannheim und Heidelberg. Heute leben sie gemeinsam mit ihren Kindern in Stuttgart. Neben dem Pfalz-Führer im Michael Müller Verlag haben sie jeweils an verschiedenen Veröffentlichungen mitgewirkt, insbesondere zur Regionalentwicklung und -geschichte der Pfalz sowie zu den Folgen des demografischen und gesellschaftlichen Wandels in Städten und Regionen.

Schon während des Geografie-Studiums in Mannheim wurde uns klar, dass diese Region eine ganz besondere war: lebensfroh und einladend, innovativ und historisch bedeutsam, landschaftlich reizvoll und touristisch beliebt. An unzähligen Wochenenden entdeckten wir zusammen immer wieder Neues und Altbekanntes neu, einzig einen passenden Reiseführer zur Pfalz suchten wir vergebens. Und so entschieden wir uns nach Abschluss des Studiums, selbst einen solchen zu schreiben.

Schnell erwies sich der Michael Müller Verlag als passender Partner für das Buch, das neben touristischen Klassikern auch unsere persönlichen Vorlieben widerspiegelt und versucht, die Landschaft und ihre Kultur, die Orte mit ihren Sehenswürdigkeiten und das große Angebot an gastronomischen Betrieben ehrlich und anschaulich zu beschreiben.

Nach einem mehrjährigen Zwischenstopp in Bad Dürkheim leben wir inzwischen in Stuttgart. Die Fahrten in die Pfalz sind jedoch nach wie vor Höhepunkte in unserem Kalender. Ein Bummel durch die lebendige und vielseitige Domstadt Speyer, klare Herbsttage an der Weinstraße, die Aussicht von der Madenburg über die Weite der Oberrheinebene, sonnige Südhänge mit mediterran anmutendem Kiefernduft und ein feines Glas Pfälzer Wein: Immer wieder kommen wir gerne in die Pfalz – nicht nur zum Recherchieren.

Was haben Sie entdeckt?

Haben Sie ein besonderes Restaurant, ein neues Museum oder ein nettes Hotel entdeckt? Wenn Sie Ergänzungen, Verbesserungen oder Tipps zum Buch haben, lassen Sie es uns bitte wissen!

Schreiben Sie an: Stefanie und Ansgar Schmitz-Veltin, Stichwort „Pfalz“
c/o Michael Müller Verlag GmbH | Gerberei 19 | D – 91054 Erlangen
ansgar.schmitz-veltin@michael-mueller-verlag.de

Pfalz

Stefanie und Ansgar Schmitz-Veltin

6. komplett überarbeitete und aktualisierte Auflage 2024

Inhalt

Das größte zusammenhängende Waldgebiet Deutschlands ist nicht nur für Luchse und Wildschweine ein Paradies. Auch Wanderer und Mountainbiker schätzen die von markanten roten Felsen durchzogenen Bergrücken.

Der markante Donnersberg lud die Kelten zum Siedeln ein, heute kommen Besucher und genießen die weite Aussicht. Nach Westen wird es ruhig – die Straßen ziehen sich durch gewundene Täler und über offene Höhenzüge.

Nachlesen & Nachschlagen ▪ 282

Verzeichnisse ▪ 314

Was haben Sie entdeckt?

Haben Sie ein besonderes Restaurant, ein neues Museum oder ein nettes Hotel entdeckt? Wenn Sie Ergänzungen, Verbesserungen oder Tipps zum Buch haben, lassen Sie es uns bitte wissen!

Schreiben Sie an: Stefanie und Ansgar Schmitz-Veltin, Stichwort „Pfalz“
c/o Michael Müller Verlag GmbH | Gerberei 19 | D – 91054 Erlangen
ansgar.schmitz-veltin@michael-mueller-verlag.de

Preise Übernachten
(DZ inkl. Frühstück in der Hauptsaison)

€	bis 90 Euro
€€	90–140 Euro
€€€	140–200 Euro
€€€€	über 200 Euro

Preise Essen
(ein Hauptgericht)

€	bis 13 Euro
€€	13–27 Euro
€€€	27–45 Euro
€€€€	über 45 Euro

nachhaltig, ökologisch, regional

Mein Tipp Die besondere Empfehlung unserer Autoren

Radfahren und Wandern in der Pfalz

→ Übersichtskarte ▪ Umschlagklappe hinten

GPS-kartierte Radtouren und Wanderungen sind mit dem Symbol GPS gekennzeichnet. Download der GPS-Tracks inkl. Waypoints unter mmv.me/50865

Rote Reben an der Weinstraße

Orientiert

in der Pfalz

Die Region im Profil

Die Pfalz ist ...

Zwischen dem Rhein im Osten und dem Saarland im Westen erstreckt sich eine faszinierende Kulturlandschaft. Vor allem die Deutsche Weinstraße, die sich entlang des Pfälzerwaldes von der französischen Grenze im Süden bis nach Rheinhessen im Norden erstreckt, ist inzwischen ein wahrer Tourismusmagnet. Rund 5 Mio. Übernachtungen wurden hier vor Corona jährlich gezählt.

Größte Stadt der Pfalz ist Ludwigshafen mit etwas über 170.000 Einwohnern. Mit deutlichem Abstand folgen Kaiserslautern (knapp 100.000 Einw.), Neustadt an der Weinstraße (ca. 53.000 Einw.) und Speyer (ca. 51.000 Einw.).

... eines der wichtigsten Weinbaugebiete Deutschlands.

Von den meisten Menschen wird die Pfalz zu allererst mit dem Wein in Verbindung gebracht. Das liegt nicht nur daran, dass auf den sanft gewellten Hügeln schon seit Römerzeiten Wein angebaut wird und die Rebstöcke entlang der Weinstraße rund ein Viertel der gesamten deutschen Weinbaufläche bedecken. Der Wein ist für die Pfalz mehr als eine wirtschaftliche Basis – er prägt Landschaft und Kultur gleichermaßen. Wer einmal einen Abend auf einem der zahlreichen Feste entlang der Weinstraße verbracht und seinen Wein aus einem einen halben Liter fassenden Schoppenglas getrunken hat, der wird verstehen, warum Pfälzer und Pfalz ohne Wein undenkbar sind. Dass es bei Wein jedoch nicht nur auf die Mengen ankommt, sondern auch auf die Qualität, hat man inzwischen vielerorts erkannt. Das Ansehen des einst in Verruf geratenen Pfälzer Weins hat seit den 1990er-Jahren eine unglaubliche Wendung genommen: Durch innovative Ideen, Ertragssenkungen in den Weinbergen und konsequente Kellerarbeit erarbeiteten sich zahlreiche, meist junge Winzer nach und nach einen ausgezeichneten Ruf und etliche Auszeichnungen. Pfälzer Weine und Weinbaubetriebe gehören nicht nur zu den besten Deutschlands, sondern spielen auch international eine immer größere Rolle.

... eine Genusslandschaft.

Was wäre ein guter Wein ohne entsprechendes Essen? So oder so ähnlich muss die Grundüberlegung der Gastronomen lauten, die darum bemüht sind, aus der für ihren deftigen Saumagen und die groben Bratwürste bekannten Pfalz eine Gourmetlandschaft zu machen. Vielleicht ist es die Nähe zu Frankreich, die in den letzten Jahrzehnten zahlreiche gute Restaurants hat entstehen lassen. Auffällig an der Pfälzer Gastronomie ist, dass neben hochdekorierten Sternerestaurants auch viele der „ganz normalen" Dorfgasthöfe sogar Gourmets überzeugen. Überregional bekannt ist das Pfälzer Essen spätestens seit den 1980er-Jahren, als der damalige Bundeskanzler Helmut Kohl Staatsgäste aus aller Welt in das kleine Städtchen Deidesheim an der Weinstraße einlud. Bis heute ist der Ort ein gutes Ziel für Freunde der gehobenen Gastronomie.

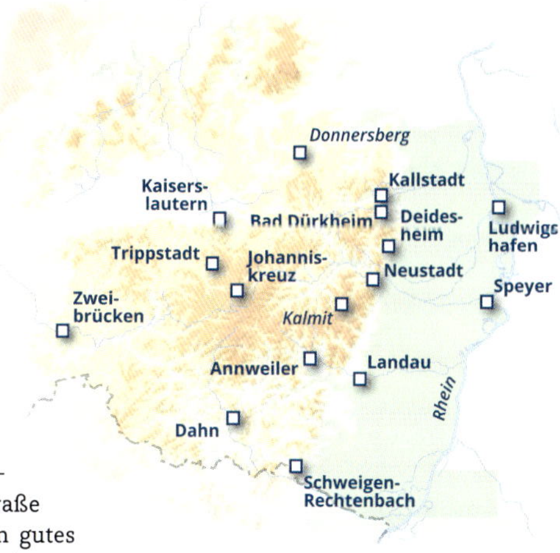

... eine lebendige Kulturlandschaft.

Die Burgen des Pfälzerwaldes, von denen aus vor tausend Jahren nicht nur die Pfalz, sondern weite Teile des deutschen Kaiserreiches regiert wurden, sind bis heute eindrucksvolle Zeugen einer lebendigen Geschichte: Der Trifels bei Annweiler war einst Sitz der Könige und Kaiser des Heiligen Römischen Reiches, der imposante Speyerer Dom ist eines der größten erhaltenen romanischen Bauwerke und steht seit 1981 auf der Liste des UNESCO-Weltkulturerbes, das Hambacher Schloss in Neustadt ist das meistbesuchte Ausflugsziel der Pfalz und gilt bis heute als Wiege der deutschen Demokratie. Deutlich älter indes sind die Relikte der Kelten, die auf dem Donnersberg, der mit 687 m höchsten Erhebung der Pfalz, einst eine riesige Stadtanlage errichteten. Bis heute prägend sind vor allem die Spuren der Römer: Sie bauten Straßen und Häuser und brachten der Region den Wein. Bei Kallstadt kann man die gut erhaltenen Überreste einer römischen Weinkelter sehen, in der einst in Tretkeltern mithilfe der Füße Traubenmost aus Früchten gepresst wurde.

... ein idealer Ort für Aktivitäten im Freien.

Der Pfälzerwald ist mit 1600 km2 das größte zusammenhängende Waldgebiet Deutschlands. Tausende Kilometer gut markierter Wanderwege durchziehen ihn. Auf schmalen Pfaden führen diese vorbei an Felsen und Burgruinen. Und weil Geselligkeit in der Pfalz eine große Rolle spielt, ist es meist nicht weit bis zu einer der über hundert Hütten, in denen Weinschorlen und Hausmannskost auf die hungrigen Wanderer warten. In den vergangenen Jahren hat die Beliebtheit des Pfälzerwaldes auch bei Rennradfahrern und Mountainbikern merklich zugenommen. Für beide gibt es rund um Trippstadt und Johanniskreuz ausgeschilderte abwechslungsreiche Routen. Die Kalmit, mit 673 m der höchste Gipfel des Pfälzerwaldes, gilt als eines der beliebtesten Ziele für Rennradfahrer. Aber auch zum Klettern, Trekking, Nordic Walking, Gleitschirmfliegen und Wanderreiten bietet die Landschaft genügend Möglichkeiten. Allein vom gemütlichen Bärenbrunnerhof im südlichen Pfälzerwald aus sind unzählige Kletterfelsen zu erreichen.

Wo Könige und Ritter lebten

Burgen

Die Pfalz war ein Land der Burgen. Heute sind zwar nur noch Ruinen zu bestaunen, diese jedoch vermitteln nach wie vor ein imposantes Bild einer Zeit, in der von hier aus weite Teile des Landes regiert wurden.

Von den einst rund 500 Burgen zwischen Rhein und Pfälzerwald sind heute nur wenige gut erhalten, Überresten von ihnen begegnet man in der Region jedoch auf Schritt und Tritt: Rund 50 ehemalige Burganlagen lassen sich in Form von Ruinen bis heute besichtigen und erkunden.

Ruine Drachenfels – die Burg für Mutige

Hier sind Kletterkünste gefragt. Optisch ist die in einem steilen Felssporn wohl im 13. Jh. erbaute, stark verfallene Burg weniger beeindruckend, ihr wahrer Reiz offenbart sich beim Erklimmen der steilen Felstreppen und Leitern. → S. 215

Altdahn – 3 in 1

Die Dahner Burgengruppe besteht aus den Ruinen dreier Burgen: Altdahn, Grafendahn und Tanstein. Die dort mit ihren Familien lebenden Dahner Ritter verpflichteten sich in einem Burgfrieden, Dahn und die umliegenden Höfe gemeinschaftlich gegen Feinde zu verteidigen. Die Anlagen der Dreierburg, deren älteste Teile um 1100 errichtet wurden, lassen sich ausführlich erkunden. → S. 209

Hardenburg – großflächig und erhaben

Im 16. Jh. wurde die einstige Burg zu einer trutzigen Renaissance-Residenz der Grafen von Leinigen ausgebaut. Bis heute können hier mächtige Mauern, dunkle Verliese und großzügige Gartenanlagen besichtigt werden. Die Hardenburg gilt als eine der größten Burganlagen der Pfalz. Eine kleine Dauerausstellung zur Geschichte der Anlage komplettiert den Besuch. → S. 107

Madenburg – am Balkon der Haardt

Ein kleiner Spaziergang durch den dichten Laubwald führt die Besucher auf die stattliche Madenburg. Von der spätestens im 11. Jh. errichteten Anlage bietet sich ein toller Blick über die

Rheinebene. Die sanften Hügel rund um die südliche Weinstraße liegen einem regelrecht zu Füßen. → S. 184

Trifels – Richard Löwenherz' Zwangsaufenthalt

Die auf einem steilen Sandsteinfelsen errichtete Burg ist einer der historischen Höhepunkte der Pfalz. Im 12. und 13. Jh. war der Trifels Reichsburg und Eckpfeiler der kaiserlichen Macht. Dass nicht alle Könige freiwillig hier waren, zeigt das Beispiel des englischen Königs Richard Löwenherz. Auf dem Rückweg von einem Kreuzzug geriet er 1192 in Gefangenschaft und musste einige Monate unfreiwillig in der Pfalz verbringen. → S. 204

Hambacher Schloss – Wiege der Demokratie

Das bei Neustadt unübersehbar über der Weinstraße thronende Schloss wurde im 19. Jh. zu einem Zentrum der deutschen Demokratiebewegung. Das Bauwerk selbst ruht auf den Grundmauern der Kästenburg, die hier im 10. Jh. errichtet wurde. Im Spätmittelalter war die Burg bevorzugter Aufenthaltsort der Speyerer Bischöfe. → S. 138

Heidenlöcher – mit Fantasie in die Vergangenheit

Passiert man die Ebene oberhalb von Deidesheim flüchtig, könnte man die dort herumliegenden Steine für Felsen halten. Schaut man etwas genauer hin, sind Wege, Wände und Hauseingänge zu entdecken – das Kopfkino startet und man fragt sich, wer wohl die Menschen waren, die hier vor 1000 Jahren Schutz suchten. → S. 128

Lichtenberg – eine Burg im Heute

In der Ruine der einst ausladenden Burg Lichtenberg ist nach umfangreichen Baumaßnahmen ein Burgrestaurant, eine Jugendherberge, ein Heimatkundemuseum und das Urweltmuseum Geoskop beheimatet. Hier kann man auch bei schlechterem Wetter vieles entdecken. → S. 280

Berwartstein – lebendige Geschichte

Bei der Führung durch die zum Teil möblierten Räume wird die Vergangenheit der Burg anschaulich und lebendig vermittelt. Gewissenhafte Historiker und Denkmalschützer schütteln vielleicht hin und wieder den Kopf, aber die emotionale Reise in die spannende Zeit der Raubritter gelingt hier vorzüglich. → S. 217

Qualität auf dem Vormarsch

Wein

Die Pfalz ist Weinland. Bier spielt in der Vermarktung von Festen und der Gastronomie kaum eine Rolle. Die Rolle des Weins hingegen ist kaum zu überschätzen. Alles dreht sich um den vergorenen Traubensaft in vielen Abstufungen, von günstig bis hochpreisig, von einfach bis intensiv-raffiniert.

Im Verband Deutscher Prädikats- und Qualitätsweingüter e. V. (VDP) sind rund 200 Weingüter in ganz Deutschland Mitglied, viele davon liegen in der Pfalz. Der Verband setzt sich für verbindliche Qualitätsstandards und für die ökologische Bewirtschaftung der Weinberge ein.

Große Namen

Weingut Knipser: Auf ihrem seit 1850 bestehenden VDP-Weingut in Laumersheim baut die Familie Knipser heimische wie internationale Rebsorten an und kreiert hieraus exzellente, meist trockene Weine auf höchstem Niveau. Dies brachte ihnen unter anderem schon mehrfach den Deutschen Rotweinpreis des Fachmagazins „Vinum" ein. → S. 92

Weingut Fitz-Ritter: In dem von einem üppig bewachsenen Garten umgebenen klassizistischen Gutshaus in Bad Dürkheim werden bereits seit 1795 Weine und Sekte in der nun neunten Generation produziert. Die Sektkellerei gilt damit als die älteste der Pfalz. Seine rund 25 ha Rebflächen bewirtschaftet das VDP-Weingut ökologisch. → S. 109

Deidesheimer Weingüter: Geheimer Rat Dr. von Bassermann-Jordan, Reichsrat von Buhl und von Winning: Mit der Gründung des Weinguts Jordan wurde 1713 der Grundstein für gleich drei der heute wohl bekanntesten Weingüter der Pfalz gelegt. Mitte des 19. Jahrhunderts wurde das Gut dann auf drei Erben aufgeteilt. Während der Sohn das elterliche Weingut weiterführte, gründeten die beiden Schwestern zusammen mit ihren Ehepartnern jeweils eigene Güter. Heute befinden sich die drei bekannten Häuser „Geheimer Rat Dr. von Bassermann-Jordan", „Reichsrat von Buhl" und „von Winning" wieder in der Hand einer Familie. Alle drei Weingüter sind Mitglied im VDP, zu dessen Gründungsvätern der umtriebige Friedrich von Bassermann-Jordan gehörte. → S. 125

Weingut Dr. Bürklin-Wolf: Eines der renommiertesten Weingüter der Mittelhaardt. Der Gault Millau spricht gar vom „vermutlich komplettesten Rieslingweingut der Welt!". Das VDP-Wein gut wird ökologisch bewirtschaftet, u. a. mithilfe von zwei gutseigenen Pferden. → S. 120

Junge Winzer

Weingut Meyer: Seit Andreas Meyer in das elterliche Weingut eingestiegen ist, gelingen ihm immer wieder tolle Weine, sodass er bereits einige Auszeichnungen sammeln konnte. 2019 galt er im Bereich Riesling als „Entdeckung des Jahres". Wunderbar ist ein Besuch auf dem Weingut. Zunächst unscheinbar, ist die moderne Weinbar dann ein Genuss für Mund, Nase und Augen. → S. 190

Weingut Gaul: Zwei Schwestern, außergewöhnlich gute Weine und ein markanter Cortenstahl-Kubus – das Weingut in Sausenheim hat viele Besonderheiten. Die Renner des Weinguts sind hingegen Klassiker der Pfalz: Auszeichnungen gab es häufig für Rieslinge, aber auch der Weiße Burgunder der Schwestern wird oft gelobt. → S. 90

Weingut Jülg: Ganz im Süden der Weinstraße nahe an der Grenze zu Frankreich vereint Johannes Jülg das Beste aus beiden Ländern. Als sein Großvater das Weingut Anfang der 1960er-Jahre gründete, galt er mit seinem Qualitätsanspruch noch als Exot. Doch schon damals legte er den Grundstein für die ausdrucksstarken Weine, die sein Enkel hier heute herstellt. → S. 196

Gemeinsam stark

Winzergenossenschaft Vier Jahreszeiten: Wenn sich Winzer zusammentun und dabei die Qualität ihrer Produkte stets hochhalten, folgen Preise wie „Winzergenossenschaft des Jahres 2019". Für den Kunden ist der Einkauf hier toll und mühsam zugleich, da die Weinliste eine unglaubliche Bandbreite hat. → S. 109

Winzergenossenschaft Herxheim am Berg: Mit Weitsicht über die komplette Rheinebene besticht die am höchsten Punkt der Weinstraße gelegene Genossenschaft. Aber auch mit hervorragenden Weinen zu äußerst fairen Preisen. → S. 96

Weinbars und Vinotheken

Weinbar Magnum 44: Die moderne Weinbar in altehrwürdigen Gemäuern mit wunderbarer Terrasse liegt inmitten der Weinberge. Serviert werden Weine des Weinguts Heinrich Spindler – dazu Tapas, Bowls und Pinsa. Was will man mehr? → S. 121

Vinothek Par-Terre: Wer das breite Angebot verschiedenster Pfälzer Winzer kennenlernen möchte, ist in der modern-eleganten Vinothek auf dem Gelände der ehemaligen Landesgartenschau in Landau genau richtig aufgehoben. → S. 179

Durch Wald und Reben

Wandern

Wandern gehört zur Pfalz wie Wein und Burgen. Ob einsam durch das größte zusammenhängende Waldgebiet Deutschlands oder belebt und gesellig entlang der Weinstraße, ob genüsslich in der Ebene oder über die Gipfel des Pfälzerwalds – bei der riesigen Auswahl an Touren ist für alle etwas dabei. Viele Touren sind mit speziellen Markierungen vor Ort gut ausgeschildert.

Smartphone-unterstützt wandern kann man u. a. mit den folgenden zwei Apps:

- „Rheinland-Pfalz erleben"
- „Wanderfit in der Pfalz"

Beide sind kostenlos bei Google Play und im App Store erhältlich.

Wanderungen zwischen Wald und Reben

Von der Weinstraße bei Deidesheim aus führt die rund 12 km lange Tour über die Heidenlöcher – die Ruine einer Fliehburg, in der die Bevölkerung im frühen Mittelalter Schutz vor den Feldzügen der Normannen suchte – auf den 516 m hohen Eckkopf. → S. 128

Gut mit dem ÖPNV lässt sich die Streckenwanderung von Deidesheim nach Neustadt kombinieren. Durch idyllische Dörfer, aussichtsreiche Weinberge und schmale Waldpfade verläuft die knapp 15 km lange Route. Zahlreiche Bänke, Weinstuben und Hütten laden zur Rast ein. → S. 129

Die Kalmit ist mit 673 m die höchste Erhebung des Pfälzerwalds. Der Gipfel lässt sich bis auf die letzten Höhenmeter zwar auch mit dem Auto erreichen. Stilvoller aber ist es, ihn zu erwandern. Auf der knapp 14 km langen Runde erlebt man nicht nur die tolle Aussicht vom Gipfel auf das unterhalb gelegene Felsenmeer, sondern mit der Totenkopfhütte und der Hellerhütte auch zwei typische Hütten des Pfälzerwald-Vereins. → S. 148

Die 15 km lange Wanderung über die Hohe Loog zum Hambacher Schloss gehört zu den Klassikern. Entsprechend voll sind die wunderschönen Pfade über Felsen und durch lichten Kiefernwald. An der Hohen Loog kann man bei Wein und Pfälzer Köstlichkeiten auf der Terrasse sitzen, während die Kinder sich im Wald und auf dem Spielplatz vergnügen. → S. 149

Vom Orensfelsen oberhalb von Frankweiler hat man einen tollen Blick zum Trifels, auf die Rheinebene und hinein in den Pfälzerwald. Der Weg dorthin führt über knapp 13 Kilometer durch Weinberge, lichten Wald und vorbei an klassischen Pfälzerwald-Hütten. → S. 172

Wanderungen im Dahner Felsenland

Der Dahner Felsenpfad gehört zu den Wanderhighlights der Region. Etwas Trittsicherheit ist schon gefragt bei dieser rund 12 km langen Runde. Mehr Felsen auf solch kurzer Strecke geht kaum. → S. 212

Im Grenzgebiet zwischen der Pfalz und dem Elsass lassen sich sieben Burgen an einem Tag erwandern. Einigermaßen in Übung sollte man hierfür jedoch schon sein: 23 km und 1200 Höhenmeter misst die Tour. Entschädigt wird man durch traumhafte Blicke und interessante Burganlagen, die zum Teil nur wenige hundert Meter Luftlinie voneinander entfernt liegen. → S. 223

Vorbei an aussichtsreichen Felsen führt die abwechslungsreiche, 11 km lange Runde von Hauenstein aus durch viel Wald zum Wanderheim „Dicke Eiche". Auf dem Rückweg passiert man den Paddelweiher mit Bootsverleih und Spielplatz. Ausgangs- und Endpunkt der Tour ist das Deutsche Schuhmuseum. → S. 230

Burgen, Täler und Gipfel im Pfälzerwald

Von Trippstadt aus führt die einfache Tour durch die einsame Landschaft des Pfälzerwaldes bis zum Karlstal. Dieses gilt mit seinen romantischen Holzbrücken als eines der schönsten Täler des Pfälzerwalds. Die 10 km lange Runde lässt sich bei Bedarf auch abkürzen. → S. 245

Die 16 km lange Wanderung zur Burg Neuscharfeneck vereint gleich drei Hütten des Pfälzerwald-Vereins und eine sehenswerte Burgruine. Von dieser reicht der Blick über das kleine Städtchen Annweiler hinweg bis zu der wohl bekanntesten Burg der Pfalz: dem Trifels. → S. 203

Westlich von Bad Dürkheim liegt der Drachenfels, an dem der Sage nach Siegfried mit dem Drachen kämpfte. Von dem langgestreckten Felsen bieten sich herrliche Blicke über die Weiten des Pfälzerwaldes gen Westen. Auf der 11 km langen Runde kann man sich in der einsam gelegenen, aber dennoch bewirtschafteten Hütte Lambertskreuz stärken. → S. 115

Den Kontrast zwischen einsamen Waldpfaden und belebten Wegen am Haardtrand kann man auf der 17 km langen Streckenwanderung von Lambrecht über die Hohe Loog nach Neustadt erleben. Anfangs ist man fast allein auf den Spuren der Tuchmacher unterwegs, ab dem Naturfreundehaus Heidenbrunnental wird es zunehmend belebter. → S. 150

Im nördlichsten Teil des Pfälzerwaldes, dem Stumpfwald, lockt eine ruhige Tour entlang von einigen Seen. Ab dem Campingplatz Pfrimmtal geht es durch den Wald vorbei an größeren und kleineren Woogen, dem einstigen Stumpfwaldgericht und hohen Eisenbahnviadukten. Am hälftig gelegenen Eiswoog kann man prima baden, Boot fahren und gepflegt essen. → S. 272

Familienurlaub

Kinder

Auch für Familien hat die Pfalz jede Menge zu bieten. Abenteuerliche Burgen und zum Klettern einladende Felsen gehören zum Grundrepertoire eines Pfalzurlaubs. Aber auch darüber hinaus gibt es vieles zu entdecken.

Für Kinder bietet die Pfalz viel. Die Wanderhütten haben neben leckerer Traubenschorle tolle Spielplätze zu bieten. Manche sogar mit einen freundlich grüßenden Bären.

Lernen und Experimentieren

Technik-Museum Speyer: Freunde von Autos, Lokomotiven und Flugzeugen kommen hier auf ihre Kosten. Hunderte ausrangierter Fahrzeuge stehen in den Hallen und auf dem Außengelände. Viele Exponate können bestiegen und beklettert werden. Ein Höhepunkt ist eine aufgebockte und in Teilen entkernte Boing 747. → S. 49

Junges Museum Speyer: Im historischen Museum der Pfalz in Speyer finden immer wieder gut gemachte Ausstellungen zur Geschichte der Region statt. Für Kinder gibt es parallel eine eigene Ausstellung, in der sie sich wie Römer oder Ritter verkleiden können und vieles über das Leben unserer Vorfahren lernen. → S. 48

Pirmasens mit Dynamikum: Die Hauptstadt der Südwestpfalz ist mit ihren steilen Straßen architektonisch interessant. Für Kinder gibt es hier vor allem ein Highlight: Im Dynamikum können sie an unzähligen Experimenten physikalische Gesetze erkunden und dabei auch eine Menge über ihren eigenen Körper lernen. → S. 231

Keltendorf am Donnersberg: Das schöne Freilichtmuseum in Steinbach am Fuße des Donnersbergs bietet einen kindgerechten, spannenden Einblick in das Leben der Kelten. → S. 265

Spielen und Nervenkitzel

Holiday-Park: Der große Freizeitpark bei Hassloch hat Angebote für die ganze Familie. Schön gestaltete Fahrgeschäfte für kleine und große Kinder lassen das Herz höherschlagen. Im Eintrittspreis sind (fast) alle Attraktionen inbegriffen. → S. 145

Kurpfalz-Park: Gemütliche Mischung aus Wildpark mit heimischen Tieren und einigen Attraktionen vor allem für kleinere Kinder. Der Park liegt etwas abseits bei Wachenheim im Pfälzerwald. → S. 119

Alla-Hopp-Anlagen: In der Rheinebene und an der Weinstraße sind in den letzten Jahren sechs große, außergewöhnliche Spielplätze entstanden. Sie sind tagsüber für alle offen und teilweise mit Kiosk ausgestattet: Speyer, Rülzheim, Grünstadt, Deidesheim, Edenkoben, Ilbesheim. → S. 161 und 185

Spielplatz am Teufelstisch: Unterhalb des Teufelstischs, einer bizarren Felsformation bei Hinterweidenthal, liegt ein weitläufiger und abwechslungsreicher Spielplatz. Für Begeisterung sorgt vor allem die lange Rutsche am Hang. → S. 227

Natur und Kultur

Barfußpfald Ludwigswinkel: Der Rundweg durch die weiten Wiesen nahe Ludwigswinkel kann je nach Gruppe meditativ-ruhig, mit all dem Matsch und Wasser aber auch feucht-fröhlich ausfallen. Danach noch zur Einkehr in den Landgrafen - ein perfekter Ausflug mit Kindern! → S. 222

Pfalzmuseum für Naturkunde: Nicht spektakulär, aber doch interessant ist das Pfalzmuseum in Bad Dürkheim. Hier gibt es allerlei Wissenswertes über die Natur und Kultur der Pfalz zu erfahren. → S. 108

Wildpark Potzberg: Nicht nur für Kinder ist es ein Erlebnis, wenn die Adler, Geier und Falken im Rahmen der Flugschau ihre Runden über die weitläufige Landschaft drehen. → S. 278

Burgen und Felsen: Die Erkundung der meist gut gesicherten Burgen (z. B. die Burg Drachenfels bei Busenberg) mit ihren Treppen, Türmen, dunklen Gängen und Räumen macht kleineren wie größeren Kindern Spaß. Die Auswahl an dafür geeigneten Zielen ist riesig. Auf dem Weg zu und von den Burgen bietet sich eine Rast auf einer der vielen Hütten des Pfälzerwald-Vereins an. Die Preise sind familienfreundlich und oft gibt es schön ausgestattete Spielplätze.

Auf Schienen

Kuckucksbähnel: Von Neustadt aus zieht eine Dampflokomotive ihre Wagen in das Elmsteiner Tal und zurück. Während des Aufenthalts lassen sich Burgen, der Wald oder ein kleines Museum zur Geschichte der Forstwirtschaft erkunden. → S. 135

Stumpfwaldbahn: Die Stumpfwaldbahn fährt mit offenen Wagen von Ramsen durch den Stumpfwald rund 4 km weit zum Eiswoog im nördlichen Pfälzerwald. Die alten Gruben- und Sägewerkloks mit 600 mm Spurweite stammen allesamt aus der Region. → S. 270

Kalkbergwerk Wolfstein: Jahrhundertelang wurde hier unter Tage Kalk abgebaut. Heute fahren die Besucher mit einem Bähnchen rund 50 m hinein in den kühlen Berg. Auf einer geführten Tour bekommt man Einblicke in die harte Arbeit der Bergleute. → S. 276

Beliebte Ausflugsziele: die Felsen der Südwestpfalz

Unterwegs

in der Pfalz

Die Pfalz am Rhein

Der Pfälzer Rhein ist eine Landschaft der Gegensätze: hier die romantischen Rheinauen mit ihren Seen und Wäldern, dort weitläufige Industrieanlagen und die dazugehörigen Verkehrswege, hier die historischen Blüten vergangener Jahrhunderte, dort die nüchterne Architektur der Moderne. Wo weder Industrie noch Rheinauen sind, da erstrecken sich auf den ertragreichen Lössböden des ebenen Vorderpfälzer Tieflands weitläufige Gemüsefelder.

Seit der Rheinbegradigung von Johann Gottfried Tulla ist die östliche Grenze der Pfalz klar bestimmt, der Rhein kann seinen Lauf und somit die Grenze zu Baden-Württemberg nun nicht mehr in Abhängigkeit vom Wasserstand verändern.

Von Frankenthal bis Ludwigshafen sind die ehemaligen Auenlandschaften des Rheins vorwiegend industriell geprägt. Dominierend ist das Werksgelände der BASF, das sich bis zur Innenstadt von Ludwigshafen erstreckt und der heimlichen Hauptstadt der Pfalz ihre Prägung gibt. In der Dämmerung verbreiten die in ihren Ausmaßen unendlich wirkenden Werkshallen, Kraftwerke und Schornsteine eine ganz besondere Stimmung. Auf der gegenüberliegenden Seite des Rheins befindet sich die einstige kurpfälzische Residenzstadt Mannheim, ein wichtiges Zentrum der Region – wenn auch auf rechtsrheinischer und damit Baden-Württembergischer Seite gelegen. Südlich der Ludwigshafener Häfen wird es gemütlicher: Die hohen Besucherzahlen der Naherholungsgebiete zwischen Altrip und der einladenden Domstadt Speyer sind ein Zeichen für die Beliebtheit der von Seen durchzogenen Landschaft.

Zwischen der Festungsstadt Germersheim und der kleinen Gemeinde Berg im Süden an der französischen Grenze stört nur wenig das ruhige, in vielen Grüntönen gehaltene Bild von kleinen und größeren Dörfern, Baggerseen, Auwäldern, Feldern und Wiesen. Lediglich die Stadt Wörth fällt etwas aus dem Rahmen. Hier haben sich in verkehrsgünstiger Lage Industrieunternehmen und Ölraffinerien angesiedelt, die der Region Arbeitsplätze und Wohlstand bringen.

Aus dem badischen Karlsruhe kommen an den Wochenenden viele Menschen in die Pfalz, fahren Rad durch Bien- oder Auwald, kaufen frisches Obst und Gemüse oder genießen das gute Essen in einem der zahlreichen Restaurants.

Was anschauen?

Speyer: In der lebendigen Universitätsstadt am Rhein steht mit dem Dom nicht nur eines der größten erhaltenen romanischen Bauwerke, das seit 1981 auf der Liste des UNESCO-Weltkulturerbes steht. Die Stadt mit ihren vielen Museen ist auch darüber hinaus kulturell interessant und bietet zahlreiche Cafés und Geschäfte zum Bummeln. **→ S. 44**

Mannheim und Karlsruhe: Die beiden Großstädte am Rhein liegen nicht mehr in der Pfalz. Dennoch sind sie Oberzentren für die gesamte Region und bieten viel Sehenswertes. Beide Städte haben ungewöhnliche Grundrisse: Das Schachbrettmuster der ehemaligen Arbeiterstadt Mannheim führt zu ganz besonderen Straßenbezeichnungen. In Karlsruhe ist alles fächerartig auf das barocke Schloss ausgerichtet. **→ S. 33 und 67**

Rheinauen: Entlang des Rheins und seiner ehemaligen Flussarme ist in den vergangenen 200 Jahren eine abwechslungsreiche Agrar- und Erholungslandschaft entstanden. Im Sommer locken Badeseen wie der Baggersee Schlicht bei Ludwigshafen (→ S. 32) oder im Naherholungsgebiet Johanneswiese bei Jockgrim (→ S. 60).

Herxheim: Große Tabakscheunen sind in vielen Orten der Pfälzer Rheinebene zu finden, in der Region um Herxheim besonders häufig. Auch wenn noch Tabak angebaut wird, stehen die Scheunen meist leer. Im Museum Herxheim wird über die Hintergründe berichtet. Auf der rund 35 km langen Tabaktour lässt sich die Umgebung prima mit dem Rad erkunden. **→ S. 62**

Was unternehmen?

Radfahren: Durch die Rheinauen führen viele schöne Fahrradwege. Ob entlang des Rheinhauptdamms, durch den Auwald oder mit einer der Fähren hinüber auf die badische Seite, den Radfahrmöglichkeiten sind kaum Grenzen gesetzt.

Auf dem Wasser: Gemütlich geht es zu bei Schiffsfahrten auf dem Rhein. Von Karlsruhe oder Speyer aus lassen sich der bedeutende Strom und die ihn begleitenden Altrheinarme mit Ausflugsschiffen bereisen. Wer es beschaulicher mag, der kann von Germersheim aus bei einer geführten Nachenfahrt auf dem Altrhein jede Menge über Natur und Kultur der Rheinauen lernen.

Was sonst noch?

Die Pfalz am Rhein ist eines der größten deutschen Anbaugebiete für Gemüse. Rund 80 % der in Deutschland angebauten Radieschen kommen von den sandig-lehmigen Böden. Vor allem zur Spargel- und Erdbeerzeit gibt es an den Ortsstraßen zahlreiche Verkaufsstände.

Koblenz
Mainz
Frankfurt
Darmstadt
Alzey
Oberhausen a.d.Appel
Gerbach
Kirchheim-bolanden
Dannenfels
687
Donnersberg
Falkenstein
Steinbach a. Donnersberg
Imsbach
Dreisen
Zellertal
Monsheim
Bockenheim
Worms
Bürstadt
Bensheim
Heppenheim
Lampertheim
Bobenheim-Roxheim
Asselheim
Grünstadt
Dirmstein
Laumersheim
Eisenberg
Neuleiningen
Sausenheim
Großkarlbach
Sippersfeld
Ramsen
Wartenberg-Rohrbach
Eiswoog
Battenberg
Weisenheim a. B.
Dackenheim
Lambsheim
Frankenthal
Viernheim
Mannheim
Heddesheim
Alsenborn
Enkenbach
Altleiningen
Freinsheim
Weisenheim am Sand
Studernheim
Isenach
Maxdorf
Leistadt
Kallstadt
Erpolzheim
Rahnfels
516
Bad Dürkheim
Fußgönheim
Ludwigshafen
Ladenburg
Neckar
Kaiserslautern
Hardenburg
Isenach
Gönnheim
Wachenheim
Forst
Drachenfels
571
Deidesheim
Meckenheim
Mutterstadt
Neuhofen
Altrip
Limburgerhof
Waldsee
Eppelheim
Königsbach
Gimmeldingen
Ruppertsberg
Böhl-Iggelheim
Schifferstadt
Lambrecht
554
Weinbiet
Haardt
Mußbach
Elmstein
Speyerbach
Neustadt
Haßloch
Oftersheim
Hambacher Schloss
Kalmit
673
Diedesfeld
Maikammer
Speyer
Speyerbach
Hockenheim
Kesselberg
663
St. Martin
Rhodt
Weyher
Edenkoben
Rheinpfalz
Ramberg
Eußertal
Burrweiler
Hainfeld
Gleisweiler
Frankweiler
Böchingen
Albersweiler
Nußdorf
Lustadt
Zeiskam
Phillipsburg
Sankt Leon-Rot
Waghäusel
Kronau
Rhein
Spirkelbach
Triefels
Birkweiler
Annweiler
Ranschbach
Arzheim
Offenbach
Queich
Knittelsheim
Bellheim
Germersheim
Reitberg
577
Leinsweiler
Landau
Schwanheim
Eschbach
Ilbesheim
Ottersheim
Mörzheim
Silz
Klingenmünster
Göcklingen
Insheim
Herxheim
Rülzheim
Hördt
Vorderweidenthal
Rohrbach
Gleiszellen-Gleishorbach
Rheinzabern
Leimersheim
Pleisweiler-Oberhofen
Kapellen-Drusweiler
Hayna
Neupotz
Erlenbach
Hatzenbühl
Leopoldshafen
Bruchsal
Dörrenbach
Bad Bergzabern
Winden
Jockgrim
Hohe Derst 561
Kandel
Minfeld
Oberotterbach
Rechtenbach
Schweigen
Freckenfeld
Wörth
Steinfeld
Karlsruhe
Weißenburg (Wissembourg)
Bienwald
Hagenbach
Büchelberg
FRANKREICH
Scheibenhardt
Neuburg
Rappenwört
Durlach
Berg
Lauterbourg
Rheinpfalz
5 km
Strasbourg
Stuttgart

Frankenthal

Der Dichter August von Platen schwärmte 1815 über Frankenthal, es sei ein „gar so schön gebautes Städtchen", eines der schönsten in der ganzen Pfalz. Die Industrialisierung im 19. Jh. und ein verheerender Bombenangriff 1943 haben das Gesicht der Stadt allerdings verändert. Heute ist Frankenthal als Wohnort für Pendler zur nahen BASF beliebt.

Mittelpunkt der überschaubaren Stadt ist der kopfsteingepflasterte Marktplatz. Von hier aus führt die Fußgängerzone nach Norden zum Wormser und nach Süden zum Speyerer Tor. An Markttagen kehrt Leben in der Frankenthaler Innenstadt ein. An den Ständen werden viele regionale Produkte verkauft. Außerhalb des Zentrums geben Industrie und triste Neubauten der Stadt ein eher nüchternes Bild.

Nach der Gründung des Augustiner-Chorherrenstifts durch den Wormser Adligen Erkenbert 1119 entwickelte sich der Ort schnell zu einem wirtschaftlichen und kulturellen Zentrum. Zu Beginn des 17. Jh. wurde die Stadt in Form eines zehneckigen Sterns zur stärksten linksrheinischen Festung der Kurpfalz ausgebaut und geriet damit schnell in die Wirren des Dreißigjährigen und des Pfälzischen Erbfolgekrieges. Während des Wiederaufbaus entstanden bedeutende Manufakturen, unter ihnen die bekannte, 1755 errichtete Porzellanmanufaktur. Im Zuge der Industrialisierung setzte der Maschinenbau eine wirtschaftliche Dynamik in Gang und bescherte Frankenthal neues Wachstum. Diesem fiel bald die alte Stadtmauer zum Opfer. Im Zweiten Weltkrieg schließlich wurden die letzten Reste der alten Stadt vernichtet.

Sehenswertes

Stiftskirche St. Maria Magdalena: Die Überreste der Kirche des Augustiner-Chorherrenstifts sind das älteste Baudenkmal Frankenthals. Erhalten ist unter anderem die eindrucksvolle Westfassade der ehemals dreischiffigen, sechsjochigen und ungewölbten Pfeilerbasilika. Bei den Frankenthalern ist der auf dem Rathausplatz gelegene Bau wegen seines Erbauers Erkenbert auch als „Erkenbert-Ruine" bekannt.

Zwölf-Apostel-Kirche: Östlich der Ruine der ehemaligen Stiftskirche St. Maria Magdalena liegt die einladend helle Zwölf-Apostel-Kirche. Sie wurde in den Jahren 1820–1823 nach Plänen von Philipp Mattlener, einem Schüler des Karlsruher Baumeisters Weinbrenner, errichtet. Nach der Zerstörung im Zweiten Weltkrieg wurden beim Wiederaufbau 1950–52 einige Elemente verändert, die sich jedoch harmonisch mit denen des Klassizismus verbinden.

Wormser und Speyerer Tor: Aus dem glanzvollen 18. Jh. stammen die beiden prächtigen, als Teile der barocken Stadtummauerung errichteten Stadttore. Das Speyerer Tor wurde 1773 nach Plänen des Mannheimer Architekten Nicolas de Pigage gebaut. Das ehemals am nördlichen Rand der Stadt gelegene, 1772 errichtete Wormser Tor bildet heute den nördlichen Abschluss der Innenstadt. Es ist ein triumphbogenartiger Bau aus unverputzten Sandsteinquadern mit kreuzgratgewölbter Durchfahrt. Die Schauseiten sind verschieden gestaltet: Die ehemalige Feldseite betont mit Doppelpilastern und breitem Giebel die militärische Funktion, während sich die der Stadt zugewandte Seite mit flächigem Reliefschmuck höfisch-elegant zeigt.

Die Pfalz am Rhein → Karte S. 24

Kunsthaus Frankenthal: Der ehemalige werkseigene Kindergarten der Zuckerfabrik Frankenthal wurde 2007 in ein kleines Veranstaltungszentrum und Kunsthaus umgebaut. Neben den wechselnden Ausstellungen sind die original „Villeroy & Boch"-Bodenfliesen von 1885 beachtenswert. Uschi Freymeyer betreibt im Gebäude die Atelier-Galerie „art & more".

Mi–Sa 14–18 Uhr, So ab 11 Uhr. (Galerie: Di und Do 16–18 Uhr.) Eintritt frei. Mina-Karcher-Platz 42, ✆ 06233-3270771, frankenthal.de

Praktische Infos

Information **Stadtinformation,** im Rathaus, Rathausplatz 2–7, 67227 Frankenthal, ✆ 115 (allg. Behördenrufnummer), Mo–Mi 8–16 Uhr, Do bis 18 Uhr, Fr bis 12.30 Uhr, frankenthal.de.

Stadtführungen bietet der Altertumsverein Frankenthal an. Die Touren starten meist am ersten Samstag im Monat um 15 Uhr an der Rathaustreppe, eine Anmeldung bis 2 Tage vor Beginn ist erforderlich. frankenthaler-altertumsverein.de.

Baden/Sauna **Ostparkbad.** Hier sind sowohl ein sportorientiertes Hallenbad als auch ein sehr vielseitiger, in den letzten Jahren immer weiter ausgebauter Saunabereich zu finden. Das Bad ist mindestens 10–19 Uhr geöffnet, teilweise länger. Die Sauna tägl. 10–23 Uhr, So nur bis 21 Uhr. Mi Damentag. Sommerpause von Ende Juli bis Anfang September. Tageseintritt Bad 5 €, Bad und Sauna 16 €. Am Kanal 2, ✆ 06233-366144, ostparkbad.de.

StrandBad. Verschiedene Becken, ein schöner Badeweiher und eine riesige Wiese mit Spielgeräten und Minigolfplatz machen das zwischen Frankenthal und Ludwigshafen-Edigheim gelegene Freibad zu einem sommerlichen Highlight. Im Sommer 8.30–20 Uhr, Erwachsene 5 €, Jugendliche 3,50 €. Meergartenweg, ✆ 06233-64026, ostparkbad.de.

Einkaufen **Wochenmarkt.** Auf dem Rathausplatz lockt ein vielseitiges Angebot: Konventionelles und Ökologisches, Regionales und Mediterranes. Jeden Di und Fr, 7–14 Uhr. frankenthal.de.

MeinTipp **Sapori Mediterranei da Paola.** Ein kleines, freundliches Fleckchen Italien hinter dem Rathausplatz. Das Sortiment überzeugt Italienfans und Gourmets seit vielen Jahren: große Schinken, verschiedene Salamisorten, Brot, frische Pasta und diverse Antipasti. Auch der frisch zubereitete Espresso lässt italienische Gefühle aufkommen. Mo–Fr 8.30–18 Uhr und Sa 8.30–14 Uhr. August-Bebel-Str. 2, ✆ 06233-600991.

Kino **Lux-Kinos.** Klassisches Kino mit fünf Sälen. Erwachsene ab 9,50 €. August-Bebel-Str. 7–9, ✆ 06233-27110, lux-kinos.de.

Klettern **Pfalz Rock.** Große, vielseitige Kletterhalle, in der auch Meisterschaften bis auf Bundesebene ausgetragen werden. Mo–Fr 13–22.20 Uhr, Mi ab 9.50 Uhr, Sa/So 9.50–19.10 Uhr. Öffnungszeiten bitte vorab überprüfen. Tageskarte Erwachsene 11,90 €, Jugendliche 7,50 €, Rabatt für DAV-Mitglieder. Mörscher Str. 89, ✆ 06233-366157, pfalz-rock.de.

Übernachten/Essen ****** Hotel Central.** Businesshotel in zentraler Lage, das durch die gute Ausstattung und den freundlichen Service überzeugt. Karolinenstr. 6, ✆ 06233-8780, hotel-central.de. **€€**

****** Seehotel Bader.** Im unscheinbaren Bobenheim-Roxheim 5 km nördlich von Frankenthal liegt das gemütliche Hotel mit seinem Landgasthaus Seestube, das gutbürgerlich-feine Küche serviert. Das Haus bietet die perfekte Sommerfrische: Zwischen der schönen Terrasse und dem Roxheimer Altrhein verläuft nur ein Radweg, zum beliebten Bade- und Surfrevier Silbersee ist es auch nicht weit. Restaurant und Zimmer im modernen Landhausstil. Di–Sa ab 11–24 Uhr. Bobenheim-Roxheim, Peterstr. 30, ✆ 06239-4031, seehotelbader.de. **€€€**

Café Quito. Modernes, freundliches Café mit Kuchen, Frühstück, sehr guten Kaffeespezialitäten sowie Weinen aus der Pfalz und Spanien. Mo–Fr 9–18 Uhr, Sa 9–16 Uhr. Speyererstr. 24, ✆ 06233-3039095, Instagram: cafe.quito.

Café Ideal. Vom Frühstück bis hin zu den abendlichen Cocktails – dieses lässige Café passt zu allen Tageszeiten und vielen Anlässen. Mo 9–23 Uhr, Di–Do 9–24 Uhr, Fr und Sa 9–1 Uhr, So 9.30–23 Uhr. Eisenbahnstr. 2, ✆ 06233-3593232, cafe-ideal.com. **€€**

Brauhaus zur Post. Modernes Brauhaus in Bahnhofsnähe mit typischer, guter Brauhausküche. Im Sommer mit schönem Biergarten! Tägl. ab 17 Uhr, So ab 12.30 Uhr. Neumayerring 45, ✆ 06233-220286, brauhaus-zur-post.de. **€€**

Holis Eis. Freundliches Eiscafé neben dem Wormser Tor. Kinder lieben die Toppings zum Eis! Im Außenbereich gute Sitzgelegenheiten.

Mi–So 11–21 Uhr, Mo bis 19 Uhr. Wormserstr. 35, ✆ 06233-6005700. **€€**

Tea Pfalz. Im Eingangsbereich eines Asia-Marktes steht eine große Bubble-Tea-Bar: viele Kombinationsmöglichkeiten und geschmacklich top – so macht das Trendgetränk Spaß! Mo–Sa 10–20 Uhr. Wormserstr. 9, ✆ 0176-70845113, Instagram: teapfalz. **€€**

Ludwigshafen

Ludwigshafen und der weltweit tätige Chemiekonzern BASF sind auch in Zeiten der Globalisierung untrennbar miteinander verbunden. Die Chemieindustrie hat das ehemals kleine Örtchen am Rhein zu einer 170.000 Einwohner zählenden Stadt werden lassen. Bis heute ist das Stadtbild durch weitläufige industrielle Anlagen und Werkswohnungen aus verschiedenen Epochen geprägt.

Einst machten die hohen Gewerbesteuereinnahmen Ludwigshafen zu einer der modernsten Städte Deutschlands. Der ausufernde Hauptbahnhof und die die gesamte Stadt überspannenden Hochstraßen galten in den 1970er-Jahren als der Inbegriff von Modernität und Fortschritt. Die damals hippen Bauwerke verschlingen heute viele Sanierungsmittel und leiten zudem den Verkehr über die Innenstadt hinweg. Das ist einer der Gründe, weshalb der Einzelhandel seit Jahrzehnten zurückgeht. Die Hochstraßen werden derzeit teilweise zurückgebaut, aber dennoch ist die Verbindung in das auf der gegenüberliegenden Rheinseite befindliche Mannheim eng. So teilen sich beide Städte die Telefonvorwahl 0621 und das ÖPNV-Netz. Die im Herbst 2010 entstandene Rhein-Galerie ist mit 120 Läden mittlerweile die Nummer eins der Ludwigshafener Einkaufsadressen. Und wie könnte es anders sein: Von der Terrasse im Obergeschoss hat man einen weiten Blick auf den Rhein und das gegenüberliegende Hafenviertel von Mannheim.

In dem nördlich der Innenstadt gelegenen Stadtteil **Hemshof** wird deutlich,

Die Miró-Wand gibt dem Hack-Museum ein markantes Äußeres

Die Pfalz am Rhein → Karte S. 24

wie sehr Stadtviertel sich wandeln können. Dort, wo bis in die 1990er-Jahre hinein die baulichen Verhältnisse dazu führten, dass alle, die es sich leisten konnten, dem Stadtteil den Rücken kehrten, ziehen mit zunehmender Sanierung neue Bewohner ein. In Mannheim Studierende, Künstler und junge Städter geben dem Hemshof einen beinahe schon szenigen Touch. Auch das aktuelle kulturelle Aushängeschild der Stadt ist weit weg von klassischer Hochkultur: Der Ludwigshafener Musiker Volkan Yaman alias *Apache 207* mischt mit seiner typischen Mischung von Rap und ohrwurmartigen Melodien die deutschen Charts auf. Sein 2023 erschienenes Erfolgsalbum benannte er nach seinem Viertel, der Ludwigshafener Gartenstadt. Geboren in Mannheim, weiterhin in Ludwigshafen lebend, zeigt er in Interviews und Konzerten seine enge Verbundenheit mit der Region auf beiden Seiten des Rheins.

Geschichte

Ludwigshafen ist die jüngste Stadt am Pfälzer Rhein. Und dafür, dass sie erst 1853 gegründet und 1859 durch König Maximilian II. zur Stadt erhoben wurde, hat sie gewaltige Dimensionen angenommen. Einst war Ludwigshafen nicht mehr als ein Brückenkopf Mannheims. Und weil man dort der 1865 durch den Fabrikanten Friedrich Engelhorn gegründeten Badischen Anilin- & Soda-Fabrik (BASF) keine geeigneten Flächen zur Verfügung stellte, wurden die rasch wachsenden Fabrikationsbauten auf der linksrheinischen Seite errichtet. Schon bald wurden weitere chemische Unternehmen gegründet, der Bedarf an Arbeitskräften wuchs rasant. Bei der armen Landbevölkerung warb man mit sicheren Einkommen und werkseigenen Wohnungen. So entstanden bis in die 1920er-Jahre hinein immer neue Siedlungen, aber doch zu wenige, um den Bedarf zu decken. Die beengten Lebensverhältnisse in den Arbeiterstadtteilen wurden zum Sinnbild für die Kehrseite der ungebremsten Industrialisierung. Während des Zweiten Weltkrieges fiel Ludwigshafen seinen Industrieanlagen zum Opfer, die als bedeutendes Ziel von unzähligen Bomben getroffen wurden. Aus Schutt und Asche standen Stadt und BASF nach dem Krieg wieder auf und profitierten vom Wirtschaftswunder und der zunehmenden Bedeutung der chemischen Industrie.

Sehenswertes

BASF: Das Areal mit gut 6 km Länge und 10 km² Fläche ist einer der größten Chemieproduktionskomplexe der Welt. Seit der Gründung wurden die immer zahlreicher werdenden Gebäude durch 2000 km oberirdische Rohrleitungen verbunden. Die Wasserstraße Rhein, 115 Straßen- und 211 Schienenkilometer sorgen für einen reibungslosen Ablauf der Produktion. Derzeit arbeiten auf dem Gelände fast 40.000 Menschen, die BASF ist damit der größte Arbeitgeber der Region – trotz Abbau infolge der Energiekosten-bedingten Probleme 2023. Das markante Friedrich-Engelhorn-Hochhaus, 1962 mit 102 m als höchstes Haus Deutschlands erbaut, musste der Wirtschaftlichkeit weichen.

▪ Besucherzentrum BASF, Am Tor 2, ✆ 0621-6071640, besucherzentrum.basf.de.

Rund um die BASF: Bei einem Spaziergang in der Umgebung des BASF-Geländes lassen sich die verschiedenen Epochen des Werkswohnungsbaus studieren. Das Unternehmen war in dieser Hinsicht seit seinen Gründungsjahren engagiert, wobei v. a. die Absicht im Mittelpunkt stand, die Mitarbeiter und ihre Familien fest an die BASF zu binden. Die Backsteinhäuschen und die umgebenden Gärten an der Anilinstraße bilden die Reste der ab 1872 erbauten *Hemshofkolonie*, einer der ältesten Arbeitersiedlungen Deutschlands. In jedem Haus gibt es vier Wohnungen mit jeweils 80 m² – einer Fläche, die zum

Zeitpunkt des Baus großzügig war. Im nahe gelegenen Wislicenus-Block mit seinen Innenhöfen, hohen Bogendurchgängen und strukturierten Fassaden zeigt sich ein ganz anderer, nicht weniger charmanter Wohnungsbautyp. Heute sind die Wohnanlagen im Besitz der firmeneigenen Baugesellschaft LuWoGe.

Wilhelm-Hack-Museum: Um das bekannteste Werk des Museums zu bewundern, muss man es gar nicht betreten. Weithin sichtbar hängt an der Südostfassade das aus 7200 Fliesen zusammengesetzte, 55 m breite „Monumentalgemälde" des katalanischen Künstlers *Joan Miró*. Im Inneren bildet neben der Sammlung Wilhelm Hacks die umfassende Sammlung der konstruktiv-konkreten Kunst des 20. Jh. den Schwerpunkt der Ausstellung. Auf dem nördlich des Museums gelegenen Hans-Klüber-Platz wird im *hackmuseumsgARTen* urban gegärtnert.

▪ Di–Fr 11–18 Uhr, Do bis 20 Uhr, Sa/So 10–18 Uhr. Eintritt 10 €, ermäßigt 7 €, Sa Eintritt frei. Jeden Sonntag um 15 Uhr findet eine öffentliche Führung statt. Berliner Str. 23, ✆ 0621-504 3045, wilhelmhack.museum/de.

Rudolf-Scharpf-Galerie: Junge, eher gegenständliche Kunst wird im Stadtteil Hemshof im Elternhaus des Ludwigshafener Künstlers *Rudolf Scharpf* (geb. 1919) gezeigt. Auch Werke von Scharpf sind zu sehen, die von ihm am häu-

Die Pfalz am Rhein → Karte S. 24

Die Gemüsepfalz

Westlich von Ludwigshafen dominiert der großflächige Anbau von Gemüse. Unter Folie und in Gewächshäusern wächst hier klimatisch begünstigt und durch kilometerlange Bewässerungssysteme unterstützt Gemüse, das in ganz Deutschland gegessen wird. Nach der Ernte durch Arbeiterkolonnen wird die Ware in die Großmärkte geliefert, gehandelt und verpackt, um danach per Lkw auf die weite oder auch kürzere Reise zu gehen. Den **Pfalzmarkt** in Mutterstadt verlassen pro Tag 250 Lkws, ein Fünftel des gesamten deutschen Frischgemüses wird von hier aus auf den Weg gebracht. Die Landwirte, die ihr Gemüse über den Pfalzmarkt vertreiben, arbeiten fast ausschließlich für den Großhandel. Es gibt auch einige kleinere Gemüsebauern, die ihre Ware ab Hof, auf Märkten oder in Form von Abokisten verkaufen. Tafeln an den Hoftoren weisen häufig den Weg zu kleinen, oft nur während der Saisonzeiten betriebenen Verkaufsständen.

Einen anderen Blick auf die landwirtschaftliche Prägung der Region kann man im **Deutschen Kartoffelmuseum** in Fußgönheim gewinnen. In den Räumen des Museums, zu denen auch die ehemalige Synagoge des Ortes gehört, befindet sich eine Ausstellung, die auf botanische Besonderheiten und den historischen Siegeszug der Kartoffel durch Europa eingeht. Dabei wird auch die soziale Komponente verdeutlicht, denn durch die Kartoffel wurden viele Menschen vor dem sicheren Hungertod bewahrt.

▪ **Pfalzmarkt für Obst und Gemüse.** Mutterstadt, Neustadter Str. 100, ✆ 06231-4080, pfalzmarkt.de.

▪ **Deutsches Kartoffelmuseum.** Erster So im Monat 14–18 Uhr, Juli und Aug. zu. Eintritt frei. Fußgönheim, Hauptstr. 65, ✆ 06237-929266, deutscheskartoffelmuseum.de.

figsten angewandte Technik ist der Holzschnitt.

▪ Fr–So 11–18 Uhr. Eintritt frei. Hemshofstr. 54, ✆ 0621-5043446, wilhelmhack.museum/de.

Schillerhaus: Ja, auch in Ludwigshafen residierte und schrieb Friedrich Schiller auf seinen ausgedehnten Reisen im 18. Jh. Heute ist in dem einstigen Gasthaus „Viehhof" ein kleines Museum zur Geschichte des Stadtteils Oggersheims und zum Frankenthaler Porzellan untergebracht.

▪ Mi 10–12 und 14–18 Uhr, Fr 14–17 Uhr, in den Schulferien teilw. geschlossen. Eintritt frei. Schillerstr. 6, LU-Oggersheim, ✆ 0621-5042572.

Service

Information **Tourist-Information Ludwigshafen.** Mo–Fr 10–13 und 14–17 Uhr. Berliner Platz 1, 67059 Ludwigshafen, ✆ 0621-512035, lukom.com.

Parken Die **Rheingalerie** bietet 1400 weitgehend barrierefreie Parkplätze. Die erste Stunde ist kostenlos, die 2. Stunde parkt man für 1 €, danach für 1,50 €/Std. Mo–Sa 6–24 Uhr, So ab 8 Uhr. Rund um die Uhr kann man im Einkaufszentrum **Walzmühle** an der S-Bahn-Station „LU-Mitte" parken. Die erste Stunde kostet 1,70 €, für 4 Std. zahlt man 6,20 € (Barzahlung erforderlich).

Sightseeing Während des Sommerhalbjahres veranstaltet der Verein **Ludwigshafener Stadtführungen** Rundgänge und Radtouren in und um Ludwigshafen. Rosenwörthstr. 13, ✆ 0621-677621, lukom.com.

Werksbesichtigung bei der BASF. Die Ausstellung im **Visitor-Center** rund um die BASF und ihre Produkte kann nach Anmeldung von Montag bis Freitag (außer an Feiertagen) von 9–16 Uhr besucht werden, von 10–11 Uhr findet eine Führung, von 11–12 Uhr eine Werksrundfahrt statt. Viermal pro Jahr bieten die **Erlebnis-Samstage** noch mehr Rahmenprogramm. Eine Anmeldung und für Personen ab 16 Jahren ist der Personalausweis erforderlich; Kinder ab 6 J. können teilnehmen. Für Kinder gibt es samstags einmal pro Monat ein Kids' Lab. Allgemeine Infos unter ✆ 0621-6071640 oder besucherzentrum.basf.de.

Taxi **Taxizentrale Ludwigshafen,** ✆ 0621-525252.

Einkaufen

Rhein-Galerie. Rund 100 Geschäfte unter dem lang gestreckten Dach direkt am Rhein bieten ein breites, eher standardisiertes Angebot. Mo–Sa 10–20 Uhr. Im Zollhof 4, ✆ 0621-59183410, rheingalerie-ludwigshafen.de.

Shopping mit Blick auf Rhein und Mannheimer Ufer: Rhein-Galerie

Mohrbacher. Seit 1924 wird im Süden Ludwigshafens Kaffee geröstet. Dank der hohen Qualität wird der Kaffee in vielen Cafés und Restaurants der Region ausgeschenkt. Mo–Fr 8.30–13 und 14–18 Uhr, Sa 8.30–13 Uhr. Mundenheimer Str. 233, ✆ 0621-563541, mohrbacher.de.

Parks

Der **Stadtpark** auf der südlich der Innenstadt gelegenen Parkinsel im Rhein hat eine Größe von 28 ha und lädt in der Nähe einer der besten Wohnlagen Ludwigshafens zum Flanieren ein. Über das neu gestaltete Rheinufer erreicht man flussaufwärts den Stadtpark von der Innenstadt zu Fuß in ca. 15 Minuten.

Der 28 ha große **Ebertpark** wurde anlässlich der Süddeutschen Gartenbauausstellung 1925 geschaffen und ist heute der wichtigste Park der Stadt. In der Fachwelt sorgen die klimagerechten Staudenpflanzungen von Stadtgärtner Heinz Sauer zunehmend für Begeisterung. Mitte Juni wird hier an 10 Tagen das Pfalzfest gefeiert, ein klassisches Volksfest mit buntem Bühnenprogramm.

Mein Tipp Außerhalb liegt südlich des Stadtteils Rheingönheim der beliebte **Wildpark Rheingönheim** mit großzügigen Gehegen. 30 europäische Wildtierarten sind hier zu bestaunen. Ein schöner Spielplatz und ein einfaches Restaurant runden das naturnahe Ausflugsziel ab. April bis Sept. 9–19 Uhr, Febr./März/Okt. 9–18 Uhr, Nov. bis Jan. 9–17 Uhr. Erwachsene 5 €, Kinder ab 4 J. 1,50 € und ab 13 J. 3,50 €. Kein Zutritt für Hunde! Neuhöfer Str. 48, ✆ 0621-5043380, ludwigshafen.de.

Sport/Kultur

Baden Freibad am Willersinnweiher. Die tollen neuen Becken sind mit einem Baggersee kombiniert. Mai bis Sept. Mo–Fr 9–20 Uhr, Sa/So ab 8 Uhr. Eintritt 3,80 €, ermäßigt 2,10 €. Am Strandweg 23, ✆ 0621-5042902, ludwigshafen.de.

Badestelle Blies. Alter Baggersee mit 83.770 m² Wasserfläche, Sandstrand und riesiger Liegewiese. Der nahe Autobahnzubringer ist zu hören, aber man kann hier prima abtauchen. Erwachsene 2,50 €, Kinder 1,50 €, Mo–So 10–20 Uhr. Wollstraße, ✆ 0621-5299 155. blies-bad.de.

Handball Das Aushängeschild des Pfälzer Männerhandballs sind die Eulen. Die erste Mannschaft der HLZ Hochdorf-Friesenheim spielt in der Zweiten Bundesliga, Spielort ist die charmant-markante, aber in die Jahre gekommene Eberthalle. Infos zu Spielen und Tickets unter ✆ 0621-54933900, eulen-ludwigshafen.de.

Klassik Die **Deutsche Staatsphilharmonie Rheinland-Pfalz** gibt Konzerte im Pfalzbau und im BASF-Feierabendhaus. Eine Besonderheit sind die Krabbelkonzerte für Kleinkinder – sie sind meist Wochen vorher ausverkauft. Infos unter ✆ 0621-599090 oder staatsphilharmonie.de.

Theater Theater Hemshofschachtel. Kleines, mit rotem Samt ausgekleidetes Mundarttheater. Vorstellungen oft Do–So 20 Uhr, Eintritt 20 €. Spielpause von Juni bis Sept. Hemshof, Leuschnerstr. 9, ✆ 0621-510149, theater-hemshofschachtel.de.

Prinzregenten Theater. → Pfälzisches Theater für Erwachsene und Kinder. Eintritt 21–42 €. Prinzregentenstr. 45, ✆ 0621-525240, prinzregenten-theater.de.

Übernachten/Essen und Trinken/Nachtleben

Übernachten ** René Bohn.** Das zur BASF gehörende Businesshotel bietet Hotelkomfort auf sehr hohem Niveau – auch wenn man das von außen nicht sieht. Sehr komfortable Zimmer, das Frühstücksbuffet ist sehr reichhaltig und hochwertig. Die Zimmerpreise schwanken. Am Wochenende ist das Hotel auch bei Touristen sehr beliebt, das Preis-Leistungs-Verhältnis ist dann sehr gut. René-Bohn-Str. 4, ✆ 0621-6099100, wirtschaftsbetriebe.basf.de. **€€€**

Hotel Newton Ludwigshafen. Etwas außerhalb im Stadtteil Friesenheim gelegenes, ruhiges Hotel mit soliden Zimmern und kostenfreien Parkmöglichkeiten. Kopernikusstr. 67, ✆ 0621-6600100, hotel-newton.de/ludwigshafen. **€**

RheinCity Hotel. In recht zentraler und daher nicht sehr ruhiger Lage bietet das modern gestaltete Hotel relativ große, gut ausgestattete Zimmer. Freundlicher Service. Zollhofstr. 11, ✆ 0621-40071410, rheincity-hotel.de. **€€**

Die Pfalz am Rhein → Karte S. 24

Essen & Trinken Gesellschaftshaus. Das zur BASF gehörende Haus bietet in elegant-gediegenem Ambiente feine nationale und internationale Küche. Mo–Fr ab 18 Uhr, am Wochenende nach Vereinbarung. Wöhlerstr. 15, ✆ 0621-6078888, gastronomie.basf.de. €€€€

La Torre Da Angelo. Die neugotische Lutherkirche fiel den Bomben des Zweiten Weltkriegs zum Opfer, geblieben ist der Turm und entstanden ist der Lutherplatz. Im Erdgeschoss des Turms und im Sommer auf dem schönsten Platz von LU werden leckere Pizzen und selbst gemachtes Eis serviert. Do–Di 11.30–14.30 Uhr, 17–22.30 Uhr. Maxstr. 33, ✆ 0621-65056657, latorredaangelo.de. €€

Maffenbeier. Traditionelle Pfälzer Gerichte prägen die rustikale Karte des beliebten Maffenbeier. In der engen Gaststube ergeben sich durch viele Fotografien auch Einblicke in die Arbeiterkultur Ludwigshafens zu Beginn des 20. Jh. Kleiner, teilweise überdachter Biergarten. Ein Klassiker des Hauses sind Bratkartoffeln mit Wurstsalat. Tägl. ab 11 Uhr, Küche bis 21.30 Uhr. Hemshof, Rohrlachstr. 58, ✆ 0621-524249, maffenbeier.de. €€

Nachtleben MusicHall Oppau. Inmitten eines Wohngebiets liegt der mittlerweile zu den Klassikern gehörende Club, der besonders bei Ü40 beliebt ist. Los geht es Fr und Sa ab 21 Uhr, Sonderprogramm siehe Internetseite. Eintritt 5 €. Kirchenstr. 12, ✆ 0621-653474, meine-hall.de.

Umgebung von Ludwigshafen

Südlich von Ludwigshafen liegt direkt am Rhein das ehemalige **Fischerdorf Altrip.** Bereits die Römer siedelten hier und gaben dem Flecken einen Namen: *alta ripa*, das hohe Ufer. Sicher vor Überschwemmungen war der Ort dennoch nicht, bis die Rheinbegradigung hier 1873 ihren letzten Durchstich bekam. Das „Altriper Eck", einst bei Schiffern eine gefürchtete Passage, war einer der technisch schwierigsten Abschnitte der Rheinbegradigung. Daher ist es auch auf dem Pariser Grabstein des Rheinbaumeisters Johann Gottfried Tulla (→ S. 60) abgebildet – auch wenn sich sein Tod schon 1828, deutlich vor der Beendigung seines Lebenswerks, ereignete.

Heute ist Altrip neben seiner ganzjährig verkehrenden Autofähre nach Mannheim v. a. für sein Fischerfest bekannt, das an jedem ersten Juliwochenende im Waldpark stattfindet. Auch das verzweigte Naherholungsgebiet *Blaue Adria* rund um den verlandenden Neuhofener Altrhein gehört mit seinen zahlreichen Badeseen zu Altrip. Der größte davon verfügt über einen weiten, DLRG-überwachten Sandstrand und ist an schönen Sommertagen oft überfüllt.

Radtour 1: Den Rhein entlang

Eine genüssliche Radtour, die auch an warmen Sommertagen Spaß macht, beginnt am Parkplatz Wildpark Rheingönheim. Entlang des grünen Rheindamms führt die rund 26 km lange Tour um Altrip herum und durch ausgedehnte Campinglandschaften. Hier kann mit Blick auf den Rhein eine Pause einlegen. In der passend benannten Gaststätte „Rheinblick" gibt es Pizzen und einfache regionale Gerichte. Ab dem Otterstadter Altrhein geht es an Feldern und Obstbäumen vorbei nach Waldsee, wo sich in der Eisdiele Dolomiti seit über 40 Jahren Radfahrer und Wanderer stärken. Auf dem nächsten Wegstück passiert man den Baggersee Schlicht mit schöner Bademöglichkeit.

Eisdiele Dolomiti. Im Sommer tägl. 11–22.30 Uhr. Ludwigstr. 22, ✆ 06236-51116.

Restaurant Rheinblick. Mi–Mo 11.30-20.30 Uhr. Rheinauenstr. 1, 67165 Waldsee, ✆ 06236-429119, rheinblickwaldsee.de.

Ausflug nach Mannheim

Weltoffen und kulturell lebendig zeigt sich das Zentrum der historischen Kurpfalz. Vielseitige Museen, die Popakademie, die Bundesgartenschauen 1975 und 2023, die exzellente Uni sowie eine facettenreiche Gastronomie haben die alte Arbeiterstadt am Zusammenfluss von Rhein und Neckar neu geprägt.

In den 400 Jahren seines Bestehens hat Mannheim viel erlebt. Hier wurde beispielsweise im 19. Jh. das Laufrad erfunden, das erste von Carl Benz erbaute Automobil erlebte auf den Mannheimer Straßen seine Jungfernfahrt und die Wirtschaftsschule entwickelte sich zur Universität. Heute ist die Stadt mit

Mannheim²

„Im Quadrat" lesen Mathemathik-affine Betrachter beim Anblick des Mannheimer Logos und haben sogleich den Grundriss der Innenstadt vor Augen. Umrundet von einem breiten und viel befahrenen Ring, wird die Innenstadt aus 144 sog. Quadraten gebildet – wobei es sich bei den schachbrettartig angelegten Häuserblöcken mitnichten um Quadrate handelt, im besten Fall sind sie rechteckig, nicht selten aber auch abgeschrägt oder abgerundet. Seit 1648 wird auf die ursprünglichen Straßennamen verzichtet. Stattdessen werden, von wenigen Ausnahmen abgesehen (Planken heißt die Fußgängerzone, Fressgasse und Kunststraße werden die sie begleitenden Straßen genannt), die etwas gewöhnungsbedürftigen, aus einem Buchstaben und einer Zahl bestehenden Bezeichnungen der Quadrate verwendet. So wird beispielsweise der zentrale Paradeplatz O1 genannt. Die vom Schloss zum Neckar führende Breite Straße teilt die Innenstadt in zwei Hälften: Auf der linken Seite liegen die Quadrate mit den Buchstaben A bis K, auf der rechten die von L bis U. Die Nummern werden von der Breiten Straße zum Ring gezählt. Eine weitere Zahl hinter der Quadratebezeichnung gibt die Hausnummer an.

ihren knapp 300.000 Einwohnern das Zentrum der Region und genießt den Ruf, eine vielseitige Einkaufsstadt zu sein. Und bei genauem Hinsehen entdeckt man zwischen dem städtebaulichen Pragmatismus der Nachkriegsjahrzehnte auch spannende historische Wurzeln.

Auf der Suche nach einer Identität in Zeiten des Umbruchs setzt Mannheim auf Bildung, Kultur und Kreativität. Die Universität und die 2003 gegründete Popakademie geben der einstigen Arbeiterstadt ein weltgewandtes und kreatives Gesicht. Trotz allem bleibt Mannheim eine polarisierte Stadt. In der östlich des Wasserturms gelegenen, sehenswerten Oststadt stehen die gründerzeitlichen Villen der einst so mächtigen Industriellen. In den westlichen Quadraten und der Neckarstadt liegen dagegen die dicht bebauten Arbeiterviertel, in denen sich die Nachfahren der türkischen Gastarbeiter ein eigenes kleines Universum geschaffen haben.

Geschichte

Mit der Grundsteinlegung für die Friedrichsburg durch Kurfürst Friedrich IV. im Jahr 1606 beginnt die Geschichte Mannheims als Stadt und Residenz. Damals schon entstanden die Pläne für das gleichmäßig angelegte, schachbrettähnliche Straßensystem. Doch anfangs war das Glück nicht auf Mannheimer Seite. Kriege und Seuchen bedeuteten im 17. Jh. immer wieder Rückschläge und Zerstörungen, sodass die Stadt trotz ihrer strategisch wichtigen Lage nur zeitweise Bedeutung erlangen konnte. Dies änderte sich, als Kurfürst Karl Philipp 1720 seine Residenz von Heidelberg nach Mannheim verlegte und damit ein ruhmreiches Jahrhundert einleitete. Prachtvolle Gebäude entstanden während jener Zeit, die Einwohnerzahl stieg, Gäste wie Goethe, Schiller, Lessing und Mozart verweilten in der großzügig anmutenden Stadt. 1778 jedoch war der noch junge Kurfürst Karl

Theodor gezwungen, seine Residenz nach München zu verlegen. Damit und mit der Auflösung der Kurpfalz infolge der Revolutionskriege setzte ein politischer, kultureller und wirtschaftlicher Niedergang ein, der bis Mitte des 19. Jh. anhielt. Dann entwickelte sich Mannheim rasch zu einer bürgerlichen Stadt – und zu einem industriellen Zentrum. Hafen und Industrieanlagen gediehen prächtig, Autos, Traktoren und Luftschiffe wurden gebaut und führten zur Herausbildung einer reichen industriellen Oberschicht. Wie in Ludwigshafen brachten die Bombardierungen im Zweiten Weltkrieg herbe Zerstörungen. Dies mag erklären, warum Mannheim heute trotz einiger Prachtbauten nicht als schöne Stadt gilt. Große und breite Straßen, zweckmäßige Architektur und einschneidende Verkehrsachsen sind die Folgen der wirtschaftlich erfolgreichen Entwicklung.

Stadtrundgang

Vom neu gestalteten und stets belebten Bahnhof aus erreicht man schnell eines der Wahrzeichen Mannheims: Im Zentrum des grünen Friedrichsplatzes liegt der 1889 nach den Plänen Gustav Halmhubers erbaute **Wasserturm** inmitten einer im perfekten Jugendstil errichteten Anlage. Die Häuser der hohen Randbebauung wurden zwischen 1899 und 1903 vom Berliner Architekten Bruno Schmitz entworfen. Zusammen mit dem 2017 eröffneten modernen Neubau der Kunsthalle und dem erfolgreichen Kongress- und Veranstaltungszentrum Rosengarten geben sie dem Platz ein beeindruckendes und weltgewandtes Flair. In den Abendstunden ist das Ensemble prachtvoll beleuchtet. Durch die stimmungsvolle Elisabethstraße lohnt ein Abstecher zu der am Anfang der Oststadt gelegenen, repräsentativen **Christuskirche.** In 65 m Höhe thront die Kuppel der 1911 im neubarocken Stil mit Jugendstilelementen erbauten Kirche, in deren Inneren sich mit 8600 Pfeifen eines der größten Orgelwerke Deutschlands befindet.

Jenseits des Kaiserrings erstrecken sich die breiten **Planken.** Hier und in der parallel verlaufenden Kunststraße und Fressgasse schlagt das Herz des Mannheimer Einzelhandels. Dicht gedrängte Cafétische, tütenbepackte Shopper und stetig hindurchziehende Straßenbahnen prägen das Bild der stark frequentierten Fußgängerzone. Namhafte Filialisten, kleine Boutiquen und einige verbliebene ehrwürdige Einzelhändler tummeln sich bis hinunter zum **Paradeplatz.** Im Schnittpunkt von Planken und Breiter Straße gelegen, bildet dieser die Mitte der Stadt. Der einst für große Aufmärsche der kurpfälzischen Truppen angelegte Platz ist mit seinen adretten Blumenrabatten heute ein beliebter Treffpunkt. Der im Zweiten Weltkrieg unter dem Paradeplatz errichtete Bunker für 1500 Menschen wurde in den friedlichen Nachkriegsjahren kurzzeitig als Hotel genutzt. Heute ist der Bunker nur selten zugänglich. An der östlichen Ecke des Platzes erinnert ein übermannsgroßer Glaskubus an die mehr als 2000 Mannheimer Juden, die durch die Nationalsozialisten ermordet wurden.

Vom Paradeplatz aus reicht der Blick über den Ehrenhof bis zum Hauptportal des in der Sonne gelb strahlenden

Im Schnittpunkt der Quadrate: der Paradeplatz

Die Pfalz am Rhein → Karte S. 24

In einem der größten Schlösser Europas ist heute die Universität untergebracht

Schlosses. Die vor einigen Jahren erfolgte Renovierung macht es nach eher unscheinbaren Jahrzehnten zu einem wahren Blickfang. 1720 legte Kurfürst Karl Philipp den Grundstein für den an Ausmaßen selten überbotenen Barockbau. Auch wenn es die Größe des Versailler Schlosses nicht erreicht, so soll es doch genau ein Fenster mehr haben als dieses. Nach der Verlegung der kurfürstlichen Residenz nach München wurde das Schloss nur noch teilweise genutzt. Während des Revolutionskrieges kam es zu Zerstörungen, denen beispielsweise das angegliederte Opernhaus zum Opfer fiel. Zu Beginn des 20. Jh. schließlich zog die Mannheimer Universität in weite Teile des Gebäudes. Heute ist im Mittelbau eine interessante Ausstellung zur Geschichte des Schlosses untergebracht.

Schloss-Museum: Lange war das Schloss wegen Renovierungsarbeiten geschlossen, nun sind – abhängig von Veranstaltungen – ein Teil der historischen Räumlichkeiten mit beeindruckenden Deckengemälden zu besichtigen. Sehr gute Guide-App! Di–So, 10–17 Uhr. Erwachsene 9 €, ermäßigt 4,50 €. Bismarckring, ✆ 06221-2922891, schloss-mannheim.de.

Auf der gegenüberliegenden Seite des Bismarckrings wurde 1760 die nach Plänen von Alessandro Galli da Bibiena erbaute **Jesuitenkirche** eingeweiht. Mit ihrer 75 m hohen Vierungskuppel und den Wandgemälden von Egid Quirin Asam gilt sie als eine der bedeutendsten Barockkirchen Südwestdeutschlands. Der Hochaltar und die sechs Seitenaltäre wurden von Paul Egell und Peter Anton von Verschaffelt spätbarock bis frühklassizistisch gestaltet.

▪ Außerhalb von Gottesdiensten tagsüber meist geöffnet. A4, 2, kathma-johannes23.de.

Folgt man vom Paradeplatz aus der Breiten Straße in nördliche Richtung, öffnet sich schon bald der weite **Marktplatz.** Der Mannheimer Markt ist eine bunte, vielfältige Institution und der Platz keineswegs zu groß für das enorme Angebot. Vom Marktplatz, an dessen südlicher Flanke mit dem Anfang des 18. Jh. errichteten Alten Rathaus und der Pfarrkirche St. Sebastian zwei der ältesten noch erhaltenen Gebäude der Stadt stehen, gelangt man über die westliche Unterstadt in den jenseits des Ringes gelegenen Stadtteil Jungbusch. Einst Hafenstadtteil und Rotlichtviertel hat sich der **Jungbusch** in den letzten Jahren zum Szeneviertel mit trendigen Kneipen und Bars gemausert. Bereits seit 1995 steht hier die **Yavuz-Sultan-Selim-Moschee.** 2500 Gläubige finden hier Platz, wodurch sie als eine der größten Moscheen Deutschlands gilt. Mit dem Bau an zentraler Stelle in unmittelbarer Nachbarschaft zur katholischen Liebfrauenkirche und mit dem Projekt der „Offenen Moschee", das auch Führungen und Seminare beinhaltet, wurde hier von Beginn an ein Dialog der Religionen angestrebt. Hinterm Jungbusch beginnt das **Hafengebiet** und direkt an der Grenze finden viele interessante städtebauliche Entwicklungen statt. Alte leerstehende Speicher werden zu luxuriösen Wohnungen, Gastronomie bereichert das Hafenufer. Hier ist auch ein boomendes Flakschiff zeitgenössischer Kultur angesiedelt: die **Popakademie.** Die „University of Popular Music and Music Business" ist deutschlandweit die einzige staatliche Hochschule im Bereich Pop. Viele Absolventinnen und Absolventen sind im Hintergrund erfolgreich, auf der Bühne sind derzeit Alice Merton, Frida Gold und Joris als Stars zu nennen. Überquert man von der Innenstadt kommend den Neckar, erreicht man mit der Neckarstadt ein weiteres altes Arbeiterviertel. Wie im Jungbusch liegen hier schäbige Wohnblocks und hippe Cafés oft nur einen Steinwurf entfernt. Die Neugestaltung des **Neumarkts** 2022 hatte das Ziel, für beide Welten attraktiv zu sein. Bei schönem Wetter sieht man, dass die Mission gelingen könnte, der tolle Spielplatz und die angrenzende Gastronomie werden von einem bunten Publikum genutzt.

Museen

Kunsthalle: Das Miteinander von altem Jugendstilbau und neuem Trakt direkt am Wasserturm ist schon aus architektonischen Gründen einen Besuch wert – aus unserer Sicht das beeindruckendste Museum in Mannheim. Ein Spaziergang durch das Gebäude macht viel Spaß, die lebendig präsentierte Kunst aus dem 19. und 20. Jh. ist sehenswert. Ungewöhnlich ist der Aufenthalt im Kubus 9, hier ist die massive Installation „The Refusal of Time" zu erleben. Schön und erholsam ist der Aufenthalt auf der Dachterrasse mit Ausblick auf Friedrichsplatz und Wasserturm. Immer wieder bemerkenswerte Sonderausstellungen.

Di–So 10–18 Uhr, Mi bis 20 Uhr. Eintritt 12 €, ermäßigt 10 €, Familienticket 20 €. Friedrichsplatz 4, ✆ 0621-2936452, kuma.art.

Technoseum: Das 1990 eröffnete Landesmuseum für Technik und Arbeit bietet in seiner Dauerausstellung Informationen zur Industrialisierung des deutschen Südwestens. Technische Entwicklungen werden verständlich gemacht und ihr historischer und aktueller Einfluss auf die Lebens- und Arbeitsbedingungen der Menschen gezeigt.

Tägl. 9–17 Uhr. Eintritt 9 €, ermäßigt 6 €. Museumsstr. 1, ✆ 0621-42989, technoseum.de.

In der Kunsthalle

Die Pfalz am Rhein → Karte S. 24

Reiss-Engelhorn-Museen (REM): In dem Komplex aus verschiedenen Museen sind kunst-, musik- und stadthistorische sowie naturkundliche Ausstellungen zu sehen. Neben dem historischen Zeughaus (C5) und dem modernen Museum Weltkulturen (D5) gehört auch das Museum Schillerhaus (B5) zu den REM.

Di–So 11–18 Uhr. Eintritt unterschiedlich und jeweils separat zu entrichten, Sonderausstellungen bis 13,50 €, im Sommer beschränkter Ausstellungsbereich. Zeughaus C5, ✆ 0621-293 3150, rem-mannheim.de.

Service

Information **Tourist Information Mannheim.** Mo–Fr 10–16 Uhr, Sa 10–14 Uhr. Willy-Brandt-Platz 5 (Bahnhofsvorplatz), 68161 Mannheim, ✆ 0621-49307960, visit-mannheim.de.

Parken Zentral parken kann man in vielen Parkhäusern. Relativ großzügig ist das Parkhaus D5; das Parkhaus N6 hingegen ist wegen seiner Enge nicht zu empfehlen. Wer gewillt ist, ein paar Meter zu laufen, findet günstige bis kostenlose Parkmöglichkeiten am Unteren Luisenpark und an der Rheinpromenade.

Sightseeing Meist samstags um 14.30 Uhr führt ein klassischer Stadtrundgang durch die Mannheimer Innenstadt, moderne und historisch interessante Stationen werden geschickt verknüpft. Für 11 € führt der Spaziergang ab Eingang Schlosskirche 2 Std. lang durch die Innenstadt. Für 33 € kann man einmal im Monat an einer Stadtrundfahrt mit einer historischen Straßenbahn teilnehmen.

Taxi Sowohl vorm Bahnhof als auch am Beginn der Planken stehen immer Taxis bereit. Unter ✆ 0621-21818 erreicht man die **Taxizentrale.**

Einkaufen

→ Karte S. 41

Mannheim genießt einen guten Ruf als Einkaufsstadt. Die Haupteinkaufsstraße Planken ist inzwischen v. a. durch große Filialisten geprägt, in den Seitenstraßen und der Fressgasse haben sich viele kleine, z. T. exklusive oder trendige Läden angesiedelt. Entlang der Breiten Straße zwischen Paradeplatz und dem Neckar findet man Geschäfte mit günstigen Waren.

Engelhorn **12** Das Traditionsunternehmen im Mannheimer Mode-Einzelhandel bietet in zwei großen Häusern und einigen kleineren Shops ein umfangreiches Angebot im mittleren bis gehobenen Preissegment. Das Haupthaus liegt unübersehbar in der Mitte der Planken, das dahinterliegende Sporthaus erstreckt sich über sechs Etagen. Mo–Sa 10–20 Uhr. O 5 und Umgebung, ✆ 0621-1672222, engelhorn.de.

Snocks **9** Das Mannheimer Start-up vertreibt seine Wäsche, Socken und Leggins v. a. übers Internet. Auch bei einigen lokalen Händlern sowie im eigenen Café sind die schlichten, sportiven Teile zu erwerben. Auch die Speisen und Getränke im **Snocks Coffee** lohnen den Weg an den Rand der Oststadt! Mi–Sa 10–22 Uhr, So 10–18 Uhr, Lameystr. 15, ✆ 0621-43738725, snockscoffee.com.

mein Tipp **Bender** **10** Die letzte kleine Buchhandlung in der City verströmt viel belesenes und sympathisch verstaubtes Flair. Kein Wunder – der Laden besteht seit 1775. Aber auch hier geht man mit der Zeit: Das Sortiment ist hochaktuell und Online-Bestellungen klappen vorzüglich! Mo–Fr 9.30–19 Uhr, Sa bis 18 Uhr, im Dez. bis 20 Uhr. O4, 2, ✆ 0621-129710, buecher-bender.buchhandlung.de.

Topf und Pfanne **8** Ein kleines, klassisches Haushaltswarengeschäft mit schönen Waren. Wenn man beim Betreten noch nicht weiß, ob man etwas braucht, weiß man es nach einem kurzen Gespräch mit den rührigen Verkäuferinnen. Mo–Fr 10–19 Uhr, Sa bis 18 Uhr. Q2, 12, ✆ 0621-104759, topfundpfanne.net.

Wochenmarkt. Der zentral gelegene Mannheimer Marktplatz verwandelt sich dienstags, donnerstags (jeweils 7–13 Uhr) und samstags (7–14 Uhr) in ein buntes Meer von Buden, Obst und Gemüse. Leckere mediterrane Spezialitäten und Trockenobst (Mango ist sehr empfehlenswert!) bietet seit Jahrzehnten Ingo Kimmich, und glückliche Kartoffeln gibt es beim freilaufenden Bauern Josef Kapp aus dem pfälzischen Hochdorf-Assenheim.

Die Pfalz am Rhein → Karte S. 24

Shopping in der westlichen Unterstadt

Die westliche Unterstadt – türkisches Flair in Mannheim

Hinter dem Marktplatz beginnt die westliche Unterstadt. Der Stadtteil ist Synonym für ein vorwiegend türkisch geprägtes Gebiet, das sich mal multikulturell, mal traditionell gibt. Besucher und Bewohner schätzen nicht nur das bunte bis alternative Flair des Stadtteils, sondern auch das reichhaltige Angebot an Waren. Unzählige Dönerläden verschiedenster Stilrichtungen, türkische Bäckereien, Reisebüros, Hochzeits- und Schmuckgeschäfte sowie Supermärkte lassen den Gang durch die belebten Straßen zu einem Ausflug in eine spannende, teilweise fremde Welt werden.

Bäckerei und Imbiss Saray Pastanesi 6 Große türkische Bäckerei mit traditionellen Backwaren, vielen herzhaft gefüllten Taschen und Pides sowie einer riesigen Auswahl an süßen Leckereien. Mo–Do 6–23 Uhr, Fr 6–23 Uhr, Sa 6–24 Uhr, So 8–22 Uhr. H2, 6, ✆ 0621-1569204, saray pastanesi.eu.

Sport/Kultur

Baden **Herschelbad.** Das 1920 im Jugendstil fertiggestellte Bad erfreut die Liebhaber der klassischen Bäderarchitektur, auch wenn der Zahn der Zeit an der einen oder anderen Stelle an dem Bau nagt. Mo 13–21 Uhr, Di/Mi 6.15–21 Uhr, Do/Fr/Sa 8–21 Uhr, So 9–20 Uhr. Eintritt 4 €, ermäßigt 2,50 €. U3, 1, ✆ 0621-2937116, mannheim.de.

Eishockey Die Mannheimer Adler sind bundesweit bekannt, immerhin konnten sie sich bereits achtmal die deutsche Eishockeymeisterschaft sichern. Die Spiele finden in der SAP-Arena statt. Spieltermine und Tickets auf adler-mannheim.de.

Handball Mit einem erfolgreichen Fußballclub ist die Stadt nicht gesegnet, aber dafür sind die in der SAP-Arena spielenden Handballer der Rhein-Neckar-Löwen eines der besten Teams in Deutschland. Die Mannschaft um Shootingstar Juri Knorr und Kreisläufer Jannik Kohlbacher lieferte in der Ersten Bundesliga und dem DHB-Pokal beeindruckende Spiele ab. Ticketshop u. a. in der SAP-Arena (Mo–Fr 9–17 Uhr). ✆ 0621-18190-333, rhein-neckar-loewen.de.

Spazierengehen Für Spaziergänge nahe der Innenstadt eignen sich das linke **Neckarufer** flussaufwärts (bis Neuostheim, von hier zurück mit Straßenbahnlinie 5 oder 9), das grüne **Rheinufer** in der Nähe des Stadtteils Lindenhof mit dem anschließenden **Waldpark** und der Vorzeigepark der Stadt, der **Luisenpark** (→ siehe auch Kasten).

Kino Zwei zusammengehörige Programmkinos gibt es in Mannheim: das **Atlantis-Kino,** K2, 32, ✆ 0621-21200, und das **Odeon-Kino,** G7, 10, ✆ 0621-1504577, atlantiskino.info.

Gutes Programmkino mit interessanten Filmen bietet auch das kommunale **Cinema Quadrat.** Im November 2019 hat es neue Räumlichkeiten im Einkaufszentrum Karree bezogen. K1, 2, ✆ 0621-21242, cinema-quadrat.de.

Vielseitiges Mainstreamkino wird in den zehn Sälen des **Cineplex** gezeigt. N7, 17, ✆ 01805-625466, cineplex.de/mannheim.

Planetarium Di–So führen spannende Filme in die Welt der Astronomie und Raumfahrt ein. Einige spezielle Kindervorstellungen. Eintritt 10,50 €, ermäßigt 6,50 €. Wilhelm-Varnholt-Allee 1 (Europaplatz), ✆ 0621-415692, Programm unter planetarium-mannheim.de.

Theater **Nationaltheater.** Die traditionsreiche Bühne besteht seit 1779. 1782 wurden hier „Die Räuber" des damals noch unbekannten Friedrich Schiller uraufgeführt. Heute hat das Vierspartenhaus eigene Ensembles für Musiktheater, Schauspiel, Ballett und das Kinder- und Jugendtheater Schnawwl. Gespielt wird in spannenden Locations im ganzen Stadtgebiet. Am Goetheplatz, ✆ 0621-1680150, nationaltheater-mannheim.de.

Klapsmühl'. In der Kleinkunstbühne mit Wohnzimmeratmosphäre wird klassisches Kabarett und auch mal kurpfälzischer Dialekt geboten. D6, 3, ✆ 0621-22488, klapsmuehl.de.

Mannheim und die BUGAs

In einer einst von Industrie- und Militäranlagen geprägten Stadt wie Mannheim kommt der Naherholung in Parks traditionell eine hohe Bedeutung zu. So ist der Luisenpark seit seiner Gründung 1892 ein wichtiger Treffpunkt für nahezu alle Generationen. Mit der Bundesgartenschau 1975 wurde der Park erweitert und aufgewertet. Noch heute bieten die damals entstandenen Gewächshäuser, ein original chinesisches Teehaus, der kleine Zoo und die gemütlichen Gondoletta-Boote zusammen mit den gepflegten Blumenbeeten ein schönes Ambiente zum Durchatmen. Die BUGA 2023 brachte ein wohltuendes Update in den Park. Von hier aus startete auch die – leider nicht mehr bestehende – Gondelbahn als Verbindung in den weiter nördlich gelegenen Spinelli-Park. Heute ist dieser Park nur noch auf klassischen Verkehrsrouten zu erreichen. Für Freunde moderner Landschaftsarchitektur ist der Ausflug in den Mannheimer Norden lohnenswert. Auf einem Teil der Fläche entsteht nun vielseitiger Wohnraum – damit ist auch für Fans von gebauter Architektur bald viel zu sehen. Vor allem für Kinder sind die vielseitigen Spiel- und Sportgelegenheiten klasse. Wo 2014 noch Militärgelände war, soll nach der Zwischennutzung als BUGA auf 80 ha ein neues Wohnquartier entstehen, in dem zukünftig rund 4000 Menschen leben werden. Aber ein großer Teil der Fläche bleibt frei, um als Frischluftschneise kühle Luftströme in Richtung Innenstadt durchzulassen.

▪ Tägl. von 9 Uhr bis zur Dämmerung, Mai bis Sept. bis max. 21 Uhr. Eintritt nach der BUGA 2023 für Erwachsene 12,50 €, für Kinder 5,50 €, im Winter günstiger. Theodor-Heuss-Anlage 2, ✆ 0621-410050, luisenpark.de.

Veranstaltung Maimarkt. Die größte deutsche regionale Verbrauchermesse findet alljährlich um den 1. Mai auf dem Mühlfeld im Westen der Stadt statt. Direkt daneben wurde die **SAP-Arena** errichtet. Hier finden neben Sportevents viele große Konzerte statt.

Übernachten/Essen und Trinken

→ Karte S. 41

Übernachten ****** LanzCarré Hotel 22** In 5 Min. Laufentfernung zum Hauptbahnhof bietet das Haus in angenehmer Umgebung 76 moderne Zimmer. Heinz-Haber-Str. 2, ✆ 0621-860840, radissonhotels.com **€€**

***** Mercure Hotel Mannheim am Rathaus** **5** Das Hotel mit komfortablen Zimmern liegt in einem ruhigen Teil der Innenstadt. Gutes Preis-Leistungs-Verhältnis. F7, 5–13, ☎ 0621-336990, mercure.com. €€

Niu Square **16** Frischen Wind bringt das Hotel der neuen Niu-Kette nach Mannheim. Die Zimmer sind klein, aber modern im Design und gut gelegen an der Straßenbahn zwischen Innenstadt und SAP-Arena. Mit großem, kostenpflichtigem Parkplatz. Seckenheimer Str. 148, ☎ 0621-12285799, niu.de. €€

Hilton Garden Inn Mannheim **19** Das direkt am Hauptbahnhof gelegene Hotel punktet mit schön designten Zimmern, gutem Frühstück, professionellem Service und einer Tiefgarage. Aus den oberen Etagen bietet sich zudem eine grandiose Sicht auf Mannheim! Willy-Brandt-Platz 13, ☎ 0621-178960, hilton.com/en/hotels/framagi-hilton-garden-inn-mannheim. €€

Kaffeepause!

Jugendherberge Mannheim **23** Neu renoviert, direkt am grünen Rheinufer gelegen und das Preis-Leistungs-Verhältnis stimmt. Alle Zimmer mit Dusche/WC. Rheinpromenade 21, ☎ 0621-822718, jugendherberge-mannheim.de. €

Essen & Trinken

Familienbetrieb **14** Kultige Kneipe mit freundlicher Bedienung in der Mannheimer Innenstadt. Auf der Karte stehen Burger, aber auch Vegetarisches und Veganes. Mi–Fr 17–22 Uhr, Sa ab 12 Uhr. M2, 12, ☎ 0621-48490268. €€

MeinTipp **Helder & Leeuwen Café** **13** Wie lecker! Wie schön! Im kreativ-modernen Ambiente des Cafés mit eigener Kaffeerösterei kann man lange sitzen, schauen und dabei die leckeren Backwaren zum Kaffee genießen. Wem die Bohnenauswahl im Café nicht ausreicht, der findet in Q5, 6–8 ein Ladengeschäft mit allen Röstungen und Zubehör. Café Mo–Sa 10–18 Uhr. N3, 7, ☎ 0621-43703390, helder-leeuwen.de.

Gasthaus am Fluss **18** Entweder sitzt man im großzügig verglasten Restaurant oder im platanenbestandenen Biergarten und sieht den Rhein und die Schiffe vorbeiziehen. Die herrliche Lage ist bei den Preisen einkalkuliert, was aber die Beliebtheit kaum mindert. Tägl. 9.30–max. 24 Uhr, sonntags gutes Frühstücksbuffet. Rheinpromenade 15, ☎ 0621-824161, rheinterrassen.info. €€

Long Dream **1** Freundliches vietnamesisches Restaurant mit leckeren (auch zahlreichen vegetarischen) Gerichten und hausgemachten Limos. Di–So 17–22 Uhr. Am Meßplatz 1, ☎ 0621-86248758, longdream-restaurant.de. €€

Zeitgeist **20** Die trendige Eismanufaktur im Stadtteil Lindenhof bietet ein ausgefallenes Ambiente, leckeres Eis und die Möglichkeit, mit dem Eis im Rheinpark spazieren zu gehen. Auch vegane Sorten. Im Sommer Di–So 12–20 Uhr. Meerfeldstr. 45, ☎ 0621-44590157, eis.jetzt.

Die Metzgerei **21** Ebenfalls im Lindenhof gelegen, das kultige Ambiente ist hier gehobener und sehr stilvoll. Die Weine stammen alle aus der Pfalz. Fürs Picknick am Rhein kann man das passende Equipment leihen, z. B. ein gefüllter Korb für 2 Pers. ab 35 €. Mo–So 9–22 Uhr. Rheinparkstr. 4, ☎ 0621-83252615, die metzgerei-mannheim.de. €€

MeinTipp **Krügers** **17** Unser Lieblingsrestaurant im Lindenhof: Feinstes Schnitzel, beeindruckende Burger und unglaublich knusprige Pommes – das individuell eingerichtete Restau-

Die Pfalz am Rhein → Karte S. 24

Süßes aus Mannheim

Mannheim bietet eine Spezialität mit dem wenig schmeichelhaft klingenden Namen **Mannheimer Dreck:** Zu Zeiten, als Mannheim von Karlsruhe aus verwaltet wurde, waren dem Vertreter des badischen Staates die Straßen der Stadt zu dreckig. Er stellte es unter Strafe, „den in den Häusern gesammelten Kot mit dem Kehricht auf die Straße" zu bringen. Die Mannheimer waren nicht gerade begeistert von dieser Verordnung. Und so fand jener Konditor, der seine Auslagen mit gebackenen Dreckhaufen dekorierte, reichlich Beifall beim erheiterten Publikum. Die Originalversion gibt es bei der Traditionskonditorei Herrdegen. Mit dem schokoladigen **Mozart-Liebchen** gibt es bei der Confiserie Freundt eine weitere traditionsreiche Spezialität. Historischer Hintergrund ist die Verbundenheit von Mozart mit der Stadt Mannheim: „So wie ich Mannheim liebe, so liebt auch Mannheim mich." Daneben gibt es bei Freundt ein großes Sortiment an moderner, auch veganer Patisserie. Zur Confiserie Freundt gehört das opulent-klassische Café Chocolat Noir. Hier gibt es neben den Patisseriewaren auch exklusive Schokoladen und guten Kaffee von Mohrbacher.

- **Konditorei Herrdegen** 7 Di–Fr 9–16 Uhr, Sa 8.30–16 Uhr, E2, 8, ☏ 0621-20185, cafe-herrdegen.de.
- **Confiserie Freundt** 11 Di–Fr 9–18.30 Uhr, Sa 8.30–18 Uhr, So 12–16 Uhr. N3, 7, ☏ 0621-26266, confiserie-freundt.de.
- **Café Chocolat Noir** 15 Di–Sa 10–18 Uhr. L8, 4, ☏ 0621-39749944, chocolatnoir.de.

rant mit angenehmer Terrasse sorgt für leckere Wohlfühlmomente. Kinder können auf dem nahen Spielplatz am Meerfeldplatz spielen. Di–Sa 11.30–22.30 Uhr, So bis 21 Uhr. Meerfeldstr. 81, ☏ 0621-43641203, kruegers-restaurant-mannheim.eatbu.com. **€€**

Nachtleben

→ Karte S. 41

In der großen Industrie- und Hafenstadt besteht ein buntes und vielfältiges Clubleben. Rund um Deutschlands erste Popakademie entstanden im einst schmuddeligen Stadtteil Jungbusch angesagte Szenekneipen, nördlich des Neckars reihen sich auf dem ehemaligen Hafengelände die Clubs in der Industriestraße. Daneben gibt es neue sowie bisweilen etwas betagte Discos in der Innenstadt.

Onkel Otto Bar 3 Die Bar war einst der Inbegriff des Rotlichtmilieus im Hafenstadtteil Jungbusch. Heute ist es eine der angesagtesten Locations der Stadt. Geöffnet hat die Bar nur Fr und Sa (21–3 Uhr), nicht jeder findet an der Tür Gnade. Jungbuschstr. 8, ☏ 06201-2595910, onkelottobar.de.

MS Connexion 4 Die ehemals reine Schwulendisco ist heute für alle offen und steht seit 1982 für Toleranz. Vor allem an den Wochenenden kommt ein buntes Publikum von weit her, um auf den fünf Floors des alten Fabrikgebäudes zu (Dark) Techno, 90er, House, Dance und Hardcore abzutanzen. Eintritt meist um 25 €. Angelstr. 33, ☏ 0180-51140301, msconnexion.com.

Alte Feuerwache 2 Nördlich des Neckars liegt direkt am Alten Messplatz eines der kulturellen Highlights Mannheims: Die Alte Feuerwache bietet ein abwechslungsreiches Programm mit Konzerten, Theater, Lesungen und Partys. Brückenstr. 2, ☏ 0621-2939281, altefeuerwache.com.

Speyer

Die krummen Gassen und die gerade Maximilianstraße im Zentrum sind quirlige Lebensadern, historische Verschlafenheit sucht man hier vergebens. Die Altstadt mit ihren Plätzen und vielgestaltigen Fassaden gibt der Stadt einen besonderen Charme und für die kaiserliche Krönung des Ganzen sorgt der stimmungsvolle romanische Kaiserdom der Salier, UNESCO-Welterbe seit 1981.

Vom Altpörtel, dem westlichen mittelalterlichen Stadttor, führt die breite, als Via Triumphalis angelegte Maximilianstraße direkt auf den Dom zu. Dessen glatte, eindrucksvoll gegliederte Sandsteinfronten, die vier Türme und die charakteristische Vierungskuppel bilden den optischen Höhepunkt der Stadt. Schöne Blicke auf den Dom und die nördlich und südlich von Speyer gelegenen Auwälder ergeben sich bei einer Schiffsfahrt auf dem Rhein. Dreifaltigkeits- und Gedächtniskirche unterstreichen die Bedeutung des christlichen Glaubens in der traditionsreichen Bischofsstadt. Dass jedoch nicht nur das Christentum die Stadt geprägt hat, wird im historischen jüdischen Viertel deutlich. 1084 wurde auf Veranlassung des Speyerer Bischofs Rüdiger die erste jüdische Gemeinde Speyers gegründet. Von den als fleißig bekannten jüdischen Händlern versprach er sich einen wirtschaftlichen Aufschwung der Stadt und dringend benötigtes Geld für den Umbau des Doms. Die einige Hundert Menschen umfassende Gemeinde brachte Speyer zu jener Zeit nicht nur wirtschaftliche, sondern auch geistige und kulturelle Blüte. Dieses Erbe steht im Zentrum der SchUM-Stätten in Speyer, Worms und Mainz, die von der UNESCO 2021 gemeinsam als Welterbe anerkannt wurden.

Speyer ist aber nicht nur für geschichtlich Interessierte eine Reise wert. Die vielfältigen Einkaufs- und Einkehrmöglichkeiten und ein erstaunlich breites Spektrum an Museen und Ausstellungen machen die kompakte, 50.000 Einwohner zählende Stadt zu einem beliebten Wohnort und auch Reiseziel: Pro Jahr kommen rund 5,2 Mio. Tagestouristen in die Stadt.

Geschichte

In Speyer ist Geschichte lebendig geblieben. Kelten und Römer siedelten hier, seit dem 5. Jh. ist die Stadt Bischofssitz, einer der ältesten in Deutschland. Schon im 9. Jh. wurde ein erster Dom errichtet. Und als 1024 der Salier Konrad II. zum römisch-deutschen König gewählt und wenig später auch zum Kaiser des Heiligen Römischen Reiches gekrönt wurde, rückte die Stadt in den Mittelpunkt des Reiches. Der machtbewusste und mit harter Hand regierende Konrad II. fasste bald den Entschluss, seine Macht durch den Bau des Speyerer Doms zu untermauern. Er und sieben weitere Kaiser und Könige fanden hier ihre letzte Ruhe. 1294 endete durch die Ernennung zur Freien Stadt die bischöfliche Herrschaft, Speyer büßte stark an Bedeutung ein. Im 16. Jh. wurde die Stadt allerdings noch einmal Bühne für wichtige Entscheidungen: Gleich viermal fand hier der Reichstag statt, Reichsregiment und Reichskammergericht wurden nach Speyer verlegt. 1689 erlebte die Stadt während des Pfälzischen Erbfolgekrieges die wohl größten Zerstörungen in ihrer Geschichte. Stadtmauer und -tore, Kirchen, Klöster und nicht zuletzt über 700 Bürgerhäuser fielen den Flammen zum Opfer.

Der Wiederaufbau dauerte lange und brachte wichtige barocke Bauten wie die Dreifaltigkeitskirche und das spätbarocke Rathaus mit seinem verspielten Ratssaal hervor.

Stadtrundgang

Unübersehbar und doch harmonisch markiert der **Dom** das Zentrum Speyers. Nach seiner Ernennung zum römisch-deutschen Kaiser machte sich Konrad II. um 1030 auf die Suche nach einem geeigneten Platz zum Bau des herrschaftlichen Doms. Kein Ort in seiner Heimat, dem Speyergau, schien besser geeignet als die Bischofsstadt am Rhein, in der schon zu karolingischer Zeit ein erster Dom entstanden war. Mit gigantischem Aufwand wurde dieser abgerissen, der Domhügel aufgeschüttet und die für den Bau benötigten Sandsteine aus dem Odenwald und von der Haardt aus hierhergebracht. Als Konrad II. 1039 starb, war von seinem stolzen Bauwerk noch nicht viel vollbracht, sein Sarg wurde inmitten der Baustelle beigesetzt. Geweiht wurde die gesamte Anlage erst 1061 in Anwesenheit seines elfjährigen Enkels König Heinrich IV. Seit jener Zeit bilden Kirche und Stadt eine untrennbare Einheit. Keine 20 Jahre nach der Weihe ließen der mittlerweile dem Kindesalter entwachsene Heinrich IV. und dessen Sohn Heinrich V. den Dom tiefgreifend umbauen. Damals entstanden die charakteristische umlaufende Zwerggalerie sowie die aus statischen Gründen verstärkten Mauern mit ihren reichen Gliederungen. Mit den um 1125 vollendeten Umbaumaßnahmen erlangte der Speyerer Dom grob sein heutiges Erscheinungsbild. Trotz zahlreicher Umbauten sind Teile des ursprünglichen Doms noch immer erhalten. Nach verheerenden Zerstörungen in den Wirrungen der Französischen Revolution konnte der Dom nur knapp vor dem Abriss bewahrt werden. Erst infolge der Angliederung der Pfalz an Bayern wurde er zunächst notdürftig wiederhergestellt und durch König Ludwig I. als Nationaldenkmal gefördert. Der charakteristische Westbau des Doms entstand nach Plänen von Heinrich Hübsch in der Mitte des 19. Jh. Heute präsentiert sich der Dom als Basilika mit dreischiffigem Langhaus, Westbau,

Abendstimmung am Dom

Querhaus und Chorgeviert mit Apsis. Die fünfschiffige Krypta erstreckt sich unter dem Chor und dem Querhaus.

Die gewaltigen Ausmaße und die trotz größter Sachlichkeit deutlich werdende Untermauerung des weltlichen Machtanspruchs kennzeichnen die Idee des mittelalterlichen Kaiserdoms. Von Anfang an war der Dom als Grablege gedacht, als Ort der Erinnerung und Bewunderung für das Geschlecht der Salier, das zwischen 1024 und 1125 nicht nur die römisch-deutschen Könige, sondern als Vertreter Christi auf Erden auch die Kaiser stellte. Bis heute sind ihre Gräber in der stimmungsvollen Krypta, dem ältesten Teil des Doms, zu bestaunen.

▪ Tägl. 9–17 Uhr, April bis Okt. bis 19 Uhr. So und feiertags ab 11.30 Uhr. Infos und Tickets in der Dom-Info auf der Südseite. Krypta-Besichtigung: 4 €, ermäßigt 1,60 €. Neben einem Besuch des Dom-Innenraums empfehlen wir (zwischen April und Okt.) das Ticket „Turm & Kaisersaal": Es beinhaltet die Besichtigung des über dem Hauptportal gelegenen Kaisersaals und den Aufstieg auf den (südwestlichen) Turm. Die Aussichtsplattform in 60 m Höhe ist durch eine neue, architektonisch gelungene Treppenkonstruktion erschlossen. Die Sicht auf das Hauptschiff des Doms sowie über Speyer und die Umgebung ist fantastisch. Im Infoflyer (eine Beigabe zu den Tickets) sind die Sehenswürdigkeiten gut nachvollziehbar illustriert. Erwachsene 6,50 €, ermäßigt 3,20 €, mit der Pfalzcard freier Eintritt. Informationen zu Führungen unter ✆ 06232-102118. Weitere Infos über die Europäische Stiftung Kaiserdom zu Speyer, Stifterbüro, Kleine Pfaffengasse 21, ✆ 06232-102397, dom-zu-speyer.de.

Dom mit Blick zum Rhein

Vom Dom, dem Dreh- und Angelpunkt der Stadt, führt die Maximilianstraße gerade auf das 55 m hohe **Altpörtel** zu. Die Besteigung des westlichen Haupttors der ehemaligen Stadtbefestigung lohnt aufgrund des grandiosen Ausblicks über die gesamte Stadt. Auf dem Weg dorthin passiert man die 1748 als Kaufhaus errichtete **Alte Münze,** vor der sich auf dem alten Marktplatz die Tische verschiedener Cafés und Restaurants einladend um einen Brunnen gruppieren, und, etwas versetzt in der Großen Himmelsgasse, die als spätbarockes Gesamtkunstwerk geltende **Dreifaltigkeitskirche.** Zwischen 1701 und 1717 wurde sie nach Plänen des kurpfälzischen Hofbau meisters Johann Peter Graber als evangelisch-lutherische Kirche errichtet.

Altpörtel: April bis Okt. Mo–Fr 10–12 und 14–16 Uhr, Sa/So 10–17 Uhr. Eintritt 3 €, Kinder 2 €.

Dreifaltigkeitskirche: Offene Kirche Mi und Sa 10.30–16 Uhr, Fr und So 14–17 Uhr. Auf dreifaltigkeit-speyer.de ist die Kirche auch virtuell zu besichtigen.

Unweit des Aussichtsbalkons des Altpörtels erhebt sich mit 105 m der höchste Kirchturm der Pfalz. Die dazugehörende neugotische **Gedächtniskirche** wurde in den Jahren 1893 bis 1904 zur Erinnerung an die 1529 auf dem Reichstag in Speyer vollzogene Protestation errichtet. Eine Bronzestatue und Martin Luthers berühmtes Diktum „Hier stehe ich, ich kann nicht anders, Gott helfe mir. Amen!" erinnern neben den farbigen Motivfenstern der Ge-

Blick vom Altpörtel: Türme von St. Joseph und der Gedächtniskirche

Die Pfalz am Rhein → Karte S. 24

dächtnishalle an die Reformation und ihren Wegbereiter.

Gedächtniskirche: Apr. bis Okt. Di–Sa 10–17 Uhr, So 14–17 Uhr. Nov. bis März Di–Fr und So 13–16 Uhr, Sa 10–16 Uhr.

Über die Ludwigstraße erreicht man in wenigen Minuten das **jüdische Viertel.** Hinter einer unscheinbaren Tür in der Kleinen Pfaffengasse liegen die Reste der im 11. Jh. entstandenen Synagoge. Beeindruckend ist v. a. das 10 m unter der Oberfläche gelegene, über ein gewölbtes Treppenhaus zu erreichende rituell genutzte Judenbad, die Mikwe. Während sich im 11. Jh. in weiten Teilen Europas die Stimmung gegen die Juden wandte, hielt man in Speyer zunächst die schützende Hand über sie. Dies führte dazu, dass hier eine mehrere Hundert Personen umfassende jüdische Gemeinde entstand, die wesentlich zur Entwicklung der Stadt beitrug. Im Mittelalter bildeten die jüdischen Gemeinden der Städte Speyer, Worms und Mainz einen Bund, der unter dem Namen SchUM bekannt war. Seit Juli 2021 sind die SchUM-Stätten offiziell in die UNESCO-Welterbeliste aufgenommen. Der Begriff setzt sich aus den hebräischen Anfangsbuchstaben der Städte zusammen. Die **SchUM-Stätten** spiegeln die jahrhundertelange Tradition des aschkenasischen (mittel- und osteuropäischen) Judentums. Im Mittelalter war SchUM sowohl in architektonischer als auch in religiöser Hinsicht prägend.

Mitte des 14. Jh. erreichte die Judenverfolgung mit den Pestpogromen einen traurigen Höhepunkt. In der Folge war die jüdische Gemeinde in Speyer kaum mehr existent. Die heutige Gemeinde wurde 1996 von Einwanderern aus Osteuropa gegründet.

Jüdisches Viertel: Judenbad, alte Synagoge und Jüdisches Museum. April bis Okt. tägl. 10–17 Uhr, Nov. bis März Di–So 10–16 Uhr. Eintritt 4 €, ermäßigt 2 €. Kleine Pfaffengasse 20/21, ✆ 06232-291971. Infos auf verkehrsverein-speyer.de und bei whc.unesco.org/en/list/1636 (nur auf Englisch).

Im Norden des Domplatzes geht es hinab in den romantisch verwinkelten **Hasenpfuhl,** die Speyerer Altstadt.

Einst wurde auf dem Fisch- und Holzmarkt eifriger Handel getrieben. Heute laden einige Gast- und Weinstuben zum Verweilen ein, ansonsten ist es deutlich ruhiger als auf der oberhalb gelegenen Maximilianstraße. Weiter über den Speyerbach gelangt man schließlich zu dem um 1230 gegründeten und 1304 zum Dominikanerorden übergetretenen **Kloster St. Magdalena** in der Hasenpfuhlstraße. Für Speyer war die Einrichtung v. a. für die Bildungs- und Erziehungsarbeit von großer Bedeutung. Ab 1829 gründeten die Dominikanerinnen öffentliche Mädchenvolksschulen, die erste Höhere Töchterschule der Pfalz, eine Lehrerinnenbildungsanstalt und eine Handelsschule. Zwischen 1923 und 1931 wirkte und lehrte die Philosophin und Karmeliterin Dr. Edith Stein in den Schulen des Klosters. Aufgrund ihrer jüdischen Herkunft und der bekennenden antinationalsozialistischen Haltung wurde Stein in den Folgejahren verfolgt und schließlich 1942 in Auschwitz ermordet.

Museen

Historisches Museum der Pfalz: Auf 6000 m² werden in dem renommierten Museum nahezu alle wesentlichen Exponate gezeigt, die für die Pfalz von der Vorgeschichte bis in die Neuzeit von herausragender Bedeutung sind. Neben einer Sammlung zum Thema Wein ist hier auch der Domschatz zu sehen. Meist sind es aber die gut inszenierten Sonderausstellungen, die ein großes Publikum anziehen und häufig auch einen Bezug zur Pfalz haben (wie z. B. 2023/24 „König Ludwig I. – Sehnsucht Pfalz"). Beliebt bei Groß und Klein ist das Junge Museum, in dessen Erlebnisausstellungen Themen wie Detektive, die „Sendung mit der Maus" oder das alte Ägypten anschaulich präsentiert werden.

▪ Di–So 10–18 Uhr, in Ferienzeiten manchmal auch Mo. Eintritt 9 €, Kinder 3 €, Sonderausstellungen um 15 €. Domplatz, ✆ 06232-13250, museum, speyer.de.

Feuerbachhaus: Das idyllische Haus mit schönem Garten an der Stadtmauer ist das Elternhaus des Malers Anselm Feuerbach (1829–1880). Neben der Dokumentation seines Gesamtschaffens werden auch einige seiner klassizistisch-realistischen Bilder gezeigt. Das Haus beherbergt auch eine stimmungsvolle, liebevoll geführte Weinstube mit einfacher regionaler Küche.

▪ Museum: Sa 11–13 Uhr. Eintritt frei, Spenden erbeten. Weinstube: Di–Sa ab 17 Uhr. Allerheiligenstr. 9, ✆ 06232-70448, feuerbachhaus.de.

Purrmannhaus: Im stimmungsvollen Elternhaus Hans Purrmanns (1880–1966) wird in einer ständigen Ausstellung mit gut 70 Exponaten sein aus Gemälden, Druckgrafiken, Aquarellen und Plastiken bestehendes Werk gezeigt. Auch die Werke seiner Frau Mathilde Vollmoeller sind in einem Raum zu sehen.

▪ Do–So 11–18 Uhr. Eintritt 6 €, ermäßigt 4 €. Kleine Greifengasse 14, ✆ 06232-142020, speyer.de.

Sophie-La-Roche-Stube: Die Großmutter von Bettina von Arnim und Clemens Brentano mit dem facettenreichen Lebensweg gilt als die erste deutsche Schriftstellerin, die in der Spätphase der Aufklärung einen moralkritischen Roman verfasste. Im prächtigen, spätbarocken Hohenfeld'schen Haus nahe des Doms wurde eine gelungene Gedenkstätte geschaffen, um an ihre Speyerer Jahre (1780–1786) zu erinnern.

▪ Do–Fr 15–18 Uhr, Sa 10–16 Uhr. Eintritt frei, Spenden erbeten. Maximilianstr. 99, speyer.de.

SEA LIFE Speyer: Am Hafenbecken unterhalb des Doms sind über hundert verschiedene, im Wasser lebende Tierarten zu Hause. Mit 24 Süß- und Salzwasserbecken ist der Lauf des Rheins vom Ursprung in den Alpen bis zur Mündung in die Nordsee im Kleinformat nachgestellt. Kurzweilig und mit faszinierenden Einblicken untermalt werden so die Ökosysteme Rhein, Nordsee und Atlantik präsentiert. Publikumsliebling ist die Grüne Meeresschildkröte Marty, die den tauchenden Pflegern gerne mal etwas Brokkoli aus der Hand knabbert.

▪ Meist 10–18 Uhr, teilweise nur bis 17 Uhr. Erwachsene 21 €, Kinder ab 3 J. 16,50 € mit der Pfalzcard kostenfrei! Hunde haben keinen Zutritt, für Kinderwagen fehlt der Platz. Im Hafenbecken 5, ✆ 06232-69780, visitsealife.com/speyer.

Technik-Museum und IMAX Dome: Aufgrund der großen Vielfalt können hier sowohl Technikfreaks als auch von technischen Dingen eher gelangweilte Besucher einige Zeit verbringen. Der klassische Teil der Ausstellung erstreckt sich über 100.000 m^2 Freigelände und 15.000 m^2 Hallenfläche. Neben Feuerwehrfahrzeugen, Lokomotiven und Oldtimern sind eine Antonov AN-22, das U-Boot U 9 und eine hoch über dem Museumsgelände „schwebende", begehbare Boeing 747 zu bestaunen. Letztere hat eine spektakuläre Reise hinter sich. Bis Karlsruhe wurde sie geflogen und danach in mehrere Teile zerlegt. Am schwierigsten war der Transport des gut 70 m langen Rumpfs. Auf einem Lastenponton wurde er auf dem Rhein bis zu einem Naturhafen bei Speyer gefahren. Von dort ging es, beobachtet von vielen Zuschauern, auf gesperrten Straßen bis ins Technik-Museum.

Im IMAX Dome Filmtheater werden die speziell für dieses Kino produzierten Filme auf eine Kuppel mit 27 m Durchmesser projiziert, wodurch sich beeindruckende optische Effekte ergeben.

In der Korngasse

▪ Mo–Fr 9–18 Uhr, Sa/So bis 19 Uhr. Die Preise sind üppig bemessen: Erwachsene 21 €, Kinder (5–14 J.) 17 €, Kombiticket mit IMAX 26 bzw. 21 €. Am Technik-Museum, ✆ 06232-67080, speyer.technik-museum.de.

Die Pfalz am Rhein → Karte S. 24

Service

Information **Tourist-Information Speyer.** Maximilianstr. 13, 67346 Speyer, ✆ 06232-142392, April bis Okt. Mo–Fr 9–17 Uhr, Sa 10–15 Uhr; Nov. bis März Mo–Fr 9–17 Uhr, Sa 10–12 Uhr. speyer.de.

Ausflugsschiffe Das familienfreundliche **Ausflugsschiff Pfälzerland** legt von Mai bis Oktober Di–So mindestens zweimal tägl. an der Rheinuferpromenade in Speyer ab. Ziele sind neben dem Reffenthaler Altrhein (nördlich von Speyer) der Altrhein bei Otterstadt und im Rahmen von Sonderfahrten die Insel Rott und Rüdesheim. Erwachsene ab 12 €, Kinder (4–14 J.) 8 €. Tickets auf dem Schiff (nur Barzahlung), Reservierungen ab 7 Pers. möglich. ✆ 06232-71366, personenschifffahrt-streib.de.

Parken Direkt in der Altstadt gibt es nur wenige und dann meist teure Parkplätze. Empfehlenswert ist das Parken auf dem gut ausgeschilderten, zentral gelegenen **Festplatz.** Für 3 € kann man hier das Auto den ganzen Tag stehen lassen, das Ticket für den in der City verkehrenden Shuttlebus ist inklusive.

Sightseeing Die Touristeninformation bietet eine ganze Reihe von Führungen an. Einen guten Überblick erhält man ganzjährig mit dem 90-minütigen **Speyermer Stadtspaziergang** (nahezu täglich ab 11 und manchmal ab 14 Uhr,

Start an der Tourist-Info, Erwachsene 9 €, Familien 18 €).

Auch für Kinder spannend sind die **Anno-Domini-Führungen.** In historische Gewänder gehüllt, berichten die Führer über das frühere Leben und Arbeiten in Speyer. Ganzjährig jeden ersten Fr im Monat ab 19 Uhr, Start an der Tourist-Info, Erwachsene 9 €, Kinder 6 €.

SpeyerCard Mit dieser Ein- oder Dreitageskarte erhält man freien oder **ermäßigten Eintritt** in vielen Museen, **Rabatte** bei Stadtführungen, Schifffahrten, Schwimmbädern etc. sowie bei den teilnehmenden Geschäften. Tageskarte Erwachsene 4 €, Familien (nur für 2 Erwachsene und 2 Kinder bis 14 J.) 10 €. Die Dreitageskarte gibt es von den Partnerhotels ab zwei Übernachtungen gratis, für 8 bzw. 18 € kann sie auch gekauft werden.

Taxi **Taxi am Dom,** ✆ 06232-9807171.

Einkaufen

Relativ viele inhabergeführte Geschäfte laden in der Maximilianstraße und in den randlich gelegenen Gassen zum Bummeln ein.

Beisel-Hüte **11** Seit über 70 Jahren werden in diesem Handwerksbetrieb Hüte gefertigt und verkauft. Von schlichten Strickmützen bis zur federverzierten Hutkreation gibt es hier alles. Mo–Fr meist 14–17 Uhr, Sa 10.30–16 Uhr. Rossmarktstr. 37, ✆ 06232-75317, beisel-huete.de.

ARS LUDI **15** Schönes Spielwarengeschäft mit freundlichem und fachkundigem Personal. Mo–Fr 10–18 Uhr, Sa bis 14 Uhr, im Advent bis 18 Uhr. Gilgenstr. 23, ✆ 06232-72895, ars-ludi.de.

MeinTipp **Schramms Kaffeerösterei** **9** Schon seit vielen Jahren direkt am Altpörtel, inzwischen zusätzlich im trendigen Industriehof. Rund 40 Sorten frisch gerösteten Kaffees, auch bio und fair gehandelt, kann man hier kaufen und probieren. Mo–Fr 10–18 Uhr, Sa 9.30–16 Uhr in der Gilgenstr. 31 (Innenstadt) und Di–Sa 10–18 Uhr in der Franz-Kirmeier-Straße 19 (Industriehof), ✆ 06232-601960, schramms-kaffee.de.

Radsport Matthias Schumacher **16** Sympathischer Fahrradladen mit zuverlässiger Werkstatt. Mo–Fr 9.30–12.30 und 14–18 Uhr, Sa 9–13 Uhr. Landauer Straße 1a (an der Gedächtniskirche), ✆ 06232-8509999, radsport schumacher.jimdo.com.

Sport/Kultur

Baden **Bademaxx.** Das Schwimm- und Planschparadies ist Frei- und Hallenbad zugleich. Mit insgesamt acht Becken und einem großzügigen Saunabereich wird es vielen Ansprüchen gerecht. Hallenbad Mo–Sa 10–22 Uhr, So bis 20 Uhr, Di/Do zusätzlich 6.30–8 Uhr. Freibad Mitte Mai bis Anfang Sept. 10–19 Uhr, Juli/Aug. 8–20 Uhr. Mo Damensauna. Tageskarte Hallenbad 8 €, ermäßigt 6 €, nur Freibad je 2 € weniger. Kinder bis 6 J. frei. Geibstr. 3, ✆ 06232-6251500, bademaxx.de.

Rund um Speyer sind zahlreiche Seen als Badegewässer gemeldet. Die **Binsfeldseen** im Norden weisen meist eine sehr gute Wasserqualität auf.

Hochseilgarten Kletterwald Speyer. Neun Parcours mit verschiedenen Schwierigkeitsgraden von „Spaß" bis „Extrem" warten hier auf kletterfreudige Abenteurer. Mitte Mai bis Mitte Sept. tägl. 10–19 Uhr, Mitte März bis Mitte Mai und Mitte Sept. bis Anfang Nov. nur Di und Fr–So. Erwachsene 25,90 €, Jugendliche 19,90 €, Kinder (bis 11 J.) 15,90 €. Erster Richtweg 5, ✆ 0176-61011199, kletterwaldspeyer.de.

Jetski Wasserskischule Becht. Wer mit dem Jetski auf dem Rhein herumdüsen möchte, kann das hier ohne Führerschein tun, weil eine qualifizierte Begleitperson mit an Bord ist. Inkl. Sprit und Einführung kosten 15 Min. 69 €, 1 Std. 199 €. Auch Möglichkeit zum Wasserskifahren und Wakeboarden. Jetskistation: Im Hafenbecken 5 (gegenüber von SEA LIFE Speyer). ✆ 06232-71979, wasserskischule.de.

Kino Theaterhaus. Reservierung unter ✆ 06232-315848, automatische Programmansage ✆ 06232-315831, Brunckstr. 13, theaterhaus-speyer.de.

Radfahren Radwege erschließen die Rheinauenlandschaft rund um Speyer, besonders beliebt ist der **Rheinradwanderweg**. Der historisch begründete **Kaiser-Konrad-Rad-**

weg ist im Buch ab Bad Dürkheim beschrieben (→ Radtour 3, S. 114).

Veranstaltungen Immer am zweiten Wochenende im Juli verwandelt sich der Festplatz an der Kipfelsau während des **Brezelfests** in ein Meer von Menschen und Fahrgeschäften. Am Brezelfest-Sonntag gibt es ab 13.30 Uhr einen kunterbunten Umzug durch die Innenstadt. Grund des Festes ist die Freude über die Erfindung der (Laugen-)Brezel. Das ganze Jahr hindurch präsentiert sich Speyer als Brezelstadt, in der Fußgängerzone gibt es immer Stände mit frischen Brezeln.

Zwischen Fischmarkt und Sonnenbrücke (im Hasenpfuhl) wird alljährlich am zweiten Septemberwochenende das **Altstadtfest** gefeiert.

Am Montag vor dem ersten Advent startet in Speyer der **Weihnachtsmarkt.** Die schöne Kulisse der Maximilianstraße und die gute Auswahl der Beschicker sorgen für eine stimmungsvolle Atmosphäre. Wer bis Heiligabend noch nicht genug gefeiert hat, der kann sich auf den Tag nach Weihnachten freuen, da geht das Fest bis um Dreikönig als **Silvestermarkt** weiter.

Mein Tipp Am dritten Wochenende im Sept. findet der stimmungsvolle **Bauernmarkt** statt. Über hundert Anbieter, vorwiegend aus der Vorder- und Südpfalz, präsentieren an schön dekorierten Ständen auf der Maximilianstraße ihre landwirtschaftlichen Produkte, zeigen bäuerliches Kunsthandwerk und laden ein, regionale Spezialitäten zu probieren. An diesem Wochenende ist Speyer noch deutlich voller als sonst. bauernmarkt-speyer.de.

Übernachten

→ Karte S. 50/51

Hotel Alt Speyer **13** Zentral und doch ruhig gelegenes Hotel in der Speyerer Innenstadt. Die Zimmer sind einfach, aber sauber und angenehm, das Frühstück ist trotz des eher engen Raumes ein morgendliches Highlight. Für Radfahrer gibt es eine abschließbare Fahrradgarage. Große Gailergasse 1a, ✆ 06232/60280, hotelaltspeyer.de. **€€**

Hotel Zum Augarten **21** Gepflegtes, großzügiges Hotel etwas außerhalb des Zentrums. Wer kein Problem hat, etwas weiter zu laufen oder sowieso ein Rad dabei hat, dem sei dieses angenehme, ruhig gelegene Haus sehr empfohlen. Neben klassischen Hotelzimmern auch Appartements. Rheinhäuser Straße 52, ✆ 06232-75458, augarten.de. **€€**

****** Hotel Löwengarten** **17** Nahe der Gedächtniskirche gelegenes, inhabergeführtes Hotel. Alle 63 Zimmer, darunter auch Familienzimmer, Zimmer mit Verbindungstüren und Komfortzimmer mit extralangen Betten, sind solide. Schwerdstr. 14, ✆ 06232-6270, hotel-loewengarten.de. **€€€**

Hotel Speyer am Technik-Museum **19** 105 solide Zimmer in zwei Gebäudeteilen sowie 90 Caravanstellplätze direkt neben dem Technik-Museum. Stellplatz mit WC/Dusche 24 €. Am Technik-Museum 1, ✆ 06232-67100, hotel-speyer.de. **€€**

Altstadt Ferienhaus Speyer **1** In der Altstadt gelegenes Haus mit sechs Ferienwohnungen unterschiedlicher Größe (41–66 m²). Nichtraucherwohnungen, keine Haustiere. Pfaugasse 11, ✆ 06232-683144, altstadt-ferienhaus.de. **€€**

****** Albertushaus** **12** Sieben Ferienwohnungen direkt am Marktplatz bietet das Albertushaus. Mit 4 Sternen klassifiziert, bieten die großzügigen Wohnungen ein gutes Preis-Leistungs-Verhältnis. Kutschergasse 23, ✆ 06232-68075, albertushaus-speyer.de. **€€**

Kurpfalz-Jugendherberge Speyer **20** Sehr schön direkt am Rheinufer gelegen, teilweise mit neuen, großzügigen Räumlichkeiten (Kat. V)., Das Haus ist für Familien mit Kindern, aber auch für viele andere Besucher sehr zu empfehlen, eine frühzeitige Reservierung ist erforderlich! Bei der Reservierung auf die Buchung der gewünschten Kategorie (IV+ oder V) achten – ist im Buchungssystem schlecht erkennbar! Das Schwimmbad Bademaxx befindet sich direkt neben der Jugendherberge. In allen Häusern der DJH toll: die attraktive PfalzCard ist inklusive! Geibstr. 5, ✆ 06232-61597, jugendherberge-speyer.de. **€**

Essen und Trinken/Nachtleben

→ Karte S. 50/51

Essen & Trinken **Zur Alten Münz** **10** In dem spätbarocken Wohnhaus befindet sich eine Weinstube mit klassischen deutschen, ungarischen und vegetarischen Gerichten. Unten gibt es in der Erweiterung ins Nachbarhaus einen, modernen Raum, oben ist es urgemütlich (nicht barrierefrei!). Di–So 11–23 Uhr. Korngasse 1a, 06232-79703, alte-muenz-speyer.de. **€€**

Mein Tipp **Eismanufaktur Englert** 7 Ob ganz normale Eiskugeln oder die aufwändigen Ice-Rolls: Das Eis in dem kleinen Laden ist außergewöhnlich gut. Im Sommer fanden wir Apfel-Holunder sehr erfrischend und lecker. Die Öffnungszeiten variieren saisonal, meist 12 bis 18 Uhr, von Nov. bis Anf. März geschlossen. Korngasse 8, 06232-8770194, eismanufaktur-englert.com.

Zum Anker 2 Das gemütliche, urige Gasthaus mit kleinem Biergarten ist bekannt für seine guten Rumpsteaks, die leckeren Kartoffelnudeln und die insgesamt deftige gutbürgerliche Küche. Freundliches Personal, keine Kartenzahlung. Tägl. ab 17 Uhr, So auch 11.30–14 Uhr. Rheintorstr. 10, 06232-77403. Instagram: zum_anker_speyer. **€€**

Zum Goldenen Hirsch 5 Gepflegtes Restaurant direkt am zentralen St. Georgsbrunnen. Die im Grunde einfachen Gerichte werden raffiniert und häufig fruchtig variiert – köstlich und preiswert! Freundlicher Service und schöne, aber recht belebte Sitzgelegenheit im Außenbereich. Tägl. 11–23 Uhr. Maximilianstr. 90a, 06232-8774855, goldener-hirsch-speyer.de. **€€**

Café Hindenburg 6 Gute, sehr zentrale Adresse für ein Eis auf die Hand: große Auswahl, üppige Kugeln und hervorragender Geschmack. Do–Di 9–20 Uhr. Maximilianstr. 91, 06232-75681, cafehindenburg-speyer.de.

BiancoRosso 4 In der Korngasse lebt das Dolce Vita! Leckere Pizzen mit etwas ausgefallenen Belägen, feine Getränke und gute Desserts locken Hungrige und Genießer. Reservierung empfohlen! Mo, Do und Fr 12–14.30 Uhr und 17–22 Uhr, Mi 17–22 Uhr, Sa und So ab 12 Uhr durchgehend warme Küche. Korngasse 21, 06232-8717852, biancorosso.online. **€€**

Weinstube Rabennest 8 In legerem Ambiente kann man neben Pfälzer Wein einfache, leckere Gerichte genießen. Im Sommer sitzt man schön am Rand der Korngasse, im Winter lockt der warme Kachelofen. Mo–Fr 16–23 Uhr, Sa 11–23 Uhr, So 11–21 Uhr. Korngasse 5, 06232-623857, weinstube-rabennest.de. **€€**

Weinstube Eulenspiegel 14 Wer (mal) auf Fleisch verzichten und es dennoch deftig-pfälzisch mag, ist hier genau richtig: Auf den ersten Blick eine klassische Weinstube, beim

Bauernmarkt

genauen Hinsehen abgefahren – ob Saumagen oder Wurstsalat, hier ist alles vegan. Dabei treffen die Klassiker aus Erbsenprotein zumindest teilweise erstaunlich gut das Original. Am besten reservieren, da die Weinstube nur wenige Tische hat. Di–Do 17–22 Uhr, Fr 17–23 Uhr, Sa 12–14.30 Uhr und 17–23 Uhr, So nur 12–15 Uhr. Kleine Pfaffengasse 23, 06232-77599, weinstube-eulenspiegel.de. **€**

Berzelhof 3 Der historische, mit architektonischem Sinn gestaltete Hof lädt zum Entdecken der elegant-charmanten Weinlounge und dem angegliederten Blumenladen mit Café (Do und Fr 14–18 Uhr, Sa 11–14 Uhr) ein. Alle Weine stammen vom Weingut Weegmüller (NW-Haardt), der Champagner von den bekannten Häusern. Dazu gibt es regionale und mediterrane Kleinigkeiten, z. B. eine Käseplatte. Das Sitzen im Hof ist das reine Vergnügen, der Innenraum der Lounge war bei unserem Besuch recht laut. Mo, Mi, Do und Fr 16–24 Uhr, Sa/So ab 14 Uhr. berzelhof-weinlounge.de. **€€**

Strandbar 18 Während der Sommermonate kann man von der Strandbar am Rhein aus die großen Schiffe bewundern und die Sonne genießen. Auf 2000 m² Sand fühlt man sich wie am Meer. Flexible Öffnungszeiten, Homepage beachten. Am neuen Rheinhafen (direkt an der Jugendherberge), rheinstrand-speyer.de.

Die Pfalz am Rhein → Karte S. 24

Germersheim

Vor allem die militärische Bedeutung während der letzten 200 Jahre hat die Stadt am Rhein geprägt. Im Gegensatz zu den in großen Teilen erhaltenen prägnanten Festungsanlagen ist die Innenstadt wenig spektakulär.

Schon die Gründung Germersheims war militärisch motiviert: An der Stelle der heutigen Stadt wurde vor 1090 eine Burg errichtet, die in den folgenden Jahren beliebter Aufenthaltsort von Kaisern und Königen war. Auch Rudolf von Habsburg (1218–1291) soll der Ort gefallen haben, 1276 verlieh er ihm die Reichsstadtprivilegien. Nach der Übernahme der Stadt durch das Königreich Bayern wurden 1814 eilig Pläne zum Bau einer Festung geschmiedet. Die hauptsächlich von 1834 bis 1855 durch König Ludwig I. erbaute Anlage sollte das linke Ufer des Rheins schützen. Germersheim entwickelte sich zu einer gewaltigen Militärbasis; zu den 3000 Einwohnern Mitte des 19. Jh. kamen noch einmal so viele Soldaten. Doch war die Anlage schon bei Bauende veraltet. Die militärische Technik und die Durchschlagskraft der Geschütze hatten sich in den wenigen Jahren so stark verändert, dass alle zuvor angenommenen Rahmenbedingungen nicht mehr stimmten. Dennoch blieb die Festung weiterhin bestehen und wurde erst 1922 infolge des Versailler Vertrags geschleift. Ein Teil von ihr ist inzwischen als Niederlassung der Universität Mainz wiederbelebt worden: Seit der Fachbereich Angewandte Kultur- und Sprachwissenschaften Einzug in die Seyssel-Kaserne gehalten hat, ist frischer Wind in das Gemäuer und die nähere Umgebung gekommen. Passend zur ehemaligen gotischen Klosterkirche St. Jakobus (gebaut um 1325) steht auf dem Marktplatz eine Bronzeplastik des Hl. Jakob nach einem Entwurf von Max Pöpperl. Germersheim liegt auf einer der vielen Pfälzer Jakobsrouten, sodass bei allem militärischen Getöse auch Raum für etwas Kontemplation bleibt. Wer shoppen möchte, sollte nicht nach Germersheim fahren. Die Einkaufsmöglichkeiten beschränken sich auf ein mäßig attraktives Fachmarktzentrum zwischen Innenstadt und Rhein.

St. Jakobus

Sehenswertes

Deutsches Straßenmuseum: Im gut erhaltenen Zeughaus der Festung Germersheim wurden einst Waffen und sonstige militärische Ausrüstung aufbewahrt und gepflegt. Heute befindet sich in dem mächtigen Bauwerk das bundesweit einzige Straßenmuseum. Interessant sind die Infos zur Kultur-

Das Ludwigstor am nördlichen Rand der Innenstadt

geschichte der Straßen, z. B. darüber, wie die Römer ihre Straßen bauten und was beim Bau von Brücken zu beachten ist. Im Hof stehen einige Großmaschinen, die zum Bau von Straßen benötigt werden.

Di–Fr 10–18 Uhr, Sa/So ab 11 Uhr. Eintritt 5 €, ermäßigt 3 €, Familienkarte 8 €. Im Zeughaus, ✆ 07274-500500, das-deutsche-strassenmuseum.de.

Im **Weißenburger Tor** haben die Touristeninformation und die Dauerausstellung „Festungsgeschichten" einen Platz gefunden. Das Weißenburger Tor und das **Ludwigstor** bildeten einst die beiden Zugänge zur Stadt. Im Ludwigstor ist das **Stadt- und Festungsmuseum** zu besichtigen, dessen umfangreiche Sammlungen die militärische Geschichte Germersheims aufzeigen. Hinter dem Museum befindet sich ein großzügiger Spielplatz.

April bis Dez. 1. So im Monat 10–17 Uhr und jeden Mi 14–18 Uhr. Erwachsene 2 €, Kinder ab 10 J. 0,50 €. Am Ludwigsring 1, ✆ 07274-960260.

Praktische Infos

Information **Tourist-Info.** Besucherzentrum im Weißenburger Tor, April bis Okt. Mo–Fr 10–17 Uhr, Sa 10–14 Uhr und So 10–15 Uhr. Nov. bis März Mo–Do 10–17 Uhr, Fr bis 13 Uhr. Paradeplatz 10, 76726 Germersheim, ✆ 07274-9738170, germersheim.de.

Südpfalz-Tourismus Landkreis Germersheim e. V. Mo–Fr 8.30–12 Uhr sowie Di 13.30–16 Uhr und Do 13.30–18 Uhr. Luitpoldplatz 1, 76726 Germersheim, ✆ 07274-53232, suedpfalz-tourismus.de.

Radfahren **Haasies Radschlag.** Praktische bis kuriose Spezialräder sind hier ebenso erhältlich wie Leihräder (ab 9 €/Tag), Kinderräder und ganz normale Räder. Di–Sa 9–13 Uhr, Marktstr. 13, ✆ 07274-4863, haasies-radschlag.de.

Durch Germersheim führt der **Rhein-Radweg,** dem man nach Norden oder Süden folgen kann. Eine schöne, kleinere Runde am Rhein (ca. 25 km) führt rheinaufwärts bis Leimersheim, dort setzt man mit der Fähre auf die badische Seite über und radelt dann bis zur Germersheimer Rheinbrücke durch den Auwald zurück. Über den Bellheimer Wald nach Landau und weiter in Richtung Hauenstein führt der **Queichtalradweg.**

Eine besondere Form des Radfahrens ist auf der 13 km langen Strecke der **Südpfalzdraisine** möglich: Man tritt wie auf dem Fahrrad, bewegt sich jedoch mit dem Fahrzeug, auf dem für 4 bis 7 Personen Platz ist, auf Eisenbahnschienen voran. Weitere Infos, Termine und Reservierungen unter ✆ 06344-944267, suedpfalz-draisine.de.

Die Pfalz am Rhein → Karte S. 24

Sightseeing Öffentliche **Festungs- und Stadtführungen** von März bis Nov. an jedem 1. So im Monat. Treffpunkt jeweils um 14 Uhr am Weißenburger Tor. Der zweistündige Rundgang kostet für alle ab 16 J. 6 €. Infos zu dieser und anderen Führungen bei der Tourist-Info.

Nachenfahrten auf dem Altrhein. Erfahrene Bootsführer schippern Gäste in einem Nachen durch die Altrheinarme bei Germersheim. Neben naturkundlichen Informationen erfährt man auch viel über das jahrhundertelange Miteinander von Mensch und Fluss. Die flachen, hölzernen Fischerboote sind komplett (12 Plätze) zu mieten und kosten 110 €/Fahrt. An Sonn- und Feiertagen um 10 Uhr auch öffentliche Fahrten für Einzelpersonen (Erwachsene 10 €, Kinder 6 €). Da die Fahrten in einem Naturschutzgebiet stattfinden, sind ihre Anzahl und der Zeitraum (Ende März bis Mitte Okt.) begrenzt. Der Startpunkt liegt im Norden der Insel Grün. Infos und Anmeldung über die Tourist-Info.

Übernachten **Hotel Kleine Festung.** Angenehmes Hotel mit (familien-)freundlicher Atmosphäre. Zum Hotel gehört das gute griechische Restaurant Akropolis (Mo–Sa ab 17.30 Uhr). Hauptstr. 18 (Eingang über die Mittelstraße), ✆ 07274-7001508, hotel-kleine-festung.de. €€

Hotel Quartier 8. Die einfachen Zimmer in dem etwas engen Altstadthaus sind sauber und angenehm modern eingerichtet. Prima Preis-Leistungs-Verhältnis! Sandstraße 8, hotel-quartier8.de. €

Wohnmobil-Stellplätze. Solide angelegte, gepflasterte Stellplätze zwischen Queich und Festungsresten, mit Entsorgungsstation, ganzjährig geöffnet. 24 Std. 10 € inkl. Strom. Rudolf-von-Habsburg-Straße, Infos bei der Tourist-Info.

Essen & Trinken **Las Tapas.** Charmantes spanisches Restaurant mit toller Terrasse, vielen leckeren Tapas und einer umfangreichen spanischen Weinkarte. Mi–Mo 17–23 Uhr. Mittelstr. 2, ✆ 07274-770112, las-tapas.eatbu.com. €€

Café zum Elefanten. Raffinierte Torten, gute Kuchen und im Sommer ein ruhiger Platz im Hof laden zur süßen Pause ein. Auch Pralinen und Frühstück. Sa–So 9.30–18 Uhr, Mi–Fr 9.30–13 und 14–18 Uhr. Hauptstr. 17, ✆ 07274-9491517, cafe-zum-elefanten.de.

Zwischen Rhein und Haardt

Westlich von Germersheim, im Mündungsdelta der Queich, liegt der weitläufige und abwechslungsreiche **Bellheimer Wald.** Er ist durchsetzt von Wiesen, die schon seit über 500 Jahren mit Hilfe von Kanälen und Wehren systematisch bewässert werden, um so den Ertrag bei der Heuernte zu steigern. Die durchfeuchteten Wiesen sind ein idealer Lebensraum für spezialisierte Pflanzen und viele kleine Tiere. Die Kleintiere dienen zahlreichen Vögeln – allen voran Störchen – als Nahrung. Im kleinen **Storchenzentrum** in Bornheim mit angeschlossener Aufzuchtstation wird die Geschichte der Wiederansiedlung der Störche in der Pfalz dargestellt. Inzwischen brüten hier Jahr für Jahr über 300 Paare. In den Sommermonaten kann man sie überall im Queichdelta zwischen Landau und Germersheim sehen. Wer sich für Störche interessiert, kann auch eine Begehung des Storchenwanderwegs im südlich gelegenen Winden (→ S. 64) einplanen.

Die von der Queich gespeisten Wasserläufe waren auch Betriebsgrundlage für zahlreiche Mühlen; als Gebäude erhalten sind noch die Zeiskamer und Knittelsheimer Mühle. Ein produktives Mühlrad drehte sich lange noch im **Hofgut Holzmühle,** auf einer großen Lichtung zwischen Bellheim und Westheim. Mittlerweile wird hier im gigantischen Speicher aber nur noch Getreide gelagert. Auf dem seit 1553 bestehenden Hofgut haben die Eigentümer mittlerweile ein vielseitiges Paradies geschaffen: Gästezimmer, Yogaangebote, eine ethnologische Sammlung und Räume für Feste und Tagungen geben den historischen Gebäuden eine ganz neue Bestimmung. Aus Lust am Planen und Pflanzen sind auf 5200 m², durchflossen von einem Queicharm und mit viel autodidaktischem Engage-

In den Orten rund um den Bellheimer Wald entdeckt man viele Storche

ment, idyllische Gartenbereiche entstanden. Sieben Pfauen bewohnen die mit viel Bambus und buddhistisch inspirierten Statuen gestaltete Oase. Die Besucher reisen teilweise von weit an, um den Garten zu besuchen. Die Eigenbeschreibung „Manufaktur der Möglichkeiten" klingt zunächst etwas hochtrabend, passt dann aber doch ganz gut zu dem vielseitigen Projekt.

Nördlich und südlich des Queich-Deltas liegen durch den Gemüseanbau intensiv bewirtschaftete Äcker. Die Grenze zwischen den unterschiedlichen Naturräumen bilden Lustadt und Zeiskam im Norden sowie Offenbach, Knittelsheim und Bellheim im Süden. In all diesen Gemeinden finden sich zahlreiche Hof- und Dorfläden mit leckeren Produkten aus den hier wachsenden (Acker-) Früchten.

Zu Bellheim gehören die spärlichen Reste des im Wald gelegenen **Jagdschlosses Friedrichsbühl.** 1552 wurde es vom pfälzischen Kurfürsten Friedrich II. als Renaissancebau errichtet, doch im Zuge des Dreißigjährigen Krieges schon bald wieder aufgegeben. Heute weisen nur noch Reste des Wassergrabens, ein Gedenkstein und eine Infotafel auf das Schloss hin. Bis 1897 diente das Schlossportal als Portal der Nikolauskirche in Bellheim, heute ist es im Historischen Museum der Pfalz in Speyer zu besichtigen.

Lustadt wäre mit seinen gut 3000 Einwohnern eigentlich nur ein kleines Dorf wie so viele in der Umgebung – gäbe es nicht einmal im Jahr das *Loschter Handkeesfescht* (Lustadter Handkäsefest, loschter-handkeesfescht.de). Es ist der Höhepunkt im Lustadter Jahresgang: Am 1. Mai und dem nächstgelegenen Wochenende kommen alljährlich 40.000 Besucher auf den eigens dafür gebauten Handkees-Platz am Waldrand. Organisiert wird das Treiben von einem eigenen Verein, dessen Ziel es ist, ein Fest mit volkstümlichen Preisen zu feiern. Und so kostet das Bund Radieschen so viel wie im Supermarkt, und von der dicken Scheibe Bauernbrot mit „Handkäse komplett" (Handkäse mit Schnittlauch und Zwiebeln auf Weißem Käse) wird man für wenig Geld ordentlich satt.

Die Pfalz am Rhein → Karte S. 24

Praktische Infos

Storchenzentrum Bornheim Mo/Mi 13–16 Uhr, So 14–17 Uhr, Erwachsene 3,50 €, Kinder ab 6 J. 2 €. Die zur Pflege in der nahegelegenen Storchenscheune (In den Weppen 3A) befindlichen Tiere sind auch außerhalb der Öffnungszeiten zu beobachten. Kirchstr. 1, pfalzstorch.de.

Essen/Einkaufen **Weinrot.** Bellheim mag kein klassisches Touristenziel sein, aber das stilvoll-gemütliche Weinbistro ist sicher einen Ausflug wert. Die spannende Cross-over-Küche bietet kaum bekannte Gerichte, dafür aber viele Aromen und Kreativität. Di–Fr 17.30–21.30 Uhr. Bellheim, Hauptstr. 113a, ✆ 07272-9588270, weinrot.org. €€

Marktladen130. Wer die Produkte im Weinrot liebt, zum Beispiel den tollen Aprikosensenf, kann sie im Marktladen für daheim mitnehmen oder auch online bestellen. Daneben gibt es viele weitere regionale Produkte wie Wein, Honig, Essig, Gemüse und Backwaren. Mo–Fr 7.30–12 Uhr, Sa bis 13 Uhr. Bellheim, Hauptstr. 130, ✆ 07272-8584, marktladen130.com.

meinTipp **Zeiskamer Mühle.** Am Rande des Bellheimer Waldes liegt das seit 1976 in Familienbesitz befindliche, stil- und stimmungsvolle Anwesen. Die junge Generation veränderte die Räumlichkeiten grundlegend. Nun beherbergt das Hofensemble ein freundliches Restaurant mit feiner Küche und ein komfortables Hotel. Tägl. 17.30–21 Uhr, Sa/So auch 11.30–15 Uhr. 52 gemütliche, moderne Zimmer. Zeiskam, Hauptstr. 87, ✆ 06347-97400, zeiskamermuehle.de. €€€

Kartoffelhof Böhm. Wer glaubt, hier nur Kartoffeln kaufen zu können, der irrt: Im Hofladen von Familie Böhm gibt es ein breites Sortiment an Gemüse, Obst, Eiern und Nudeln. Mo–Fr 9–18 Uhr, Sa bis 13 Uhr. Bellheim, Im Vogelsang 2, ✆ 07272-8604, Instagram: kartoffelhof_boehm.

Hofgut Holzmühle. Der Hofladen mit Mehlen aus der Region und einer Auswahl an Bioprodukten ist von Mo–Fr 9–12 und 14–18 Uhr geöffnet, Sa 9–13 Uhr. Der ca. von April bis Ende Oktober geöffnete Garten kostet 6 € Eintritt (nur für Besucher ab 16 Jahren, keine Hunde). Ticketkauf im Laden, die Öffnungszeiten sind die gleichen. Stimmungsvolle Zimmer mit gutem Frühstück in opulentem Ambiente. ✆ 07274-703204, hofgut-holzmuehle.de. €€€

Hofladen Gensheimer. Der große Biolandhof am südlichen Ortsrand von Offenbach an der Queich verkauft frisches Obst und Gemüse sowie Backwaren und weitere Bio-Produkte aus der Region. Di/Do 9.30–12.30 und 14.30–18 Uhr, Fr 8–18 Uhr, Sa 8–13 Uhr. Offenbach, Hauptstr. 97, ✆ 06348-919233, gemuese-gensheimer.de.

Vom Fluss geprägt – die Dörfer am Rhein

Südlich von Germersheim erstreckt sich ein bunter Flickenteppich aus gemütlichen Dörfern, Äckern und wasserreichen Auwäldern. Früher wurde die Landschaft regelmäßig vom Rhein überflutet, Fischer fanden in dem wild fließenden Strom reiche Beute. Seit der Rheindamm Schutz bietet, sieht man statt Fischerkähnen nun Sportboote in den romantischen Altrheinarmen ankern.

Das am Klingbach gelegene Dorf **Hördt** wird häufig als Klosterdorf bezeichnet. Der Edelmann Herimannus errichtete 1103 auf seinem Gut in Herthi ein Augustinerkloster, das für knapp 550 Jahre der religiöse und geistige Mittelpunkt der Gegend war. Auch die hl. Hildegard von Bingen besuchte es mehrmals. Doch die Frondienste der Bauern und Handwerker waren immens, und so gab es immer wieder Aufstände und Revolten. Im 1525 ausgebrochenen Bauernkrieg (→ S. 174) wurde das Kloster zuerst durch Nußdorfer und später durch rechtsrheinische Bauern schwer in Mitleidenschaft gezogen. Durch die Reformation und den Dreißigjährigen Krieg war es dem Kloster nicht mehr möglich, seine einstige Blüte wiederzuerlangen. Heute zeugen neben einem kleinen Stück Klostermauer nur noch Straßennamen von der interessanten Geschichte.

Schön in die Auen- und Felderlandschaft eingebettet liegen auch die beiden Dörfer **Leimersheim** und **Neupotz.** In Leimersheim setzt die bei Radfahrern beliebte Rheinfähre ans badische Ufer über. Bei Neupotz kann man sich als römischer Ruderer betätigen, die *Lusoria Rhenana*, ein beeindruckender Nachbau eines römischen Patrouillenbootes, macht es möglich. Fluch und Segen des Rheins liegen bei den Dörfern dicht beieinander. In Neupotz wurde 2013 nach jahrelanger kontroverser Diskussion ein rund 450 ha großer Polder für den Fall starker Rheinhochwässer errichtet. Durch das Öffnen der Schleuse können fast 14 Mio. Kubikmeter Wasser zurückgehalten werden. Seit 2011 gibt es in Neupotz das *Haus Leben am Strom*. Hier erhält der Besucher einen guten Einblick in den Rheinauen- und Hochwasserschutz. In dem alten Fachwerkhaus werden die Informationen schön und anschaulich präsentiert. Für Kinder gibt es thematische Spielstationen, sodass sich das Haus als Ziel einer Familienradtour durch die Rheinauen anbietet. Eintritt frei, Mi und Fr 14–16 Uhr nach Voranmeldung, leben-am-strom.de.

Vom Rhein kommend, fällt **Jockgrim** gleich ins Auge: Burgartig markiert die historische Stadtmauer mit der Kirche St. Dionysius den auf einer schmalen Landzunge gelegenen alten Teil des Dorfes. Das im Schatten der Stadtmauer gelegene Hinterstädtel präsentiert sich mit seinen Fachwerkhäusern so romantisch, dass es immer wieder Künstler in den Ort gezogen hat, beispielsweise die bekannte pfälzische Mundartdichterin *Lina Sommer* (1862–

Fachwerkidylle in der südlichen Rheinpfalz: Jockgrim

1932). Lina Sommer lebte in der Villa Sommer (Maximilianstr. 36) für kurze Zeit zusammen mit ihrem Sohn Walter, dem Direktor der *Ludowici-Werke*. Die von Carl Ludowici gegründeten Falzziegelwerke produzierten die ersten industriell hergestellten Ziegel der Welt. Das 1996 eingeweihte *Ziegeleimuseum* dokumentiert die rund hundertjährige Geschichte der Fabrik (Mi und Sa 14–17 Uhr, So 10–17 Uhr, Erwachsene 3 €, Kinder frei, Untere Buchstr. 22a, ✆ 07271-52895, ziegeleimuseum-jockgrim.de). Unter dem angrenzenden Gebäude der Verbandsgemeindeverwaltung ist ein Teil des ehemals größten europäischen Ringofens zu besichtigen. Ursprünglich war er über 90 m lang und rund sechs Stockwerke hoch.

Im nahen **Rheinzabern** ist außer den schönen Fachwerkhäusern das 1978 eröffnete *Terra-Sigillata-Museum* einen Besuch wert (Do–Fr 11–14 Uhr, Sa bis 15 Uhr, So bis 17 Uhr, Erwachsene 3 €, Jugendliche 1 €, Hauptstr. 35, ✆ 07272-955893, terra-sigillata-museum.de). Die an vielen Stellen gefundenen und noch

Die Rheinbegradigung

Bevor *Johann Gottfried Tulla* im Jahr 1817 damit begann, den Rhein zu regulieren, war der zweitlängste Strom Mitteleuropas ein Gewirr von Flussarmen. Die Menschen lebten von fischreichen Gewässern und fruchtbaren Böden, mussten aber zugleich mit der zerstörerischen Kraft des Flusses zurechtkommen. Ganze Felder und komplette Dörfer wurden weggespült, das stehende Wasser führte zu Seuchen und zur rasenden Vermehrung von Mücken. Für die Schifffahrt war der Rhein aufgrund seines wechselhaften Verlaufs und der unsteten Tiefen nicht nutzbar. Gemäß der Grundüberzeugung, dass „in kultivierten Ländern die Bäche, Flüsse und Ströme Kanäle sein und die Leitung der Gewässer in der Gewalt der Bewohner stehen" sollten, realisierte der Ingenieur Tulla im Auftrag des badischen Staats von Basel bis zur Grenze nach Hessen zahlreiche Durchstiche von Rheinschlingen, was zu einer Erhöhung der Fließgeschwindigkeit und somit zur Vertiefung des Flussbetts führte. Der Flusslauf verkürzte sich dabei allein auf der Strecke von Karlsruhe nach Mannheim von 135 auf 86 km.

Bei der Umsetzung der Rheinbegradigung machte sich die Regierung nicht nur Freunde. Die Fischer des heute zu Karlsruhe gehörenden Knielingen bangten um ihre Fischgründe. Sie mussten als „rebellische Untertanen" militärisch von der Notwendigkeit der Arbeiten überzeugt werden. Und auch die Stadt Speyer war mit den Planungen zunächst alles andere als zufrieden, sollte der Rhein doch fortan 2 km von der Stadt entfernt verlaufen. Ihr Einspruch hatte 1826 Erfolg, und so liegt die Stadt mit ihrem imposanten Dom bis heute erhaben direkt am Rheinufer.

immer auffindbaren Scherben aus dem 2. und 3. Jh. ermöglichen einen Einblick in das alltägliche Leben im ehemaligen römischen *Tabernae*. In der Ansiedlung mit 4000 Einwohnern befand sich jene Manufaktur, in der das rote, glänzende Terra-Sigillata-Geschirr für das gesamte östliche Gallien produziert wurde. Auch die weitreichenden Handelsbeziehungen werden im Museum dokumentiert.

Praktische Infos

Information **Südpfalz-Tourismus Landkreis Germersheim e. V.** Mo–Fr 8.30–12 Uhr sowie Di 13.30–16 Uhr und Do 13.30–18 Uhr. Luitpoldplatz 1, 76726 Germersheim, ✆ 07274-53232, suedpfalz-tourismus.de. Weitere Infos unter hoerdt-pfalz.de, neupotz.de, jockgrim.de und rheinzabern.de.

Baden Zahlreiche Baggerseen prägen die Ebene, baden kann man beispielsweise bei Jockgrim im **Naherholungsgebiet Johanniswiese:** Beliebter Baggersee im Tiefgestade mit flach abfallendem, gepflegtem Sandstrand, einer bewirtschafteten Strandhütte und Toiletten. Mai bis Sept. tägl. 9–21 Uhr. Tageskarte 3,50 €.

Einkaufen **Spargelhof Fischer.** Zwischen April und Juni gibt es hier Spargel und Erdbeeren aus eigenem Anbau. Während der Saison tägl. 9–12 und 15–18 Uhr. Hördt, Gartenstr. 1a, ✆ 07272-71476, spargelhof-fischer.de.

Maislabyrinth Jedes Jahr lässt Familie Schardt auf ihrem Hof in Leimersheim ein Labyrinth mit 3 km Weglänge wachsen. Sechs

Stempelstellen erhöhen die Motivation bei der Erkundung. Kleiner Imbiss vorhanden. Ab Mitte Juli Mi/So 10–20 Uhr, Sa ab 14 Uhr. Erwachsene 4 €, Kinder 3 €. Leimersheim, Seehof, ✆ 07272-5237, maislabyrinth-leimersheim.de.

Wandern Im Naturschutzgebiet „Hördter Rheinaue" wechseln trockene und feuchte Stellen rasch ab. So gibt es hier Lebensräume für viele Tiere und Pflanzen. Wasserschwertlilien, Schilfrohr, Teichrosen, verschiedene Orchideenarten und Tulpenbäumen kommen hier ebenso vor wie Libellen, Kamm-Molche und Schwarzmilane. Das Gebiet wird zum einen über den 8 km langen **Tulpenbaumweg** (gelbe Raute) erschlossen, aber auch der viel beworbene Premiumwanderweg **Treidlerweg** (eigenes Logo) führt durch den Pfälzer Dschungel. Startpunkt für beide Wege ist das Schützenhaus in Hördt. Der Treidlerweg umrundet auf knapp 13 km das ganze Naturschutzgebiet, ein Teil des Weges verläuft entlang des Rheins, auf den namensgebenden Spuren der Treidler. Die Treidler waren etwa vom 8. Jh. bis zur Motorisierung von Schiffen ein wesentlicher Teil der (Rhein-)Schifffahrt. Treidler halfen den Schiffen mit ihrer Muskelkraft bei Fahrten stromaufwärts Strecke zu machen, hin und wieder wurden sie dabei von Zugtieren unterstützt. Was also heute ein aussichtsreicher Spazierweg ist, war jahrhundertelang Grundlage eines echten Knochenjobs. Bei Hochwasser können die Wege schlecht passierbar oder gesperrt sein.

Radfahren Die Rheinauen sind ein Paradies für Radfahrer. Auf dem gut ausgeschilderten **Rhein-Radweg** kann man in Richtung Elsass oder Germersheim und Speyer fahren. Durch die Fähre in Leimersheim eröffnen sich auch Möglichkeiten für **Radtouren ins rechtsrheinische Baden.** So gelangt man über Leopoldshafen und den anschließenden Hardtwald schnell und ohne Autoverkehr nach Karlsruhe (ab Fähre ca. 15 km).

Rheinfähre Peter Pan Pendelt meist im 15-Min.-Takt zwischen Leimersheim und dem badischen Leopoldshafen. April bis Okt. Mo–Fr 6.45 bis 18.45 Uhr, Sa/So 10–18.45 Uhr, Nov./Feb. Mo–Fr 6.45–9 und 15–17 Uhr, März Mo–Fr 6.45–10 und 15–18 Uhr, Sa/So bei schönem Wetter 10–17 Uhr, von Mitte Dez. bis Jan. kein Fährdienst. Pkw inkl. Fahrer 5 €, Radfahrer 2,50 €, Fußgänger 1,50 €. ✆ 07273-3592, rheinfaehre-leimersheim.de.

Lusoria Rhenana. Das mächtige Ruderboot aus Eichenholz ist der Nachbau eines römischen Patrouillenbootes auf dem Rhein. Mindestens 12 Erwachsene sind nötig, um es in Gang zu bringen. Das Boot wird von einem Verein getragen und dient für Rudertouren mit Spaß und Bildung (für Einzelpersonen an jedem ersten Sonntag der Sommermonate, kostenfrei!). Es wird auch für standesamtliche Trauungen genutzt. Nähere Informationen auf lusoriarhenana.de.

Übernachten/Essen **Gasthof Lamm.** Einst ein einfacher Landgasthof, heute ein gehobenes Restaurant mit elegant-rusikalem Ambiente. Spezialität des Hauses ist Fisch in vielen Variationen, ein Zander aus dem Rhein ist hier eine sehr naheliegende, besonders frische Wahl. Auch einige neu renovierte Zimmer. Telefonische Reservierung empfohlen! Mo Ruhetag, sonst 17.30–21.30 Uhr, So 11.30–14 Uhr. Neupotz, Hauptstr. 7, ✆ 07272-2809, gasthof-lamm-neupotz.de. **€€€**

Anglerheim Neupotz. Seinem Namen entsprechend gibt es auch hier viel Fisch, jedoch in deutlich einfacherer Zubereitung und schlichterem Ambiente als im Gasthof Lamm. Lecker und schön ist es auch hier, der lauschige Biergarten passt prima zum angrenzenden Altrhein. Gleich in der Nachbarschaft „wohnt" die Lusoria Rhenana. Di–So ab 10 Uhr. Neupotz, Gewanne Setzfeld (Friedhofstraße), ✆ 07272-6853, Instagram: anglerheimneupotz. **€€**

Müllers. Prunkstück des hellen Restaurants ist die Aussicht auf das Fischmal – einer seeartigen Ausbuchtung Otterbachs, der bei Leimersheim in den Rhein mündet. Die großzügige Terrasse, der kleine Kinderspielplatz und das gute Essen machen das Müllers zu einer lohnenswerten Adresse. Wer nach dem Essen etwas laufen möchte, kann das Fischmal auf dem 4,4 km langen Rundwanderweg in ganzer Länge kennenlernen. Mi–Sa 17–21 Uhr, So 11.30–21 Uhr. Leimersheim, Rheinstr. 42, ✆ 07272-9556 965, restaurant-muellers-leimersheim.de. **€€**

Mit dem römischen Patrouillenboot auf dem Altrhein

Herxheim-Hayna und der Tabak

Die in der Ebene gelegene Doppelgemeinde Herxheim-Hayna war über viele Jahrzehnte der deutsche Hauptanbauort des rosa blühenden Tabaks. Herxheim ist eine gemütliche, aber doch geschäftige Kleinstadt, Hayna ein gepflegtes Straßendorf, das trotz des Rummels um das Hotel Zur Krone viel Ruhe ausstrahlt.

Zwischen den nach Westen hin flächenmäßig zunehmenden Weinbergen lagen lange Zeit zahlreiche Tabakfelder. Günstige Anbaubedingungen wie ein warmes, eher trockenes Klima und sandige, lockere Böden haben die Kultivierung seit 1850 erfolgreich gemacht. 1879 wurde die erste Herxheimer Zigarrenfabrik gegründet, im Laufe der Zeit entstanden immer mehr Fabriken, sodass Ende der 1920er-Jahre rund 1400 Menschen darin Arbeit fanden. Etwa 500 Tabakbauern bewirtschafteten zu dieser Zeit 270 ha Fläche. Auch Kinder arbeiteten während der Erntezeit mit, ihre Arbeit bestand darin, die geernteten Tabakblätter mit Nadel und Faden aufzufädeln und so fürs Trocknen in den Trockenschuppen vorzubereiten. Um 1930 wurde auf 2320 ha Tabak angebaut. Durch die zunehmende Industrialisierung der Landwirtschaft ab den 1950er-Jahren mussten viele Betriebe schließen, auch die 2010 in Kraft getretene Reduzierung der EU-Subventionen war für den starken Rückgang verantwortlich. Doch seit die Tabakbauern auf hochwertige Sorten umgestiegen sind, die sich besser verkaufen lassen, haben die Anbauflächen wieder zugenommen. Aktuell wird in der Pfalz auf rund 500 ha Tabak angepflanzt, seit 2015 fast nur noch die Sorte Virgin, die nicht an der Luft, sondern in Heißluftöfen getrocknet wird, sodass die markanten Trockenschuppen nicht mehr genutzt werden. Sie sind für das Ortsbild jedoch teilweise prägend, stehen inzwischen unter Denkmalschutz und sollen einer neuen Nutzung zugeführt werden, was teilweise bereits gelungen ist. So wurden einige beispielsweise zu Wohnhäusern umfunktioniert, für viele fehlt jedoch noch ein zeitgemäßes Nutzungskonzept.

Im August trocknen die Tabakblätter in eigens dafür erbauten Scheunen

Dass **Herxheim** im 6. Jh. von fränkischen Siedlern gegründet wurde, ist noch heute an der traditionell fränkischen Bauweise mit viel Fachwerk zu erkennen. Über diesen Teil der Ortsgeschichte, aber auch über die während der Jungsteinzeit hier lebenden Menschen sowie die sich ab dem frühen 19. Jh. als Weber und Tabakbauern verdingenden Bewohner des Ortes wird in dem sehenswerten Museum Herxheim berichtet. Die Ortsmitte im Umfeld der u. a. als Kunstschule genutzten Villa Wiesner ist charmant – das Eiscafé Roma mit idyllischem Freisitz eignet sich gut für eine sommerliche Rast, im Winter ist es auch im Kaffeehaus „franz josef" sehr gemütlich.

Im weiter westlich gelegenen **Rohrbach** liegt der Fokus schon eindeutig auf dem Weinbau. Neben einigen Weingütern und Fachwerkhäusern gibt es hier die spätgotische Simultankirche St. Michael aus dem 16. Jh. zu sehen.

Praktische Infos

Information **Büro für Tourismus/Infotheke im Rathaus.** Mo 8–18 Uhr, Di 8–16 Uhr, Mi und Fr 8–12 Uhr, Do 8–16 Uhr. Obere Hauptstr. 2, 76863 Herxheim, 07276-501107, herxheim.de.

Kultur **Museum Herxheim.** In der Abteilung zur Steinzeit werden die spannenden Einzelheiten des Herxheimer Totenrituals erzählt, in der kulturgeschichtlichen Abteilung stehen die Themen Weberei und Tabakanbau im Mittelpunkt. Do/Fr 14–19 Uhr, Sa/So 11–18 Uhr. Erwachsene 4,50 €, Kinder/Jugendliche (7–18 J.) 3,50 €. Untere Hauptstr. 153, 07276-502477, museum-herxheim.de.

Chawwerusch Theater. Das Theater besteht seit 1984 und ist stets offen für neue Ideen, Themen, Stücke und Projekte. Die Stücke sind vielseitig, meist modern und haben oft einen Bezug zur Region. Tickets ab 9 €. Herxheim, Obere Hauptstr. 14, 07276-5991, chawwerusch.de.

Einkaufen **Weingut Ökonomierat Lind.** Das ökologisch wirtschaftende Weingut baut seine Weine vorwiegend trocken aus, Spezialität sind die Burgundersorten. Mo–Fr 9–12 und 14–18 Uhr, Sa 10–11 und 14–16 Uhr. Rohrbach, Hauptstr. 56, 06349-929173, weingut-oekonomierat-lind.de.

Weingut Neuspergerhof. Auch dieses Weingut ist ein gutes Beispiel dafür, wie ein Generationenwechsel einen Qualitätssprung mit sich bringen kann. Der junge Chef, Jochen Gradolph, übernahm den Betrieb 2009 als Fachfremder, 2017 wurde er zum Jungwinzer des Jahres gekürt. Mittlerweile ist das Bioland-Weingut für seinen hohen Standard bekannt und wird im Gault Millau und Eichelmann empfohlen. Der neue Trend des alkoholfreien Weines wird vom Weingut erfolgreich umgesetzt: Der „Jederzeit"-Roséwein hat seinen Weg in die Spitzengastronomie gefunden. Die Vinothek „Genussraum" ist jeden Sa 10–15 Uhr geöffnet, Mo–Fr auf Nachfrage. Rohrbach, Neuspergerhof, 06349-1645, neuspergerhof.de.

Trauth. Ganz frische Schokoküsse und ähnliche Köstlichkeiten gibt es beim Fabrikverkauf der seit über hundert Jahren bestehenden Süßwarenfabrik. Aufgrund ihrer hohen Qualität sind die Schokoküsse in der Region sehr beliebt. Hin und wieder werden sie auch auf Wochenmärkten (z. B. in Pirmasens) angeboten. Mo–Fr 9–12.30 und 13.30–18 Uhr, Sa 9–12 Uhr, im Sommer einige Wochen Pause. Herxheim, Oberhohlstr. 21, 07276-8543, trauth-herxheim.de.

Radfahren Die 35 km lange, fast steigungsfreie **Tabaktour** ist auch für Kinder interessant. Sie führt zuerst von Hayna nach Herxheim und an der Wagner-Ranch vorbei nach Mörlheim. Weiter geht es in östlicher Richtung über Offenbach, Ottersheim und Knittelsheim nach Bellheim und von dort wieder nach Süden über Rülzheim und Herxheimweyher nach Herxheim. Schließlich fährt man in südöstlicher Richtung nach Hatzenbühl und wieder zurück zum Ausgangspunkt Hayna. Die Runde ist durchgängig mit dem Symbol der Tabakpflanze ausgeschildert. Infos beim Büro für Tourismus und unter radwanderland.de.

Übernachten/Essen ****** Hotel Zur Krone.** Karl-Emil Kuntz hat das traditionsreiche Haus mit seiner sternegekrönten Küche zu einer der bekanntesten Adressen der Pfalz gemacht. Seinem Nachfolger Fabio Daneluzzi obliegt die Aufgabe, das Niveau zu halten – bisher scheint das gut zu gelingen. Die Preise im Gourmetrestaurant „Kronen-Restaurant" (Mi–Sa ab 18.30 Uhr) sind entsprechend gehoben, in der einfacheren, aber feinen „Pfälzer Stube" (tägl. 12–13.30 und ab 18 Uhr) ist es etwas günstiger. Auch großzügige Zimmer, vorwiegend im gehobenen Landhausstil. Hayna, Hauptstr. 62–64, 07276-5080, hotelkrone.de. **€€€** (Zimmer), **€€€€** (Restaurant)

Mein Tipp **Café Theobald.** Wer auf der Suche nach leckeren Kuchen und Torten ist, sollte hier unbedingt vorbeischauen. In dem kleinen Café von Franziska und Florian Theobald gibt es aber auch Frühstück, Schokolade und Eis. Mi–Fr 7.30–17 Uhr, Sa/So 7.30–17 Uhr. Bonifatiusstr. 9, 07276-918151, cafetheobald.de.

Eiscafé Roma. Das Eis ist gut. Hervorzuheben ist der idyllische Freisitz am Brunnen unter Bäumen. Perfekter Rastplatz für eine Radtour! Tägl. 10–21 Uhr. Obere Hauptstr. 3, 07276-1419, roma-herxheim.de.

Kaffeehaus „franz josef". Netter Kleinkram für daheim bildet das Beiwerk im gemütlichen Café. Neben Kuchen, Tee und Kaffee gibt es hier auch (vegetarisches) Frühstück. Mo–Sa ab 9.30 Uhr, Mo, Di, Do, Fr bis 18.30 Uhr, Mi und Sa bis 13 Uhr. Obere Hauptstr. 22, 07276-9881800, franzjosef-herxheim.de.

Die Pfalz am Rhein → Karte S. 24

Ferienwohnung an der Schlossmühle. Drei schöne, kinderfreundliche Ferienwohnungen. Rohrbach, Mühlgasse 8, ☏ 06349-7088, heumueller-schlossmuehle.de. **€**

Wohnmobilstellplätze. Auf dem östlichen Teil des Herxheimer Festplatzes stehen acht kostenfreie Plätze mit zentralem Frisch- und Abwasseranschluss zur Verfügung.

Im und um den Bienwald

Das Delta der Lauter ist ein dichtes Netz von Bächen und kleinen Rinnsalen, dazwischen liegen immer wieder bis zu 3 m hohe Sanddünen. Je nach Bodenbeschaffenheit gibt es Eichen-, Buchen-, Kiefern- und seltene Erlenbruchwälder sowie wilde Orchideen. Das Landstädtchen Kandel lockt mit diversen Einkaufsmöglichkeiten und heimeligen Fachwerkhäusern.

Die Vielfalt der Vegetation zieht auch eine artenreiche Tierwelt an. Seltene Amphibien, ungewöhnliche Brutvogelarten und vom Aussterben bedrohte Fledermausarten leben in dem 18.000 ha großen Schutzgebiet. Über 600 Totholzkäferarten bevölkern die abgestorbenen Stämme und Äste; nirgendwo sonst in Europa wurde je eine solch große Zahl dokumentiert. Die Königinnen des Bienwalds jedoch sind die scheuen Wildkatzen. Auf ihren nächtlichen Wanderungen durchstreifen sie den Wald mit seinen verborgenen Lichtungen. Inmitten dieses größten zusammenhängenden Waldgebiets der Oberrheinischen Tiefebene liegt die Rodungsinsel **Büchelberg.** Der Ort entstand ab 1686 als Siedlung von Kalkbrennern, Holzhauern und Arbeitern, die am Bau der Vauban-Festung Fort Louis beteiligt waren. Heute ist das 900-Seelen-Dorf im Wald mit seinen vielen Streuobstwiesen ein idyllischer Flecken.

Die geschäftige Kleinstadt **Kandel** ist der zentrale Ort der Bienwaldregion. Wie so viele Orte in der pfälzischen Rheinebene als Straßendorf entstanden, reihen sich die Häuser entlang der Hauptstraße und ihrer Verlängerung. So kommt Kandel bei 8500 Einwohnern auf eine Länge von 3,5 km. Im belebtesten Bereich der Hauptstraße befinden sich gut sortierte Geschäfte in sorgsam restaurierten Fachwerkhäusern. Der spätgotische Turm der *Kirche St. Georg* überragt diese Idylle und gilt als Wahrzeichen der Gemeinde. Den engen Bezug zum Bienwald sollen die überall anzutreffenden *Kandeler Bienen* verdeutlichen. Die 1,80 m großen, bunt bemalten Insekten hat der ortsansässige Künstler Armin Hott geschaffen.

Rund um Kandel liegen ländlich-verschlafen anmutende Dörfer. **Winden** gibt mit seinem schönen Fachwerkrathaus und dem kleinen, direkt gegenübergelegenen Nachtwächterhäuschen ein pittoreskes Bild ab. Aber auch für Naturfreunde ist Winden ein besonderes Ziel: Hier sind zwischen April und Juli besonders viele Weißstörche in freier Wildbahn zu beobachten. Die Störche waren 37 Jahre lang aus Winden verschwunden, aktive Bemühungen zur Wiederansiedlung hatten Erfolg und so brüten hier seit 1999 wieder Störche – zuletzt hielten sich in der Brutsaison rund 70 Tiere in der Gemeinde auf. Passend dazu wurde die Idee eines *Storchenwanderwegs* umgesetzt. Nach dem Start am Bahnhof Winden sind auf der 4 km langen, mit einem wandernden Storch gekennzeichneten Strecke viele (bewohnte) Nester zu sehen, futterreiche Wiesen werden passiert, und 15 Infotafeln bieten interessante Informationen rund um den majestätischen Großvogel. Die Störche in Kombination mit einem Wassertretbecken und einer barfuß zu gehenden Strecke machen die Wanderung auch für Kinder abwechslungsreich und interessant. In **Minfeld** siedelten die Menschen schon vor mehr als 1000 Jahren. Die mittelalterlichen Fresken in der evangelischen Kirche wurden unter mehreren Schichten Putz und Farbe wiederentdeckt und von 2005 bis 2007 restauriert. Die Kirche bleibt sonntags nach dem Gottesdienst geöffnet, um die wertvollen Fresken Besuchern zugänglich zu machen. Im Sommer und Herbst verwandeln sich die kleinen Dörfer dieser Gegend zu einem einzigen Hofladen, in dem eine wachsende Zahl von selbst vermarktenden Landwirten ihre Waren feilbietet.

Praktische Infos

Information Tourismusbüro Südpfalz Tourismus Kandel e. V. Mo–Fr 9–13 Uhr. Georg-Todt-Str. 2a, 76870 Kandel, ✆ 07275-619945, suedpfalz-tourismus-kandel.de.

Einkaufen Schuhhaus Grahn. Das bekannteste Schuhhaus der Südpfalz bietet auf über 900 m² eine riesige Auswahl an Schuhen aller Art, Damenschuhe gibt es bis Größe 44, bei den Herren geht es bis Größe 50. Die Präsentation ist aber aufgrund der extremen Dichte nichts für Schuhästheten. Mo–Fr 9.30–18.30 Uhr, Sa bis 15 Uhr. Kandel, Hauptstr. 88, ✆ 07275-95860, schuh-grahn.de.

Armin Hott. Grafiken und Drucke. Der Vater der Kandeler Bienen und anderer eigenwilliger Geschöpfe präsentiert die Werke in seinem Atelier zum Betrachten und Kaufen. Mi und Fr 15–18 Uhr. Kandel, Rheinstr. 105, ✆ 07275-8568, armin-hott.de.

meinTipp **Hofmarkt Zapf.** Einst ein kleiner Hofladen, heute ein beliebtes Café mit Mittagstisch und Einkaufsmöglichkeit. Neben den eigenen und aus der Region hinzugekauften Erzeugnissen gibt es hier v. a. Spargel und Erdbeeren. Empfehlenswert ist der in der Saison unüberbietbar frische Erdbeerkuchen. Die großzügigen Sitzgelegenheiten drinnen und draußen bieten sich als unkomplizierte Pause auf einer Radtour an. Für Kinder gibt es einen kleinen Spielplatz. Di–So 9–18 Uhr, warme Küche von 11–14 Uhr. Kandel, Am Holderbühl 1, ✆ 07275-913215, hofmarkt-zapf.de. **€€**

Kandeler Biene

Schönung – Farm + Manufaktur. Der regionale Produzent hat in den letzten Jahren ein umfangreiches Sortiment entwickelt: Nudeln mit Eiern aus eigener Freilandhaltung, Marmeladen, (Kräuter-)Öle und Obstessige. Viele Produkte auch in den Wasgau-Supermärkten erhältlich! Do, Fr 8–11.45 und 14–18 Uhr, Sa 8–14 Uhr. Erlenbach, Kandelerstr. 6, ✆ 07275-918395, Instagram: schoenung_manufaktur.

Kandeler Wochenmarkt. Mittwochvormittags (8–13 Uhr) auf dem Marktplatz.

Baden Waldschwimmbad Kandel. Das schön am Waldrand gelegene Freibad bietet neben einer 40 m langen Rutsche einen Spielplatz, ein großes Schwimmbecken, ein Beachvolleyballfeld und einen tollen Kinderspielplatz. Während der Saison tägl. 9–20 Uhr. Erwachsene 4 €, Jugendliche 2 €. Kandel, Badallee, ✆ 07275-618691. vg-kandel.de.

Hochseilgarten Fun Forest Kandel. Mit bequemer Kleidung können sich alle ab 3 bzw. 7 J. ins luftige Vergnügen dieses Hochseilgartens stürzen. 24 verschiedene Parcours ermöglichen den sicheren Nervenkitzel für Kinder, Unerfahrene oder Könner. Highlight ist die 250 m lange Seilrutsche. Wer nicht mitklettern mag, findet einen schönen Beobachtungsposten im günstigen Bistro. Klettern nur mit Voranmeldung möglich! Geöffnet im Sommerhalbjahr meist Fr–So, in den Ferien von RLP und BW täglich, meist 10–19 Uhr. Eintritt ab 23 €, ermäßigt 20 €, Kinder 17 € (7–13 J.) bzw. 9,50 € (ab 3 J. spezieller Kinderparcours), Kinder bis ca. 10 J. sollten begleitet werden. Kandel, Badallee (Nähe Waldschwimmbad), ✆ 07275-618032, kandel.funforest.de.

Radfahren Start einer schönen **Tour durch die Rheinauen nach Karlsruhe** ist der Haltepunkt Maximiliansau-Eisenbahnstraße der Karlsruher S-Bahn-Linie S 5. Von hier geht es auf dem Rhein-Radweg bis Neuburg, wo man mit der Fähre Baden-Pfalz (ganzjährig, im Sommer tägl., an Wochenenden im Frühling und Herbst nur bei schönem Wetter, Infos unter ✆ 0177-662849, rheinfaehre-neuburg.de) übersetzt. Auf badischer Seite folgt man dem rheinnahen Radweg in Richtung Karlsruhe. Ab dem Rheinstrandbad Rappenwört fährt man entweder direkt weiter über den Rheinhafen zur Rheinbrücke (→ S. 73) oder über Karlsruhe-Daxlanden in die Karlsruher Innenstadt; ab dem Schlossgarten ist der Rückweg in die Pfalz gut ausgeschildert (insgesamt ca. 35 km). Der **Pamina-Radweg-Lautertal** verbindet Neuburg am Rhein, über die Bienwaldmühle (→ S. 66) mit dem elsässischen Weißenburg bis nach Dahn und Hinderweidenthal (Gesamtlänge 57 km).

Reiten **Islandpferde-Gestüt Bienwald.** Das gut ausgestattete, persönlich geführte Gestüt bietet u. a. Reitunterricht und Reiterferien (für Kinder und Jugendliche von 8 bis 15 J.). Freckenfeld, Am Sportplatzweg, ✆ 06340-918460, bienwald.com.

Übernachten/Essen **Hotel Zum Rössel.** Einfaches Hotel garni in zentraler Lage mit wunderschöner Fachwerkfassade und modernen Zimmer, sehr gutes Frühstück. Kandel, Bahnhofstr. 9, ✆ 07275-5001, hotel-roessel.de. **€€**

Hofmarkt Zapf → Einkaufen, S. 65

Bumblebee Café. Neue vegane Location mit hübschem Ambiente, leckerem Cappuccino und guten Snacks. Do 9–14 Uhr, Fr–So 9–17 Uhr. Hauptstr. 73, bumblebee-vegan.de.

Eisdiele La Rosa Rossa. Gutes Eis, teilweise auch in ausgefallenen Sorten, bietet die beliebte Eisdiele am östlichen Rand des Zentrums. In den Sommermonaten tägl. ab 10 Uhr. Hauptstr. 112, ✆ 07275-9898665, larosarossa.de.

Naturfreundehaus Bienwald. Zwischen zwei schönen Wiesentälern, ca. 3 km vom Bahnhof Kandel entfernt, kann man preiswert essen und übernachten (einfaches Niveau!). Gut gelegen als Ziel für Spaziergänge und ebene Radtouren. Mi–So ab 11 Uhr. Kandel, Am Oberkandeler Deich (mit dem Auto am westlichen Ortsausgang in Richtung Minfeld der Beschilderung folgen), ✆ 07275-2632, naturfreunde-kandel.de. **€**

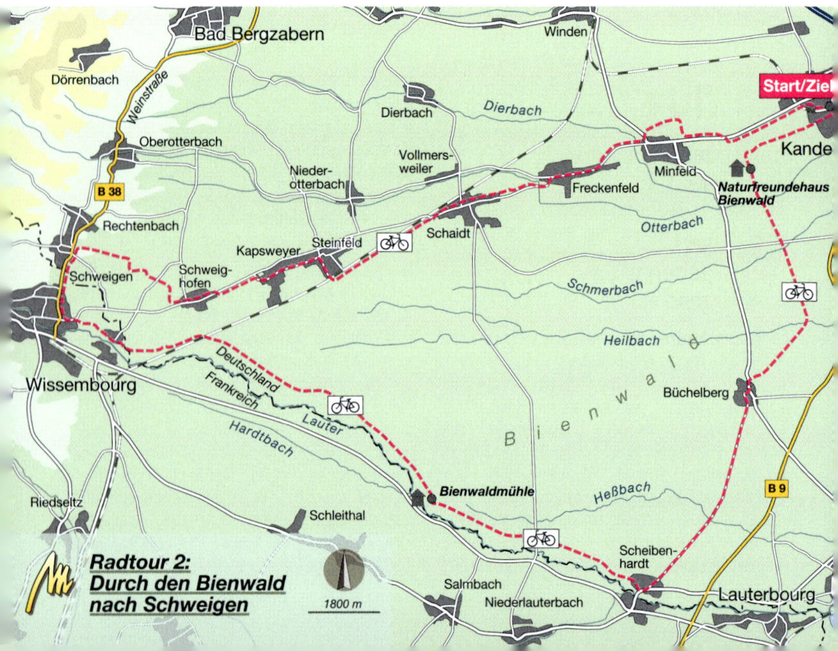

Radtour 2: Durch den Bienwald nach Schweigen

Zur Hofschänke. Das urig-moderne Restaurant bietet in einem charmanten Bauernanwesen drinnen wie draußen gute Pfälzer Küche. Die 90 m^2 großen Ferienwohnungen mit zwei Schlafzimmern sind gemütlich eingerichtet. Di–Fr 11.30–14.30 Uhr und ab 17 Uhr, Sa/So ab 11 Uhr. Winden, Hauptstr. 52, ✆ 06349-8474, hofschaenke.de. €€

Eisheisel. Nette kleine Eisdiele mit schönen Sitzmöglichkeiten im Freien. Mitte März bis Mitte Okt., meist Mi–Do 14–19 Uhr und Fr–So 14–20 Uhr. Minfeld, Eichstr. 13, ✆ 0171-3210926.

Waldgasthof Bienwaldmühle. Abgeschieden, kurz vor der französischen Grenze liegt das Ausflugsziel mit regionaler, qualitativ hochwertiger Küche und sehr gepflegtem Ambiente. Eine der Spezialitäten ist Wild aus der direkten Umgebung. Auch freundliche Ferienwohnungen. Mi–So ab 11.30–14.30 Uhr und ab 17 Uhr. Im Jan. Winterpause und im Sommer drei Wochen geschlossen. Scheibenhardt, Bienwaldmühle, ✆ 06340-276, bienwaldmuehle.de. €€€

Gästehaus Jakobshof. Von Kandel in Richtung Weisenburg liegt am Rande des Bienwalds Freckenfeld. In einem alten Gebäudeensemble wurden in den letzten Jahren schöne Zimmer geschaffen. Freundliche Atmosphäre, Frühstück nur am Wochenende. Freckenfeld, Hauptstr. 114, ✆ 06340-2261216, jakobshof-freckenfeld.de. €

Radtour 2: Durch den Bienwald nach Schweigen

Die steigungsarme, 56 km lange Radtour startet am **Bahnhof Kandel.** Auf dem Südpfalz-Radweg geht es vorbei am **Naturfreundehaus Bienwald** durch den bald dichten Wald bis **Büchelberg** und dann weiter in das an der Grenze zu Frankreich gelegene **Scheibenhardt.** Ab hier folgt man dem Pamina-Radweg-Lautertal über die einladende **Bienwaldmühle** bis ins elsässische **Weißenburg** (Wissembourg), dessen romantische Straßenzüge sich für eine Rast anbieten. Auf der Straße geht es anschließend zum Deutschen Weintor in **Schweigen,** um ab hier dem Kraut-und-Rüben-Radweg durch kleine, schmucke Dörfer hindurch zurück nach Kandel zu folgen. Die Fahrt durch den schattigen Bienwald ist auch im Sommer angenehm, der Rückweg über Weinberge und Felder kann dagegen sehr sonnig sein. Wem es zu warm wird, der hat in einigen Orten die Möglichkeit, in den Zug nach Winden (dort Anschluss nach Kandel) einzusteigen.

Die Pfalz am Rhein → Karte S. 24

Ausflug nach Karlsruhe

Die Beziehungen zwischen der Südpfalz und der badischen Metropole Karlsruhe sind eng. Recht und Gerechtigkeit spielen in der grünen, weitläufigen und lebendigen Stadt eine tragende Rolle. Bundesgerichtshof und Bundesverfassungsgericht haben hier ihren Sitz. Daneben gilt das KIT, das Karlsruher Institut für Technologie, als Aushängeschild der radial um das barocke Schloss erbauten Stadt.

Vom markanten Turm des Karlsruher Schlosses ziehen sich 32 Straßen wie Strahlen durch die einst von dichtem Wald bestandene Rheinebene. Heute verbindet der weitläufige Schlossgarten naturnahe Erholungslandschaften mit städtischem Leben. Rund um das Schloss hat der Architekt und Stadtplaner Friedrich Weinbrenner ein bemerkenswertes klassizistisches Ensemble geschaffen, das Karlsruhe sein gediegenes Erscheinungsbild gibt. Einkaufsmöglichkeiten, Restaurants, Kneipen und eine erstaunlich große Anzahl von Museen, Kunst- und Kultureinrichtungen machen Karlsruhe zu einem attraktiven Ausflugsziel.

Den heutigen Ruf als Residenz des Rechts hat Karlsruhe der Ansiedlung des Bundesgerichtshofs (BGH) im Jahr

1950 und des Bundesverfassungsgerichts (BVG) ein Jahr später zu verdanken. Der BGH residierte bis 1999 im Erbgroßherzoglichen Palais an der Kriegsstraße. Trotz des weitgehenden Umzugs in das neue Gebäude an der Brauerallee sind das Palais und sein schöner Garten der Öffentlichkeit nicht zugänglich. Das BVG sitzt in einem nüchternen Gebäude zwischen der derzeit im Umbruch befindlichen Kunsthalle und Schloss. Dass die beiden höchsten deutschen Gerichte in Karlsruhe angesiedelt sind, tröstet die Karlsruher etwas darüber hinweg, dass die Funktion der Landeshauptstadt im Zuge der Bildung des Landes Baden-Württemberg an Stuttgart ging. Die hin und wieder zu bemerkende Rivalität zwischen den Landesteilen hat sich bei manchen Badenern bis heute gehalten.

Lange war die Technische Universität eine Vorzeigeinstitution der badischen Metropole. 1972 wurde hier ganz fortschrittlich die erste Fakultät für Informatik gegründet. Aber Tradition ist nicht alles und so wurde die Uni 2009 zum Karlsruher Institut für Technologie, kurz KIT. Das Studienangebot ist breit, dennoch sind ingenieurswissenschaftliche Studiengänge immer noch prägend – sowohl für die Uni als auch das Stadtbild, denn rund 70% der Studierenden sind männlich.

Geschichte

Karlsruhe ist eine junge Stadt. Die Stadtgründung erfolgte 1715 durch den Markgrafen Karl Wilhelm von Baden-Durlach. Dessen Residenz, die ab 1563 von Markgraf Karl II. im heutigen Stadtteil Durlach zum Schloss ausgebaute Karlsburg, war durch den Pfälzischen Erbfolgekrieg 1689 weitgehend zerstört worden, und der Wiederaufbau ging nur schleppend voran. Der Legende nach döste der Markgraf während eines Jagdausflugs im sonnigen Hardtwald vor sich hin und sah eine Stadt mit viel Platz und einer Straßenanordnung, die den Sonnenstrahlen nachempfunden war, vor sich. Da er das Leben in der Durlacher Karlsburg schon länger als zu eng empfand, ließ er seinen Traum mit der absolutistischen Stadtgründung durch die Grundsteinlegung für das neue Schloss am 17. Juni 1715 zur Realität werden.

Als er 1738 aus dem Leben schied, waren seine Kinder bereits verstorben, der Titel ging direkt an seinen erst zehnjährigen Enkel Karl Friedrich über, der ab 1746 offiziell die Macht über die Markgrafschaft übernahm. Bis 1811 lenkte der aufgeklärte Absolutist die Geschicke Karlsruhes, ließ Straßen und Kanäle bauen, schaffte Folter und Leibeigenschaft ab und bescherte Karlsruhe einen anhaltenden Aufschwung. Gelehrte wie Voltaire und Goethe kamen an den Hof, kluge politische Entscheidungen sorgten für Gebietszuwächse, und die Einwohnerzahl stieg bis zum Jahr 1815 auf 15.000 an. Zudem erkor Karl Friedrich den Zimmermannssohn Friedrich Weinbrenner zu seinem Baumeister. Dieser nutzte seine Chance und gab der Stadt mit seinen klassizistischen Bauten im fächerartigen Grundriss die entscheidende städtebauliche Prägung.

Sehenswertes

Schloss: „Ich bin ein einfacher Fürst. Ich habe ein Haus nach meinem Stand gebaut. Mir ist lieber, man sagt von mir, ich sei schlecht untergebracht, als wenn man sagen müsste, ich hätte einen großartigen Palast und dafür hohe Schulden." Auch wenn die Ansicht des Stadtgründers Karl Wilhelm sympathisch klingt, so hatte sie doch einen Haken: Sein relativ kleines Schloss mit einem frei stehenden Turm war 1715 in Eile und eben mit großer Sparsamkeit erbaut worden, sodass es bald baufällig wurde. Sein Enkel und Nachfolger Karl Friedrich sah sich zur Neugestaltung und grundlegenden Sanierung gezwungen. Alle Pläne berück-

Das Karlsruher Schloss

Die Pfalz am Rhein → Karte S. 24

sichtigten die zentrale Position des Turms und des ihn umgebenden radialen Strahlensystems. Baubeginn für das weitgehend neue, größere und solidere Schloss war 1752, aufgrund des Siebenjährigen Krieges erfolgte die Fertigstellung aber erst 1774. Nach der Abdankung der Markgrafen von Baden wurde das Schloss 1919 zum Sitz des Landesmuseums, in dem heute ein Einblick in die Geschichte und das höfische Leben auf dem Schloss gegeben wird. Sehenswert ist neben dem als Aussichtsturm genutzten Schlossturm, von dem sich ein grandioser Blick über die Stadt, den Fächer und den Wald bietet (Zugang über das Museum), auch der großzügige Schlosspark mit den Nebengebäuden. Von den einst barocken Formen des ab 1731 von Christian Thran angelegten *Schlossgartens* zeugt nur noch der großzügige Vorplatz. Der größte Teil des Parks ist ein bei den Karlsruhern sehr beliebter englischer Garten, der Ende des 18. Jh. angelegt wurde und direkt an den weitläufigen Haardtwald angrenzt. Ein Strahl aus blauen Majolikaplatten erstreckt sich zwischen Schloss und Keramikmanufaktur. Die anlässlich der Bundesgartenschau 1967 in Betrieb genommene *Schlossgartenbahn*, das „Bähnle“, erfreut mit ihrer gemächlichen, 2,7 km langen Fahrt nicht nur Kinder. Östlich des Schlosses wurde 1714 noch vor der Stadtgründung die *Fasanerie* eingerichtet. Später lebten auf dem 1765 durch ein Schlösschen aufgewerteten Gelände bis zu 3000 Fasane.

Den *Botanischen Garten* zwischen Schlosspark, Kunsthalle und Bundesverfassungsgericht legte 1808 Friedrich Weinbrenner im Auftrag Karl Friedrichs an. Im Zuge einer Umgestaltung in den 1850er-Jahren wurden dann die Orangerie und andere Gewächshäuser nach Plänen von Heinrich Hübsch neu errichtet. Zwar ist von der Ursprungsbebauung heute nur noch die Hälfte zu sehen, diese ist aber dennoch imposant. In den Pflanzenhäusern sind Kakteen, Orchideen und andere tropische Pflanzen zu betrachten.

Badisches Landesmuseum Karlsruhe: Di–Do 10–17 Uhr, Fr–So und feiertags bis 18 Uhr (während großer Sonderausstellungen auch länger), Besteigung des **Schlossturms** bis 1 Std. vor Schließung. Turm und Filmerlebnis („Ich, Karl Wilhelm“): Erwachsene 4 €, Kinder 2 €, Sammlung und Hof: Erwachsene 8 €, Kinder frei. ✆ 0721-9266514, landesmuseum.de.

Der Botanische Garten

Schlossgartenbahn: Jeden Sa (12–19 Uhr), So und feiertags (11–19 Uhr) zwischen Ostern und Ende Sept. bei gutem Wetter, Abfahrt ca. alle 20 Min., Mitte Mai bis Ende Sept. auch Mo–Fr 13–18 Uhr. Erwachsene 2,90 €, Kinder ab 2 J. 1,80 €, Familienkarte (2 Erwachsene, 2 Kinder) 5,50 €. ✆ 0721-661457, vbk.info → Freizeit.

Botanischer Garten: Di–Fr 10–16.45 Uhr, Sa/So und feiertags 10–17.45 Uhr. Eintritt 3 €, ermäßigt 1,50 €, Außenanlagen frei. ✆ 0721-9263008, botanischer-garten-karlsruhe.de.

Event: Jedes Jahr Mitte August bis Mitte September finden die **Schlosslichtfestspiele** statt. Bei freiem Eintritt sitzen und stehen Groß und Klein am Abend vor dem Schloss und bestaunen die von 24 Hochleistungsbeamern an die Wände des Schlosses geworfenen Lichtprojektionen. 2022 kamen pro Abend durchschnittlich 8000 Zuschauer, um die Installationen zu sehen. Eine Versorgung mit Essen, Trinken und WCs ist gegeben. schlosslichtspiele.info.

Karlsburg in Durlach: 1565 verlegte Markgraf Karl II. seine Residenz von Pforzheim nach Durlach. Vom Schloss, das er ab 1563 erbauen ließ, steht heute nur noch ein relativ kleiner Teil, der „Prinzessinnenbau". Während des 17. Jh. wurde es durch kriegerische Auseinandersetzungen teilweise zerstört. Mit der Übersiedlung seines Enkels Karl Wilhelm ins neu entstandene Karlsruher Schloss endete die Zeit Durlachs als Residenz. Heute ist in der Karlsburg das *Pfinzgaumuseum* untergebracht, in dem die stadtgeschichtliche Entwicklung Durlachs anhand vieler Exponate, Bilder und Installationen chronologisch aufbereitet wird.

▪ Mi 10–18 Uhr, Sa 14–18 Uhr, So 11–18 Uhr. Eintritt frei. Pfinztalstr. 9, ✆ 0721-1334217, karlsruhe.de.

Zoo: Die gelungene Mischung aus Zoo und Stadtgarten zieht aufgrund der sehr zentralen Lage nicht nur Familien mit Kindern, sondern auch viele andere Stadtbewohner zur Naherholung an. Man kann mit den gelben Bötchen eine Runde auf dem großen See fahren, über die Steine im tollen Japangarten hüpfen oder eben die Tiere bewundern. In den letzten Jahren gab es einige neue Impulse: Ein Hallenbad wurde zum Exotenhaus und die Elefanten leben als Senioren-WG. Kinder freuen sich über den beim Eingang Nord befindlichen Streichelzoo sowie den nahen Spielplatz.

Hauptkasse am Hauptbahnhof: Nov. bis Jan. 9–16 Uhr, Febr./April 9–17 Uhr, Mai bis Sept. 9–18 Uhr, Okt. 9–17.30 Uhr. Erwachsene 12 €, erm. 10 €, Kinder ab 6 J. 5,50 €. Ettlinger Str. 6, ✆ 0721-1336815, karlsruhe.de/zoo.

Weinbrenner-Bauwerke

Als dem Schloss im 18. Jh. ein bürgerlicher Mittelpunkt gegenübergestellt werden sollte, reichte Friedrich Weinbrenner 1792 unaufgefordert seine Pläne für die Gestaltung des Marktplatzes ein. Er bekam den Zuschlag, und so ist noch heute der zentrale Platz stark von den klassizistischen Bauten Weinbrenners geprägt. Auch das Rathaus und die gegenüberliegende evangelische Stadtkirche am Platz zeigen Weinbrenners Stil sehr klar. Der Marktplatz wird in West-Ost-Richtung von der als Fußgängerzone genutzten Kaiserstraße tangiert, und nach Norden gibt die Karl-Friedrich-Straße als Hauptsichtachse den Blick auf das Schloss frei. Mittelpunkt des Platzes ist die Pyramide, ein aus roten Sandsteinquadern errichteter Grabbau für Markgraf Karl Wilhelm von Baden-Durlach. Der 1738 verstorbene Stadtgründer war seinem Wunsch gemäß in der Konkordienkirche bestattet worden, die ursprünglich an der Stelle des Marktplatzes stand. Nach deren Abriss 1807 einigte man sich nach jahrelanger Diskussion auf den Bau der Pyramide. Der Marktplatz wurde im Zuge der Baumaßnahmen für die Karlsruher U-Bahn umfassend überarbeitet, heute präsentiert er sich frei von Gleisen, vom Bahnverkehr zeugen nur noch die Zugänge.

Die **evangelische Stadtkirche** nimmt eine zentrale Position im Werk Weinbrenners ein, für die Kathedralkirche des Landes Baden brachte er sein ganzes Können ein. Die Grundsteinlegung für die einem griechischen Tempel nachempfundene Kirche erfolgte 1807, nach der teilweisen Zerstörung im Zweiten Weltkrieg wurde sie wiederaufgebaut, wobei der Innenraum moderner gestaltet wurde. Bei der **katholischen Kirche St. Stephan** sind zwar auch die typisch klassizistischen Elemente Weinbrenners zu finden, durch den roten Sandstein und die große

Der Marktplatz mit Pyramide

Die Pfalz am Rhein → Karte S. 24

Kuppel hat diese Kirche jedoch eine ganz andere, dem Pantheon in Rom nachempfundene Raumwirkung. In der von Weinbrenner mitgeplanten, 1827 eingeweihten **Staatlichen Münze** in der Stephanienstraße werden noch heute pro Jahr bis zu 200 Mio. Münzen geprägt (Merkmal des Standortes Karlsruhe ist das „G").

Museen

Staatliches Museum für Naturkunde: Das Museum war ursprünglich ein markgräfliches Kuriositäten- und Naturalienkabinett, das von Markgräfin Karoline Luise 1752–1783 zu einer bedeutenden wissenschaftlichen Sammlung ausgeweitet wurde. Zu sehen gibt es heute u. a. präparierte Tiere, Tierskelette, eine große Insektensammlung, jede Menge geologische Exponate und zahlreiche Modelle, die natürliche Vorgänge wie Gletscherbewegungen illustrieren. Im neu erbauten Westflügel ist die vielseitige Dauerausstellung „Form und Funktion – Vorbild Natur" zu sehen.

Di–Fr 9.30–17 Uhr, Sa/So 10–18 Uhr. Erwachsene 5 €, Kinder frei, Familienkarte 10 €. Erbprinzenstr. 13, ✆ 0721-1752111, smnk.de.

Naturkundemuseum

Staatliche Kunsthalle: Die Kunsthalle ist derzeit für grundlegende Umbaumaßnahmen geschlossen. Ein Teil der Sammlung wird in der Städtischen Galerie gezeigt.

kunsthalle-karlsruhe.de.

Prinz-Max-Palais: In dem stattlichen, 1881 erbauten Haus sind heute das Museum für Literatur am Oberrhein, das Karlsruher Stadtmuseum und das moderne Café Max untergebracht. Das sehenswerte Stadtmuseum beleuchtet die Geschichte der Stadt anhand von Modellen, Karten, Rauminszenierungen und multimedialen Elementen.

Di/Fr 10–18 Uhr, Do 10–19 Uhr, Sa 14–18 Uhr, So 11–18 Uhr. Eintritt frei (außer bei Sonderausstellungen). Karlstr. 10, ✆ 0721-1334 231, karlsruhe.de.

ZKM: In den denkmalgeschützten neoklassizistischen Hallen einer ehemaligen Waffen- und Munitionsfabrik ist das Zentrum für Kunst und Medientechnologie (ZKM) untergebracht. Das 1999 eröffnete Museum für Neue Kunst zeigt neben der eigenen auch internationale Sammlungen, u. a. mit Werken von Georg Baselitz und Joseph Beuys. Das Medienmuseum war das weltweit erste Museum für Interaktive Kunst.

Mi–Fr 10–18 Uhr, Sa/So ab 11 Uhr. Erwachsene 12 €, Kinder frei, Familienkarte 24 € (Kombipreis für alle Lichthöfe). Lorenzstr. 19, ✆ 0721-81000, zkm.de.

Städtische Galerie: Die gleich beim ZKM gelegene Städtische Galerie bildet das eher klassische Pendant. Aktuell ist hier ein Teil der Sammlung der Städtischen Kunsthalle zu sehen.

Mi–Fr 10–18 Uhr, Sa/So 11–18 Uhr, Führungen jeden So um 15 Uhr. Eintritt 8 €, ermäßigt 6 €, Kinder bis 18 J. frei. Lorenzstr. 27, ✆ 0721-1334401, staedtische-galerie.de.

Sehenswertes in der Umgebung

Naherholung am Rhein: Von der Pfalz kommend, beginnt gleich hinter der Rheinbrücke ein abwechslungsreiches Stück Rheinufer: Landwirtschaft und Auenwälder, industrieller Rheinhafen und Naherholungsbereich sind hier eng verbunden. Zu Fuß oder per Rad (Leihmöglichkeit von Rädern an der Haltestelle der S5 „Maxau") geht es vorbei am Knielinger See, dem bewirtschafteten Hofgut Maxau und Auwaldresten nach Süden. Der Rheinhafen lässt sich über das Schleusentor queren, nach Umfahrung des markanten Rheindampfkraftwerks nähert man sich dem Naherholungsgebiet Rappenwört, einem beliebten Naherholungsziel mit kleinem Naturschutzzentrum und weitläufigem (16 ha!) Rheinstrandbad. Folgt man dem Rhein noch weiter aufwärts, erreicht man bei Neuburgweiher die Rheinfähre „Baden-Pfalz", die Fußgänger und Radler (zurück) in die Pfalz bringt. Einfach bis Rappenwört 6 km, bis zur Fähre 10 km, die ganze Runde mit Rückweg über die Pfälzer Seite (auf der Eurovelo-Route 15) 21 km.

Gasthaus Maxau: Mit unterschiedlichen Formaten bietet das Team des Hofguts ein breites gastronomischen Angebot: Imbisswagen, Hofcafé, ein gutes Restaurant und Biergarten – vieles davon Mi–So, 12–21 Uhr. Maxau am Rhein 24, ✆ 0721-92126354, gasthaus-maxau.de.

Knielinger Museum im Hofgut Maxau: Hier sind Exponate zum Leben am und mit dem Rhein zu sehen. Über den Sommer jeden Sonntag von 14–17 Uhr. Erwachsene 4 €, Kinder 2 €, knielinger-museum.de.

Naturschutzzentrum Rappenwört: Interessante Ausstellung zum Ökosystem Auwald und Führungen im nahen Wildgehege. April bis Sept. Di–Fr 12–17 Uhr, So und feiertags 11–17 Uhr. Eintritt frei. Hermann-Schneider-Allee 47, ✆ 0721-950470, nazka.de.

Rheinstrandbad Rappenwört: Im Sommer tägl. 14–20 Uhr, Sa/So ab 12 Uhr. Eintritt 5,50 €, ermäßigt 3,70 €, Familien-Tageskarte

Blick vom Turmberg über die Rheinebene

14,70 €. Wenn der Badebetrieb Mitte Sept. eingestellt ist, können die durch das Bad führenden Spazierwege unentgeltlich genutzt werden. Hermann-Schneider-Allee 50–54, ✆ 0721-1335228, ka-baeder.de.

Rheinfähre Baden-Pfalz: Fährt oft im 15-Minuten-Takt, genauere Infos unter ✆ 0176 21826198 oder rheinfaehre-leimersheim.de.

Turmberg: Der Karlsruher Hausberg, an dem sogar Wein wächst, ist mit der Turmbergbahn bequem vom Durlacher Zentrum aus zu erreichen. Wer laufen möchte, nimmt das Hexenstäffele (529 Stufen ab der Posseltstraße, 100 m rechts von der Talstation). Oben angekommen, bietet sich eine herrliche Sicht über die ganze Stadt und bei gutem Wetter hat man die gesamte Silhouette des Pfälzerwalds im Blick.

Turmbergbahn: April bis Nov. tägl. 10–20 Uhr, Dez. bis März Sa und feiertags bis 18 Uhr. Berg- oder Talfahrt 2 €, Kinder 1,20 €, beides 3 €, ermäßigt 1,90 €. ✆ 0721-61075885, kvv.de.

Service

→ Karte S. 76/77

Information **Tourist-Information Karlsruhe.** Mit modernem Design begrüßt die Stadt ihre Gäste im Schaufenster KA. Mo–Fr 9.30–18.30 Uhr, Sa 10–15 Uhr, April bis Okt. auch So 10–13 Uhr. Kaiserstraße 72–74 (Marktplatz), ✆ 0721-602997580, karlsruhe-erleben.de.

Im Weinbrennerhaus am Marktplatz gibt es ein **Kundenbüro des Karlsruher Verkehrsverbundes** (KVV). Hier sind Infos und Tickets für den ÖPNV erhältlich. Mo–Fr 9–19 Uhr, Do 10–19 Uhr und Sa 9.30–17.15 Uhr. ✆ 0721-61075885, kvv.de.

In dem monatlich erscheinenden und an vielen Auslagestellen kostenlos erhältlichen Heft **Klappe auf** finden sich Termine für sehr viele kulturelle, kulinarische und musikalische Ereignisse in und um Karlsruhe. Die Onlineausgabe ist unter klappeauf.de zu finden.

Ausflugsschiff Die Anlegestelle des **Fahrgastschiffs MS Karlsruhe** befindet sich im Rheinhafen am Kopf des Beckens II, von hier aus können z. B. Ausflugsfahrten nach Speyer, Iffezheim und Straßburg unternommen werden. Die Fahrkarten gibt es bei der Touristeninformation. Preisbeispiel für Speyer: hin/zurück 38 € für Erwachsene, 21 € für Kinder bis 15 J., 2 € für Kinder unter 4 J.. Infos unter ✆ 0721-5997424 oder fahrgastschiff-karlsruhe.de.

Parken Die gesamte Karlsruher Innenstadt ist Umweltzone und darf nur von Autos mit grüner Feinstaubplakette befahren werden. Zentral und relativ günstig ist das Parken im **Einkaufscenter Ettlinger Tor** (**23**, ausgeschildert, erste Stunde 1,50 €, danach jede Stunde 2 € bis zum Tageshöchstsatz von 16 €.; Mo–Sa 8–20.30 Uhr). Das Parkhaus am **Schlossplatz** hat tägl. durchgehend geöffnet. Jede angefangene Stunde 1,50 €, Tagespauschale 8 €, sehr günstige Nachtpauschale sowie Sonn- und Feiertagspauschale für je 3 €. Auf dem Parkplatz der neu erbauten **Friedrich-List-Schule** am südöstlichen Rand der Innenstadt kann man tägl. ab 18 Uhr kostenlos parken, Sa/So sowie in den Schulferien ganztägig.

Ab dem **Bahnhof Wörth (P+R)** fährt auch die Stadtbahn S 5 in 30 Min. über einige Vororte mitten in die Karlsruher Fußgängerzone. Von Wörth nach Karlsruhe und zurück reicht das Lösen einer Tageskarte für 2 Waben (für Einzelpersonen 5,60 €, für bis zu 5 Pers. 16,80 €, bis um 6 Uhr des Folgetages gültig), kvv.de.

Sightseeing Von der Touristeninformation werden öffentliche **Stadtrundfahrten** im roten Doppeldecker angeboten. April bis Okt. jeden Mi, Fr, Sa und So. Die zweistündige Tour kostet für Erwachsene 20 €, Kinder bis 14 J. 5 €. Rabatte mit diversen Tickets verfügbar.

Stadtrundgänge finden nur von Mai bis Okt. statt. Die Tour „Heimatstadt Karlsruhe" bietet einen guten Einblick in die Stadt. Erwachsene 11 €. Treffpunkt vor der Tourist-Information.

Interessante Führungen mit sehr unterschiedlichen Themen oder räumlichen Schwerpunkten bietet das Team von *stattreisen e. V.* an. Führungen werden an jedem Sa/So und feiertags (meist 11 und 14 Uhr) angeboten. 10 € pro Pers., ermäßigt 9 €. Genaue Termine unter stattreisen-karlsruhe.de oder ✆ 0721-1613685 (Mo–Do 9.30–12 Uhr).

Die Modalitäten für die kostenfreien Führungen durch den **Bundesgerichtshof** sind unter ✆ 0721-1590 oder bundesgerichtshof.de zu erfahren.

Taxi **Taxi-Zentrale.** ✆ 0721-944144.

Einkaufen

→ Karte S. 76/77

Die Kaiserstraße ist zwischen Europaplatz und Marktplatz die Haupteinkaufsstraße Karlsruhes. Nach Tieferlegung der Straßenbahnlinien unter die Kaiserstraße sucht die Straße in Zeiten der Umbrüche im Einzelhandel nach einer neuen Identität. Stets lohnenswert sind die von ihr abzweigenden Straßen Herren- und Waldstraße (nach Süden, bis hin zur Sophienstraße). Das **Shoppingcenter Ettlinger Tor** **23** bietet eine große und auch relativ breite Angebotspalette. Eine kleinstädtische Einkaufsatmosphäre ohne echte Frequenzbringer findet man im Zentrum des Stadtteils Durlach.

Stephanus Buchhandlung **11** Eine der letzten kleineren Buchhandlungen in Karlsruhe, hat auch über das theologische und philosophische Ursprungssortiment hinaus eine gute Auswahl. Partner von Zweitausendeins und der Wissenschaftlichen Buchgesellschaft. Einen sympathischen Ableger gibt es mit der Buchhandlung „Der Rabe" auch in Durlach, Pfinztalstr. 60 (Sa nur bis 14 Uhr). Mo–Fr 9.30–

In der Waldstraße

19 Uhr, Sa bis 18 Uhr. Herrenstr. 34, ✆ 0721-919520, stephanusbuch.de.

MeinTipp **Reisebuchladen** **15** Breite Auswahl an Reiseführern, Landkarten und Bildbänden über Karlsruhe, die Pfalz, Europa sowie viele andere Regionen und Länder auf der ganzen Welt. Kompetenter Service. Mo–Fr 10–18 Uhr, Sa bis 16 Uhr. Herrenstr. 33, ✆ 0721-47008895, reisebuchladen.net.

Henrys **5** Ein Spielzeugladen für Könner: Neben Einrädern und Handsprechpuppen umfasst das Sortiment Bälle, Kegel u. v. m. zum Jonglieren und Balancieren. Die z. T. selbst produzierten Artikel können auch über den Onlineshop bezogen werden. Mo–Fr 11–18 Uhr, Sa 10–16 Uhr. Am Zirkel 30d, ✆ 0721-359403, henrys-online.de.

Basislager **7** Das Karlsruher Urgestein in Sachen Outdoor-Ausrüstung bietet in großzügigen Räumlichkeiten Hochwertiges zum Wandern, Klettern, Bergsteigen und Campen. Tolle Beratung inklusive! Mo–Fr 11–19 Uhr, Sa ab 10 Uhr. Kaiserstr. 231, ✆ 0721-9209060, basislager.de.

Rad+Tat **21** Der Laden bietet neben Rädern jede Menge Zubehör: Radbekleidung, Anhänger für Kind und Hund, Radtaschen, Schlösser und Helme. Werkstatt vorhanden. Mo–Fr 9–13 Uhr und 14–18 Uhr, Sa 10–17 Uhr. Waldstr. 58, ✆ 0721-22238, radundtat.net.

Majolika. Ob Vasen, Schalen, Figuren oder Wandteller, in der traditionsreichen Manufaktur hinterm Schlosspark werden mehr oder weniger edle Keramikarbeiten wechselnder Künstler in einer großen Verkaufsausstellung präsentiert. Do–So 11.30–17 Uhr. Ahaweg 6–8, ✆ 0721-9123770, majolika-karlsruhe.com.

Wochenmarkt. Auch wenn der Markt auf dem *Stephansplatz* (Mo/Mi/Fr 7.30–14 Uhr) aufgeholt hat, sind Angebot und Atmosphäre auf dem *Gutenbergplatz* (Di/Do/Sa 7.30–14 Uhr) in der Weststadt doch unerreicht. Samstags über den ältesten Markt Karlsruhes bummeln, nebenbei einkaufen und im Anschluss gut frühstücken, so kann das Wochenende beginnen! Der Platz steht zusammen mit seiner gründerzeitlichen Randbebauung als Ensemble unter Denkmalschutz.

Sport

Baden **Europabad.** Modernes, vielseitiges Sport- und Spaßbad mit Riesenrutsche und 1600 m² Wasserfläche. Eintritt ab 15 € (2 Std.), ermäßigt ab 10,50 €. Mit 7 € Aufschlag kann man auch die Sauna besuchen. Mo–Sa 10–23 Uhr, So bis 21 Uhr. Direkt neben der Europahalle und an der Günther-Klotz-Anlage gelegen, Hermann-Veit-Str. 7, ✆ 0721-1602 2400, ka-europabad.de.

Die Pfalz am Rhein → Karte S. 24

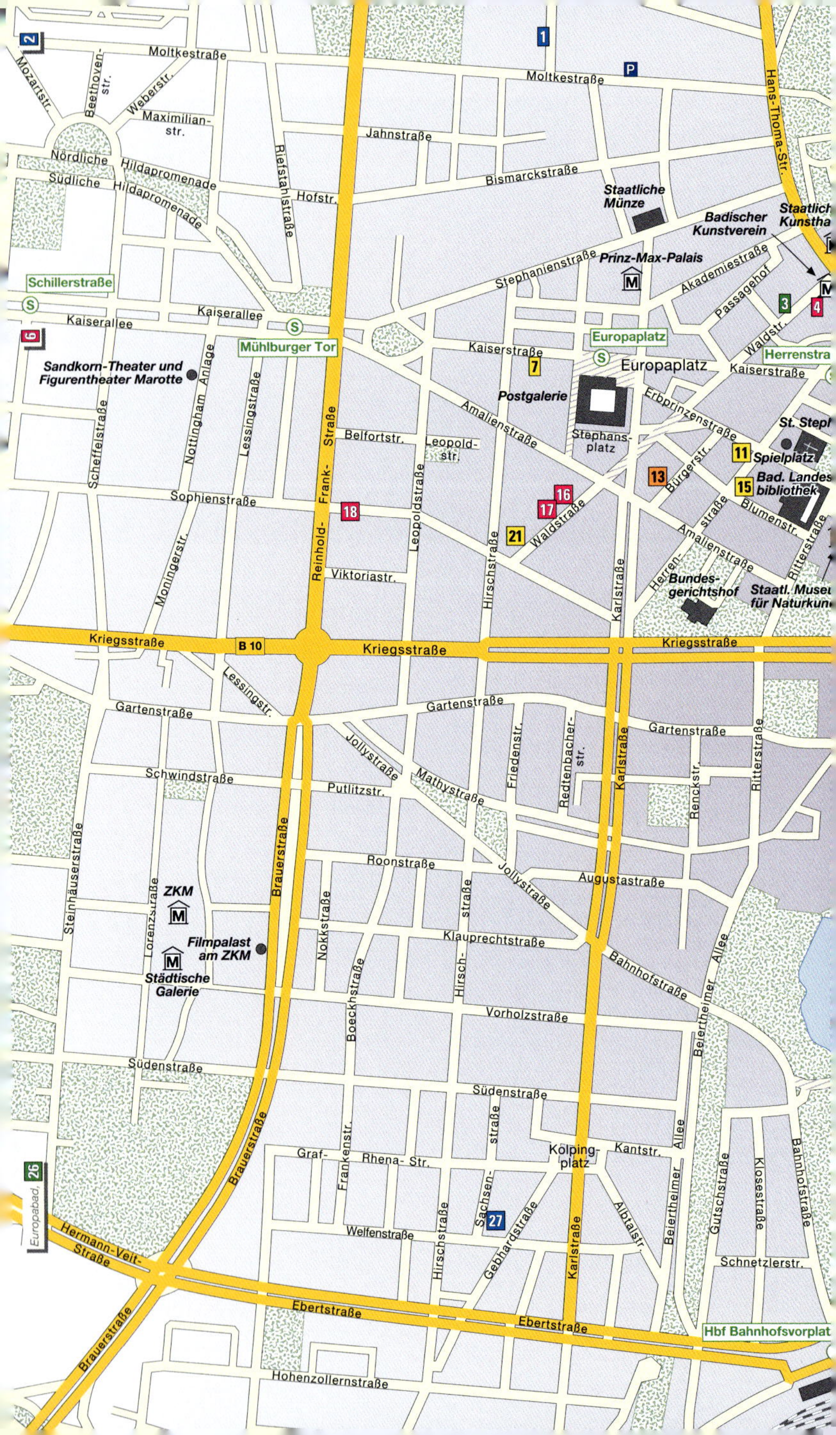
Moltkestraße
Moltkestraße
Mozartstr.
Beethoven-str.
Weberstr.
Maximilian-str.
Jahnstraße
Bismarckstraße
Nördliche Hildapromenade
Südliche Hildapromenade
Riefstahlstraße
Hofstr.
Staatliche Münze
Badischer Kunstverein
Staatlich Kunstha
Hans-Thoma-Str.
Stephanienstraße
Prinz-Max-Palais
Akademiestraße
Passagehof
Schillerstraße
Kaiserallee
Kaiserallee
Mühlburger Tor
Europaplatz
Europaplatz
Kaiserstraße
Kaiserstraße
Waldstr.
Herrenstra
Sandkorn-Theater und Figurentheater Marotte
Nottingham Anlage
Lessingstraße
Scheffelstraße
Reinhold-Frank-Straße
Postgalerie
Stephans-platz
Erbprinzenstraße
Amalienstraße
Belfortstr.
Leopold-str.
Leopoldstraße
St. Steph
Spielplatz
Bad. Landes bibliothek
Bürgerstr.
Sophienstraße
Waldstraße
Hirschstraße
Blumenstr.
Herren-straße
Amalienstraße
Ritterstraße
Moningerstr.
Viktoriastr.
Bundes-gerichtshof
Staatl. Muse für Naturkun
Karlstraße
Kriegsstraße
B 10
Kriegsstraße
Kriegsstraße
Lessingstr.
Gartenstraße
Gartenstraße
Gartenstraße
Jollystraße
Mathystraße
Friedenstr.
Redtenbacher-str.
Karlstraße
Renckstr.
Ritterstraße
Schwindstraße
Putlitzstr.
Roonstraße
Jollystraße
Augustastraße
Steinhäuserstraße
Lorenzstraße
ZKM
Filmpalast am ZKM
Städtische Galerie
Brauerstraße
Nokkstraße
Hirsch-straße
Klauprechtstraße
Bahnhofstraße
Beiertheimer Allee
Boeckhstraße
Vorholzstraße
Südenstraße
Südenstraße
Graf-Rhena-Str.
Frankenstr.
Sachsen-straße
Kolping-platz
Kantstr.
Brauerstraße
Europabad
Hermann-Veit-Straße
Welfenstraße
Hirschstraße
Gebhardstraße
Karlstraße
Albtalstr.
Beiertheimer Allee
Gutschstraße
Klosestraße
Bahnhofstraße
Schnetzlerstr.
Ebertstraße
Ebertstraße
Hbf Bahnhofsvorplat
Brauerstraße
Hohenzollernstraße
1
2
3
4
6
7
11
13
15
16
17
18
21
26
27
P

Schlossgarten
Spielplatz
Fasanen-Schlösschen
Richard- Willstätter- Allee
Botanischer Garten
Schloss
Schlossplatz
Bundes-verfassungs-gericht
Schloss-platz
Engesserstraße
Zirkel
W.- Gaede- Str.
Straße am Forum
Adenaue-ring
Neuer Zirkel
Englerstr.
Engesserstraße
E.- Arnold- Straße
Waldhornstraße
Universität
Marktplatz
Kronenplatz
Ritterstraße
Pyramide
Kaiserstraße
Kaiserstraße
Zähringerstr.
Zähringerstraße
Kronenstr.
K.-Wilhelm-Str.
Durlacher Tor
Durlacher Allee
Bankhof
Rathaus
Hebelstr.
Evangelische Stadtkirche
Fritz- Erler- Straße
Waldhornstraße
Brunnenstraße
Kapellenstraße
Gottesauer Straße
Erbprinzenstraße
Markgrafenstraße
Adlerstraße
Karl-Friedrich-Str.
Ostendstraße
Frühlingstr.
Sommerstr.
Kriegsstraße
Kriegsstraße
Kriegsstraße
B 10
Ettlinger Tor
Badisches Staatstheater
Rüppurrer Straße
H.- Obermüller- Str.
Baumeisterstraße
Schauburg
Meidingerstr.
Wielandtstr.
Festplatz
Kongresszentrum
Schützenstraße
Vierordt-bad
Ettlinger Straße
Werderstraße
Luisenstraße
Wilhelmstraße
Marienstr.
Augartenstr.
Augartenstraße
Zoo
Winterstraße
Nebeniusstraße
Marienstraße
Rüppurrer Straße
Am Stadtgarten
Mittelbruchstraße
Poststraße
Hauptbahnhof
Poststr.
Übernachten
1 Jugendherberge
2 Star Inn Hotel Karlsruhe Siemensallee
12 Hotel Der Blaue Reiter
25 Novotel Karlsruhe City
27 Hotel Garni Elite
28 Ibis Karlsruhe Hauptbahnhof
Essen & Trinken
4 Café Rih
6 Gasthaus Gutenberg
9 Wilma Wunder
16 Stövchen
17 Saftladen
18 Sabaidi Thaifood
19 Der Vogelbräu
24 Ali Baba
Cafés
3 Espressione
8 Claus
10 Espresso Stazione
20 Espresso Tostino
26 Kronen-Café
Nachtleben
13 Krokokeller
14 Substage
22 Kap
Einkaufen
5 Henrys
7 Basislager
11 Stephanus Buchhandlung
15 Reisebuchladen
21 Rad+Tat
23 Ettlinger Tor Center
120 m
Karlsruhe

Vierordtbad. Ein altes (Wellness-)Bad von 1900 mit viel Stil und Charme, das auch modernen Ansprüchen gerecht wird. Großer Saunabereich. Mi Frauenbadetag. Das Tragen von Badetextilien ist möglich. Di–So und feiertags von 10 bis mind. 20 Uhr, Mo ab 14 Uhr. Eintritt ab 16 €. Ettlinger Str. 4, ✆ 0721-1335225, ka-vierordtbad.de.

Sonnenbad. Hier kann man im 50-m-Becken noch schwimmen, wenn in anderen Freibädern die Saison längst beendet ist. Geheizt wird das Bad durch die Abwärme des direkt daneben liegenden Dampfkraftwerks. In der Hauptsaison Mo/Mi/Fr/Sa/So 9–20 Uhr, Di/Do bis 22 Uhr; März/April/Okt./Nov. Mo/Mi/Fr 10–20 Uhr, Di/Do bis 22 Uhr, Sa/So bis 17 Uhr. Eintritt 5,50 €, ermäßigt 3,70 €, in der Vor- und Nachsaison mit 2,20 € Zuschlag. Honsellstr. 39, ✆ 0721-1335234, ka-baeder.de.

Fußball Derzeit in der 2. Liga und eine Karlsruher Institution: der **KSC.** Infos unter ksc.de.

Klettern **Kletterzentrum The Rock.** In der 16 m hohen Halle kann man selbstständig klettern oder einen Kurs belegen. Tägl. 10–23 Uhr, So bis 22 Uhr. Tageskarte um 14 €, Kinder bis 5 J. frei. Ziegelstr. 1, ✆ 0721-5695482, kletterhalle-karlsruhe.de.

Radfahren In Karlsruhe wird viel Rad gefahren, die Ausschilderung der Radwege ist meist gut. Schöne Touren kann man z. B. im Haardtwald machen oder auch entlang der Alb nach Ettlingen. Von Ettlingen aus kann man auch das Albtal in Richtung Bad Herrenalb hinauffahren und den Rückweg mit der Stadtbahn antreten.

Spielplätze Großer Spielplatz in der **Günther-Klotz-Anlage** auf beiden Seiten des „Rodelhügels", der auch für größere Kinder interessant ist. Bequem mit der Straßenbahnlinie 1 ab der Stadtmitte (Haltestelle Europahalle) zu erreichen. Ein Spielplatz mit Balancegeräten und Wasserspielen liegt auf dem neu gestalteten Platz neben **St. Stephan.** Der Spielplatz für alle Altersgruppen im **Schlossgarten** zwischen Schloss und Fasanerie ist etwas versteckt im Wald gelegen. Auch im **Zoo** gibt es einen schönen Spielplatz nahe des Eingangs an der Ettlinger Allee.

Kultur

Kino **Schauburg.** Das 1929 gegründete, schon lange kultige Kino präsentiert die Filme interessant verpackt. Die roten Sessel und Vorhänge im Hauptsaal tragen ebenso wie die gelungene Mischung aus nahezu unbekannten und Mainstream-Filmen zur großen Beliebtheit bei. Liveübertragungen aus der MET in New York und das beliebte sonntägliche Kinofrühstück in den Wintermonaten sind Teil des großen Veranstaltungsspektrums. Marienstr. 16, ✆ 0721-3500018, schauburg.de.

Staatstheater

Filmpalast am ZKM. Modernes Großkino mit knapp 3000 Sitzplätzen, in dem vorwiegend Blockbuster gezeigt werden. Brauerstr. 40, ✆ 0721-2059200, filmpalast.net.

Theater **Badisches Staatstheater.** Dreispartenhaus mit klassischem bis zeitgenössischem Spielplan und meist modernen Inszenierungen. Das schachtelartige Gebäude ist 1975 anstelle des alten Karlsruher Bahnhofs entstanden. Das Haus ist seit dem Jahr 2022 Großbaustelle, bis 2034 soll bei laufendem Betrieb die komplette Modernisierung abgeschlossen sein. Zweistündige Baustellenführungen sind kostenfrei. Detaillierte Infos zu Umbau und Spielplan bietet die Internetseite. Baumeisterstr. 11, ✆ 0721-35570, staatstheater.karlsruhe.de.

Das Fest

Am letzten Wochenende vor den baden-württembergischen Sommerferien wird Karlsruhe zum Mekka der Open-Air-Fans. Die Jugend der Stadt macht sich ungeachtet sonst abweichender Vorlieben auf in die Günther-Klotz-Anlage und feiert. Mehrere Bühnen bieten verschiedene Musikstile, auch auf der Hauptbühne ist das Programm meist so vielfältig, dass für jeden etwas dabei ist. Freitagabends ist mal Metal, mal Hip-Hop dran, sonntagmorgens kommen dann auch die Älteren und die Familien und breiten zum beliebten Klassikfrühstück die Picknickdecken aus. Seit ein paar Jahren ist das Gelände umzäunt, da sich das Fest neben der Förderung durch Stadt und Sponsoren über den Verkauf der Speisen und Getränke finanzieren muss. Auch ein geringer Eintrittspreis wird mittlerweile erhoben, aber für Namen wie Alvaro Soler, Rea Garvey und den bei Karlsruhe aufgewachsenen Max Giesinger sind die 18 € pro Tag beinahe geschenkt. Weitere Infos unter dasfest.de.

Das Sandkorn. Modernes und klassisches Theater sowie Kabarett bietet das sympathische Theater in einem ehemaligen Fabrikgebäude. Kaiserallee 11, ✆ 0721-848984, das-sandkorn.de.

Figurentheater Marotte. Traditionelle Märchen, Kinderbücher und experimentelle Stücke gehören zum vielfältigen Repertoire des seit 1987 bestehenden Theaters. Im Sommer auch Vorführungen im Waldzentrum (hinterm Schloss). Kaiserallee 11, ✆ 0721-841555, marotte-figurentheater.de.

Veranstaltungen **Altstadtfest Durlach.** Jedes Jahr strömen am ersten Wochenende (Fr/Sa) im Juli 200.000 Menschen in den 30.000 Einwohner zählenden Stadtteil Durlach. Durlacher Vereine sorgen für Speis und Trank, viele neue, aber auch altgediente Bands für Livemusik. Weitere Infos unter altstadtfest-durlach.de.

Christkindlesmarkt. Auf dem Friedrichsplatz und bei der katholischen Stadtkirche St. Stephan tummeln sich die Holzbuden mit einem überraschend abwechslungsreichen Angebot. Auch viele Kunsthandwerker und Töpfer bieten ihre Waren an. Im Advent tägl. 11–21 Uhr.

Schlosslichtfestspiele. Im Sommer wird das imposante Karlsruher Schloss allabendlich kunstvoll angestrahlt. Die rund zweistündige animierte Lichterschau zieht tausende Besucher an. Eintritt frei, Termine und Infos unter schlosslichtspiele.info.

Übernachten

→ Karte S. 76/77

******S Novotel Karlsruhe City** **25**
Modernes Kongresshotel, das für seine gehobenen Preise ein sehr schönes Ambiente, guten Service, ein leckeres Frühstücksbuffet und eine zentrale Lage zwischen Zoo und Innenstadt bietet. Festplatz 2, ✆ 0721-35260, accorhotels.com. **€€€**

meinTipp ****** Hotel Der Blaue Reiter** **12**
Der Eingangsbereich ist modern-kühl gehalten, die Zimmer sind trotz der Klarheit gemütlich. Tolles Frühstücksbuffet und freundlicher Service. Das im Hotel befindliche Restaurant ist die Durlacher Ausgabe der Karlsruher Hausbrauerei Vogelbräu. Durlach, Amalienbadstr. 16, ✆ 0721-942660, hotelderblauereiter.de. **€€€**

Ibis Karlsruhe Hauptbahnhof Hotel **28**
Das einfache Hotel ist ganz in der Nähe des Hauptbahnhofes und damit nicht ruhig, aber sehr zentral gelegen. Die eher kleinen Zimmer in einem stilvollen Altbau sind sauber und schön gestaltet. Poststr. 1, ✆ 0721-352320, accorhotels.com. **€€**

Die Pfalz am Rhein → Karte S. 24

Star Inn Hotel Karlsruhe Siemensallee 2 5 km von der Innenstadt in Richtung Pfalz gelegen, bietet das neu erbaute Hotel schnörkellosen, soliden Komfort. Die Zimmer sind mit viel Holz und kräftigen Rottönen gestaltet. Siemensallee 86, ✆ 0721-120830, starinnhotels.com. €€

Hotel Garni Elite 27 Mitten in der beliebten Wohngegend Südweststadt gelegenes, freundliches Hotel. Auch Drei- und Vierbettzimmer. Sachsenstr. 17–19, ✆ 0721-828090, hotelelite-ka.de. €€€

Jugendherberge 1 Ruhig am Rand des Hardtwaldes im Nordwesten der Innenstadt gelegen. Die 167 Betten sind überwiegend auf sehr einfache Vier- und Sechsbettzimmer verteilt, es gibt aber auch Zweibettzimmer. Duschen und Toiletten meist auf dem Flur. Moltkestr. 24, ✆ 0721-28248, jugendherberge-karlsruhe.de. €

Essen und Trinken/Nachtleben

→ Karte S. 76/77

Essen & Trinken **Café Rih 4** Im Erdgeschoss des Badischen Kunstvereins. Hinter hohen Jugendstilfenstern kann man in der nüchternen, modernen Atmosphäre stundenlang Milchkaffee trinken und Zeitung lesen. Wer Hunger hat, dem seien die leckeren und günstigen Paninis und Pastagerichte empfohlen. Di–Sa 10–18 Uhr. Waldstr. 3, ✆ 0721-22074, caferih.de. €

Saftladen 17 Müslis, Säfte und Suppen gibt es hier. Sitzplätze sind rar, sodass das Mitnehmen der Vitaminbomben eine gute Alternative ist. Mo–Fr 8–18 Uhr (Mai bis Okt. bis 19 Uhr), Sa 9–17 Uhr. Waldstr. 56, ✆ 0721-1519377, dersaftladen.de. €

Stövchen 16 In der engen, mit unzähligen Blechtafeln geschmückten Kneipe lässt es sich gemütlich sitzen. Das Essen ist sensationell günstig, die Bedienung freundlich, studentisches Publikum. Im Sommer lockt der kleine Innenhof. So–Do 12–23 Uhr, Fr/Sa bis 24 Uhr. Waldstr. 54, ✆ 0721-29241, stoevchen.com. €

Claus – Eismanufaktur & Deli 8 In bester Innenstadtlage bietet das hippe Café

An Sommerabenden wird das Schloss imposante Kulisse der Schlosslichtspiele

sehr leckeres Eis und modernes, gesundes Essen – z. B. vegetarische Avocado-Stullen oder Buddha Bowls. Mo–So 10–18 Uhr. Lammstr. 7, ☏ 072196313994, claus-karlsruhe.de.

Wilma Wunder 9 Angrenzend an die Evangelische Stadtkirche hat die kleine Gastrokette in luftig gestalteten Weinbrenner-Räumlichkeiten ihren Platz gefunden. Vielseitige Speisekarte und freundlicher Service machen das Wilma zu einer Location für alle Tageszeiten. Sehr schöner Innenhof! Tägl. ab 8.30 Uhr, geöffnet bis mind. 23 Uhr. ☏ 0721-18129033 karlsruhe.wilma-wunder.de. **€€**

Espressione 3 Das kleine, italienische Spezialitätengeschäft mit einigen Cafétischen eignet sich perfekt für eine kurze Shoppingpause. Neben dem Espresso und vielfältigen Panini hat uns vor allem die *cioccolata calda* überzeugt. Mi–Do 10–18 Uhr, Fr/Sa 10–16 Uhr. Waldstr. 10, ☏ 0721-6268325, espressione.de.

MeinTipp **Espresso Stazione** 10 und **Espresso Tostino** 20. Das Stazione ist eine kleine, szenige Espressobar in der Innenstadt mit begrenztem Platzangebot, aber viel Charme und tollem Cappuccino (auch vegan). Der verwendete Kaffee stammt von der netten Rösterei Tostino im Schlachthofareal, die auch einen modernen Ausschank mit schönem Freisitz und Snacks bietet. Stazione: Mo–Fr 8–17 Uhr, Sa ab 11 Uhr. Kreuzstr. 17, ☏ 0721-2030 397, espresso-stazione.de. Tostino: Mo–Sa 10–18 Uhr, So ab 13 Uhr. Alter Schlachthof 29A, ☏ 0721-13278691, tostino.de.

Ali Baba 24 Seit über fünfzehn Jahren betreibt Hanna Isak das sympathische Restaurant und verwöhnt die Gäste mit allerlei, auch vegetarischen Leckereien aus seiner syrischen Heimat. Mo–Sa 17–23 Uhr, Mi auch 11–15 Uhr. Kreuzstr. 25, ☏ 0721-386493, alibaba-ka.de. **€€**

Sabaidi Thaifood 18 Beliebtes Restaurant mit frischer, vielseitiger thailändischer Küche. In den mit viel Holz gestalteten Räumen werden die Gäste am Rand der Innenstadt freundlich umsorgt. Di–Fr 11.30–14.30 Uhr und 16.30–22 Uhr. Sa/So/Fei durchgehend geöffnet. Sophienstr. 59a, ☏ 0721-47042529, sabaidi thaifood.com. **€€**

Der Vogelbräu 19 Hier steht das unfiltrierte Bier im Mittelpunkt, dazu gibt es deftige Kost, die klassische Brauhausküche. Gemütlicher Biergarten im Hinterhof. Mo–Do 11–24 Uhr, Fr und Sa 10–1 Uhr, So bis 24 Uhr. Kapellenstr. 50, ☏ 0721-377571, vogelbraeu.de. **€€**

MeinTipp **Gasthaus Gutenberg** 6 Klassisches Wirtshaus und modernes Restaurant in einem – hier kann man bei vielen Gelegenheiten einkehren und gut essen oder auch nur was trinken. Im Sommer Plätze am Rande des besonders an Markttagen (→ S. 75) sehr stimmungsvollen, von einigen Cafés und Bars umgebenen Gutenbergplatzes. Mo–Fr 11.30–15 und 16.30–23 Uhr, Sa 10–23 Uhr (bis 13 Uhr Marktfrühstück). Nelkenstr. 27, ☏ 0721-9851 516, gasthaus-gutenberg.com. **€€**

Kronen-Café 26 Für Besucher des nahen Grünzugs Günther-Klotz-Anlage (→ Spielplätze, S. 78 und → Das Fest, S. 79) ist das Café im charmanten Backsteinbau eine gute Alternative zu den Cafés der Innenstadt. Im Freibereich warten schattige Tische, in den Räumen des alten Industriebaus gemütlich gestaltete Sitzbereiche. Neben dem klaren Hauptprodukt Kaffee (auch bio), der hier auch in stattlichen Mengen geröstet wird, gibt es auch kleine Gerichte. Di–Sa 9–17 Uhr. Bannwaldallee 38b (Eingang Benzstr. 17), ☏ 0721-47009707, kronencafe.de. **€**

Nachtleben Wer die Abende lang werden lassen möchte, findet zahlreiche Gelegenheiten, z. B. im Bereich des Ludwigsplatzes. Studenten bevölkern die Kneipen im „Dörfle" gegenüber der Uni. Auch im Schlachthofareal (östlich der Innenstadt) ist in Sachen Kneipen und Konzerte einiges los.

Substage 14 Der Name geht auf die ehemalige Straßenunterführung zurück, in der das Substage früher untergebracht war. Nach dem Umzug in die Räume des alten Schlachthofs ist die Theke länger und die Kopffreiheit größer geworden. Hier werden wirklich gute Rock- und Popkonzerte von bekannteren (z. B. Revolverheld, The Hooters, Clawfinger) und fast unbekannten Bands vor bunt gemischtem Publikum gespielt. Durlacher Allee 62, Alte Schlachthalle/S13, ☏ 0721-7831150, substage.de.

Krokokeller 13 Karlsruher Dauerbrenner unweit des Ludwigsplatzes. Im schweißtreibenden, stets vollen Gewölbekeller wird eine bunte, eher rockige Mischung gespielt. Fr/Sa 23–5 Uhr. Bürgerstr. 14, ☏ 0721-23729, krokokeller.com.

Kap 22 Studenten, Künstler und andere Nachteulen bevölkern das Kap jede Nacht. Mit (Pfälzer!) Wein, Cocktails und Whisky wird hier ordentlich gefeiert. Kleiner Biergarten und auch eine ambitionierte Küche. Mo–Do 17–1 Uhr. Fr/Sa bis 2 Uhr. Kapellenstr. 68, ☏ 0721-32166, kap-ka.de.

Die Pfalz am Rhein → Karte S. 24

Deutsche Weinstraße

Von Nord nach Süd zieht sich die Deutsche Weinstraße durch das zweitgrößte Weinanbaugebiet Deutschlands. Längst hat sich der Name der Straße auf die Region übertragen und geht mit einem klaren Image einher: Wer an die Weinstraße fährt, ist auf dem Weg zu gutem Essen, Wein und sonnigen Spaziergängen.

Parallel zur Straßenverkehrsroute der Deutschen Weinstraße verläuft der Radweg Deutsche Weinstraße. Er beginnt wie die Autostraße in Schweigen-Rechtenbach an der französischen Grenze und endet nach etwa 95 km in Bockenheim. Von der Hauptroute zweigen mehrere Panoramarouten ab.

Die Mitte der 1930er-Jahre zur Förderung des Weinkonsums eröffnete Straße windet sich mehr als 85 km durch malerische Winzerorte und ausgedehnte Weinberge. Auf ihrer Route hält sie sich größtenteils dicht am Rand des Pfälzerwalds. Auf den sanften Hängen seiner Haardt genannten Vorhügelzone wächst ein Großteil der Pfälzer Reben. 1800 Sonnenstunden im Jahr und ein besonders mildes Klima lassen jedoch nicht nur gute Weine gedeihen. Auch Mandeln, Pfirsiche, Zitrusfrüchte oder Feigen fühlen sich als wärmeliebende Pflanzen hier wohl.

Wenn die Mandelbäume im Frühjahr zu blühen beginnen, erlebt die Deutsche Weinstraße ihren ersten Höhepunkt. Die üppigen Blüten lassen die Straßen und Wege entlang der Haardt in einladendem Rosa und Weiß leuchten. Nur im Herbst erstrahlt das Laub der Reben in noch schöneren Farben. Dann verwandeln die unzähligen Gelb- und Rotschattierungen die Weinberge in ein stimmungsvolles Farbenmosaik. Zusammen mit frisch gekeltertem Neuem Wein und herzhaftem Zwiebelkuchen entsteht so eine Traumkombination, die viele Besucher an die Weinstraße lockt.

Was anschauen?

Bad Dürkheim: In der hübschen Kurstadt an der nördlichen Weinstraße wird alljährlich im September der Wurstmarkt gefeiert, das angeblich größte Weinfest der Welt. Ansonsten punktet die Stadt mit einem wasserreichen Kurpark und einem kleinen, feinen Zentrum. **→ S. 104**

Deidesheim: Die Mittelhaardt zwischen Neustadt und Bad Dürkheim beheimatet viele bekannte Weinlagen mit Namen wie Eselshaut, Ungeheuer oder Meerspinne. Im Zentrum liegt Deidesheim, Sehnsuchtsort vieler Gourmets und Feierfreunde. Neben traditionellen Weingütern finden sich hier erstklassige Restaurants. → S. 122

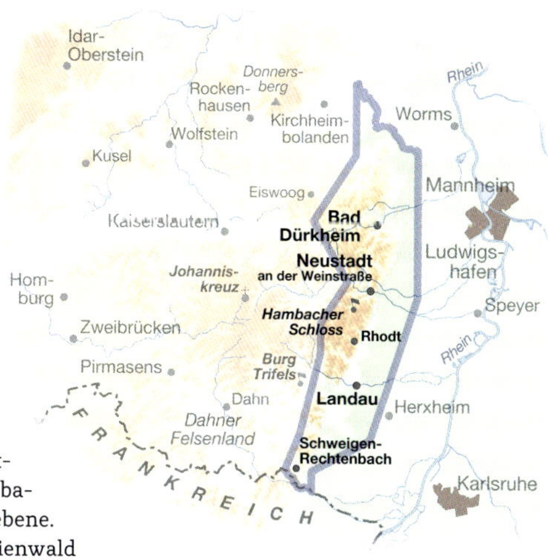

Hambacher Schloss: Oberhalb von Neustadt überragt ziemlich genau am geografischen Mittelpunkt der Deutschen Weinstraße das Hambacher Schloss die weite Rheinebene. 1832 wurde das von Kastanienwald umgebene Schloss zum Treffpunkt tausender freiheitsliebender Menschen, die hier erstmals die schwarz-rot-goldene Flagge hissten. Heute ist diese Wiege der Demokratie eines der meistbesuchten Ausflugsziele der Pfalz. → S. 138

Südliche Weinstraße: Südlich von Neustadt wird die Landschaft abwechslungsreicher und hügeliger. Reben wechseln sich mit kleineren Baumgruppen und verträumten Winzerdörfern ab. Im Zentrum der Südlichen Weinstraße liegt die Stadt Landau, die größte Weinbaugemeinde Deutschlands. → S. 153

Rhodt unter Rietburg: Das pittoreske, romantische Örtchen bietet mit der Theresienstraße die schönste Flaniermeile der Pfalz. Oberhalb liegt die Villa Ludwigshöhe, die der pfalzbegeisterte bayerische König Ludwig I. hier erbauen ließ. Auf einem Spaziergang von Rhodt hierher kann man auf seinen Spuren wandeln. → S. 162

Burgen: Viele Burgen reihen sich oberhalb der Rheinebene auf den ersten Gipfeln des Pfälzerwaldes auf. Die Hardenburg bei Bad Dürkheim, die Wachtenburg bei Wachenheim, die Madenburg bei Eschweiler oder die Ruine Guttenberg bei Schweigen-Rechtenbach sind einige besonders schöne Beispiele – der Anstieg lohnt sich!

Was unternehmen?

Radfahren: Die Weinstraße lässt sich perfekt mit dem Fahrrad erkunden. Die Abstände zwischen den Orten sind nicht groß und die Steigungen machbar. Im Hochsommer fehlt hier ab und an der Schatten, im Frühling und Herbst sind die Wege zum Sonnetanken wunderbar.

Wandern: Entlang der Haardt und am Rande des Pfälzerwaldes gibt es unzählige Wanderwege und einfache Hütten des Pfälzerwald-Vereins. Oft bietet sich von hier ein herrlicher Blick über die gesamte Rheinebene bis zum Odenwald und Schwarzwald. Der Pfälzer Weinsteig führt entlang der Weinstraße und des Waldrands von Bockenheim bis Schweigen.

Was sonst noch?

Kein Weinstraßenbesuch ohne Weinstube, Weingut oder Weinfest. Von alldem gibt es reichlich entlang der Weinstraße. Es müssen nicht immer die klangvollen Namen sein. Auch in weniger bekannten Orten gibt es besuchenswerte Weinstuben und Winzerhöfe.

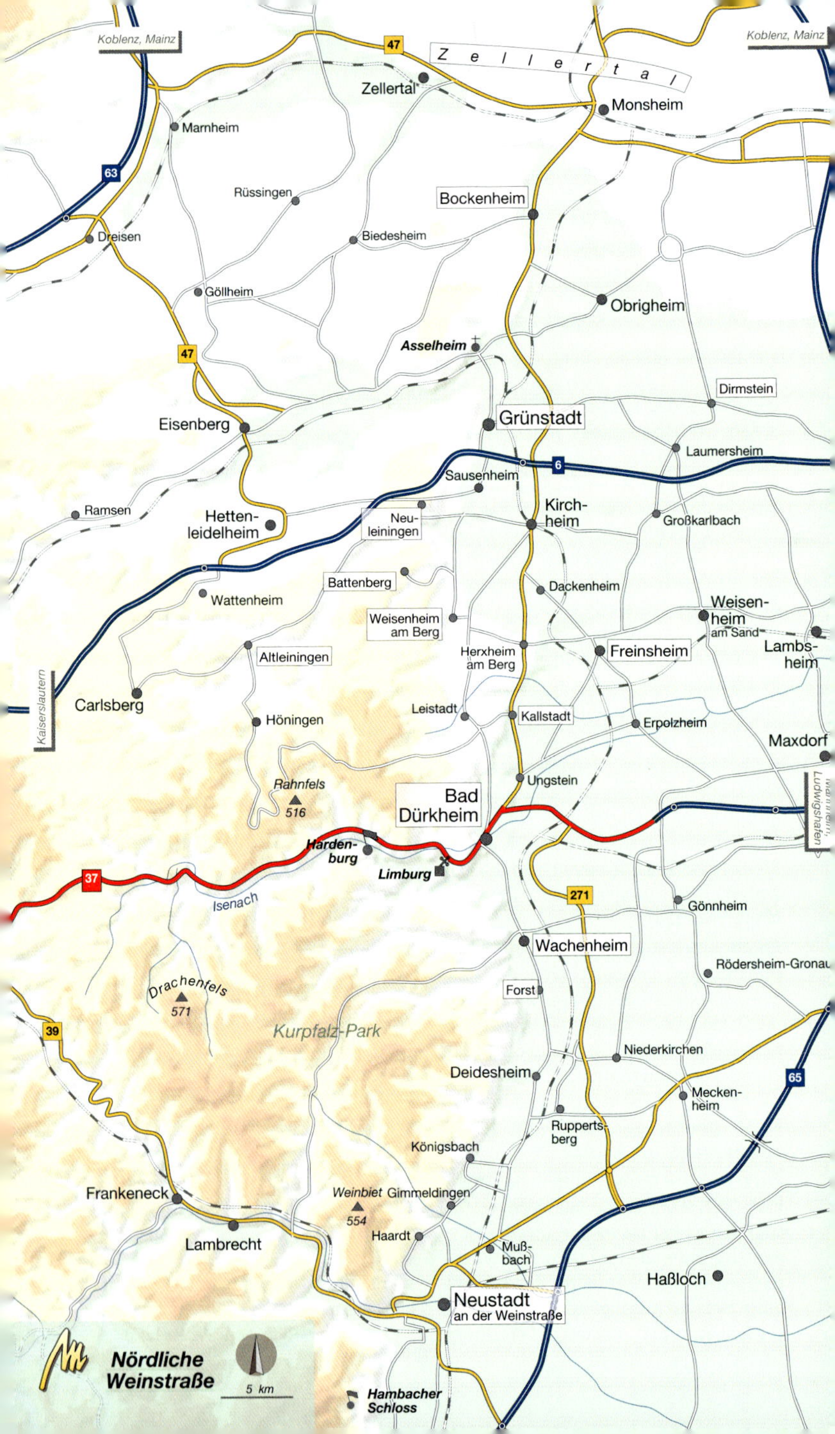

Koblenz, Mainz
Koblenz, Mainz
47
Zellertal
Zellertal
Monsheim
Marnheim
63
Rüssingen
Bockenheim
Dreisen
Biedesheim
Göllheim
Obrigheim
Asselheim
47
Dirmstein
Eisenberg
Grünstadt
Laumersheim
6
Sausenheim
Ramsen
Hetten-
leidelheim
Neu-
leiningen
Kirch-
heim
Großkarlbach
Battenberg
Dackenheim
Wattenheim
Weisenheim
am Berg
Weisen-
heim
am Sand
Herxheim
am Berg
Freinsheim
Lambs-
heim
Altleiningen
Kaiserslautern
Carlsberg
Leistadt
Kallstadt
Höningen
Erpolzheim
Maxdorf
Rahnfels
516
Ungstein
Bad
Dürkheim
Mannheim,
Ludwigshafen
Harden-
burg
Limburg
37
Isenach
271
Gönnheim
Wachenheim
Rödersheim-Gronau
Drachenfels
571
Forst
39
Kurpfalz-Park
Niederkirchen
Deidesheim
65
Mecken-
heim
Ruppertsberg
Königsbach
Frankeneck
Weinbiet
554
Gimmeldingen
Haardt
Lambrecht
Muß-
bach
Haßloch
Neustadt
an der Weinstraße
Nördliche
Weinstraße
5 km
Hambacher
Schloss

Leiningerland

An der Grenze zwischen Rheinhessen und der Pfalz beginnt die Weinstraße mit einem etwas verloren wirkenden Torgebäude in Bockenheim. Die Landschaft ist weit und offen, nach Süden markieren die Burgdörfer Alt- und Neuleiningen sowie Battenberg den beginnenden Pfälzerwald.

Neuleiningen betört die Besucher durch seinen historischen Charme: Unterhalb der gleichnamigen Burg erhebt sich das Dorf über die Rheinebene und bietet mit seinen engen und steilen Gassen eine herrliche Kulisse für die gut besuchten Feste und den charmant-knuffigen Weihnachtsmarkt. Grünstadt ist das wirtschaftliche Herz der Region, durch die Nähe zur Autobahn A6 fühlen sich hier Logistikunternehmen wohl. Für das Heimatgefühl spielt der Weinbau auch in diesem Bereich der Pfalz die Hauptrolle. Gemeinden wie Laumersheimi, Kallstadt und Weisenheim am Berg sind ohne Reben und all dem ihnen folgenden Beiwerk nicht vorstellbar.

▪ Informationen zur Region in der Tourist-Information Leiningerland (→ Bockenheim) und unter leiningerland.com.

Bockenheim

Seit 1995 Jahren hat die Weinbaugemeinde ihr Weintor. Das markante, baujahrtypische Gebäude symbolisiert das nördliche Ende der Weinstraße. Aber das Herz der Gemeinde ist älter und steht etwas weiter nördlich: Rund um die Schlossanlage der Emrichsburg ist Bockenheim nicht nur idyllisch, sondern auch authentisch.

Das Weintor wurde als Pendant zum Weintor in Schweigen erbaut. Es ist mehr als ein Tor. Das weit über die Weinstraße in den angrenzenden Park ragende Bauwerk beherbergt auch die Touristinfo und ein Restaurant. Beim Entwurf stand die Idee eines römischen Kastells Pate, manche mögen diese Verbindung auch erkennen. Nördlich des Weintors fällt ein weißer, burgähnlicher Turm auf. Er gehört zur Kleinbockenheimer Martinskirche, die leider nur selten zugänglich ist. Die Kirche liegt nahe an den Überresten der einstigen Schlossanlage Emrichsburg auf der Kuppe des Kirchenhügels. Das Schloss wurde im 16. und 17. Jh. standesgemäß von den Leiningern genutzt und auch nach diversen Zerstörungen immer wieder in Schuss gehalten. Nach dem Ersten Koalitionskrieg 1797/98 kam Bockenheim an Frankreich und die Reste der Schlossanlage wurden meistbietend verkauft. Der erste bürgerliche Besitzer machte aus den Überresten des Schlosses ein landwirtschaftliches Anwesen, das 1831 von Heinrich Janson übernommen wurde. Die Nachfahren von Heinrich betreiben hier noch heute ein gutes, charmantes Weingut. Vom Schlösschen selbst ist nicht mehr viel übrig, aber das prächtige Renaissance-Tor, einige Gebäudeteile und die exponierte Lage lassen die frühere Gestalt des Anwesens noch erahnen. Unterhalb des Kirchenhügels zieht sich eine enge Gasse in weitem Bogen auf das südlichere Großbockenheim zu. Es erstreckt sich mit vielen kleinen, dicht beieinander stehenden Winzerhöfen in einer Mulde der dem Donnersberg vorgelagerten Kalkhügellandschaft.

Die im 11. Jh. entstandene Lambertskirche ist von trutzigen Mauern umgeben. Sie wurde wie viele Kirchen in der Pfalz zwischen 1700 und 1921 als Simultankirche parallel von katholischen und protestantischen Gläubigen genutzt. Heute ist sie die evangelische Pfarrkirche. In der 1936, etwas oberhalb davon gebauten katholischen Kirche St. Lambert lohnt ein Besuch v. a. wegen der im 15. Jh. entstandenen Weinrebenmadonna aus Lindenholz.

Mediale Beachtung erfährt Bockenheim alljährlich im Oktober, wenn während des **Pfälzischen Mundartdichterwettstreits** vorwiegend regionale Autoren um die Gunst der Jury und des Publikums werben. Und während im Herbst alle nicht Pfälzisch sprechenden Dichter von vornherein ausgeschlossen sind, haben bei den **Bockenheimer Mundarttagen** im Frühjahr auch Poeten, die in einer anderen Mundart dichten, eine Chance. Zum Programm gehört auch ein Mundartgottesdienst in der Martinskirche.

Information **Tourist-Information der Verbandsgemeinde Leiningerland.** Mo–Fr 8.30–12 Uhr, Mo–Mi auch 13.30–16 Uhr, Do bis 18 Uhr, Mai bis Okt. zusätzlich Fr bis 16 Uhr und Sa 10–16 Uhr. Haus der Deutschen Weinstraße, Weinstr. 91b, 67278 Bockenheim, ✆ 06359-80013000, leiningerland.com. Weitere Informationen unter bockenheim.de.

Einkaufen **Weingut Schloss Janson.** In der stilsicher gestalteten Vinothek lassen sich die prämierten Weine von Mi–Sa von 10–17 Uhr verkosten. In einem der alten, nun liebevoll sanierten Gebäude wurde ein stylisches Boutique-Gästehaus eröffnet (**€€€**). Schlossweg 8, ✆ 06359-4148, schloss-janson.de.

Veranstaltungen **Weinfest und Mundartdichterwettstreit.** Alljährlich am dritten Wochenende im Okt. stattfindender Wettstreit pfälzischer Mundartdichter.

Bockenheimer Mundarttage. Ende April/Mai, mit Lesungen, Theater und Musikveranstaltungen in verschiedenen Dialekten. Infos bei der Gemeindeverwaltung Bockenheim, ✆ 06359-946410, bockenheim.de.

Übernachten/Essen **Pension Petry.** Kleines Gästehaus im Zentrum von Bockenheim. Kellereistr. 7, ✆ 06359-94310, weinbau-brehm.de. **€€**

Landgasthaus Neuhäusel. Gepflegter, uriger Gasthof mit kreativer Regionalküche in einer im 16. Jh. erbauten Herberge. Mo/Fr 11.30–14 und ab 17 Uhr, Sa/So ab 11.30 Uhr durchgehend. Weinstr. 93, ✆ 06359-4217, landgasthaus-neuhaeusel.de. **€€€**

Das Haus der Deutschen Weinstraße in Bockenheim

Die Lambertskirche ragt hoch über die Weinstraße empor

Café Ideal. Vielseitiges Café-Restaurant mit beliebtem Freisitz zwischen seerosen-bewachsenem Bockenheimer See und Weintor. Di–Fr 15–23 Uhr, Sa und So ab 11 Uhr, Küche immer bis 21.30 Uhr. ✆ 06359-9603010, cafe-ideal.com/bockenheim. **€€**

Wohnmobilstellplätze (ohne Versorgungsstation) stehen auf dem Festplatz von Nov. bis Sept. kostenfrei zur Verfügung.

Umgebung von Bockenheim

Das nördlich von Bockenheim gelegene Zellertal gehört im Westen zur Pfalz, im östlichen Teil zu Rheinhessen. Die Landschaft ist offen, stellenweise reizvoll, teilweise auch etwas monoton. Die weiten Aussichten, engagierte Gastgeber und einige starke Weingüter machen das Tal zwischen Weinstraße und Donnersberg für Genießer interessant. Aufgrund der Muschelkalkböden, der in der Pfalz seltenen Südexposition und des relativ frischen Klimas hat sich bei den Weinen in den letzten Jahren hier besonders viel getan. Viele Weingüter und Restaurants sind dem ökologischen Landbau bzw. der Slow-Food-Idee verbunden. Das Wahrzeichen des Tales ist das markante Zellertaler Ehrenmal: 1926 beschlossen die pfälzischen und rheinhessischen Gemeinden, damit gemeinsam an die im Ersten Weltkrieg gefallenen Soldaten aus dem Zellertal zu gedenken. Das nahe gelegene Kruzifix zum Schwarzen Herrgott ist namensgebend für die umgebende Weinlage. Das Terroir ist übrigens so herausragend, dass auch der im 14 km entfernten Laumersheim beheimatete Winzer Phillipp Kuhn hier Rebzeilen bewirtschaftet.

Übernachten/Essen/Wein ***** Hotel Kollektur.** In warmen Farben und mit viel Liebe gestaltetes Hotel im Zentrum von Zell. Aus vielen Zimmern bietet sich ein schöner Blick über das Tal. Sehr sauber und freundlich. Ab Frühjahr 2024 übernimmt hier das Team von Daniel Hinz (früher Bockenheimer Weinstube) die gastronomische Regie – wir gehen davon aus, dass das Essen auch hier hervorragend sein wird! Zell, Zeller Hauptstr. 19, ✆ 06355-954545, hotel-kollektur.de. **€€**

Weingut Bremer. Drei Schwestern holten sich einen erfahrenen Weinmacher aufs Gut, aus Toplagen des Tals bringen sie anspruchsvolle Weine hervor. Schicke Weinbar mit guter Bistrokarte, Do und Fr 17.30–22 Uhr. Zellertal, Brückenstr. 2, ✆ 06355-8639166, weingut bremer.de. **€€**

Weingut Janson Bernhard. Bereits seit den frühen 1990ern werden hier biologische Weine erzeugt, seit 2007 arbeitet das Weingut biodynamisch. Auch als Location für Feste ist das Gut aufgrund der wunderschönen Hofanlage sehr beliebt. Harxheim, Hauptstr. 5, ✆ 06355-1781, jansonbernhard.de.

Grünstadt

Es sind die günstige Lage im Zentrum des Leiningerlands und die direkte Anbindung an die Autobahn, die Grünstadt zum zentralen Einkaufsort der Umgebung machen. Schon im Mittelalter florierte hier am Kreuzungspunkt alter Römerstraßen der Handel. Touristische Höhepunkte dagegen findet man eher in den umliegenden Gemeinden als in Grünstadt selbst.

Nicht eben städtisch wirken die Randbereiche der Innenstadt, beinahe schon dörflich die ein wenig tristen Straßen. Und so kommt man ins Staunen, wenn man die schmale Fußgängerzone betritt, die sich mit ihren unerwarteten Geschäften einen halben Kilometer lang durch die Stadt zieht. Am südlichen Rand der Innenstadt konzentrieren sich die Bauten der Leininger Grafen, die der Stadt ihr Gesicht geben. Nach der Zerstörung ihrer Stammburgen im Pfälzischen Erbfolgekrieg errichteten die beiden Brüder Christoph Christian und Georg II. hier ihre Schlösser Leininger Unterhof und Oberhof, in denen sie und ihre Nachfahren ab 1705 bzw. 1716 bis zum Ende ihrer Herrschaft 1801 residierten.

Gut sortiert: die Fußgängerzone von Grünstadt

Heimeliger als Grünstadt selbst wirken die Stadtteile Sausenheim und Asselheim. Die beiden Weinbauorte sind mittelalterliche Gründungen mit engen, verwinkelten Ortskernen. Zumindest für das Gebiet des von Fachwerkhäusern geprägten **Asselheim** lassen sich auf die Mittelsteinzeit zurückgehende Siedlungsspuren feststellen, zur Zeit der römischen Expansion profitierte der Ort von seiner Lage an römischen Handelsstraßen. Der runde Wehrturm der seit 1560 protestantischen Kirche St. Elisabeth und der noch gut erhaltene Rote Turm am Ortsausgang in Richtung Mertesheim zeugen von der vermutlich im 14. oder 15. Jh. entstandenen Befestigung.

Sausenheim liegt südlich des Grünstadter Zentrums und auch bereits südlich der Autobahn am Fuße der Burg Neuleiningen. Ausgedehnte Neubaugebiete unterstreichen die Bedeutung als Wohnstandort. Wer den Weg in das versteckte Zentrum des traditionsreichen Weinbauorts findet, wird mit rebenüberspannten Straßen und gemütlichen Ecken belohnt. Eine moderne Landmarke bildet der Neubau des Weinguts Gaul – der markante Kubus aus Cortenstahl zeigt klar, dass der Pfälzer Weinbau und seine Vermarktung in der Moderne angekommen sind.

Sehenswertes

Martinskirche und Dekanatsmuseum: Am südlichen Ende der Fußgängerzone beherrscht der Turm der in ihrer heutigen Form im frühen 18. Jh. entstandenen Martinskirche das Stadtbild. An gleicher Stelle wurde bereits 1121 eine Kirche errichtet. Teile des heutigen Gotteshauses lassen sich auf das frühe 16. Jh. zurückdatieren, eine Inschrift an der Ostwand gibt Hinweise auf eine in dieser Zeit entstandene gotische Kirche. Der untere Teil des Turms mit seiner weithin sichtbaren roten Uhr stammt aus dem Jahr 1736. So wirkt das Gotteshaus insgesamt ein wenig zusammengewürfelt und will nicht so recht in eine ehemalige Residenzstadt passen, wenngleich sich in ihm die Grablege der Leininger Grafen befindet. In der südlichen der beiden Grüfte, in der die Angehörigen der Altleininger Linie untergebracht sind, steht auch der Sarg des Leininger Grafen Georg Hermann, der nach der Beschädigung der Martinskirche im Pfälzischen Erbfolgekrieg am 1. April 1727 den Grundstein für ihren Wiederaufbau legte.

In dem der Kirche angegliederten Dekanatsmuseum wurden Schätze und Erinnerungen aus der Kirchengeschichte der Leininger Grafschaft zusammengetragen. Gut gesichert in einem Tresor lagert u. a. die älteste volle und ungeöffnete Weinflasche der Pfalz, sie wurde 1760 abgefüllt und bei Renovierungsarbeiten der Kirche im nahe gelegenen Tiefenthal gefunden. Aus der Martinskirche selbst stammt eine in ihrer Art in der Region einzigartige Sanduhr aus dem Jahr 1730: Nach der Reformation rückten die Predigten in den Mittelpunkt der Gottesdienste, weshalb sich die protestantischen Pfarrer scheinbar zunehmend Zeit ließen, um die Lehre Luthers ausschweifend darzustellen, bis es diesem schließlich selbst zu viel wurde. „Lange predigen ist kein kunst, aber recht und wol predigen, lehren, hoc opus, hic labor est", verkündete er 1530 in seiner Predigt zum dritten Adventssonntag in Wittenberg. Fortan wurden in immer mehr Kirchenordnungen Angaben über die maximale Länge der sonntäglichen Predigt gemacht und zu deren Überprüfung Sanduhren an den Kanzeln angebracht.

Turm der Martinskirche

Nachdem 2015 festgestellt wurde, dass sich der Turm der Martinskirche konstant zu neigen begann, startete eine Stabilisierung. Diese jedoch konnte nicht verhindern, dass im Kirchschiff weitere Schäden entstanden, die eine neuerliche Sanierung der Kirche in den kommenden Jahren notwendig machen.

- Dekanatsmuseum nach Vereinbarung geöffnet, Eintritt frei. Kirchheimer Str. 2, ✆ 06359-2201.

Praktische Infos

Information **Tourist-Information Grünstadt.** Altes Rathaus, Hauptstr. 84. Di–Fr 9.30–13 und 14–16, Mai–Okt. auch Sa 9.30–13 Uhr. ✆ 06359-9297234, gruenstadt.de.

Einkaufen **Weingut Metzger.** Seit das traditionelle Weingut beim Marketing – klar in Anlehnung an den Familiennamen der Inhaber – ganz auf Rinder setzt und seine Weine in Filet, Pastorenstück und Flanke klassifiziert, ist es weit über die Grenzen der Pfalz hinaus bekannt. In den Flaschen mit Rinderetiketten befinden sich hervorragende Weine von den kalkreichen Böden rund um Asselheim. Damit haben Uli Metzger und sein Team in den vergangenen Jahren zahlreiche Weinpreise gewonnen. Auch einige Zimmer ab 82 €. Weinverkauf Mo–Fr 9–12 und 13–18 Uhr, Sa 10–16 Uhr. Asselheim, Langgasse 34, ✆ 06359-5335, weingut-metzger.de.

meinTipp **Zait.** Seit rund 20 Jahren importiert das Unternehmen hochwertige Olivenöle direkt von den Erzeugern. Nicht billig, aber seinen Preis wert. Die durchdacht nachhaltige Unternehmensphilosophie ist sehr sympathisch! Mi/Fr 15–18 Uhr, Sa 10–13 Uhr. Bleichgraben 7, ✆ 06359-924670, zait.de.

meinTipp **Weingut Gaul.** Mit ihren Weinen haben die beiden Schwestern Karoline und Dorothee Gaul schon zahlreiche Preise abgeräumt. Bekannt ist das schön am westlichen Sausenheimer Ortsrand gelegene Weingut aber auch in der Architekturszene: Der orange leuchtende Kubus aus Cortenstahl hebt sich kontrastreich von der Rebenlandschaft ab. Auch zwei Ferienwohnungen, ab 50 €. Weinverkauf Mo–Fr 8–12 und 13–18 Uhr, Sa 9–16 Uhr. Sausenheim, Bärenbrunnenstr. 15, ✆ 06359-84569, weingut-gaul.de.

Weingut Matthias Gaul. Auch hier bekommt man Kreativität auf und in der Flasche. Weinverkauf Mo–Fr 8–12 und 13–18 Uhr, Sa 10–12 und 13–17 Uhr. Asselheim, Weinstr. 10, ✆ 06359-86575, gaul-weine.de.

Möbelhaus Huthmacher. Seit 100 Jahren beweist Huthmacher, dass man mit Designermöbeln auch in einer Kleinstadt Erfolg haben kann. Moderne Klassiker und kreative Neuheiten werden in der Fußgängerzone auf 2000 m² präsentiert. Mo–Fr 9.30–19 Uhr, Sa bis 16 Uhr. Hauptstr. 41–43, ✆ 06359-93740, moebel-huthmacher.de.

Buchhandlung Frank. Breites, interessantes Sortiment, auch viele Regionalia. Mo–Fr 9–19 Uhr, Sa 9–16 Uhr. Bahnhofstr. 3, ✆ 06359-807971, buecher-frank.shop-asp.de.

Drahtesel – Der Radladen. Gut sortierter Fahrradladen mit Werkstatt, auch Verleih. Mo/Di/Do/Fr 9.30–18.30 Uhr, Sa bis 14 Uhr, Mi geschlossen. Kirchheimer Str. 50, ✆ 6359-81250, drahtesel.com.

Wandern Vor allem der Stadtteil Asselheim bietet sich als Ausgangsort für Wandertouren an. Beliebtes Ziel ist die **Weinwanderhütte auf dem Goldberg** (April bis Anfang Okt. Sa ab 12 Uhr, So ab 10 Uhr), die vom Parkplatz am Sportplatz in rund 15 Gehminuten zu erreichen ist. Südlich von Grünstadt verläuft entlang des Eckbachs der **Mühlenwanderweg,** auf dessen Route man rund 35 einstige Mühlen passiert.

Spielplatz Alla Hopp-Anlage Sehr zentral am Bahnhof liegt der 2017 eröffnete Spielplatz für Kinder und andere Spielbegeisterte. Tägl. 8–20 Uhr. Grünstadt, In der Haarschnur, alla-hopp.de.

Übernachten/Essen & Trinken **Hotel Jakobslust.** Das in jahrelanger Fleißarbeit sanierte historische, teilweise unter Denkmalschutz stehende Gebäude punktet mit viel Charme und (barrierefreiem) Komfort. Jakobstr. 15, ✆ 06359-924600, hotel-jakobslust.de. **€€**

**** **Pfalzhotel.** Das große Hotel mit Sauna und Schwimmbad bietet 125 Betten in neuen, stilistisch unterschiedlichen Zimmern. Außerhalb Asselheims betreibt der Hotelbesitzer eine Weinbergschneckenzucht – was dann wohl die Spezialität des Hauses ist? Asselheim, Holzweg 6–8, ✆ 06359-80030, pfalzhotel.de. **€€€** (Zimmer), **€€€** (Restaurant)

meinTipp **Thai Corner.** Unorthodoxes Thailändisches Restaurant am nördlichen Ende der Fußgängerzone mit frisch zubereiteten, preiswerten Gerichten. Mo–Sa 11–15 und 17–22 Uhr. Hauptstr. 109, ✆ 06359-923994. **€**

kabale+liebe. Moderne, sympathische und legere Mischung aus Weinbar und Restaurant in der Fußgängerzone. Neben Pfälzer Klassikern gibt es auch kreative Gerichte und dazu Weine aus Grünstadt und Umgebung (auch von Knipser und Kuhn, → S. 91). Di–Do 11-21, Fr/Sa 11–22, So 11–15 Uhr. Hauptstr. 101, ✆ 06359-9298109. kabale-und-liebe.com. **€€**

Jacko's Cafe. Beliebter Treffpunkt für Alt und Jung zu allen Tageszeiten. Sehr zu empfehlen sind der preiswerte Mittagstisch und die tolle

Kuchenauswahl. Mo–Fr 9–20 Uhr, Sa bis 18 Uhr. Hauptstr. 75, ✆ 06359-8726310. **€€**

Eiscafé Venezia. Das klassische Eiscafé mit zusätzlichem Speiseangebot bringt seit 1957 südliches Flair in die Fußgängerzone. Das Eis ist locker und preiswert, so sind die kleinen Tische bei gutem Wetter immer gut besetzt. Von Feb. bis Weihnachten täglich 9–23 Uhr. Hauptstr. 77, ✆ 06359-2549, eiscafe-gruenstadt.de.

Umgebung von Grünstadt

Das westlich von Grünstadt gelegene **Dirmstein** hat eine prächtige Vergangenheit. Der einst bevorzugte Wohnort von Adeligen hebt sich heute noch deutlich von anderen Orten in der Umgebung ab. Hier fällt alles etwas großzügiger und schicker aus. Auch wenn von der einstigen Pracht – über 20 Schlösser und prunkvolle Anwesen haben einst das Stadtbild bestimmt – nur noch Reste zu bestaunen sind, ist die feudale Geschichte des Ortes doch sehr präsent. Im spätbarocken Sturmfederschen Schloss residiert heute die Gemeindeverwaltung vom Dirmstein, dem ebenfalls spätbarocken Koeth-Wanscheidschen Schloss, das heute als Privatklinik genutzt wird, schließt sich der kleine öffentliche Schlosspark an.

Viel enger als mit der Haardt und dem Pfälzerwald waren die Verbindungen von Dirmstein zu der Bischofsstadt Worms. Nachdem Heinrich VI. dem Wormser Bischof Konrad II. von Sternberg im Jahr 1190 Güter als Erblehen überlassen hatte, kamen die Wormser Kirchenführer während des Sommers häufig hierher. Bereits im 12. Jh. wohnten auch einige lokale Adelsfamilien in Dirmstein, von denen beispielsweise die Familie Lerch für den Ort und seine Umgebung Bedeutung erlangen konnte. Bis zum Ende des 17. Jh. bewirtschaftete die Familie zahlreiche Besitztümer in und um Dirmstein. Noch heute zeugt ihr in den Torbogen zum Spitalhof und in die Mauer der Fechtschule am Kellergarten eingemeißelte Name von der Verbundenheit der Familie Lerch mit dem Ort.

Im nördlich von Dirmstein gelegenen **Laumersheim** haben die Innovationen auf dem seit 1850 bestehenden Weingut der Brüder Knipser in den letzten Jahrzehnten immer wieder für Aufsehen gesorgt. Für das Engagement im An- und Ausbau von Rotweinen erhielten die Winzer zahlreiche Preise. Die Besonderheit des Weinguts ist aber die Breite des seit Jahrzehnten durchgehend sehr guten Sortiments. Auch das ebenfalls in Laumersheim ansässige Weingut Philipp Kuhn wurde bereits prämiert. Kuhn, vor Jahrzehnten Lehrling der Knipsers, übernahm früh das elterliche Weingut. Die charaktervollen Weine sind fast ausschließlich trocken ausgebaut. Vom renommierten Weinführer Eichelmann erhielt Kuhn für das Jahr 2023 die Auszeichnung als bestes Weingut mit der besten Weißweinkollektion des Jahres. Vielleicht gibt es bald auch noch einen Architekturpreis für die sehr gelungene Erweiterung des Weinguts?

Südlich liegt die von Mühlen und einer interessanten Gastronomie geprägten Gemeinde **Großkarlbach.** Bei den Restaurants ist manches im Umbruch, daher empfehlen wir vor allem einen Spaziergang entlang der Mühlen am Eckbach und als Abschluss ein fantastisches Eis oder einen Drink in der lässigen Weinbar Dietrich.

Information **Touristinformation der Verbandsgemeinde Grünstadt-Land** in Bockenheim (→ S. 86). Weitere Informationen unter dirmstein.de, leiningerland.com und laumersheim.de.

Essen und Trinken **Café Ebbes.** In einem der ältesten Häuser Dirmsteins bietet das liebevoll geführte urige Café Kuchen und kleine Speisen, hin und wieder auch Frühstück. Fr–So 14.30–18 Uhr. Dirmstein, Marktstr. 1, ✆ 0151-56146648, cafeebbes.eatbu.com. **€**

Di Bello Gelato Panini Bar. Hervorragendes Eis und leckere Panini. Der Innenbereich ist recht nüchtern, aber freundlich. Morgens wird auch Frühstück serviert. Mo 14.30–22 Uhr, Di–So ab 9 Uhr geöffnet. Großkarlbach, Kändelgasse 1, ✆ 06238-7594018, dibello-grosskarlbach.de.

Weinbar Dietrich. Entweder man sitzt draußen oder man schaut durch die große Fensterfront raus auf die weite Weinlandschaft. Flammkuchen und Antipasti unterstützen das Chillen vortrefflich. Fr 16–21.30 Uhr, Sa 15–21.30 Uhr und So 14–20 Uhr – keine Reservierung! Großkarlbach, Am Osterberg 1, ✆ 06238-2000, weinhof-dietrich.de. **€€**

Einkaufen **Weingut Knipser.** Mo–Fr 10–12 und 14–18 Uhr, Sa 10–16 Uhr. Laumersheim, Hauptstr. 47, ✆ 06238-742, weingut-knipser.de.

MeinTipp **Weingut Philipp Kuhn.** Mo–Fr 10–12 und 13.30–17 Uhr, Sa 10–16 Uhr. Laumersheim, Großkarlbacher Str. 20, ✆ 06238-656, weingut-philipp-kuhn.de.

Die Leininger Burgendörfer

Bevor sich die Leininger Grafen Grünstadt als Sitz auserkoren, hatten sie von den oberhalb der Ebene weithin sichtbaren Burgen Neu- und Altleiningen sowie Battenberg geherrscht. Um alle drei Burgen entstanden kleine Dörfer, in denen einst das Gesinde, höfische Beamte und Handwerker wohnten.

Auf einem Vorberg des Pfälzerwalds liegt abseits des Durchgangsverkehrs das verschlafene **Battenberg,** das bereits 778 im Lorscher Codex erwähnt wurde und damit als eine der ältesten Siedlungen der Pfalz gilt. Im Mittelalter entstanden hier und auf der gegenüberliegenden Talseite die Burgen der Leininger Grafen. Nach ihrer Blütezeit im 14. Jh. wurde die Battenberger Burg aber schon im 16. Jh. als „Alte Burg" bezeichnet und im Pfälzischen Erbfolgekrieg schließlich zerstört. Kurz zuvor, am 22. Mai 1693, soll Graf Friedrich Emich von Leiningen von hier aus den Brand des Heidelberger Schlosses beobachtet haben, das in gut 50 km Entfernung auf der anderen Seite der Rheinebene von den Truppen des Sonnenkönigs in Brand gesetzt worden war. Bei klarer Sicht ist Heidelberg dank des erhabenen Königstuhls (568 m) auch ohne Brand gut auszumachen. Die herrliche Aussicht von der Burgschänke macht einen Besuch der nur teilweise zugänglichen Burgruine lohnenswert.

In **Neuleiningen,** das unterhalb der gleichnamigen Burg auf der nördlichen Seite des Eckbachtals gedrungen an den Hängen kauert, fühlt man sich wahrlich ins Mittelalter zurückversetzt. Enge Gassen und steile Treppenwege, Fachwerkfassaden und heimelige Erker prägen das Bild. Und über allem thront die mittelalterliche Burg mit der Pfarrkirche St. Nikolaus. Nach dem Bau der kastellartigen Wehranlage im 14. Jh. sicherte diese das Reich gen Norden. Im Gegensatz zu den meisten anderen Leininger Burgen blieb Neuleiningen im Bauernkrieg von 1525 unversehrt. Der Sage nach versuchte die clevere Burggräfin Eva gar nicht erst, sich den aufständischen Bauern zu widersetzen. Statt ihre Burg mit Waffengewalt zu verteidigen, öffnete sie großzügig die Tore und lud die Angreifer zu Speis und Trank. Nach vielen Schoppen Wein und mit gefüllten Bäuchen kehrten diese anschließend hochzufrieden in ihre Dörfer zurück. In den oberen Stockwerken des Südwestturms der Burg informiert ein kleines Heimatmuseum über die Leininger und die Geschichte von Burg und Ort im Mittelalter und der frühen Neuzeit.

▪ Zweiter und vierter So im Monat sowie an einigen Feiertagen 14–17 Uhr, weitere Öffnungstage unter neuleiningen.de oder ✆ 06359-8001820, Eintritt frei.

Ein paar Kilometer weiter westlich erhebt sich die stattliche Burg **Altleiningen** über dem steilen Eckbachtal. Der dazugehörige Ort liegt eng am nördli-

Das Burgdorf Neuleiningen

chen Hang des Tals. Verlassene und zum Teil verwahrlost wirkende Gebäude zeugen davon, dass das Eckbachtal an dieser Stelle schon bessere Zeiten gesehen hat. Vermutlich entstand die auf einem felsigen Ausläufer des Tauberbergs gelegene Stammburg der Leininger Anfang des 12. Jh. durch die Grafen Emich I. und Emich II. Nach der Zerstörung der Burg während des Bauernkrieges erfolgte der Wiederaufbau als Renaissanceschloss, das jedoch nie fertiggestellt wurde. In den 1960er-Jahren wurde die teilweise als Steinbruch genutzte Anlage wiederbelebt. Was den Denkmalschützern ein Dorn im Auge ist, erfreut die Besucher der Burg: In den nüchtern errichteten Wohnflügeln ist eine Jugendherberge untergebracht, und der ursprünglich zur Befestigung der Anlage nach Westen hin errichtete Halsgraben beheimatet das Altleininger Freibad.

Rund 2 km südlich der Burg Altleiningen liegt auf einer idyllischen Lichtung inmitten von weitläufigen Wäldern der kleine Weiler **Höningen.** Hier ließ Graf Emich II. um 1120 ein Kloster in Form eines Augustiner-Chorherrenstifts errichten. In den folgenden Jahrzehnten galt Höningen als religiöses und kulturelles Zentrum der Grafschaft; in der romanischen Abteikirche St. Jacob wurden lange Zeit die Gebeine der Grafen beigesetzt. Heute sind von der einstigen Klosteranlage und einer 1573 an der gleichen Stelle errichteten Lateinschule nur noch wenige Reste erhalten.

Praktische Infos

Die kleinen Gemeinden verfügen über keine eigenen Touristinformationen. Informationen erteilt die Tourismusinfo Leiningerland in Bockenheim (→ S. 86).

Museen Im **Museum an der Münze** wird das Leben in Neuleiningen von der frühen Neuzeit bis zum 20. Jahrhundert dargestellt (Kirchengasse 6, Neuleiningen; geöffnet 1. und 3. So im Monat sowie feiertags 13–17 Uhr). Weitere Öffnungstage und Infos zu beiden Museen unter neuleiningen.de oder ✆ 06359-8001820. Eintritt frei.

Wandern Von Altleiningen aus führt ein rund 4 km langer Weg entlang dem Eckbach durch Felder, Wiesen und lichten Wald zum Naturfreundehaus **Rahnenhof** (einfache Gerichte, tägl. 9–18 Uhr, kalte Getränke bis 22 Uhr; Hintergasse 13, 67316 Hertlingshausen, ✆ 06356-962500, naturfreundehaus-rahnenhof.de, **€**). Wer alle drei Burgen des Leiningerlands erwandern möchte, sollte sich auf den gut 22 km langen **Leininger Burgenweg** begeben, der auf meist schmalen Pfaden Battenberg, Alt- und Neuleiningen verbindet.

Veranstaltungen **Stabaus.** Am Sonntag Laetare, dem dritten Sonntag vor Ostern, wird in vielen Orten der Region der Winter verbrannt. Besonders altertümlich geschieht dies in Neuleiningen: Die Kinder ziehen mit Stecken, die mit bunten Bändern und mit Brezeln geschmückt sind, durch die Gassen der Gemeinde und begleiten eine den Winter symbolisierende Figur zu deren Verbrennung. Das dabei gesungene Stabauslied wurde schon von der

An der Deutschen Weinstraße → Karten S. 84 und 152

1652 in Heidelberg geborenen Elisabeth Charlotte von der Pfalz in einem Brief beschrieben.

Weihnachtsmarkt. Am ersten und zweiten Adventswochenende (Sa/So 14–20 Uhr) verwandelt sich Neuleiningen in ein wunderbar geschmücktes Dorf. Wenn sich eine leichte Schneedecke auf die Hausdächer gelegt hat, kommt man sich wahrlich wie im Märchenland vor. Allerdings lockt der Weihnachtsmarkt mit seiner herrlichen Kulisse bisweilen so viele Besucher an, dass man manche der kleinen Stände vor lauter Menschen kaum entdeckt.

Übernachten/Essen & Trinken **Hofgut Battenberg.** Ruhig in herrlicher Umgebung gelegenes Hotel in historischen Gemäuern. Die sieben Zimmer sind individuell und großzügig eingerichtet. Dazu gehört die Battenberger Burgschänke (Mi–Fr ab 16 Uhr, Sa/So ab 12 Uhr, ✆ 06359-2934). Battenberg, ✆ 06359-2196, hofgutbattenberg.de. **€€** (Zimmer), **€€** (Restaurant)

Jugendherberge Altleiningen. Die Jugendherberge in alten Gemäuern ist sehr gut für Familien und Einzelreisende geeignet. Die Burgschänke im Haus bietet nicht nur für Übernachtungsgäste ein vielfältiges Angebot, sondern auch für vorbeikommende Wanderer und Besucher des direkt im Burggraben gelegenen öffentlichen Freibads. Alle Zimmer mit Dusche/WC. Burg Altleiningen, ✆ 06356-1580, diejugendherbergen.de. **€**

Landgasthaus Zum Engel. Direkt unterhalb der Neuleininger Burg liegt das schön renovierte Restaurant mit einem rustikalen Gewölbekeller und einigen stimmungsvoll-romantischen Zimmern. Di und Mi ab17.30 Uhr, Do–So ab 11.30 Uhr. Neuleiningen, Kirchgasse 10, ✆ 06359-209359, landgasthaus-zum-engel.de. **€€** (Zimmer), **€€** (Restaurant)

Alte Pfarrey. Schon 2009 erkochte sich Silvio Lange in dem ehemaligen Ausflugslokal seinen ersten Michelin-Stern. Zwischenzeitlich war er außerhalb der Pfalz aktiv, seit 2015 ist das romantische Anwesen in Neuleiningen wieder in den Händen des gastronomisch versierten Paares: Er ist Geschäftsführer, sie Küchenchefin. Der Stern gehört mittlerweile zur Dauerausstattung. Das Ambiente ist besonders: Die Mischung aus alten Gemäuern und moderner Glaskonstruktion im Restaurant ist spannend, die meisten Zimmer sind reich an Schnörkeln. Di–Sa ab 18.30 Uhr, Fr/Sa auch 12–13.30 Uhr. Neuleiningen, Untergasse 54, ✆ 06359-86066, altepfarrey.de. **€€€** (Zimmer) **€€€€** (Restaurant)

Mein Tipp **Alte Kellerei.** Vielleicht träumt so mancher Besucher von einer Feier in dem stilvollen Anwesen mit Prunkaussicht und Deko-Pool. Das charmante Weincafé ist abseits geschlossener Gesellschaften auch für normale Besucher ein Traum mit großartigem Ausblick. Regionale Lieferanten liefern die Zutaten für die feine Café-, Wein- und Bistrokarte. Auch eine Ferienwohnung. Neuleiningen, Untergasse 40–42, ✆ 06359-9610777, alte-kellerei.com. **€€**

Gasthaus zum Jagdschloss. Deftige, reichliche und köstliche Hausmannskost wird im kleinen Höningen in rustikalem Ambiente mit unkomplizierter Freundlichkeit serviert. Freitags gibt es Dampfnudeln mit Beilagen, zu Saisonzeiten heimisches Wild und Gänsekeulen. Mi–Mo 11.30–21 Uhr. Höningen, Höninger Hauptstr. 20, ✆ 06356-251. **€€**

Das Burgdorf Neuleiningen bietet an vielen Stellen prächtige Ausblicke

Weisenheim und Herxheim am Berg

Hoch über der Rheinebene liegt das überschaubare Weisenheim zwischen Waldrand und sanft gewellten Weinbergen. Das verkehrsberuhigte Zentrum und engagierte Winzer und Gastronomen locken an schönen Wochenendtagen die Besucher scharenweise hierher. Auch nach Herxheim kommen vor allem Weinliebhaber: Die ambitionierte Winzergenossenschaft bietet hervorragenden Wein und ein stylisches Ambiente.

Den Gästen des am südlichen Ortseingang von **Weisenheim** gelegenen Weinguts Holz-Weisbrodt geht es neben dem Wein ums Gesehenwerden. Selbst im Winter sind die Stehtische vor dem modernen WeinARTrium belagert. Mit dieser Weinbar war das Weingut Holz-Weisbrodt ein Pionier; heute ist die Mischung aus Vinothek und Restaurant in vielen Orten zu finden. 1992 war es für Weisenheim ein touristisches Alleinstellungsmerkmal. Etwas geruhsamer geht es im Zentrum zu. Ein ausgeschilderter Rundgang beginnt am Jagdschlösschen der Leininger Grafen am Anfang der Leistadter Straße. Heute befindet sich das Restaurant Admiral in dem stimmungsvollen Gebäude, das einst dem deutschen Polarforscher Georg von Neumayer (1826–1909) als Altersruhesitz diente.

Die heute protestantische Kirche wurde 1283 erstmals urkundlich erwähnt. Besonders bemerkenswert sind die im gotischen Chor erhaltenen mittelalterlichen Fresken und der 1726 erbaute, dreigeschossige Turm. Pfarrer Otmar Fischer hielt hier bis 2016 bei den großen Dorffesten im Mai und August jahrzehntelang als „Parrer mit de Peiff in die Kerch" eine Dialektpredikt.

Versteckt gelegen und von außen unscheinbar ist die ehemalige Synagoge. Lange Jahre führte das spätbarocke Gebäude nach der Entwidmung 1909 ein heruntergekommenes Dasein. 1983 wurde es unter Denkmalschutz gestellt, worauf sich 1988 ein Förderverein zur Erhaltung und Restaurierung gründete. Mittlerweile wurde die Synagoge renoviert und bildet den kleinen, aber feinen Rahmen für Ausstellungen oder Konzerte. Zeugnisse jüdischen Lebens und seiner Auslöschung sind auch die beiden Stolpersteine des Kölner Künstlers Gunter Demnig. In der Kirchgasse wird so an die Schwestern Ida und Juliana Hecht erinnert, die bis zu ihrer Deportation nach Gurs im Jahr 1940 hier lebten.

Der etwas tiefer gelegene Weinbauort **Herxheim** kann nicht mit einer pittoresken Ortsmitte dienen. Was aber nicht heißt, dass es hier keine sehenswerten Ecken gibt. Massive, wehrhafte Mauern grenzen den Ort im Bereich des Schlosses und des ehemaligen Klosterguts (heute Weingut Schumacher) zur Ebene hin markant ab. Zu Verteidigung erbaut, erfüllen die Mauern heute andere Zwecke. Zum einen wirken sie sich positiv auf das Mikroklima aus, zum anderen bieten die Mauerkronen wunderbare Aussichten – beispielsweise bei einem Picknick im ehemaligen Schlossgarten. Oder man kommt zum Wein- und Sektsymposium Mitte Juli. Die Location ist eine der schönsten an der Unterhaardt und bietet einen freien Blick bis nach Hessen und Baden. Der alte Baumbestand und die frühromanische Kirche St. Jakob verleihen dem Weinfest eine ungewöhnlich stilvolle Atmosphäre. Auch die Gäste der Weinlounge Alex, dem Ausschank der Winzergenossenschaft Herxheim,

 → Karten S. 84 und 152

schätzen die weite Aussicht. Zusammen mit den sehr guten und zugleich preiswerten Weinen der Winzergenossenschaft und den leckeren Kleinigkeiten ist Genuss garantiert. Übrigens: Die 1937 gegründete Winzergenossenschaft bewirtschaftet 180 Hektar Weinberge. Die 20 aktiven Mitglieder produzieren so pro Jahr bis zu 2 Millionen Flaschen Wein.

Praktische Infos

Information Beide Gemeinden verfügen über keine eigene Touristeninformation. Auskünfte erteilt der **i-Punkt Freinsheim,** Mo–Fr 10–16 Uhr, April bis Okt. auch Sa 9–13 Uhr. Hauptstr. 2, 67251 Freinsheim, ✆ 06353-989294, freinsheim.de.

Einkaufen **Weingut Holz-Weisbrodt.** Sehr gute Weine und ein ausgefeiltes Marketing sorgen für großen Erfolg. Die Erträge der eigenen 50 ha und Traubenzukäufe werden zu Wein in verschiedenen Qualitätslinien und seit 1997 auch zu Sekt/Secco verarbeitet. Zu probieren sind die Weine in der großen, auch für Reisebusse ausgelegten Weinstube (Mi–So ab 11.30 Uhr) oder im eher mondänen WeinARTrium (Mi–Sa14–22 Uhr, So ab 11–20 Uhr). Weinverkauf im Stammhaus 10–18 Uhr. Weisenheim, Leistadter Str. 25, ✆ 06353-93610, holz-weisbrodt.de.

mein Tipp **Weingut und Destillerie Sippel.** Das Programm des familiären Weingutes umfasst neben Weinen auch Brände, Gin und Likör. Unsere Empfehlung: Schoko-Chili-Likör auf Eis – ein Traum! Im Herbst gibt es am Ortsrand das Gegenprogramm zu den immer schicker werdenden Weinbars: Wein und gutes Essen (u. a. Flammkuchen) ohne jegliche Designambitionen. Mo/Di und Do/Fr 10–12 und 13–18 Uhr, Sa/So 11–16 Uhr. Weisenheim, Bobenheimer Weg 2, ✆ 06353-93046, sippels.de

Weingut Pfleger-Karr. Auch ein Beispiel für Erfolg ohne ausgefeiltes Marketing: Das freundliche Weingut wird von der DLG auf Platz 36 der Top-Weingüter Deutschlands geführt. Mo–Fr 9–12 und 14–18 Uhr, Sa 9–18 Uhr. Weisenheim, Kirchheimer Str. 10, pfleger-karr.de.

Winzergenossenschaft Herxheim. Mo–Fr 8–18 Uhr, Sa und So ab 10 Uhr geöffnet. Herxheim, Weinstr. 1, ✆ 06353-989100, wg-herxheim.de.

Wandern Ein beliebtes Wanderziel ist der 3 km westlich von Weisenheim gelegene und von Mischwald umgebene **Ungeheuersee.** Im Gegensatz zu älteren Abbildungen ist er heute eher ein Tümpel denn ein See, seiner Beliebtheit tut das kaum Abbruch. Einfache, gut frequentierte PWV-Hütte, Ende März bis Mitte Dezember So 11–17 Uhr, Mai–Okt. auch Mi 11–17 Uhr, pwv-weisenheim.de.

Winzergenossenschaft Herxheim am Berg

Übernachten/Essen **Admiral.** Gemütliches, kleines Haus, romantische Terrasse im schön begrünten Garten und raffinierte Speisen – sternedekoriertes Wohlfühlambiente in historischen Mauern. Mo/Di geschlossen, sonst 18–22 Uhr, So auch 12–15 Uhr. Weisenheim, Leistadter Str. 6, ✆ 06353-4175, admiral-weisenheim.de. **€€€€**

Alter Winzerhof. Das über hundert Jahre alte Anwesen wurde unter Einbeziehung moderner Elemente gekonnt renoviert und bietet komfortable Übernachtungsmöglichkeiten um einen ruhigen, einladenden Innenhof. Weisenheim, Hauptstr. 61, ✆ 06353-507276, alter-winzerhof.de. **€€**

EISBLUMEnberg. Der Name wirkt etwas gewöhnungsbedürftig, aber der Besuch am Wochenende lohnt sich immer: super-leckeres Eis aus frischen Zutaten, dazu kreative Waffeln und ein netter Ort zum Ausspannen. Sa 14–18 Uhr, So 13–18 Uhr. Weisenheim, Sommerbachweg 1, ✆ 0151-73008997.

Alex Weinlounge. Auch wenn der Wein und die Aussicht im Vordergrund stehen, sind die kalten Platten und Flammkuchen zu gut, um nur als Beiwerk angesehen zu werden. Die hin und wieder aufgegriffene Zahl 212 hat ihre Bedeutung. Es ist die Höhe Herxheims über NN, die Gemeinde ist damit die höchstgelegene an der Deutschen Weinstraße. Mi–Fr 15–22 Uhr, Sa 11–22 Uhr, So 11–20 Uhr. Herxheim, Weinstr. 1, ✆ 06353-9325630, alexweinlounge.de. **€€**

Freinsheim

Inmitten von weitläufigen Weinbergen und Obstgärten liegt das kleine Weinstädtchen mit seiner Altstadt, die von der gut erhaltenen mittelalterlichen Stadtmauer umgebenen ist. Feierfreude und zugleich Beschaulichkeit prägen den Ort. Winzige und verwinkelte Weinstuben, heimelige Galerien, enge Gassen und das wahrscheinlich kleinste Theater Deutschlands prägen die knapp 5.000 Einwohner zählende Stadt.

In der Hauptsaison beginnt der Besuch der Freinsheimer Altstadt meist mit der Suche nach einem geeigneten Parkplatz. Dass der Ort für Fremde ein wenig unübersichtlich erscheint, liegt sicherlich auch an dem weitgehend gelungenen Versuch, die kopfsteingepflasterte, barocke Altstadt vom Autoverkehr frei zu halten. So ist man bisweilen gezwungen, den einen oder anderen Umweg in Kauf zu nehmen. Den Beginn der Altstadt markiert die fast vollständig erhaltene Stadtmauer aus dem 15. Jh., auf deren Innenseite man den kleinen Stadtkern auf rund 1,3 km umwandern kann. Mal trutzig und wehrhaft wie im Bereich des Eisentores, mal eng und urig lässt sich die Geschichte der Stadt dabei erspüren. Von den 24 Wehrtürmen, die Freinsheim einst umgaben, sind 13 noch erhalten, fünf renoviert und nutzbar. Eine weitere Sanierung der Mauer ist geplant, umgesetzt werden kann sie jedoch erst, wenn die streng geschützten Mauereidechsen umgesiedelt wurden. Denn auch sie lieben das mittelalterliche Prachtstück mit seinen Vorsprüngen und Ritzen. Im Casinoturm ist seit 2007 das wohl **kleinste Theater Deutschlands** untergebracht, gerade mal 21 Zuschauer können eine Vorstellung besuchen. Anja Kleinhans, die Leiterin, Regisseurin und Schauspielerin des Ein-Frau-Betriebs arbeitet aber auch an anderer Stelle: So bietet sie auf der Ruine Hardenburg in der Rolle einer Gräfin szenische Führungen an.

Im Gegensatz zur Stadtmauer wurde die mittelalterliche Altstadt während des Pfälzischen Erbfolgekrieges vollständig zerstört. Übrig blieben einzelne

An der Deutschen Weinstraße → Karten S. 84 und 152

Grundrisse und die durch die Stadtmauer und ihre Tore vorgegebenen Straßenmuster. Im Zuge des Wiederaufbaus entstanden neben dem von der markanten evangelischen Kirche und dem freundlichen Rathaus mit überdachter Freitreppe geprägten Marktplatz viele einladende und großzügige Hof- und Bürgerhäuser. Diese zu bestaunen, sich durch manch enge Gasse zu zwängen und in einer der Weinstuben einen guten Tropfen zu genießen, macht den Besuch des Städtchens lohnenswert. Die Stimmung der Stadt ist gut zusammengefasst vom 1883 hier geborenen, jüdischen Schriftsteller Hermann Sinsheimer: „Freinsheim fließt über von Geschichte, Wein und Obst", so seine Erinnerung aus dem Londoner Exil an seine Heimat. Heute erinnert nicht nur eine Gedenktafel an seinem Geburtshaus (Heintorstr. 6) an den Sohn der Stadt, sondern auch der seit 1983 vergebene Hermann-Sinsheimer-Preis für ein herausragendes Engagement für Literatur und Publizistik. Zu den Preisträgern gehören u. a. Siegfried Lenz, Hilde Domin, Marion Gräfin Dönhoff und Carolin Emcke. 2015 erhielt der im rund 20 km entfernten Marnheim lebende Rafik Schami den Preis für seine Erzählkunst, aber auch für sein intensives Eintreten für Verständigung und Humanität.

Service/Einkaufen

Information **i-Punkt Freinsheim**. Mo–Fr 10–16 Uhr, April bis Okt. auch Sa 9–13 Uhr. Hauptstr. 2, 67251 Freinsheim, ✆ 06353-989294, freinsheim.de.

In der Altstadt, Blick auf das Innere Tor

Parken/Anreise Während Festen und bei schönem Wetter sind freie Parkplätze Mangelware. Als Alternative bietet sich die Anreise mit dem Zug an. Die Anbindung an Bad Dürkheim, Neustadt, Grünstadt und Ludwigshafen ist gut.

Sightseeing Von April bis Okt. jeden Fr 18 Uhr und von April bis Okt. jeden Sa um 11.15 Uhr einstündige **Stadtführungen.** Treffpunkt ist das historische Rathaus im Zentrum der Altstadt. 5 €/Pers., Informationen beim i-Punkt Freinsheim.

Einkaufen **Schmukkes.** Schnörkellose Schmuckstücke direkt aus der Goldschmiede. Mi–Sa 10–12 und 14–18 Uhr, teilweise auch So geöffnet. Hauptstr. 21, ✆ 06353-929130, schmukkes.de.

Mandelhof. Viele der mittlerweile berühmten Pfälzer Mandelbäume sind Ziermandeln, sie bringen keine nutzbaren Früchte. Familie Oberholz baut bei Freinsheim Essmandeln an. Im Hofladen sind einfache Mandeln, Mandelprodukte und Gewürze erhältlich. Integriert ist auch ein netter Blumenladen (von der Warth) Mo/Di/Do/Fr 8–13 und 14.30–18 Uhr, Mi und Sa 9–13 Uhr. Holzweg 2a, ✆ 06353-2601, mandelhof-freinsheim.de.

Weingut Reibold. Die beiden Brüder machen guten Wein und lieben es unkompliziert: Im unregelmäßig bewirtschafteten, etwas wilden Weingarten „Musikantenbuckel" kann man sich jederzeit zu einer Rast niederlassen, manchmal gibt es eigene Weine und einige

Gastweine. Das Weingut ist in der Wallgasse 19 (geöffnet Mo–Fr 10–17 Uhr, Sa bis 16 Uhr) zu finden, der Weingarten liegt auf halbem Weg nach Großkarlbach. ✆ 0176-64242556, weingut-reibold.de.

Weingut Kassner-Simon. Das zum „Alten Wasserwerk" gehörende Weingut produziert sehr gute Weine und seit über 15 Jahren auch Sekt in klassischer Flaschengärung. Schön ist die saisonal geöffnete **Musikantenbuckel KostBar** (Fr–So, genaue Zeiten siehe Internetseite). Zum Übernachten bieten sich die drei modernen, schlichten Ferienwohnung an (ab 79 €). Mo–Sa 13–18 Uhr, So 10–13 Uhr. Wallstr. 15, ✆ 06353-989320, kassner-simon.de.

Sport/Kultur

Golf Nördlich der kleinen, zu Freinsheim gehörenden Ortsgemeinde Dackenheim liegt umgeben von Obstbäumen der **Golfgarten** mit insgesamt 27 Bahnen. Greenfee 9-Loch-Platz ab 40 €, 18-Loch-Platz ab 70 €. April bis Sept. tägl. 8–19 Uhr, März/Okt. 8–18 Uhr, Nov. bis Febr. 8.30–17 Uhr. ✆ 06353-989212, golf-absolute.de/dackenheim.

Museum **Spielzeughaus.** Mit viel Sammeleifer zusammengetragenes, vielfältiges Blechspielzeug ist hier zu sehen. Nahezu alles stammt von der Firma Bing, die v. a. vor dem Zweiten Weltkrieg in großen Stückzahlen fertigte und neben Märklin die bedeutendste deutsche Spielwarenfabrik war. Erwachsene 4,50 €, Kinder 2,50 €. Ergänzt wird die Ausstellung durch das Eiscafé **Laterna Magica.** Hier gibt es sehr leckeres Eis! Mitte März bis Okt. tägl. 14–18 Uhr, Nov. bis Febr. Sa/So und feiertags 14–18 Uhr. An der Bach 9, ✆ 06353-916557, spielzeugmuseum-freinsheim.de.

Theater **Theader.** Im mit 21 Sitzplätzen kleinsten Theater Deutschlands werden an sommerlichen Wochenenden durchaus anspruchsvolle Aufführungen in historischem Ambiente angeboten. Eintritt 9–21 €. Im Casinoturm, ✆ 06353-932845, theader.de. Infos zu den Führungen auf der Hardenburg unter burgenlandschaft-pfalz.de.

Kunst **Galerie im Kitzig.** Kleine Galerie im Stadtviertel Kitzig, in der Walter Geiselhart neben wechselnden Ausstellungen auch seine farbenfroh leuchtenden Pastellgemälde präsentiert. So 14–18 Uhr. Im Kitzig 9, ✆ 06353-4665, galerie-kitzig.de.

Eis, Kuchen und Crêpes laden zum Verweilen ein

Veranstaltungen Die Auswahl an Festen in Freinsheim ist groß, schließlich eignet sich die malerische Kulisse der Altstadt wunderbar zum Feiern.

Altstadtfest. Am ersten Juniwochenende locken zwischen Freitag- und Sonntagabend zahlreiche Konzerte und gut duftende Stände. Das Fest gibt Gelegenheit, sonst verschlossene Höfe und Parkanlagen der Freinsheimer Weingüter zu besuchen.

Stadtmauerfest. Am dritten Wochenende im Juli lädt Freinsheim zu seinem wohl bekanntesten Fest: Rund um die Stadtmauer und in der Altstadt präsentieren Stände ihre Interpretation von Pfälzer Gastlichkeit. Wein darf dabei natürlich auch nicht fehlen.

Kulinarische Weinwanderung. Zur Zeit der Weinlese zieht es alljährlich 10.000 Besucher auf ein Fest, das den klassischen Kriterien eines Weinfestes nicht so recht entsprechen mag: Statt behaglichen Beisammensitzens heißt es Wandern. Damit die Gemütlichkeit dennoch nicht auf der Strecke bleibt, versorgen kulinarische Stationen entlang der Route die Gäste u. a. mit süßem Neuem Wein.

Weihnachtsmarkt. Für eine heimelige weihnachtliche Stimmung scheint die Altstadt wie

An der Deutschen Weinstraße → Karten S. 84 und 152

gemacht. Die Krippe vor dem historischen Rathaus wirkt mit ihren Tieren so, als würde sie selbstverständlich hierher gehören. Deshalb ist es leider recht voll. Aber wer Weihnachten und die Pfalz in Kombination erleben möchte, der sollte sich das auf Pfälzisch aufgeführte Weihnachtsspiel nicht entgehen lassen (Adventssamstage 14 Uhr, Adventssonntage 12 Uhr auf dem Marktplatz).

Wandern Zahlreiche Wege führen im Frühling durch prachtvoll blühende Obstlandschaften. Gut markierte Rundwanderwege starten am historischen Rathaus. Von dort aus führt beispielsweise der mit Blüten auf rotem Grund markierte Blütenwanderweg durch ausgedehnte Obsthaine in den Nachbarort **Weisenheim am Sand** (6 km). In die andere Richtung startet der mit einem Trompeter auf rotem Grund gekennzeichnete Wanderweg **Rund um den Musikantenbuckel** (7 km).

> Wie manch merkwürdig klingende Namen ist auch der **Musikantenbuckel** eine Weinlage. Schon in den letzten Jahrhunderten waren Freinsheim und seine Umgebung für Weinfeste bekannt. Den wandernden Musikanten zu Ehren, die von einem Fest zum nächsten zogen und als Dank mit Speis und Trank versorgt wurden, ist die größte Freinsheimer Weinlage benannt.

Übernachten/Essen und Trinken

**** **Landhotel Altes Wasserwerk.** Am Rand der Altstadt gelegen, lockt der weitläufige, baumbestandene Park, im Winter der kleine Wellnessbereich. Toller Frühstücksraum! Zum Angebot des Hotels gehören auch zwei günstigere Zimmer im Herzogturm an der südlichen Stadtmauer. Burgstr. 9, ✆ 06353-932520, landhotel-altes-wasserwerk.de. **€€€**

Zum Weingockel. Mit feiner Bodenständigkeit wurde die Weinstube zu einer der beliebtesten Lokalitäten des Ortes. Spezialität sind neben Fisch auch Wildgerichte aus regionaler Jagd. Hunde nur im Außenbereich erwünscht. Di–So ab 18 Uhr. Herrenstr. 11, ✆ 06353-508040, restaurant-weingockel-freinsheim.de. **€€€**

Altes Landhaus. Romantisches Winzeranwesen mit gemütlichen, individuell eingerichteten Ferienwohnungen, in denen sich viele liebevolle Details finden. Hauptstr. 37, ✆ 06353-93630, altes-landhaus.de. **€€**

mein Tipp **Weinreich.** Freundlich, modern bis verspielt und charmant – sowohl die Weinstube als auch die vier Gästezimmer sind sehr stimmungsvoll und laden zum Verweilen ein. Hochwertige Weine und Speisen aus der Region. Originelle Idee: Wer mal wieder Lust auf einen klassischen Sonntagsbraten hat, kann sich diesen auf Vorbestellung ab vier Personen nach seinen Wünschen zubereiten lassen. Di–Sa 18–23 Uhr, Do und Sa auch 12–14 Uhr. Hauptstr. 25, ✆ 06353-9598640, weinstube-weinreich.de. **€€** (Zimmer), **€€–€€€** (Restaurant)

Zucker & Salz. Der übliche Café-Kuchen wird hier lecker ergänzt durch Waffeln, Flammkuchen, Salate. Schönes Ambiente! Empfehlenswert sind die vielen Frühstücksvariationen – Reservierung empfohlen. Mi–So 9–18 Uhr. Hauptstr. 4, ✆ 06353-2005, zucker-und-salz.com.

Weinstube an der Bach. Kleine Weinstube mit einfachen Gerichten am Rand der Altstadt. Am schönsten im Sommer, wenn man auf dem ruhigen Platz am historischen Freinsheimer Eichhaus sitzen kann. Mo–Sa 17–23 Uhr, So durchgehend ab 11.30 Uhr. An der Bach 4, ✆ 06353-93093, weinstube-an-der-bach.com. **€€**

Stadtmauerquartiere. Eine besondere Übernachtungsmöglichkeit bieten die neuen Räumlichkeiten an der Stadtmauer. Die alte Bausubstanz wurde mit hohem Stilbewusstsein zu zwei wertigen, kleinen Ferienwohnungen entwickelt. Nicht billig, aber für Fans guter Architektur ein Genuss. Ab 4 Übernachtungen zu buchen. Südliche Ringstraße 23, ✆ 06353-9343 39, stadtmauerquartiere.de. **€€€**

In der Umgebung **Weingut Kohl.** In der kleinen, südlich von Freinsheim gelegenen Wein- und Obstanbaugemeinde Erpolzheim werden drei gemütliche, gut ausgestattete Ferienwohnungen auf dem freundlichen Weingut der Familie Kohl vermietet. Verkauf der Weine Mo/Do/Fr 10–18, Di 14–18 Uhr, Mi 9–12 Uhr und Sa 10–15 Uhr. Erpolzheim, Georg-Amend-Str. 4, ✆ 06353-3939, weingutkohl.de. **€€**

Kallstadt

Prächtige Fachwerkhäuser gruppieren sich um den achteckigen, spätgotischen Turm der Kirche St. Salvator und geben der viel besuchten Weinbaugemeinde ein charmantes Ortsbild. Hier gilt: Saumagen über alles. In Kallstadt gibt es ihn nicht nur auf dem Teller, sondern auch im Weinglas. Die berühmte Weinlage „Saumagen" macht es möglich. Die passende Saumagenkerwe darf da natürlich auch nicht fehlen.

Von Norden kommend, passiert man die große, 200 Mitglieder zählende Winzergenossenschaft und erreicht schnell die zentrale Kreuzung zwischen der Kirche und dem gepflegten Kallstadter Hof. Die heute evangelischeKirche wurde 1772 als katholische Kirche **St. Salvator** geweiht. Besondere Bedeutung erlangte sie v. a. wegen der 1775 von Johann Georg Geiberbauten Orgel, die nach einer umfangreichen Renovierung zu beeindruckenden Orgelkonzerten einlädt. Geht man einen abschüssigen Knick hinter St. Salvator weiter, steht man vor dem stets gut besuchten Weinhaus Henninger. Daneben locken viele kleine Weinstuben, die zu „Probe und Verkauf" einladen, Straußwirtschaften und gute Restaurants. Für alle Besucher, die nicht Saumagen und Saumagen probieren wollen, gibt es auch andere typische Gerichte und weitere gute Weinlagen.

Service

Information i-Punkt Kallstadt. Mo–Fr 10–16 Uhr, April bis Okt. auch Sa 9–13 Uhr. Weinstr. 111, 67169 Kallstadt, ✆ 06353-667838, kallstadt.de und freinsheim.de.

Fahrradverleih Im i-Punkt Kallstadt stehen Räder und Pedelecs für 14 bzw. 29 €/Tag bereit. Voranmeldung unter ✆ 06322-667838 empfohlen.

Einkaufen

Außer bei Wein und saisonalem Obst und Gemüse sind die Einkaufsmöglichkeiten in Kallstadt begrenzt. Wer sich intensiv, aber dennoch unverbindlich in den vielen traditionellen Weingütern des Ortes umschauen will, dem sei der Tag der offenen Weinkeller (Ende März / Anfang April) empfohlen. Auch das „Fest der 100 Weine" (s. u.) eignet sich dafür.

Weingut Koehler-Rupprecht. Das Gut im Zentrum von Kallstadt gehört zu den traditionsreichen Häusern der Weinstraße. Auch in Zei-

Gut erhaltene Fachwerkhäuser prägen das Zentrum Kallstadts

ten, als andere auf Edelstahl setzten, ist es dem klassischen Holzfass-Ausbau treu geblieben. Noch heute wird auf moderne Kellertechnik weitgehend verzichtet, im Ergebnis entstehen vorwiegend volle, lagerfähige Weißweine. Paradeweine sind wenig säuredominierte Rieslinge aus dem Kallstadter Saumagen. Mo–Sa nach Voranmeldung. Weinstr. 84, ✆ 06322-1829.

Sport/Kultur

Wandern Drei ausgeschilderte Wanderwege führen durch die Weinberge: der Burgunderweg (4,8 km), der Rieslingweg (6 km) und der **Saumagenweg** (3,5 km). Start ist jeweils am Platz der hundert Weine. Durch das abwechslungsreiche, unter Naturschutz stehende **Berntal,** das sich nördlich von Kallstadt in Richtung Leistadt in die Rebflächen gräbt, kann man auf verschiedenen Wirtschaftswegen über den Weidenhof mit rustikaler Gastronomie (Mo Ruhetag, ✆ 06322-8639) gut bis Leistadt wandern. Von hier aus kehrt man über einen kurzen steilen Abstieg nach Kallstadt zurück.

Veranstaltungen Beim **Fest der 100 Weine** am Wochenende um den 1. Mai dreht sich in Kallstadt alles um den Wein. Das erste große Weinfest des Jahres bietet eine sehr schöne Atmosphäre, wenngleich der Alkoholkonsum nach Mitternacht bisweilen leider zu weniger schönen Szenen führt.

Am ersten Wochenende im September findet die **Saumagenkerwe** mit der Saumagenprobe (Weinprobe) auf dem Festplatz und einem Kerwegottesdienst mit Mundartpredigt am Sonntag statt.

Übernachten/Essen und Trinken

MeinTipp ***** Kallstadter Hof.** Stilvolles, klassisches Haus im Zentrum mit sehr guter pfälzischer Küche und gut ausgestatteten Zimmern. Stimmungsvoller, rebenüberwachsener Innenhof. Küche tägl. 12–14.15 und 18–21 Uhr. Weinstr. 102, ✆ 06322-6001090, kallstadterhof.de. **€€** (Zimmer), **€€** (Restaurant)

An der Weinstraße im Zentrum von Kallstadt

MeinTipp **Winzerstuben Weick.** Das zur Winzergenossenschaft gehörende Restaurant ist vielseitig: Die Winzerstube ist urig, der große Saal hell und modern. Neben Pfälzer Klassikern bietet die Karte eine leckere gutbürgerliche, preiswerte Vielfalt. Di–So täglich ab 11 Uhr. Weinstr. 126, ✆ 06322-5300, weick-kallstadt.de. **€€**

Landhaus Kronenberg-Bender. Etwas außerhalb des Ortes gelegenes Weingut mit freundlichen Gästezimmern im eleganten, hellen Landhausstil. Gartenanlage mit fantastischer Aussicht. Riedweg 8, ✆ 06322-67219, landhaus-kronenberg.de. **€€**

Weingut am Nil. Seit 2010 hat das Traditionsweingut Schuster eine komplett neue Identität: Opulent, modern, freundlich und sehr lila sind die Vinothek sowie die fantastischen Zimmern geraten. Die Küche ist vorwiegend mediterran-experimentell. Übrigens: Nil ist der Name einer alten Parzelle, die heute Teil des Kallstadter Saumagens ist. Mi–Fr 16–22 Uhr, Sa 15–22 Uhr, So 12–21 Uhr. Wegen Gesellschaften öfter mal geschlossen. Neugasse 21, ✆ 06322-9563160, seieinlilaloewe.de. **€€€** (Zimmer), **€€** (Restaurant)

Weinstube Bühler. Auf der großen, mediterran bepflanzten Terrasse oder in den beiden Weinstuben sitzt man gemütlich. Die einfachen, aber dennoch einfallsreichen kleinen Gerichte sind preiswert und lecker. Schöne, ruhige Lage am Ortsrand unterhalb des Kallstadter Saumagens. Keine Tischreservierungen! Der Wein wird in den letzten Jahren von Kritikern hochgelobt. März bis Mitte Aug. und Okt. bis Mitte Dez. Fr/Sa 16–22 Uhr, So ab 12 Uhr. Backhausgasse 2, ✆ 06322-61261, buehler-pfalz.de. **€€**

Weinhaus Henninger. Ob im schön möblierten Hof mit viel Grün oder in den charmanten alten Gasträumen – hier kann man deftige und modern verfeinerte Pfälzer Spezialitäten genießen. Bei der grundlegenden Sanierung 2013 blieb viel vom alten Charme erhalten, er wurde aber modern und frisch interpretiert. In aktuellem Design wurde Henniger's Weinbar gestylt – hier sollen sich auch Kosmopoliten ganz daheim fühlen. Die Zimmer/Suiten wirken sehr urban und elegant. Der Bezug zum Saumagen ist hier ein ganz besonderer: Die frühere Wirtin Luise Henninger war es, die nach dem Ersten Weltkrieg den vergessenen Saumagen wiederentdeckte und zu einem Pfälzer Renner werden ließ. Di und Do ab 18 Uhr, Mi und Fr 12–14 und 18–22 Uhr, Sa/So und feiertags ab 12 Uhr durchgehend. Weinstr. 93, ✆ 06322-2277, weinhaus-henninger.de. **€€€** (Zimmer), **€€€** (Restaurant)

Mittelhaardt

Zwischen Bad Dürkheim und Neustadt verläuft die Weinstraße nah an den ersten, teilweise steil aufragenden Hängen des Pfälzerwalds. Die vorgelagerten Hügel der Haardt sind hier klimatisch besonders begünstigt. In diesem Abschnitt sind viele altehrwürdige Weingüter der Pfalz beheimatet, was sich an den prächtigen Weingütern in teilweise schlossartiger Bauweise widerspiegelt.

Neustadt am südlichen Ende der Mittelhaardt ist neben Landau die bedeutendste Stadt an der Weinstraße. Diese Stadt ist durch die gute Zuganbindung Verkehrsknoten und mit seinen Ausläufern vom Hambacher Schloss bis zum Weinbiet auch Herzstück der Weinstraße. Am nördlichen Ende dieses Weinstraßenabschnitts zieht die gemütliche Kurstadt Bad Dürkheim vor allem an schönen Herbstwochenenden die Besucher scharenweise an. Dazwischen liegen die bekannten Weinorte Wachenheim, Forst und Deidesheim, in denen viele der großen und namhaften Weingüter der Pfalz zu finden sind. Mit Oleander, Reben und Feigen begrünte Höfe und gemütliche Weinstuben laden ein, sich in dem einen oder anderen Ort länger aufzuhalten. Zur Beliebtheit tragen auch die teilweise hochdekorierten Restaurants bei. Sowohl die gute als auch die herausragende Gastronomie folgt den qualitätsorientierten Weingütern. Beides scheint sich gegenseitig zu befördern. Wie es aussieht, wenn die gegenseitige Befruchtung gelingt, zeigt sich in Deidesheim. Folgt man der Weinstraße nach Süden, sind bald die nördlichen Vororte von Neustadt erreicht. Die höher gelegenen Ortsteile sind bekannt für ihre Mandelblüte, die die kleinen Straßen zwischen Gimmeldingen und Königsbach im Frühjahr in ein rosa Blütenband verwandelt. Der Termin für das dazugehörige Mandelblütenfest wird jedes Jahr neu festgesetzt: Gefeiert wird, wenn die Blüte auf ihrem Höhepunkt ist. Damit ist der klassische Pfälzer Festreigen eröffnet.

▪ Informationen zur Region erteilt Deutsche Weinstraße e. V., Martin-Luther-Str. 69, 67433 Neustadt, ✆ 06321-912333, deutsche-weinstrasse.de.

An der Deutschen Weinstraße → Karten S. 84 und 152

Das Herz Bad Dürkheims: der Römerplatz

Bad Dürkheim

Die knapp 19.000 Einwohner zählende Kurstadt ist aufgrund der schönen Lage am Rande des Pfälzerwalds und der guten Verkehrsanbindung ein beliebter Wohn-, Kur- und Ausflugsort. Im Frühjahr und Sommer zieht es viele Gäste in den Kurpark, im Herbst kommen Hunderttausende, um den Dürkheimer Wurstmarkt zu besuchen.

Von Ludwigshafen über die Autobahn kommend, sieht man vom Feuerberg auf die Häuser von Bad Dürkheim, dem Hauptort der nördlichen Mittelhaardt, herunter. Sie schmiegen sich dort, wo die Isenach den Pfälzerwald verlässt, an die bewaldeten Hänge. Nördlich vom Zentrum liegt der riesige **Wurstmarktplatz,** der je nach Wetter und Jahreszeit öde und verlassen wirkt oder von Autos und Bussen belagert wird. mn innenstadtnahen Ende steht das Dürkheimer Riesenfass, eines der Wahrzeichen der Stadt.

Erst im Zentrum mit seinen teilweise kopfsteingepflasterten Straßen und der gemütlichen Fußgängerzone spürt man das besondere Flair der Stadt, die beschaulicher Kurort, geschäftige Kleinstadt, traditionelles Winzerdorf und beliebtes Ausflugsziel in einem ist. An der Weinstraße in der Stadtmitte reihen sich der Obermarkt, auf dem zweimal in der Woche ein winziger Markt mit regionalen Spezialitäten stattfindet, der baumbestandene, rechteckige Stadtplatz mit einigen Parkplätzen und Geschäften sowie der **Römerplatz,** das historische Zentrum Bad Dürkheims. Hier stehen die Tische und Stühle der Eisdielen und Restaurants bis weit in den Oktober hinein.

Vom Römerplatz führt die überschaubare Fußgängerzone in einem kleinen Bogen zu der nach Plänen des Karlsruher Architekten und Stadtplaners Friedrich Weinbrenner im klassizistischen Stil erbauten **Stadtkirche St. Ludwig.** Zusammen mit dem Kurhaus rahmt die Kirche den oberen Teil des Kurparks ein. Ihr Turm überschaut den großzügig wirkenden unteren **Kurpark** mit Café und Bistro, Kneippbecken, Spielplatz und Blumenbeeten. Vor allem die baumbestandenen Wiesen verleihen dem insgesamt eher kleinen Park seinen einladenden Charakter. Seit 2013 fließt die Isenach, nachdem sie jahrzehntelang kanalisiert unter der Stadt hindurchführte, nun mitten durch den Kurpark. Mit Brücken, Sitzgelegenheiten und einem großzügigen Wasserspielbereich für Kinder hat sie dem Kurpark neues Leben eingehaucht. Aber auch für Erwachsene ist der kühle Bach angenehm: Breite Sandsteinstufen laden in das sandige Bachbett zum Wassertreten ein. Die Isenach fließt hier östlich am 333 m langen **Gradierbau** entlang. Das eigenwillige Gebäude wurde nur dazu errichtet, dass salzhaltiges Wasser über Reisig rieseln kann. Die dabei erzeugte hohe Luftfeuchtigkeit sorgt an heißen Sommertagen für angenehme Kühlung, das Salz soll Atemwegsbeschwerden lindern. Bei einem Großbrand wurde der alte Gradierbau 2007 weitgehend zerstört, anschließend wiederaufgebaut und heute ideelles Zentrum des Kurtourismus.

Am zweiten und dritten Septemberwochenende verändert Bad Dürkheim jedes Jahr sein Gesicht: Dann ist **Wurstmarkt.** Während des angeblich größten Weinfests der Welt, das bei genauer Betrachtung eher eine Mischung aus Kerwe und Volksfest ist, pilgerten zuletzt über 650.000 Besucher in die ansonsten eher gemütliche Kleinstadt. Das Fest kann auf eine lange Tradition zurückblicken: Um die Pilger, die seit dem 12. Jh. Ende September zur Wallfahrtskapelle auf den Michelsberg kamen, mit Speis und Trank zu versorgen, veranstalteten Dürkheimer Händler und Winzer 1417 erstmals den Michaelismarkt. Der Name Wurstmarkt, der den Akzent auf die seinerzeit bevorzugte Speis zum Trank legt, kam dagegen erst im 19. Jh. auf. Heute kann man zwischen allerlei verschiedenen Angeboten wählen: Ausschließlich Dürkheimer Winzer schenken ihren Wein in den traditionellen Schubkarchständen aus, in denen man auf engen Holzbänken mit den Tischnachbarn rasch ins Gespräch kommt. Komfortabler und kulinarisch extravaganter geht es im Weindorf zu, in dem bisweilen auch bekannte Köche ihre Kreationen feilbieten. Zum Tanzen eignen sich die großen Festzelte mit Livebands. Und dann sind da natürlich noch die großen Fahrgeschäfte, die Kinder und Junggebliebene gleichermaßen begeistern. An der Platzzufahrt zählt eine Uhr die Tage bis zum nächsten Wurstmarkt herunter. Wenn dann von Weitem das Riesenrad zu sehen ist, ist klar: Es ist wieder Wurstmarkt!

▪ Weitere Infos unter duerkheimer-wurstmarkt.de

Im neu gestalteten Kurpark

An der Deutschen Weinstraße → Karten S. 84 und 152

Geschichte

Schon die Kelten siedelten in den Wäldern um Bad Dürkheim. Noch heute zeugen der keltische Ringwall nördlich der Innenstadt und Fundstücke aus Gräbern von der Besiedlung ab etwa 1200 v. Chr. Mit den Römern kamen dann der Weinbau und eine erste intensive landwirtschaftliche Nutzung. 1981 fand man nahe dem Bad Dürkheimer Ortsteils Ungstein eine römische Tretkelter, in der bereits um das Jahr 200 Wein hergestellt worden war. Imposant ist der ebenfalls in dieser Zeit entstandene Steinbruch Kriemhildenstuhl oberhalb des Stadtzentrums.

Seinen Aufstieg zum Kurort verdankt Dürkheim dem salzhaltigen Wasser seiner zahlreichen Quellen. Vermutlich wurde hier bereits seit dem 14. Jh. Salz gewonnen. Da der Salzgehalt in den Quellen jedoch gering war, errichtete man Gradierwerke, mit denen die Konzentration erhöht und die Ausbeute an Salz vergrößert werden sollte. Von den einst sechs Dürkheimer Gradierwerken existiert heute nur noch eines. Nachdem Dürkheim 1847 „Solbad" wurde, begann man mit dem Bau des oberen Kurparks und des ersten Badehauses. Seit 1904 darf sich die Stadt „Bad" nennen. Der Erfolg des Dürkheimer Heil- und Kurbetriebes basierte auch auf der belebenden Wirkung des Dürkheimer Heilwassers. Dessen positive Eigenschaften wurden auch dann nicht in Frage gestellt, als 1906 ein hoher Anteil an Arsen im Wasser der Maxquelle gefunden wurde. Im Gegenteil: Nach dem damaligen Verständnis half Arsen gegen Rachitis, Magersucht und Appetitlosigkeit. Erst ab 1960 wurde auf die Gabe des giftigen Arsenwassers verzichtet.

Im Laufe des 20. Jh. entwickelte sich Bad Dürkheim zu einem gefragten Fremdenverkehrsort. Zuletzt war es vor Ludwigshafen und Speyer die Gemeinde mit den meisten Gästeübernachtungen in der Pfalz. Das warme Klima und die mediterranen Pflanzen führen dazu, dass es bisweilen als „pfälzisches Meran" bezeichnet wird. Auch wenn dies etwas übertrieben scheint, so haben beide Orte doch eines gemein: Der Wein ist zusammen mit dem Kurtourismus ein bedeutender Wirtschaftsfaktor und Grundlage der kulturellen Identifikation.

Die Klosterruine Limburg oberhalb von Bad Dürkheim

Sehenswertes

Klosterruine Limburg: Oberhalb des Bad Dürkheimer Stadtteils Grethen liegt die Klosterruine Limburg an einer Enge des Isenachtals. Die geschützte Lage auf dem Lintberg machten sich bereits die Kelten zunutze, die hier lange vor dem Bau der ersten Burg einen Fürstensitz unterhielten. Nachdem der Salier Konrad II. 1024 zum römisch-deutschen König gewählt worden war, wurde der Umbau der als Hofburg genutzten Limburg in ein Kloster vorangetrieben, um das Seelenheil der Familie zu retten. Die kreuzförmige Säulenbasilika entstand der Legende nach gleichzeitig mit dem Speyerer Dom. 1042 war das Bauwerk vollendet und wurde zu Ehren des Heiligen Kreuzes und der Jungfrau Maria geweiht.

Die hier lebenden Benediktinermönche wurden unter den Schutz der Grafen von Leiningen gestellt, was jedoch nicht lange gut ging. 1220 erbauten die Grafen in unmittelbarer Nähe des Klosters die militärisch genutzte Hardenburg, obwohl sich der Abt ausdrücklich dagegen ausgesprochen hatte. Und als die Limburg zu Beginn des 16. Jh. an die Kurfürsten zu Heidelberg fiel und trotz ihrer monastischen Funktion zunehmend auch militärisch genutzt wurde, standen sich die nur einen Katzensprung voneinander entfernten Burgen oberhalb des Isenachtals feindlich gegenüber. 1504 stürmten die Hardenburger zusammen mit den Bewohnern Dürkheims das stattliche Kloster und brannten es aus. Ein Teil der Kostbarkeiten konnte zwar schon zuvor nach Speyer in Sicherheit gebracht werden, die meisten Schätze jedoch gingen in Flammen auf. Der einzige übrig gebliebene Turm prägt noch heute die Silhouette der Ruine.

Verschiedene Versuche, die Limburg wiederaufzubauen und als geistlichen Ort zu bewahren, scheiterten. Der Standort war strategisch zu bedeutsam, um ausschließlich friedlich genutzt zu werden, und so wurde die Limburg seit dem Westfälischen Frieden nicht mehr von Mönchen bewohnt. 1843 kaufte die Stadt Dürkheim die historischen Gemäuer, um sie vor dem Zerfall zu bewahren. Die unter dem Chor gelegene Krypta wurde inzwischen nach historischen Vorbildern wiederaufgebaut; im Schiff ist das Grab Gunhilds, der Gemahlin Heinrichs III., zu bestaunen.

9–17.30 Uhr, Eintritt frei.

Burgruine Hardenburg: Oberhalb des heutigen Ortsteils Hardenburg an der Straße von Bad Dürkheim nach Kaiserslautern befinden sich die Reste der gleichnamigen Burg, der zweitgrößten in der ganzen Pfalz. Noch heute zeugen die imposanten 7 m dicken Mauern und die ausgedehnten Kelleranlagen davon, wie gewaltig das zwischen 1500 und 1590 von den streitbaren Grafen von Leiningen auf den Mauern einer älteren Anlage erbaute Residenzschloss einst über die Talenge geherrscht haben muss. Da die Leininger zum Bau ihrer Burg teilweise das Land der Abtei Limburg enteignet hatten, waren sich die Nachbarn nie besonders wohlgesonnen gewesen. Auch nach Erfindung der Feuerwaffen wurde die Hardenburg genutzt, selbst den Dreißigjährigen Krieg überstanden die Mauern ohne größere Schäden, bis sie im Zuge der Französischen Revolution 1794 schließlich niederbrannten. Heute können weite Teile der Anlage besichtigt werden. Ein kleines, ansprechend gestaltetes Besucherzentrum vermittelt die Geschichte der Burg.

Nicht weit von der Hardenburg liegen auf der gegenüberliegenden Talseite die spärlichen Überreste zweier weiterer Burgen. Von der Burg Schlosseck sind noch Teile der ursprünglichen Ringmauer und der Stumpf des fünfseitigen Bergfrieds zu sehen. Das spätromanische Eingangsportal wurde Mitte des 19. Jh. aus Fundstücken wiederaufgebaut. Vermutlich wurde die zwischen

An der Deutschen Weinstraße → Karten S. 84 und 152

dem 9. und 10. Jh. entstandene Burg seit Fertigstellung der Hardenburg nicht mehr bewohnt. Von der weiter westlich gelegenen Burg Nonnenfels aus dem 13. Jh. sind nur wenige Überreste und eine Felsenkammer zu erkennen.

▪ Parkplatz im Ortsteil Hardenburg, von dort 10 Min. zu Fuß. Mi–So 10–17 Uhr, März–Okt. bis 18 Uhr, im Dez. und Jan. geschlossen. Eintritt 4,50 €, ermäßigt 3,50 €, Kinder und Jugendliche 2,50 €. Informationen bei der Burgverwaltung Hardenburg, ✆ 06322-7530. Mai–Okt. Auskünfte bei der Tourist-Info und über burgenlandschaft-pfalz.de.
Die Ruinen Nonnenfels und Schlosseck sind frei zugänglich.

Michaeliskapelle: Oberhalb der Saline am nordöstlichen Ortseingang liegt die Michaeliskapelle, von der man einen schönen Blick auf die Stadt und die Hügel der Haardt hat. Bereits Mitte des 12. Jh. stand hier eine Kapelle, zu der am Namenstag des heiligen Michael am 29. September alljährlich viele Pilger kamen. Die Dürkheimer Bauern und Winzer machten sich den Besucherandrang zunutze und verkauften Wein und Speisen an die hungrigen Gläubigen. Der daraus entstandene Michaelismarkt, Vorläufer des heutigen Wurstmarkts, wurde zu einem festen Bestandteil des Dürkheimer Lebens und überstand auch den Abriss der Pilgerstätte im Jahr 1601. Die heutige Kapelle auf dem Michelsberg entstand erst 1990 durch Spenden von Dürkheimer Bürgern, die so an die Entstehungsgeschichte des Wurstmarkts erinnern wollten. Auf der unterhalb gelegenen *Mandelterrasse* sind v. a. während der Blüte die Unterschiede einiger Mandelsorten zu sehen.

Römische Kelter: Nördlich des Stadtteils Ungstein zweigt ein Feldweg von der B 271 links zu einer 1981 zufällig entdeckten römischen Kelter und dem dazugehörigen Herrenhaus ab. Die frei zugängliche Anlage entstand rund 200 n. Chr. und wurde in den vergangenen Jahren teilweise rekonstruiert. So kann man beim Anblick der großen Kelterbecken erahnen, wie die Römer hier ihren Wein produzierten: Mit bloßen Füßen standen sie knietief in den Trauben, deren Saft in einem tiefer liegenden Becken aufgefangen und von dort in Holzfässer abgefüllt wurde. Rund 200 Jahre lang muss hier auf diese Art Wein produziert worden sein, bevor es nach dem Einfall der Alamannen zur Zerstörung des Kelterhauses kam. Jedes Jahr findet hier Ende Juli ein Weinfest statt, bei dem nach römischem Brauch gekeltert und gegessen werden kann.

Kurhaus: Das klassizistische Gebäude wurde in den 1820er-Jahren nach Plänen des Karlsruher Baumeisters Friedrich Weinbrenner auf den Grundsteinen des 1794 niedergebrannten Residenzschlosses der Grafen von Leiningen errichtet. Zunächst wurde es als Rathaus, ab 1836 dann als Kurhaus genutzt. Neben dem Kurparkhotel beherbergt das Haus heute v. a. das 1949 eröffnete Casino.

▪ Die Spielbank (✆ 06322-94240) ist tägl. geöffnet. Das Automatenspiel beginnt ab 11 Uhr, das Große Spiel ab 13 Uhr und Black Jack ab 18 Uhr. Den Besuchern (ab 18 J.) wird angemessene Kleidung empfohlen. Schlossplatz 6, casino-bad-duerkheim.de.

Pfalzmuseum für Naturkunde: Auf Betreiben des Deidesheimer Arztes Carl Heinrich Schultz wurde 1840 die naturwissenschaftliche Gesellschaft *Pollichia* gegründet. Der Botaniker Johann Adam Pollich, der 1777 die erste umfassende Beschreibung der pfälzischen Pflanzenwelt veröffentlicht und damit weltweit Bedeutung erlangt hatte, gab der Vereinigung ihren Namen. Heute hat der Naturkunde- und Naturschutzverein Pollichia rund 2400 Mitglieder und betreibt das seit 1981 bestehende und 2008 erweiterte Pfalzmuseum für Naturkunde. Der Besucher kann sich auf 1400 m² Ausstellungsfläche nicht nur einen Überblick über die Tier- und Pflanzenwelt der Region verschaffen, sondern lernt auch einiges über die Geologie und die Entstehungsgeschichte des Naturraumes.

Di–So 10–17 Uhr. Eintritt 3 €, ermäßigt 2 €, Familienkarten 6 €. Grethen, Kaiserslauterer Str. 111, 06322-94130, pfalzmuseum.de.

Stadtmuseum im Kulturzentrum Haus Catoir: In dem 2016 neu gestalteten Museum wird die bewegte Geschichte der kleinen Kurstadt mit interessanten Exponaten dokumentiert. Zu Bestaunen gibt es u. a. einen Schubkarren aus dem 19. Jh., mit dem einst die Weine zu den Schubkarchständen des Wurstmarktes transportiert wurden, und eine Arsenwasserflasche aus dem Jahr 1910, in der das Dürkheimer Heilwasser verkauft wurde. Der Gewölbekeller des Hauses widmet sich der Geschichte des Weinbaus in der Region.

Tägl. außer Mo 14–17 Uhr. Eintritt frei. Römerstr. 20, 06322-8485.

Riesenfass: Das mit rund 1,7 Mio. Litern Fassungsvermögen größte Weinfass der Welt wurde 1934 von dem Küfermeister Fritz Keller erbaut und gilt als Wahrzeichen der Stadt. Für den Bau wurden im Schwarzwald fast 200 Tannen gefällt und nach Bad Dürkheim transportiert, wo aus einer Tanne jeweils eine der 178 Fassdauben gesägt wurde. In dem gewaltigen Fass mit 13,5 m Durchmesser wurde allerdings nie Wein gelagert. Es war von Anfang an als Gaststätte konzipiert und erfüllt auch heute noch diesen Zweck (→ Essen und Trinken, S. 113).

Service/Einkaufen

→ Karte S. 110/111

Information **Tourist Information Bad Dürkheim**, Mo–Fr 9.30–18 Uhr, Sa/So und feiertags 9.30–14.30 Uhr. Kurbrunnenstr. 21, 67098 Bad Dürkheim, 06322-935140, bad-duerkheim.com.

Parken **Wurstmarktplatz.** Wenn hier kein Festbetrieb herrscht, dient der große Platz als Hauptparkplatz von Bad Dürkheim. Im östlichen, stadtnahen Bereich kann man für 3 Stunden kostenfrei stehen, auf dem restlichen Platz kann man für 3 €/Tag parken.

Einkaufen **Weindom** **7** Am Wurstmarktplatz neben dem Riesenfass gelegen. Bietet eine große Auswahl an Weinen Dürkheimer Winzer und dazu passenden Accessoires. Tägl. 11–18 Uhr, von Nov.–April bis 17 Uhr. St.-Michaels-Allee 10, 06322-94920, weindom.de.

mein Tipp **Haus der guten Weine** **13** Dass die Welt des Weins nicht an den Pfälzer Grenzen endet, zeigt Steffen Michler in seinem erstklassig sortierten Weingeschäft am Römerplatz. Im Angebot sind auch Käse, Öle, ausgewählte Wurstwaren und Schokolade. Freundliche und kompetente Beratung, die angebotenen Weinseminare haben Tiefgang. Di–Do 10–18 Uhr, Fr 10–19 Uhr, Sa 10–16 Uhr. Römerplatz 13, 06322-955331, weinsensorik.de.

Weingut Fitz-Ritter **6** Eines der prächtigsten und ältesten (seit 1785) Weingüter Bad Dürkheims, in dem guter Wein und Sekt entstehen (VDP-Mitglied). Das Weingut bewirtschaftet auch den einst zum Kloster Limburg gehörenden Abtsfronhof, der umgeben von Kurpark und Straßen mitten in der Stadt liegt. Weinverkauf in der eleganten Vinothek Mo–Fr 9–18 Uhr, Sa/So 11–17 Uhr. Weinstraße Nord 51, 06322-5389, fitz-ritter.de.

Vier Jahreszeiten **20** In der Winzergenossenschaft mit ausgezeichnetem Ruf stehen rund 150 Weine zur Auswahl. Verkosten kann man die Weine in einem angenehmen, legeren Ambiente. Mo–Fr 9–17 Uhr, Sa bis 14 Uhr. Limburgstr. 8, 06322-94900, vj-wein.de.

mein Tipp **Weingut Hensel.** Modernes Weingut mit viel Elan und guten bis sehr guten Weinen. Der englische Weinjournalist Stuart Pigott meint: „Hensel ist ein Phänomen, jung, cool und kreativ!" Wir schließen uns dem Lob gerne an, Hensel ist eines unserer Lieblingsweingüter. Mo–Sa 9–12 und 13–17.30 Uhr, Sa 9–16 Uhr. In den Almen 13, 06322-2460, henselwein.de.

Weingut Pfeffingen **3** Eines der führenden Weingüter Bad Dürkheims (VDP-Mitglied) produziert im kleinen Weiler Pfeffingen klare, elegante Weine mit viel Frucht. Neben Riesling und Scheurebe gibt es ein kleines, feines Angebot an Spätburgundern. Mo–Fr 8–12 und 13–18 Uhr, Sa 9–12 und 13–16 Uhr. Pfeffingen, 06322-8607, pfeffingen.de.

An der Deutschen Weinstraße → Karten S. 84 und 152

Weingut Bärenhof **4** Wein kann Familie Bähr, aber mindestens genauso gut kann sie Sekt und Traubensaft. Das traditionell wirkende Weingut zeichnet sich durch moderate Preise und einen freundlichen, kompetenten Service aus. Mo–Fr 9–18 Uhr, Sa 9–16 Uhr. Ungstein, ✆ 06322-4137, baerenhof.de.

Buchhandlung Frank **16** Buchhandlung am Stadtplatz mit vielseitigem Sortiment. Gute Auswahl an Landkarten und Regionalia. Mo–Fr 9–18.30 Uhr, Sa 9–14 Uhr. Römerstr. 14, ✆ 06322-9559139, buecher-frank.de.

Fahrrad **Zweirad Tempel** **17** Kleines Fahrradgeschäft mit Werkstatt. Räder können ohne Voranmeldung zur Reparatur abgegeben werden. Mo–Fr 9–18.30 Uhr, Sa 9–13 Uhr. Leininger Str. 5, ✆ 06322-2267, der-fahrrad-tempel.de.

Sport/Kultur

Baden **Salinarium.** Freizeitbad mit Innen- und Außenbereich, außen mit Rutsche, 50-m-Becken und großer Liegewiese, verschiedene Saunen. Di–Fr 9–22 Uhr, Mo bis 17.45 Uhr, Sa/So und feiertags bis 21 Uhr. Sauna meist 10–22 Uhr, Mo ab 12 Uhr. Erwachsene 6,95 €, Kinder ab 6 J. 3,90 €, Sauna 14,60 € bzw. 11 €. Kurbrunnenstr. 28, ✆ 06322-935865, salinarium.de. Das aktuelle Bad soll von einer modernen **Therme** ergänzt werden. Der Bau ist zwar schon fortgeschritten, ein realistischer Eröffnungstermin war zum Redaktionsschluss noch nicht abzusehen.

Spielplätze Am südlichen Rand des Kurparks liegt ein großzügiger und grüner Spielplatz, zwischen Saline und Wurstmarktplatz der neue und sehr gelungene Wasserspielplatz. Im Zentrum lädt der Platz vor der Pestalozzischule zum Spielen ein (Schulplatz bei der Schlosskirche).

Tennis **Tennisclub Schwarz-Weiß.** Dreizehn Plätze und eine Halle mit drei Feldern, Kanalstr. 44, ✆ 06322-5360, tennisclub-bad duerkheim.de.

Wandern Die Wandermöglichkeiten rund um Bad Dürkheim sind nahezu unbegrenzt. Ausgangspunkte für zahlreiche Touren sind der Bahnhof und das Riesenfass. Besonders reizvoll sind Wanderungen (blau oder rot-weiß markiert) über den römischen Steinbruch **Kriemhildenstuhl** und die **Heidenmauer**, Reste einer um 500 v. Chr. angelegten Siedlung auf dem Kästenberg, bis hinauf zum auf dem Peterskopf erbauten **Bismarckturm**. Von dort erreicht man in wenigen Minuten das **Forsthaus Weilach** (unbewirtschaftet) mit Busanbindung (3-mal tägl. Linie 488 vom/zum Bad Dürkheimer Bahnhof). Von der Stadtmitte aus führt ein schöner Weg am Friedhof entlang und über die Limburgstraße zu den Ruinen **Limburg** und **Hardenburg**. Westlich des Bad Dürkheimer Ortsteils Seebach liegt der Parkplatz an den Drei Eichen (Zufahrt über Seebacher Straße/Hammelstalstraße), ein idealer Ausgangspunkt für Wanderungen ins Ham-

mels- und Poppental und nach Wachenheim. An der Straße durch das **Jägertal** in Richtung Kaiserslautern befinden sich zahlreiche Gaststätten mit Wanderparkplätzen. Am Wurstmarktplatz beginnt der **Geo-Erlebnispfad** mit zahlreichen Info-Tafeln zu Klima, Geologie und Kulturlandschaft.

Wellness **Hamam.** Traditionelles türkisches Reinigungsbad mit Massage. Mi Frauentag, Di Ruhetag, sonst gemischt. Behandlung ab 50 €. Mo–Fr 12–20 Uhr, Sa/So 10–18 Uhr, nur nach Terminvereinbarung. Kurbrunnenstr. 14, ✆ 06322-945081, hamam-badduerkheim.de.

Veranstaltungen Neben dem **Wurstmarkt** im September lockt v. a. das an Christi Himmelfahrt und dem darauffolgenden Sonntag stattfindende **Stadtfest** mit Entenrennen und beliebten Live-Bands.

Im **Mai** wird in Bad Dürkheim besonders viel gelacht. Dann kommt der Radiosender SWR 3 mit seinem **Comedy Festival** für ein paar Tage in die Stadt und präsentiert auf verschiedenen Bühnen Stars der Comedy-Szene. Mit dabei war des Öfteren schon der an der Weinstraße geborene Comedian Bernhard Hoëcker.

Übernachten

→ Karte S. 110/111

****** Gartenhotel Heusser 22** Großes und gepflegtes Hotel mit zahlreichen japanischem Stilelementen im oberhalb des Stadtkerns gelegenen Stadtteil Seebach. Verschiedene Restaurants, vielseitige Wellnessangebote. Seebacher Str. 50–52, ✆ 06322-9300, hotel-heusser.de. **€€€** (Zimmer), **€€€** (Restaurant)

****** Kurpark-Hotel Bad Dürkheim 10** Zentral gelegenes Hotel mit großzügigem Restaurant und modernem, gepflegtem Wellnessbereich. Die modernisierten Zimmer sind hell und freundlich. Schlossplatz 1–4, ✆ 06322--7970, kurpark-hotel.de. **€€€** (Zimmer), **€€€** (Restaurant)

Gästehaus Ernst Karst & Sohn. Von Reben umgebenes, in den letzten Jahren großzügig erweitertes Weingut mit einladenden, hellen Zimmern. Die Lage am kleinen Flugplatz und dem Gewerbegebiet Bruch ist in Ordnung, in der Umgebung gibt es weitere Weingüter und mit Auto und/oder Rad sind alle Ziele in Dürkheim und Umgebung gut erreichbar. In den Almen 15, ✆ 06322-2862, weingut-karst.de. **€€**

Haus Rebenhof 11 Gut ausgestattete, moderne und familienfreundliche Ferienwohnungen für 2–6 Pers. Räder können geliehen werden. Hinterbergstr. 37, ✆ 06322-8096, hausrebenhof.de. **€€**

Jugendhaus St. Christophorus 21 Etwas abseits, aber schön gelegenes und gut eingerichtetes Bildungshaus des BDKJ, das allen Interessenten offensteht und über Einzel-, Doppel- und Mehrbettzimmer verfügt. Schillerstr. 151, ✆ 06322-63151, christophorus-haus.de. **€**

Knaus Campingpark. Großer und gut ausgestatteter Platz mit Badesee nordöstlich des Zentrums (Nähe Flugplatz). Stellplatz ab 24,60 € (Wohnwagen od. Camper), Erwachsene ab 11,30 €, Kinder 5,30 €. In den Almen 3, ✆ 06322-61356, knauscamp.de.

Stellplatz für Wohnmobile am Stadtrand an der Straße in Richtung Leistadt (In der Silz). 24 Std. ab 14 €. Schatten vorhanden, insgesamt aber einfache Ausstattung, Strom und Frischwasser kosten extra. Infos unter ✆ 06322-935140, bad-duerkheim.com.

In den Weinbergen bei Bad Dürkheim

Essen und Trinken

→ Karte S. 110/111

Hensel und Gretel 15 Die lässig-schicke Mischung aus Weinbar und Café bringt am zentralen Römerplatz etwas frischen Wind in die eher traditionelle Stadtmitte. Di–Sa 10–18 Uhr. Römerplatz 9, ☏ 06322-9591600, hensel-gretel.de.

Dürkheimer Fass 5 Von Souvenirbuden und Eisständen umgebenes, großes Restaurant direkt am Wurstmarktplatz, dennoch keine Massenabfertigung, sondern eine gepflegte regionale und internationale Küche. Kein Ruhetag, tägl. 11.30–22.30 Uhr (im Winter und am Wochenende kürzer). St.-Michaels-Allee 1, ☏ 06322-2143, duerkheimer-fass.de. €€€

Zum Herrenberg 1 Regionaltypische Speisen wie Bratwürste mit Sauerkraut, aber auch Kreatives wie Lammrücken mit Kartoffelpralinen oder Möhrensuppe mit Popcorn. Gelungene Mischung bei engagiertem Service! Mo und Di Ruhetag, sonst 11.30–14 und 17.30–21.30 Uhr, So 11.30–14 und 17–20 Uhr. Ungstein, Weinstr. 10, ☏ 06322-791492, zum-herrenberg.de. €€€

Käsbüro 23 Direkt am heimeligen Seebacher Dorfplatz liegt das stilvolle Restaurant mit freundlicher Bedienung und einladenden Gasträumen. Trotz des Namens gibt es auf der kleinen, aber feinen Speisekarte nicht nur Käse. Di und Mi Ruhetage, sonst ab 17 Uhr, So zusätzlich 12–14.30 Uhr. Seebach, Dorfplatz 1, ☏ 06322-680963, kaesbuero.de. €€€

Kaschmir's 8 Designambitionen gibt es hier nicht, dafür das vermutlich beste indische Essen im weiten Umkreis. Die Speisen, viele davon vegetarisch, überzeugen durch eine außerordentliche Aromenvielfalt und Authentizität. Preiswerter Mittagstisch (€). Mo 17–22 Uhr, Di–Fr 11.30–14.30 Uhr und 17.30–22.30 Uhr, Sa/So 11.30–22.30 Uhr. Kurbrunnenstr. 15, ☏ 06322-3039241, restaurant-kaschmirs.de. €€

Eiscafé Cortina 14 Am zentralen und idyllischen Römerplatz gelegen, bietet dieses klassische Eiscafé schöne Sitzplätze im Freien, gutes Eis und bei schlechtem Wetter gibt es drinnen ausreichend Platz für einen wärmenden Cappuccino. In der Saison tägl. 10–22 Uhr. Römerplatz 2, ☏ 06322-2688.

Pompöös Café 9 Gestaltet wurde das schön im Dürkheimer Kurpark gelegene Café vom Modeschöpfer Harald Glööckler – eine spezielle Mischung aus Opulenz und Moderne. Auch nach Wegzug des Meisters aus der Pfalz soll das Café weiter Bestand haben. Tägl. 9–19 Uhr, Fr–So bis 20 Uhr. Salinenstr. 7, ☏ 06322-9873003, cafepompoeoes.com.

Weinstube Bach-Mayer 12 Gemütliche Weinstube in einem alten Winzerhof am Rand der Altstadt. Idyllischer Garten mit großen Bäumen, deftige Leckereien mit österreichischem und fränkischem Einschlag. Di/Mi geschlossen, Mo/Do/Fr ab 17 Uhr, Sa/So 12–14.30 Uhr und 17–22.30 Uhr. Gerberstr. 13, ☏ 06322-92120, bach-mayer.de. €€€

Joujou. Abseits vom kleinstädtischen Treiben erwartet den Gast an völlig unerwarteter Stelle ein stilsicheres, trendiges Ambiente. Täglich von 12–18 Uhr bietet der Hofladen mit Café glutenfreie Backwaren und regionale Produkte. Am Abend werden im genial eingerichteten Bistro feine internationale Gerichte serviert. Die Basis ist vegan und kann auf Wunsch durch Rheinfische und regionales Wild ergänzt werden. Das Konzept überzeugt nicht nur mit Style, sondern auch mit Geschmack und ethischer Haltung. Do/Fr/Sa und Mo 17–22 Uhr, So 12–21 Uhr. Leistadt, Hauptstr. 34, ☏ 06322-7906693, joujou-pfalz.de. €€

Wolf's Brunnen 2 Gute Weine, Kaffee und Kuchen sowie Pfälzer Kost werden in traumhafter Lage am Rande des Ortsteils Ungstein geboten. Besonders schön sitzt man auf der „mediterranen" Wiese, wo man jedoch an schönen Wochenenden nur mit viel Glück einen freien Platz bekommt. Kleiner Spielplatz für Kinder. Ab Mitte Juni Fr–So ab 12 Uhr, ab Mitte Juli bis 1. Nov. auch Mi und Do. Ungstein, Alter Dürkheimer Weg 7, ☏ 06322-63237, wolfs-brunnen.de. €€

MeinTipp **Alte Schmelz** 19 Tief im Tal der Isenach versteckt liegt 8 km westlich von Bad Dürkheim das einfache und freundliche Waldgasthaus. Vorbeifahrende Biker machen hier ebenso gerne Halt wie hungrige Wanderer. Nicht nur die Wildgerichte sind gut und preiswert. Mi und Do 11.30–16 Uhr, Fr/Sa 11.30–21 Uhr. Alte Schmelz 1, ☏ 06322-8583, die-alte-schmelz.de. €€–€€€

Sommerresidenz Sieben Raben 18 Ausflugslokal im Isenachtal mit stilvoller Einrichtung, romantischem Garten. Klassische Küche, auch verschiedene Flammkuchen und vegetarische Speisen. Auch drei DZ (ohne Frühstück) für 76 €. Mo–Mi Ruhetag, Do/Fr ab 17 Uhr, Sa/So ab 12 Uhr. Jägertal 8, ☏ 06329-1724, sieben-raben.de. €€–€€€

Radfahren & Wandern rund um Bad Dürkheim

Radtour 3: Auf den Spuren Kaiser Konrads durch die Pfalz

Am Morgen des 12. Juli 1030 soll Konrad II. den Grundstein für das Kloster Limburg bei Bad Dürkheim und am Nachmittag jenen für den Speyerer Dom gelegt haben. Der ausgeschilderte Kaiser-Konrad-Radweg verbindet die beiden Stationen und führt vom Rand des Pfälzerwalds durch die ebene Vorderpfalz an den Rhein (detaillierte Routenbeschreibung bei den Touristeninformationen in Bad Dürkheim und Speyer).

Der 35 km lange Weg nach Speyer beginnt am **Bad Dürkheimer Rathaus** und verläuft durch die Weinberge über Niederkirchen nach Meckenheim. Schon bald macht der Wein Platz für weite Gemüsefelder und einige Pferdekoppeln, bis nach der Durchfahrt der Doppelgemeinde Böhl-Iggelheim der lichte **Dudenhofener Wald** beginnt. Kurz darauf lädt das beliebte **Naturfreundehaus Iggelheim** zu einer Pause ein. Das Essen ist vielseitig und günstig, Kinder freuen sich über den großen und vielseitigen Spielplatz. An einigen Lichtungen vorbei geht es dann weiter bis nach **Dudenhofen** und über Felder und Wiesen nach **Speyer.** Hier kann man die Runde beenden und den Heimweg per Zug antreten (Rückfahrt

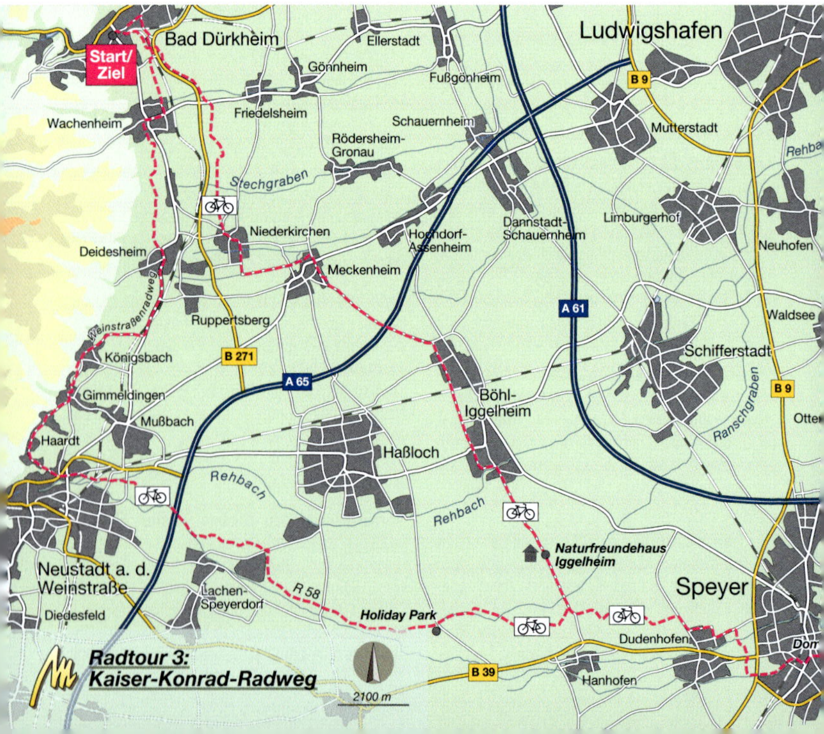

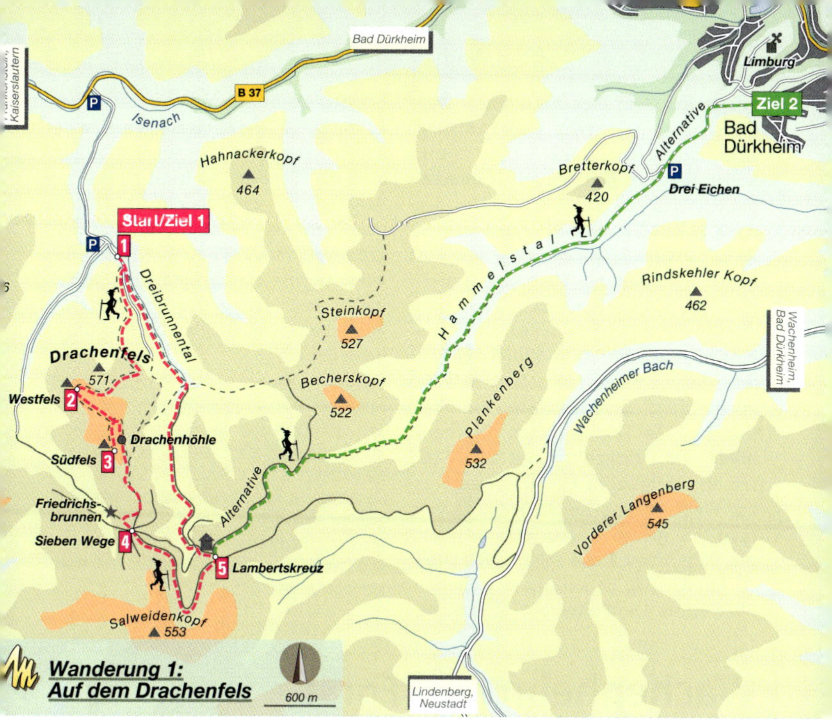

ab dem Bahnhof Speyer stündlich mit zweimaligem Umsteigen in Schifferstadt und Neustadt) oder aber über Neustadt entlang der Weinstraße zurück nach Bad Dürkheim radeln (ca. 42 km). Dazu kehrt man zunächst auf gleicher Route über Dudenhofen zu einer **Waldlichtung** zurück und biegt hier in Richtung Neustadt ab (Wegweiser R 58). Der ausgeschilderte Radweg 58 führt am **Holiday Park** vorbei und meist am Waldrand entlang bis in den Randbereich von Neustadt. Dort kreuzt er den abwechslungsreichen **Weinstraßenradweg**, der durch die mal sanften, mal steileren Weinberge und die dazwischenliegenden Orte zurück nach Bad Dürkheim führt.

Naturfreundehaus Iggelheim. Preiswerte, einfache, schmackhafte Küche. Mi/Fr/Sa 11–19 Uhr, So 11–18 Uhr. In Ferienzeiten tlw. häufiger geöffnet. Keine Kartenzahlung. Böhl-Iggelheim, Hanhoferstr. 222, ✆ 06324-64584, iggelheimer-haisl.de. €

Wanderung 1: Auf dem Drachenfels

Der Pfälzerwald hat viele einprägsame Gipfel. Viele davon blicken auf die Rheinebene in Richtung Odenwald oder Schwarzwald und bieten dem Wanderer an klaren Tagen ein herrliches Panorama. Der 571 m hohe Drachenfels dagegen vermittelt die Weite des Pfälzerwalds nach Westen, hinüber zum Donnersberg und bis zum Hunsrück. Der Sage nach soll hier der Kampf Siegfrieds mit dem scheußlichen Drachen stattgefunden haben. In den heute zugänglichen Höhlungen Drachenhöhle und Drachenkammer soll der Lindwurm mit seinen glühenden Augen gehaust und in der ganzen Umgebung sein Unwesen getrieben haben, bis Siegfried ihn schließlich besiegte und in seinem Blut badete.

Vom Parkplatz am derzeit nicht bewirtschafteten **Gasthaus Saupferch** **1** erfolgt auf dem blau markierten Weg der schöne, z. T. recht steile Aufstieg zum westlichen Gipfel, dem 551 m hohen **Westfels** 2. Oben angekommen, breiten sich die Berge und Täler des nördlichen Pfälzerwalds vor einem aus. Anschließend führt der Weg mit der blauen Markierung über das Gipfelplateau und biegt dann nach Osten steil ab. Zuvor sollte man jedoch einen kurzen Abstecher zum **Südfels** 3 mit den Resten einer römischen Befestigungsanlage unternehmen. Auf der Ostseite des Felsens laden **Drachenhöhle und Drachenkammer** zu weiteren Besichtigungen ein. Dann geht es zur **Wegkreuzung Sieben Wege** 4, wo man dem gelb und blau-weiß markierten Weg linker Hand folgt. Nach rund 1,5 km Anstieg ist auf 462 m Höhe die PWV-Hütte **Lambertskreuz** 5 erreicht, bei der ein altes römisches Wegkreuz an die lange Besiedlungsgeschichte der Region erinnert. Der Abstieg erfolgt entweder über den blau-rot markierten Weg zurück zum Saupferch (Runde insgesamt ca. 11 km) oder auf dem grün-weiß markierten Weg durch das wiesenreiche **Hammelstal** mit seinen vielen noch heute der Wasserversorgung dienenden Quellen bis Bad Dürkheim (15 km).

Lambertskreuz-Hütte. Traditionsreiche Hütte des Pfälzerwald-Vereins, in der bereits seit 1909 Wanderer verpflegt werden. Neben verschiedenen Gaststuben gibt es ein schönes Außengelände mit einem tollen Spielplatz. Die Gaststätte ist nur zu Fuß oder per Mountainbike zu erreichen. Mi–So 11–18 Uhr, Nov. bis März nur bis 17 Uhr, im Juli rund drei Wochen Sommerferien. ✆ 06321-188847, lambertskreuz.eu. €

Wachenheim und Forst

Im Zentrum der Mittelhaardt liegen die Orte Wachenheim und Forst, an ihren Hauptstraßen reihen sich namhafte Wein- und Sektgüter aneinander. Über allem thront die Ruine Wachtenburg, von der aus man einen schönen Ausblick über die Rheinebene hat.

Das Wahrzeichen der kleinen Weinstadt **Wachenheim** sind die Reste der im 11. und 12. Jh. erbauten und bereits zum Ende des 15. Jh. wieder zerstörten Wachtenburg. Deren 22 m hoher Bergfried ist weithin sichtbar und erlaubt herrliche Ausblicke über den Ort und die Haardt. Auch die seit dem Jahr 1900 bestehende Winzergenossenschaft des Ortes hat den Namen der Burg übernommen: Heute besteht die Weinland Wachtenburg eG aus 240 Mitgliedern und baut auf über 340 ha Fläche Wein an. Schon mehrfach wurden die Wachtenburger zur besten Winzergenossenschaft Deutschlands gekürt. Teil des Erfolgs ist auch das Gehen neuer Wege: sei es der Bau eines neuen Kelterhauses oder die Neuausrichtung der Vinothek mit cooler Weinbar.

Über die Grenzen der Pfalz hinaus ist Wachenheim auch wegen des hier produzierten Sekts und des dazugehörigen Schlosses bekannt. Das Schlossensemble und einige andere prächtige Höfe aus dem 17. und 18. Jh. liegen entlang der engen Hauptstraße. Auch wenn die äußere Fassade eher unscheinbar wirkt, sollte man Gelegenheiten nutzen, den einen oder anderen Hof auch von innen zu Gesicht zu bekommen. Abweisend zeigt sich beispielsweise das ausladende Weingut Dr. Bürklin-Wolf am südlichen Ortsrand.Wenn sich aber die Vinothek und bisweilen sogar der im Hintergrund schlummernde Englische Garten öffnen, tun sich bezaubernde Einblicke auf.

Südlich von Wachenheim liegt der kleine Ort **Forst,** der durch seine Weinlagen „Ungeheuer“ oder „Pechstein“ vielen Weinkennern ein Begriff ist. Hinter seiner verkehrsberuhigten, kopfsteingepflasterten Hauptstraße führen schmale Gässchen entlang meterhoher Mauern direkt in die Weinberge. Am nördlichen und südlichen Ortseingang warten steinerne Ungeheuer auf die Besucher – die beiden Skulpturen machen die Gäste gleich bei der Ankunft mit der wohl bekanntesten Weinlage des Ortes vertraut. Nach dem Genuss eines Ungeheuer-Rieslings des Weinguts Reichsrat von Buhl soll Fürst Otto von Bismarck angetan verkündet haben: „Dieses Ungeheuer schmeckt mir ungeheuer.“ Seit diesem Zeitpunkt ist der Name, der ursprünglich auf den Deidesheimer Stadtschreiber Johann Adam Ungeheuer zurückgeht und seit dem späten 17. Jh. verwendet wird, weit über die Grenzen der Pfalz hinaus berühmt. In Forst fällt v. a. die ab 1723 errichtete **Dorfkirche** ins Auge. Oberhalb des gewaltig wirkenden Kriegerdenkmals ragt der aus rotem Sandstein gebaute Kirchturm über den Ort und eine weitere bekannte Weinlage: das von Sandsteinmauern umgebene und deshalb klimatisch besonders begünstigte **Kirchenstück.** Durch die kleinräumigen Temperaturunterschiede entstehen nachts leichte Winde, welche die Feuchtigkeit aus dem Weinberg transportieren und so für ein gutes, trockenes Klima sorgen.

Westlich des Ortes erhebt sich der ca. 350 m hohe **Pechsteinkopf.** Der Berg, der vor rund 53 Mio. Jahren aus erkaltetem vulkanischem Magma entstand, gibt auch der Weinlage Pechstein ihren Namen. Noch bis in die 1980er-Jahre wurden im Steinbruch am Pechsteinkopf Basaltgesteine abgebaut und über eine Seilbahn ins Tal geschafft. Schwarzes Basaltgeröll auf den Wegen weist Spaziergänger heute auf den völlig ungefährlichen Aufenthalt im vulkanischen Bereich hin. In Forst findet sich auch aus Pechstein-Basalt gehauenes Kopfsteinpflaster.

Sehenswertes

Wachtenburg: Heute dominiert der weithin sichtbare Bergfried der Wachtenburg nur noch optisch die Gemeinde. Die Zeiten, als der dort ansässige Burggraf die Gemeinde regierte, sind lange vorbei. Vermutlich wurden die Ursprünge der Anlage, v. a. der hohe Bergfried und die Schuldmauer, unter den von Hohenstaufen erbaut und später durch eine Ringmauer mit fünf Türmen, eine Burgkapelle und Nebengebäude erweitert. Aber schon 1470 wurde das Anwesen durch Kurfürst Friedrich I. zerstört und dann nie wieder aufgebaut. Heute kommen die meisten Besucher wegen der Burgschänke mit ihrer über dem Ort thronenden Terrasse.

■ Mai bis Okt. Mi–Fr ab 12 Uhr, Sa ab 11 Uhr, So ab 10 Uhr, Nov. bis April nur Mi und Fr–So. ✆ 06322-64656.

Ruine Wachtenburg

An der Deutschen Weinstraße → Karten S. 84 und 152

Schloss Wachenheim: Ohne Übertreibung kann der Wachenheimer Sekt als der bekannteste der Pfalz bezeichnet werden. Seine Bedeutung für die kleine Stadt kommt in der zentralen Lage der Wachenheimer Sektkellerei zum Ausdruck: Das große Areal umfasst neben einigen Betriebserweiterungen des 20. Jh. v. a. das barocke Schloss, welches die Etiketten der Wachenheimer Sekte zeigen. Teile der noch heute genutzten Anlage wurden 1725 von dem kurpfälzischen Hofgerichtsrat und Vizekanzler Freiherr Johann Georg von Sussmann auf den zerstörten Mauern eines alten Adelssitzes errichtet. Nachdem der Sussmann'sche Hof im Laufe des 19. Jh. gleich mehrmals seine Besitzer gewechselt hatte, kam die Anlage 1880 in Besitz der Weinhändlerfamilie Böhm. 1888 gründeten Friedrich und Ludwig Böhm zusammen mit dem Erfinder der Schaumweinherstellung im Fassgärverfahren, dem Stuttgarter Weinchemiker Friedrich Adolf Rheilen, die Deutsche Schaumweinfabrik in Wachenheim.

Das wohl bekannteste Sektschloss der Pfalz: Schloss Wachenheim

Seinen heutigen Charakter erhielt das Sektschloss schließlich zwischen 1924 und 1939. Der Betriebsleiter und Eigentümer Carl Josef Wagner gestaltete die Anlage nach seinen Vorstellungen um und ließ Eingangsportal und Verwaltungsbau neu errichten. Der 1927 entstandene Festsaal steht auch heute noch für Veranstaltungen zur Verfügung, und am Eingang erinnert ein Zierbrunnen an den Erfinder des Champagners, den Benediktinermönch Dom Perignon. Außer durch die Umgestaltung des Wachenheimer Schlosses machte sich Wagner v. a. durch die Einführung der Flaschengärung einen Namen und begründete damit den guten Ruf der Wachenheimer Sektkellerei. Gegen Ende seiner umfassenden Modernisierungen gab er dem Unternehmen schließlich auch seinen Namen: Sektkellerei Schloss Wachenheim AG. Seit 1996 ist das Wachenheimer Unternehmen Teil eines großen Sektkonzerns mit Sitz in Trier.

▪ Kommerzienrat-Wagner-Str. 1, ✆ 06322-94270, schloss-wachenheim.de.

Villa Rustica: Die 1980 zufällig bei einer Flurbereinigung im Osten von Wachenheim entdeckten Reste eines stattlichen römischen Landgutes dokumentieren die lange Tradition von Ackerbau und Weidewirtschaft in dieser Gegend. Großzügige Außenanlagen und eine komfortable Innenausstattung mit Bädern und Hypokaustheizung (Hohlräume in Böden und Wänden wurden mithilfe durchziehender Rauchgase

Paul Tremmel

Zugegeben, für alle Nichtpfälzer sind die Werke von Paul Tremmel bisweilen schwer zu lesen. Für alle anderen ist er der Held der pfälzischen Mundartdichtung. Und vermutlich findet man keine Buchhandlung in der Region, in der nicht zumindest einige seiner Werke vorrätig sind. Dabei ist der 1929 geborene und immer eng mit Forst verbundene Autor ein Spätberufener, der erst mit Anfang vierzig zum Mundartdichter wurde. Quasi im Zweitberuf, nach Schlosserlehre und Aufbau des heute noch in Forst ansässigen Autohauses. Zuvor kam nur der Familienkreis in den Genuss der schlagfertigen und witzigen, teils aber auch nachdenklichen Reime. Schon kurz nachdem er sich 1972 in die Öffentlichkeit gewagt hatte, erntete er erste Siege beim Bockenheimer Mundartdichterwettstreit. Und damit auch Zugezogene und Gäste die oft tiefsinnigen Pointen verstehen, hat er neben vielen Geschichten und Gedichten – über 30 Bücher sind mittlerweile veröffentlicht worden – auch Lehrbücher übers Pfälzische verfasst. „Uff pälzisch Pälzisch lerne. Kleines Lehrbuch für alle, die Pfälzer sind oder es werden wollen" heißt ein Werk, das den ehrgeizigen Versuch unternimmt, Nichtpfälzer in die Sprache der Region einzuführen.

erwärmt) deuten auf einen Besitzer aus der Oberschicht hin. Vermutlich entstand das Anwesen rund um das u-förmige Herrenhaus etwa 20 n. Chr. und wurde in den anschließenden Jahrhunderten erweitert. Bis Anfang des 5. Jh. waren die Gebäude bewohnt, dann wurde der Hof vermutlich infolge eines Germaneneinfalls zerstört. Die frei zugänglichen Ausgrabungen sind gut erläutert und ausgeschildert. Für Eilige befindet sich an der B 271 ein Rastplatz mit direktem Zugang zum Areal.

Kurpfalz-Park: In einem kleinen, bewaldeten Tal gelegener Wild- und Erlebnispark oberhalb von Wachenheim. Neben heimischen Wildtieren in großzügigen Gehegen gibt es eine Vielzahl verschiedener Attraktionen, die v. a. Kinder begeistern. Die Fahrten auf dem 590 m langen Kurpfalz-Coaster oder auf einer der Riesenrutschen machen viel Spaß. Schön sind auch die verwinkelte und weitläufige Spielburg und der riesige Abenteuerspielplatz mit verschiedenen Bereichen für unterschiedliche Altersgruppen. An heißen Sommertagen ist der Aufenthalt in dem hoch gelegenen Park eine erfrischende Alternative zur Weinstraße.

▪ Apr. bis Anf. Nov. tägl. 9–17 Uhr, während der Hauptsaison bis 18 Uhr. Manchmal ist unter der Woche nur der Wildpark geöffnet. Erwachsene 18 €, Kinder 16 € – Achtung: nur Barzahlung! ✆ 06325-95900, kurpfalzpark.de.

Service

Information Tourist-Information Nov. bis Febr. Mo–Fr 9.30–12.30 und 14–16 Uhr (außer Di), März bis Aug. Mo–Fr 10–12.30 und 14–17 Uhr, Sa 10.30–13 Uhr, Sept. und Okt. Mo–Fr 10–13 Uhr, Sa/So 10.30–14 Uhr. Wachenheim, Weinstr. 15, 67157 Wachenheim, ✆ 06322-9580801, wachenheim.de.

Forst hat keine eigene Tourist-Info, Auskünfte erteilt die **Tourist-Information Deidesheim** (→ S. 125).

An der Deutschen Weinstraße → Karten S. 84 und 152

Einkaufen

Metzgerei Hambel. Manchmal scheint es, als könnte Klaus Hambel die Nachfrage nach seinem berühmten Saumagen kaum befriedigen. Seit Helmut Kohl hierher kam, um das Pfälzer „Nationalgericht" zu kaufen, ist die kleine, adrette Metzgerei in aller Munde. Das zugehörige Restaurant **Hambel's** bietet die Spezialitäten der Metzgerei in zubereiteten Variationen an (Di–Sa 11.30–14.30 Uhr, Do–Sa auch 17.30–23 Uhr, Bahnhofstr. 17, ✆ 06322-9563340). Mo/Di und Do/Fr 8–18.30 Uhr, Mi/Sa bis 13 Uhr. Wachenheim, Hintergasse 1, ✆ 06322-4613, metzgerei-hambel.de.

Sektkellerei Schloss Wachenheim. Hier entsteht der bekannte Wachenheimer Sekt. Im wunderschönen Innenhof gibt's Drinks und Fingerfood. Fr/Sa 10–18 Uhr, Do 12–21.30 Uhr, Mo/Mi 12–18 Uhr, So 13–18 Uhr. Kellereiführungen ab 10 €/Person. Können online gebucht werden. Wachenheim, Kommerzienrat-Wagner-Str. 1, ✆ 06322-9427380, schloss-wachenheim-pfalz.de.

Weingut Dr. Bürklin-Wolf. Eines der renommiertesten Weingüter der Mittelhaardt. Der Gault Millau spricht gar vom „vermutlich komplettesten Rieslingweingut der Welt". Das VDP-Weingut wird ökologisch bewirtschaftet, u. a. mithilfe von zwei gutseigenen Pferden. Zum Betrieb gehört auch das Hofgut Ruppertsberg. Verkauf in der eleganten Vinothek Di–Fr 14–18 Uhr, Sa/So und feiertags 11–18 Uhr. Wachenheim, Weinstr. 65, ✆ 06322-953355, buerklin-wolf.de.

Weingut Jürgen Zimmermann. Kleines, aber feines Weingut, das mit viel Erfolg auf Riesling und Burgunder setzt. Mo–Fr 9–12 und 14–18 Uhr, Sa 9–15 Uhr, Anmeldung erwünscht. Wachenheim, Grabenstr. 5, ✆ 06322-2384, wein-zimmermann.de.

Weingut Eymann. In dem bereits in der Ebene gelegenen Gönnheim baut Rainer Eymann seit 1982 seinen Wein ökologisch an. Die hervorragenden Weine und Sekte können in der Weinstube verkostet werden, in der auch feine Pfälzer Gerichte aus hochwertigen Zutaten serviert werden (Do/Fr ab 18 Uhr, Sa ab 17 Uhr, vier Wochen im Sommer und im Jan./Feb. geschlossen). Weinverkauf Mo–Fr 8–19 Uhr, Sa 10–19 Uhr. Gönnheim, Ludwigstr. 35, ✆ 06322-2808, weingut-eymann.de.

Weingut Georg Mosbacher. Fast 80 % der 23 ha umfassenden Rebfläche sind mit Riesling bestockt. Aufgrund der vielfältigen Lagen und der guten Kellerarbeit werden von „einem der besten Weinproduzenten Deutschlands" (Feinschmecker) ganz unterschiedliche (feinfruchtige und trockene) Rieslinge erzeugt. Ein Drittel der ökologisch erzeugten Weine wird inzwischen ins Ausland exportiert. Zurückhaltendes, sehr freundliches Ambiente und netter Service. Mo–Fr 8–12 und 13.30–18 Uhr, Sa 10–13, Apr.–Dez. bis 16 Uhr. Forst, Weinstr. 27, ✆ 06326-329, georg-mosbacher.de.

Weinland Wachtenburg – Wir Wachtenburgwinzer. Im großen Anwesen im Süden von Wachenheim sind die legere Vinothek der Winzergenossenschaft (Mo–Fr 9–18 Uhr, Sa 9–17 Uhr, So 11–16 Uhr, ✆ 06322-9798210), die angegliederte Weinbar „unfasssbar" (Do/Fr 18–22 Uhr, Sa ab 17 Uhr, ✆ 063229798232) und das gutbürgerliche Restaurant „Luginsland" (Mi–So ab 11.30 Uhr, ✆ 06322-8635, **€€€**) zu finden. Wachenheim, Weinstr. 2, weinland-wachtenburg.de.

Sport/Kultur

Baden **Freibad.** Das zentral in Wachenheim gelegene Freibad ist von Mitte Mai bis Anfang Sept. tägl. meist 11–18 Uhr geöffnet. Eintritt 3,50 €, ermäßigt 2 €. Friedelsheimer Straße, ✆ 06322-7525, swwachenheim.de.

Mehrgenerationenplatz **Wachrem.** Toller, direkt neben dem Freibad gelegener Spielplatz – Prunkstück ist das große Piratenschiff, aber auch die Trampoline sind begehrt. Die ebenfalls benachbarte Pumptrack-Bahn zieht Kinder und erwachsene Biker an, Helmpflicht beachten! Am Wochenende steht auf dem Areal öfter mal ein Street-Food-Truck. Einfache Toiletten sind ebenfalls vorhanden.

Veranstaltungen **Burg- und Weinfest Wachenheim.** Weithin bekanntes Weinfest in den Straßen des Zentrums bis hinauf zur Burg, alljährlich an zwei Wochenenden Mitte Juni.

Hanselfingerhut-Spiel. Seit 1722 wird alljährlich am dritten Sonntag vor Ostern in Forst der Winter ausgetrieben. Bevor er sein flammendes Ende findet, verwandeln Hanselfingerhut, Henrich-Fähnrich, die Nudelgret und viele Tausend Besucher die Dorfstraße in ein heiteres Theater. Auf dem Zug zum Festplatz neckt Hanselfingerhut junge Mädchen mit seinen Streichen. Die lange Tradition der Winterverbrennung geht vermutlich auf Schweizer Einwanderer zurück.

Weinkarussell beim Ungeheuer. Weinfest in den Höfen und Weinstuben entlang der Forster Hauptstraße am ersten Augustwochenende.

Wandern Vielfältige Wandertouren, u. a. **Weinwanderwege** mit einer Länge von bis zu 10 km. Der Pfälzerwald-Verein und die Tourist-Info bieten auch geführte Wanderungen an. Tourenvorschläge und Wanderprogramm bei der Tourist-Info.

Übernachten/Essen und Trinken

Übernachten ****** Rieslinghof.** Fünf komfortable Gästezimmer mit klarem Stil und viel Holz. Das Haus gehört zum Weingut Zimmermann. Wachenheim, Weinstr. 86, ✆ 06322-9898920, rieslinghof.com. **€€**

Gästehaus Weingut Peter. Im Ort gelegenes Weingut mit modernen, nach Weinsorten benannten Zimmern. Wachenheim, Burgstr. 10, ✆ 06322-2010, weingut-peter.de. **€€**

Gästehaus Räch. Komfortable Zimmer und Ferienwohnungen mit gepflegten Außenanlagen und kurzem Weg zum Bahnhof. Wachenheim, Bahnhofstraße 58, ✆ 06322-9585269, gaestehaus-ferienwohnungen-raech.de. **€€**

Weingut und Landhotel Lucashof. Großzügige und helle Zimmer mitten in den Weinbergen östlich der Forster Umgehungsstraße. Forst, Wiesenweg 1a, ✆ 06326-336, lucashof.de. **€€**

Campingplatz Burgtal. Einfacher Campingplatz mit 40 Stellplätzen am westlichen Ortsausgang, mit Kiosk und Restaurant. Dez. bis März geschlossen. Stellplatz 18–27 €, bei mehr als 2 Pers. Erwachsene 5 €, Kinder (4–15 J.) 3 €. Wachenheim, Waldstr. 105, ✆ 06322-2689, campingimburgtal.de.

Essen & Trinken **Café Schellack.** Sympathisches, mit vielen Antiquitäten bestücktes und doch nicht vollgestopft wirkendes Café in der Ortsmitte von Wachenheim. Entspannte Atmosphäre und selbst gemachter Blechkuchen, auch später am Abend noch Flammkuchen. Mo/Di ab 18 Uhr, Mi Ruhetag, Do–So ab 17 Uhr (Winterzeit) und ab 16 Uhr (Sommerzeit). Wachenheim, Weinstr. 23, ✆ 06322-9884066, cafe-schellack.de.

Zum Schockelgaul. Die urige Optik des Gastraums täuscht ein bisschen, das Gesamtkonzept ist recht modern. Auf der Karte stehen hausgemachte Pfälzer Gerichte sowie Klassiker wie Cordon bleu oder Rumpsteak. Die Zutaten stammen weitgehend von Produzenten aus dem nächsten Umkreis. Tisch am besten vorher reservieren. Ergänzt wird das Ganze durch sehr moderne Gästezimmer und einem nach eigener Aussage „auffällig unkaffigen" Dorfladen mit regionalen Delikatessen und designtem Dekokram. Mo–Sa ab 17 Uhr. Forst, Weinstr. 96, ✆ 06326-5669, schockelgaul.de. **€€**

Gutsausschank Heinrich Spindler. Traditionelle Weinstube mit romantischem, baumbestandenem Garten. Die bodenständigen Gerichte schmecken so gut, dass man teilweise 3 Wochen vor dem Essen reservieren muss. So/Mo geschlossen, Di–Sa 11.30–21 Uhr, im Winter Di/Mi nur bis 16 Uhr, Weihnachten bis Anfang Febr. geschlossen. Die neue **Weinbar Magnum 44** ist wunderbar geraten: Der alte Rittersaal wurde mit architektonischem Feingefühl umgebaut und wurde so zu einer sehr einladenden Bar. Der Terrassen-Garten mit Haardtblick ist sowieso der Knaller. Kleine Speisen ergänzen die umfangreiche Getränkekarte. Keine Reservierung! Di–Sa ab 15 Uhr, im Winter ab 17 Uhr. Das dazugehörige **Weingut** arbeitet nach biologischen Kriterien, besonders die Rieslinge haben einen vorzüglichen Ruf. Di–Fr 9–12 und 13–18 Uhr, Sa 9–17 Uhr. Forst, Weinstr. 44–46, ✆ 06326-5850, gutsausschank-spindler.de. **€€**

Winzerei. Rockiger Glamour, so kann man den Style des kleinen Weinbistros beschreiben. Mo/Do/Fr 16–23 Uhr, Sa/So 12–23 Uhr – in den Randzeiten ohne Küchenöffnung. Küche und Vesper sind pfälzisch und international – von allem das Beste. Forst, Weinstr. 50a, ✆ 06326-989892080, winzerei.de. **€€**

An der Deutschen Weinstraße → Karten S. 84 und 152

Das pittoreske Zentrum Deidesheims

Deidesheim

Deidesheim ist nicht ohne Grund der Hotspot der Weinstraße, Tradition und Innovation sind hier sehr charmant verbunden. Die pittoreske Ortsmitte, die schön zu begehenden Weinlagen und der nahe Pfälzerwald sind noch keine Alleinstellungsmerkmale. Aber die hinzukommende Vielzahl an Top-Weingütern, namhaften Hotels und äußerst vielseitige Restaurants – das bietet nur Deidesheim. Die Kehrseite: An schönen Tagen ist es einfach (zu) voll.

Entlang der engen Hauptstraße reihen sich traditionsreiche Weingüter, kleinstadttypische Einzelhandelsgeschäfte und einige Gaststätten und Restaurants. Zwar kann auch die jüngst abgeschlossene Sanierung die Automassen nicht aus dem Ortskern verbannen, insgesamt hat aber v. a. der Ortskern mit dem barocken Rathaus, der Kirche St. Ulrich und dem Marktplatz mit dem aus Eisen gegossenen Andreasbrunnen von der Neugestaltung der Straße profitiert. Die Idylle Deidesheims findet man nach wie vor in den Seitenstraßen und alten Gassen: Kopfsteinpflaster, weitläufige Weingüter mit wohlklingenden Namen und historische Fachwerkbauten prägen das Bild der grünen und blumengeschmückten Kleinstadt. 2009 wurde Deidesheim als erste Stadt in Rheinland-Pfalz in den Kreis der sog. „cittaslow-Städte“ aufgenommen und verpflichtet sich damit einer nachhaltigen und auf Qualität hin ausgerichteten Stadtentwicklungs- und Tourismuspolitik.

Geschichte

Zwischen 1100 und 1801 gehörte Deidesheim zum Hochstift Speyer, dessen

Bischöfe hier nicht nur einen Verwaltungssitz betrieben, sondern die Sommermonate gerne selbst an der Haardt verbrachten. Sie residierten in einer 1292 erstmals erwähnten Wasserburg, die, mehrfach erweitert und umgebaut, 1689 während des Pfälzischen Erbfolgekrieges in Flammen aufging. Heute befindet sich in den Resten des teilweise verschütteten Wassergrabens der ansprechende Schlosspark. Einige der anderen im Pfälzischen Erbfolgekrieg zerstörten Gebäude, u. a. das barocke Rathaus am Marktplatz, konnten im Laufe des 18. Jh. wiederaufgebaut werden und geben der Stadt, die heute Sitz der Verbandsgemeinde Deidesheim ist, ihren historischen Charakter. Weltweite Bekanntheit erhielt Deidesheim in den 1990er-Jahren, als der damalige Bundeskanzler Helmut Kohl mit zahlreichen Staatsgästen im Deidesheimer Hof speiste. Besonders der Besuch von Michael Gorbatschow, dem damaligen Präsidenten der Sowjetunion, am 10. November 1990 sorgte vor Ort für viel organisatorische Wirbel, war aber dem Vernehmen nach ein gelungenes Treffen. Die Deutsche Einheit wurde somit auch in Deidesheim mitgestaltet.

Sehenswertes

Historisches Rathaus und Museum für Weinkultur: Bisweilen wird von dem ortsbildprägenden Haus im Zentrum Deidesheims behauptet, es sei das meistfotografierte Gebäude der Weinstraße. Das untere Stockwerk geht auf eine romanische Halle zurück, in der sowohl Markt als auch Gericht abgehalten wurde. Diese Basis wurde 1532 um ein zusätzliches Stockwerk erweitert, über das ein Zugang zur benachbarten Kirche bestand. 1724 wurde das Bauwerk um die charakteristische zweiseitige Sandsteintreppe mit dem turmartigen Überbau ergänzt. Als sich Anfang des 20. Jh. wohlhabende Weinhändler, Fabrikanten und Gutsbesitzer – neben Reichsrat Franz Buhl auch der Gutsherr, Winzer und ehrenamtliche Bürgermeister Dr. Ludwig Bassermann-Jordan – des Baus annahmen, wurde das Gebäude angemessen eingerichtet und mit aufwändigen Fenstern versehen.

Dass Wein mehr ist als ein Getränk, wird in dem im Alten Rathaus untergebrachten *Museum für Weinkultur* deutlich. Die enge Verbindung von kultureller, religiöser, gesellschaftlicher und nicht zuletzt ökonomischer Entwicklung der Pfalz mit dem traditionsreichen Schoppen wird hier aufgezeigt.

▪ Bei Redaktionsschluss hatte das Museum leider auf unbestimmte Zeit geschlossen. Mi/Fr 15–18, Sa 14–17 Uhr. Eintritt frei. Marktplatz, ✆ 06326-981561, weinkultur-deidesheim.de.

Deutsches Museum für Foto-, Film- und Fernsehtechnik 3F: Das etwas versteckt gegenüber dem Rathaus liegende Museum zeigt die Geschichte der Technik, die hinter Bildern steckt. Vor allem wahre Liebhaber kommen beim Anblick der über 4000 film-, foto- und fernsehtechnischen Geräte sicher ins Schwärmen. Die Sammlung gilt als eine der umfangreichsten in Deutschland.

Teil der ehemaligen Schlossanlage ist auch der runde „Turmschreiberturm". Alle drei Jahre bekommt ein deutschsprachiger Autor die Gelegenheit, die Stadt Deidesheim und die ganze Pfalz kennenzulernen, wozu ihm die Stadt nicht nur ein Arbeitszimmer im Turm zur Verfügung stellt, sondern auch täglich zwei Liter Deputatwein.

Paradiesgarten: Ohne Übertreibung kann Deidesheim als der wichtigste Weinbauort der Pfalz bezeichnet werden. Dementsprechend groß ist das Angebot an guten und sehr guten Lagen: Hohenmorgen, Kalkofen, Herrgottsacker, Nonnengarten oder Mäusehöhle heißen die wichtigsten. Die bekannteste jedoch ist der Paradiesgarten. Der Bezeichnung liegt anders als bei den meisten Weinbergen keine lange Tradition

An der Deutschen Weinstraße → Karten S. 84 und 152

Deidesheim: Berühmte Namen und gutes Essen

Vermutlich ist Deidesheim der bekannteste Weinort an der Deutschen Weinstraße. Das liegt nicht nur an den guten Tropfen, die auf den Feldern und in den Kellern des Städtchens entstehen, sondern auch an den vielen berühmten Menschen, die Deidesheim im Laufe der Jahre besucht haben. Schon im 19. Jh. kamen der bayerische König Maximilian II., Justus von Liebig und Felix Mendelssohn Bartholdy hierher. Zugleich waren Deidesheimer Familien in der Politik gut vertreten. Franz Armand Buhl (1837–1896), Sohn des Gründers des bis heute bestehenden Weinguts von Buhl, war als Abgeordneter des Reichstags an der Ausarbeitung der Sozialgesetzgebung der 1880er-Jahre ebenso beteiligt wie an der Erstellung des deutschen Weingesetzes von 1882.

International bekannt wurde Deidesheim aber vor allem im ausgehenden 20. Jh. Die Gästelisten der 1980er- und 1990er-Jahre lesen sich wie ein Who's who der internationalen Politik. Der spanische König und die Königin von England, die Präsidenten Frankreichs und Russlands und zahlreiche Minister und Premierminister kamen während dieser Zeit in das beschauliche Städtchen. Grund für die rege Besuchstätigkeit internationaler Politiker war der damalige Bundeskanzler Helmut Kohl. Dieser hatte mit dem Restaurant „Schwarzer Hahn" im Deidesheimer Hof einen Ort entdeckt, der Gastfreundschaft, Intimität, Gemütlichkeit und gutes Essen ideal miteinander kombinierte. Der damalige, natürlich sternedekorierte Chefkoch Manfred Schwarz verband Bodenständigkeit mit Kreativität. Zu seinem Repertoire gehörte auch der Pfälzer Saumagen, der als Leibspeise des Kanzlers zu dieser Zeit weit über die Grenzen der Pfalz hinaus bekannt wurde. Ob die internationalen Gäste diesen ebenso schätzten wie Helmut Kohl? Zumindest der russische Präsident Boris Jelzin zeigte sich begeistert.

Die Zeiten haben sich geändert, aber wirklich ruhiger geworden ist es in Deidesheim nicht. Das liegt zum einen sicher an den großen Weingütern. Die Qualität ist konstant hoch, zudem ist die Bedeutung einer modernen Vermarktung der Weine völlig unstrittig. Aber die effektivste Marketingmaßnahme für Deidesheim war in den vergangen 2-3 Jahren immer die Vergabe der Sterne durch den Guide Michelin. Denn hier ist Deidesheim immer vorne dabei. Neben dem „Schwarzen Hahn" mit den Chefköchen Stefan Neugebauer und Felix Jarzina gehört das mit zwei Sternen bedachte Restaurant „L. A. Jordan" mit dem markanten Daniel Schimkowitsch zu den besten und teuersten Gastronomie-Adressen in der Region. Schimkowitsch hat auch einen Beitrag geleistet, dass Deidesheim heute weniger gediegen, sondern eher qualitätsbewusst-progressiv wahrgenommen wird.

zugrunde, erst Mitte der 1950er-Jahre wurde der Name kreiert. Die zahlreichen geladenen Gäste des Städtchens bekommen hier ihren eigenen Ehrenweinstock, von dessen Ertrag ihnen einmal im Jahr eine Flasche Wein zusteht. Wer persönlich im Paradiesgarten vorbeischaut, kann nicht nur die Weinstöcke der Prominenten betrachten, sondern entdeckt etwas versteckt auch noch Eva höchstpersönlich. Wegen Protesten Anfang der prüden 1950er-Jahre wurde die hier platzierte Statue zunächst mit einem schmiedeeisernen Rebenkleid verziert. Heute darf sich Eva wieder ohne Verkleidung zeigen.

Service

Information **Tourist-Information Deidesheim.** Mo–Fr 9–12 und 14–17 Uhr, April bis Okt. auch Sa 9–12.30 Uhr, Aug. bis Okt. Mo–Fr verkürzte Mittagspause (12.30–13.30 Uhr) sowie Fr bis 18 Uhr. Bahnhofstr. 5, 67146 Deidesheim, ✆ 06326-96770, deidesheim.de.

Sightseeing Eineinhalbstündige **Stadtführungen** finden von Mai bis Okt. samstags um 10.30 Uhr statt, 7 €/Pers. Treffpunkt an der Tourist-Info. Darüber hinaus werden verschiedene Themenwanderungen und Radtouren angeboten.

Einkaufen

Rund 20 Weingüter gibt es in Deidesheim. Die größten und bekanntesten davon sind inzwischen nicht mehr in Familienbesitz. Wir raten sehr, auch abseits der genannten Adressen zu probieren!

Geheimer Rat Dr. von Bassermann-Jordan. Mit seinen erstklassigen Lagen von Ruppertsberg bis Forst verfügt der Traditionsbetrieb über ein enormes Potenzial, was neben der guten Kellerarbeit zum Gelingen der hervorragenden Weine entscheidend beiträgt. Unzählige Auszeichnungen würdigen die Klasse der Weine. VDP-Betrieb. Mo–Fr 8–18 Uhr, Sa/So 10–15 Uhr. Kirchgasse 10, ✆ 06326-6006, bassermann-jordan.de.

Reichsrat von Buhl. Auch dieses Weingut besticht mit seinem eindrucksvollen Gebäude: Der komplette (VDP-)Betrieb steht unter Denkmalschutz, besonders sehenswert ist der alte Keller. Hervorragende Weine und Sekte mit jugendlich-cooler Vermarktung. Tägl. 10–19 Uhr. Weinstr. 18–24, ✆ 06326-965019, reichsrat-von-buhl.de.

Weingut von Winning. Klassische Rieslinge in hervorragender Qualität produziert der VDP-Betrieb, der bis 2009 **Dr. Deinhard** hieß. Das angesagte Restaurant Leopold bietet feine Regionalküche (tägl. 12–24 Uhr, So bis 16 Uhr, frühzeitig reservieren! ✆ 06326-9668888). Vinothek: Mo–Fr 8–18 Uhr, Sa/So 10–18 Uhr. Weinstr. 10, ✆ 06326-966870, von-winning.de.

Winzerverein Deidesheim. Der Winzerverein mag keine der gehypten Topadressen sein, aber hier kann man sehr unkompliziert ordentlichen, preiswerten Wein kosten und einkaufen. Mo–Sa 9–18 Uhr, So erst ab 10 Uhr. Prinz-Rupprecht-Straße 8, winzervereindeidesheim.de.

mein Tipp **Weingut Braun.** Sympathischer Dreiklang aus guten Weinen, Bodenständigkeit und Design – das Weingut von Familie Braun bietet 5 km östlich von Deidesheim eine angenehme Mischung. Von Anf. Sept. bis Mitte Okt. beliebte Straußwirtschaft mit feinem Essen und flotter Musik. Mi–So 14–20 Uhr, an manchen Sonntagen bereits ab 11 Uhr geöffnet. Meckenheim, Hauptstr. 51, ✆ 06326-8596, braun-weinsekt.de.

Moba-tech, der Modelleisenbahnladen. Dass man in Deidesheim nicht nur Wein kaufen kann, beweist der überaus beliebte und gut sortierte Modellbahnladen. Seit fast 20 Jahren kommen Modellbahnfreunde hier auf ihre Kosten. Deidesheim, Bahnhofsstr. 3, ✆ 06326-7013171, moba-tech-deidesheim.mhi.de

Sport/Kultur

Baden Das beheizte **Freibad** liegt wunderschön zwischen Wald und Reben mitten im Paradiesgarten. Ende Mai bis Anfang Sept. Mo 13–20, Di–Fr 10–20, Sa/So 10–19 Uhr. Ein-

An der Deutschen Weinstraße → Karten S. 84 und 152

tritt4 €, ermäßigt 2,50 €. Schwimmbadstr. 23, ✆ 06326-6466.

Radfahren Deidesheim liegt am **Weinstraßenradweg** und ist von einem dichten Radwegenetz umgeben. Die ausgeschilderte Paradiesgartentour (Fahrrad im hellgrünen Kreis) verbindet Deidesheim mit seinen Nachbargemeinden Forst, Niederkirchen, Meckenheim und Ruppertsberg.

Fahrradvermietung Deidesheim. Verschiedene Rädergrößen und Ausstattungen ab 12 €/Tag, Vermietung nach vorheriger telefonischer Anmeldung. Weinstr. 63, ✆ 0176-57945715, palatinamobil.de.

Theater **Boulevardtheater Deidesheim.** Kleines Mundarttheater mit heiteren Stücken. Karten ab 21 €. Bahnhofstr. 11, ✆ 0172-4008201, boulevard-deidesheim.de.

Spielplatz **Alla Hopp.** Ein Spielplatz für Jung und Alt. Der Platz liegt verkehrsgünstig östlich der Bahnlinie und wurde dank der Dietmar-Hopp-Stiftung prima ausgestattet. Apr–Okt tägl. 7–21 Uhr, sonst Mo–Fr 7–19, Sa/So und feiertags 8–17 Uhr. Bürgermeister-Oberhettinger-Straße 1 (neben dem Wasgau-Supermarkt). alla-hopp.de.

Veranstaltungen **Geißbockversteigerung.** Für die Nutzung von Weideflächen im Deidesheimer Wald musste die Gemeinde Lambrecht alljährlich zum Sonnenaufgang am Pfingstdienstag einen „gut gehörnten und gut gebeutelten" Geißbock nach Deidesheim liefern. Inzwischen ist daraus ein Volksfest geworden, bei dem die Abordnung aus Lambrecht am Morgen von Stadträten, Schulkindern und Trachtengruppen empfangen wird. Bis um 17.45 Uhr die Versteigerung des Bocks beginnt, verbringen die Deidesheimer und ihre Gäste einen lebendigen und traditionsbewussten Fest- und Feiertag.

Deidesheimer Weinkerwe. Am zweiten und dritten August-Wochenende (jeweils Fr–Di) ist der Höhepunkt des Deidesheimer Weinkulturjahres erreicht. Zum Beginn gleich das Wichtigste: Am ersten Freitagabend wird in der Stadthalle die neue Weinprinzessin gekrönt. Es folgt das Zweitwichtigste: die große, moderierte Rieslingweinprobe (25 € Eintritt). Unzählige Stände und Programmpunkte bieten Unterhaltung, die Bahn unterstützt den Weingenuss „ohne Reue" mit Sonderzügen.

Deidesheimer Advent. An den vier Adventswochenenden verwandelt sich Deidesheim in einen romantischen Weihnachtsmarkt. An über hundert Ständen werden Kunsthandwerk, Holzspielzeug und Weihnachtsschmuck angeboten, oft kann man den Kunsthandwerkern bei ihrer Arbeit über die Schulter schauen. Jeweils Fr 17–21 Uhr, Sa ab 14 Uhr, So ab 11 Uhr.

Wandern Deidesheim ist ein guter Ausgangspunkt für Wanderungen zwischen Wald und Reben. Beliebte Ausflugsziele wie die spätgotische Michaelskapelle oberhalb des Ortes oder die am Waldrand gelegene, mittelalterliche Fliehburg „Heidenlöcher" lassen sich auf gut ausgeschilderten Wegen beispielsweise vom Wanderparkplatz im Mühltal (Zufahrt zum Waldrand über die Königsgartenstraße) oder dem im Sensental erreichen.

Übernachten/Essen und Trinken

Übernachten ***** Gästehaus Ritter von Böhl.** In den Räumlichkeiten des 1494 gegründeten Bürgerhospitals sind heute (barrierefreie) Gästezimmer untergebracht. Obwohl sich das Haus mitten im Ort befindet, wohnt man hier je nach Lage des Zimmers dennoch schön ruhig. Weinstr. 35–37, ✆ 06326-972201, gaestehaus-ritter-von-boehl.de. **€€**

Weingut-Gästehaus Hebinger. Klassisch eingerichtetes Gästehaus in der Altstadt. Schöner Blick auf den Schlosspark! Bahnhofstr. 21, ✆ 06326-965270, gaestehaus-deidesheim.de. **€€**

Übernachten plus Essen & Trinken ******* Deidesheimer Hof.** Zweifellos das traditionsreichste Haus an der mittleren Weinstraße. Im Gourmetrestaurant **Schwarzer Hahn** aßen schon viele namhafte Gäste. Der Küchenchef hat seitdem gewechselt, aber auch Stefan Neugebauer und Felix Jarzina haben sich mit Kreativität schnell einen Stern erkocht (Menüs ab 140 €, Do–Sa ab 18 Uhr). Das zweite Restaurant, **St. Urban,** ist günstiger und erinnert mit seinen dunklen Holzmöbeln und -wänden an einen Landgasthof (Hauptgerichte 20–40 €, tägl. 12–22.30 Uhr). Auch großzügige, elegante Zimmer. Am Marktplatz, ✆ 06326-96870, deidesheimerhof.de. **€€€€** (Zimmer), **€€€€** (Restaurant)

****** Ketschauer Hof.** Im stilvollen, edel renovierten Herrenhaus des Weingutes Bassermann-Jordan sind Gourmets vom kreativen

Zwei-Sternerestaurant **L. A. Jordan** begeistert (Di–Sa ab 18.30 Uhr). Raffinierte regionale Spezialitäten bietet das **Restaurant 1718** (Do–Sa ab 18 Uhr, So auch 12–15 Uhr). Auch einige exklusive Zimmer und Suiten. Ketschauerhofstr. 1, ✆ 06326-70000, ketschauer-hof.com. **€€€€** (Zimmer), **€€€€** (L. A. Jordan), **€€€** (Restaurant 1718)

****** Kaisergarten.** Das direkt an der Weinstraße erbaute Hotel bietet komfortable Zimmer und legt einen Schwerpunkt auf Fitness und Erholung. Highlight des Hauses ist das sehr angenehme Restaurant **Riva** mit feiner Küche und einer wunderschönen Terrasse im Innenhof des Hotels. Weinstr. 12, ✆ 06326-700077, kaisergarten-deidesheim.com. **€€€€** (Zimmer), **€€€** (Restaurant)

Essen & Trinken Die Auswahl an Restaurants, Cafés, Bars und Kneipen ist groß. Die meisten Lokale befinden sich am südlichen Abschnitt der Weinstraße sowie zwischen Schloss und Marktplatz.

Weinstube Kirchenstübel. Klassisch, uriggemütlich, idealtypisch für die Pfalz: Diese Weinstube bietet alles, was man sich unter Pfälzer Gastronomie im Positiven vorstellt. Vielseitige Weinauswahl, gute Küche. Mo/Do/Fr ab 17 Uhr, Sa ab 16 Uhr, So ab 11.30 Uhr. Kirchgasse 8, ✆ 06326-8268. **€€**

Café Kö Neun. In dem schön gestalteten Café am südlichen Ortsrand kann man gemütlich frühstücken oder auf dem davor gelegenen Platz Kaffee und Kuchen genießen. Mi–So 9–17.30 Uhr. Königsgarten 9, ✆ 06326-9821005, koe-neun.de.

WeinCafé KostBar. Legeres, kinderfreundliches Tagescafé mit Kaffee, Kuchen und kleinen Gerichten. Fr–Di 9.30–18, Mi bis 14 Uhr, Do geschlossen. Weinstr. 58, ✆ 06326-2480244, weincafe-kostbar.de.

mein Tipp **Turm Stübl.** Angenehme und gemütliche Mischung aus alten Gemäuern, Antiquitäten und moderner Kunst. Preiswerte, originell zusammengestellte klassische Speisen und heimische Weine, die zusammen mit der netten Atmosphäre zum Verweilen einladen. Mi–Sa ab 18 Uhr, So und feiertags ab 17 Uhr. Turmstr. 3, ✆ 06326-981081, turmstuebel.de. **€€**

WEINWERK–Weingut Reinhardt. Auch Deidesheim hat seine leicht mondäne Vinothek am Ortsrand – der streng genommen schon zur Ortsgemeinde Ruppertsberg gehört. Neben den eigenen Weinen gibt es meist einfache Gerichte wie Tapas, mediterrane Platten etc. durch wechselndes Catering. Ob auf der Wiese oder im ersten OG: Die Aussicht in Richtung Weinberge und Pfälzerwald ist überraschend gut! Der Weinverkauf ist ganzjährig geöffnet (mind. Mi–Mo 13–19 Uhr), der Gutsausschank mehrere Wochen im Frühjahr und im Herbst – genaue Daten und Infos zum Catering auf der Internetseite (dann auch Mi–Mo ab 13 Uhr). Im Diedel 1, ✆ 06326-9826777, weingut-reinhardt.de. **€€**

Hofgut Ruppertsberg. Der Vorzeigebetrieb in Sachen feiner, nachhaltiger Küche belebt seit rund 15 Jahren das alte Hofgut, das Teil des biologisch-dynamischen Weinguts Dr. Bürklin-Wolf (Wachenheim) ist. Seit 2021 ist das Restaurant (Mi–Sa ab 19 Uhr) mit dem grünen Stern des Guide Michelin ausgezeichnet. So kreativ wie die Küche ist nun auch das Konzept zur Nutzung des Hofgut-Gartens: Im Gutausschank (Mi–Fr 13–17 Uhr, Sa ab 11 Uhr) holt sich der Gast die Verpflegung und lässt sich irgendwo in den stimmungsvollen Weiten des Parks nieder. Ausgewählte Bioprodukte bietet der Hofladen (Mi–Fr 12–18 Uhr, Sa 10–15 Uhr). Ruppertsberg, Obergasse 2, ✆ 06326-98209, dashofgut.com. **€€€**

Der Schlosspark im alten Schlossgraben

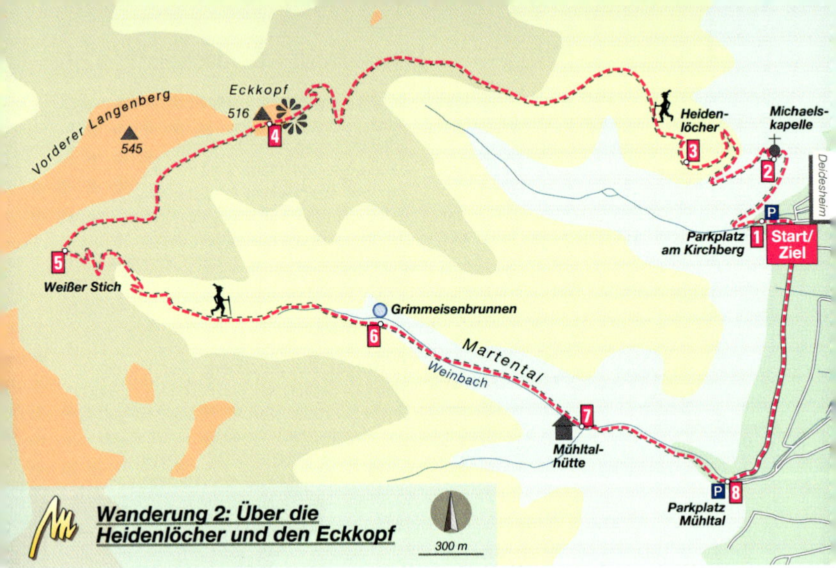

Wanderungen bei Deidesheim

Wanderung 2: Über die Heidenlöcher und den Eckkopf

Vom **Parkplatz am Kirchberg** 1 verläuft der mit einem roten Punkt markierte Weg zunächst durch die Weinberge. Der steile Anstieg zur weithin sichtbaren **Michaelskapelle** 2 (267 m) erfolgt über einen vorwiegend mit Esskastanien bestandenen Hang. Die Kapelle wurde bereits 1470 errichtet, ab 1794 war sie aber nur noch eine Ruine. 1951 baute sie ein Winzer aus Dankbarkeit für die Genesung von einer schweren Krankheit wieder auf. Von hier geht es weiter zu den **Heidenlöchern** 3: In einem ovalen Trockenmauerwall befinden sich Reste von einst ca. 120 Häusern, ihre Fundamente sind z. T. noch sehr klar zu erkennen. Im Frühmittelalter diente die Anlage auf der kleinen Hochebene als Fliehburg für die Bevölkerung der umliegenden Dörfer. Auf Tafeln sind Skizzen und weitere Informationen zu finden. Nachdem der Weg mit dem roten Punkt die Heidenlöcher durchquert hat, folgt man dem weißen Punkt über zunächst breite Forstwege bis zum **Eckkopf** 4 (516 m). Hier kann an Wochenenden der lohnenswerte Aussichtsturm bestiegen werden. Weiter geht es mit dem weißen Punkt bequem bergab zum **Weißen Stich** 5, wo man auf den historischen Geißbockweg trifft. Jedes Jahr wird hier an Pfingsten ein Geißbock von Lambrecht nach Deidesheim geführt (→ S. 126). Weiter bergab geht es mit der blau-gelben Markierung in das Martental mit dem **Grimmeisenbrunnen** 6, der bewirtschafteten **Mühltalhütte** 7 und dem **Wanderparkplatz Mühltal** 8. Nach Verlassen des Waldes führt der Wanderweg Deutsche Weinstraße ein Stück nach Norden, bis der Parkplatz am Kirchberg 3–4 Std. nach Abmarsch wieder erreicht ist.

Mühltalhütte/Waldschenke Deidesheim. Die auf dem kühlen Talboden gelegene, private Hütte bietet neben schönen Sitzgelegenheiten im und vor dem Haus auch eine Menge Spielmöglichkeiten für Kinder: Ein paar Spielgeräte, ein kleiner Bach und häufig auch Pferde sind große Attraktionen. Den direkten (kinderwagentauglichen) Weg vom Parkplatz Mühltal schaffen auch kleinere Kinder problemlos. Die Küche ist gut und unkompliziert. Mi und Fr–So 11–18.30 Uhr. In den Sommerferien oft vier Wochen geschlossen, ✆ 06326-962626, waldschenke-deidesheim.de. €

Wanderung 3: Entlang des Haardtrands nach Neustadt (Streckenwanderung)

Die Lage Deidesheims ist perfekt für eine Streckenwanderung nach Neustadt. Durch bekannte Weinlagen, einige Weindörfer und auf schattigen Waldpfaden mit Aussicht auf die Rheinebene führt der Weg über knapp 15 km zum Bahnhof nach Neustadt. Der Rückweg ist einfach: Alle 30 Minuten fährt ein Zug zurück nach Deidesheim.

Startend am **Bahnhof Deidesheim** **1** (hier gibt es auch einen Parkplatz) geht es am Schlosspark und Schlossgraben vorbei am **Hotel Kaisergarten** **2** (für geoglogisch Interessierte: Schauen Sie die Fassade aus hellem Sandstein an, später wandern Sie über den Ursprungsort hinweg). Nach dem Hotel verlassen wir den Ortsbereich über die Große Hohl. Am Bildstock biegen wir nach links in Richtung Wald, hier erreicht man den Mandelpfad. Der Weg passiert den **Deidesheimer Paradiesgarten** **3**; einen prächtigen Ausblick über diese Weinlage bietet der über einige Stufen zu erreichende Aussichtspunkt. Dem rosa Mandelweg-Logo folgen wir bis 400 m hinter der Waldgaststätte Pfalzblick. Dann nehmen wir den oberen Weg (Ausschilderung Weinsteig) und erreichen nach einigen Aussichtsstellen die in einem Seitental gelegene Klausenkapelle. Der Weg steigt nun wieder an, wir halten uns links, um oberhalb von **Königsbach** **4** abzusteigen. Wir verlassen den Weinsteig und erreichen mit der Kirche St. Johannes und den umgebenden Häusern eine schöne, pfalztypische Ortsmitte. Mit der nächstgrößeren Straße erreichen wir wieder den Mandelpfad und folgen diesem erneut bis hinter die Ortsmitte von **Gimmeldingen** **5**. Hier folgen wir nach rechts der Hainstraße

Beliebtes Motiv: das Deidesheimer Rathaus

Wanderung 3:
Entlang des Haardtrands nach Neustadt

bis hinter den Sportplatz. Nach den letzten Häusern verlassen wir das Tal nach links und steigen auf dem weiß-rot markierten Weg auf. Oberhalb eines Steinbruchs (hier wird gebleichter, heller Sandstein abgebaut und wurde beispielsweise am Hotel Kaisergarten verbaut) ergeben sich immer wieder schöne Aussichten, die z. T. mit Bänken bestückt sind. So langsam kann man erahnen, dass man sich auf dem nicht mehr sehr gepflegten Panoramaweg Kaiserweg befindet. Imposant ist der auf dem Weg gelegene Wilhelmsplatz mit dem **Oskar-Wiedemann-Blick** **6**. Der Kaiserweg streift am Ende die zahllosen Wege der Wolfschen und **Clemmschen Anlagen** **7**. Die Anlagen entstanden in den Jahren um 1840 als damals sicherlich sehenswerten Landschaftspark, heute ist es eher ein Lost Place. Für den Abstieg relativ lange oben bleiben oder sich über die kleinen Pfade nach unten treiben lassen. Alle Wege münden in die gepflasterte Zufahrtsstraße des pittoresken Haardter Schlössels (nicht zugänglich). Unten trifft man auf den Mandelring, dem wir durch den Neustadter Vorort **Haardt** entlang renomierter Weingüter bis zum Aussichtspunkt **„Dr. Welsch-Terrasse“** **8** folgen. Unterhalb zweigt der Haardter Treppenweg ab, den wir vorbei an Häusern und Gärten hinab bis in die Innenstadt von **Neustadt** **9** gehen. Hier bietet sich eine Rast an, der **Bahnhof** **10** ist nach Durchquerung der Altstadt erreicht.

Neustadt an der Weinstraße

Überragt von den beiden ungleichen Türmen der Stiftskirche drängen sich die engen, von Weinlokalen gesäumten Gassen der Innenstadt in der Ebene, während an den Hängen großzügige Villen über der Stadt thronen. In den Vororten entlang der Weinstraße finden sich Idyllen mit urigen Höfen, gemütlichen Schänken und stattlichen Weingütern.

Zwischen dem tiefen Tal des Speyerbachs und einigen vielgeschossigen Wohn- und Bürohäusern im Osten liegt die gemütliche Altstadt. Trotz einiger Bausünden sind die weitgehend autofreien Gassen der Innenstadt sehenswert und laden zu einem Einkaufs- oder Weinstubenbummel ein. Das Zentrum des verkehrstechnisch günstig an der Hauptverbindungslinie zwischen Rheinebene, Westpfalz und Saarland gelegenen Ortes bilden das Rathaus, die Mitte des 14. Jh. errichtete Stiftskirche und prächtige Stadthäuser, die sich um den ebenso beschaulichen wie geschäftigen Marktplatz gruppieren. Mehrmals wöchentlich findet um den Marktbrunnen der Neustadter Wochenmarkt mit vielfältigen und reichlich bestückten Ständen statt. Unweit des Marktplatzes beginnt die Fußgängerzone, deren Hauptstraße sich eng und geradlinig wie ein Riegel vor den Ausgang des Tals legt. Im Saalbau an ihrem südlichen Ende werden alljährlich die Pfälzische und die Deutsche Weinkönigin gekürt. Ein paar Schritte weiter, auf dem Bahnhofsvorplatz, ist eine andere Neustadter Tradition beheimatet: die Haiselscher, nachgebildete Fachwerkhäuser, in denen alljährlich während des Deutschen Weinlesefestes zwischen Ende September und Anfang Oktober Neuer und alter Wein ausgeschenkt werden. Zwischen Strohmarkt und Kellereigasse sowie rund um den Marktplatz finden sich das ganze Jahr über nette, urige oder moderne Weinstuben. Etwas versteckt auf dem Marstallplatz ist den Elwetritschen ein eigener

Brunnen gewidmet. Wer sich unter den Pfälzer Fabelwesen nicht viel vorstellen kann, dem sei ein Besuch des Brunnens empfohlen.

Geschichte

Wie so oft an der Weinstraße brachten auch um Neustadt herum bereits die Römer den Weinbau in die Region und bescherten ihr damit eine erste große Blütezeit. Vermutlich waren es zu Beginn des 13. Jh. die bayerischen Pfalzgrafen Ludwig I. und Otto II., die den Grundstein für eine „Neue Stadt" legten, bevor die Stadtrechte 1275 durch König Rudolf I. verliehen wurden.

Schon vor der Gründung Neustadts muss der 774 erstmals urkundlich erwähnte und 1892 eingemeindete Ort **Winzingen** existiert haben. Präsent ist dieser Ort noch durch die jährlich auf der Festwiese stattfindende Winzinger Kerwe. Von der zu Winzingen gehörenden gleichnamigen Burg, die im 10. Jh. nördlich des Ortes am Hang der Haardt entstand, sind nur noch magere Reste

Neustadt: Fachwerkhöfe und heimelige Gassen

wie Teile der Ringmauer und die Ruinen einer Kapelle erhalten. Ebenfalls nur noch als Ruine existiert die **Wolfsburg,** die wohl zu Beginn des 13. Jh. oberhalb des Tals von Pfalzgraf Ludwig I. erbaut wurde, um den Verbindungsweg zwischen Neustadt und Kaiserslautern zu sichern. Die Burg diente bis 1432 als Amtssitz der kurpfälzischen Vögte, die zeitweise auch Statthalter von Neustadt waren und als solche in Abwesenheit des Pfalzgrafen das Land verwalteten. Während des Bauernkrieges wurde sie zweimal erobert und geplündert, im Dreißigjährigen Krieg dann endgültig zur Ruine.

Ein Gang durch die Neustadter Gassen verrät auch heute noch einiges über die historische Stadt. Zwar wurde auch Neustadt im Dreißigjährigen Krieg weitgehend zerstört, doch die zweite große Zerstörungswelle des 17. Jh. durch den Pfälzischen Erbfolgekrieg ging weitestgehend glimpflich an der gerade wiederaufgebauten Stadt vorüber. Ob allerdings die legendäre Beziehung der Neustadter Bürgerstochter Kunigunde Kirchner mit einem französischen Offizier wirklich der Grund dafür war, dass ihre Heimatstadt verschont blieb, ist fraglich. Unübersehbar sind die vielen stattlichen Fachwerkhäuser. In der Metzgergasse steht das vermutlich älteste Fachwerkhaus der Pfalz. Wahre Begeisterung unter Fachleuten löste aber weniger die wohl 1604 entstandene Fachwerkkonstruktion im Stil der Spätrenaissance aus als vielmehr die Erkenntnis, dass weiter von der Gasse entfernt liegende Teile des Gebäudes bereits 1380 entstanden waren und die ursprüngliche Lehmausfachung noch heute vorhanden ist.

Sehenswertes

Stiftskirche: Die gotische Stiftskirche gilt nach dem Speyerer Dom als zweitwichtigster mittelalterlicher Kirchenbau der Pfalz. Sie wurde auf Veranlassung Ruprechts I. ab 1368 erbaut und diente zunächst als Begräbnisstätte der fürstlichen Familie. Auffälligstes Merkmal der aus roten Sandsteinquadern errichteten Kirche und Wahrzeichen Neustadts sind die unterschiedlichen Türme. Stolz und mächtig überragen sie die gesamte Stadt. Auf dem südlichen der beiden Westtürme wurde 1739 das barocke Türmerhaus erbaut, das bis 1970 bewohnt wurde. Auf dem nördlichen Turm erklingt heute die gewaltige Kaiser-Ruprecht-Glocke. Mit ihren 3 m Durchmesser und rund 14 t Gewicht gilt sie als die größte Gussstahlglocke der Welt. Angeschlagen wird sie mittlerweile nicht mehr vom Türmer, sondern elektrisch. Und damit die Neustadter stets zuverlässig erfahren, wie spät es ist, ist das historische Uhrwerk der Stiftskirche an die Atomuhr in Braunschweig gekoppelt.

Noch heute spiegelt sich in der Neustadter Stiftskirche die verworrene religiöse Geschichte der Pfalz wider: Nach der Reformation wurde die Kirche zunächst calvinistisch, aufgrund wechselnder Herrschaften fiel sie in den folgenden Jahrzehnten jedoch immer wieder anderen Glaubensrichtungen zu. Schließlich einigte man sich im Rahmen der Religionsfreiheit auf eine gemeinsame Nutzung durch Reformierte, Lutheraner und Katholiken, die jedoch nicht konfliktfrei blieb.

Und so wurde im Rahmen der 1705 erwirkten Religionsdeklaration die simultane Nutzung der Kirche aufgehoben und stattdessen die Teilung vorbereitet, die 1714 mit dem Bau einer Mauer zwischen Langhaus und Chor vollendet wurde. Ersteres fiel an die Reformierten, Letzterer an die Katholiken, die Lutheraner konnten sich eine eigene Kirche bauen. Seitdem hat sich an der Besitzregelung der Stiftskirche nichts geändert. Bis 1984 stellte die Trennmauer zwischen Langhaus und Chor eine strikte Grenze dar. Erst dann wurde im Zuge der Ökumene eine Tür

Die Stiftskirche – das Wahrzeichen Neustadts

in die Trennwand gebrochen und eine gemeinsame Sakristei eingerichtet.

Die evangelische Seite blieb in den vergangenen Jahrhunderten größtenteils erhalten. 1928/29 führte man einige größere Umbaumaßnahmen durch, die allerdings z. T. schon wieder rückgängig gemacht wurden. Die deutlichste Veränderung war sicherlich die Ostung des bis dahin zentriert angeordneten Kirchenraumes. Der katholische Teil wurde im barocken Stil ausgestattet. Vor allem der 1732 entstandene Hochaltar mit seinen üppigen Engels- und Heiligenfiguren zeugt von dieser Entwicklung. Aus der Gründungszeit der Kirche stammt das gut erhaltene Deckengemälde, auf dem neben Christus als Weltenrichter auch Angehörige der kurfürstlichen Familie (Ruprecht III. und dessen Sohn Ludwig III. mit ihren Gemahlinnen) zu betrachten sind.

Juliusplatz und Marienkirche: Als die geteilte Stiftskirche für die wachsende Anzahl der katholischen Gläubigen nicht mehr genug Platz bot und eine

An der Deutschen Weinstraße → Karten S. 84 und 152

Übernahme der gesamten Stiftskirche durch die katholische Kirche scheiterte, entschlossen sich namhafte Kaufleute mit Unterstützung durch den bayerischen König Ludwig I. 1860 zum Bau einer neuen Kirche, der Stadtpfarrkirche St. Marien. Mit ihrem neugotischen Turm überragt sie den hübschen, von historischen Gebäuden und viel Grün gesäumten Juliusplatz südlich des Rathauses.

Casimirianum: Im Schatten der Marienkirche steht das 1578 von Pfalzgraf Johann Casimir als calvinistische Universität gegründete Casimirianum, das für einige Jahre eine der wichtigsten Universitäten des deutschsprachigen Raumes war. Heute finden in dem gut erhaltenen Renaissancebau kulturelle Veranstaltungen statt. Das Casimirianum entstand zu einer Zeit, als in weiten Teilen Deutschlands der calvinistische Glaube zugunsten des lutherischen Bekenntnisses zurückgedrängt wurde. Auch in der Kurpfalz, in deren Hauptstadt Heidelberg erst 15 Jahre zuvor der weit über die Grenzen der Stadt hinaus bekannte Heidelberger Katechismus eingeführt worden war, kehrte man zum lutherischen Glauben zurück. Alle Lehrenden und Studierenden, die sich dem Kurswechsel nicht anschließen wollten und ihre Unterschrift unter die Konkordienformel verweigerten, mussten die Stadt verlassen und fanden in Neustadt eine neue Wirkungsstätte. Auch Zacharias Ursinus, Theologe und Mitautor des Heidelberger Katechismus, zog es an das Casimirianum. Allerdings blieb die neu gegründete Universität nur fünf Jahre in Neustadt. Bereits 1584 wurde der Lehrbetrieb unter dem damals noch minderjährigen Kurfürsten Friedrich IV. wieder zurück nach Heidelberg verlegt. In diese fünf Jahre fielen wohl aber auch die Vorbereitungen für die Neustadter Bibel, die David Pareus 1587 herausgab und die als erste reformierte Bibel Deutschlands gilt. Pareus nutzte die Übersetzung Martin Luthers und ergänzte diese durch reformierte Kommentare.

Otto-Dill-Museum: Neben Max Slevogt gehört der 1884 in Neustadt geborene Otto Dill zu den bekanntesten Künstlern der Pfalz. Auf seinen Reisen durch Afrika und Südeuropa ließ er sich von der einprägsamen Tierwelt, von packenden Stierkämpfen und faszinierenden Landschaften inspirieren. All dies findet sich in seinen ausdrucksstarken und durch die kräftige Pinselführung bisweilen dramatisch wirkenden Bildern wieder, die in dem kleinen, aber ansprechenden Museum ausgestellt sind. Die Sammlung spannt einen weiten Bogen von seinen expressionistisch geprägten Tierbildern bis zum eher impressionistischen Spätwerk.

Mi und Fr–So 14–17 Uhr. Eintritt frei, Führungen auf Anfrage. Manfred-Vetter-Str. 8, ✆ 06321-398321, otto-dill-museum.de.

Villa Böhm: In der 1886 im italienischen Neorenaissancestil errichteten Villa Böhm ist das Neustadter Stadtmuseum untergebracht. In den zum Großteil originalgetreu renovierten Räumen wird die lange Geschichte der Stadt ansprechend präsentiert. Dabei werden neben der Gründung der Stadt, den glanzvollen Jahren, in denen Neustadt als kurpfälzische Residenz- und Universitätsstadt diente, und den Kämpfen um eine demokratische Republik auf deutschem Boden auch weniger ruhmreiche Zeiten angesprochen. Der Ort der Ausstellung selbst diente zwischen 1935 und 1944 als Sitz des Gauleiters und Reichskommissars Josef Bürckel. Bürckel war bereits ab 1921 Mitglied der NSDAP, er trug sich insbesondere durch die rigorose Deportation der Juden aus der Pfalz in die Geschichtsbücher ein.

Mi/Fr 16–18 Uhr, Sa/So 11–13 und 15–18 Uhr. Eintritt frei. Maximilianstr. 25/Villenstr. 16b, ✆ 06321-8551540, stadtmuseum-neustadt.de.

Eisenbahnmuseum: Das in der Nähe des Bahnhofs in einem ehemaligen

Lokschuppen der zwischen Ludwigshafen und Neustadt 1847 in Betrieb genommenen Pfalzbahn gelegene Museum zeigt eine Vielzahl alter und nachgebauter Dampflokomotiven und Waggons der süddeutschen Länderbahnen. Darüber hinaus finden Eisenbahnfreunde in dem von der Deutschen Gesellschaft für Eisenbahngeschichte betriebenen Museum zwei Modellbahnanlagen.

Mi–Fr 10–13 Uhr, Sa/So bis 16 Uhr. Dez.–Feb. geschlossen. Eintritt 5 €, Kinder (4–14 J.) 2 €. Zugang über Schillerstr. 3, ☎ 06321-30390, eisenbahnmuseum-neustadt.de.

Marktplatz und Rathaus: Der Marktplatz mit seinem großen Brunnen und den zahlreichen Cafés ist das historische Zentrum Neustadts. An der Nordseite überragen die Türme der Stiftskirche den kopfsteingepflasterten Platz, westlich liegt das barocke Rathaus, in dem seit 1838 der Rat der Stadt tagt. Vor dem Eingang wacht ein mächtiger Löwe, das Wappentier Neustadts. Ursprünglich wurde das Gebäude 1729 als Jesuitenkolleg errichtet und bis 1779 auch als solches genutzt. Andere Gebäude am Marktplatz sind deutlich älter. Das von Joseph Victor von Scheffel besungene Kennel'sche Haus wurde bereits 1580 im Renaissancestil erbaut und ist eines der schönsten Fachwerkhäuser Neustadts (Marktplatz 8). Bereits im 15. Jh. entstand das heute als Ordenshaus der Weinbruderschaft genutzte Gebäude am Marktplatz 11.

Das Kuckucksbähnel

Mit dampfendem Schornstein schnaubt die Lokomotive des Kuckucksbähnels sonntagmorgens aus dem Neustadter Bahnhof. Dort, wo an anderen Tagen S-Bahnen, Schnellzüge und ICEs zwischen Frankfurt und Paris verkehren, scheint dann kurz die Zeit stehenzubleiben. In Lambrecht verlassen die Museumszüge die Hauptstrecke der Bahn und dampfen genüsslich durch das von steilen, bewaldeten Flanken und geschichtsträchtigen Burgruinen dominierte Elmsteiner Tal. Auf Drängen der dortigen Fabrikanten, Waldbesitzer und Bewohner wurde die romantische Strecke zwischen 1904 und 1909 erbaut. Der Anstieg der Motorisierung und die geringe Siedlungsdichte im Tal führten jedoch dazu, dass der Personenverkehr zwischen Elmstein und Lambrecht bereits 1960 wieder eingestellt wurde. Nachdem 1977 schließlich auch der Güterverkehr unrentabel geworden war, fiel die Strecke in eine Art Dämmerzustand, der bis zur Aufnahme der Museumsfahrten im Jahr 1984 anhielt. Seitdem finden hier an ausgewählten Wochenenden und Feiertagen Fahrten statt.

Das Kuckucksbähnel verkehrt von Mai bis Okt. und im Dez., die genauen Verkehrstage sowie Fahrpläne sind über die Tourist-Info Neustadt, das Eisenbahnmuseum oder unter kuckucksbaehnel.de zu erfahren. Die Fahrt zwischen Neustadt und Elmstein kostet hin und zurück 18 €, für Kinder (6–15 J.) 9 €, Familienkarten gibt es für 39 €. Tickets sind am Fahrkartenkiosk an Gleis 5 im Hauptbahnhof Neustadt und am Bahnhof Elmstein vor Abfahrt der Züge erhältlich, an den anderen Bahnhöfen erfolgt der Verkauf im Zug.

Neustadt: die nördlichen Stadtteile

Oberhalb der Rheinebene verkörpern Königsbach, Gimmeldingen und Haardt mustergültig das Bild traditioneller Weinstraßendörfer. Vor allem Haardt, das über den Haardter Treppenweg in wenigen Gehminuten von der Neustadter Innenstadt aus zu erreichen ist, und Gimmeldingen sind ausgezeichnete Spazier- und Einkehrziele. Beide Orte liegen im Schatten des 554 m hohen **Weingebiets,** sodass hier besonders wenig Niederschlag fällt. In Kombination mit idealen Böden gedeihen hier ausgezeichnete Weine. Auch deshalb wird das aristokratisch anmutende Haardter Weingut Müller-Catoir zu den besten Weingütern Deutschlands gezählt.

Weshalb sich **Haardt** als „Balkon der Pfalz" bezeichnet, ist nicht zu übersehen. Der 1256 erstmals erwähnte Ortsteil zieht sich am Mandelring entlang, der knapp unterhalb des Waldrandes hoch über der Rheinebene zu schweben scheint und grandiose Blicke auf die Nachbardörfer sowie bei guter Fernsicht bis nach Mannheim und Heidelberg ermöglicht. Auf diesem Balkon finden sich alte Wohnhäuser und urige Weinstuben ebenso wie prächtige „Winzerschlösschen". Oberhalb des Mandelrings thront das Haardter Schlössel, ein schlossähnliches Villengebäude, das 1875 durch den Kommerzienrat Dr. August Ritter von Clemm, einen der Mitbegründer der BASF, auf dem Gelände der ehemaligen Burg Winzingen erbaut wurde (nicht zugänglich).

Mandelblüte an der Mittelhaardt

Trotz der angesehenen Weinlagen ist der Name **Gimmeldingen** eher mit einem anderen Gewächs verbunden. Während die meisten Orte an der Weinstraße alljährlich ihre Weinprinzessin krönen, wird hier die Mandelblütenkönigin gekürt. Wer den Grund für diese Ausnahme sucht, sollte Gimmeldingen im März besuchen, wenn die Bäume an den Wegen im und um den Ort üppig blühen. Der Frühling hält majestätischen Einzug! Sobald sich die ersten Knospen öffnen, wird kurzfristig ein Termin für das seit 70 Jahren begangene Mandelblütenfest gefunden und die pfälzische Festsaison damit eröffnet. Schon König Ludwig I. von Bayern schätzte die von Mandelbäumen bestandenen Hügel um Gimmeldingen. Gerade noch auf Gimmeldinger Gemarkung liegt der nach ihm benannte König-Ludwig-Pavillon, von dem aus er angeblich den Blick auf die Weinberge und die Ebene genossen hat. Aber auch zu den anderen Jahreszeiten überzeugt Gimmeldingen durch seine charmanten Gassen mit Sandsteingemäuern und rebenumrankten Torbögen. Die sonnenexponierte Lage auf den Hügeln begeisterte schon die Römer. Sie beließen es aber nicht beim Anbau von Wein, sondern errichteten im Jahre 325 dem persischen Lichtgott Mithras zu Ehren einen Tempel. Dieser wurde 1926 im Bereich der Kurpfalz- und Loblocher Straße bei Bauarbeiten entdeckt.

Die Weinorte Königsbach und **Mußbach** wirken weniger spektakulär. In Mußbach liegen die vom Durchgangsverkehr strapazierten Straßen und ruhige Gassen eng beieinander, bekannt ist der Ort v. a. für seine Weinlage „Eselshaut" und für den denkmalgeschützten, weitläufigen *Herrenhof*. Dieser liegt etwas versteckt neben der ebenfalls sehenswerten Kirche St. Johannes, die ab 1375 gebaut und ab 1685 als Simultankirche genutzt wurde. Bis ins 7. Jh. reichen die Gründungsurkunden des Herrenhofs zurück, womit er als das älteste ununterbrochen bewirtschaftete Weingut der Pfalz gilt. Die bis zu 5 m hohe Ringmauer machte die Anlage mit ihren Gebäuden aus Hochgotik, Renaissance, Barock und Gründerzeit zu einer wehrhaften Erscheinung. Ursprünglich gehörte der Herrenhof zum Kloster Weißenburg, ab 1290 wurde der Johanniterorden zum Grundherrn in Mußbach und blieb dies für 500 Jahre. Der selbst angebaute und der als Zehnt abgegebene Wein wurden per Floß auf dem Speyerbach an das Ordenshaus in Speyer geliefert. Nach der Reformation blieb der Hof im Besitz des weiterhin katholischen Folgeordens, der Malteser. Im 17. Jh. ging es Mußbach und dem Herrenhof schlecht: Zuerst fand 1621, im dritten Jahr des Dreißigjährigen Krieges, auf der Gemarkung Mußbach ein schweres Gefecht statt. Die kämpfenden, raubenden und mordenden Soldaten hinterließen eine breite Spur der Verwüstung. In einem ordensinternen Bericht aus dem Jahr 1626 heißt es: „Von den Pachten ging knapp ein Achtel ein, weil durch die Kriegsgelegenheiten die Pächter teils vertrieben, teils gestorben und die übrigen also ruiniert waren, daß die Wiesen öde und brach liegen und schier niemand vorhanden, der dieselben anzunehmen begehrte." Die Bevölkerung hatte sich kaum von diesem bitteren Ereignis und seinen weitreichenden Folgen erholt, als Ludwig XIV. die Pfalz niederbrennen ließ. Teile Mußbachs und des Herrenhofs blieben stehen, aber die Bauern waren noch schlimmer dran als zuvor. Heute ist der Herrenhof ein wichtiges Kulturzentrum, in dem neben Ausstellungen auch viele Feste stattfinden. Infos dazu erteilt die Fördergemeinschaft Herrenhof e. V. (An der Eselshaut 18, ✆ 06321-9639990, herrenhof-mussbach.de und kabarettissimo.de).

Das 1220 zum ersten Mal als „Kuningisbach" erwähnte **Königsbach** ist auf den ersten Blick trotz der erhabenen Lage im Vergleich zu seinen Nachbarorten wenig attraktiv. Dabei hat es sich im Zuge von zwei Siedlungserweiterungen im 20. Jh. vom kleinen Weindorf zu einem beliebten Wohnstandort entwickelt. Lässt man sich von den gealterten Neubaugebieten nicht abhalten und folgt den Straßen immer weiter bergauf, so erreicht man ein kleines, teilweise noch sehr authentisches Zentrum mit Marienbrunnen, hohen Gassen und der am oberen Ortsrand gelegenen Kirche *St. Johannes der Täufer*. Deren Grundstein wurde 1753 gelegt, an gleicher Stelle gab es jedoch schon früher eine Kapelle und dann eine Kirche. So erklärt sich auch die Anwesenheit des kostbaren, im Chorraum stehenden Flügelaltars von 1485 oder 1487, der zu den herausragendsten Kunstschätzen der Pfalz zählt.

Neustadt: die südlichen Stadtteile

Im unmittelbar an das Zentrum Neustadts angrenzenden Ort **Hambach** wechseln sich ausgedehnte und großzügige Neubaugebiete mit engen und langgestreckten Gassen ab. Selbst der historische Ortskern ist ein wenig verstreut, schließlich entwickelte sich der von Weinbergen und Wald durchzogene Ort aus drei verschiedenen Siedlungskernen. Aus der Ferne entdeckt man zunächst die im 12. Jh. als Wehrkirche erbaute Oberhambacher Jakobuskirche, die noch heute ihren trutzigen Charakter zeigt. In Mittelhambach führt die enge Schlossstraße vom barocken Rathaus zum Schloss Geispitz mit seinen hohen Ringmauern. Ein Stückchen weiter südlich liegt in der Andergasse das um 1600 entstandene fürstbischöfliche Jägerhaus und in dessen unmittelbarer

An der Deutschen Weinstraße → Karten S. 84 und 152

Das Hambacher Schloss

Oberhalb des Neustadter Ortsteils Hambach überragt ziemlich genau am geografischen Mittelpunkt der Deutschen Weinstraße das Hambacher Schloss die weite Rheinebene. Die Burg ist zwar bei Weitem nicht die einzige auf Neustadter Gemarkung, aber wohl die für die jüngere deutsche Geschichte bedeutsamste. Das kantige Gebäude wurde am 27. Mai 1832 zum Treffpunkt Tausender freiheitsliebender Menschen. Auf ihrer Demonstration für ein freies, demokratisches und geeintes Deutschland hissten sie hier erstmals die schwarz-rot-goldene Flagge.

Die bauliche Geschichte des Hambacher Schlosses beginnt allerdings viel früher. Schon die Kelten sollen sich die Lage auf dem Bergkegel am Rande des Pfälzerwalds zunutze gemacht haben. Die Grundmauern der heutigen Burg gehen auf Überreste einer um 350 n. Chr. entstandenen römischen Höhensiedlung zurück. Zu einer trutzigen Burg wurde die Anlage schließlich um das Jahr 1000 durch die salischen Kaiser ausgebaut. Schon damals war der Schlossberg von Kastanienbäumen bewachsen, was der Burg den Namen Kästenburg einbrachte. Zu Beginn des 12. Jh. wurde sie durch eine Schenkung an das Hochstift Speyer übertragen, das bis in das 18. Jh. hinein Eigentümer blieb. Während dieser Zeit soll das prächtig gelegene Schloss zu den bevorzugten Aufenthaltsorten der Speyerer Bischöfe gehört haben. Von der Blütezeit der Anlage im 13. und 14. Jh. zeugen Teile der Schildmauer und des Bergfrieds. Nachdem die bischöfliche Verwaltung im 15. Jh. verlegt worden war, sank auch die Bedeutung der Kästenburg. Im Bauernkrieg 1525 wurde sie besetzt und wenige Jahrzehnte später durch einen Raubzug des Markgrafen Albrecht Alkibiades von Brandenburg-Kulmbach weitgehend zerstört. Im Pfälzer Erbfolgekrieg vernichteten die Truppen des Sonnenkönigs fast die gesamte Anlage. Nach der Französischen Revolution kam das Anwesen 1797 zunächst zu Frankreich, nach dem Wiener Kongress fiel es wie die gesamte Pfalz an Bayern und wurde 1832 von wohlhabenden Bürgern erworben. Zehn Jahre später wurde es als Hochzeitsgeschenk an den bayerischen Kronprinzen Maximilian übergeben und in Maxburg umbenannt. Da dieser nicht viel mit der Pfalz anzufangen wusste, verfiel das Schloss zunehmend und überdauerte bis nach dem Zweiten Weltkrieg als Ruine.

Seit 1814 hatten immer wieder Feste und Demonstrationen von national und freiheitlich gesinnten Pfälzern stattgefunden. Warum sich die Anhänger einer einheitlichen, demokratischen Republik auf deutschem Boden ausgerechnet auf der ehemaligen Burg bei Hambach trafen, ist nicht bekannt. Das bedeutsamste Ereignis war schließlich die Kundgebung im Mai 1832, die aus heutiger Sicht den Beginn der deutschen Demokratiebewegung markiert. Nach der Julirevolution in Paris, die 1830 die Bourbonen in Frankreich endgültig vom Thron gestürzt und den Weg zum Aufbau eines demokratischen Landes bereitet hatte, fühlten sich die bayerischen Herrscher in der Pfalz gezwungen, die Bürgerrechte und die Pressefreiheit unter Missachtung der Pfälzer Verfassungsrechte zunehmend einzuschränken. Als Reaktion auf die steigende Zahl von Zensuren und Druckverboten gründete der Hegel-Schüler und Journalist Johann Georg

August Wirth zusammen mit dem ehemaligen bayerischen Beamten Philipp Jakob Siebenpfeiffer und anderen Bürgern und Journalisten 1832 den Deutschen Press- und Vaterlandsverein zum Schutze der Pressefreiheit. Noch im gleichen Jahr organisierte dieser auf dem Hambacher Schlossberg ein mehrtägiges Volksfest, an dem fast 30.000 Menschen aus Deutschland, Frankreich und Polen teilnahmen und das von Anfang an mehr sein sollte als nur ein unterhaltsames Beisammensein. „Volksfest" wurde das **Hambacher Fest** nur deshalb genannt, weil politische Demonstrationen und Kundgebungen von der bayerischen Regierung verboten worden waren. Doch schon bei dem Zug vom Neustadter Marktplatz auf das Hambacher Schloss wehten viele schwarz-rot-goldene Trikoloren, die für den Kampf um Freiheit, Bürgerrechte und die nationale Einheit Deutschlands standen. Trotz der zahlreichen Reden und Diskussionen schritt die Obrigkeit zunächst nicht ein, verschärfte aber in den folgenden Monaten die Repressalien gegen Anhänger der Republik. Die wichtigsten Redner wurden angeklagt und teilweise auch verurteilt. Einigen gelang die Flucht, andere wurden nach dem Absitzen ihrer Gefängnisstrafen zu tragenden Säulen der badisch-pfälzischen Revolution von 1848/49.

Hinauf zum Hambacher Schloss

Die Hambacher selbst, über deren Köpfen die Demonstrationen für Freiheit und Demokratie stattgefunden hatten, waren anfangs alles andere als begeistert von der plötzlichen Bekanntheit ihrer Heimat. Die Bezeichnung „Hambacher" war nach dem Ereignis ein Schimpfwort. Es dauerte, bis sich die Wut über die staatsfeindlichen Aufständischen in Begeisterung für deren Mut beim Eintreten für die Demokratie gewandelt hatte. Spätestens seit der Eröffnung der ersten Ausstellung zur Geschichte des Schlosses und der deutschen Demokratie im Jahr 1982 ist die Bedeutung des Ortes für alle Besucher fassbar. Symbolisch wählte auch der US-amerikanische Präsident Ronald Reagan bei seinem Deutschlandbesuch 1985 diesen Ort für seine Rede an die Jugend der Welt. Im Jahr 2009 wurde das Schloss grundlegend renoviert und eine neue, anschauliche und auch für Kinder erlebnisreiche Ausstellung eröffnet. Seitdem kommen jährlich etwa 170.000 Besucher hierher.

▪ Anfahrt auf den Hambacher Schlossberg durch den Ortsteil Hambach (Ausschilderung). Die Parkplätze am Fuße des Schlosses sind kostenpflichtig und nur begrenzt verfügbar. Ab dem Neustadter Hauptbahnhof verkehren tagsüber stündlich Busse der Linie 502 zum Hambacher Schloss. Öffnungszeiten Museum und Schloss: tägl. 10–18 Uhr, Nov. bis März 11–17 Uhr. Eintritt 6,50 €, ermäßigt 3 €. ✆ 06321-926290, hambacher-schloss.de.

Umgebung einige Weingüter. Viele der hier ansässigen Winzer nutzen ihre aussichtsreiche, vom Hambacher Schloss gekrönte Lage und bieten nicht nur Wein, sondern auch eine breite Palette an Unterkünften an.

Hangabwärts geht die Hambacher Andergasse nahtlos in den Stadtteil Diedesfeld über. Hier geht es ruhig und unspektakulär zu. Versteckt liegt der Ortskern rund um die im 18. Jh. erbaute, von außen gedrungen wirkende Barockkirche St. Remigius. Das Innere der Kirche prunkt mit einer Rokokokanzel (eine Kopie der Kanzel der Mannheimer Jesuitenkirche), vor der Kirche steht der sehenswerte Remigiusbrunnen mit prächtiger Natursteinkeramik. Diedesfeld ist der geografische Mittelpunkt der Deutschen Weinstraße, symbolisiert wird das durch einen großen Stein am südlichen Ortsausgang. Direkt daneben hat das Weingut Ökonomierat Isler eine der typischen neuen Vinotheken errichtet.

Service

Information **Tourist-Information.** Mo–Fr 9.30–18 Uhr, Sa 9.30–14 Uhr. Nov. bis März nur bis 17 Uhr, Sa geschlossen, am ersten und zweiten So im Okt. 9.30–14 Uhr. Hetzelplatz 1, 67433 Neustadt, ✆ 06321-926892, neustadt.eu.

Parken Die innerstädtischen Parkplätze sind rar und gebührenpflichtig. Kostenfrei kann man auf der **Festwiese** parken. Von dort führt ein schöner Weg etwa 750 m durch den Grünzug Wallgasse am Speyerbach entlang, vorbei an Spiel- und Sitzplätzen, in die Innenstadt.

Sightseeing **Stadtführungen** finden von April bis Okt. jeweils Sa (10.30 Uhr) und Mi (14 Uhr) statt und starten vor der Tourist-Info (8 €, ermäßigt 4 €). Darüber hinaus werden zu unregelmäßigen Terminen besondere Stadtführungen sowie Orts- und Weinlagenspaziergänge in den Ortsteilen angeboten. Besichtigung der **Stiftskirche** jeden Sa um 10 Uhr (5 € für Erwachsene, 2 € für Kinder).

Einkaufen

→ Karte S. 142/143

Fahrrad Trimpe **12** Großer Fahrradmarkt mit Reparaturservice am südöstlichen Stadtrand, auch gepflegte Räder im Verleih. Mo–Fr 9–18 Uhr, Sa 9–17 Uhr. Adolph-Kolping-Str. 126, ✆ 06321-952790, fahrrad-trimpe.de.

Buchhandlung Hofmann **8** Hier gibt es nicht nur Bestseller, sondern auch einige Karten, Regionalia und ausgefallene Bücher. Mo–Fr 9.30–18 Uhr, Sa 9.30–15 Uhr. Friedrichstr. 24, ✆ 06321-2608, hofmannbuch.de.

Blank Roast **1** Der Kaffee wird täglich frisch geröstet, manche Fuhre über Rebenholz. Die Kaffeespezialitäten können im Café getestet werden. Jeden Fr ab 12.30 Uhr öffentliche Röstung. Mo–Sa 9–17 Uhr. Mußbacher Landstr.21, ✆ 06321-937880, blankroast.de.

Tabak Weiss **10** Hier gibt es nicht nur Zigaretten von der Stange zu kaufen, sondern auch hauseigene Tabakmischungen für Pfeifen. Spezialität des Ladens ist Tabak aus der Pfalz. Auch Verkauf von Veranstaltungstickets. Mo–Fr 9–18 Uhr, Sa bis 14 Uhr. Hauptstr. 61, ✆ 06321-2942, tabak-weiss.de.

Weingut Hammer-Sommer. Qualität setzt sich durch: In einer Blindverkostung konnte das Weingut überzeugen und produziert nun den offiziellen Gästewein von Neustadt (erhältlich bei der Tourist-Info, auch bei Stadtführungen u. Ä. zu verkosten). Wer mehr probieren möchte, besucht das Weingut der sympathischen, jungen Winzerfamilie in Königsbach. Mo–Fr 14–18 Uhr, Sa 9–16 Uhr. Königsbach, Franz-Kugler-Str. 21, ✆ 06321-6561, hammer-sommer.de.

Weingut Müller-Catoir. Hinter der prunkvollen Gründerzeitfassade können in dem imponierenden Probierraum aus dem 18. Jh. vielfach preisgekrönte Weine verkostet und gekauft werden. Die besondere Stärke des Weinguts liegt im Bereich der edelsüßen Weine. Mo–Fr 8–12 und 13–17 Uhr, Sa 10–14 Uhr. Haardt, Mandelring 25, ✆ 06321-2815, mueller-catoir.de.

Weingut Weegmüller. Zu den ausschließlich weißen Rebsorten, die hier verarbeitet werden,

Historisches Weingut in Neustadt-Haardt

gehören auch die Scheurebe und seit einigen Jahren Grüner Veltliner. Mo–Fr 8.30–12 und 13–17 Uhr. Haardt, Mandelring 23, ✆ 06321-83772, weegmueller.de.

Weingut Georg Naegele. Traditionsreiches Familienweingut mit den Schwerpunkten Riesling und Spätburgunder, aber auch der Sauvignon Blanc und der Sekt sind empfehlenswert. Mo–Fr 9.30–17.30 Uhr, Sa bis 14.30 Uhr. Hambach, Schlossstr. 27–29, ✆ 06321-2880, naegele-wein.de.

Weingut Müller-Kern. Diesem Weingut kann man wahrhaftig „aufs Dach steigen". Über eine Außentreppe gelangt man auf die Dachterrasse der 2020 neu errichteten Vinothek. Von oben aus hat man einen noch besseren Blick über die Landschaft und das Hambacher Schloss. Eine Silhouette des letzteren hat es hier sogar aufs Weinetikett geschafft: auf den 1832 Blanc de Noir. Di–Fr 14–18 Uhr, Sa 10–16 Uhr, So 10–12 Uhr, Nov.–März nur Fr/Sa. Hambach, Andergasse 38, ✆ 06321-80251, mk-wein.de.

Weingut Nickel. Seit über 300 Jahren gibt es dieses kleine Weingut, das mit der Zeit gegangen ist und seinen eigenen Stil gefunden hat. Die sympathisch-lockere Winzerfamilie hat schön modernisiert: Neben dem designten Probenraum gibt es auch zwei klar gestaltete Ferienwohnungen mit Blick auf das Hambacher Schloss (**€€**). Weinkauf nach telefonischer Absprache. Hambach, Andergasse 49 (die Straße gehört zu Hambach, die Lage fühlt sich aber sehr nach Diedesfeld an!), ✆ 06321-31121, weingut-nickel.de.

Weingut Ökonomierat Isler. Auch hier, direkt am Mittelpunkt der Deutschen Weinstraße, ist eine trotz allerlei Glas wuchtig wirkende Vinothek entstanden. Auf der großen Terrasse sitzt man mitten in den Weinbergen. Das Angebot: Weine aus eigenem Anbau und verschiedene Kleinigkeiten. Di Ruhetag, sonst 11–19 Uhr. Diedesfeld, Weinstr. 622, ✆ 06321-86236, weingut-isler.de.

Sport/Kultur

Baden Das Neustadter **Stadionbad** wird während der Sommermonate als Freibad mit großzügiger Liegewiese und Rutsche betrieben, im Winter wird das Becken überdacht. Im Sommer tägl. mind. 9–19 Uhr, im Winter ganz unterschiedliche Öffnungszeiten. Eintritt 4 €, ermäßigt 2 €, Familienkarte 9,50 €. Talstr. 120, ✆ 06321-402530, swneustadt.de/stadionbad.

An der Deutschen Weinstraße → Karten S. 84 und 152

Das **Mußbacher Schwimmbad** wird seit 1993 von einer Fördergemeinschaft getragen. Gemütliches Freibad mit schönem Blick auf den Haardtrand. Für Nichtmitglieder während der Sommersaison tägl. 13–19 Uhr, in den Sommerferien und am Wochenende ab 10 Uhr geöffnet. Eintritt 4 €, ermäßigt 2 €, Familienkarte 9,50 €. Am Weißen Haus 23, ✆ 06321-69766, schwimmbad-mussbach.de.

Das schöne **Hambacher Freibad** mit seinen vielen Schatten spendenden Bäumen ist nur von Juni bis Anfang Sept. geöffnet, Mo–Fr 13–19 Uhr, Sa/So sowie in den Ferien ab 10 Uhr. Erwachsene 4 €, ermäßigt 2 €. Diedesfelder Weg 88, ✆ 06321-32362, freibadhambach.de.

Golf **Golfclub Pfalz e. V.** 18-Loch-Platz in schöner Parklandschaft. Greenfee 9-Loch-Platz ab 45 €, 18-Loch-Platz ab 85 €, sonn- und feiertags nur bei Begleitung durch Mitglieder möglich. Restaurant (ab 10 Uhr, Mo Ruhetag). Geinsheim, Im Lochbusch, ✆ 06327-97420, gc-pfalz.de.

Kino **Roxy.** Kleines Kino mit aktuellem und abwechslungsreichem Programm. Eintritt 10 €, ermäßigt 6–8 €. Konrad-Adenauer-Str. 23, ✆ 06321-2659, roxy.de.

Spielplätze Mitten in der Fußgängerzone gibt es Stangen zum Turnen (Klemmhof) und einen kleinen Spielplatz (Marstall), zwei weitere liegen am Speyerbach: Am Rande der Festwiese locken Wasser, Sand und ein neues Piratenschiff (und das Café Winzig, Mo–Sa 10-17 Uhr), etwas weiter Richtung Zentrum (Wallgasse) Schaukeln und Klettergerüste.

Radfahren Wegen der zentralen Lage an der Weinstraße und der guten Zuganbindung eignet sich Neustadt perfekt für Radtouren auf dem **Weinstraßenradweg.**

Fahrradverleih → Einkaufen.

Wandern Von der westlich des Bahnhofs die Gleise querenden Zwockelsbrücke aus sind verschiedene Routen des Pfälzerwald-Vereins ausgeschildert (Wandertafel). Schöne Touren führen vom Strohmarkt im Stadtzentrum über den Sonnenweg (roter Punkt) auf die **Wolfsburg** (3 km; → Wanderung 4, S. 148) oder von der Zwockelsbrücke zum **Hambacher Schloss** (5 km; → Wanderung 5, S. 149). Neustadt ist auch Start- bzw. Zielort des 50–85 km langen **Pälzer Keschdewegs,** der den Neustadter Hauptbahnhof mit Hauenstein verbindet. Vor allem während der Blüte der Kastanienbäume im Juni oder zur Erntezeit im Oktober ist der Weg für Kastanienfreunde ein Genuss. Tipps für kleinere Touren rund um Neustadt sind bei der Neustadter Tourist-Info erhältlich.

Perfekte Ausgangspunkte für Wanderungen sind auch die nördlichen Neustadter Ortsteile. Wer hoch hinaus möchte, kann auf verschiedenen Wegen das **Weinbiet** (554 m) oberhalb von Haardt erwandern. Das **Weinbiethaus** bietet einfache, deftige Kost für hungrige Wan-

derer und Mountainbiker. Moderate Preise, der Andrang ist bisweilen gewaltig. Fr Ruhetag, sonst 10–18 Uhr (im Winter Do und Fr Ruhetag, sonst bis 17 Uhr), im Juli vier Wochen Betriebsferien. ✆ 06321-32596, waldgaststaette-weinbiethaus.de.

Ab Gimmeldingen läuft man gemütlich im flachen **Silbertal** bis zu den rustikalen Einkehrmöglichkeiten Looganlage und kurz dahinter Forsthaus Benjental. Der Weg ist selbst für kleinere Kinder gut zu laufen und dank des Mußbachs interessant. Einst sollen in diesem Tal 14 Mühlen gestanden haben. Die hinteren davon östlich des Forsthauses Benjental gehörten den Deidesheimern, die auf dem Weg dorthin kurpfälzisches Gelände zu queren hatten. Als die

Gimmeldinger schließlich Zoll für dieses Wegerecht verlangten, entschlossen sich die Deidesheimer zum Bau des **Eselspfades** über die Weggabelung Knoppenweth. Wie mühsam der Weg für die bepackten Esel und deren Führer gewesen sein muss, lässt sich auf einer Wanderung vom Forsthaus Benjental nach Deidesheim erahnen.

Für kleine Spaziergänge rund um Hambach bieten sich der **Kirchbergweg** und der **Obergasserweg** mit einem herrlichen Blick in die Rheinebene an. Ansonsten sind die Wege zum **Hambacher Schloss,** zur **Hohen Loog** (→ Wanderung 5, S. 149) und – wenn es mal eine richtig ordentliche Tour sein soll – auf die **Kalmit** (673 m; → Wanderung 4, S. 148) lohnenswert.

Veranstaltungen Das Programm mit Theater- und Konzertterminen liegt bei der Tourist-Info aus.

Deutsch-Französischer Bauernmarkt. Der beliebte Markt findet an einem Sonntag Ende April / Anfang Mai auf dem Neustadter Marktplatz statt. Ökologisch wirtschaftende Direktvermarkter aus den Nordvogesen und dem Pfälzerwald bieten hier ihre Produkte an.

Weinlesefest. Das wichtigste Fest dreht sich natürlich um den Wein. Die Haiselscher vor dem Saalbau laden ab dem letzten Freitag im September zur Weinverkostung ein; im Rahmen des Festes werden die Pfälzische (am letzten Freitag im Sept. oder ersten Freitag im Okt.) und kurz darauf die Deutsche Weinkönigin gewählt und gekrönt. Jährlich kommen rund 200.000 Besucher, um beim abschließenden Winzerfestumzug am Sonntag die Prunkwagen der beiden frisch gekrönten Weinköniginnen und ihrer Prinzessinnen zu bestaunen. An diesem Tag sollte man Neustadt besser nicht mit dem Auto besuchen!

Weihnachtsmarkt. Während der Adventszeit drängen sich die Stände des stimmungsvollen Weihnachtsmarkts um den Marktbrunnen. Wildbret aus den nahen Wäldern, Holzwaren und jede Menge gut duftender Köstlichkeiten lassen die kalten Winterabende ein bisschen angenehmer werden. Mo–So 11–21 Uhr.

In Gimmeldingen wird das Festjahr vom **Mandelblütenfest** eingeleitet. Sobald sich die Knospen der Mandelbäume kurz vor dem Aufblühen befinden, werden die beiden Festwochenenden (meist im März) festgelegt. Über Pfingsten wird das **Loblocher Weinzehnt** gefeiert. Im Spätsommer (am dritten Augustwochenende) steigt die **Gimmeldinger Kerwe.** Sobald am Freitag die Kerwe „ausgemottet" ist, stehen die Winzerhöfe offen,

Das Hambacher Schloss nach der Renovierung

nehmen Festredner das örtliche Geschehen des vergangenen Jahres aufs Korn und können die Teilnehmer des „Logellaufs" ihr Geschick im Transport eines mit Wasser gefüllten Logels (Weinlesegefäß) beweisen. Der Rundkurs ist eng und steil, der Wasserverlust soll aber möglichst gering ausfallen.

In Mußbach beginnt der Festreigen ebenfalls im März. Während der **Mußbacher Spitzen** präsentieren sich die örtlichen Spitzenwinzer und lassen alle, die den Eintrittspreis bezahlen, bereitwillig kosten. An den ersten beiden Juliwochenenden steigt im Herrenhof das Mußbacher **Eselshautfest** mit viel Essen, Wein und Livemusik. Das erste Augustwochenende lädt mit der **Mußbacher Weinkerwe** zum Weiterfeiern ein. Einer der Höhepunkte ist hier die Predigt „uff Pälzisch" am Sonntag.

Viele Lacher gibt es auch beim Zwetschgenkernweitspucken auf der **Haardter Woi- und Quetschekuche-Kerwe** am ersten Septemberwochenende.

Am 1. Mai und dem darauffolgenden Wochenende feiern die Hambacher das **Andergasser Fest.** Es folgen am dritten Juniwochenende das **Brunnen- und Gässelfest** und am letzten Wochenende im Juli die familienfreundliche **Jakobuskerwe**. Die große **Hambacher Leistungsweinprobe** findet am ersten Freitag im September im Festsaal des Hambacher Schlosses statt. In Hambach gibt es aber nicht nur Weinfeste, neben dem **Internationalen Hambacher Theaterfestival** (Sept./Okt.) findet auch das **Hambacher Musikfest** (Fronleichnamwochenende) statt. Der **Christkindelmarkt** auf dem Rathausplatz in Mittelhambach ist sehr familiär und wirkt erstaunlich unkommerziell. Vor der Kulisse des barocken Rathauses, das einst als Elendsherberge diente, und der auf das Hambacher Schloss ausgerichteten Schlossgasse gibt es kleine, stimmungsvolle Konzerte, ein paar Schafe zum Streicheln und v. a. eine geruhsame Atmosphäre. Erstes und zweites Adventswochenende, Sa 15–20 Uhr, So ab 11 Uhr.

Ausflüge: Mit dem Zug sind von Neustadt aus viele Ziele in der Pfalz gut zu erreichen. Das gilt für größere (z. B. Kaiserslautern und Landau) und kleinere Städte (z. B. Freinsheim und Deidesheim), aber auch für einige Wanderregionen. So fährt z. B. der „Bundenthaler" mitten in die Südwestpfalz. In der Ausflugssaison von April bis Oktober, an Sonn- und Feiertagen sowie mittwochs ab Neustadt um 9.03 Uhr, planmäßige Ankunft in Bundenthal-Rumbach ist um 10.29 Uhr. Späteste Rückfahrt 17.47 Uhr, Mi bereits 16.27 Uhr ab Bundenthal.

Achterbahn im Holiday Park

Zum Kuckucksbähnel → Kasten S. 135.

Holiday Park

Einige Kilometer östlich von Neustadt geht es bei Haßloch hoch her: tanzende Kaffeetassen und Fahrten mit der Blumenbahn für die Kleinen, der Free Fall Tower und die vielgeschätzte Achterbahn „GeForce" für die Großen und dazwischen ganz viele Fahrattraktionen für Groß und Klein. Der mit vielen hohen Bäumen und bunten Blumen gestaltete Holiday Park ist einer der größten Erlebnisparks Deutschlands und eine der Hauptattraktionen der Pfalz.

Geöffnet von April bis Ende Okt., meist 10–18 Uhr. Besucher ab 1,40 m Größe zahlen 48,50 €, stündlicher Shuttleservice (20 Min. Fahrzeit) ab Bhf. Haßloch. Haßloch, Holiday-Park-Str. 1–5, holiday-park.de.

Übernachtung

→ Karte S. 142/143

Im Zentrum von Neustadt ist das Übernachtungsangebot überschaubar, größer ist es in den nördlichen und südlichen Stadtteilen.

In Neustadt **Hotel Palatina** **11** Neues, freundliches Hotel in Bahnhofsnähe mit großen, schön gestalteten Zimmern. Wellnessoase und einige Parkplätze vorhanden. Das dazugehörige Restaurant **Tables** bietet Fleisch in vielen Varianten (Di–Sa 17–23 Uhr). Gartenstr. 8, ✆ 06321-924000, hotel-palatina.com. **€€€**

Pfalz-Jugendherberge und Jugendgästehaus **13** Schön gelegen inmitten eines angenehmen Wohngebiets im Stadtteil Hambacher Höhe. Kleine und große Zimmer, alle mit eigenem Bad, teilweise rollstuhlgerecht. Hans-Geiger-Str. 27, ✆ 06321-2289, diejugend herbergen.de. **€€**

Kloster Neustadt **14** Das zur Ordensgemeinschaft der Herz-Jesu-Priester gehörende Bildungs- und Gästehaus liegt oberhalb der Innenstadt am Waldrand und wurde jüngst grundlegend renoviert. Zweckmäßige und freundliche Zimmer. Waldstr. 145, ✆ 06321-8750, kloster-neustadt.de. **€€**

Campingplätze gibt es in Neustadt nicht. Für Wohnmobile stehen 40 einfache Stellplätze mit Ver- und Entsorgungsmöglichkeiten an der Martin-Luther-Kirche zur Verfügung, ab 6 €/Tag. Nächstgelegene Campingplätze: St. Martin und Wachenheim.

In Mußbach **Weingut Schäfer.** Fünf angenehme Stellplätze im Hof und im angrenzenden Weinberg. Alle Plätze mit Stromanschluss und Licht, Wasseranschluss und Abwasserentsorgung im Hof. Schöne, neue sanitäre Anlagen mit Dusche und WC. Stellplatz 20 €. Plätze nur für (künftige) Kunden. Im Frühjahr und Spätsommer insg. ca. 18 Wochen Gutsausschank (Do–So). Mußbach, Schießmauer 56, ✆ 06321-6447, weingutschaefer.com.

In Haardt **Haardter Winzer.** Die Winzergenossenschaft Haardt gibt es hier schon lange nicht mehr. Das reich verzierte Backsteingebäude wurde umfassend renoviert und bietet nun sieben schöne, moderne Ferienwohnungen. Im Erdgeschoss befindet sich ein italienisches Restaurant. Einige Wohnungen im Nebengebäude. Haardt, Mandelring 7, ✆ 0151-20723588, fewo-haardter-winzer.de. **€€**

In Hambach **Netts Landhaus.** Vielleicht etwas zu perfekt, aber ausgesprochen nett: schöne, helle Zimmer und ein weiter Blick über Garten und Rheinebene. Nicht günstig, aber wertig. ✆ 06321-60175, nettslandhaus.de. **€€€**

Ferienwohnung Stachel. Drei kleine, am Ortsrand von Mittelhambach gelegene Nichtraucherferienwohnungen mit moderner, farbenfroher Einrichtung, Liegewiese und Gartenterrasse. Hambach, Weinstr. 299, ✆ 06321-88838, ferienwohnung-stachel.de. **€**

In Diedesfeld **Rebstöckel Gästehaus. WeinHof & Vinothek.** Kleine Pension im Zentrum des Stadtteils Diedesfeld mit hellen, klassisch eingerichteten Zimmern in einem alten Winzerhaus. Im modern-gemütlichen Weincafé und im idyllischen Innenhof gibt es kleine Köstlichkeiten. Frühzeitig reservieren! Di–Sa ab 17 Uhr. Diedesfeld, Kreuzstraße 11, ✆ 0171-9555995, rebstoeckel.eu.

Essen und Trinken

→ Karte S. 142/143

In Neustadt Das gastronomische Angebot Neustadts ist erstaunlich groß. Rund um den Marktplatz findet man einige Cafés, Bistros und Weinbars, urige Weinstuben liegen v. a. in der Mittel- und Hintergasse.

Gerberhaus **6** Im romantischen Fachwerkhaus und auf dem kleinen Freisitz werden regionale Leckereien serviert. Mo und Do–Fr 17–22 Uhr, Sa/So und feiertags 11–22 Uhr. Hintergasse 6, ✆ 06321-8906151, gerberhaus-neustadt.de. **€€**

Konfetti **4** Einst legendäre Neustädter Ökokneipe, inzwischen ist das Angebot nicht mehr bio, aber das Ambiente nach wie vor leger-einladend und das Essen empfehlenswert. Im Sommer auch sympathischer Biergarten. Kinderfreundlich! Fr–Mi 11–14.30 und 17.30–22 Uhr. Friedrichstr. 36, ✆ 06321-355545, wirtshaus-konfetti.de. **€€**

mein Tipp **La macchina per caffè** **7** Direkt am Marktplatz gelegene Espressobar mit vielen leckeren Kaffeespezialitäten und einem der besten Kakaos der Gegend. Im dazugehörigen Laden gibt es alle Zutaten und Gerätschaften, um daheim weiterzuprobieren. Mo–Fr 9–16.30 Uhr, Sa 8–14.30 Uhr, So Ruhetag. Marktstr. 5, ✆ 06321-929023, la-macchina.de.

Zur Herberge 5 Die urige Weinstube ist die älteste der Stadt und ein Musterbeispiel für traditionelle Pfälzer Weinkultur. Unter neuer Leitung gibt es seit 2022 auch einige portugiesische Akzente. Mi–Do 17–22 Uhr, Fr 12–15 und 17–22 Uhr, Sa 12–15 Uhr. Mittelgasse 3, ✆ 06321-7688, weinstube-herberge.de. **€€**

Das Esszimmer 3 Im modern-sachlicher Atmosphäre werden hier hochwertige Produkte zu raffinierten Menüs verarbeitet. Zeitig reservieren! Di–Sa ab 17 Uhr, im Sommer teilweise auch Mittagstisch, So/Mo Ruhetag. Hintergasse 38, ✆ 06321-354996, esszimmer-neustadt.de. **€€€**

Brunos Burger & Lieblingsgerichte 2 Der Name sagt das Wesentliche. Kleines gemütliches Restaurant in der Altstadt mit Wohlfühlessen (alle Gerichte auch vegetarisch erhältlich!). Di 12–15 Uhr, Mi–Fr 12–15 und 17.30–21 Uhr, Sa 14–21 Uhr. Zwerchgasse 17, ✆ 06321-3554426. brunos-lieblingsgerichte.de. **€**

Eissalon De Rossi 9 Traditionsreicher Eissalon mit wechselnden ausgefallenen Eissorten. Bei der Herstellung des Eises wird gänzlich auf Farbstoffe und künstliche Aromen verzichtet. Im Sommer tägl. 10–22 Uhr. Hauptstr. 60, ✆ 06321-32524, eissalon-de-rossi.eatbu.com.

In Gimmeldingen Gimmeldinger Winzer. Typisches, beliebtes Weinstraßenlokal im Zentrum von Gimmeldingen. Die Speisekarte wechselt jahreszeitlich, die Qualität der pfälzischen bis internationalen Gerichte ist seit Jahren ausgezeichnet. Mi–So 12–14 und ab 17.30 Uhr. Gimmeldingen, Meerspinnstr. 24, ✆ 06321-481971, gimmeldingerwinzer.de. **€€**

Restaurant und Gästehaus Spinne. Hoch am Waldrand von Haardt liegt das Restaurant mit schönen Gästezimmern und einer Prise Extravaganz. Die ambitionierte Küche ist vielseitig und aromatisch, die Menüs werden auf Wunsch auch vegetarisch gestaltet. Freundlicher Service. Mi–Sa ab 17.30 Uhr, So ab 16.30 Uhr. Eichkehle 58, ✆ 06321-9597799, restaurant-spinne.com. **€€€**

In Mußbach Eselsburg. Ein uriger Weinstubenklassiker seit den 1960er-Jahren. Sehr umfangreiche Weinkarte, zu essen gibt es vorwiegend Pfälzer Klassiker. Im Sommer kann man schön im schattigen Hof sitzen. Mo–Fr ab 17 Uhr. Mußbach, Kurpfalzstr. 62, ✆ 06321-766984, eselsburg.de. **€€**

In Hambach Mohre Jule. In der heimeligen Weinstube im alten Fachwerkhaus von 1556 gibt es neben viel familiärer Atmosphäre auch schlichte Hausmannskost und Hambacher Wein. Während der Sommermonate sind auch Hof und Garten für die Gäste geöffnet. Im Innenraum keine Hunde, kinderfreundlich. Mi–Sa ab 16 Uhr. Hambach, Schlossstr. 58, ✆ 06321-84072, mohre-jule.de. **€**

Zur Fassdaube. Der Name klingt nach Pfalz, die Karte wird aber von klassischen italienischen Gerichten dominiert. Neben der Pizza überzeugt v. a. das Rumpsteak. Das Restaurant ist eine gelungene Mischung aus rustikal und modern, der Service ist überaus freundlich. Di–Sa 17–22 Uhr, So 12–21 Uhr. Weinstr. 269, ✆ 06321-9291826, zurfassdaube.de. **€€**

Fuxbau. Slow-Food-Weinstube in altem Gehöft mit modernem Flair. Interessante Kartoffel- und Brotvarianten sowie Flammkuchen. Reservierung sinnvoll! Hin und wieder gibt's auch Ausstellungen oder einen „Schorle-Downer“: Zu den coolen Drinks legt dann ein DJ auf. Fr 17–22 Uhr, Sa/So ab 12 Uhr. Weinstr. 240, ✆ 06321-32044, fuxbau.biz. **€€**

In der Hintergasse

An der Deutschen Weinstraße → Karten S. 84 und 152

Wanderungen rund um Neustadt

Rund um Neustadt bieten sich fast unendlich viele Wandermöglichkeiten. Wie so oft können die Routen noch vielseitig zusammenstellt werden. Wir stellen vier Wandermöglichkeiten um Neustadt vor, Überschneidungen gibt es kaum. Eine weitere Wandermöglichkeit ist die bei Deidesheim vorgeschlagene Wanderung 3, sie kann in gedrehter Richtung auch ab Neustadt gegangen werden.

Wanderung 4: Die große Runde über die Kalmit

Südlich von Neustadt liegt der mit 673 m höchste Berg des Pfälzerwalds. Über die Kalmitstraße ist der Gipfel mit seinem prägnanten Sendemast von Maikammer aus fast gänzlich mit dem Auto zu erreichen. Stilvoller freilich ist es, ihn zu Fuß zu erklimmen. Die 13,5 km lange Wanderung beginnt am Parkplatz bei der südwestlich von Neustadt inmitten des Waldes gelegenen **Kaltenbrunner Hütte** **1** (279 m). Von dort folgt man zunächst der blau-weißen Wegmarkierung zum **Parkplatz Hahnenschritt** **2** hinauf und anschließend dem roten Punkt bis kurz unterhalb des Gipfels. Der letzte Teil des hier recht steilen Aufstiegs zum Gipfel mit dem **Kalmithaus** **3** erfolgt auf dem grün-weiß markierten Weg, der dann wieder bergab in Richtung **Wanderparkplatz** **4** führt. Der grün-weißen Markierung weiter folgend, erreicht man bald das eindrucksvolle **Felsenmeer** **5** mit seinen bizarren Felsformationen aus Sandstein. Über den **Parkplatz Hüttenhohl** **6** gelangt man nach einer halben Stunde an die **Totenkopfhütte** **7** (511 m).

Wenn es der Hunger zulässt, sollte man die gut 1,5 km lange Etappe durch den wunderbar duftenden, lichten Wald bis zur **Hellerhütte** **8** noch meistern und sich hier auf einer der zahlreichen schattigen Bänke niederlassen. In der Silvesternacht 1960/61 wurde die einsam liegende Hütte zum Ort eines Verbrechens. Mitglieder der Kimmel-Bande, die durch Banküberfälle und Anschläge auf PWV-Hütten in der ganzen Region bekannt war und sich gut getarnt in den Wäldern rund um Lambrecht aufhielt, ermordeten aus Angst vor ihrer Entdeckung den Hüttenwart Karl Wertz. An der heute friedlich und einladend wirkenden Hütte erinnert ein Gedenkstein an jene Tat. Der Rückweg zur Kaltenbrunner Hütte erfolgt sanft bergab auf der weiß-roten Route.

Wandern mit Blick auf das Hambacher Schloss

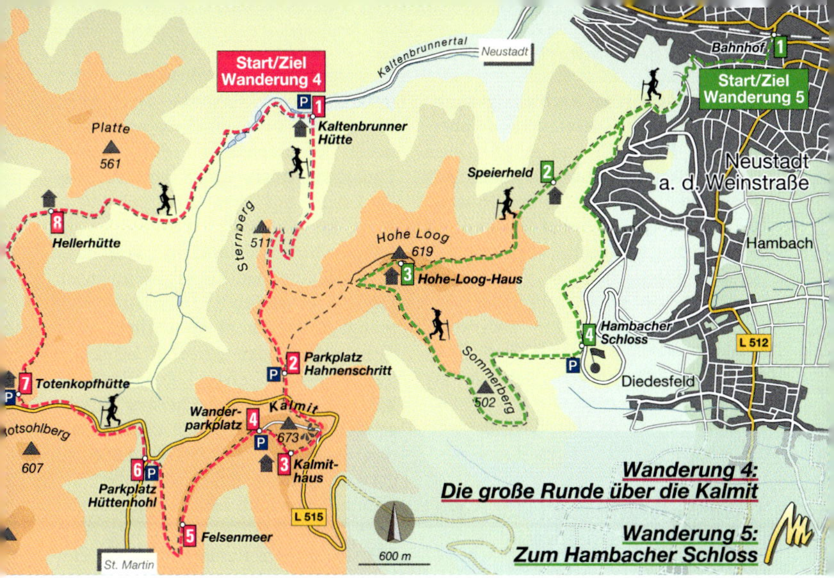

Kaltenbrunner Hütte. Einfache Gaststube mit Selbstbedienung und Terrasse. Im oberen Stockwerk auch Gästezimmer für Anspruchslose. Do/Fr Ruhetag, sonst 11–18 Uhr. DZ ab 74 €. Kaltenbrunner Tal, ✆ 06321-84071, kaltenbrunnertal.de. **€**

Kalmithaus. PWV-Hütte mit einem herrlichen Blick über die Rheinebene, häufig sehr voll. Mi–So 10.30–18 Uhr, Nov. bis Feb. seltener, bitte nachfragen. ✆ 06321-5424, kalmithaus.de. **€**

Totenkopfhütte. Mit dem Auto erreichbare Hütte des PWV direkt an der Totenkopfstraße zwischen St. Martin und dem Elmsteiner Tal. Sa/So und feiertags 11–18 Uhr, in den Sommerferien täglich außer Mo. ✆ 06321-589933, pwv-maikammer.de. **€**

Hellerhütte. Große, schön gelegene PWV-Hütte mit großem Speiseangebot (auch vegetarisch) am Kreuzungspunkt verschiedener Wanderrouten. Mi–So 9–18 Uhr. ✆ 06321-14818, hellerhuette.de. **€**

Wanderung 5: Über die Hohe Loog zum Hambacher Schloss

Die 15 km lange Wanderung startet am **Neustadter Hauptbahnhof** **1** (140 m) und führt zunächst durch Wohngebiete stets bergauf (roter Punkt). Kurze Zeit nach Ende der Bebauung bietet sich ein grandioser Blick auf Neustadt. Der schöne Wegverläuft weiterhin ansteigend bis zur **Schutzhütte Speierheld** **2** (465 m). Ab hier wird der Weg flacher, kurz vor dem **Hohe-Loog-Haus** **3** (619 m) wartet aber noch ein kurzer, steilerer Anstieg. Die Belohnung winkt auf zweierlei Art: Zum einen hat man einen wunderbaren, erstmaligen Ausblick in Richtung Maikammer und Edenkoben, zum anderen locken die herzhaften Düfte der Hütte. Kinder haben auf dem Spielplatz oberhalb der Hütte viel Spaß.

Bis zur nächsten Kreuzung folgt man weiter dem roten Punkt, dort nimmt man den mit einem „W" markierten Weg nach links. Dieser ist Teil der Weinspange, eines historischen Weintransportwegs vom Hambacher Schloss nach Erfenstein, der – z. T. noch mit dem alten Pflaster versehen – am Sommerberg entlangführt. Die Aussicht, oft in Richtung Kalmit, ist fantastisch. Das **Hambacher Schloss** **4** (339 m) kündigt sich durch die Bäume hindurch an. Dort hat man dann die Möglichkeit, sich in den Bus zu setzen und zum Bahnhof zurückzufahren. Wer den Weg zu Fuß fortsetzen möchte, tut dies über den mit einem roten Rechteck gekennzeichneten Weg. Dieser verläuft oberhalb von Hambach und mündet kurz vor dem Nollensattel wieder in den mit einem roten Punkt markierten Hinweg. Der Abstieg zum Bahnhof ist dann mit dem Aufstieg identisch.

Hohe-Loog-Haus. Beliebte Hütte mit herrlichem Blick auf die Rheinebene, Mi/Sa/So 10.30–18 Uhr, in den Sommer- und Herbstferien teilweise tägl. ✆ 06321-480092. **€**

Restaurant 1832. Modernes Restaurant mit saisonaler Karte im Hambacher Schloss. Tägl. 11–17 Uhr, im Sommer bis 18 Uhr. ✆ 06321-9597880, hambacherschloss.eu. **€€**

Wanderung 6: Von Lambrecht über die Hohe Loog nach Neustadt

Die sehr gute Zuganbindung hilft uns bei der Streckenwanderung von Lambrecht nach Neustadt. Ab **Bahnhof Lambrecht** **1** (173 m) laufen wir zunächst quer durch das Zentrum. An das untergegangene Gewerbe der Färber, Weber und Tuchmacher erinnern heute noch Straßennamen (Färbergasse, Tuchmacherplatz usw.) und ein Gedenkstein auf dem Friedrich-Ebert-Platz an die erste Walkmühle auf Lambrechter Gemarkung. Von dem einst bedeutenden Kloster ist nur noch die aus rotem Sandstein erbaute, ehemalige **Klosterkirche** **2** erhalten. Nach dem ausladenden Friedhof erreichen wir über einen etwas öden Forstweg bald den als Tuchmacherweg ausgeschilderten Weg, der uns zum hölzernen Aussichtsturm **Dicker Stein** **3** (370 m) führt. Der Startpunkt am Bahnhof ist gut zu sehen, er liegt schon weit unten. Der Tuchmacherweg führt uns weiter zum **Runden Tisch** **4**. Hier gehen wir weiter über den Aussichtspunkt am Wildsaukopf und den Stein des Gleichgewichts zum ruhigen **Naturfreundehaus Heidenbrunnertal** **5** (241 m). Nach Überquerung eines Bergrückens folgt im Nachbartal die

Wegweiser im Pfälzerwald

Kaltenbrunnerhütte **6**. Der nachfolgende Anstieg ist etwas zäh, aber der Weg wird bald angenehmer und abwechslungsreicher. Ab **Bildstock** **7** ist dann auch zu spüren, dass schöne Wege mit einer zunehmenden Zahl an Wanderern einhergehen: Die idyllischen Pfade sind bei passendem Wetter viel begangen. Bekommt man Platz, ist die **Hohe Loog** **8** (619 m) eine schöne Einkehrgelegenheit mit weiter Aussicht in Richtung Rheinebene. Der weitere Wegverlauf nimmt durch lichte Kiefern- und Kastanienwälder erst sanft, dann steiler absteigend Kurs auf Neustadt. Vorbei an dem **Kloster Neustadt** und einigen schönen Wohnstraßen folgt dann der letzte Abstieg hinunter zum **Bahnhof Neustadt** **9** (140 m). Hier gute Verbindungen (zurück) nach Lambrecht.

Naturfreundehaus Heidenbrunnertal. Mi–So 11–18 Uhr, ✆ 06321-88169, naturfreundehaus-neustadt.de €

Weitere Hütteninfos → Wanderungen 4 und 5, S. 149 und S. 150.

Neustadt
an der Weinstraße
39
Hambach
Mannheim, Ludwigshafen
Hambacher Schloss
Kalmit
673
Diedesfeld
Pfälzerwald
Maikammer
Kirrweiler
St. Martin
Kesselberg
663
Edenkoben
Venningen
Schloss Villa
Ludwigshöhe
Rhodt
Weyher
65
Edesheim
Ramberg
Burg
Neuscharfen-
eck
Hainfeld
48
Burrweiler
Eußertal
Dernbach
Flemingen
Gleisweiler
Böchingen
Essingen
Frankweiler
Speyer
272
Nußdorf
Albersweiler
Bornheim
Pirmasens
10
Siebeldingen
Annweiler
Birkweiler
Landau
Burg
Trifels
Ransch-
bach
Kleine
Kalmit
Arzheim
577
Reitberg
577
Leins-
weiler
Ilbesheim
Eschbach
Wollmesheim
Madenburg
48
Mörzheim
Völkersweiler
Impflingen
Göcklingen
Heuchelheim-
Klingen
Insheim
Burg
Landeck
Silz
Klingen-
münster
Rohrbach
Gleiszellen
Billigheim-
Ingenheim
Gleishorbach
65
Niederhorbach
Pleisweiler-
Oberhofen
Kapellen-
Drusweiler
Karlsruhe
Hohe
Derst
561
Bad
Bergzabern
427
Dörrenbach
Winden
38
Mundatwald
Oberotterbach
Minfeld
Freckenfeld
St. Germanshof
Rechtenbach
Schweigen
Steinfeld
Südliche
Weinstraße
Schweighofen
2 km

Südliche Weinstraße

Auf sanften Hugeln erstrecken sich Weinberge von den Höhen des Waldes bis weit in die abwechslungsreiche Ebene. Unterhalb von lichten Kiefern- und Kastanienwäldern führt die kurvige Weinstraße durch die wogenden Weinberge weiter nach Süden, auf die französische Grenze zu.

Rebenüberspannte und enge Ortsdurchfahrten machen das Reisen auf diesem Abschnitt der Weinstraße zu einer idyllischen Angelegenheit. In den Sommer- und Herbstmonaten muss man sich in einigen der pittoresken Orte mit ihren historischen Kernen allerdings auf etwas Gedränge einstellen. Besonders die Region südwestlich der Südpfälzer Hauptstadt Landau ist landschaftlich reizvoll und abwechslungsreich. Zwischen den weiten Rebhängen und den Burgen am Waldrand bieten sich herrliche Ausblicke. Schöne, gepflegte Orte laden mit urigen Weinstuben und ambitionierten Restaurants zum Verweilen ein. Die Kalmit, der höchste Berg des Pfälzerwalds, und ihre Schwester, die wegen ihrer botanischen Bedeutung unter Naturschutz stehende Kleine Kalmit südwestlich von Landau, stellen beliebte Wander- und Spazierziele dar.

▪ Informationen zur Region erteilt das Büro Südliche Weinstraße e. V., An der Kreuzmühle 2, 76829 Landau, ✆ 06341-940400, suedliche weinstrasse.de.

Maikammer und St. Martin

Vor dem Waldrand aneinandergekauert, scharen sich in St. Martin prächtige Fachwerkhäuser und Sandsteingemäuer entlang des teilweise sichtbaren Kopsbaches und hinauf zur imposanten katholischen Kirche. Der etwas tiefer gelegene, vom Rebenmeer komplett umgebene Nachbarort Maikammer ist deutlich größer und geschäftiger.

Mit seiner kleinen, verkehrsberuhigten Ortsmitte und guten Einkaufs- und Einkehrmöglichkeiten bietet **Maikammer** eine angenehme Mischung aus vitaler Gemeinde und Tourismusort. Im Gegensatz zum Nachbarort St. Martin und manch anderen Weindörfern ist Maikammer nicht nur idyllisch. Ein sehr gutes gastronomisches Angebot, hervorragende Winzer mit baulich interessanten Weingütern und liebevoll gepflegte Wegkreuze in den hügeligen Weinbergen finden sich hier ebenso wie ein großer Supermarkt, eine Tankstelle und ein Sportplatz. Auf dem Marktplatz erinnert ein im Jahr 1900 aus Kanonenmaterial errichtetes Bronzestandbild an Jakob Freiherr von Hartmann, den wohl berühmtesten Sohn der Gemeinde. Als Jakob Hartmann wurde er hier 1795 geboren und tat sich in der Königlich Bayerischen Armee u. a. während des Deutsch-Französischen Krieges 1870/71 hervor. Nicht ganz so heldenhaft und kriegerisch war das Leben der Gebrüder Franz und Anton Ullrich, die 1886 in Maikammer den Zollstock mit Federsperre erfanden und patentieren ließen. Am südlichen Ortsende thront in Gedenken an die

Erfinder ein solcher, bunt und überdimensioniert, auf einem Kreisel. Im westlichen Ortsteil **Alsterweiler** beherbergt die in der Kalmitstraße gelegene, um 1845 errichtete Mariä-Schmerzen-Kapelle ein beeindruckendes Beispiel spätgotischer Tafelmalerei. Der dreiflügelige Maikammer-Altar zeigt die Leidensgeschichte Jesu und entstand vermutlich durch Straßburger Meister Mitte des 15. Jh.

Das charmante, gerade mal 2000 Einwohner zählende **St. Martin** wird bisweilen als das schönste Dorf der Weinstraße bezeichnet. Die in den an vielbesuchten Tagen verkehrsberuhigte Hauptstraße verläuft entlang barocker Häuser mit Heiligenfiguren im Erker, stellenweise begleitet der Kropsbach die gepflasterte Straße, und nach einem scharfen Knick in Richtung Norden sieht man über sich die majestätisch wirkende Kirche St. Martin mit der respektablen Statue des heiligen Martin. In diesen Gassen reihen sich zahlreiche Gasthäuser mit bodenständiger wie niveauvoller Pfälzer Küche an traditionsreiche Winzerhöfe. Überragt wird die Weinbaugemeinde von der Ruine der zu Beginn des 13. Jh. als Lehensburg des Hochstifts Speyer erbauten Kropsburg. Bei einem Rundgang durch den Ort entdeckt man viele architektonische Details. Der liebevoll „Briefmarkeneck“ genannte Erker eines um 1800 entstandenen Winzerhauses diente 1949 als Vorlage für eine rheinland-pfälzische Briefmarke. In St. Martin beginnt auch die malerische **Totenkopfstraße.** Sie führt auf einer Länge von knapp 16 km über ihren bei 520 m ü. d. M. gelegenen Höhepunkt in das abgeschiedene Elmsteiner Tal. Bei Rennrad- und Motorradfahrern ist die kurvenreiche Straße als Weg das Ziel, die anderen Besucher bringt sie ihrem Ziel Kalmit, der Totenkopfkütte oder einem der zahlreichen Wanderparkplätze näher.

Wer genug hat von den pittoresken, aber bisweilen stark besuchten Orten direkt an der Weinstraße, dem sei als Standort das ein kleines Stück abseits gelegene **Kirrweiler** als Domizil empfohlen. Hier finden sich unaufgeregte Gassen und gute Unterkünfte mit viel Pfälzer Gemütlichkeit.

Maikammer mit dem Hambacher Schloss

Service/Einkaufen

Information **Büro für Tourismus in Maikammer.** März–Okt. Mo–Fr 9.30–12.30 und 14–17 Uhr, Sa 10–12 Uhr, Nov.–Febr. Mo–Fr 9.30–12.30 Uhr. Weinstraße Süd 40, 67487 Maikammer, ☏ 06321-952768, maikammer-erlebnisland.de.

Büro für Tourismus in St. Martin. Mo–Fr 9–12 Uhr, Sa 10–12 Uhr. Kellereistr. 1 (in der Alten Kellerei), 67487 St. Martin, ☏ 06323-5300.

Fahrradverleih In Maikammer und St. Martin werden Fahrräder über die Büros für Tourismus verliehen.

Einkaufen **Dengler-Seyler.** Besonders die frischen mineralischen Weißweine sind hervorragend. Zum Kosten empfiehlt sich ein Besuch im „Winzer", dem zum modern renovierten Weingut gehörenden Restaurant (→ S. 156). Mo und Mi–Fr 9–11.30 und 13–18 Uhr, Sa 9–17 Uhr. Maikammer, Weinstr. Süd 6, ☏ 06321-5103, dengler-seyler.de.

Weingut Faubel. Hervorragende Weine, für manche die besten in ganz Maikammer, werden in den Kellern der eindrucksvollen Jugendstilvilla am Ortsrand erzeugt. Mo–Fr 10–18 Uhr, Sa 10–16 Uhr. Maikammer, Marktstr. 86, ☏ 06321-5048, weingut-faubel.de.

Weingut Ziegler. Aus den Trauben ihrer Weinberge rund um Maikammer und an der Mittelhaardt gewinnen die Gebrüder Ziegler feine, aromatische Weine. Die Weinberge werden zum Teil mit Pferden bewirtschaftet, um die Böden zu schonen. Die Deutsche Landwirtschaftsgesellschaft verlieh dem Weingut 2018 den Titel „Winzer des Jahres". Mo–Fr 8–18 Uhr, Sa 9–15 Uhr. Maikammer, Bahnhofstr. 5, ☏ 06321-95780, august-ziegler.de.

Weingut Kruppenbacher. Es müssen nicht immer die großen Namen der Weinstraße sein. Das familiär geführte Weingut in Kirrweiler setzt auf Erfahrung und frischen Wind gleichermaßen und bietet gute Weine zu fairen Preisen. Probieren kann man sie seit einigen Jahren in der einladend-modern gestalteten Vinothek VollGut. Mo–Fr 15–19, Sa 13–18 Uhr. Kirrweiler, Hauptstraße 28/30, ☏ 06321-952743, weingut-kruppenbacher.de.

Lang Weinessig. Nach Jahren in der internationalen Gastronomie hat sich der gelernte Koch Jens Lang inzwischen der Herstellung von hochwertigen Essigen verschrieben. Grundlage seiner Kreationen sind in Holzfässern gereifte, bio-zertifizierte Weinessige. Die Produkte gibt es in verschiedenen Dorfläden der Pfalz oder direkt beim Hersteller im etwas abseits gelegenen Gommersheim. Mo–Sa 10–16 Uhr, den Besuch am besten vorher ankündigen. Gommersheim, Kirchstraße 32, ☏ 06323-3025881, langweinessig.de.

Sport/Kultur

Baden **Kalmitbad.** Beheiztes Freizeitbad mit verschiedenen Becken und großzügiger Liegewiese. Schwimmer kommen im 50-m-Becken auf ihre Kosten. Mai bis Sept. Mo/Mi/Fr 10–20 Uhr (in den Sommerferien ab 9 Uhr), Di/Do 6.30–20 Uhr, Sa/So und feiertags 8–19 Uhr. Eintritt 4,50 €, ermäßigt 3 €. Maikammer, Wiesenstr. 18, ☏ 06321-5585.

Fahrradtouren An schönen Tagen strampeln viele Radfahrer die 6 km lange Strecke hinauf zur Kalmit. Trotz der durchschnittlich sechsprozentigen Steigung benötigen die Besten hierfür keine 20 Minuten. Außer Kondition braucht man für die Strecke auch einigen Mut, denn die Überholaktionen mancher Motorradfahrenden sind knapp kalkuliert. Durch die Weinberge verlaufen viele Wege, die wesentlich gemütlicher und entspannender sind.

Wandern Ideale Ausgangspunkte für Wanderungen sind die Parkplätze an den Ortsausgängen. Der am westlichen Ende von Maikammer in Alsterweiler gelegene Parkplatz bietet sich für sonnige Touren entlang der Haardt für einen Aufstieg zum Gipfel der **Kalmit** und dem **Felsenmeer** an (→ Wanderung 4, S. 148).

Westlich von St. Martin liegt das **Rasthaus an den Fichten** am Waldrand (PWV-Hütte, tägl. 11–17 Uhr, Nov. bis April nur Mi–So, ☏ 06323-7844, haus-an-den-fichten.de). Großzügige Parkmöglichkeiten machen es zu einem guten Ausgangspunkt für Wandertouren. So gelangt man beispielsweise über die grün-weiß markierte Route in Richtung St. Martin, wo man kurz vor dem Ortseingang über einen mit einem roten Punkt gekennzeichneten Fußweg zur **Kropsburg** aufsteigen kann. Von dort geht

An der Deutschen Weinstraße → Karten S. 84 und 152

Maikammer

man entweder über Wiesen und alte Gärten in den Ortskern von St. Martin oder aber weiter zur **Edenkobener Hütte** (auch „Hüttenbrunnen" genannt, schöner Spielplatz, mit Übernachtungsmöglichkeit, Mi–So 11–17 Uhr, Schänzelstr. 2, ✆ 06323-2827). Rückweg zum Parkplatz von hier in Richtung Norden über die St. Martiner Schutzhütte zum Rasthaus an den Fichten.

Veranstaltungen Das **Maifest** eröffnet Mitte Mai die Saison der Weinfeste. Zahlreiche Weingüter bieten hier Speis und Trank auf dem Frantzplatz und im Ortskern. Für Weininteressierte gibt es Führungen durch Weingüter und Weinberge. Traditionell sind die **Kerwen,** die am letzten Wochenende im Juni (Alsterweiler), am dritten Wochenende im Juli (Maikammer) und am ersten Wochenende im August (St. Martin) stattfinden. Am zweiten Juniwochenende (Sa ab 16 Uhr) laden Stände mit Wein und Essen entlang des **St. Martiner Weinwegs** zum kulinarischen Spaziergang ein. Den Abschluss des jährlichen Weinfestreigens bildet das **Martinusweinfest,** das im November in den romantisch beleuchteten Gassen von St. Martin stattfindet.

Übernachten/Essen und Trinken

Übernachten/Essen in Maikammer

Dorf-Chronik. Hinter dem ungewöhnlichen Namen verbirgt sich das gemütlich-stilvolle Restaurant der Winzerfamilie Schwaab, dessen Küche auf Kreativität und Qualität setzt und in den letzten Jahren zunehmend namhafte Auszeichnungen erhielt. Alle Weine stammen vom eigenen Weingut. Fr–Di ab 17.30 Uhr, Do–So auch 11.30–14.30 Uhr. Marktstr. 7, ✆ 06321-58411 restaurant-dorfchronik.de. **€€€**

***** Waldhaus Wilhelm.** Am Waldrand gelegenes, klassisch eingerichtetes Hotel mit freundlichem und familiärem Service. Die Küche bietet u. a. glutenfreie Ernährung mit Produkten aus der nahen Hammermühle und verschiedene vegetarische Gerichte. Mo und Do Ruhetag, sonst 12–14 und 18–21, Sa nur bis 20 Uhr. Unspektakuläre, aber freundliche Zimmer. Maikammer, Kalmithöhenstr. 6, ✆ 06321-58044, waldhaus-wilhelm.de. **€€** (Zimmer), **€€€** (Restaurant)

mein Tipp **Gasthaus Zum Winzer.** Der schwere Traubenhenkel prangt unübersehbar am barocken Ensemble über dem Torbogen und weist den Weg zu feinem Essen in charmantem Ambiente. In den hellen Räumlichkeiten verwöhnt das Ehepaar Albers ihre Gäste mit mediterran und regional inspirierten Köstlichkeiten, auch im Innenhof sitzt man sehr angenehm. Mo/Di Ruhetag, Mi ab 17.30, sonst 12–14 und 17.30–22.30 Uhr. Auch einige schöne DZ. Maikammer, Weinstraße Süd 8, ✆ 06321-5410, gasthaus-zum-winzer.de. **€€** (Zimmer) **€€€** (Restaurant)

Maikammrer Stubb. Das kleine, freundliche Restaurant am Rande des Zentrums ist bei Einheimischen und Gästen gleichermaßen beliebt. Auf der Speisekarte finden sich Klassiker aus der Pfalz und einiges darüber hinaus. Auch wenige Sitzplätze an der belebten Kreuzung vor dem Restaurant. Di–Sa ab 17, So und feiertags auch 11.30–16 Uhr. Maikammer, Schulstr. 2, ✆ 06321-8784723, maikammrerstubb.de. **€€**

Café Centner. Das traditionelle Café ist nicht nur sonntagnachmittags ein beliebter Treffpunkt. Die Auswahl an Kuchen und Torten ist riesig, die süße Bananencremetorte ist für Kinder die perfekte „Tigerententorte". Do ist Dampfnudeltag! Mo, im Winter auch Di, Ruhetag, sonst 8.30–17.30 Uhr, So 7.30–17.30 Uhr. Maikammer, Schulstr. 4, ✆ 06321-5014, cafe-centner.de.

Ferienhaus Heilweck. Praktisch eingerichtete Ferienwohnungen auf dem familienfreundlichen Winzerhof Heilweck unweit des Zentrums von Maikammer. Maikammer, Marktstr. 66, ✆ 06321-5111, weingut-heilweck.de. €

MeinTipp **Pension Herty.** Im freundlich geführten Gästehaus der Winzerfamilie Herty kann man in vier „Weinzimmern" schlafen, im hellen Aufenthaltsraum lecker frühstücken und die Küche sowie die große Terrasse mit Blick zum Hambacher Schloss benutzen. Vielleicht etwas zu sonnig, aber dennoch sehr empfehlenswert sind die drei Wohnmobilstellplätze in den Rebzeilen hinterm Gästehaus. In der Scheune des Hauses sind zwei komfortable Bäder eingebaut. Im dazugehörigen Weingut (Marktstr. 39) gibt es preiswerte Weine. Maikammer, Alsterweiler Hauptstr. 40, ✆ 06321-952634, weingut-herty.de. €

Gästehaus Spatzennest. Kleine und freundliche Pension in ruhiger Lage mit vier geschmackvoll eingerichteten Doppelzimmern und einer Ferienwohnung. Maikammer, Weiherstraße 45, ✆ 06321-952682, gaestehaus-spatzennest.de. €€

Gästehaus im Rebenland. Geschmackvoll eingerichtete Ferienwohnungen am westlichen Ortsrand. Alsterweiler, Mühlstr. 13, ✆ 06321-5067, schreieck-maikammer.de. €

Übernachten/Essen in St. Martin **Weinhäusel.** Hier treffen sich bodenständige Pfälzer Weinstubenatmosphäre und ambitionierte, saisonale Landhausküche. Dazu gibt es ausgezeichnete Weine vom Weingut Seeber. Sehr freundlich und lecker! Mo, Di, Do, Fr, Sa 17–22 Uhr, So teilweise über Mittag und bis 21 Uhr geöffnet. St. Martin, Hornbrücke 2, ✆ 06323-981387, weinhaeusel.net. €€

Consulat des Weins. Ein größeres Hotel am Ortsrand mit gutem, nicht ganz günstigem Restaurant und üppig bestückter Vinothek (Mo–Sa 8–17.30 Uhr, So 9–12 Uhr). Restaurant Mo–Sa 18–21 Uhr. St. Martin, Maikammerer Str. 44, ✆ 06323-804425, consulat-des-weins.de. €€€ (Zimmer), €€€ (Restaurant)

Burgschänke an der Kropsburg. Oberhalb von St. Martin gibt es auf der schönen Terrasse der Burgschänke Flammkuchen, Pfälzer Klassiker und einen schönen Blick in die Landschaft. St. Martin, An der Kropsburg 5, ✆ 06323-5924, burgschaenke-kropsburg.de. **Lesertipp** €€

Haus Palatinum. Nördlich des Ortskerns von St. Martin gelegen. Im romantischen Landhausstil eingerichtete Zimmer und eine Ferienwohnung mit schönem Ausblick. St. Martin, Jahnstr. 11, ✆ 06323-5337, weingut-ziegler.de. €€

Die Weinstraße in Maikammer

Gästehaus Sebald. Im modernisierten Bauernhaus von 1900 wurden zwei stilsicher eingerichtete, helle Wohnungen für 2–4 Personen geschaffen. Jahnstr. 30, ✆ 0170-6700770, haus-sebald.de. €

Übernachten/Essen in der Umgebung **WeinQuartier Minges.** In der im ruhigen Kirrweiler gelegenen Pension gibt es nicht nur Weine vom eigenen Weingut Edelhof, sondern vor allem stilvoll-edle Gästezimmer mit viel Charme. Kirrweiler, Hauptstr. 3, ✆ 06321-58068, weinquartier-pfalz.de. €€

Wein- und Gästehaus Spieß. Klassische, familiäre und überaus freundliche Frühstückspension auf dem Weingut der Familien Spieß. Die Zimmer sind unspektakulär, aber großzügig geschnitten, die meisten haben einen Balkon. Kirrweiler, Schloss-Str. 11, ✆ 06321-5028, wein-und-gaestehaus-spiess.de. €

Camping **Campingplatz Wappenschmiede.** Der einfache Platz liegt im Tal am westlichen Ortsende von St. Martin, bereits 1952 wurde er auf Terrassen angelegt. Auf dem Platz gibt es ein besuchenswertes (Burger-)Restaurant. Stellplatz 12 €, Erwachsene 9 €, Kinder (3–14 J.) 4 €. Ab Ostern bzw. 1. April bis 1. Nov. geöffnet, an Feiertagen oft mehrere Tage Mindestaufenthalt. St. Martin, Talstr. 60, ✆ 06323-6435, campingplatz-wappenschmiede.de.

An der Deutschen Weinstraße → Karten S. 84 und 152

Edenkoben

Eine Augenweide ist der Hauptort der Verbandsgemeinde Edenkoben auf den ersten Blick nicht. Doch in den letzten Jahren sind zunehmend nette Ecken und Plätze entstanden, die zum Verweilen einladen.

Hohes Verkehrsaufkommen, gute Einkaufsmöglichkeiten und einige große Arbeitgeber unterstreichen, dass die 6600 Einwohner zählende Stadt, die mit der Hochschule für Finanzen und Landesfinanzschule auch eine überregionale Bildungseinrichtung vorzuweisen hat, heute vor allem für die Versorgung der näheren Umgebung bedeutsam ist. Doch auch der Wein prägt nach wie vor das Gesicht des staatlich anerkannten Luftkurortes und seiner Umgebung, die auf eine lange Tradition im Weinbau zurückblickt. Schon seit dem 8. Jh. ist dieser in Edenkoben belegt. Vermutlich wurde aber bereits viel früher um „Zotingkowe", wie Edenkoben bei der ersten urkundlichen Erwähnung 769 genannt wurde, und Wazzenhofen (heute westlicher Teil von Edenkoben) Weinbau betrieben. Auch in dem im 13. Jh. gegründeten Kloster Heilsbruck westlich des Zentrums in Verlängerung der Klosterstraße wurde von Anfang an Wein angebaut.

Während der östliche Stadtbereich rund um den Bahnhof weder durch historischen Charme noch durch Weinbauromantik glänzt, gibt es in der Altstadt zunehmend nette Ecken und touristische Angebote. Auf dem zentralen Ludwigsplatz, dem ehemaligen Marktplatz, erinnert ein Denkmal an Ludwig I., dessen Name seit dem Bau der oberhalb von Edenkoben gelegenen Villa Ludwigshöhe eng mit der Gemeinde verbunden ist. Die Stadt selbst hat eher landwirtschaftliche Wurzeln, auch wenn sie 1802 während der französischen Herrschaft für kurze Zeit Kantonsstadt im Departement Mont Tonnere wurde. Während der kurpfälzischen Epoche vom 16. bis ins 18. Jh. war Edenkoben Marktstadt und Weinbauort. Die dicht beieinanderstehenden Winzer- und Handwerkerhäuser mit ihren großen Hofeinfahrten erinnern ebenso wie der gotische Turm der protestantischen Kirche an diese Zeit. Während der bayerischen Herrschaft ab 1816 entstanden schließlich, den neu erworbenen Stadtrechten angemessen, einige stattliche Wohn- und Amtsgebäude.

Sehr reizvoll ist die umgebende Landschaft, mit der sich Edenkoben als „Garten Eden der Pfalz" vermarktet. Die Mischung aus Weinbergen, Wald und Wiesen gibt dem Gebiet einen parkähnlichen Charakter. Und so verzichtete König Ludwig I. beim Bau seiner Sommerresidenz Villa Ludwigshöhe auch auf die Anlage eines Schlossgartens. „Um mich herum ist Park genug", soll der Monarch mit fester Überzeugung gesagt haben.

Sehenswertes

Museum für Weinbau und Stadtgeschichte: Die lange Geschichte des Weinbaus und der Gemeinde Edenkoben wird in dem 1992 eröffneten Museum anschaulich dargestellt. Im jüngsten Teil der mit viel Akribie und Liebe zusammengetragenen Ausstellung dreht sich alles um den Wein. Der Edenkobener Ökonomierat Gustav Adolf Froelich war es, der 1876 zum ersten Mal besonders leistungsfähige Rebstöcke getrennt vermehrte und so die Klonenselektion entwickelte, mittels derer reine und ertragreiche Sorten Einzug in den modernen Weinbau hielten. Seine Erfolge sind im Gebäude der ehemaligen Berufsschule ebenso dokumentiert wie der Kampf der Winzer gegen Schädlinge. So wird beispielsweise die Geschichte einer Schädlingsplage im Jahr 1905 erzählt, bei der mit 360 Klebködern auf der Gemarkung Rhodt fast 40.000 Motten des Traubenwicklers gefangen und anschließend verbrannt wurden.

▪ April bis Dez. Sa–So 14–17 Uhr, Mi 10–12 und Fr 15–18 Uhr. Eintritt 3 €, ermäßigt 2 €, Kinder unter 12 J. frei. Weinstr. 107, ✆ 06323-81514, museum-edenkoben.de.

Friedensdenkmal: Weithin sichtbar überragt das Friedensdenkmal auf dem Werderberg die Rheinebene. 1899 wurde es als Sieges- und Friedensdenkmal in Erinnerung an den Sieg über die Franzosen im Krieg von 1870/71 erbaut. Zusammen mit den kleineren Denkmälern Straßburger Stein (1872), Bismarck-Stein (1898) und Moltke-Stein (1902) bildet es ein imposantes Denkmalensemble. Demjenigen, der sich für das monumentale Bauwerk, das seit 1969 ausschließlich als Friedensdenkmal bezeichnet wird, nicht so recht erwärmen kann, sei der grandiose Blick von der Aussichtsplattform empfohlen.

Schloss Villa Ludwigshöhe: Auf einem sanften, von Kastanienwäldern und Weinbergen gesäumten Hügel ragt die Villa Ludwigshöhe erhaben über die Weiten der Kulturlandschaft um Edenkoben und Rhodt unter Rietburg. Es bedarf hier keiner großen Vorstellungskraft, um die Begeisterung des bayerischen Königs Ludwig I. für diese Region nachvollziehen zu können. Es schwang beinahe Liebe mit, wenn er von der Sommerresidenz „in des Königreichs mildesten Teilen" erzählte. Dabei war das Verhältnis Ludwigs zur Pfalz keineswegs einfach. Der Grundstein für sein Schloss wurde 1846 gelegt, gerade zwei Jahre bevor sich der bayerische Staat in seinen Pfälzer Teilen den Herausforderungen der jungen deutschen Demokratiebewegung gegenübersah. Die Revolution von 1848 zwang Ludwig I. schließlich zum Rücktritt. Die Bauarbeiten der durch Friedrich von Gärtner und Leo von Klenze errichteten Anlage zogen sich noch bis 1852 hin, sodass Ludwig schon königlicher Pensionär war, als er zur Einweihung des Schlosses in die Pfalz kam. Das Schloss ist in einer bisweilen etwas irritierenden Mischung aus kühlem Spätklassi-

Die Residenz Ludwigs in den Weinbergen: Schloss Villa Ludwigshöhe

An der Deutschen Weinstraße → Karten S. 84 und 152

zismus, verspieltem Dekor und mediterraner Farbgebung erbaut worden. Freude an seinem Anwesen hatte Ludwig I. dennoch. Zwischen 1852 und 1866 kam er alle zwei Jahre während der Sommermonate hierher, feierte seinen Geburtstag, genoss die Natur und erkundete diese auf ausgedehnten Wanderungen. Die umliegenden Orte profitierten von dem königlichen Gönner, stiftete er doch für die Edenkobener die St. Ludwigskirche und das Krankenhaus „Ludwigsstift" (heute ein Altenheim), während seine Frau den Kindergarten im nahe gelegenen Rhodt erbauen ließ. Seine Nachfahren zeigten allerdings wenig Interesse an dem malerischen Schloss, das in der Folge häufig die Besitzer wechselte, zunehmend verfiel und erst 1980 nach der Übernahme durch das Land Rheinland-Pfalz wieder zu alter Pracht fand.

Im Obergeschoss des West- und Südflügels ist mit der *Max-Slevogt-Galerie* eine umfassende Sammlung des Impressionisten und Pfalz-Bewunderers zu bestaunen. Neben wechselnden Ausstellungen werden v. a. Bilder aus dem Frühwerk Slevogts gezeigt, darunter auch einige von jenen, die er sein Leben lang nicht verkaufen wollte.

▪ Seit 2019 wird das Schloss umfassend saniert. Hierbei gefundene Baumängel hatten zur Folge, dass die ursprünglich für 2022 geplante Wiedereröffnung um zumindest zwei weitere Jahre nach hinten verschoben wurde. Zum Redaktionsschluss war nicht klar, ab wann das Anwesen und die Galerie wieder besucht werden können. Villastr. 64, ✆ 06323-93016, max-slevogt-galerie.de.

Anfahrt Über Edenkoben der Ausschilderung folgen. Wer kann, sollte sein Auto unterhalb der Ludwigshöhe stehen lassen und die letzten Meter durch den lichten Kastanienwald wandern. Von Mai bis Oktober verkehren an Sonn- und Feiertagen vormittags Busse von Edenkoben zur Villa Ludwigshöhe und am Nachmittag wieder retour.

Rietburg: Die Gründung der Burg oberhalb der Villa Ludwigshöhe liegt im Dunkeln, wenngleich Hinweise darauf bestehen, dass die Rietburg eine der ältesten Burgen der Pfalz ist. Bekannt wurde sie durch Hermann von Rietburg im November 1255. Dieser entführte die sich auf dem Weg von Worms zum Trifels befindende Ehefrau des Gegenkönigs Wilhelm von Holland und den königlichen Hofrichter Graf Adolf von Waldeck, beraubte sie und führte sie als Gefangene auf die Burg. Erst als die Wormser Bürger mit Unterstützung durch Pfalzgraf Ludwig II., Graf Friedrich III. von Leiningen, Werner IV. von Bolanden und andere die Rietburg belagerten, kam es zur Freilassung. Wiederentdeckt wurde die auf 550 m Höhe gelegene Anlage erst Mitte des 20. Jh., wenngleich der Weg dorthin zu den Lieblingsausflügen König Ludwigs I. während seiner Aufenthalte auf Schloss Villa Ludwigshöhe gehört haben soll. Ohne große Rücksicht auf die historische Substanz entstand auf der Oberburg eine Höhengaststätte mit großzügiger Aussichtsterrasse. Von der Ludwigshöhe aus führt die älteste Sesselbahn der Pfalz zur Rietburg hinauf.

▪ **Sesselbahn** Anf. März bis Anfang Nov. jeden Sa/So 10–17 Uhr, teilweise auch bis 18 Uhr. Zw. Mai und Ende Okt. auch Mo–Fr 10–17.30 Uhr. Berg- und Talfahrt Erwachsene 8 €, Kinder (4–14 J.) 4,50 €, Familienkarten 21 €, ✆ 06323-1800. Höhengaststätte: Karfreitag bis Anfang Nov. tägl. 10–17 Uhr, Sa/So bis 18 Uhr, ✆ 06323-2936. rietburgbahn-edenkoben.de.

Praktische Infos

Information **Südliche Weinstraße Edenkoben e. V.** Büro für Tourismus, April bis Okt. Mo–Fr 9–12.30 und 13.30–17 Uhr, Fr nur bis 16 Uhr, Sa 10–12 Uhr; Nov. bis März Mo–Fr 9–12.30 Uhr, Mo/Di/Do auch 13.30–16 Uhr, Poststr. 23, 67480 Edenkoben, ✆ 06323-959222, garten-eden-pfalz.de.

Einkaufen/Genießen Im nahen Venningen werden auf dem romantischen **Doktorenhof** feine Essige aus eigenen Weinen hergestellt, die auch in der gehobenen regionalen Gastronomie häufig Verwendung finden. Mo–Fr 9–17 Uhr, Sa 9–14 Uhr. Venningen, Raiffeisenstr. 5, ✆ 06323-5505, doktorenhof.de.

Ebenfalls in **Venningen** lädt der Genuss-Experte Matthias Mangold zur **„Genusstur“** ein. Auch Seminare zu Wein, Destillaten, Schokolade, Grillen u. v. m. Venningen, Hauptstr. 20, ✆ 06323-949550, genusstur.de.

Kinder Östlich des Zentrums von Edenkoben beim Hotel Prinzregent ist 2016 ein wunderbarer **Alla-Hopp-Spielplatz** entstanden, der Kinder und jung gebliebene Erwachsene gleichermaßen lockt. Geöffnet Mo–Sa 9–20 Uhr, So/feiertags ab 10 Uhr, im Winter bis 18 Uhr. alla-hopp.edenkoben.de.

Veranstaltungen Die alljährlich ab Fronleichnam vier Tage lang stattfindende **Owwergässer Winzerkerwe** ist einer der festlichen Höhepunkte der Region. Entlang der vom Ortskern hangaufwärts verlaufenden Klosterstraße sind zahlreiche Höfe und Weingüter geöffnet, aber auch auf der Straße wird gefeiert. Am Abend trifft sich die Jugend der Region hier, nicht in irgendeinem Club. Ein wesentlicher Programmpunkt ist der Festumzug am frühen Sonntagnachmittag, an dem neben historischen Gruppen auch die Weinhoheiten der Umgebung teilnehmen. Am vierten Wochenende im September findet das **Große Weinfest der Südlichen Weinstraße** in Edenkoben statt. Mitte Oktober lädt Edenkoben zum meist gut besuchten und interessanten **Wein- und Kastanienmarkt,** wo sich alles um die auch in den umliegenden Wäldern wachsenden Esskastanien dreht.

Wandern Die gute Verkehrsanbindung macht Edenkoben zu einem beliebten Start- und Zielort für Streckenwanderungen entlang der Weinstraße. Schöne Touren führen durch die **Weinberge** in die charmanten Nachbarorte St. Martin und Rhodt unter Rietburg. Vom Wanderparkplatz unterhalb der **Villa Ludwigshöhe** bieten sich zahlreiche Rundtouren an. Eine schöne Tagestour (ca. 18 km) führt hinauf zur Ludwigshöhe und zur **Rietburg** und weiter zum **Schänzelturm** auf dem 614 m hohen Steigerkopf. Hier findet man Spuren verschiedener kriegerischer Auseinandersetzungen: Die im Dreißigjährigen Krieg von den Schweden angelegten Schanzen gaben dem 1874 erbauten Turm seinen Namen. In den Ende des 18. Jh. geführten Koalitionskriegen fanden in diesem Abschnitt des Pfälzerwalds langwierige Stellungskriege zwischen Franzosen und Preußen statt, welche die Franzosen schließlich für sich entscheiden konnten. Der Rückweg erfolgt über den Parkplatz Lolosruhe zum **Hilschweiher** (mit Bootsverleih) und an der einfachen Waldgaststätte Siegfriedschmiede (Klosterstr. 181, ✆ 06323-3912) vorbei zurück zum Ausgangspunkt.

Owwergässer Winzerkerwe

Übernachten/Essen *****S Prinzregent.** Größeres, geschmackvoll renoviertes Hotel am westlichen Ortsrand von Edenkoben, direkt in den Weinbergen und am Alla-Hopp-Spielplatz gelegen. Unter dem Kloster 1, ✆ 06323-9520, prinzregent-edenkoben.de. **€€€**

*****S Pfälzer Hof.** Die Gaststube wurde in den ehemaligen Innenhof verlegt, wo man nun in heller und freundlicher Atmosphäre sitzt. Regional und saisonal orientierte Küche, im Angebot sind auch Wildgerichte aus dem Edenkobener Tal (eigener Abschuss) sowie Rind von Venninger Weiden. Tägl. 17.30–21.30 Uhr, außer Mi/Do meist auch 11.30–14.15 Uhr. In der Nebensaison teilweise am Do Ruhetag. Klassisch bis modern eingerichtete Hotelzimmer. Insgesamt bietet der Pfälzer Hof ein tolles Preis-Leistungs-Verhältnis! Weinstr. 85, ✆ 06323-938910, pfaelzerhof-edenkoben.de. **€€€** (Zimmer), **€€** (Restaurant)

Elsässer Käselädl. Wer auf der Suche nach einem stilvollen Frühstück ist, sollte hier vorbeischauen. Auch Flammkuchen und Burger stehen auf der Karte des kleinen Cafés, in dem außerdem verschiedene französische Spezialitäten verkauft werden. Do–So 8.30–14 Uhr. Weinstr. 61, ✆ 06323-988986, Instagram: kaseselaedledenkoben. **€**

Café Hedwig. In der südlichen Altstadt gelegenes Café, das mit seinen antiken Möbeln, kreativen Kuchen- und Frühstücksangeboten und seinem markanten persönlichen Charakter auch in ein Hamburger Szeneviertel passen würde. Mi–Mo 9–18 Uhr. Rhodterstr. 1, ✆ 06323-9350768, cafehedwig.de.

Weinstube Edel-Brauch. Am Ortsausgang in Richtung St. Martin liegt das Weingut, das neben Wein nicht nur schöne und sehr beliebte, kostenfreie Wohnmobilstellplätze am Weinbergrand zu bieten hat, sondern auch eine Weinstube mit einfacher, guter Küche. Fr/Sa ab 17 Uhr, So und feiertags ab 12 Uhr. St. Martiner Str. 30, ✆ 06323-2555, edel-brauch.de. €

Rhodt unter Rietburg

Die romantische Theresienstraße ist die Antwort der Pfalz auf die Champs-Élysées, hier zeigt sich die Pfalz von ihrer besten Seite: Von großen Kastanien, Rosenbögen und Pflanzenkübeln gesäumt, laden rustikale bis edle Höfe mit aufwendigen Torbögen unterhalb von Rietburg und Villa Ludwigshöhe zu geselligen Stunden ein.

Über den Straßen ranken sich alte Weinreben und üppig blühende Kletterrosen, die dem Ort einen heimeligen Charme verleihen; die gepflasterte und in ihrem oberen Teil mit ausladenden Kastanienbäumen bepflanzte Theresienstraße ist von stattlichen Winzerhöfen gesäumt. Benannt hat Ludwig I. die Straße nach seiner Gemahlin, der Königin Therese von Bayern. Ludwig I. hat das kleine Dorf in der Pfalz insgesamt stark geprägt, als König von Bayern war er zum einen Chef der ganzen Pfalz, aber durch seine Sommerfrische in der nahen Villa Ludwigshöhe (→ S. 159) war sein Einfluss hier besonders spürbar. Einen Spaziergang über die Theresienstraße hinauf zum Schloss Villa Ludwigshöhe sollte man sich zumindest bei schönem Wetter nicht entgehen lassen. Meist wird man dabei von anderen Spaziergängern und Wanderern begleitet – Rhodt und der Weg zur Ludwigshöhe gehören zu den beliebtesten Ausflugszielen an der Weinstraße.

Nicht ohne Stolz wird in Rhodt darauf hingewiesen, dass ein Großteil des Ortes unter Denkmalschutz steht und dass die meisten der Weingüter eine lange Tradition haben. Davon, dass sich die Gemeinde ihres kulturellen Erbes sehr wohl bewusst ist, zeugt die Gestaltungssatzung zum Schutz des Ortsbildes, die den Rhodtern detailliert vorgibt, was sie beim Bau oder Umbau zu tun und zu lassen haben. Und bei einem Gang durch den übersichtlichen Ortskern der gut 1100 Einwohner zählenden Gemeinde gewinnt man schnell den Eindruck, dass die Rhodter die Vorgaben sehr ernst nehmen und bei der Gestaltung ihrer Häuser tatsächlich das Wohl des Ortes im Blick haben. Nur die Weinstraße selbst ist in Rhodt wie auch anderswo aufgrund des vielen Verkehrs nicht besonders gemütlich.

Geschichte

Von den Ursprüngen Rhodts ist außer einer anfänglich engen Verknüpfung mit der oberhalb des Ortes thronenden Rietburg bis heute wenig bekannt. Viele Jahrhunderte hindurch gehörte der Ort als Exklave zu Württemberg und nach 1603 zur Markgrafschaft Baden-Durlach. Die Württemberger gaben Rhodt den Namenszusatz „unter Rietburg“ zur Unterscheidung von gleichnamigen Orten im Herrschaftsgebiet. Im Pfälzischen Erbfolgekrieg (1688-97) wurde das Dorf im Gegensatz zu den kurpfälzischen Nachbargemeinden von den französischen Truppen verschont. Die Markgrafen brachten den Weinbauern zudem eine lang anhaltende wirtschaftliche Blüte, die alten und

Das Zentrum von Rhodt: die Theresienstraße

stattlichen Anwesen spiegeln diese Historie wider. Die Zugehörigkeit zu Württemberg und zum Hause Baden-Durlach hatte auch zur Folge, dass die Rhodter im Gegensatz zu den umliegenden Orten schon früh protestantisch waren. Ob sie mit dieser Sonderstellung immer glücklich waren, ist umstritten. Anfangs jedoch sollen sie so begeistert von den Predigten des 1570 hierher gesandten Pfarrers Magister Martin Cleß gewesen sein, dass die nicht eben kleine St. Georgskirche kaum ausreichte, um die Mengen darin unterzubringen.

Sehenswertes

Georgskirche: Über dem Haupteingang erinnert das Wappen der Markgrafschaft Baden-Durlach aus dem Jahr 1720 an die Geschichte von Rhodt. Der gut 40 m hohe gotische Turm ist eines der Wahrzeichen des Ortes und wurde bereits 1470 errichtet. Das Schiff mit seinem für die Region eher ungewöhnlichen Retabelaltar entstand erst 1720–1722 im Zuge eines Umbaus und hatte die Speyerer Dreifaltigkeitskirche zum Vorbild. Die reichen Bürger Rhodts konnten sich damals Plätze im Gestühl erkaufen. Noch heute kann man an einigen Plätzen die Namensschilder der einstigen Besitzer betrachten.

Ältester Weinberg der Welt: Schon zu Zeiten der Württemberger Herrschaft wurde in Rhodt eifrig Wein angebaut, und unter den Markgrafen von Baden-Durlach erlebte der Flecken dann seine größte Blüte. Grundlage für den wirtschaftlichen Erfolg waren nicht nur die fleißigen Rhodter Winzer und die durchaus ergiebigen Böden, sondern auch die Traminer-Trauben, die unter den Württembergern im 16. Jh. erfolgreich eingeführt und dann mit großen Gewinnen an die Badener verkauft wurden. Noch heute wird diese aromatische Weinsorte in Rhodt angebaut, u. a. im angeblich ältesten Weinberg der Welt: Gegenüber der Winzergenossenschaft Rietburg stehen in drei Reihen jene Weinstöcke, die vor rund 400 Jahren gepflanzt wurden und aus denen noch heute vom Weingut Oberhofer (Edesheim, Am Linsenberg 1, ✆ 06323-944911, weingutoberhofer.de) Wein gekeltert wird.

An der Deutschen Weinstraße → Karten S. 84 und 152

Praktische Infos

Information **Gäste- und Bürgerbüro Rhodt.** Mo–Fr 9–12 Uhr. Weinstr. 44 (im Durlacher Hof), 76835 Rhodt unter Rietburg, ✆ 06323-980079, rhodt.de.

Einkaufen **Weingut Jürgen Heußler.** Das andere Weingut Heußler im Ort steht ebenfalls für sehr gute Weine, auch eine Destillerie mit guten Bränden gehört zum Betrieb. Mo–Fr 10–12 und 15–18 Uhr, Sa 11–15 Uhr, So nach telefonischer Vereinbarung. Weyherer Str. 34/35, ✆ 06323-5506, weingut-heussler.de.

Weingut Christian Heußler. Der junge Kellermeister macht hochwertige, geradlinige Weine, während sein Vater einen der Weinberge traditionell mit Pferden bewirtschaftet. Mo, Mi–Fr 9–12 und 13.30–18 Uhr, Sa 10–17 Uhr – am besten vorher telefonisch ankündigen! Mühlgasse 5, ✆ 06323-2235, heussler-wein.de.

Weingut Fader, alt und neu werden in der stilistisch herausragend gestalteten Vinothek des Weinguts wundervoll kombiniert. Für Begeisterung sorgen auch die Weine des sympathischen Familienbetriebs. Mo–Sa 9–12 und 13–18, Sa nur bis 17 Uhr, So 10–12 Uhr – telefonische Voranmeldung empfehlenswert. Theresienstr. 62, ✆ 06323-5193, wein-fader.de.

Antiquitäten König. Passend zum Ambiente der Theresienstraße hat Wolfgang König hier ein Haus saniert und stellt seine hochwertig restaurierten Prachtstücke aus. Da er in Altdorf, einige Kilometer östlich von Rhodt arbeitet, ist bei Interesse ein Besuchstermin zu vereinbaren. Theresienstr. 56, ✆ 06323-6139, koenig-antiquitaeten.de.

Fahrradverleih **Gästehaus Reinfrank.** Fahrräder ab 8,50 €/Tag. Kronacher Str. 7, ✆ 06323-3110.

Wandern Für Wanderungen entlang der Haardt, hinauf zur Villa Ludwigshöhe oder zur Rietburg (→ S. 161) ist Rhodt der ideale Ausgangspunkt. Der Weg, den König Ludwig und Königin Therese über die Theresienstraße hinauf zu ihrer Sommerresidenz zurücklegten, ist besonders an schönen Herbsttagen sehr beliebt.

Übernachten/Essen ****** Alte Rebschule.** Das Wohlfühlhotel oberhalb des Ortes inmitten der heimeligen Weinlandschaft bietet alles für anspruchsvolle Pfalzurlauber: gutes Essen, modern eingerichtete Zimmer und Spabereich Rebenmeer mit Sauna und Panoramaschwimmbad. Die Übernachtung kann nur mit Genießerpension (Frühstück, Nachmittagsjause, abends 4-Gänge-Menü) gebucht werden. Wer nur das Spa besuchen möchte, kann dies für 39 €/Tag tun. Im rustikalen **Gasthaus Sesel** fühlen sich Wanderer wohl, hier sind die Preise moderat. Theresienstr. 200, ✆ 06323-70440, alte-rebschule.de. **€€€€** (Zimmer), **€€€€** (Restaurant), **€€** (Gasthaus Sesel)

***** Gästehaus Pabst.** Das wunderbar zwischen Theresienstraße und Weinbergen gelegene Ferienhaus überzeugt durch seine Lage sowie mit freundlichen Zimmern, einem hervorragenden Frühstück und der tollen Terrasse mit Blick zum Hambacher Schloss. Theresienstr. 29, ✆ 06323-81191, gaestehaus-pabst.de. **€**

Weingut Seelos. Freundliche Zimmer und Ferienwohnungen in einem authentischen Winzerhaus und einem benachbarten Haus im Zentrum von Rhodt. Im Herbst lockt an Wochenenden die Straußwirtschaft im Hof mit einfachen, aber guten Gerichten. Theresienstr. 1, ✆ 06323-676, weingut-seelos.de. **€€**

Vinorant Fleischmann-Krieger. Mit vielen liebevoll arrangierten Details im Landhausstil präsentiert sich die Weinstube des gleichnamigen Weingutes. Im Hof sind laue Sommerabende eine Freude! Regionale Küche. Im Weingut haben zunehmend die Kinder der Familie das Sagen, renommierte Kritiker beobachten die Entwicklungen mit Wohlwollen. Do/Fr ab 17 Uhr, Sa/So ab 11.30 Uhr. Theresienstr. 22, ✆ 06323-81372, fleischmann-krieger.de. **€€**

meinTipp **Café Ludwig 1 und Gästehaus Zweite Heimat.** In dem Ende des 19. Jh. erbauten Herrenhaus haben Karin und Steffen Breuner nicht nur ein stimmungsvolles Gästehaus mit drei modernen Ferienwohnungen (die es sogar in die „Schöner Wohnen" geschafft haben) untergebracht, sondern auch noch das Café Ludwig 1, dessen Besuch sich schon allein wegen des Kuchens lohnt – Renner ist die Scharfe Lola, eine Schoko-Chili-Torte, benannt nach der offiziellen Geliebten des Königs, der Tänzerin Lola Montez. Und wenn es später wird, dauert es keine halbe Stunde und das Café ist zur Weinbar umgebaut. Egal zu welcher Tageszeit –hier ist kulinarischer und optischer Genuss garantiert. Ferienwohnung ab 70 €. Café Mi–So 9–17 Uhr, Weinbar Do–Sa 18–22 Uhr. Theresienstr. 31, ✆ 0177-4919246, cafe-ludwig-1.de. **€€**

Umgebung von Rhodt unter Rietburg

Edesheim

Im „Garten Eden der Pfalz“ präsentiert sich die Weinbaugemeinde Edesheim als idealer Wohn- und Urlaubsort. Ein breit gefächertes Angebot an Einkehrmöglichkeiten und die Edesheimer Schlossfestspiele, die jeden Sommer viele Besucher zur Seebühne vor dem Schloss locken, haben den Ort in den vergangenen Jahren zunehmend beliebter werden lassen. Schon im 14. Jh. sollen die Speyerer Bischöfe hier eine Wasserburg bewohnt haben. Das mitten in Edesheim gelegene Schloss entstand dann 1594, wurde seitdem jedoch mehrmals verändert und beherbergt heute in seinen klassizistischen Räumlichkeiten ein elegantes Hotel. Bei einer Ortsdurchfahrt fallen die imposanten Höfe und Anwesen auf, in denen es einige große Winzerbetriebe gibt.

Einkaufen/Essen **Weingut Anselmann.** Das Weingut am nördlichen Ortsrand ist eines der größten privaten Weingüter Deutschlands, die Weine werden seit Jahrzehnten immer wieder prämiert. Der Probierstand ermöglicht den täglichen Kauf der Weine (8–20.30 Uhr, So und feiertags ab 9 Uhr). In der Probierstube (gleiche Öffnungszeiten) kann man den Wein etwas aufmerksamer und mit zusätzlichen Infos verkosten. Auf der Brunnenterrasse wird in den Sommermonaten der Wein täglich von 10–21 Uhr von warmen Speisen begleitet. Staatsstr. 58–60, ✆ 06323-94120, weingut-anselmann.de.

Weinstube Wolf. Authentische Weinstube mit den wesentlichen Basics: Wein, Sauerkraut, Leberknödeln und Bratkartoffeln. Einfache, sehr gute Küche! Mi und Fr–So ab 17 Uhr, im Sept. und Okt. tägl. geöffnet. ✆ 06323-6284, wolf-weingut.de. **€**

Hainfeld

In dem gemütlichen Ort mit seiner verwinkelten Dorfstraße und dem markanten Kirchturm ist noch viel alte Bausubstanz erhalten. Zu Recht nennt sich Hainfeld „Weinort in Barock“, viele der Gebäude und Winzerhöfe entstanden im Zeitalter des Barock und Rokoko. Seit Ende des 15. Jh. gehört Hainfeld zum Bistum Speyer und wurde dadurch katholisch geprägt. Viele Winzerhäuser tragen an ihren Torbögen katholische Heilszeichen, barocke Heiligenfiguren und die an der zentralen Kreuzung zu bewundernde, farbenfrohe Maria Immaculata prägen das Ortsbild. Interessant ist die Entstehungsgeschichte der Barbarakirche.

Maria Immaculata in Hainfeld

An der Deutschen Weinstraße → Karten S. 84 und 152

Ihre Keimzelle war eine romanische Turmkirche. In diesem quadratischen Bereich, dem Erdgeschoss des Turms, steht heute noch das fein gearbeitete Taufbecken von 1511. Das Hauptschiff der Kirche ist im Anschluss entstanden und barock gestaltet. Zur Kirchengeschichte gibt es im Inneren von St. Barbara einige kleinere Schriften zu erwerben. Dass Hainfeld nicht nur architektonisch einiges zu bieten hat, beweisen die selbst vermarktenden Winzer. Zu den empfehlenswerten Weingütern gehört jenes der Familie Koch, dessen Weinpavillon am Ortsausgang in Richtung Burrweiler typisch pfälzische Öffnungszeiten hat: „Wann's Licht brennt, isch uff."

Einkaufen **Weingut Borell-Diehl.** In dem blumengeschmückten, fast 400 Jahre alten Fachwerkhaus, jüngst durch einen modernen Glasanbau stimmungsvoll ergänzt, reifen klare, fruchtige Weißweine ebenso wie stimmige Rotweine. Mo–Fr 8–12 und 13–18 Uhr, Sa 9–17 Uhr. Weinstr. 47, ✆ 06323-980530, borell-diehl.de.

MeinTipp **Weck & Ebbes -Dorfladen Hainfeld.** Frische Brötchen, Milch und Butter, vielseitige regionale Spezialitäten, Eis und selbst gemachte Marmelade: Der zentral gelegene Dorfladen hat ein tolles Sortiment und dank dem guten Konzept auch zahlreiche Kunden. Mo–Fr 6.30–12.30 Uhr und Mi–Fr auch 15.30–18 Uhr, Sa 6.30–12 Uhr und So 8–10.30 Uhr. ✆ 01590-6157674, dorfladen.hainfeld.de.

Weingut Koch. Ein Weinpavillon an zentraler Stelle weist nicht immer auf beste Weinqualität hin. Beim umfangreichen Angebot des Weinguts Koch jedoch ist auf die Qualität Verlass. Ein Gläschen Wein auf einer der Bänke vor dem Pavillon ist ein herrlicher Abschluss einer Weinstraßentour. Wer fruchtige Weine mit Restsüße mag, sollte mal den „Sommerwein" testen. Mi–Fr 14–22 Uhr, Sa/So/feiertags ab 12 Uhr. Weinverkauf im architektonisch gelungenen Weingut mit Proberaum Mo–Fr 9–12 und 13–18 Uhr, Sa 10–12 und 13–17 Uhr, So 12–17 Uhr. Weinstr. 1, ✆ 06323-2728, weingutkoch.com.

Weingut Klein. Im sympathischen, seit über 350 Jahren bestehenden Weingut mit dem schönen Winzerhaus gibt es hervorragende Weine. Eine besondere Spezialität ist der rote Frühburgunder. Verkauf Mo–Fr 8–12 und 13–18 Uhr, Sa 9–16 Uhr. Weinstr. 41, ✆ 06323-986980, kleinwein.com.

Essen & Trinken **Dorfbrunnen.** In dem ehemaligen Schulhaus gibt es in gemütlicher Atmosphäre typische Pfälzer Gerichte: Saumagen, Bratwurst und Leberknödel gehören zu den Klassikern. Im Oktober traditionelles Schlachtbuffet. Mo/Di Ruhetag, sonst 12–14 und 17–21 Uhr. Weinstr. 28, ✆ 06323-980734, dorfbrunnen-hainfeld.de. **€€**

In den Weinbergen bei Hainfeld

Zum Logel. Stilvolles Gasthaus im Herzen von Hainfeld. Im Sommer lockt die geschützte Terrasse, ganzjährig der stimmig zum alten Gemäuer eingerichtete Gastraum. Auf der Speisekarte: eine Auswahl klassischer Gerichte in hervorragender Qualität. Mi–Fr 11.30–14 und 17.30–22 Uhr, Sa ab 16.30 Uhr, So/Mo Ruhetag. Kirchgasse 1, ✆ 06323-938793, zum-logel.de. **€€**

Übernachten **Julius in der Pfalz.** Das alte Anwesen in der Ortsmitte wurde äußerst stilvoll-stimmig modernisiert und ist nun auch für anspruchsvolle Gäste eine passende Urlaubsadresse. Kochkurse und Weinproben erweitern das Pfalzerlebnis. Besonders nett: der Kräuter- und Naschgarten auf der gegenüberliegenden Straßenseite! Wehyererstr. 6, ✆ 06323-9138755, julius-pfalz.de. **€€€**

Weyher

Unterhalb der mit Kastanienbäumen bestandenen Ausläufer des Pfälzerwalds liegt auf rund 300 m Höhe der kleine und ein wenig verschlafene Ort Weyher. Von überall im Dorf hat man einen prächtigen Blick über die Ebene. Umgekehrt ist der Blick auf Weyher nicht ganz so idyllisch, die tollen Grundstücke mit Aussicht wurden nicht immer nach ästhetischen Grundsätzen bebaut. Aber im Ort angekommen, lohnt sich ein Ortsrundgang sehr. Der Ortskern zeigt sich an vielen Ecken sehr idyllisch, reicher Blumenschmuck setzt bunte Akzente. Geradezu schnuckelig ist das *Dorfleben*, ein gemütliches Ladencafé im alten Weyherer Rathaus. Davon, dass Weyher wie Hainfeld ein frommer, tief katholischer Ort ist, zeugen Heiligenfiguren an den Häusern und in der Flur. Die großzügig ausgestattete barocke Pfarrkirche St. Peter und Paul und die oberhalb des Ortes zu Beginn des 20. Jh. errichtete Lourdesgrotte sind weitere gottesfürchtige Merkmale des sonnigen Dorfes. Wenn heute vom Turm der Kirche die Glocken schlagen, dann erinnern sie an eine ganz besondere Geschichte: Als die französischen Revolutionsheere 1794 die Pfalz eroberten, raubten sie vielen Kirchtürmen ihre Glocken. Auch die Glocken von Weyher lagen bereits abholfertig vor der Kirche. Doch als sie am nächsten Morgen verladen werden sollten, waren die mächtigen Teile spurlos verschwunden und konnten auch nach längerer Suche nicht ausfindig gemacht werden. Junge Weyherer Männer hatten sie über Nacht in der Erde eines frisch gerodeten Weinbergs vergraben und die Spuren fein säuberlich verwischt. Erst als die Luft 1804 wieder rein war, wurden die Glocken geborgen und in den Kirchturm gebracht. An die Heldentat von einst erinnert heute der Glockenbrunnen am südwestlichen Ortsausgang (am Rand eines Parkplatzes).

Einkaufen/Übernachten/Essen **Weingut Rudi Möwes.** Hier werden frische, sehr gute und teilweise ausgezeichnete Weine produziert. Idyllisch und gemütlich ist das dazugehörige Ferienhaus „An der Dorflinde“ für bis zu 5 Pers. (ab 60 €). Mo–Fr 13–19 Uhr, Sa 9–16 Uhr, So 9–12 Uhr. Hübühl 10, ✆ 06323-5602, weingut-moewes.de.

Weingut-Gästehaus Graf. Vom schön angelegten Garten ganz oben in Weyher kann man den Blick in die Weinberge genießen. Hier gibt es hervorragende Weine zu kosten. In den Sommermonaten öffnet das nette Winzercafé, in der man stolz auf eine Rarität ist: Nur hier wird die philippinisch-kanadische-pfälzer Fusionsküche gepflegt. Egal, wo nun welches Küchenelement herkommt: Es schmeckt! Do–Fr 16–21 Uhr, Sa und So 12–21 Uhr, in den Monaten Sept. und Okt. Mi–Mo geöffnet. Rustikale DZ und Ferienwohnungen und auch einige Wohnmobilstellplätze mit Möglichkeit zur Toiletten- und Duschnutzung. Borngasse 7, ✆ 06323-980064, graf-von-weyher.de. **€€** (Zimmer), **€€** (Restaurant)

Gäste- und Ferienhaus Herrmann. Hell und ansprechend renoviertes Gästehaus in zentraler Lage. Ferienwohnungen und einige Zimmer. Oberdorf 42, ✆ 06323-5172, gaestehaus-herrmann.de. **€**

mein Tipp **Dorfleben.** So schön die Lage des Ortes ist – die Versorgungssituation ist hier wie vielerorts eher schlecht. Seit 2022 versorgt ein kleiner Laden mit Café im mittelalterlichen Rathaus Einheimische wie Gäste mit frischen Backwaren, dem Nötigsten für den täglichen Bedarf und etwas Kunst. Mi/Fr/Sa 7–15 Uhr. Josef-Meyer-Straße 25, ✆ 0163-9760834, dorfleben-weyher.de.

An der Deutschen Weinstraße → Karten S. 84 und 152

Der Balkon der Südpfalz: Zwischen Burrweiler und Albersweiler

Unterhalb des Teufelsbergs und der auf seiner östlichen Flanke thronenden St.-Anna-Kapelle liegen die Orte so dicht an die steilen, kastanienbewachsenen Hänge gedrängt, als wollten sie sich einen guten Ausblick sichern. Von hier oben hat man den Eindruck, als würde einem ein weites Rebenmeer zu Füßen zu liegen.

Südlich des Modenbachtals, das für den Weinanbau aufgrund der aus dem Pfälzerwald kommenden kalten Winde ungeeignet ist und früher einmal durch Ackerbau und Viehzucht, heute aber durch Obstanbau gekennzeichnet ist, reihen sich die alten Häuser von **Burrweiler** aneinander. Gleich zwei Gotteshäuser prägen den kleinen Ort: Oberhalb von Burrweiler befindet sich unweit des höchstgelegenen Weinbergs der Pfalz die in ihrer heutigen Form 1895 errichtete St.-Anna-Kapelle (→ Sehenswertes). Unten im Dorf steht die gut erhaltene spätgotische Kirche Mariä Heimsuchung, die 1523 von dem Ritter Christoph von Dahn und der Äbtissin Odilia von Heilsbruck errichtet wurde und die Gräber der Herren von Dahn beherbergt. Im Ort findet sich auch der Hof der einstigen Ortsherren. Heute ist in dem festungsartig wirkenden Herrenhaus die Gaststätte von der Leyen untergebracht, deren Name von jenem Geschlecht stammt, das zwischen 1657 und 1794 die Geschicke des kleinen Dorfes lenkte. Die Grafen von der Leyen müssen ob unsittlicher Umtriebe bisweilen so verzweifelt gewesen sein, dass sie zu drastischen Mitteln griffen. Im Jahr 1768 erließ Graf Franz Karl von der Leyen eine Verordnung, welche die Strafe bei Ehebruch regelte: „Dieselben sollen ohne Unterschied des Geschlechts an den Pranger gestellt, mit Rut scharf aufgestrichen und des Landes auf ewig verwiesen werden."

Das mit 284 m ü. d. M. auf gleicher Höhe wie Burrweiler gelegene **Gleisweiler** bezeichnet sich gerne als der wärmste Ort der Pfalz. Eindrucksvoll untermauert dies der über 150 Jahre alte Garten der Privatklinik Bad Gleisweiler mit seiner üppigen, wärmebedürftigen Flora. Oberhalb der 1844 von dem Landauer Arzt Ludwig Schneider als eine der ersten Kaltwasserheilanstalten Deutschlands erbauten Klinik steht der Sonnentempel, das Wahrzeichen Gleisweilers. Zu der ehemaligen Heilanstalt gehörte auch die noch heute nutzbare Walddusche im **Hainbachtal,** unter der die Patienten zwischen 1849 und 1878 ihre Abwehrkräfte stärken konnten. 1996 wurde die historische Kureinrichtung wiederentdeckt und rekonstruiert. Das Wasserbecken und die eiskalte Massage von oben sind heute besonders an heißen Tagen sehr beliebte Unterbrechungen auf Wanderungen.

Der verwinkelte und an dem engen Platz zwischen der katholischen Pfarrkirche St. Stephanus und der evangelischen Martin-Bucer-Kirche seinen Mittelpunkt findende Ortskern von Gleisweiler wirkt bisweilen wie ein belebtes Freiluftmuseum. Statt der sonst so weinstraßentypischen Autos tummeln sich Wanderer, Spaziergänger und Flaneure an schönen Wochenendtagen auf der Badstraße und der Lindenallee. Das gastronomische Angebot ist jedoch übersichtlich, ein freundliches SB-Café mit leckerem Kuchen (→ S. 171) ist am Dorfbrunnen ein echter Lichtblick für

Burrweiler mit St.-Anna-Kapelle

die Besucher. Vorbei am Eingangstor zur Privatklinik führt der Weg hinüber in den Nachbarort Frankweiler – über einen der wohl schönsten Panoramawege der Pfalz. **Frankweiler** wirkt trotz seiner vielen Brunnen und gemütlichen Winzerhöfe vergleichsweise unspektakulär. Das auf eine alte fränkische Siedlung zurückgehende Weindorf wird von dem aufgelassenen Steinbruch am Ringelsberg überragt, dessen gelbe Sandsteine viele der herrschaftlichen Häuser der Region prägen. Der Ortskern zwischen Rathaus und Protestantischer Pfarrkirche hat Charmepotenzial, geht aber in all den parkenden Autos etwas unter. Auf das am Eingang des Queichtals gelegene **Albersweiler** wird man häufig aufgrund einer Lücke aufmerksam – der 15 ha große Steinbruch liefert seit Jahrhunderten harten Gneis, was im Berg zu einem respektablen Loch geführt hat. Für den Bau der Landauer Festung wurde 1687/88 entlang der Queich sogar ein 7 km langer, schiffbarer Kanal gegraben, um das Gestein an die Baustelle zu befördern. Die Jahrhunderte haben Festung und Kanal in Bruchstücken zurückgelassen.

Sehenswertes

St.-Anna-Kapelle: Die imposant auf einem östlichen Ausläufer des Teufelsbergs errichtete Kapelle ist seit vielen Jahrhunderten Ziel von Pilgern. In ihrer heutigen Form entstand sie 1895 durch den Burrweiler Pfarrer Michael Hendel. Außer bei den großen Wallfahrten in den Sommermonaten ziehen die Burrweiler alljährlich am 1. Mai zu ihrer Kapelle hinauf. Schließlich soll nach dem Gelöbnis, jedes Jahr an diesem Tag eine Bittprozession abzuhalten, 1748 eine todbringende Seuche von den Burrweiler Bürgern abgelassen haben.

■ Die Kapelle ist ab dem Parkplatz am Restaurant St. Annaberg zu Fuß über den Fahrweg in rund 15 Min. zu erreichen. Informationen über die während der Sommermonate häufig stattfindenden Wallfahrten unter annakapelle.de. Die einfache PWV-Hütte an der Kapelle ist zwischen Februar und November sonntags von 11–18 Uhr geöffnet (✆ 06345-3931).

Kurpfälzisches Zehnthaus: Der aufgeklärte und in Gleisweiler überall präsente Kurfürst Karl Theodor ließ das für das kleine Dorf ein wenig überdimensioniert wirkende Zehnthaus 1753 durch

An der Deutschen Weinstraße → Karten S. 84 und 152

Die Dagoberthecke

Etwas außerhalb von Frankweiler steht in der Lage Königsgarten inmitten der Weinberge ein Weißdornbusch. Daneben nennt ein Stein seinen Namen: Dagoberthecke. An eben dieser Stelle soll bis zu einem Blitzeinschlag im Jahr 1823 ein noch gewaltigerer, heiliger und heilender Busch gestanden haben. Der bei Klingenmünster residierende Merowinger Dagobert I. soll sich hier im Jahr 626 mithilfe von Frankweiler Bauern vor seinen Verfolgern versteckt haben. Weil er – für die damalige Zeit ungewöhnlich – einen Schuldspruch zuungunsten eines Edelmanns erlassen hatte, wollten ihn die Großen und Starken des Reiches nicht länger dulden. Er entkam ihnen jedoch durch sein Versteck im Weißdornbusch und war so dankbar für die Rettung, dass er den Frankweiler Bauern einen Teil seines Waldes geschenkt haben soll.

seinen Hofbaumeister Sigismund Zeller errichten. Von hier aus wurde nicht nur die Abgabe des Zehnts an die örtliche Kirche organisiert und verwaltet, auch der katholische Pfarrer lebte lange Zeit in einer Wohnung im vierten Stockwerk. Schon 1797 wurde das Zehntrecht in der Pfalz abgeschafft, und das stattliche Anwesen verlor einen großen Teil seiner Bedeutung. Heute ist im Kellergeschoss ein kleines Papiermuseum eingerichtet, in dem die Geschichte der Papierherstellung gezeigt wird. Einige Exponate stammen aus der stattlichen, im 19. Jahrhundert gebauten und bis etwa 1900 genutzen Papiermühle im Hainbachtal.

▪ Das Papiermuseum ist in den Sommermonaten jeweils am ersten Sonntag zwischen 14 und 18 Uhr geöffnet. Zum Sonnenberg 1, ✆ 0151-10347553, papiermuseum-gleisweiler.de. Die Papiermühle liegt am Eingang des Hainbachtals auf dem Weg zur Walddusche. Das Gebäude befindet sich in Privatbesitz und ist nicht zugänglich.

Praktische Infos

Information Burrweiler und Gleisweiler sind Teile der Verbandsgemeinde Edenkoben. Auskünfte erteilt das Büro für Tourismus **Südliche Weinstraße Edenkoben e. V.** Büro für Tourismus, April bis Okt. Mo–Fr 9–12.30 und 13.30–17 Uhr, Fr bis 16 Uhr; Nov. bis März Mo/Di/Do 9–12.30 und 13.30–16 Uhr, Mi/Fr 9–12.30 Uhr, Poststr. 23, 67480 Edenkoben, ✆ 06323-959222, garten-eden-pfalz.de. Weitere Infos unter gleisweiler.de und burrweiler.de.

Informationen zu Frankweiler erhält man über das **Büro für Tourismus.** Nov. bis April Mo–Do 8.30–12 und 14–17 Uhr (Do bis 18 Uhr), Fr 8.30–12.30 Uhr, Mai bis Okt. zusätzlich Fr 13–15 Uhr, Sa 10–12 Uhr. Marktstr. 50, 76829 Landau in der Pfalz, ✆ 06341-138310, landau.de. Informationen zu Albersweiler sind über die Tourismusinformation Trifelsland erhältlich. Mai bis Okt. Mo–Fr 9–12.30 und 13.30–17 Uhr, Sa 10–12 Uhr, Nov. bis April Mo–Fr 9–12 sowie Mo–Do 14–16 Uhr. Messplatz 1, 76855 Annweiler, ✆ 06346-2200, trifelsland.de.

Einkaufen **Weingut Argus.** Der Betrieb blickt auf eine lange Tradition zurück, schon 1610 entstand der urige Gewölbekeller, in dem heute v. a. Rieslinge und im Holzfass ausgebaute Rotweine entstehen. Sa 10–17 Uhr sowie nach Vereinbarung. Gleisweiler, Hauptstr. 23, ✆ 06345-919424, argus-wein.de.

Weingut Meßmer. Mineralische Rieslinge und andere gute Weine aus dem VDP-Weingut können im innovativen **Weinhaus** gekostet werden. Hier werden nicht nur Meßmer-Weine angeboten, zum Probieren und Kaufen gibt es auch ausgewählte Flaschen von Pfälzer Winzerkollegen (Mi–So 13–19 Uhr). Weinverkauf Mo–Fr 8–11.30 Uhr, Mo–Mi zusätzlich 13.30–17 Uhr, Sa 9–13 Uhr. Burrweiler, Gaisbergstr. 5, ✆ 06345-2770, weingut-messmer.de.

Südpfalz Saft. Angrenzend an die Produktionsräume können die Säfte gekauft werden, teilweise sind sie auch im regionalen Einzelhandel erhältlich. Äpfel und Trauben stammen aus regionalem Anbau, die anderen Früchte haben teilweise mehr Kilometer auf dem Buckel. Mo–Do 8–12 und 13–17 Uhr, Fr 8–13 Uhr und Sa 9–12 Uhr. Frankweiler, Dorfbornstr. 34, ✆ 06345-1217, suedpfalzsaft.de.

Wandern Burrweiler, Gleisweiler, Frankweiler und Albersweiler bieten sich für kurze Abstecher zu Aussichtspunkten am Waldrand ebenso an wie für ausgedehnte Tagestouren. Die Orte liegen nur wenige Kilometer voneinander entfernt, und von dem zumeist oberhalb verlaufenden **Weinstraßenwanderweg** ergeben sich herrliche Blicke. Burrweiler und Gleisweiler sind ideale Ausgangspunkte für Wanderungen zur **St.-Anna-Kapelle,** zur Trifelsblick- und Landauer Hütte sowie zur **Ruine Neuscharfeneck** (→ Wanderung 8, S. 203). In Frankweiler informiert der 3 km lange **Waldlehrpfad** auf Tafeln über den Lebensraum Wald und die Waldbewirtschaftung (Beginn am Wanderparkplatz westlich von Frankweiler).

Übernachten/Essen **Burrweiler Hof.** Gepflegte und großzügige Ferienwohnungen. Burrweiler, Gaisbergstr. 1, ✆ 0160-5550061, burrweilerhof.de. €

Hotel und Vinothek Sankt Annaberg. Das auf halber Höhe zwischen Burrweiler und St.-Anna-Kapelle gelegene Weingut ist das höchstgelegene der Pfalz. Ursprünglich diente das Anwesen der Verpflegung von Pilgern. In den modern-charmanten Zimmern kann man erholsam schlafen, in der Vinothek (Di–Sa 11–18 Uhr) gibt es zum Wein leckere Kleinigkeiten. Burrweiler, St. Annaberg, ✆ 06345-3258, sankt-annaberg.com. €€

Ritterhof zur Rose. In dem zum Weingut Meßmer gehörenden freundlich-eleganten Restaurant werden regionale Produkte – zum Großteil aus dem Biosphärenreservat Pfälzerwald – liebevoll und elegant zubereitet. Das hat seinen Preis, der jedoch vollkommen gerechtfertigt ist. Burrweiler, Weinstr. 6a, ✆ 06345-407328, ritterhofzurrose.de. €€€

Winzergaststätte Grafen von der Leyen. Im Obergeschoss des im 16. Jh. entstandenen Amtshauses der Grafen von der Leyen war ab 1953 zunächst ein Gutsausschank der Burrweiler Winzergenossenschaft untergebracht. Die Küche ist fein-pfälzisch, es gibt auch einige vegetarische Gerichte. Di/Mi/Sa 11–15 und 17–20 Uhr, So 11–16 Uhr und Mo 17–22 Uhr. Burrweiler, Weinstr. 18, ✆ 06345-3620, winzergaststaette-burrweiler.de. €€

In der Ortsmitte von Gleisweiler

Burrweiler Mühle. Das Ausflugsrestaurant liegt in den sanft geschwungenen Ausläufern des Modenbachtals. Die rustikal-modernen Räumlichkeiten befinden sich in einer alten Mühle. An Sonnentagen locken ein schattiger Garten und Spielgeräte für die Kinder. Mo/Di geschlossen, sonst ab 15 Uhr, So und feiertags ab 12 Uhr. Burrweiler, Burrweiler Mühle 202, ✆ 06323-980751, burrweilermuehle.de. €€

MeinTipp **Café s'Lädl.** Meist wird ein Lokal aus mehreren Gründen zum Hit – hier ist es der großartige Platz am Brunnen, der großzügig geschnittene, leckere Kuchen und der sympathische Besitzer. Alles ganz einfach, aber sehr nett! Ein paar regionale Produkte gibt es auch zu kaufen. Di–Sa 6.30–12 Uhr und 14–17 Uhr, So 14–17 Uhr. Gleisweiler, Badstr. 6, ✆ 06345-9598811, slaedl-gleisweiler.de. €

Weinstube Brand. Nette, urige Weinstube mit sehr guten regionalen Gerichten, die auch mal asiatisch-kreativ abgewandelt werden. Der Freisitz im Hof ist sehr charmant. Di 17–22 Uhr, Mi–Sa 12–14 und 18–22 Uhr. Frankweiler, Weinstr. 19, ✆ 06345-959490, weinstube-brand.de. €€€

MeinTipp **Weinbar Müller.** Am Ortsrand von Frankweiler wird man auf dem Bioland-Weingut der Familie Müller freundlich empfangen. In der mit viel Holz gestalteten Weinbar oder auf der sonnigen Terrasse und Garten mit integriertem Spielplatz gibt es neben eigenen Weinen zu fairen Preisen Regionales – große Auswahl an (vegetarischen) Flammkuchen. Tägl. außer Mi und Do 11.30–22 Uhr, letzte Bestellung 19 Uhr. Frankweiler, Zum Kunststück 2, ☏ 06345-953663, weingut-m.de. **€€**

Wanderung 7: Weite Sicht auf dem Orensfelsen

Die rund 13 km lange Runde führt von Frankweiler an der Weinstraße auf den 544 m hohen Orensfelsen – mit einem fantastischem Blick auf die Rheinebene und den Pfälzerwald. Der Anstieg ist bisweilen anstrengend, aber nicht schwierig zu gehen. Und gleich drei Einkehrmöglichkeiten machen die Tour zu einer genüsslichen Sache. Da der Felsen gut gesichert und die Hütten sehr kinderfreundlich sind, ist die Tour für Kinder prima geeignet.

Startpunkt ist der Parkplatz an der **Dagoberthalle** in **Frankweiler** **1** (270 m). Etwas oberhalb führt die Straße „Am Kastanienbusch" mit bald herrlichem Blick auf den Trifels zunächst ca. 1 km durch die Weinberge. Nach einem letzten Blick hinüber nach Landau und Birkweiler folgt man im Wald der Ausschilderung „Naturfreundehaus Kiesbuckel" 3 km sanft ansteigend durch teilweise etwas feuchte Seitentälchen. Das **Naturfreundehaus** **2** bietet einfaches, gutes Essen und ist sehr kinderfreundlich – dank des Spielplatzes fällt die Pause hier vielleicht auch länger aus. Danach geht es auf schmalen Pfaden stetig bergan. Mit Erreichen eines breiten, weiter ansteigenden Forstweges folgt man den Hinweisschildern zum Orensfels scharf nach links. Oben angekommen, zeigt sich erst der dem Felsen vorgelagerte Picknickplatz, acht Stufen führen von hier auf das gut gesicherte **Felsmassiv** **3**. Bei passendem Wetter hat man eine traumhafte Aussicht: Karlsruhe, Landau, Annweiler mit dem Trifels, nach Westen der schier endlos wirkende Pfälzerwald und am rechten „Bildrand" das im Wald verschwindende Eußerthal.

Weiter geht es an der Ostflanke des Orensberges, zunächst eben und später abwärts zur **Landauer Hütte** **4**. Nach einer weiteren Rast führt der Weg in Richtung Süden über die Schutzhütte **Kirschbaumhütte** **5** zur dritten Einkehr-

Von dem Orensfelsen bietet sich ein herrlicher Ausblick

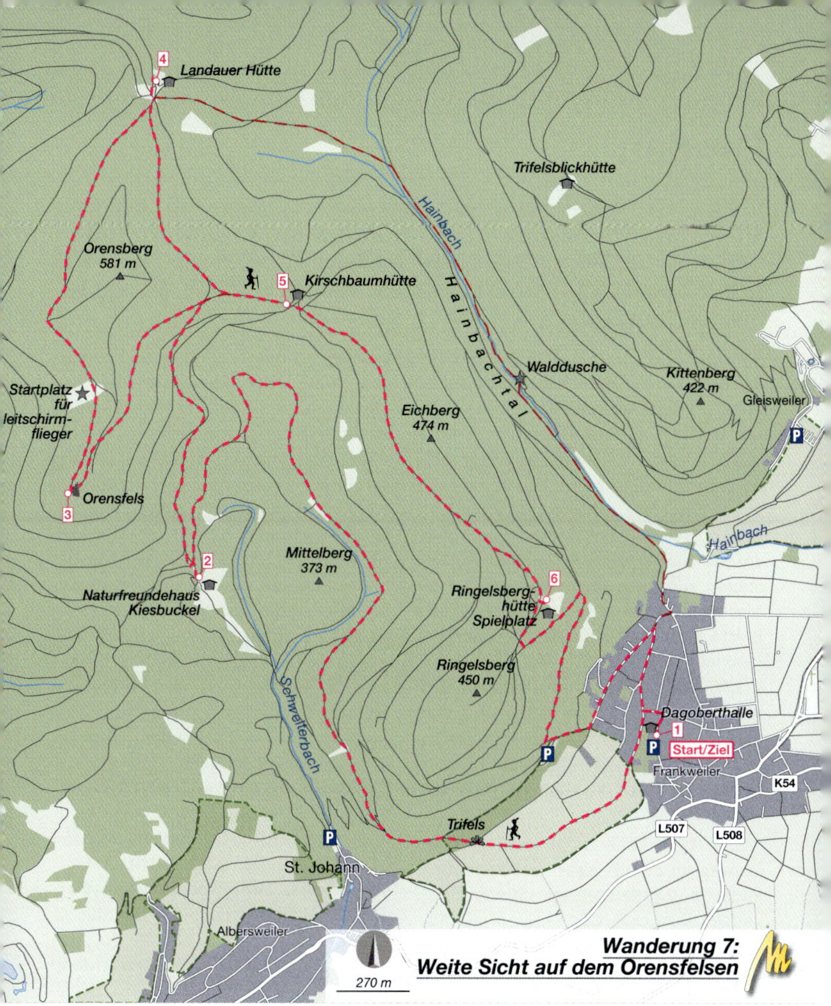

Wanderung 7:
Weite Sicht auf dem Orensfelsen

möglichkeit: der **Ringelsberghütte 6**. Der Abstieg verläuft im Zickzack einen (nicht mehr ganz intakten) Waldlehrpfad hinunter bis zu einem Wanderparkplatz. Auch dabei ergeben sich noch einmal schöne Ausblicke auf Frankweiler und die umgebenden Weinberge. Unten angekommen folgt der Weg sanft absteigend einer Wohnstraße bis zum Restaurant Robichon und dann scharf rechts auf der Orensfelsstraße zurück zum Ausgangspunkt. Alternativ kann der Abstieg von der Landauer Hütte auch durch das Hainbachtal vorbei an der historischen **Walddusche** erfolgen (ca. 1,5 km länger). Rund 1,5 km kürzer ist die Tour ohne den Abstecher zur Landauer Hütte.

Naturfreundehaus Kiesbuckel. 330 m ü. NN, Sa/So und feiertags 10–18 Uhr, ✆ 06345-918046.

Landauer Hütte. 450 m ü. NN., Sa/So, in den Sommermonaten auch jeden 1., 3. und 5. Mi 10–17 Uhr, ✆ 06345-3797, pwv-landau.de.

Ringelsberghütte. 450 m ü. NN., So 10–18 Uhr, ✆ 06345-7463, pwv-frankweiler.de.

Landau

Breite Straßen und weitläufige Plätze lassen erahnen, dass hier einst große Paraden und Aufmärsche stattgefunden haben müssen. Heute ist Landau sympathischer Mittelpunkt der Region, Universitäts-, Verwaltungs- und Einkaufsstadt sowie die größte Weinbaugemeinde Deutschlands.

Wer das Glück hat, zu Marktzeiten am Samstagmorgen nach Landau zu kommen, erlebt städtische Betriebsamkeit. Der weitläufige Rathausplatz, 1689 als Waffen- und Paradeplatz angelegt, bildet den Mittelpunkt der Stadt, die aufgrund ihrer bisweilen wenig einladenden Außenbereiche lange verschmäht wurde. Dabei hat sich Landau in den letzten Jahren zu einem überaus beliebten Wohn- und Arbeitsort gemausert. Heute zeigen sich die Straßen der Innenstadt wohltuend grün, und viele Ecken sind ansprechend renoviert. An schönen Sommertagen sitzen vor den Cafés der Innenstadt viele junge Leute, von denen nicht wenige an der in ihrer heutigen Form erst 1990 gegründeten Universität studieren.

Das alles kann nicht ganz darüber hinwegtäuschen, dass städtebaulich auch in Landau einige Sünden begangen wurden. Und wie so oft in Städten mittlerer Größe hört die geschäftige Umtriebigkeit jenseits der Hauptstraßen schnell auf. In seinen Randbereichen beherbergt die 45.000 Einwohner zählende Stadt einen kleinen, aber ansprechenden Zoo, prägnante Reste der Festungsanlage und einladende Parkanlagen, die zuletzt für die Landesgartenschau 2015 erweitert wurden.

Geschichte

Die Geschichte Landaus als Markt-, Militär- und Verwaltungsstadt ist lang und wechselhaft. Die Verleihung der Stadtrechte erfolgte 1274 und damit nur wenige Jahre nach der ersten urkundlichen Erwähnung. Schon damals bewilligte König Rudolf von Habsburg dem pfälzischen Landau auch einen Wochenmarkt. Keine 20 Jahre später erfolgte 1291 der Aufstieg zur Reichsstadt. 1324 jedoch rächte sich Ludwig der Bayer dafür, dass die Abordnung aus Landau ihm bei der Wahl zum römisch-deutschen König die Stimmen verwehrt hatte, und verpfändete die gesamte Stadt an die Bischöfe von Speyer, unter deren fast 200-jähriger Herrschaft sie ruhige Zeiten erlebte. Der 1508 durch Landau von den Herrschern der Madenburg (→ S. 184) erworbene Weinort Nußdorf wurde 1525 zum Ausgangspunkt des Pfälzischen Bauernkrieges. Hier sammelte sich bei der Kirchweih am 23. April jener Nußdorfer Haufen, der im Kampf um die Rechte der Bauern Klöster und Herrschaftshäuser plünderte und Neustadt kampflos eroberte. Zwei Monate später wurden die Bauern jedoch im rheinhessischen Pfeddersheim durch die Truppen des Kurfürsten Ludwig V. vernichtend geschlagen. Heute erinnert ein Denkmal in Nußdorf an den Aufstand, der rund 8000 Bauern den Tod brachte.

Im Jahre 1688 schließlich begann nach dem Eintritt Landaus in den elsässischen Zehnstädtebund der Ausbau zu einer Festung durch den französischen Baumeister Sébastien Le Prestre de Vauban. Bis 1691 sollte Landau nach seinen Plänen zu einer der „mächtigsten Festungen der Christenheit" werden. Auf einem eigens für den Bau errichteten Kanal wurden mächtige Gneisgesteine von Albersweiler nach Landau transportiert und hier von

Wochenmarkt auf dem Rathausplatz

20.000 Arbeitern zu einer gewaltigen achteckigen Festung errichtet, die bis 1871 zunächst unter französischer und später unter bayerischer Herrschaft bestehen blieb. Erst nach dem Schleifen der als Gefängnis empfundenen Festung konnte die Stadt wieder frei atmen. In den folgenden Jahren gab es neue Stadterweiterungen, es entstanden weiterführende Schulen und eine Bahnverbindung nach Neustadt.

Sehenswertes

Rathausplatz: Das Zentrum Landaus wird von dem weitläufigen Rathausplatz dominiert. Heute finden hier keine Aufmärsche und Paraden mehr statt, nur das einsame Reiterstandbild des Prinzregenten Luitpold von Bayern erinnert an jene Zeiten, als sich Herrscher und Gefolge auf dem 1689 als Waffen- und Paradeplatz erbauten Platz versammelten. Rings um ihn gruppieren sich einige der imposantesten Landauer Gebäude. An der Nordseite liegen das 1790 als Wohnhaus erbaute Böcking'sche Palais mit seiner frühgotischen Fassade und das Alte Kaufhaus. Schon im 15. Jh. wurden hier durch städtische Kaufhausmeister kontrollierte Geschäfte getätigt; die im Erdgeschoss untergebrachten Woll- und Safranwaagen zeugen von den einst so wichtigen Handelswaren der Region. Das inzwischen als Veranstaltungszentrum betriebene Gebäude wurde in seiner heutigen Form um 1840 durch den bayerischen Architekten August von Voit erbaut. Den westlichen Abschluss des Rathausplatzes bildet seit 1827 das klassizistische Rathaus, das ursprünglich als Sitz der bayerischen Militärkommandantur entstand und heute die Stadtverwaltung und das Büro für Tourismus beherbergt.

Frank-Loebsches Haus: Gut versteckt in den engen Gässchen hinter dem Alten Kaufhaus liegt ein wahres Kleinod. Der dreigeschossige Vierflügelbau mit Arkadenhof und einem Renaissance-Treppenturm entstand zwischen dem 15. und 17. Jh. und beheimatet die urige Wirtschaft Zur Blum (→ S. 181). Im 19. Jh. erwarb Zacharias Frank, ein Urgroßvater von Anne Frank, das Anwesen als Wohnhaus. Bis zur Enteignung der Familie Frank-Loeb durch die Nationalsozialisten blieb es in deren

Besitz. 1940 wurden hier die in Landau verbliebenen Juden interniert und am 22. Oktober nach Gurs deportiert – eine Reise, die nur wenige überlebten. 1987 wurde das Gebäude von der Stadt gekauft, heute sind hier neben einem Universitätsinstitut und einer Galerie eine Ausstellung über die Geschichte der Juden in Landau und eine Dokumentation über Sinti und Roma in der Pfalz untergebracht.

▪ Di–Do 10–12 und 14–17 Uhr, Fr–So 11–13 Uhr. Eintritt frei. Kaufhausgasse 9, ✆ 06341-86472.

Festung: Gemessen an der einstigen Größe der 1688 bis 1691 errichteten Festung wirken die erhaltenen Reste beinahe enttäuschend. Augenscheinlichste Zeugnisse der einst stadtbestimmenden Anlage sind das Obertor (Deutsches Tor) und das Untertor (Französisches Tor). Darüber hinaus zeugen massive Überreste des zu Beginn des 18. Jh. vor den Toren des Hauptwalls entstandenen Forts auf dem Kaffenberg von den Ausmaßen der einstigen Befestigungsanlagen. Seit ein paar Jahren wird versucht, die gewaltigen unterirdischen Teile der Festungsanlage wieder freizulegen und der Öffentlichkeit zugänglich zu machen.

Die Grundlagen für den Ausbau Landaus zu einer Festung legte der schon damals überaus bekannte und vom französischen Königshaus bewunderte Festungsbaumeister Sébastien Le Prestre de Vauban. Die Landauer selbst waren von ihrer Festung von Anfang an wenig begeistert. Sie litten nicht nur unter umfangreichen Enteignungen, sondern mussten 1689 sogar mit ansehen, wie weite Teile der Altstadt durch ein gewaltiges Feuer in Schutt und Asche fielen. In einer Denkschrift hatte Vauban zwei Jahre zuvor die enge Bebauung bemängelt, und dass schließlich französische Soldaten die Landauer Bürger daran hinderten, ihre Häuser zu löschen, nährte die Spekulationen über eine durch den Ingenieuroberst Tarade getätigte Brandstiftung. Beim Wiederaufbau wurde auf die vormaligen Besitzrechte keine Rücksicht genommen. Geld und Baumaterialien waren in den Folgejahren kaum zu bekommen, so lebte die Landauer Bevölkerung viele Jahre unter schlechten Bedingungen in Baracken.

Gleichzeitig wuchs und gedieh die Festung. Über 1.000 Landwirte lieferten das Holz für den gewaltigen Bau, der bis zu 20.000 Arbeitern Beschäftigung gab. Viele davon kamen aus Frankreich und siedelten sich in Landau an. Die Stadt selbst wandelte sich zu einer nahezu perfekt geschützten Anlage. Nur über die beiden großen Tore konnte die Bevölkerung ein- und ausreisen.

Zoo: Der kleine, aber für seine Größe vielseitige Landauer Zoo liegt im Bereich der ehemaligen Festungsanlagen

Erdmännchen im Landauer Zoo

Bedeutendes Baudenkmal: die Jugendstil-Festhalle

nördlich der Innenstadt. 1904 übernahm der Verein „Vogelfreund“ die Anlage und errichtete erste Vogelhäuser und Tiergehege. Mittlerweile beteiligt sich der Zoo im Rahmen der europäischen Erhaltungszuchtprogramme an der Erhaltung von Braunkopfklammeraffen, Geparden und Humboldtpinguinen. Die Sibirischen Tiger sind in einem erfreulich großen Gehege im ehemaligen Festungsgraben untergebracht.

▪ April bis Sept. 9–17.30 Uhr, März und Okt. bis 17 Uhr, Nov. bis Febr. 10–16 Uhr. Eintritt 10,50 €, Kinder (4–12 J.) 4,50 €, Hunde 3,50 €. Hindenburgstr. 12–14, ✆ 06341-898229, zoo-landau.de.

Festhalle: Nach Schleifung der Festungsanlagen entwickelte sich Landau rasant zu einem aufstrebenden Zentrum der Südpfalz. Befreit von den Restriktionen und symbolischen Schranken der trutzigen Wehrmauern, wurden v. a. gegen Ende des 19. Jh. die Stadt und ihre Bürger gleichermaßen von einer Aufbruchstimmung ergriffen. Zwischen 1905 und 1907 machte eine großzügige Spende des zunächst anonym gebliebenen Ziegelherstellers Dr. August Ludowici den Bau der Festhalle möglich, den Hermann Goerke meisterlich und imposant ausführte. Inzwischen gilt die Festhalle als eines der bedeutendsten Kulturdenkmäler des Jugendstils im süddeutschen Raum. 1200 Gäste finden hier bei verschiedenen Kulturveranstaltungen Platz.

▪ Mahlastr. 3, jugendstil-festhalle.de.

Strieffler-Haus: In dem ehemaligen Wohn- und Atelierhaus des Landauer Malers Heinrich Strieffler (1872–1949) befinden sich ein Museum und eine Galerie mit dem Nachlass des bedeutendsten pfälzischen Landschaftsmalers. Dessen Tochter Marie hinterließ es nach ihrem Tod 1987 der Stadt, die es weitestgehend unverändert der Öffentlichkeit zugänglich machte. So fühlt man sich tatsächlich in die Zeit des Malers hineinversetzt, der als zeichnerischer Schilderer des pfälzischen Weinbaus gilt und eines der Gründungsmitglieder des Pfälzerwald-Vereins war.

▪ Jährlich mehrere Wechselausstellungen, dann Fr–So 14–17 Uhr geöffnet. Löhlstr. 3, ✆ 06341-86204, strieffler-haus.de.

An der Deutschen Weinstraße → Karten S. 84 und 152

Bauernkriegshaus/Nußdorf: Das schöne Fachwerkhaus im 1972 eingemeindeten Stadtteil Nußdorf gilt als die Keimzelle des pfälzischen Bauernaufstandes im Jahr 1525. Das im 15. Jh. erbaute Haus wurde während des Dreißigjährigen Krieges zerstört und 1671 auf den historischen Fundamenten wiederaufgebaut. Heute zeigt es eine kleine Sammlung über den Bauernkrieg und die Ortsgeschichte von Nußdorf. Als Erweiterung gibt es einen historischen Dorfrundgang, vorbei an 14 informativen Tafeln.

▪ Mai–Okt. Sa/So 14–16 Uhr. Eintritt frei. Nußdorf, Kirchstr. 66, ✆ 06341-62221, bauernkriegshaus-nussdorf.de. Auf der Internetseite gibt es auch Informationen zu weiteren Aspekten der Dorfgeschichte.

Nahe des Bauernkriegshauses gibt es noch (mindestens) zwei sehenswerte Punkte: zum einen die von vielen Epochen zeugende Johanneskirche. Besonders zu erwähnen ist der an der Nord-Ost-Ecke verbaute Viergötterstein. Der Stein aus römischer Zeit präsentiert jeweils auf einer Seite die Götter Juno, Jupiter, Herkules und Minerva. Ursprünglich war das Relikt vermutlich im 3./4. Jh. Teil einer römischen Villa Rustica. Charmant die platzartige, neu gestaltete Kreuzung vor dem ehemaligen Pfarrhaus der Johanneskirche. Hier finden sich Bänke und Bäume, ein frei nach Albrecht Dürer gestaltetes Bauernkriegsdenkmal und ein sehr einladender Tante-Emma-Laden. Mit einer Tasse Kaffee und einer süßen Leckerei ist das Ambiente gleich noch viel netter. Und hin und wieder veranstaltet „Emma" auch ein Sommer-Chill-out oder ein Pfalzquiz im idyllischen Hof des Bauernkriegshauses.

▪ Tägl. 7–12 und 15–18 Uhr, Mi und Sa bis 12 Uhr, So 8–10 Uhr. Nußdorf, Kirchstraße 62, Instagram: tanteemmaarzheim.

Landesgartenschaugelände/Südpark: Auf dem 27 ha großen Konversionsgelände im Süden der Stadt fand 2015 eine vielbeachtete Landesgartenschau statt. Die Beachtung hatte zunächst einen unrühmlichen Grund: Da auf dem alten Bahngelände immer wieder Blindgänger aus dem Zweiten Weltkrieg gefunden wurden, entschloss man sich, das Schaujahr von 2014 auf 2015 zu verschieben. So waren viele Pflanzungen zur Freude der Besucher schön eingewachsen. Ein Teil der Fläche wird nun für Wohnungen genutzt, der übrige Teil ist als Südpark immer noch ein lohnendes Ziel. Der Holzturm ganz im Süden des Geländes bietet eine weite Aussicht. Besonders einladend ist das Areal im Bereich der extravagant gestalteten **Vinothek Par-Terre** (→ siehe Einkaufen). Die sonnigen Terrassen bieten eine schöne Aussicht über moderne Blumenbeete. Über den vorgelagerten Spielplatz freuen sich vor allem Kinder.

In diesem Nußdorfer Haus brach 1525 der Bauernkrieg aus

Service

Information Büro für Tourismus. Nov. bis April Mo–Do 8.30–12 und 14–17 Uhr (Do bis 18 Uhr), Fr 8.30–12 Uhr, Mai bis Okt. zusätzlich Fr 13–15 Uhr, Sa 10–12 Uhr. Marktstr. 50, 76829 Landau in der Pfalz, ✆ 06341-138310, landau-tourismus.de.

Kino Filmwelt Landau. Etwas außerhalb gelegenes, freundliches Kino mit sechs Sälen. Gemischtes Mainstreamprogramm. Albert-Einstein-Str. 2, ✆ 06341-52052, filmwelt-landau.com.

Parken Wer bereit ist, ein paar Schritte zu laufen, der findet viele Parkmöglichkeiten für den vergleichsweise günstigen Preis von 3 € für ein Tagesticket. Die größte Chance auf einen freien Platz hat man auf dem am nördlichen Rand der Innenstadt gelegenen **Alten Messplatz.** Direkt an der Fußgängerzone sind die Parkplätze teurer.

Sightseeing Das Büro für Tourismus bietet **Stadtführungen** mit unterschiedlichen Schwerpunkten an. Anmeldung für Gruppen und Termine für Individualreisende unter ✆ 06341-138310 oder touristinfo@landau.de. Hier werden auch Fahrten mit dem **Schoppenbähnel** durch die Landauer Weindörfer vermittelt.

Taxi Taxistand am Bahnhof, ansonsten unter ✆ 06341-86506.

Einkaufen

→ Karte S. 180/181

Als regionales Einkaufszentrum bietet Landau vielerlei Geschäfte rund um den Rathausplatz und in der Fußgängerzone. Dienstags und samstags findet von 7 bis 14 Uhr auf dem Rathausplatz der vielseitige **Wochenmarkt** statt.

Oel de Vie 6 In dem kleinen Laden werden zum Großteil selbst importierte, hochwertige Olivenöle aus Norditalien und Südfrankreich angeboten. In der langen Theke stehen dicht an dicht mediterrane Köstlichkeiten. Es gibt auch Café, Kuchen und leckere Paninis. Mo–Fr 10–18 Uhr, Sa 8–15 Uhr. Marktstr. 44, ✆ 06341-87953, oeldevie.de.

Die kleine Weinhandlung 1 „Nur das Beste und davon reichlich!", so die Philosophie des Weinhändlers Stefan Dorst. Neben eigenen Weinen verkauft er auch erlesene Flaschen namhafter Pfälzer und internationaler Weingüter. Kompetente Beratung. Mi/Do 14–18.30 Uhr, Di/Fr 10–18.30 Uhr und Sa 10–15 Uhr. Kleiner Platz 3, ✆ 06341-919593, weinhandlung-am-kleinen-platz.de.

MeinTipp **KFE 14** Wer auf der Suche nach handwerklich gerösteten Bohnen ist, der wird in der ehemaligen Tankstelle unweit des Landauer Bahnhofs sicher fündig. Die Rösterei bietet über 30 Kaffeesorten zu überaus fairen Preisen und eine kleine Kaffeebar für den Espresso zwischendurch. Auch Onlinebestellungen funktionieren prima! Mo–Fr 10–18, Sa bis 16 Uhr. Maximilianstr. 2, ✆ 06341-144141, kfe-kaffee.de.

Wunschträume 9 Traumhafter Spielwarenladen mit großer Auswahl und freundlicher, kenntnisreicher Beratung. Mo–Fr 9.30–18.30 Uhr, Sa bis 16 Uhr. Königstr. 34, ✆ 06341-5562627, wunschtraeume-landau.de.

Annas Laden 11 Der richtige Ort, um sich mit Erinnerungen an die Pfalz einzudecken. In dem kleinen Laden gibt es Pfälzer Spezialitäten ebenso wie Accessoires für Küche und Wohnzimmer. Mo–Fr 10–18 Uhr, Sa 10–15 Uhr. Kugelgartenstr. 20, ✆ 06341-9596500, annas-landpartie.de.

Vinothek Par-Terre 18 Vinothek auf dem ehemaligen Landesgartenschaugelände, die fast alle namhaften Südpfälzer Weingüter (zum Trinken oder Kaufen) im Angebot hat. Mit umfangreichem Onlineshop! Auch eine kleine Speisekarte. Mi–So ab 14 Uhr, Mi/Do bis 21 Uhr, Sa bis 22 Uhr und So bis 20 Uhr. Georg-Friedrich-Dentzel-Str. 11, ✆ 06341-9690890, par-terre.de.

Sport

Baden La Ola. Das meist gut besuchte Freizeithallenbad bietet neben Riesenrutsche, Thermal- und Wellenbecken auch eine Saunalandschaft und Thaimassagen. Tägl. 10–22 Uhr, Fr bis 23, So bis 21 Uhr. In den Sommerferien von RLP geschlossen. Tageskarte 10,50 €, Jugendliche 7 €, Kinder unter 6 J. 3 €, Sa/So/feiertags alle Karten 1,50 € teurer. Nutzung der Saunalandschaft zzgl. 11 €. Horstring 2, ✆ 06341-55115, la-ola.de.

Freibad am Prießnitzweg. In zentraler Lage und sehr schön saniert bietet das Bad für Große und v. a. für Kleine viel Badespaß. Nur im Sommer, Öffnungszeiten bitte aktuell checken. Priesnitzweg, ✆ 06341-139300, freibad-ld.de.

Golf Landschaftlich wunderschön gelegener 18-Loch-Platz in dem zu Essingen (6 km nordöstlich von Landau) gehörenden **Golfclub Dreihof.** Greenfee ab 70 €. April bis Sept. tägl. 8–19 Uhr, März/Okt. 8–18 Uhr, Nov. bis Febr. 8.30–17 Uhr. Essingen, Am Golfplatz 1, ✆ 06348-4282, golfclub-dreihof.de.

Klettern **Rock & Climb.** Der Landauer Anbieter organisiert neben Kletterreisen und Wochenendtouren nach Südeuropa und in der Pfalz auch Kurse in Schwierigkeitsstufen. Eintägiger Schnupperkurs inkl. Leihausrüstung und Mitfahrgelegenheit ab Landau ab 60 €. Lazarettgarten 35b, ✆ 0172-6063740, rockandclimb.de.

Radfahren Die sanften Hügel rund um Landau erlauben vielseitige und genussvolle Radtouren. Zum Kennenlernen des Landauer Umlands eignet sich der **Winzer-Radrundweg,** der auf seiner etwa 50 km langen Route rund um Landau durch malerische Weindörfer und eine abwechslungsreiche Landschaft führt

(Informationen unter suedlicheweinstrasse.de oder adfc-rlp.de, das Logo der Tour stellt zwei auf einer Traube sitzende Radler dar). Landau liegt auch an dem schönen, in Hauenstein beginnenden und bis zur Queichmündung in Germersheim führenden **Queichtalradweg**, in dessen Verlauf sich die unterschiedlichen Landschaften der Pfalz erkunden lassen.

Übernachten

→ Karte S. 180/181

Die Übernachtungsmöglichkeiten direkt in Landau sind begrenzt. In den umliegenden Orten gibt es meist ein größeres und auch preisgünstigeres Angebot.

****** Parkhotel Landau** **12** Zentral und schön am Ostpark zwischen Bahnhof und Innenstadt gelegenes Haus mit gehobenem Standard. Die modernisierten Zimmer sind frisch im Stil und gemütlich, auch einige Apartments. Mahlastr. 1, ✆ 06341-1450, parkhotel-landau.de. **€€**

Maximilians **2** Das 2016 eröffnete Hotel bietet ansprechende, frische Zimmer und eine sympathische Atmosphäre am Rand der Innenstadt. Maximilianstr. 28, ✆ 06341-2692921, maximilians-landau.de. **€€€**

Soho **15** Schönes, modernes Hotel mit allem Komfort und sehr gutem Restaurant. Schade, dass es nicht in fußläufiger Entfernung zur Innenstadt liegt, dafür bietet die Lage viele kostenfreie Parkplätze. Marie-Curie-Str. 9, ✆ 06341-141960, soho-landau.de. **€€** (Zimmer), **€€** (Restaurant)

Stellplätze gibt es am Freizeitbad La Ola (→ Sport), inkl. Strom und Müllentsorgung 24 Std. 10 €, inkl. Eintrittsgutschein für das Freizeitbad. Wasserversorgung und Abwasserentsorgung extra. Horstring 2, ✆ 06341-139200, la-ola.de.

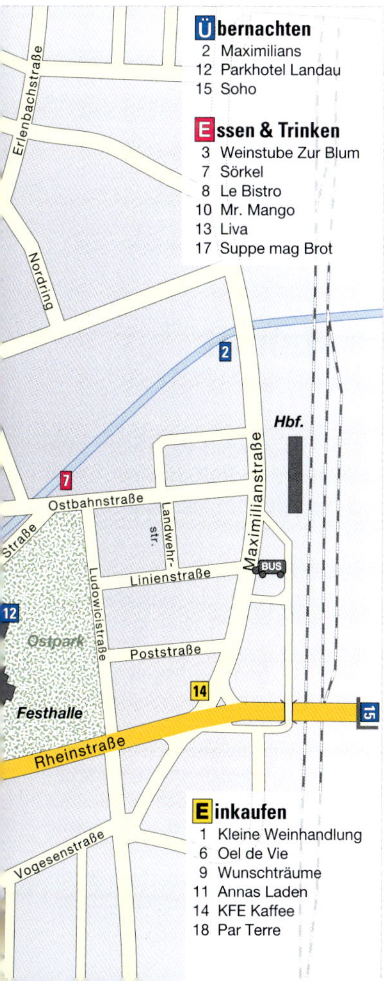

Essen und Trinken/Nachtleben

Eine Stadt, die von Wein umgeben und von Studenten bevölkert ist – da ist gastronomisch viel geboten. Gutbürgerliche Restaurants sind eher in den Weindörfern zu finden, Landau glänzt hingegen mit innovativen Cafés und lässigen Weinkneipen. Am nördlichen Marktplatz löst ein Lokal das nächste ab – der Place to be in Landau!

Essen & Trinken **Segafredo Espresso Bar** **5** Guter Espresso, freundlicher Service und eine super Lage, um draußen am Marktplatz zu sitzen – mehr braucht es nicht. Mo, Di, Do 9–23 Uhr, Di 8–23 Uhr, Sa 8–24 Uhr, So 13–18 Uhr. Kronstr. 3, ✆ 06341-144483, Instagram: segafredolandau.

Weinstube Zur Blum **3** Die im Frank-Loeb'schen Haus (→ S. 175) untergebrachte Weinstube besteht seit dem 17. Jh. In historischer Kulisse kann man bodenständige Pfälzer Kost und Wein genießen. Di–Sa ab 18 Uhr, Mi/Sa auch 11.30–14 Uhr. Kaufhausgasse 9, ✆ 06341-897641, zurblum.de. **€€**

An der Deutschen Weinstraße → Karten S. 84 und 152

Le Bistro 8 Beliebte Mischung aus Bistro und Café an der südlichen Seite des Rathausplatzes. Die Küche ist die gleiche wie die der Pizzeria „Pfeffer und Salz", die auf der Rückseite in der Kugelgartenstraße liegt und in der schon seit Jahrzehnten gute, italienische Klassiker serviert werden. Mo–Do 10–24 Uhr, Fr/Sa bis 2 Uhr, So/feiertags 11.30 Uhr bis 23 Uhr, warme Küche tägl. bis 22.30 Uhr. Rathausplatz 6, ✆ 06341-80285, lebistro-pfefferundsalz.de. €€

MeinTipp **Parezzo** 4 Liebevoll geführtes, modernes Café mit Rösterei und traumhaft leckeren Pralinen aus der Confiserie Rebert (Wissembourg, Elsass). Mo–Fr 9–18 Uhr, Sa 7.30–17 Uhr. Marktstr. 53 und 55, ✆ 06341-942555, parezzo.de.

Liva Cafe 13 Auf dem einladenden Platz vor der Stiftskirche oder im gemütlich-modern gestalteten Innenraum: Das orientalisch inspirierte, vorwiegend herzhafte Frühstück (bis 15.30 Uhr!) ist optisch und geschmacklich eine Wucht. Do–Di 8.30–18 Uhr, So ab 10 Uhr. Westbahnstr. 31, ✆ 06341-2672250, Instagram: liva_landau. €€

Suppe mag Brot 17 In der urbanen Suppenbar fühlt man sich ein bisschen wie in Nachbars Wohnzimmer. Tagsüber gibt es täglich wechselnde, klassische und ausgefallene Eintöpfe und Salate aus regionalen Zutaten, abends manchmal Livemusik. Mo–Fr 11.30–22 Uhr, Sa/So Ruhetag. Friedrich-Ebert-Str. 15, ✆ 06341-2684571, suppemagbrot.de. €€

Sörkel 7 Moderne Mischung aus Café, Bistro und Bar am neugestalteten Bereich zwischen Bahnhof und Fußgängerzone. Die freundliche, unkomplizierte Atmosphäre und die offene und helle Architektur locken zum Frühstück, auf ein Glas Wein oder einfach nur zum Kaffee. Tägl. 10–19 Uhr, So bereits ab 9.30 Uhr. Ostbahnstr. 25, ✆ 06341-9947116, soerkel-landau.de. €€

MeinTipp **Mr. Mango** 10 Die Bezeichnung „der Saftladen" ist etwas untertrieben: Es gibt hier jede Menge Saft und Smoothies, aber auch Crêpes, Schokobananen, Panini und Frappés. In bunt-fröhlichem Ambiente lädt der Laden am Rand der Fußgängerzone zur Pause oder zum To-Go ein. Mo–Sa 8–19 Uhr. Ostbahnstr. 2, ✆ 06341-2691713, mrmango.de. €

Nachtleben **Logo** 16 Lebhafter, studentischer Club mit gemischtem Programm, Do 23–3 Uhr, Fr/Sa bis 4 Uhr. Xylanderstr. 2, logold.de.

Zwischen der Kleinen Kalmit und der Madenburg

Die Südpfalz zwischen Landau und dem Pfälzerwald wird von zwei Landmarken geprägt: der Kleinen Kalmit, einer im Rebenmeer aufragende Kalkscholle mit Kapellchen, und der weithin sichtbaren, von Kastanienwäldern umgebenen Madenburg.

Mit dem Namen ist schon viel gesagt: **Kleine Kalmit.** Mit dem höchsten Berg des Pfälzerwaldes, der Kalmit, kann die Muschelkalkscholle bei Ilbesheim nicht mithalten. Da sie aber - je nach Blickwinkel - auch markant ist, hat sie es immerhin zur kleinen Schwester gebracht. 70 m Höhendifferenz liegen zwischen dem Weinort Ilbesheim und dem Plateau der Kleinen Kalmit. Von oben hat man eine weite Sicht auf das umgebende Rebenmeer, den im Westen ansteigenden Pfälzerwald und die, auf einem der ersten Hügel lagernde Madenburg. Die rund 270 m hohe Muschelkalkscholle bricht nach Westen in Richtung Ilbesheim jäh ab, während der Aufstieg von Osten her eher sanft verläuft. In früheren Tagen galt die Kleine Kalmit als Wetterberg und Heimat der Wetterhexe, Prozessionen führten zum Kreuz auf dem Gipfel, um gutes Wetter zu erbitten. 1851 erbaute der Arzheimer Pfarrer Michael Mohler auf dem imposanten Hügel die Kapelle zum „Troste der Armen Seelen", von deren Vorplatz aus man einen herrlichen Ausblick genießen kann. Dane-

Insel in der Südpfalz: die Kleine Kalmit

ben sind es v. a. die seltenen Pflanzen und Tiere, welche die Kleine Kalmit zu einem besonderen Ort machen. Im Frühjahr blüht die violette Küchenschelle auf den Kalktrockenrasen der Flanken, im Herbst findet man den Gefransten Enzian, Silberdisteln und verschiedene Orchideen. Zusammen mit seltenen Spinnen- und Schmetterlingsarten waren es diese Pflanzen, derentwegen die Kleine Kalmit zum Naturschutzgebiet erklärt wurde.

Direkt unterhalb des Gipfels liegt der beschauliche Fachwerkort **Ilbesheim.** Affen bevölkern die kleinen Gässchen rund um den Birnbach – wie die Bewohner der umliegenden Orte haben auch die Ilbesheimer ihren Necknamen. Sie tragen ihn stolz und betonen die besonderen Eigenschaften der Tiere: Neugierde, Ehrgeiz und Geselligkeit. Historische Bedeutung erlangte der Ort 1704, als hier im Vertrag von Ilbesheim der Frieden zwischen Bayern und Österreichern verhandelt und damit der Spanische Erbfolgekrieg beendet wurde. Damals tagten die Parteien in dem 1558 erbauten Rathaus, das mit seiner offenen Halle im Erdgeschoss noch heute den Mittelpunkt des Ortes bildet. Im 15. und 16. Jh. war Ilbesheim ein Zentrum für den Anbau von Safran, über das der Botaniker und Prediger Hieronymus Bock Mitte des 16. Jh. berichtete. In den 1990er-Jahren wurde die Tradition des Safrananbaus in Ilbesheim für kurze Zeit wiederbelebt, heute blüht der Safran-Krokus im Spätherbst nur noch wild.

Die südlich von Ilbesheim gelegenen Dörfer **Göcklingen** und **Heuchelheim** liegen abseits des Weinstraßenrummels. Giebelständige, bescheidene Winzerhäuser und rebenbewachsene Torbögen, eine kleine Kirche im Zentrum und stimmungsvolle Kerwen geben den ruhigen Orten dennoch viel Flair. **Siebeldingen, Birkweiler, Ranschbach, Leinsweiler** und **Eschbach** entstanden dort, wo Flüsse und Bäche die Berge des Pfälzerwalds verließen und im Laufe der Jahrtausende tiefe Täler einschnitten. Zwischen den hübschen Orten liegen höher und vor kalten Winden aus dem Wald geschützt die wichtigsten Weinlagen der Südpfalz. In den oft vom Durchgangsverkehr befreiten westlichen Teilen der Orte findet man noch den authentischen Charme der Weindörfer, während die an der Wein-

An der Deutschen Weinstraße → Karten S. 84 und 152

straße gelegenen Bereiche an machen Tagen in der Saison vor Verkehr, Touristen und Neuen Wein anpreisenden Schildern bisweilen überlastet sind. Manch herrlicher Platz findet sich im lichten Kastanienwald oberhalb der Weinorte. Der Maler Max Slevogt entdeckte seinen Platz etwas oberhalb von Leinsweiler und richtete sich hier seinen Sommersitz ein. Von Eschbach wandert man durch den Kastanienwald auf die **Madenburg** – das Panorama ist wunderbar. Unten in Eschbach wimmelt es übrigens von Eseln, von bunten, künstlichen und von lebendigen. Die bunten Tiere stehen im ganzen Dorf herum, bemalt wurden sie von verschiedenen Künstlern und erinnern an den Spitznamen der Eschbacher: Denn so wie die Ilbesheimer die „Affen" sind, sind die Eschbacher die „Esel" der Region.

In Leinsweiler

Sehenswertes

Slevogthof: Malerisch liegt die ehemalige Sommerresidenz Max Slevogts oberhalb des schönen Fachwerkortes Leinsweiler in ausgedehnten Kastanienwäldern. Über hundert Werke soll der Impressionist hier geschaffen haben. Bis zu seinem Tod 1932 zeigte er sich aufs Engste mit der Region verbunden. Aktuell ist der Slevogthof nicht öffentlich zugänglich.

Madenburg: Neben dem Trifels ist die Madenburg die markanteste Burg der Südpfalz. Von der Ebene aus sieht man sie oberhalb von Eschbach ausgedehnt auf einem flachen, bewaldeten Sporn des Rothenbergs liegen. Trotz mehrmaliger Zerstörungen und Plünderungen während des Bauernkrieges und im Pfälzischen Erbfolgekrieg vermittelt sie auch heute noch einen Eindruck ihrer früheren Pracht. Im Laufe der Geschichte wechselte die Madenburg gleich mehrmals die Besitzer. Leininger, Sickinger, Fleckensteiner und Württemberger residierten hier, bis sie 1516 an das Bistum Speyer fiel und mehrfach erweitert wurde. Teile der Kernburg lassen die Ausmaße der soliden Erweiterungsbauten durch Bischof Philipp von Flörsheim zwischen 1529 und 1552 erkennen. Bischof Eberhard von Speyer ließ die Burg 1593 durch den Eberhardsbau erweitern; bis heute sind davon zwei beeindruckende Renaissance-Treppentürme zu sehen. Seit 1800 befindet sich die Burg in privaten Händen. Bedeutung erlangte sie nochmals 1848, als Robert Blum, Abgeordneter der Frankfurter Nationalversammlung, hier sein viel beachtetes Plädoyer für eine freiheitlich-demokratische Verfassung hielt.

Der Aufstieg auf die Madenburg lohnt sich auch wegen des herrlichen Ausblicks: Nicht nur über die Rheinebene und zum nahen Slevogthof kann man schauen, sondern in Richtung Westen

auch weit in den Pfälzerwald. Zahlreiche begeh- und besteigbare Bauten machen den Besuch für Kinder interessant.

Burgschänke In der Madenburgschänke gibt es kleine Gerichte und Erfrischungen. Die Burg befindet sich in Privatbesitz, der Verzehr von mitgebrachter Vesper ist untersagt. Da das Preis-Leistungs-Verhältnis der Madenburgschänke erfreulich ist, wird das gastronomische Angebot von vielen Besuchern angenommen. Mo/Di Ruhetag, April bis Okt. 11.30–19 Uhr, Nov. bis März 11.30–17 Uhr, ✆ 06345-7110, madenburg-pfalz.de.

Achtung: An Ruhetagen ist die gesamte Burganlage geschlossen!

Burgführungen Nach Vereinbarung (✆ 06345-3531).

Wandern Eine kurze Wanderung zur Madenburg führt in 20 Min. vom unterhalb gelegenen Wanderparkplatz (Zufahrt über den Eschbacher Sportplatz) hinauf zur Burg. Die Wälder zwischen Eschbach und Annweiler mit ihren geschichtsträchtigen Burgen Trifels und Madenburg sind schöne Wanderreviere mit gut ausgeschilderten Wegen. Vom gleichen Wanderparkplatz gelangt man über den ausgeschilderten Cramerpfad in Richtung Trifels (5 km entfernt).

Praktische Infos

Information **Büro für Tourismus Landau-Land.** Mo–Fr 9–12 Uhr, März bis Okt. auch 14–16 Uhr. Hauptstr. 4, 76829 Leinsweiler, ✆ 06345-3531, landauland.de.

Einkaufen **Weingut Siegrist.** Thomas Siegrist ist Pionier des Barrique-Ausbaus. Die Weine des weitgehend schon von der nächsten Generation betriebenen Weinguts sind sehr trockene, mit hoher Qualität alternde Rot- und Weißweine. Mo–Fr 8–12 und 13.30–18 Uhr, Sa 9–16 Uhr. Leinsweiler, Am Hasensprung 4, ✆ 06345-1309, weingut-siegrist.de.

Weingut Ökonomierat Rebholz. Unter den vielen guten Weingütern der Pfalz wird dieser VDP-Betrieb immer wieder als eines der besten bezeichnet. Mo–Fr 9–12.30 und 13.30–17.30 Uhr, Sa 9–16 Uhr. Um Anmeldung wird gebeten. Siebeldingen, Weinstr. 54, ✆ 06345-3439, oekonomierat-rebholz.com.

Wein- und Sektgut Marienfelder Hof. Etwas außerhalb von Siebeldingen liegt das legere Bioland-Weingut, hier wird ökologisch gewirtschaftet. Im Sommer und Herbst an einigen Wochenenden auch Straußwirtschaft. Wohnmobilstellplätze ab 17 €, kleine Ferienwohnung 75 €. Siebeldingen, Marienfelder Hof, ✆ 06345-919112, marienfelderhof.de.

Weingut Johanneshof im Sonnenschein. Inmitten von Weinbergen liegt oberhalb von Siebeldingen das schicke Weingut. Verkauft werden bodenständige, trockene Weine. Das Besondere des Gutsausschanks sind die Sitzgelegenheiten im gepflegten mediterranen Park (Im Sommer Mi–Sa 14–21, So und feiertags 12–20 Uhr). Siebeldingen, Johanneshof, ✆ 06345--3664, johanneshof-im-sonnenschein.de.

Weingut Gies-Düppel. Volker Gies hat als einer der jüngeren Südpfälzer Winzer im VDP-Weingut einiges verändert, die Qualität hat unter ihm einen deutlichen Sprung gemacht. Kritiker loben, dass Gies die unterschiedlichen Lagen im Wein sehr klar umsetzt. Mo–Fr 9–12 und 14–17.30 Uhr, Sa 10–16 Uhr, telefonische Anmeldung erbeten. Birkweiler, Am Rosenberg, ✆ 06345-919156, gies-dueppel.de.

Weitere Weingüter siehe unter Übernachten.

Spielplatz Am nördlichen Ortsrand von Ilbesheim liegt ein Highlight der Region: die Alla-Hopp-Anlage. Der riesige, 18.000 m² große Spielplatz mit vielfältigen Spiel- und Sportstationen ist ein Magnet für kleine und große Kinder. Auf der Dirt-Bike-Strecke kommen auch Mountainbiker auf ihre Kosten. Mo–Sa 9–21 Uhr, So 10–21 Uhr. Infos unter alla-hopp.de.

Veranstaltungen **Kalmitweinfest.** Entlang der „Affenschaukel“, dem Ilbesheimer Weinweg unterhalb der Kleinen Kalmit, laden Winzer und Gastronomen am vierten Wochenende im Juli zu einem der schönsten Weinfeste der Pfalz. Eine gelungene Mischung aus traditioneller Kerwe im Ortskern und Weinwanderung durch die Reben.

Weinfrühling Birkweiler. Jedes Jahr an Pfingsten führt hoch über Birkweiler, durch die Rebzeilen des Kastanienbusches, ein 2 km langer Rundkurs an sechs Wein- und Verpflegungsstationen vorbei. Sehr beliebt und viel besucht! weinfruehling-birkweiler.de.

Wandern Empfehlenswert ist eine Wanderung von Leinsweiler zum **Slevogtfelsen:** Vom Leinsweiler Rathaus führt der 7,5 km lange Rundwanderweg 7 hinauf zum Slevogthof. Nach einem eher flachen Stück steigt der Weg nach dem Hexentanzplatz in Serpentinen an. Oben auf dem Föhrlenberg (529 m) bietet sich am Startplatz für Gleitschirmflieger eine erste

An der Deutschen Weinstraße → Karten S. 84 und 152

Birkweiler zur Mandelblüte

herrliche Aussicht: Nach Norden sind sowohl die Weinstraße als auch einige Berge des Pfälzerwaldes zu sehen, ganz hinten das Weinbiet bei Neustadt. Nach einem kurzen Stück bergab folgt der Slevogtfelsen mit grandioser Aussicht auf die nahen Ruinen Scharfenberg und Anebos und auf den Trifels. Der Rückweg verläuft unspektakulär an der Südseite des Föhrlenbergs. Wer möchte, verlängert die Runde hier noch um einen Abstecher auf die **Ruine Neukastell** und folgt danach ab dem Slevogthof wieder dem Rundwanderweg 7.

Übernachten ****** Leinsweiler Hof.** Die Lage des großen Hotels ist traumhaft, ebenso der moderne Wellnessbereich mit beeindruckendem Außenpool. Nach dem kürzlich erfolgten Besitzerwechsel sollen auch die Zimmer weiter modernisiert werden. Auch Nicht-Hotelgäste können hier täglich von 18–21 Uhr essen, eine vorherige Anmeldung ist obligatorisch. Leinsweiler, An der Südlichen Weinstraße, ✆ 06345-4090, leinsweilerhof.de. **€€€** (Zimmer), **€€€** (Restaurant)

Weingut Bosch. Moderne, geräumige Ferienwohnungen und Gästezimmer mit Balkon direkt im Weingut, mediterranes Flair, Ausblick auf die Weinberge. Zusätzlich im Ortskern komfortables, rustikales Fachwerkhaus mit offenem Kamin, drei Schlafräumen, Wohnraum, Küche, Bad/WC. Auch der freundliche Weinverkauf ist mit seinen preiswerten Weinen einen Besuch wert. Ilbesheim, Mörzheimer Str. 5, ✆ 06341-33772, weingutbosch.de. **€**

Weingut Becker. Mitten in den Weinbergen gelegenes Bioland-Weingut mit einfachen, freundlichen Ferienwohnungen. Fein ausbalancierte Bioweine. Ilbesheim, Im Unteren Heißbühl, ✆ 06341-3595, wein-gut-becker.de. **€**

Weingut Schmitzer-Julier. Moderne Ferienwohnung für bis zu 6 Pers. mit herrlichem Blick zur Madenburg und schönem Garten. Die freundliche Familie verkauft neben Wein auch guten Apfel- und Traubensaft. Für eine auch zukünftig gute Weinqualität ist gesorgt: Der Sohn der Familie, Jakob Julier, wurde 2023 als einer der besten Jungwinzer der Pfalz ausgezeichnet. Eschbach, Landauer Str. 17, ✆ 06345-2801, schmitzer-julier.de. **€**

Essen & Trinken **Hubertushof.** Das mit viel Stil und Charme gestaltete Ambiente des gehobenen Restaurants ist kaum zu übertreffen. Sowohl in den Innenräumen als auch im schön arrangierten Innenhof kann man die hervorragende Küche genießen. Kleine Karte, vegetarisch, Fisch, Fleisch und Wild stehen gleichberechtigt nebeneinander. Mi–Sa ab 17.30 Uhr. Ilbesheim, ✆ 06341-930239, restaurant-hubertushof-ilbesheim.de. **€€€**

Weingut Vögeli. Als das Weingut vor Jahren wegen Platzmangels aus der Ortsmitte zog, baute man oberhalb von Wollmesheim gleich etwas größer. So entstand ein großzügiges Restaurant mit viel Weitblick und guter, vorwiegend gutbürgerlicher Küche. Im Sommer öffnet bei gutem Wetter zusätzlich der Gutsausschank mit Flammkuchen und anderen kleinen Leckereien. Fr 17–23 Uhr, Sa 14–23 Uhr und So 11–23 Uhr. Auch einige gepflegte Gästezimmer mit Aussicht. Landau, Am Neuberg 48, ✆06341-32792, weingut-voegeli.de. **€€**

Weinstube Hoppeditzel. Im kleinen Weinort Impflingen liegt direkt an der Hauptstraße die freundlich-rustikale Weinstube. Bei der Weinauswahl von örtlichen Winzern und einer bunten Speisekarte ist für alle etwas dabei. Mo/Do/Fr ab 18 Uhr, Sa ab 17 Uhr, So/feiertags ab 11.30 Uhr. Impflingen, Hauptstr. 26, ✆06341-86529, hoppeditzel.de. **€**

meinTipp **Weinstube Brennofen.** Die vielseitigen Räumlichkeiten des Weinguts Schmitt laden zu gemütlichen Stunden bei regionalen und saisonalen Speisen ein. Kinder sind willkommen. Mo/Do/Fr und Sa ab 17 Uhr, So ab 12 Uhr. Im Gästehaus ganz neue, sehr schöne Ferienwohnungen. Ilbesheim, Wildgasse 5, ✆06341-32215, mein-brennofen.de. **€€**

Die Burg Landeck und das Klingbachtal

Folgt man der Weinstraße weiter nach Süden, wird sie ruhiger und ihre Umgebung ländlicher, aber nicht weniger idyllisch. Der Weinbau steht nicht mehr so dominant im Mittelpunkt, die in den Flusstälern wachsenden Bäume und Hecken werden mächtiger.

Tief gräbt sich das Tal des Klingbachs in die Vorhügel der Haardt ein. Schon vor dem 9. Jh. wurde hier auf einer kleinen Insel das Kloster **Klingenmünster** gegründet. Wahrscheinlich waren es irische Missionare, die sich zur Zeit des Merowingerkönigs Dagobert hier niederließen. Das klösterliche Leben im gleichnamigen Ort ging jedoch schon 1567 zu Ende. Teile der Klosteranlage wurden 1737 durch den kurpfälzischen Baumeister Kaspar Valerius in die neu errichtete Michaelskirche integriert, andere als Stall und Gesindehaus genutzt. Nach einer Mitte der 1980er-Jahre durchgeführten Renovierung erhält man heute wieder einen Eindruck von der ehemaligen Anlage. Die oberhalb von Klingenmünster gut sichtbar gelegene **Burg Landeck** entstand im 12. Jh. unter den Staufern. Von oben sind auch die Gebäude des Pfalzklinikums für Psychiatrie und Neurologie, des größten Arbeitgebers der Stadt, zu sehen. Davor steht anmutig auf einer baumbestandenen Wiese die im 13. Jh. gegründete Nikolauskapelle.

Von Klingenmünster aus fließt der Klingbach und ein wenig daneben auch der Kaiserbach nach Osten dem Rhein entgegen. Direkt in den beiden Tälchen wächst kein Wein, hier bilden alte Weisen, schlanke Pappeln und Erlen, Wiesen und einige Äcker Abwechslung. Zusammen mit den auf den nur etwas höher gelegenen Rebzeilen bildet sich ein landschaftlich reizvolles Mosaik. Die eng verbundene Doppelgemeinde **Heuchelheim-Klingen** ergänzt die Landschaft mit einigen sehr charmanten Fachwerkhäusern und pittoresken Winkeln. Das weniger vom Durchgangsverkehr geforderte Klingen bietet sich für einen kleinen Ortsbummel an, ein Abstecher in den charmanten Innenhof des Weingutes Rinck-Wüst ist zu empfehlen.

Bachabwärts folgt mit Billigheim-Ingenheim die nächste Doppelgemeinde – sie ist mit den Ortsteilen Mühlhofen und Appenhofen eigentlich sogar

An der Deutschen Weinstraße → Karten S. 84 und 152

eine Vierergemeinde. **Ingenheim** ist aus touristischer Sicht vor allem wegen des sehr gelungenen Zusammenspiels von Campingplatz, Freibad und Gastronomie interessant. Dieses Angebot ist in der Pfalz einzigartig. Zudem laden freundliche Winzerbetriebe zum Essen und Übernachten ein, der am Ortsausgang gelegene Supermarkt bietet eine gute Grundversorgung. Interessant ist ein Blick in die Geschichte Ingenheims. Mitte des 19. Jh. war Ingenheim in der Pfalz der Ort mit dem höchsten Anteil jüdischer Bevölkerung. Ein Drittel der Einwohner waren Juden. Es gab viele jüdische Geschäfte und in der Hauptstraße 21 auch eine große Synagoge. Das Bauwerk war 1832 im mauretanischen Stil errichtet worden, Architekt war der Münchner Hofarchitekt Friedrich Gärtner. Wie fast alle Synagogen wurde das Gotteshaus am 10. November 1938 durch die Nationalsozialisten komplett zerstört, heute ist nur noch eine Gedenktafel zu sehen. Ein sehr eindrückliches Zeugnis der jüdisch geprägten Ortsgeschichte liefert aber bis heute der etwas versteckt gelegene **Judenfriedhof**. Über die Straße „Am Pfaffenberg" ist das umzäunte Areal gut zu erreichen. Auch ohne die Ausleihe eines Schlüssels (möglich am Campingplatz oder im Autohaus Johannes) ist der Friedhof durch den Zaun zu besichtigen. Der Rundgang um das seit Mitte des 17. Jh. für Bestattungen nach jüdischem Ritus genutzten Geländes gibt einen guten Eindruck vom Umfang der jahrhundertelangen Bestattungen.

Billigheim ist mit einem Alter von gut 1300 Jahren eine der ältesten Siedlungen der Südpfalz, passend dazu glänzt es mit seiner historischen Ortsmitte. Das Rathaus, die Martinskirche mit gepflegtem Bibelgarten und die gedeckten Tische auf den straßennahen Plätzen laden zu einer Rast ein. Beim Rundgang durch den Ort sind ist das **Obere Tor**, ein künstlerisch gestalteter Garten und zahlreiche schmale Gassen zu erkunden. Das obere Tor war einst Teil der mittelalterlichen Stadtbefestigung. Die **Martinskirche** ist älter, ihre Grundfesten sind auf das 11. Jh. datiert, der Ausbau erfolgte, wie man am barocken Kirchturm gut erkennen kann, dann bis zum 16. Jahrhundert.

Praktische Infos

Sehenswert **Otmar Cuhlmanns Traumgarten.** Hinter der Billigheimer Martinskirche hat der Künstler einen Garten nach seinem surrealistischen Geschmack geschaffen. Figuren, bunte Mosaike und Spiegel geben dem von alten Mauern gerahmten Anwesen ein ganz eigenes Flair. Meist Juli und August So 13–19 Uhr. Billigheim, Raiffeisenstr. 3, ✆ 06349-5250, otfried-culmann.de.

Übernachten/Essen **Gasthaus zum Adler.** Zwei Schwestern mit Liebe zur Gastronomie und zum liebevollen Umgang mit alten Gemäuern haben hier in jahrelanger Fleißarbeit ein Kleinod geschaffen. Der schon lange im Familienbesitz befindliche Gasthof stand einige Zeit leer, nun wird hier ein sehr zukunftsorientiertes, qualitativ hochwertiges Konzept umgesetzt. Mi–Sa 17.30–22 Uhr. ✆ 06349-6473, zumadler.net. **€€**

***** Stiftsgut Keysermühle.** Großzügiges, im schlichten Stil gehaltenes Hotel in den Räumlichkeiten eines alten Klosters. Ein großer Park mit alten Bäumen und einem Naturspielplatz machen das Ensemble komplett. Das Restaurant „Freiraum" bietet einige kleinere Gerichte und Kuchen sowie eine sehr angenehme Terrasse im Park. Nachhaltigkeit, Fairness und Entschleunigung sind Teil der Philosophie, so sind die Zimmer ohne TV ausgestattet und das Team arbeitet inklusiv. Klingenmünster, Bahnhofstr. 1, ✆ 06349-99390, stiftsgut-keysermuehle.de. **€€** (Zimmer), **€€€** (Restaurant)

Weinstube Mathis. Im geschützten Winzerhof und in der urigen Stube von Familie Mathis treffen rustikale und originelle Elemente aufeinander. Karte mit deftigen Gerichten, guter Flammkuchen (um 8 €). Mi/Do/Fr ab 17 Uhr, Fr auch 12–14 Uhr, Sa/So auch von 12–14 Uhr. Klingenmünster, Weinstr. 66, ✆ 06349-1786, wineroute66.de. **€€**

Mühlengrund. Wer den Weg in den idyllischen Mühlengrund findet wird belohnt: Das überraschend große, modern gestaltete Restaurant bietet drinnen und draußen angeneh-

Burg Landeck bei Klingenmünster

me Sitzplätze und freundlichen Service. Die Küche schafft den Spagat zwischen Leberknödeln und veganem Kichererbsen-Curry spielend. Ein Traum für Kinder ist die Wiese mit einigen Spielgeräten und Tieren auf den angrenzenden Weiden. Di–Sa 11.30–14 Uhr und 17–21 Uhr, So 11.30–20 Uhr. Von Nov.–März auch Di Ruhetag. ✆ 06349-8174, muehlengrund-pfalz.de. **€€**

Camping im Klingbachtal. Westlich von Klingenmünster, am Ortsrand von Ingenheim, liegt der freundliche Campingplatz mit sehr guten Sanitäranlagen direkt am örtlichen Freibad. Wer hier campt, kann das Freibad so häufig wie gewünscht besuchen. Zum Areal gehört auch das sehr gut geführte **Brankas Bistro**, das tagsüber die Badegäste verpflegt, am Abend kann man hier einfach, aber sehr gut essen (in der Saison tägl. ab 18 Uhr, in den anderen Monaten nachfragen ✆ 06349-9089757). Über ein kleines Steinbrückchen ist der Klingbach zu queren und mit einem etwas längeren Spaziergang ist das oben empfohlene Restaurant Mühlengrund zu erreichen. Von Anfang April bis Ende Oktober geöffnet. Stellplatz ab 10,50 €, Erwachsene 8 €, Kinder 4 €. Ingenheim, Klingener Straße, ✆ 06349-6145, camping-klingbachtal.de.

Weingut Friedrichshof. Die freundliche Familie Fischer/Pfalzgraf vermietet am Ortsrand schöne Ferienwohnungen und lädt in ihrer Vinothek ohne viel Tamtam zur Verkostung der preiswerten Weine ein. Auch sehr guter Traubensaft! Ingenheim, In der Kehl, ✆ 06349-1796, friedrichshof-weingut.de. **€**

Weingasthaus Heiner und Heike Wisser. Der rührige Familienbetrieb bietet neben Zimmern auch eine Weinstube und in der warmen Jahreshälfte einen kleinen Weingarten. Küche und Wein sind gut, auffallend ist die große Gastfreundlichkeit. Die hellen Zimmer und das Frühstücksbuffet sind ebenfalls empfehlenswert. Weinstube im Hochsommer 6 Wochen geschlossen, sonst Fr–Sa ab 17 Uhr. Wochenweise auch Mi und Do geöffnet. Ingenheim, ✆ 06349-1562, weingasthaus-wisser.de. **€€** (Zimmer), **€€** (Restaurant)

Vinorant „Gasthaus zum Lamm". In der heimeligen Ortsmitte von Billigheim treffen sich hier Alt und Neu in perfekter Kombination. Das Fachwerkhaus mit üppiger Fassadenverzierung ist schön modernisiert, die Räume sind stilvoll eingerichtet. Zu essen gibt es Fleisch mit Beilagen und Topping nach Wahl, knusprigen Flammkuchen und diverse Tapas. Im Sommer schöner Freisitz vorm Rathaus und der Martinskirche. Mo–Fr 17.30–22 Uhr. Billigheim, Marktstr. 33, ✆ 06349-9070989, vinorant-lamm.de. **€€**

Einkaufen **Weingut Rinck-Wüst.** Das Weingut hat mehr zu bieten als den charmanten Innenhof: Gute Weine mit einem tollen Preis-Leistungs-Verhältnis und die Übernachtungsmöglichkeit in einem der fünf mit restaurierten Antiquitäten eingerichteten Zimmern machen das Fachwerkhaus zu einer empfehlenswerten Adresse. Mo–Fr 9–12 und 13–18 Uhr, Sa 9–16 Uhr und von April bis Okt. auch So 9–12 Uhr. Klingbachstr. 73, ✆ 06349-8636, rinck-wuest.de.

An der Deutschen Weinstraße → Karten S. 84 und 152

Mein Tipp **Weingut Meyer.** Von außen ist die Architektur des Weinguts in Ortsrandlage kühl, im klar und warm gestalteten Proberaum führt Isabell Pfeffer freundlich und kompetent durchs Sortiment. Tendenziell trockener Ausbau, der Schwerpunkt liegt auf Riesling und Weißburgunder. So geschlossen, sonst telefonische Anmeldung erbeten. Heuchelheim, Bahnhofstr. 10, ✆ 06349-5895, meyer-weingut.de.

Radfahren **Klingbachtalradweg.** Von Dahn kommend folgt der 59 km lange Radweg dem Klingbach bis nach Hördt, bis zu seiner Mündung in den Rhein. Klingenmünster liegt in etwa mittig, es bietet sich also eine Radtour nach Dahn (mit Relief) oder an den Rhein an (nahezu flach). Weitere Infos unter radwanderland.de.

Klingenmünster liegt am **Radweg Deutsche Weinstraße.** Die Route führt durch Weinberge und Dörfer, meist sanft bergauf und wieder bergab. Bis nach Bad Bergzabern sind es 6 km bei rund 100 Höhenmetern.

Wandern Die **Burg Landeck** ist zwar auch mit dem Auto erreichbar, aber eigentlich ist sie v. a. ein wunderschönes Wanderziel. Lohnenswert sind die Aussicht und der Flammkuchen in der Burgschänke, manchmal finden hier auch Konzerte und Mittelalterfeste statt (tägl. 11–22 Uhr, Küche bis 21 Uhr, ✆ 06349-8744, burglandeck-pfalz.de). Die Landeck ist auch ein Ziel auf der im Zentrum von Klingenmünster beginnenden **Drei-Burgen-Wanderung** (12 km, ca. 3.30 Std. Gehzeit).

Veranstaltungen **Purzelmarkt.** Immer am dritten Wochenende im September wird in Billigheim das älteste Volksfest der Pfalz gefeiert. Der eigens dafür frei gehaltene Festplatz wird seit 1450 genutzt. Weitere Infos unter purzelmarkt.de.

Gleiszellen-Gleishorbach und seine Nachbarn

Zwischen Klingenmünster und Bad Bergzabern, im Bereich des gemütlichen Horbaches, verteilen sich fünf Dörfer über die markanten Hügel des Haardtrandes.

Die Doppelgemeinde **Gleiszellen-Gleishorbach** erstreckt sich weitläufig über mehrere Hügel, sodass beim Rundgang durch den Ort vielfältige Aussichten über die Südliche Weinstraße und die Rheinebene bis hin zum Schwarzwald entstehen. Bekannt ist der Ort mit seinen Fachwerkhäusern vor allem für Muskateller-Weine. Der Gelbe Muskateller zählt als eine der ältesten Rebsorten der Welt und wird nirgendwo in Deutschland häufiger angebaut als hier.

Beschaulich geht es zu in dem hübsch zwischen den sanften Rebenhängen gelegenen **Oberhofen,** das 1565 als Gutshof der Klosterabtei in Klingenmünster gegründet wurde. Der in Klingenmünster geborene Schriftsteller August Becker beschrieb den Ort in seinem 1886 erschienen Bauernroman „Die Nonnensusel" als stilles Dorf, in dem die „Häuser – im Charakter des Übergangs von rheinfränkischer Bauart zur alemannischen Form – wie allenthalben am Oberrhein in geschlossener Reihe mit hellblinkenden Fenstern, Giebel an Giebel die Gasse entlang [standen] [...] Jedes Haus eine feste Burg bäuerlich-behaglichen Familiensinnes." Ruhig ist es in Oberhofen bis heute, da die Hauptstraße am Ende der kleinen Ortschaft endet und es so keinen Durchgangsverkehr gibt.

Im dazugehörigen **Pleisweiler** steht am südlichen Ortsende die katholische Pfarrkirche „Apostel Simon und Judas". Die 1757 durch den kurpfälzischen Hofbaumeister Franz Wilhelm Rabaliatti erbaute Kirche ist trotz ihrer geringen Größe eine der ansehnlichsten Barockkirchen an der Weinstraße. Älter als das Langhaus ist der um 1300 erbaute Turm neben dem Kirchenschiff, der 1758 seine barocke Haube erhielt.

Das zur Ebene hin gelegene **Niederhorbach** ist ein klassisches Straßendorf mit mal mehr und mal weniger idyllischen Stellen. Das hier ansässige Weingut und Hotel Fritz Walter ist ein mustergültiges Beispiel für die innovative Anpassung eines traditionellen Weinbaubetriebes an gastronomische Trends.

Information **Touristeninformation.** Mo–Fr 9–16 Uhr, April–Okt. auch Sa 10–13 Uhr. Kurtalstr. 27 (in der Südpfalz-Therme), 76887 Bad Bergzabern, ✆ 06343-989660, badbergzabernerland.suedlicheweinstrasse.de.

Veranstaltungen Gleich zweimal lädt Gleiszellen im Herbst zu beliebten Weinfesten: Das **Weinfest in der Winzergasse** (zweites Septemberwochenende) und das **Federweißenfest** (drittes Oktoberwochenende) ziehen alljährlich viele Besucher in die Höfe und die malerische Winzergasse. Im Frühjahr findet auch hier – pünktlich zum Beginn der Blütezeit – ein Mandelblütenfest statt. In Pleisweiler-Oberhofen feiert man schon am zweiten Oktoberwochenende das **Fest des Federweißen.**

Einkaufen **Weingut Ullrich.** Biologisch, nachhaltig und authentisch möchte man hier sein. So produziert die seit bald 150 Jahren hier wirtschaftende Familie hervorragende vegane Bioweine, die regelmäßig prämiert werden. Auch eine sehr schöne Ferienwohnung. Weinverkauf Mo–Fr 9–12 und 13–18 Uhr, Sa 10–17 Uhr. Pleisweiler, Schäfergasse 25, ✆ 06343-2312, weingut-ullrich.de.

Übernachten/Essen *****S Landhotel Hauer.** Mitten in der kleinen Ortschaft Oberhofen liegt abgeschieden vom Durchgangsverkehr das Anwesen mit gepflastertem Hof, schönem Garten, dem gepflegtem Restaurant Adams und angenehmen Zimmern. Tägl. ab 18 Uhr, So ab 12 Uhr. Pleisweiler-Oberhofen, Hauptstr. 31, ✆ 06343-700700, landhotel-hauer.de. **€€€** (Zimmer), **€€€** (Restaurant)

Schoggelgaul. Mitten in Pleisweiler liegt dieses urige Restaurant mit seinem heimeligen, bisweilen etwas reich dekorierten Gastraum. Aus der Küche kommen hausgemachte und überaus leckere Gasthausklassiker. Dazu ein Glas Wein aus der Nachbarschaft. Auch einige Sitzplätze im Hof. Mo, Di Ruhetag, sonst ab 17, So auch 12–13.30 Uhr. Pleisweiler, Schäfergasse 1, ✆ 06343-7900, schoggelgaul-pleisweiler.de. **€€**

Pfälzer Eis. Am südlichen Ortsende von Pleisweiler liegt diese kleine Eisdiele, in der es leckere Eissorten aus regionalen Zutaten gibt – auch in größeren Verpackungen für den Genuss zu Hause oder in der Ferienwohnung. Pleisweiler, Baumgartenstr. 1, ✆ 06343-92019, pfaelzer-eis.de.

Restaurant in Gleiszellen

Mein Tipp **Muskatellerhof.** Ob in der alten engen Weinstube oder dem hellen, modernen Anbau: Hier sitzt man gemütlich und freut sich über das gute Essen und den legeren, freundlichen Service. Eine frühzeitige Reservierung ist empfehlenswert. Mi–Sa ab 16 Uhr, So/feiertags ab 11.30 Uhr, Mo/Di Ruhetag. Gleiszellen, Winzergasse 41, ✆ 06343-4600, muskatellerhof.de. **€€**

***** Hotel-Restaurant Südpfalz-Terrassen.** Großes Haus am östlichen Ortsrand von Gleiszellen. Hallenbad und Wellnessbereich gehören ebenso zum Hotel wie ein Restaurant und eine Weinstube. Gleiszellen-Gleishorbach, Winzergasse 42, ✆ 06343-70000, suedpfalz-terrassen.de. **€€€** (Zimmer), **€€€** (Restaurant)

Weingut Fritz Walter. In dem im kleinen Weiler Niederhorbach gelegenen Weingut werden Tradition und Modernität stilvoll miteinander verbunden: geschmackvoll eingerichtete Zimmer und ein ausgezeichnetes Frühstück. Niederhorbach, Landauer Str. 82, ✆ 06343-9365599, fritz-walter.de. **€€€**

Bad Bergzabern

Gemütlich geht es zu in dem Kurstädtchen am Schnittpunkt von Deutscher Weinstraße und Wasgau. Zwischen dem romantischen, vierflügeligen Schloss und dem in den Pfälzerwald hineinreichenden, ausgedehnten Kurpark liegt die kleine Altstadt.

Dass hier alles ein wenig ruhiger und gemächlicher verläuft als anderswo, mag auch an der großen Anzahl meist älterer Kurgäste liegen, die jedes Jahr nach Bad Bergzabern reisen. Der Kurpark mit seinem alten Baumbestand erstreckt sich entlang des Kurtals außerhalb der Altstadt. Das überschaubare Angebot an einladenden Cafés und Restaurants scheint der eher bescheidenen Nachfrage Rechnung zu tragen. Wein spielt hier keineswegs die Rolle, die man aufgrund der weitläufigen Rebenmeere im Umland erwarten könnte. Der Hauch von Toskana ist hier weniger zu spüren als andernorts an der Weinstraße, ein bisschen wähnt man sich in dem kleinen Städtchen schon tief im Pfälzerwald.

Der Charme Bad Bergzaberns liegt in seiner Altstadt. Das Schloss der Herzöge von Pfalz-Zweibrücken und das als das schönste Renaissancehaus der Pfalz bezeichnete Gasthaus Zum Engel lassen die Königstraße durchaus herrschaftlich wirken. Und am Marktplatz schlägt das Herz des romantischen Städtchens: die umliegenden Gebäude, das alte Rathaus, die Marktapotheke und das Haus der Buchhandlung Wilms, nach einem verheerenden Brand im Jahr 1676 erst zu Beginn des 18. Jh. neu entstanden. Dennoch strahlt das Ensemble ein wenig mittelalterliche Behaglichkeit aus. Aber schon hinter der alles überragenden Marktkirche zeigen sich die Grenzen der Illusion. Hier dominieren Parkplatz, Bundesstraße und überaus zweckmäßige Architektur, woran leider auch der durch den Bildhauer Gernot Rumpf geschaffene Weinbrunnen vor der Sparkasse wenig ändert. Amüsant wird hier mit einprägsamen Tierfiguren die Parodie auf den Schoppen erzählt: Wer einen trinkt, ist fromm wie ein Lamm, nach zweien gierig wie ein Affe, nach dreien brüllt man wie ein Löwe und nach vieren schließlich grunzt und wälzt man sich wie ein Schwein. Von seiner modernen Seite zeigt sich Bad Bergzabern mit der beliebten Jugendherberge, dem schön renovierten Schlosshotel und dem großzügigen, frisch sanierten Rebmeerbad. Auch der Kurpark lädt an lauen Sommerabenden zum Flanieren, Spielen und Verweilen auf der großzügigen Wiese.

Praktische Infos

Information **Touristeninformation.** Mo–Fr 9–16 Uhr, April–Okt. auch Sa 10–13 Uhr. Kurtalstr. 27 (in der Südpfalz-Therme), 76887 Bad Bergzabern, ✆ 06343-989660, badbergzabernerland.suedlicheweinstrasse.de.

Einkaufen In der historischen Innenstadt von Bad Bergzabern stehen leider viele Ladengeschäfte leer. So echte Shopping-Stimmung kommt daher nicht auf. Dennoch gibt es den einen oder anderen netten Laden und verschiedene schöne Cafés.

DAS BUCH bei SPIEL&SPASS. Sehr schöner, gut sortierter Buch- und Spielzeugladen. Umfangreiche Auswahl an Regionalia. Mo–Fr 9–12.30 und 14–18 Uhr, Sa 9–13 Uhr. Königstr. 53, ✆ 06343-5174, dasbuch-spielspass.de.

Kur und Erholung **Südpfalz-Therme.** Großes, neu gestaltetes Heil- und Thermalbad mit einem weitläufigen Außenbereich. Tägl. 9–22 Uhr, Fr/Sa bis 23 Uhr, unter 16 J. nur in Begleitung Erwachsener. Therme und Sauna ab 18 €. Kurtalstr. 27, ✆ 06343-934010, suedpfalz-therme.de.

Schwimmen **Rebmeerbad.** Angenehmes Hallen- und Freibad mit viel Platz zum Toben und Schwimmen. Für Kinder sehr schön und bes-

Seit über 50 Jahren ist Bad Bergzabern Kneipp-Heilbad

ser geeignet als die Südpfalz-Therme, Freibad von Mitte Mai bis Mitte Sept. geöffnet, Mo–Fr 8–20 Uhr, Sa/So 9–20 Uhr, Eintritt 4 €. In den übrigen Monaten ist das Hallenbad geöffnet Mo/Mi/Fr 7–21 Uhr, Di/Do 7–19 Uhr, Sa/So 10–15.30 Uhr, Eintritt 4,50 €. Friedrich-Ebert-Str. 40, ✆ 06343-7120, bad-bergzabern.de.

Radfahren Die 32 km lange und durchgehend markierte **Petronella-Tour** führt rund um Bad Bergzabern durch einige der schönen Weindörfer. Die Radtour beginnt am Bad Bergzaberner Schloss und folgt von hier aus den grünen Hinweisschildern mit einem Fahrrad und einer in ein Fass eingezeichneten „2“. Zunächst geht es in Richtung Osten durch weite Weinberge und ab Billigheim am Klingbach entlang bis Klingenmünster. Hier wendet man sich nach Süden und fährt an der Weinstraße wieder auf Bad Bergzabern zu.

Fahrradverleih im **Zweiradshop Kunz.** Mo–Fr 10–12 und (außer Mi) 15–18 Uhr, Sa 10–12 Uhr, Kurtalstr. 4, ✆ 06343-5699.

Wandern **Von Bad Bergzabern aus:** Zum 30 m hohen *Bismarckturm* auf dem Neuberg kann man der Beschilderung ab dem Böhämmerbrunnen folgen. Wem es nur um die Aussicht geht, der kann auch auf dem Parkplatz vom Kloster Liebfrauenberg parken und ein paar Meter laufen.

Nach *Dörrenbach* und über den 481 m hohen *Stäffelsberg* führt eine 10 km lange Runde, die am Kurpark in Bad Bergzabern beginnt. Von hier folgt man zunächst der roten Raute, dann dem grünen Dreieck auf weißem Grund nach Dörrenbach (291 m). Ab dem sehenswerten Rathaus von Dörrenbach führt die gleiche Markierung hoch zur Kolmerberg-Kapelle (394 m) und durch einen schönen Esskastanienwald auf den Stäffelsberg. Nach dem Abstecher auf den Berg geht es wieder ein kurzes Stück zurück zur Wegkreuzung „Bild“. Von hier aus führt das weiße Dreieck über den „Schlauweg“ wieder hinunter in Richtung Bad Bergzabern.

Von Dörrenbach aus. Es gibt eine Reihe schöner Wege wie beispielsweise den rund 13 km langen *Dornröschen-Rundwanderweg* (Markierung: Rote Rose), der über den Wanderparkplatz Drei Eichen zu der im Mundatwald gelegenen *Burgruine Guttenberg* führt. Von dort eröffnen sich an schönen Tagen herrliche Ausblicke auf die Rheinebene und die deutsch-französische Grenzlandschaft.

Feste **Martini-Kerwe.** Am zweiten Novemberwochenende findet in Dörrenbach die letzte Kerwe der Region statt. Das Geschehen ist recht fröhlich und dank der Karussells auch für Kinder lohnend.

Übernachten ****** Schlosshotel Bergzaberner Hof.** Das charmante Haus hat einige Umwege hinter sich, es ist zu hoffen, dass unter der neuen Leitung nun Kontinuität entsteht. Die Brasserie [becks] lockt mit moderner,

An der Deutschen Weinstraße → Karten S. 84 und 152

vielseitiger und preiswerter Küche, ansprechendem Ambiente und einer Terrasse auf dem Schlossplatz. Mo–Sa ab 17 Uhr, So ab 12 Uhr. Königstr. 55–57, ☏ 06343-936590, bergzaberner-hof.de. **€€€** (Hotel), **€€** (Restaurant)

meinTipp **Südpfalz-Jugendherberge**. Modern und lässig, mit einem herrlichen Blick über die Stadt dennoch in zentraler Lage – die Jugendherberge ist aus unserer Sicht für aktive Individualtouristen und Familien die mit Abstand beste Unterkunft in Bad Bergzabern. Alle 111 Betten in neuen Zimmern mit Dusche und WC. Altenbergweg, ☏ 06343-8383, diejugendherbergen.de. **€**

Essen & Trinken **Das Neue Herzog.** Klassisches Café in der Fußgängerzone mit feinen Kuchen und Torten. Do–So 9.30–17.30 Uhr. Marktstr. 48, ☏ 06343-1535, cafe-herzog.de.

Weinstube Haas. Gemütlich und lecker, seit Jahren kommen viele Stammgäste in das versteckte Haus. Pfälzer Küche zu moderaten Preisen. Mi–Sa 11.30–13.30 und 17.30–20.30 Uhr, So 11.30–13.30 Uhr. Weinstr. 17, ☏ 06343-5594. zum-haas.de. **€€**

Gasthaus 1870. Bistro und Restaurant im alten Bahnhofsgebäude. Cross-over-Küche mit allerlei Klassikern und Kreativem, Burgern und Vegetarischem zu fairen Preisen. Mi–Sa 12–20 Uhr, So nur bis 18 Uhr, Mo/Di Ruhetag, zwischen Dez. und März teils kürzere Öffnungszeiten. Bahnhofstr. 5, ☏ 06343-7007676, 1870-ihrgasthaus.de. **€€**

Romantisch: das Rathaus von Dörrenbach

Caffè Pola. Italienisches Café und Eisdiele am Hauptzugang zum Kurpark. Neben Cappuccino & Co. gibt es leckeres Eis und freundliches Servicepersonal. Tägl. außer Mi 11–21 Uhr. Böhämmerweg 1, ☏ 06343-7242, pola-gelati.net.

Übernachten/Essen in Dörrenbach **Unter der Linde.** Modernere Weinstube mit Biergarten und gutem hausgemachtem Kuchen. Ladestation für E-Bikes vorhanden. Mo/Di Ruhetag, im Winter auch Mi, sonst ab 11 Uhr, Küche 11.30–14 und 16.30–20.30 Uhr. Hauptstr. 8, ☏ 06343-939803, weinstubeunterderlinde.de. **€€**

Übernachten/Essen in der Umgebung **Schlössl.** Das fantastisch renovierte, aus dem Jahr 1778 stammende Anwesen bietet ein rundum edles Ambiente. Das Gourmetrestaurant hat derzeit geschlossen, das Restaurant „Gudd Gess“ bietet Kleinigkeiten mit Niveau. Helle, elegante Zimmer. Restaurant Mi–So 12–14 Uhr und 17.30–20 Uhr. Oberotterbach, Weinstr. 6, ☏ 06342-923230, schloessl-suedpfalz.de. **€€€** (Zimmer), **€€€** (Restaurant),

Kapeller Hopfestubb. Persönlich und engagiert geführte Weinstube mit sehr guter Küche. Familie Wendel betreibt auch ein freundliches Gästehaus und ein Weingut. Kapellen-Drusweiler, Obere Hauptstr. 8, ☏ 06343-8245, hopfestubb.de. **€€**

Umgebung von Bad Bergzabern

Der Ort **Dörrenbach** liegt inmitten von Kastanienwäldern romantisch versteckt am Ende einer Stichstraße unterhalb des Stäffelsbergs. Rund um das 1590 durch die Herzöge von Pfalz-Zweibrücken als Amtshaus errichtete Renaissance-Rathaus gruppieren sich urgemütliche, blumengeschmückte Fachwerkhäuschen und trutzige Sandsteinmauern. Im Zweiten Weltkrieg tobten hier heftige Gefechte. Um ein freies Schussfeld zu haben, ließ die Wehrmacht einen Großteil Dörrenbachs abreißen. Nach dem Ende des Krieges wurde vieles liebevoll wiederaufgebaut, sodass das kleine Dorf heute ein besonders schöner Flecken in der Südpfalz ist. Dominant und außergewöhnlich ist der oberhalb der Hauptstraße gelegene Wehrfriedhof. Ebenso wie die in ihm gelegene Wehrkirche St. Martin diente er der Bevölkerung im Notfall als Zufluchtsort. Im Turm der Kirche sind Schlüssellochschießscharten zu finden, die die Verteidigungsfunktion belegen. Die ältesten Teile der Kirche sind um 1300 entstanden, seit 1684 wird der Sandsteinbau als Simultankirche von katholischen und protestantischen Gläubigen genutzt.

Schweigen-Rechtenbach

Das Deutsche Weintor in Schweigen markiert streng genommen den Beginn der Weinstraße – auch wenn Pfälzer in der Regel darin deren Ende sehen. Das Weintor entstand bereits 1936 und ist somit älter als sein Gegenstück am nördlichen Ende, das Haus der Deutschen Weinstraße in Bockenheim. Doch die Doppelgemeinde an der Grenze hat mehr zu bieten als das nicht unumstrittene Tor.

Unmittelbar an der Grenze zum Elsass liegt der aus zwei Ortsteilen bestehende Weinort, dessen Weintor symbolisch für die ganze Weinstraße steht. Schon lange wird hier ebenso wie auf der französischen Seite Wein angebaut. Mitte der 1930er-Jahre brach der deutsche Weinhandel zusammen, da aufgrund ungewöhnlich hoher Erträge ein Überangebot an Wein herrschte und zugleich viele der jüdischen Weinhändler von den Nationalsozialisten vertrieben worden waren. So initiierte der NSDAP-Gauleiter Josef Bürckel 1935 die „Deutsche Weinstraße" um den Weinabsatz zu steigern. Nach gerade mal acht Wochen Bauzeit wurde am 18. Oktober 1936 das monumental anmutende **Deutsche Weintor** eröffnet. Heute ist es auch Zeichen der gleichnamigen, über 600 Mitglieder zählenden Winzergemeinschaft mit Sitz im 20 km weiter nördlich gelegenen Ilbesheim. Neben der größten Genossenschaft der Pfalz gibt es in Schweigen aber auch einige selbst vermarktende Winzer. Es ist eine Schweigener Besonderheit, dass einige von ihnen ihre Trauben auf französischem Grund ernten, wo die deutsche Gemeinde rund 250 ha Weinberge besitzt. In Schweigen führt seit 1969 ein 3 km langer **Weinlehrpfad** vom Weintor hinauf durch die Reben des Sonnenbergs. In den letzten Jahren wurden einige Stationen durch zeitgemäße Tafeln und Exponate ergänzt. Bei der im gleichen Gebiet gelegenen **Sonnenberghütte** gibt's neben der weiten Aussicht auch Speis und Trank. Zwischen Mai und Oktober bewirtet jeweils ein anderes Weingut sonn- und feiertags ab 10 Uhr Spaziergänger und Weinwanderer.

Als **Oberer Mundatwald** wird der westlich von Schweigen aufsteigende Pfälzerwald bezeichnet. Seine Besonderheit ist, dass er zwar zu deutschem Hoheitsgebiet gehört, aber von französischen Förstern bewirtschaftet wird. 1946 hatte Frankreich das 7 km^2 große Waldgebiet annektiert, da es einen wesentlichen Bestandteil der Wasserversorgung des französischen Wissembourg darstellte. Erst 1986 wurde die Gebietshoheit wieder an Deutschland übertragen, Eigentümer eines Großteils des Gebiets wurde im Gegenzug der französische Staat. Die höchste Erhebung dieses südöstlichsten Teils des Pfälzerwalds ist mit 560 m die Hohe Derst.

Wer in der Südpfalz Urlaub macht, fährt sicher hin und wieder für Ausflüge ins Elsass. Die romantische Innenstadt von **Wissembourg** (Weißenburg) lädt zum Bummeln, dem Besuch der romanischen Abteikirche Saint-Pierre-et-Saint-Paul und einer Rast in

An der Deutschen Weinstraße → Karten S. 84 und 152

Das Weintor: Anfang und Ende der Deutschen Weinstraße in Schweigen

einem der vorzüglichen Cafés ein. Für gutes Essen lohnt sich die Fahrt - entgegen des Klischees, aber so unsere Erfahrungen - vorwiegend für Liebhaber der französischen Küche. Viele der Restaurants in Schweigen bieten ein besseres Preis-Leistungs-Verhältnis.

Praktische Infos

Information **Tourismusverein Wein & Kultur Schweigen-Rechtenbach e. V.** Im Weintor, 76889 Schweigen-Rechtenbach, ✆ 06342-6321, schweigen-rechtenbach.info.

Übernachten/Essen/Einkaufen **Alter Zollberg.** Die urige Weinstube strotzt vor Charme und aromatischem Essen – so ist es ein kleines Kunststück, hier einen Tisch zu reservieren. Die Karte mischt Einflüsse aus der Pfalz und dem Elsass. Vor allem im Garten sitzt man, umgeben von Sandsteinmauern, Bäumen und Weinbergen, unglaublich idyllisch. Mi–Sa 17–21 Uhr, So 12–15 Uhr. Schweigen, Hauptstr. 49, ✆ 06342-7046, alterzollberg.de. **€€**

Gästehaus Stefan Ehrhardt. Zwei geschmackvoll restaurierte Fachwerkhäuser im modernen Landhausstil. Komfortable und gemütliche Ferienwohnungen und Zimmer! Rechtenbach, Talstr. 28+29, ✆ 06342-7411, gaestehaus-ehrhardt.de. **€€**

Weingut Leiling. In einem romantischen, schattigen Garten und der gemütlich-romantischen Weinstube werden elsässisch inspirierte Gerichte mit Schnecken, Entenleber und Münsterkäse serviert. Fr/Sa ab 17 Uhr, So ab 12 Uhr. Schweigen, Hauptstr. 3, ✆ 06342-7039, weingut-leiling.de. **€€€**

Mein Tipp **Weingut Jülg.** Neben ausgezeichneten Burgunderweinen wird in den charmanten Räumen des ehemaligen Forsthauses und im idyllischen Hof einfache, aber zugleich sehr feine Kost geboten. Das Weingut ist seit 2021 Mitglied des VDP und wird im Eichelmann als „hervorragendes Weingut" geführt. Hier ist man kulinarisch gut aufgehoben! Weinstube Fr 17–21.30 Uhr, Sa–Di zusätzlich 12–15 Uhr. Weinverkauf Sa/So 11–18 Uhr. Schweigen, Hauptstr. 1, ✆ 06342-919090, weingut-juelg.de. **€€**

Weingut Cuntz-Scheu. Der herzliche Familienbetrieb liegt direkt neben dem Weintor. In der Weingalerie gibt es ganzjährig Wein und Kleinkram zu kaufen, im großzügigen Winzerhof werden – mit flexiblen Öffnungszeiten – im September und Oktober Flammkuchen, Torten und Kaffee angeboten. Gutes Preis-Leistungs-Verhältnis! Weingalerie Sa/So 10–12 und 13.30–18 Uhr. Unter der Woche klingeln oder vorher telefonisch ankündigen. Schweigen, Längelstr. 36, ✆ 06342-7501, weingut-cuntz-scheu.de.

Weingut Geisser. Freundlicher, zentral gelegener Familienbetrieb mit einem erfolgreichen, innovativen Jungwinzer, einer schönen Ferienwohnung sowie einer saisonal geöffneten Weinstube. Verkauf Mo–Sa, 12–13.30 Uhr Mittagspause. Schweigen, Längelsstr. 1, ✆ 06342-7502, weingut-geisser.de. **€€**

Weingut Cuntz Sonnenberg. Freundliches, familiäres Weingut mit guten, preiswerten Weinen. Zum Übernachten stehen am Rand der Weinberge zwei Ferienwohnungen und einige Wohnmobilstellplätze (mit Anschlüssen, 10 €/Nacht) bereit. Rechtenbach, Wasgaustr. 7, ✆ 06342-919141, weingut-cuntz.de. **€**

Eiswerkstatt Schweigen. Einfach nur gutes Eis! Nur Straßenverkauf, kaum Sitzmöglichkeiten. Di Ruhetag, sonst meist 14–18.30 Uhr. Die Öffnungszeiten hängen stark vom Wetter ab – ggf. telefonisch nachfragen oder bei Instagram (EISWERKSTATT_SCHWEIGEN) nachlesen. Schweigen, Längelsstr. 7, ✆ 06342-919454.

Vinothek am Deutschen Weintor. In unmittelbarer Nähe des Weintors hat die gleichnamige Winzergenossenschaft einen großen Shop. Hier kann man sich ungezwungen umsehen und bei Interesse auch kosten. Tägl. 10–18 Uhr. Schweigen, Weinstr. 5, ✆ 06342-224, weintor.de.

Kulinarischer Ausflug nach Weißenburg

Patisserie Daniel Rebert. Reberts Werke sind so beliebt, dass sie noch in Landau angeboten werden. Direkt an der Quelle gibt es neben edler Patisserie-Kunst auch ein kleines Café. Es locken bunte Macarons, mit viel Kreativität geschichtete Törtchen und ein paar herzhafte Kleinigkeiten. Di–Fr 7.30–18.30 Uhr, Sa 7–18 Uhr, So 8–17 Uhr. Wissembourg, 7 Pl. du Marché aux Choux, ✆ +33388940166, patisserie-rebert.fr.

Patisserie Au Petit Kougelhopf. Kleines Café mit schicken Törtchen, feinen Eclairs und natürlich dem namensgebenden Gugelhupf. Mi–Fr 7–18 Uhr, Sa/So 7–17 Uhr. Wissembourg, 20 Rue national, ✆ +33388940056.

Le Petit Dominicain. Wer hungrig ist und gerade keine süßen Köstlichkeiten mag, dem sei dieses freundliche Restaurant empfohlen. Die Küche bietet Flammkuchen (nur abends und am Sonntagmittag) und etwas ausgefallene, schön arrangierte Köstlichkeiten in gemütlichem Ambiente. Im Innenhof sitzt man schön ruhig. Mi–Sa 12–13.30 und 19–22 Uhr, So 12–13.30 und 18–20 Uhr. Wissembourg, 36 Rue national, ✆ +33388949087, restaurant-lepetitdominicain.fr. **€€€**

Radfahren Zahlreiche ausgeschilderte Radwege führen ins Elsass, in den Bienwald oder entlang der Weinstraße in Richtung Bad Bergzabern. Ein beliebtes Ausflugsziel ist der **Gasthof St. Germanshof.** Mit dem Rad ca. 6 km westlich von Schweigen-Rechtenbach.

Radverleih Seuferle. Sehr freundlicher und unkomplizierter Verleih von E-Bikes (ab 30€/Tag). Auch Vermietung einer kleinen, modernen Ferienwohnung (**€**). Rechtenbach, Im Pfarrwingert 18, ✆ 0160-99157292, ebike-seuferle.de.

Wandern Eine 14 km lange Runde führt durch den **Mundatwald auf die Ruine Guttenberg.** Ab Schweigen folgt man zunächst dem Weinlehrpfad am Sonnenberg, um dann entlang des weißen Strichs mit schwarzem Punkt fast parallel zur französischen Grenze bis unterhalb der Burg Guttenberg (503 m) zu laufen. Wer mag, besteigt die Burg aus dem 12. Jh. und genießt die herrliche Aussicht. Danach geht es an 60 hölzernen Waldgeistern vorbei hinunter nach Oberotterbach (gelb-grünes Rechteck). Von hier führt das gelbe Rechteck durch Weinberge über Rechtenbach zurück nach Schweigen.

Umgebung von Schweigen-Rechtenbach

Unweit von Schweigen liegt inmitten des Waldes der kleine Weiler **St. Germanshof.** Von Schweigen aus ist er nur mit einem Umweg über das französische Weißenburg (Wissembourg) zu erreichen. 1949 wurde St. Germanshof von Frankreich annektiert, kam aber nach heftigen Protesten der Einwohner einige Monate später wieder zu Deutschland. Am 6. August 1950 versammelten sich hier Hunderte von Studenten aus neun europäischen Staaten, um unter den machtlosen Blicken französischer und deutscher Zöllner die europäische Flagge zu hissen. Heute erinnern die zwölf Sandsteinstelen des Europa-Denkmals an jenen Tag, der von manchen als die Geburtsstunde Europas gesehen wird.

Gasthof St. Germanshof. Der Landgasthof in Grenzlage punktet mit vorwiegend einfacher, regionaler Küche. Freitags ab 12 Uhr leckere Dampfnudeln – Reservierung empfohlen! Im grünen, großzügigen Biergarten findet sich ein unterhaltsamer Spielplatz. Ein Teil der Zimmer ist einladend renoviert. Do–So 11–20 Uhr. ✆ 06394-1455, st-germanshof.de. **€€**

An der Deutschen Weinstraße → Karten S. 84 und 152

Im Pfälzerwald

Weite, von Buchen dominierte Mischwälder kennzeichnen den Pfälzerwald. Im südlichen Teil, dem Wasgau, ist er abwechslungsreich von Lichtungen durchzogen und wird von Felsen und Burgen garniert. Weiter nördlich um Johanniskreuz dagegen wirkt er gleichförmig und endlos.

Der Pfälzerwald ist das größte zusammenhängende Waldgebiet Deutschlands. Zusammen mit den Nordvogesen bildet er seit 1998 ein grenzüberschreitendes UNESCO-Biosphärenreservat. Erklärtes Ziel solcher Biosphärenreservate ist es, die natürlichen Ressourcen zu erhalten und umweltgerechtes Verhalten bewusst zu machen.

Wenn im Sommer an der Weinstraße hohe Temperaturen herrschen, ist es hier angenehm kühl. Schöne Wander- und Fahrradrouten führen auf markierten Wegen zu Gasthöfen und Wanderhütten. Mediterranes Flair macht sich an den kiefernbestandenen Südhängen breit. Auf dem roten Sandstein, der der Landschaft ihren warmen Charakter gibt, sonnen sich die Eidechsen, die rasch zur Seite huschen, wenn Wanderer sich nähern.

Dass sich hier das größte zusammenhängende Waldgebiet Deutschlands erhalten konnte, liegt an den unfruchtbaren, sandigen Böden, die kaum Ackerbau zulassen. So war das Leben im Pfälzerwald immer karg und ärmlich. Nur im südlichen Teil, dem zwischen dem Queichtal und der französischen Grenze gelegenen Wasgau, reichten die naturräumlichen Bedingungen für Ackerbau, sodass hier eine abwechslungsreiche Kulturlandschaft entstand. Im 19. Jh. führte der Aufschwung der Schuhindustrie zu einer wirtschaftlichen Blüte der Orte rund um die heutige Kreisstadt Pirmasens. Inzwischen stehen von den einst so bedeutenden Schuhfabriken meist nur noch Überreste. Am Nordrand des Pfälzerwalds liegt Kaiserslautern, eine weltoffene, aber nicht mit Reichtümern gesegnete Stadt.

Als eigenständige, zusammenhängende Region wurde der Pfälzerwald erstmals 1843 bezeichnet. Damals trafen sich bei Johanniskreuz Forstbeamte, um Regeln für die Bewirtschaftung der Wälder festzulegen. Sie charakterisierten den Pfälzerwald als „Waldungen auf dem bunten Sandsteingebirge der Pfalz".

Was anschauen?

Trifels: Richard Löwenherz war nicht glücklich, hier zu sein, heutige Besucher schätzen die Burg für Einblicke in die mittelalterliche Geschichte und für Ausblicke über Annweiler und südlichen Pfälzerwald. **→ S. 204**

Dahn: Die Kleinstadt ist bekannt für die zahlreichen Felsen und die auf Wellness spezialisierten Hotels und Bäder. **→ S. 208**

Pirmasens: Der Ruf ist mies, aber die herbe Stadt mit den steilen Straßen und Stiegen ist sehenswert. Alte Schuhfabriken, das vielseitige Mitmachmuseum Dynamikum, die neue Jugendherberge und die attraktive Landschaft lohnen einen Abstecher. **→ S. 231**

Karlstal: Idyllisch plätschert die Moosalbe durch das sanft ansteigende Karlstal. Der Weg ist von Bäumen und kleineren Felsen gesäumt, die Stimmung ist ruhig und fast meditativ. **→ S. 245**

Helmbachweiher: Wenn die Rheinebene im Sommer unter großer Hitze ächzt, ist es hier immer noch entspannt. Das stets frische Wasser des schön gelegenen Sees erfrischt beim Baden. Wer dennoch etwas wandern will, findet mit dem 2,4 km entfernten Naturfreundehaus Lambrecht ein gemütliches Ziel. **→ S. 247**

Kaiserslautern: Die Stadt unterhalb des berühmten Fußballstadions auf dem Betzenberg ist geprägt durch die zahlreichen, in der Nähe stationierten amerikanischen Soldaten. Dank Uni und weiteren Forschungseinrichtungen ist sie in den letzten Jahren jünger und innovativer geworden. Moderne Hotels und Cafés in Verbindung mit sehenswerten Museen und dem nahen Wald machen die Stadt für Touristen attraktiv. **→ S. 249**

Was unternehmen?

Wandern: In Richtung Weinstraße gibt es ein dichtes, intensiv genutztes Netz an Wanderwegen und viele Hütten des Pfälzerwald-Vereins. Besonders im Süden führen die Wanderungen häufig zu prächtigen Felsformationen, teilweise sitzen obenauf waghalsig konstruierte Burganlagen. Im Zentrum des Waldes, rund um Johanniskreuz, geht es ruhig zu. Lange kann man hier laufen, ohne den Wald zu verlassen oder andere Wanderer zu treffen.

Mountainbiken: Der Mountainbikepark Pfälzerwald bietet für alle Vorlieben viel Fahrspaß. 20 perfekt markierte MTB-Routen mit bis zu 25 % Singletrailanteil gibt es hier ebenso wie fordernde Bikeparks (z. B. in Dahn und Trippstadt).

Was sonst noch?

Die meisten Orte des Pfälzerwaldes sind für Shoppingtouren völlig ungeeignet. Es fahren aber viele zum Einkaufen hierher: entweder zum Schuhkauf nach Hauenstein oder in das westlich gelegene Zweibrücken Fashion Outlet.

Trifelsland

Harmonisch ist der Übergang von der Weinlandschaft der Haardt zu den Wäldern und Felsen des südlichen Pfälzerwalds. Immer wieder ergeben sich Blicke auf die Burgruine Trifels, die nicht nur große historische Bedeutung hat, sondern auch landschaftsprägend ist.

Rückgrat des Trifelslandes ist der mittlere Abschnitt der Queich. Das weite Tal geht hier in die Hügel der Weinstraße über. Albersweiler liegt auf der nördlichen Talseite, zahlreiche Sonnenstunden sind durch diese Lage gesichert. Weithin zu sehen ist der oberhalb von Albersweiler gelegene Steinbruch, der einst die Grundlagen für den Bau der Landauer Festung lieferte. Die hier abgebauten Gneise gelten als die ältesten Gesteine der geologisch sonst jungen Pfalz. Das Zentrum der Region bilden der auf dem 497 m hohen Sonnenberg markant gelegene Trifels und das zu seinen Füßen liegende Städtchen Annweiler.

Informationen zur Region erteilt das **Büro für Tourismus**, Mo–Fr 9–12.30 und 13.30–17 Uhr, Sa 10–12 Uhr (Nov.–April Mo–Fr 9–12 Uhr, Mo–Do auch 14–16 Uhr). Messplatz 1, 76855 Annweiler, ✆ 06346-2200, trifelsland.de.

Dernbachtal

Für wanderbegeisterte Urlauber ist das ruhig und idyllisch gelegene, aber dennoch gut erschlossene Tal ein wahres Paradies. Oberhalb davon locken ausgedehnte Waldgebiete und die Ruinen Neuscharfeneck und Ramburg.

Das mitten im nordsüdlich verlaufenden Tal gelegene **Dernbach** ist eine Art Vorort von Ramberg. Die von Obstbäumen bestandenen unteren Hänge des Tals bieten zu Zeiten der Kirschblüte wunderschöne Anblicke. Das malerisch anmutende, auf dem schmalen Wiesengrund des Dernbachtals gelegene Besenbinderdorf **Ramberg** gehörte einst zu den Sorgenkindern der Region: Als eine der notorisch ärmsten Gemeinden der Pfalz wird es in einem Bericht der Regierung von 1855 genannt. Die Landwirtschaft an den steilen Hängen brachte nur geringe Erträge – zu wenig, um die 1300 Einwohner (fast ein Drittel mehr als heute) rund um das Jahr zu versorgen. Wie die Bewohner anderer Orte des rauen Pfälzerwalds versuchten sich auch die Ramberger im Hausierhandel und Marktverkauf. Dazu sammelten sie Beeren und Pilze, produzierten Leitern, Schindeln, Kochlöffel sowie Bürsten aus Materialien der nahen Wälder und zogen damit von Haus zu Haus und zu den Märkten nach Landau oder Edenkoben. Im 19. Jh. war die Herstellung von Bürsten der wichtigste Wirtschaftszweig. Fast in jedem Haus wurden diese in Heimarbeit gefertigt. Aber auch Bürstenfabriken entstanden und sicherten ein notdürftiges Einkommen. Noch 1924 sollen am Ort 186 Heim- und 154 Fabrikarbeiter Bürsten produziert haben. Heute bestehen noch zwei Bürstenfabriken in Ramberg. Über die Geschichte des Handwerks, die damit verbundenen Lebensbedingungen und die verwendeten Maschinen informierte viele Jahre lang das Bürstenbindermuseum, das zum Redaktionsschluss aber nur sehr unregelmäßig ge-

öffnet war (für aktuelle Informationen siehe Internetseite der Gemeinde).

In einem Nebental, dem Eußerthal, versteckt sich das gleichnamige Dörfchen **Eußerthal.** Die vor Jahrhunderten hier ansässigen Zisterzienser prägen das Tal noch heute. Zum einen fällt die beeindruckende, rote Klosterkirche ins Auge, zum anderen kann man – trotz fehlender Belege – annehmen, dass die intensive Teichwirtschaft auf die Tradition der Zisterzienser zurückgeht. Die Bedingungen für die Fischzucht sind durch die vielen schüttenden Quellen optimal. In der örtlichen Gastronomie weiß man, wie Forellen gut zubereitet werden – wer Fisch mag, sollte hier einkehren!

In Erinnerung an die zwischen Eußerthal und dem Trifels pendelnden Mönche wurde für Wanderer der 12 km lange **Mönchsweg** zwischen Eußerthal und Trifels geschaffen. Auf dem Weg passiert er den westlichsten Weinbauort der Pfalz, das in ein sonniges Seitental geschmiegte **Gräfenhausen.**

Sehenswertes

Neuscharfeneck: Vermutlich zur Mitte des 13. Jh. ließen die Scharfeneckerin Guda und ihr Mann Johann von Metz die Burg Neuscharfeneck bauen, woraufhin die Altscharfeneck auf dem Ringelsberg wahrscheinlich verlassen wurde und verfiel. Quer über den Bergsporn verläuft die 58 m lange und 12 m breite Schildmauer der Neuscharfeneck, die relativ spät gegen die aufkommenden Feuerwaffen errichtet wurde. Nachdem die Burg 1525 im Bauernkrieg ausgebrannt und anschließend wiederaufgebaut worden war, wurde sie 1633 während des Dreißigjährigen Krieges endgültig zerstört.

▪ Wegen Sicherungsarbeiten ist die Ruine seit 2019 nicht zu besuchen, ab Ende 2024 soll dies wieder möglich sein.

Ramburg: Die einstige Reichsburg Ramburg wurde im 12. Jh. unter den Staufern zum Schutz des Trifels erbaut. Nach dem Dreißigjährigen Krieg verfiel sie und wurde im 18. Jh. auch als Steinbruch genutzt, bis die Bewohner Rambergs sie in den 1970er-Jahren auf Vordermann brachten und mit einer Schänke ausstatteten.

▪ Die einfache Schänke gehört dem Ramberger Männergesangsverein, war aber bei Redaktionsschluss leider ohne Pächter. ramburgschenke.de.

Meistersel: Eine Schenkungsurkunde aus dem Jahr 1100 macht das beeindruckende Bauwerk zu einer der ältesten urkundlich erwähnten Burgen der Pfalz. Möglicherweise gab es sogar eine keltische Anlage auf der Bergkuppe. Der Standort hatte strategische Bedeutung: Von dort aus konnte der Passweg im Queichtal und damit die kürzeste Verbindung zwischen Speyer und dem Kloster Eußerthal bzw. dem Trifels kontrolliert werden.

▪ Die umfassend und sehr gelungen sanierte Ruine ist über einen kurzen Zuweg ab dem Parkplatz „Drei Buchen" zu erreichen.

Zisterzienserkloster Eußerthal: Die 1148 aus Lothringen gekommenen Zisterzienser siedelten sich in der waldreichen Gegend erfolgreich an. Ihr Kloster stand ab 1168 unter dem Schutz von Kaiser Barbarossa, ab 1186 wirkten sie als Burgkapläne auf dem 7 km entfernten Trifels und hüteten dort die Reichskleinodien. Der Kirchenbau dauerte lange, 1262 erhielt die Abteikirche ihre Abschlussweihe. Das Bauwerk war damals deutlich größer als die heutige Version. Die strenge Form und die abgeschiedene Lage sind typisch für den Bau- und Lebensstil der äußerst genügsam lebenden Mönche. Die Genügsamkeit war zentral, denn der Zisterzienserorden war von Bernhard von Clairvaux in Reaktion auf die zu nachlässige Lebensweise mancher Benediktinerklöster entstanden. Nachdem der Bauernkrieg 1525 zu Verwüstungen geführt hatte und sich dann in der Kurpfalz, zu der das Kloster gehörte, auch noch die Reformation durchgesetzt hatte, wanderten die letzten verbliebenen Mönche 1568 ab. Erst knapp hundert Jahre später wurde Eußerthal durch die Ansiedlung von Flüchtlingen aus dem Piemont wiederbelebt. Eine umfangreiche Renovierung der lange als Steinbruch genutzten Kirche fand in den 1960er-Jahren statt, heute steht sie unter Denkmalschutz und ist dem Hl. Bernhard geweiht. Das Konventgebäude und der Kreuzgang sind hingegen komplett verschwunden. Einzelteile davon sind noch in einigen älteren Gebäuden des Dorfes verbaut.

Praktische Infos

Information dernbach-touristik.de und ramberg.de.

Einkaufen **Besen- und Bürstenfabrik Josef Klein.** In urigem Ambiente ab Fabrik oder digital im Netz verkauft Familie Klein Besen für vielerlei Zwecke. Mo–Fr 8–12 und 13–16 Uhr. Ramberg, Mühlstr. 16, ✆ 06345-8220, klein-besen-buersten.de.

Wandern Das **Waldhaus Drei Buchen** (PWV, 399 m) ist von Ramberg über einen zunächst durch offenes Gelände, dann durch dichten Wald führenden Weg (roter Punkt) zu erreichen. Mi–So ab 11 Uhr, im Sept./Okt. tägl. geöffnet. ✆ 06345-93282, dreibuchen-ramberg.de. €

Eine schöne Wanderung führt über den Rundweg 22 in 6,4 km ab der Ortsmitte von Ramberg auf die **Ruine Ramburg.** Nur ein kurzer (aber ansteigender) Spaziergang ist es ab der Ortsmitte von Dernbach zum **Dernbacher Haus** (schöne Talsicht, für eine Hütte geho-

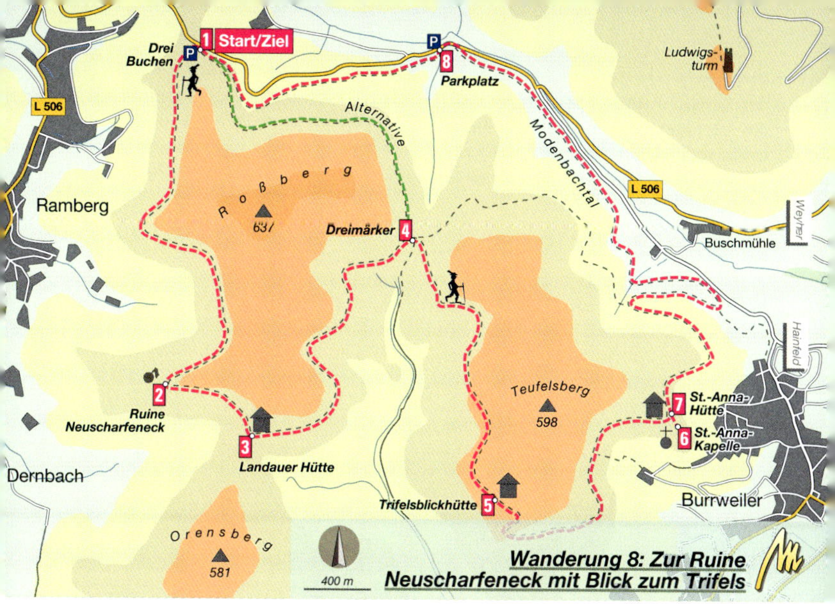

bene Speisen, Mi–So 11.30–20 Uhr, im Winter bis 19 Uhr, ✆ 06345-9597743).

Vom Parkplatz an der Straße zwischen Ramberg und Weyher erreicht man über einen einfach zu gehenden Weg in rund 900 m die kinderfreundliche **Amiticiahütte** an den Sieben Quellen. Im Außenbereich warten kleine Bächlein, ein Sandkasten und allerlei Platz zum Toben (So/feiertags 11–18 Uhr, ✆ 06323-7672, amicitia-ev.de).

Übernachten/Essen **Zum goldenen Lamm.** Das an der Ramberger Hauptstraße gelegene Restaurant bietet gute, deftige Küche. Fleischgerichte dominieren die Karte, besonders das Rumpsteak ist zu empfehlen. Do/Fr 16–22 Uhr, Sa ab 14 Uhr und So 11–20 Uhr. Ramberg, Hauptstr. 19, ✆ 06345-9594991, zumgoldenenlamm-ramberg.de. €€

Mein Tipp **Restaurant Schneider.** Sehr gutes, bei aller Raffinesse bodenständiges Restaurant der Familie Roth-Püngeler. Das freundliche Servicepersonal rundet das angenehme, rustikale Ambiente perfekt ab. Di/Mi geschlossen, sonst 18–21 Uhr, So auch 12–14 Uhr. Dernbach, Hauptstr. 88, ✆ 06345-8348, schneider-dernbachtal.de. €€€

Birkenthaler Hof. Ganz am Ortsende von Eußerthal lädt eine kleine, aber feine Speisekarte zum Schlemmen ein. Die Forelle lokaler Herkunft wird exzellent zubereitet. Im Sommer bietet der gepflegte Garten ein wunderbar erholsames Ambiente. Keine Kartenzahlung! Fr–So ab 11 Uhr. Eußerthal, Taubensuhlstr. 2, ✆ 06345-1441, birkenthalerhof.de. €€

Wanderung 8: Zur Ruine Neuscharfeneck mit Blick zum Trifels

Am **Parkplatz „Drei Buchen"** **1** startet die abwechslungsreiche Rundwanderung, die zunächst zur **Burgruine Neuscharfeneck** **2** führt (weißes Rechteck mit schwarzem Punkt). Die im 13. Jh. entstandene Ruine ist mit ihrer mächtigen Schildmauer eine der interessantesten Wehranlagen der Pfalz. Die Ruine wird in den kommenden Jahren saniert. Ab 2024 sollen zumindest Teile der Anlage wieder zugänglich sein. Von der **Landauer Hütte** **3** aus folgt man der blau-weißen Markierung bis **Dreimärker** **4** und biegt dort nach rechts in Richtung **Trifelsblickhütte** **5** und **St.-Anna-Kapelle** **6** ab. Von Ersterer ist der imposante Trifels zu bestaunen, von Letzterer sollte man den herrlichen Ausblick über die Weiten des Rheingrabens genießen. Wenige Meter oberhalb der Kapelle liegt die **St.-Anna-Hütte** 7, die zu einer letzten Stärkung einlädt, bevor man sich auf den Rückweg bergab durch das tiefe und idyllische Modenbachtal macht (zunächst roter, im Tal gelb-weißer Balken). Nach einem **Parkplatz** 8 geht es mit dem roten Punkt an der nördlichen Flanke des Roßbergs entlang zurück zum Parkplatz „Drei Buchen". Anstatt die rund 16 km lange Runde komplett zu laufen, kann man auch direkt von Dreimärker zum Parkplatz zurückkehren.

Gleich drei PWV-Hütten bieten sich zur Einkehr an: Die kleine **Trifelsblickhütte** (530 m, Sa/So 9.30–18 Uhr, ✆ 06345-2237) überzeugt durch ihren herrlichen Blick, die **Landauer Hütte** (450 m, Sa/So, in den Sommermonaten auch jeden 1., 3. und 5. Mi 10–17 Uhr, ✆ 06345-3797, pwv-landau.de) ist aufgrund ihrer Größe, des umfangreichen Speisenangebots und der Lage am Schnittpunkt etlicher Wanderrouten ein beliebtes Ausflugsziel, und direkt oberhalb der St.-Anna-Kapelle liegt die einfache **St.-Anna-Hütte** (420 m, Mi/So 10–18 Uhr, Juli bis Okt. auch Sa, ✆ 06345-3931).

Annweiler

Die romantische Altstadt ist geprägt durch den von Brücken überspannten Arm der Queich, der einst viele Mühlräder antrieb. Überragt werden die Fachwerkhäuser vom Trifels; die zentral über Annweiler thronende Burgruine ist unumstrittenes Wahrzeichen von Stadt und Region.

An diesem Seitenarm, der auch als Queichbach bezeichnet wird, sind heute noch drei Mühlräder gelegen, von denen allerdings nur noch die **Stadtmühle** intakt ist. Ihre Kraft wird nicht mehr zum Mahlen von Getreide, sondern zur Gewinnung von Strom genutzt. Die Mühle am Beginn der Wassergasse trieb früher eine Lohmühle an: Hier wurde die Eichenrinde aus den umliegenden Wäldern zu der zum Gerben benötigten Lohe verarbeitet. Auch der vom Annweiler Künstler Karlheinz Zwick gestaltete Brunnen auf dem Rathausplatz veranschaulicht die Bedeutung des Wassers und der hier seit 1652 nachgewiesenen **Gerberei** für die Kleinstadt. Bis zu 36 Gerber lebten und arbeiteten in den typischen Fachwerkhäusern mit den Dachabstufungen, die Felle lagerten auf dem als Trockenspeicher dienenden Dachboden. Schöne Fachwerkhäuser aus dem 17. bis 19. Jh. stehen in der Apothekergasse, das prunkvollste ist das 1643 errichtete **Keyser'sche Haus** am Marktplatz.

Sehenswertes

Museum unterm Trifels: Drei schöne Fachwerkhäuser und eine ehemalige Wassermühle bilden den Rahmen des chronologischen Rundgangs, bei dem die Historie der Burg Trifels, die Entwicklung der Stadt Annweiler und Aspekte der Landschaftsgeschichte dargestellt werden. Einen tollen Einblick in die lokale Geschichte der Gerberei liefert die historische Gerberwerkstatt.

Mitte März bis Okt. Di–So 11–17 Uhr, Mi–Sa 13–17 Uhr, So 10–17 Uhr. Eintritt 3,50 €, ermäßigt 1,50 €. Am Schipkapass 4, ✆ 06346-1682.

Burg Trifels: Wie keine andere Burg in der Pfalz bestimmte die auf dem nördlichen Gipfel eines dreifach gespaltenen Sandsteinfelsens gelegene Burg Trifels die hochmittelalterliche Geschichte: „Wer den Trifels hat, hat das Reich", hieß es in Anspielung auf die Reichskleinodien, die im 12. und 13. Jh. auf der majestätisch über Annweiler thronenden Reichsburg verwahrt wurden

Einst Mittelpunkt des Deutschen Reiches: der Trifels

und diese zu einem Eckpfeiler der kaiserlichen Macht werden ließen. Hüter des bedeutungsvollen Schatzes waren die Mönche der Klosters Eußerthal (→ S. 201).Unter den Staufern entwickelte sich der Trifels zum Mittelpunkt eines ausgedehnten Reichsgutkomplexes. Während Kaiser Friedrich Barbarossa wie seine Vorgänger und Nachfolger meist nur kurze Zeit am Stück auf seinen Gütern verbrachte, mussten unfreiwillige Gäste oft länger bleiben. Der englische König Richard Löwenherz beispielsweise verweilte als Gefangener 1193/94 auf dem Trifels. Mit dem Niedergang der Staufer setzte auch der Abstieg der Reichsburg ein. Sie ging durch verschiedene Hände, bevor ein Blitzeinschlag 1602 Teile der Burg unbewohnbar machte. Im Dreißigjährigen Krieg diente die Ruine den Bewohnern Annweilers als Zuflucht; nachdem 1635 jedoch eine Pestepidemie ausgebrochen war, wollte keiner mehr dort leben. Erst zwischen 1938 und 1966 erfolgte der Wiederaufbau. Heute wird auf der Burg eine interessante Ausstellung über die Bedeutung der Pfalz während des Hochmittelalters gezeigt.

Die Burg ist vom Parkplatz (1,50 € Parkgebühr) am Fuße des steilen Burgbergs in 20 Min. zu erreichen. April bis Sept. tägl. 10–18 Uhr, Okt./Nov. und Jan. bis März bis 17 Uhr, letzter Einlass eine Stunde vor Schließung. Erwachsene 4,50 €, Kinder 2,50 €. Führungen: Jan., März und Nov. Sa, So, feiertags 10.30–13 Uhr, April bis Okt. Mo–Fr 13 Uhr und Sa, So, feiertags 10.30 und 13 Uhr. Hunde dürfen nicht auf das Burggelände! Anmeldung zu Führungen unter ✆ 06346-2200, Infos bei der Burgverwaltung Trifels in Annweiler unter ✆ 06346-8470, annweiler.de.

Burgruinen Anebos und Scharfenberg: Auf dem mittleren und südlichen Gipfel der dreigliedrigen Sandsteinformation befinden sich die Überreste der Burgen Anebos und Scharfenberg. Von Ersterer bietet sich ein herrlicher Blick auf die Landschaft und den Trifels. Von der auch „Münz“ genannten Ruine Scharfenberg sind der schmale Bergfried und Reste der ehemaligen Ringmauer zu besichtigen. Beide Anlagen entstanden im 12. Jh. und sind frei zugänglich.

Praktische Infos

Information **Trifelsland – Büro für Tourismus,** Mai bis Okt. Mo–Fr 9–12.30 und 13.30–17 Uhr, Sa 10–12 Uhr, Nov. bis April

Mo–Fr 9–12 Uhr sowie Mo–Do 14–16 Uhr. Messplatz 1, 76855 Annweiler, ✆ 06346-2200, trifelsland.de.

Baden **Trifelsbad.** Schönes, beheiztes Freibad mit 25-m-Becken und einem geschwungenen Freizeitbecken mit Rutsche. Mai bis Sept. Mo 10.30–20 Uhr, Di–So ab 8 Uhr. Eintritt 4 €, ermäßigt 3 €. Zweibrücker Straße, ✆ 06346-928422.

Klettern Am **Asselstein,** einem markanten, brettartigen Felsturm südlich von Annweiler, der 1860 erstmals bestiegen wurde. Die schwierigste Route ist mit VIII bewertet. Je nachdem, auf welcher Seite die Falken brüten, ist die andere Seite mit Einschränkungen zum Klettern freigegeben.

Kurpark Der als **Markwardanlage** bezeichnete Kurpark verfügt über einen kleinen See, einen Spielplatz, eine Minigolfanlage, Wassertretbecken sowie schöne Spazierwege. Er ist Markward von Annweiler (1140–1202) gewidmet, der Markgraf von Ancona, Graf der Abruzzen, Reichsverweser von Sizilien und Erzieher des Stauferkaisers Friedrich II. war. Durch die Neugestaltung 2023 ist ein barrierefreier Rundweg mit vielen Sitzgelegenheiten entstanden. Im oberen Bereich gibt es einen tollen Spielplatz für Kinder (vorwiegend für 2–8-Jährige) sowie Lamas.

Am Rathausplatz von Annweiler

Radfahren Dem von Hauenstein nach Germersheim verlaufenden, knapp 60 km langen **Queichtalradweg** kann man flussauf- oder flussabwärts folgen. Ab Siebeldingen hat man Anschluss an den Weinstraßenradweg.

Sightseeing Von Mai bis Okt. jeden Mittwoch ab 10 Uhr eineinhalbstündige, kostenlose **Stadtführung** mit Gästebegrüßung im historischen Ratssaal. Anmeldung in der Touristen-Information.

Veranstaltungen **Keschdefest.** Kleines Fest im Zentrum, Anfang Okt. zur Kastanienlese.

Wandern Von der bewirtschafteten **Klettererhütte** (Mi–Fr 11–19 Uhr, Sa/So 10–18 Uhr, großer Außenbereich mit Spielgeräten, deftige Speisen, ✆ 06346-8825, kletterer hütte.de) an der Straße zum Trifels erreicht man den beeindruckenden **Asselstein,** den man schön umwandern kann (25 Min.). Der Rundwanderweg 4 (8 km, 2,5 Std.) führt vom Rathausplatz am Ortsteil Bindersbach vorbei zum Windhof. Auf den nun folgenden Kilometern liegen die Sehenswürdigkeiten aufgereiht wie Perlen an einer Schnur: die Burgruine **Münz,** die **Fensterfelsen,** die Burgruine **Anebos** und schließlich auf einem kleinen, steilen Gipfel der **Trifels** (497 m). Der **Richard-Löwenherz-Weg** führt ab dem Annweiler Rathaus hinauf auf den **Rehbergturm.** Die Aussicht ist herrlich, aber die Anstrengung nicht zu unterschätzen (12,2 km, knapp 600 Höhenmeter). Wer sich einige Höhenmeter sparen möchte, läuft ab der Klettererhütte zum Rehbergturm (6,5 km, 260 Höhenmeter). Die Rundumsicht (auch auf den Trifels) ist lohneswert!

Übernachten/Essen **Gästehaus Heger.** Im Ortsteil Bindersbach werden in der freundlichen Pension vier Zimmer (teilweise mit Küche) vermietet. Tolle Lage, freundliche Atmosphäre. Rehbergstr. 58, ✆ 06346-558896360, heger-gaestehaus.de. **€**

Jugendstilhotel Trifels. Hier finden sich vielseitige, sehr gepflegte Übernachtungsmöglichkeiten vom verwunschenen Hexenhäuschen, über toll designte Holz-Baumhäuser bis zum stilvollen Hotelzimmer. Das sehr auf Nachhaltigkeit und Regionalität bedachte Restaurant „Zum alten Kurhaus" hat Di–Sa 12–21 Uhr geöffnet. Das Café hat täglich von 11–17 Uhr geöffnet. Ruhige und dennoch zentrale Lage mit Blick auf den Trifels. Die Unternehmerfamilie Hornbach zeigt eindrucksvoll, was mit Engagement (und Geld) alles möglich ist. Kurhausstr. 25, ✆ 06346-308860, jugendstilhotel-trifels.de. **€€€** (Zimmer), **€€€** (Restaurant)

Pension Bergterrasse. Gepflegte Pension etwas oberhalb von Annweiler. Großzügige Terrasse und Liegewiese, Zimmer teilweise mit Trifelsblick. Trifelsstr. 8, ☎ 06346-7219, pension-bergterrasse.de. **€€**

MeinTipp **Zur Alten Gerberei.** Urige und kinderfreundliche Weinstube und Restaurant. Im Angebot sind Flammkuchen und Pfälzer Klassiker wie Saumagen und Leberknödel. Beliebte Terrasse direkt am Queichbach. Auch geschmackvolle Apartments und Zimmer. Di–So 17.30–22 Uhr. Prangertshof 11, ☎ 06346-3566, gerberei.de. **€€** (Zimmer), **€€** (Restaurant)

Umoya. Engagiertes, legeres Restaurant an der etwas versteckten Markwardanlage mit feiner, vorwiegend internationaler Küche. Do–Mo 17–21 Uhr. Burgstr. 24, ☎ 06346-9296744, umoya-restaurant.de. **€€**

Eiswerk. Am mit Sitzstufen und Hüpfsteinen schön gestalteten Ufer des Queichbachs gibt es leckeres und günstiges Eis in vielen Sorten sowie Frozen Yogurt. Nur Selbstbedienung. Oben moderne Gästezimmer, Frühstück im nahen Café Escher. Im Sommer tägl. geöffnet, meist 11–19 Uhr. Am Messplatz 10, ☎ 06346-8343, cafe-escher.de. **€€** (Zimmer)

Conditorei Escher. Große, klassische Konditorei mit gutem Kuchen und vielseitigen Torten. Di–So 8–18 Uhr. Apartments im Obergeschoss. Hauptstr. 57, ☎ 06346-8343, cafe-escher.de. **€€** (Apartments)

Im Pfälzerwald → Karte S. 201

Südlicher Wasgau mit Dahner Felsenland

Der südliche Wasgau gilt vielen als der schönste Teil des Pfälzerwalds. Die Täler dicht an der Grenze zu Frankreich sind weit und offen, kleine Bäche suchen sich in sanften Schleifen ihren Weg entlang abgeschiedener, oft charmanter Dörfer. An den Hängen der Berge und auf den Gipfeln ragen imposante Felsen hervor, derentwegen diese Gegend auch als Dahner Felsenland bezeichnet wird.

Im 12. und 13. Jh. galt die Region als Zentrum des Heiligen Römischen Reiches. In großer Zahl entstanden Ehrfurcht einflößende **Burgen,** von denen nicht wenige schon kurze Zeit später wieder verfielen. Heute sind die Ruinen auf den steilen Felsen gigantische Kulissen und Stationen auf kinderfreundlichen Wanderungen. Von den Terrassen der Wegelnburg, der höchstgelegenen Burg der Pfalz, hat man einen weiten und je nach Lichtverhältnissen fast unwirklich anmutenden Blick über den Wasgau und das nahe Elsass. Die abwechslungsreichen Wander- und Radwege sind gut ausgebaut und beschildert. Viele Gasthäuser und Restaurants machen es einem leicht, sportliche Aktivitäten mit einem guten und preiswerten Essen zu verbinden. Das **Biosphärenhaus** und der Baumwipfelpfad in Fischbach gehören zu den beliebtesten Zielen in der abgeschiedenen Landschaft. Entlang der deutsch-französischen Grenze sind viele Relikte des einstigen Westwalls wie z. B. Stollen, Panzersperren und Bunker zu sehen. Im Zweiten Weltkrieg sollte die waldreiche Grenze zu einer unüberwindbaren Befestigung ausgebaut werden. Für den größenwahnsinnigen Bau waren ab 1938 Tausende von (Zwangs-) Arbeitern im Einsatz.

Informationen zur Region erteilt die Tourist-Information Dahner Felsenland. Mai bis Okt. Mo–Fr 9–17 Uhr sowie Sa 9–12.30 Uhr; Nov. bis April Mo–Fr 9–12 Uhr sowie Mo–Do 14–16 Uhr. Schulstr. 29, 66994 Dahn, ☎ 06391-5811, dahner-felsenland.net.

Dahn

Umgeben von bewaldeten Hügeln mit Felsen und Burgen liegt im grünen Tal der sanft dahinfließenden Wieslauter das kleine Städtchen Dahn, das Zentrum des Felsenlandes.

Vom naturnahen Kurpark mit seinem Elwetritsche-Lehrpfad im Süden des kleinen Zentrums erreicht man nach wenigen Kilometern und ein paar Höhenmetern die Burgruine **Altdahn** sowie ihren beiden Schwesterburgen. Von hier bietet sich ein schöner Blick auf die Ortsmitte Dahns und die Felsen der Umgebung. Der bekannteste hiervon ist der Jungfernsprung, der sich am nördlichen Ortsende über das Tal lehnt.

Außergewöhnlich an Dahn ist das enorme Angebot an Wellnesseinrichtungen. Das Felsland-Bad („Badeparadies & Saunawelt") ist in weiterem Umkreis das einzige öffentliche Schwimmbad mit Wellnesscharakter. Bis aus Karlsruhe kommen die Gäste, um sich in den Anlagen mit Blick auf Wald und Felsen zu erholen. In der Nachbarschaft finden sich zwei gehobene Hotels, die sich beide auf das Thema Wellness spezialisiert haben und sich wohl mit jedem weiteren Umbau in diesem Punkt überbieten wollen. Sehr beeindruckend ist der Natur-Schwimmteich mit Sauna-„Hütte" im Hotel Pfalzblick geraten. Unspektakulär und ganz kostenfrei, aber dennoch belebend sind hingegen die Becken fürs Kneipp'sche Wassertreten, z. B. im Gerstelpark nördlich des Jungfernsprungs oder im nahen Rumbach (→ S. 215).

Sehenswertes

Ehrenfriedhof: Auf dem seit 1952 bestehenden Soldatenfriedhof bei der Michaelskapelle unterhalb des Hochsteins liegen 2412 Soldaten begraben. Die meisten von ihnen kamen in den letzten Tagen des Zweiten Weltkrieges ums Leben. Der bekannteste hier bestattete Soldat ist Hans Graf von Sponeck, der am 23. Juli 1944 in der Festung Germersheim „in geheimer Staatssache erschossen" wurde. 1941 hatte er eine Halbinsel im Südosten der Krim gegen den ausdrücklichen Wunsch des Führerhauptquartiers räumen lassen und damit viele Soldaten vor dem sicheren Tod bewahrt.

Vom Parkplatz am Kurpark ist der Ehrenfriedhof über den ansteigenden Kreuzweg in 15 Min. zu erreichen.

Elwetritsche-Brunnen und -Lehrpfad: Zwei Figuren zieren den von dem Dahner Künstler Richard Lenhard gestalteten Brunnen im Kurpark: Während der Elwetritschejäger mit Sack und Laterne auf den sagenhaften Vogel wartet, schießt die Elwetritsche Wasser aus ihrem Schnabel. Der Brunnen ist Teil des Elwetritsche-Lehrpfads, der es jedem Besucher durch große Schautafeln ermöglicht, eventuell vorhandene Wissenslücken über den wichtigsten Pfälzer Vogel zu schließen.

Dahner Felsen: Viele Felsen rund um Dahn lassen sich am besten über den lohnenswerten Dahner Felsenpfad erkunden. Abseits davon gibt es einige weitere Felsen, der bekannteste davon ist der Jungfernsprung. Seine senkrechten Flanken direkt über den Dächern von Dahn sind bestimmend für das Ortsbild. Der Sage nach war eine Jungfrau im Dahner Wald unterwegs, um Beeren zu pflücken, als der Berwartsteiner Raubritter Hans Trapp auf sie zukam, um ihr die Unschuld zu rauben. Die Jungfrau raffte ihre Röcke und rannte, so schnell sie konnte davon. Dummerweise achtete sie in der Eile

Abendstimmung auf den Dahner Burgen

Im Pfälzerwald → Karte S. 201

nicht auf den Weg und stand bald darauf auf dem hohen Felsen. Da sie ihren Verfolger noch nicht abgeschüttelt hatte, sprang sie in die Tiefe. Das Wunder geschah: Sie überstand den Sprung unverletzt, und an der Stelle, wo ihre Füße auftrafen, sprudelt seither eine Quelle. Aus geologischer Perspektive kann der 57 m hohe Jungfernsprung nüchterner betrachtet werden: Er besteht, wie alle Felsen der Gegend, aus verwitterungsbeständigem Sandstein. Während das umgebende Gestein im Laufe der Zeit abgetragen wurde, blieben die Felsen in bizarrer Form erhalten. Am Fuß der Formation führen Quellhorizonte zur Entstehung von Quellen.

Dahner Burgen: Vier mächtige Burgen stehen auf Dahner Gemarkung. Nordwestlich von Dahn überblickt die Ruine Neudahn auf dem Kauertberg das Tal. Auf den fünf Sandsteinfelsen des Schlossbergs oberhalb von Dahn bilden Altdahn, Grafendahn und Tanstein zusammen das größte Burgenmassiv der Pfalz.

Die spektakulär auf den beiden östlichen Felsen erbaute Burg *Altdahn* wurde um 1100 errichtet. Nach Jahren unter Speyerer Lehenschaft wurde sie 1236 an den Bruder des Speyerer Bischofs, Friedrich von Dahn, übergeben und blieb in Besitz der Herren von Dahn, bis der Letzte von ihnen 1603 in seinem Burrweiler Schloss verstarb. Die so wieder an Speyer zurückgefallene Burg verkam zunehmend und wurde als Steinbruch und Unterschlupf in Notzeiten genutzt. Zuletzt feierten viele Dahner 1944 das letzte Weihnachtsfest während des Zweiten Weltkrieges auf Altdahn. Besucher betreten die Burg heute durch den nördlichen Torturm aus dem späten 15. Jh. mit einem spätgotischen, leicht zugespitzten Torbogen. Der südliche Teil der Anlage wird von dem schmächtigeren südlichen Torturm und dem Flankierungsturm, der gegen die Nachbarburg Grafendahn errichtet wurde, beherrscht.

Grafendahn entstand spätestens zu Beginn des 14. Jh. als Lehensburg der

Bischöfe von Speyer. In den ersten Jahren fungierte sie unter mehreren Gemeinern (Burgherren) als eine Art Gemeinschaftswohnsitz, bevor sie 1339 als ungeteilter Besitz an Graf Johann II. von Sponheim fiel. Nach 1437 kam es zu zahlreichen Besitzerwechseln, mal gehörte sie dem Markgrafen von Baden, mal dem kurpfälzischen Fürsten und zuletzt, schon großteils verfallen, den Herren von Fleckenstein. Ende des 18. Jh. schließlich fiel sie an das Bistum Speyer zurück und wurde nicht mehr verliehen. Von der Unterburg der kleinsten der drei Burgen blieb nicht viel erhalten, in einem der alten Ställe wurde 1987 ein kleines *Burgmuseum* mit interessanten Fundstücken aus allen Dahner Burgen eingerichtet.

Unklar ist der Ursprung der Burg *Tanstein*, die auf den zwei westlichen Burgfelsen erbaut wurde. Früher soll eine hölzerne Brücke die beiden hohen Felsen verbunden haben. Nach neuesten Forschungen ist es wahrscheinlich, dass Tanstein noch vor Altdahn bereits im frühen Mittelalter als Fliehburg bestand. Die Burg war als Speyerer Lehen bis 1523 im Besitz der Herren von Dahn.

Zugang Vom Parkplatz sind die Burgen in 10 Gehminuten über einen breiten, kinderwagentauglichen Weg zu erreichen. Besonders für Kinder sind die vielen Gänge, gut gesicherten Treppen und Aussichtsfenster ein echtes Paradies.

Öffnungszeiten/Eintritt **Burgen:** 15. März bis 31. Okt. Do–Di 9–18 Uhr, Nov. und Feb. bis Mitte März nur am Wochenende und an Feiertagen (10–17 Uhr) zugänglich. Letzter Einlass eine Stunde vor Schließung. Dez. und Jan. geschlossen! Eintritt frei. **Burgmuseum:** So und feiertags 12–17 Uhr.

Burgschänke Burg Altdahn: Von Mitte April bis Okt. Do–Di 11–17 Uhr, ✆ 06391-993543.

Auf dem Kauertberg liegt die relativ kleine und kompakte Burganlage von *Neudahn*. Sie war 1230 ursprünglich nur zum Schutz der Wegeverbindung zur Burg Altdahn errichtet worden, wurde dann aber stetig ausgebaut.

▪ Die Ruine kann jederzeit besichtigt werden und ist vom Parkplatz aus über einen steilen Anstieg in 10 Min. zu erreichen.

Praktische Infos

Information **Tourist-Information Dahner Felsenland.** Mai bis Okt. Mo–Fr 9–17 Uhr sowie Sa 9–12.30 Uhr; Nov. bis April Mo–Fr 9–12 Uhr sowie Mo–Do 14–16 Uhr. Schulstr. 29, 66994 Dahn, ✆ 06391-5811, dahner-felsenland.net.

Baden **Felsland Badeparadies & Saunawelt.** Schön und sehr beliebt. Badeparadies: Mo–Sa 9–21 Uhr, So bis 20 Uhr; Tageskarte Erwachsene 5,90 €, Kinder unter 4 J. frei, 4–15 J. 2,90 €. Saunawelt mit schöner Außenanlage: Mo (nur Damen) 10–22 Uhr, Di–Sa bis 22 Uhr, So bis 20 Uhr; Tageskarte Erwachsene 21 € (mit Schwimmbadbenutzung). Eybergstr. 1, ✆ 06 391-2179, felsland-badeparadies.de.

Einkaufen Im Zentrum Dahns gibt es einige kleine Geschäfte, Apotheken und Bäcker. Etwas außerhalb befinden sich auch größere Supermärkte.

Weinkiste Dahn. Sympathischer Laden mit einer guten Auswahl an Pfälzer Weinen und einigen Artikeln für Lokalpatrioten (T-Shirts, Gläser und diverse Accessoires). Hin und wieder Events rund um Wein und Gin. Mi 9.30–12.30 Uhr, Do/Fr 11–18 Uhr, Sa 9–12 Uhr. Marktstr. 12, ✆ 06391-9929370, weinkiste-dahn.de.

Klettern Viele Felsen, z. B. der **Jungfernsprung, Braut und Bräutigam** und die **Lämmerfelsen,** können und dürfen meist beklettert werden. Anspruchsvoll sind der **Hochstein mit Nadel** (bis VIII) sowie der Franz-Seiler-Gedächtnisweg auf den Jungfernsprung mit dem Schwierigkeitsgrad VII+.

Radfahren Durch Dahn führt der **Deutsch-Französische-Pamina-Lautertalradweg.** Immer an der Wieslauter entlang kommt man auf diesem nach Weißenburg und somit an die Weinstraße und den in Schweigen ankommenden Weinstraßenradweg.

Tennis Drei Hallen- und zwei Außenplätze bietet der **Sportpark Dahn.** Squashboxen vorhanden, Kegeln und Bowlen sind ebenfalls möglich. Mi–Mo 12–14 Uhr sowie ab 17 Uhr. Eybergstr. 4, ✆ 06391-9248470, sportpark-dahn.de.

Veranstaltungen **Mittelalterliches Burgfest.** Mit Sängern, Gauklern, Geschichtenerzählern und Rittern findet es an einem Wochenende im Hochsommer auf den drei Burgen oberhalb Dahns statt. Nähere Infos unter dahner-felsenland.net.

Wandern Durch das **Moosbachtal** führt eine 9 km lange, fast ebenerdige Kinderwagentour. Eine abwechslungsreiche, 10 km lange Runde durch und um Dahn führt vom Dahner Kurpark über den **Elwetritsche-Weg** auf den Römerfelsen mit einem schönen Blick auf die Dahner Burgen, anschließend am Gerstberger Kopf vorbei und wieder hinunter ins Tal. Unterhalb des Jungfernsprungs (Abstecher möglich) überquert der Weg zweimal die Wieslauter und führt dann zum Kurpark zurück. Beeindruckend ist auch der rund um den Ort führende **Dahner Felsenpfad** (→ Wanderung 9, S. 212).

2 km südwestlich von Dahn befindet sich der **Große Eyberg** (513 m) mit grandioser Aussicht. Ausgangspunkt ist Büttelwoog (am Schwimmbad), von hier aus führt ein Weg an Büttelfels und Kleinem Eyberg vorbei auf den Großen Eyberg. Gleicher Rückweg oder am Fuß des Eybergs auf dem rot-weiß markierten Weg bis Büttelwoog.

Übernachten ******S Hotel Pfalzblick.** Stück für Stück renoviert, präsentiert sich das große Hotel mittlerweile modern und stilvoll. Besonders der große Schwimmteich mit Saunainsel ist ein gelungener Hingucker. Herrliche Aussicht auf ein ruhiges Seitental. Goethestr. 1, ✆ 06391-4040, pfalzblick.de. **€€€€**

******S Hotel Felsenland.** Wellnesshotel mit unterschiedlichen Zimmertypen in eher modern-mondänem Stil. Großer Wellnessbereich mit mehreren Pools und Saunen. Im Büttelwoog, ✆ 06391-92370, meinfelsenland.net. **€€€€**

Jugendherberge Dahn. Etwas älteres, aber gemütliches Haus mit klassischer JH-Verpflegung. Schönes Gelände mit Felsen am Ortsrand, Nähe Badeparadies. Am Wachtfelsen 1, ✆ 06391-1769, diejugendherbergen.de. **€**

Campingplatz Neudahner Weiher. Zwischen Hinterweidenthal und Dahn im schönen Moosbachtal an einem Badeweiher unterhalb der Ruine Neudahn gelegen. Viele Dauercamper, Kinder gehören nicht zur Zielgruppe. Stellplatz 9,50 €, Zeltplatz ab 7,50 €, Person 7 €. Neudahner Weiher 5, ✆ 06391-1326, neudahner-weiher.de.

Campingplatz Büttelwoog. Von Felsen und Bäumen umrahmter Campingplatz am Rande von Dahn in der Nähe des Schwimmbads. Das neu gestaltete **Restaurant Waldhütte** lädt

Der Ortseingang von Dahn mit dem Jungfernsprung

(Di–Do 12–14 und 16–21 Uhr, Fr–So 12–21 Uhr) mit einfachen, aber leckeren Gerichten auch externe Besucher ein. Zudem locken Minigolf und Spielplatz. Stellplatz 9 €, Erwachsene 7,50 €, Kinder 7 €. Im Büttelwoog, ✆ 06 391-5622, camping-buettelwoog.de.

Essen & Trinken **Café Zürn.** Stilvolles Café mit gemütlichen Sitzecken und leckerem, vielseitigem Kuchen- und Tortenangebot. Tägl. tolles Frühstücksbuffet für 17 €, sonntags Gourmetbüffet für 27 €. Di–Sa 7–17, So ab 8 Uhr. Pirmasenser Str. 8, ✆ 06391-9929099, cafezuern.de.

Restaurant Ratstube. Im Zentrum von Dahn bekommt man hier in gepflegtem Ambiente gute Hausmannskost zu fairen Preisen. Mi/Fr/Sa 11.30–14 und 17.30–20.30 Uhr, So 17–20 Uhr, Mo/Di/Do Ruhetag. Weißenburger Str. 1, ✆ 06391-1653, ratsstube-dahn.de. **€€**

Pastaria. Hier gibt es in freundlichem Ambiente hochwertiges Fast-Food: leckere Pizzen, handgemachte Pasta und frische Salate. Die zahlreichen Stammgäste schätzen den humorvollen Service und die To-go-Möglichkeit. Di–Fr 11–14 Uhr, Di–So 16–21 Uhr. ✆ 06391-9929 092, pastaria-dahn.de. **€**

Altes Bahnhöfl/Ferienbahnhof Reichenbach. In einem umgebauten Bahnhof zwi-

Im Pfälzerwald → Karte S. 201

schen Dahn und Bruchweiler-Bärenbach kann man in urigem Ambiente gutbürgerlich essen. Für die 20 neu entstandenen Hotelzimmer wurde ein Zug – ein *Esslinger* befuhr hier früher die Strecke – in den Holzbau eingeschlossen. Mo Ruhetag, sonst 11.30–14 und 17.30–21 Uhr, So 11.30–20 Uhr durchgehend. Jan./Febr. Mo–Do geschlossen. Auch schöne Ferienwohnungen im ehemaligen Bahnhofsgebäude (ab 89 €). Reichenbach, An der Reichenbach 6, ✆ 06391-3755, ferienbahnhof-reichenbach.de. **€€–€€€** (Zimmer), **€€** (Restaurant)

Umgebung von Dahn

Wanderung 9: Dahner Felsenpfad

Vierzehn östlich von Dahn gelegene Felsen sind über den beeindruckenden, mit Prädikat ausgezeichneten Felsenpfad miteinander verbunden. Zentraler Startpunkt ist der **Parkplatz** **1** am Fuße des Felsmassivs *Braut und Bräutigam*, das aufgrund der offensichtlichen Zuneigung der beiden Felsen zueinander zu seinem Namen kam. Der deutlichen, mit stilisierten Felsen gestalteten Markierung folgend, geht es über **Pfaffenfels** **2** und **Schwalbenfels** **3** zur **Dahner Hütte** **4**. Kurz danach folgen viele Felsen unterschiedlichster Schattierungen und Formen auf einem kurzen Stück, um dann von einer fast felsenfreien Wegstrecke, die am Trinkwasser spendenden **Rothsteigbrunnen** **5** vorbeiführt, abgelöst zu werden. Bevor man den mit der Nr. 12 versehenen **Büttelfels** **6** erreicht, gibt es die Möglichkeit,

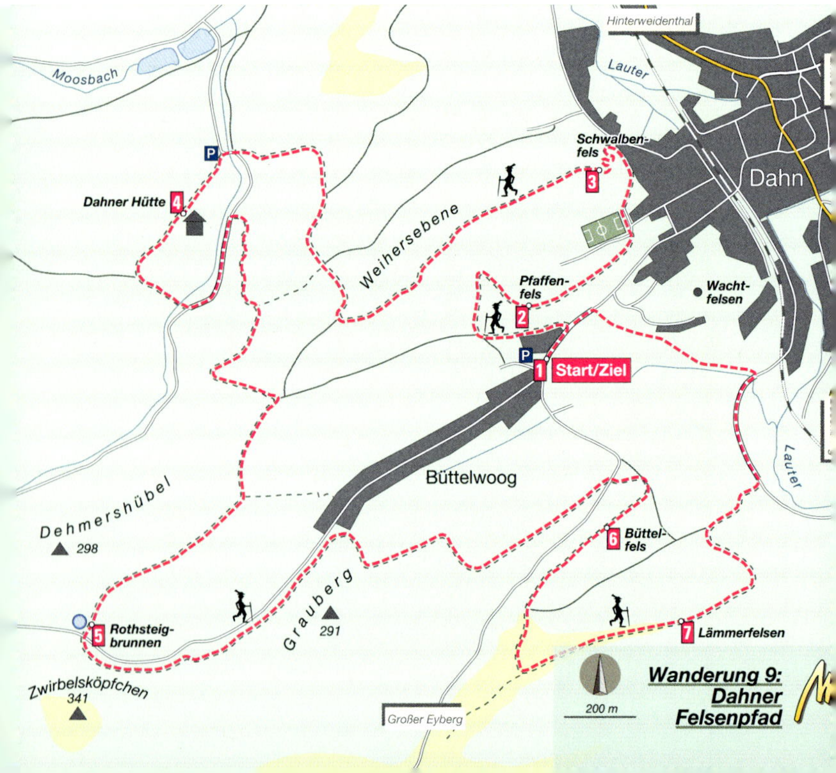

im Bereich Büttelwoog (Campingplatz, Schwimmbad, Hotel) die Runde abzukürzen und an der Straße entlang zum Ausgangspunkt zurückzulaufen. Allerdings verpasst man dann die exponiert auf einem Bergrücken oberhalb des Wieslauterbogens gelegenen **Lämmerfelsen 7**. Von den formenreichen und bei Kletterern beliebten Sandsteinfelsen hat man abschließend einen herrlichen Blick.

Für die 12 km lange Strecke ist Trittsicherheit erforderlich, Kletterkünste werden aber nicht verlangt. Ein Flyer zum Felsenpfad ist bei der Tourist-Information Dahner Felsenland erhältlich.

Dahner Hütte Im Schneiderfeld. PWV-Hütte. April bis Okt. Mi–So 10–18 Uhr, sonstige Öffnungszeiten unter ✆ 06391-409903, pwv-dahn.de.

Erfweiler

Erfweiler liegt unweit von Dahn in einer Talsenke. Eine ansprechende Landschaft, hübsche Fachwerkhäuser und vielfältige Wandermöglichkeiten prägen das kleine Dorf. Östlich von Erfweiler liegt der von den Kletterfelsen

Die Köhlerei in der Pfalz

Die Köhlerwoche in Erfweiler erinnert an einen alten, über viele Jahrhunderte sehr wichtigen Wirtschaftszweig. In den schier unendlichen Wäldern der Pfalz war die Holzkohleproduktion bis zur Einführung von Koks zur Mitte des 19. Jh. die Grundlage der Energieversorgung. In mächtigen Kohlenmeilern wurde Holz unter dem weitestgehenden Ausschluss von Luft bei rund 300 °C zwei bis drei Wochen lang destilliert. Im Gegensatz zu Holz enthält Holzkohle kein in den Zellen gebundenes Wasser mehr. Dadurch hat die Holzkohle einen wesentlich höheren Brennwert: Er reicht fast an den Brennwert von Steinkohlenkoks heran. Für die industrielle Produktion war Holzkohle ein wichtiger Energieträger.

Das Köhlerhandwerk war nicht ungefährlich, zu leicht gingen die Meiler in mächtige Feuer auf. Deswegen war das Kohlenbrennen lange offiziell verboten. Nur in Bannwäldern und mit Erlaubnis der Waldherren konnten der Köhler und seine Knechte arbeiten. Im Stumpfwald hatte der Schultheiß von Ramsen im 14. Jh. das Recht, alljährlich sechs Wochen vor und sechs Wochen nach Weihnachten Kohle aus Windbruch und Holzresten zu brennen. Im Isenachtal bei Bad Dürkheim sollen die Köhler während des 15. Jh. vortrefflich gearbeitet haben. Die umliegenden Burgen und die Ortschaften Dürkheim, Bockenheim, Großkarlbach, Wachenheim und Oggersheim wurden von hier aus beliefert, zunächst für den Hausbrand, später auch für den Antrieb von Maschinen und die chemische Industrie. Die Köhler aus Erfweiler belieferten z. B. auch die Eisenhütte im nahen Schönau (→ S. 220). Köhler lebten trotz ihrer großen wirtschaftlichen Bedeutung meist ärmlich und zurückgezogen. Da sie ihr Leben fast ausnahmslos in Waldnähe in einfachen Köhlerhütten verbrachten, ständig auf der Hut vor wilden Tieren, Gesindel oder ausbrechenden Flammen, galten sie als raue Gesellen.

Klosterwand, Nonnenfels, Stern und Honig umrahmte **Bärenbrunnerhof** (→ Essen & Trinken). Der idyllisch gelegene Bauernhof mit Gaststätte und Laden ist vor allem bei Kletterern und Familien beliebt.

Verkehrsverein Erfweiler. 66996 Erfweiler, ✆ 06391-3972, erfweiler-pfalz.de.

Veranstaltungen Jedes Jahr findet in Erfweiler von Christi Himmelfahrt bis Pfingstsamstag die **Köhlerwoche** statt. Besucher können sich dabei über den Aufbau und das Anzünden eines Kohlenmeilers informieren und den Verkohlungsprozess über mehrere Tage hinweg mitverfolgen. Das Öffnen des Meilers und der Verkauf der Holzkohle bilden den Abschluss der Köhlerwoche. Ein buntes Rahmenprogramm ist gegeben.

Klettern Ein beliebtes Kletterrevier ist das nordöstlich von Erfweiler gelegene **Glastal** mit Glasfelsen, Heegerturm, Klumptfels und Rappenwand. Das vielfältigste Kletterrevier der Region befindet sich östlich von Erfweiler rund um den **Bärenbrunnerhof.**

Wandern Ab dem Parkplatz am nördlichen Ortsende die Lokalmarkierung 55 zur bewirtschafteten PWV-Hütte **Dicke Eiche** und zum Winterkirchel (→ Wanderung 11, S. 230). Von hier geht es auf dem Weg 57 am **Winterberg** und am Wasserfall vorbei durchs Finstertal zurück zum Parkplatz. Spektakulär ist der über Erfweiler gelegene, durch eine luftige Brücke erschlossene **Hahnfels**. Nach Start an der aus rotem Sandstein erbauten Kirche St. Wolfgang ist der Felsen in einer guten Viertelstunde (knapp 600 m Strecke und 60 Höhenmeter) erreicht. Nach Norden zieht sich von hier ein schöner Pfad mit weiteren schönen Aussichtsfelsen.

Mein Tipp **Übernachten/Essen** **Bärenbrunnerhof.** In der v. a. bei Kletterern und Wanderern beliebten Gaststätte mit fairen Preisen gibt es neben Pfälzer Vesper auch Vollwertkost und einige wechselnde Gerichte zum Großteil aus ökologischem Anbau. Im Sommer Mi–So ab 12 Uhr, im Winter und am Abend telefonisch nachfragen (✆ 06391-5744). Auf dem Hof befinden sich auch zwei freundlich eingerichtete Ferienwohnungen mit herrlichem Blick auf die umgebenden Berge und Felsen. ✆ 06 391-409501. Außerdem betreibt Familie Kill, die den Bärenbrunnerhof nach Bioland-Kriterien bewirtschaftet, einen kleinen **Hofladen** mit ihren Produkten (Wurst, Holzofenbrot, Kartoffeln, Honig). März bis Dez. Fr/Sa 10–18 Uhr. ✆ 06391-1564. Auch auf dem Hof: der **Outdoorladen Bärenhöhle,** im Sommer Mo/Mi/Do/Fr 12.30–19.30 Uhr, Sa 10–20 Uhr, im Winter nachfragen. ✆ 06391-5868, baerenbrunnerhof.de. **€** (Ferienwohnung), **€** (Restaurant)

Landgasthaus Zum Jägerhof. In dem einfachen Landgasthaus in Erfweiler werden sehr gute, bodenständige Gerichte serviert. Saisonal wird Wild aus der Region angeboten. Mo/Di Ruhetag, Mi 11.30–14 Uhr und Do 17–21 Uhr, Fr–So 11.30–14 und 17–21 Uhr. Winterbergstr. 34, ✆ 06391-1754, jaegerhof-erfweiler.de. **€€**

Mein Tipp **Heimatliebe Erfweiler.** Drei tolle, moderne Ferienwohnungen für 2–5 Personen neben dem Jägerhof (im Besitz der gleichen Familie). Bike-Garage vorhanden. Winterbergstr. 34, ✆ 0151-19005622, heimatliebe-erfweiler.de. **€€**

Erfweiler mit Dahner Burgen

Das südliche Burgenreich

In der ruhigen, aber vielfältigen Region zwischen Dahn und dem Elsass gibt es eine Vielzahl an beeindruckenden Felsburgen. Variantenreiche Wanderwege ermöglichen die „Eroberung" von bis zu sieben Burgen an einem Tag. Komfortable Quartiere, solide Gastronomie und naturnahe Attraktionen bieten viel Erholung – besonders Familien mit Kindern fühlen sich hier wohl.

Im Pfälzerwald → Karte S. 201

Das Ortsbild von **Bruchweiler-Bärenbach** ist entlang der Durchgangsstraße wenig einladend; auf der anderen Seite der oberen Wieslauter, um die Kirche und das Gemeindehaus herum, hat das Dorf seine schönen Ecken. Im benachbarten **Bundenthal** überragt die Pfarrkirche Peter und Paul den Ortskern mit seiner von Fachwerkhäusern gesäumten, kopfsteingepflasterten Hauptstraße. Oberhalb von Bundenthal befinden sich die mächtigen **Fladensteine.** Um 1900 konnte man sie von Weitem sehen, da ihr Umland noch intensiv bewirtschaftet wurde. Heute ist der Wald hoch gewachsen, sodass man die bis zu 52 m hohen, beeindruckenden Steintürme aus der Ferne nur von anderen Höhen wie dem benachbarten Jüngstberg (491 m) erblicken kann. Die sieben aus flachen Sandsteinplatten (= Fladen) bestehenden Türme sind die Verwitterungsform eines Sandsteinriffs aus dem Mittleren Buntsandstein und somit ca. 240 Mio. Jahre alt. Typisch für diese Zeit sind eisenoxidhaltige, ausgeblichene, grobkörnige und geröllführende Schichten. Die Verwitterung des Gesteins führte allmählich zu den heute beobachtbaren Türmen mit Klüften, Rissen und wabenartigen Strukturen. Eine genauere Beschreibung der Prozesse und ihrer Folgen wird im Rahmen des **Geologischen Lehrpfads** gegeben. Dieser führt, mit Tafeln zur Geologie der Pfalz beschildert, vom Sportplatz Bundenthal hinauf zum Fuß des Erlenbacher Turms, dem westlichsten der Felsen, und von hier aus entlang weiterer Türme, die besonders Kletterer anlocken.

Das unweit westlich gelegene **Rumbach** wirkt für den Durchfahrenden zunächst nur durchschnittlich attraktiv – der ganze Charme des Dorfes ist erst nach Verlassen der Durchgangstraße zu entdecken. Die mit einem kleinen Bachlauf und Brunnen gesäumte Straße wird von urigen Fachwerkhäusern, authentisch wirkenden Bauerngärten und der aufragenden, uralten Christuskirche geprägt. Die Dorfgemeinschaft ist aktiv und hat viele Ideen für die Zukunft. Daher wurde das Dorf 2019 im Bundeswettbewerb „Unser Dorf hat Zukunft" mit Gold ausgezeichnet. Bei Einheimischen wie Touristen beliebt ist die neue Kneipp-Anlage am nördlichen Ortsrand (In den Heuwiesen 1).

Weiter im Süden, zur Grenze hin, wechseln sich abgeschiedene und landwirtschaftlich geprägte Dörfer mit weiten Wald- und Wiesenlandschaften ab. Umgeben von bewaldeten Hängen liegt das kleine Fachwerkdorf **Nothweiler** unterhalb der Burgruine **Wegelnburg.** Das touristisch kaum erschlossene **Erlenbach** steht ganz im Zeichen der sehr sehenswerten Burg **Berwartstein.** Herrliche Wanderwege führen entlang ruhiger Täler und an bizarren Felsgebilden vorbei. Etwas weiter südwestlich liegt mit der Ruine **Lindelbrunn** eine weitere Burg, die eine herrliche Aussicht auf die Umgebung bietet.

Sehenswertes

Drachenfels: Das Besteigen dieser um 1200 gegründeten Felsburg ist etwas für trittsichere Erwachsene und mutige

Kinder, denn die ausgetretenen Felsstufen und die Metallleitern winden sich steil den „Backenzahn" empor, wie die Ruine im Volksmund auch genannt wird. Die Anlage wurde aber frisch saniert, es ist also alles gut gesichert. Durch die zahlreichen Kammern und Gewölbe gibt es hier viel zu entdecken. Von ganz oben bietet sich auch eine wunderbare Sicht auf Busenberg und Umgebung. Die Burg war erst Adelssitz und gehörte zum Lehen der Abtei Klingenmünster. Später wurde sie zur Ganerbenburg, einer der Herren war ab 1510 der für die alten Ritterrechte kämpfende Franz von Sickingen. Seine Gegner, ein Bündnis mächtiger Fürsten, bekämpften ihn mit großer Energie und auch Erfolg, sodass die Burg seit 1523 nur noch eine Ruine ist. In etwa zeitgleich verstarb Franz an Gefechtsverletzungen auf seiner ebenfalls eingenommenen Burg Nanstein bei Landstuhl (Kreis Kaiserslautern).

Wegbeschreibung Zur **Drachenfelshütte** (PWV, Mi und Sa 11–19 Uhr, So 9–19 Uhr, ab Busenberg auch per Auto zu erreichen) und zu der oberhalb gelegenen **Ruine Drachenfels** gelangt man ab der Ortsmitte von Bruchweiler-Bärenbach in Richtung Erlenbach (rote Raute). Der Weg führt unterhalb des Jüngstbergs entlang und biegt danach an einer Lichtung in Richtung Drachenfelshütte ab (WW4 = Wanderweg 4). Auf dem Rückweg geht es zuerst ein Stück in Richtung Busenberg (WW5), dann folgt man dem sonnigen WW1 in Richtung Wieslautertal und später Bruchweiler-Bärenbach.

Wegelnburg: Die lang gestreckte Burgruine unweit der Grenze zum Elsass gilt als die höchstgelegene (571 m ü. d. M.) der Pfalz. Entsprechend fantastisch ist bei klarer Wetterlage die Aussicht, Nothweiler wirkt von der nach Nordosten zeigenden Terrasse wie ein kleines Puppendorf. Die Burg wurde vermutlich noch während der Regierungszeit des Stauferkaisers Friedrich Barbarossa als Reichsburg erbaut. Erstmals urkundlich erwähnt wurde sie 1247. Obwohl die Burg 1680 durch General Montclar geschleift wurde, sind heute noch beachtliche Teile der Anlage erhalten

▪ Der Direktaufstieg ist ab der Ortsmitte von Nothweiler möglich (auf ca. 2,4 km Strecke sind gut 300 Höhenmeter zu überwinden) und ab Schönau (→ Wanderung 10, S. 223).

Christuskirche Rumbach: Malerisch über dem alten Ortskern von Rumbach gelegen, gilt die kleine Kirche als eine der ältesten der Pfalz. Ihre Grundmauern sind teilweise über tausend Jahre alt. Der frühgotische Turm wurde im 13. Jh. errichtet, barocke Elemente wie einige Fenster und die Empore wurden während der Renovierungsarbeiten nach dem Dreißigjährigen Krieg eingebaut. Bei einer umfangreichen Restaurierung in den 1950er-Jahren entdeckte man unter den Putzschichten im Chorraum mittelalterliche Christusdarstellungen. So kam die über Jahrhunderte nach dem heiligen Gangolf benannte Kirche zu ihrem heutigen, der evangelischen Konfession angepassten Namen.

▪ Die Kirche ist meist von 9–19 Uhr für Besucher zugänglich.

Eisenerzgrube Nothweiler: Der Erzabbau ist mit Notweiler untrennbar verbunden. Bereits die Kelten gewannen hier im Übertagebau Eisenerz. Der Abbau unter Tage begann 1582 durch Herzog Johann I. von Pfalz-Zweibrücken. Im Jahr 1838 erwarb die Familie von Gienanth das Eisenerzbergwerk und führte es kurzzeitig zu großer Blüte, bevor der Abbau 1883 beendet wurde. Das Kulturdenkmal St.-Anna-Stollen ist durch einen 420 m langen, ebenerdigen Rundgang erschlossen. Die Besichtigung ist zu jeder vollen Stunde möglich, man erfährt während der gut gemachten Führung viele interessante Fakten über das Bergwerk und die früheren Arbeitsabläufe. Bei konstant 9°C Lufttemperatur ist der Besuch im Hochsommer eine tolle Alternative zum Freibad. Auch für Kinder ist der Besuch zu empfehlen, mit Kinderwagen ist die Begehung jedoch nicht möglich. Über den Winter ist der Stollen für Menschen tabu, er wird dann von rund 500 Fledermäusen zum Überwintern genutzt.

▪ April bis Okt. Mi–So und feiertags 11–17 Uhr, Führungen zu jeder vollen Stunde. Erwachsene 5 €, Kinder 4 €, Familienkarte 14 €. Festes Schuhwerk und warme Kleidung empfehlenswert. ✆ 06394-5354.

Burg Berwartstein: Ein Besuch der erstmals 1152 urkundlich erwähnten Burg Berwartstein ist besonders für Kinder ein tolles Erlebnis. Der rhetorisch begabte Burgführer zeigt auf der noch bewohnten Burg alles, was den Mythos „Burgen und Ritter" ausmacht. Ein Becher Wasser wird in den Burgbrunnen geschüttet, die Länge der Zeit, die vergeht, bis es „klatsch" macht, verdeutlicht die Tiefe des Brunnens. In den eingerichteten Kammern sieht man Burgfräuleins, Ritter in voller Montur, Waffen und Alltagsgegenstände. Beim Gang durchs Außengelände werden die verschiedenen Zugangsmöglichkeiten zur Burg erläutert, darunter auch ein in den Fels gehauenes Loch, durch das Gäste mit einem Korb nach oben gezogen wurden. Weniger willkommene Besucher wurden hier mit heißem Fett oder anderen unangenehmen Dingen begrüßt.

Die Burg Berwartstein war ab 1480 das Zuhause des legendären Hans Trapp. Er modernisierte die Befestigungen und verstärkte sie durch den Geschützturm „Kleinfrankreich" auf dem südlich gelegenen Nestelberg. 1485 erreichte ein schon lange schwelender Konflikt mit dem Kloster Weißenburg um die Besitzrechte an der Burg seinen Höhepunkt: Hans Trapp ließ die nahe Wieslauter aufstauen und entzog dem flussabwärts gelegenen Städtchen Weißenburg (Wissembourg) das Wasser. Nach Beschwerden des Abtes sorgte er prompt für die Zerstörung des Dammes, was in Weißenburg eine gewaltige Überschwemmung zur Folge hatte. Der Abt schäumte und erreichte bei Papst

Christuskirche Rumbach

Innozenz VIII. die Verhängung des Kirchenbanns über den aufmüpfigen Ritter. Um nicht das gleiche Schicksal zu erleiden, musste sich der bisherige Gönner Trapps, der Kurfürst Philipp der Aufrichtige, von seinem Gefolgsmann lossagen. 1496 sah sich dann sogar Kaiser Maximilian I. gezwungen, gegen den Ritter die Reichsacht auszusprechen. Hans Trapp zeigte sich davon bis zu seinem Tod im Jahr 1503 unbeeindruckt.

▪ Eintritt inkl. Führung 7 €. Führungen und (die uns bisher nicht überzeugende) Gaststätte März bis Okt. tägl., Nov. bis Febr. nur Sa/So. Erlenbach, ✆ 06398-210, burgberwartstein.de.

Lindelbrunn: Mitte des 12. Jh. vermutlich als Vorburg der Reichsfeste Trifels erbaut, überdauerte die Burg turbulente Jahre, bis sie beim Bauernaufstand 1525 schließlich zerstört wurde und seither als Ruine auf dem 438 m hohen Schlossberg steht. Da die Burg auf einem nach allen Seiten steil abfallenden Sandsteinfelsen erbaut wurde, sind keine Gräben und Zwinger zu finden. Die

Im Pfälzerwald → Karte S. 201

Aussicht ist herrlich, auch der Trifels ist in nordöstlicher Richtung zu sehen.

▪ Zufahrt zum Fuß der Burg (Aufstieg in ca. 20 Min.) über eine kleine Straße östlich von Vorderweidenthal. Ausgeschildert ist auch das am Parkplatz gelegene **Cramerhaus.** Das Ausflugslokal bietet in toller Lage einen schönen Biergarten mit Spielplatz und ordentliche Wanderverpflegung. Mi–So ab 12 bis mind. 19 Uhr. Betriebsferien meist im Juli und Dez. Einfache Zimmer mit Etagendusche und Zimmer mit Dusche/WC. ✆ 06398-237, cramerhaus.de. **€**

Wildpark Silz: Das beliebte Ausflugsziel bietet auf 100 Hektar Fläche viele freilaufende Tiere, schöne Landschaft, einen Streichelzoo, tolle Spielmöglichkeiten und teilweise sehr steile Wege. Die Wildtiere wirken teilweise eher zutraulich und verfressen als wild. Wirklich wild und nur durch den Zaun zu betrachten sind jedoch die Wölfe.

▪ März bis 1. Nov. tägl. ab 9 Uhr, sonst Mi–So ab 10 Uhr. Erwachsene 9 €, Kinder 4,50 €, ab 6 J. 6 €, Familienkarte 25 €. Hunde haben keinen Zutritt. wildpark-silz.de.

Bruchweiler und die Rote Zone

Die heute so friedlich wirkende grüne Grenze zu Frankreich war während des Zweiten Weltkrieges ein Ort von Leid, Kampf und Vertreibung. 1938 hatten hier Tausende von Arbeitern mit dem Bau des Westwalls begonnen, jener größenwahnsinnigen Verteidigungslinie, die das Deutsche Reich auf 630 km Länge gegen Westen sichern sollte. Allein auf der Bruchweiler Gemarkung wurden fast 70 Bunker errichtet. Als am Morgen des 1. Septembers 1939 deutsche Truppen in Polen einmarschierten und damit den Zweiten Weltkrieg auslösten, mussten im Westen des Landes 400.000 Menschen ihre Heimat verlassen. Wie 77 weitere Pfälzer Gemeinden lag auch Bruchweiler aufgrund seiner Nähe zur deutsch-französischen Grenze in der 20 km breiten „Roten Zone". Gerade einmal 15 kg Gepäck wurden den Evakuierten zugestanden, eilig zusammengepackt in den wenigen Stunden, die zwischen Bekanntgabe und Vollzug des „Freimachungsbefehls" verblieben. Mit Bussen, Lastwagen oder zu Fuß zogen die Bewohner der landwirtschaftlich geprägten Gemeinde in eine ungewisse Zukunft. Im Gepäck hatten sie die Sorge, was aus Heimat, Haus, Hof und Vieh werden würde. Die meisten der fränkischen und thüringischen Familien, welche die als „Franzosen" beschimpften Pfälzer bei sich aufnehmen mussten, waren alles andere als euphorisch ob der Zuwanderer von der Westgrenze. Glück im Unglück hatten jene Bruchweiler Landwirte, die nach Tagen der Reise in Oberelsbach in der fränkischen Rhön landeten. Auch hier hatten die Bewohner Vieh und spärliche Äcker, auch hier kannte man die harte Arbeit auf dem Lande und die Sorge um den Hof. Und so hielt die Verbundenheit zwischen den Dörfern auch, als die Vertriebenen nach Abschluss des deutsch-französischen Waffenstillstandsabkommens im Juni 1940 wieder in ihre zerstörte Heimat zurückkehren durften. Seit 2003 sind Bruchweiler-Bärenbach und Oberelsbach offiziell besiegelte Partnergemeinden.

Blick von der Ruine Lindelbrunn

Im Pfälzerwald → Karte S. 201

Praktische Infos

Information **Tourist-Information Dahner Felsenland.** Mai bis Okt. Mo–Fr 9–17 Uhr sowie Sa 9–12.30 Uhr; Nov. bis April Mo–Fr 9–12 Uhr sowie Mo–Do 14–16 Uhr. Schulstr. 29, 66 994 Dahn, ✆ 06391-5811, dahner-felsenland.net.

Weitere Infos unter bruchweiler-baerenbach.de, bundenthal.de, nothweiler.de und erlenbach.net.

Baden Der südliche Teil des **Seehofs** in Erlenbach ist als öffentlicher Badeplatz mit flachem Sandstrand, großzügiger Liegewiese und einem erweiterten Kiosk (Juni bis Sept. tägl. ab 11 Uhr) angelegt.

Spielplätze Nicht übermäßig gepflegt, aber dennoch schön ist in Bruchweiler die **Parkanlage „Spießwiesen"** am südlichen Ortsrand. Ein naturnaher Arm der Wieslauter durchzieht das mit vielen Bänken, Spielgeräten und Blumen abwechslungsreich gestaltete Gelände. Der deutsch-französische **Burgenspielplatz** zwischen Nothweiler und Lembach (F) am Gimbelhof zu Füßen der Burg Fleckenstein ist ein besonderes Erlebnis für etwas ältere Kinder. Jeden August findet hier das große Kinderfest „Grenzenlose Ritterzeit" statt.

Radfahren Beliebte Tagestouren führen von Bruchweiler auf dem **Radwanderweg Lautertal** nach Weißenburg (Wissembourg; hin und zurück ca. 65 km) und Fischbach (ca. 26 km). Wer nach einer vielfältigen und auch ein wenig anstrengenden Tour sucht, ist mit der **Raubritter-Tour** gut bedient. Auf 40 km Länge führt sie über Busenberg, Erlenbach, Vorderweidenthal, Oberschlettenbach, Erfweiler und Dahn-Reichenbach zurück nach Bruchweiler. Wer alle auf dem Weg liegenden Burgen besuchen möchte, dürfte die Runde kaum an einem Tag schaffen. Der genaue Streckenverlauf ist bei der örtlichen Touristeninformation zu erfragen oder unter lvermgeo.rlp.de nachzulesen (mit Höhenprofil).

Wandern Der **Busenberger Holzschuhpfad** ist nicht der bekannteste Premiumweg der Region, aber aus unserer Sicht besonders lohnend. Schöne Pfade und imposante, aussichtsreiche Felsen lassen die Anstrengung der immer wieder zu absolvierenden Anstiege rasch vergessen. Wem die 24 km zu viel sind, läuft den Weg in zwei Abschnitten oder nur teilweise. Der Parkplatz an der Ruine Drachenfels oder der am Ortsrand von Busenberg bieten sich als Einstiege an.

Weitere Wandertipps direkt bei den Burgen.

Übernachten/Essen **Ferienhaus Burkhart.** Drei zweckmäßige, großzügige Wohnungen für bis zu 4 Pers. Toll ist das riesige Grundstück mit vielen Spielmöglichkeiten für größere Kinder. Bruchweiler-Bärenbach, Sonnenstr. 26, ✆ 06394-5384, ferienhaus-burkhart.de. €

Mein Tipp ***** Landhaus Felsengarten.** Schöne Zimmer mit viel hellem Holz, ein sehr gutes Frühstücksbuffet, nette, rührige Vermieter und ein gepflegter Garten mit Teich. Dieses Gästehaus ist seit vielen Jahren eine der besten Übernachtungsadressen in der Südwestpfalz, auch der zwischenzeitliche Besitzerwechsel scheint daran nichts zu ändern. Teilweise Arrangements mit Halbpension buchbar, das Abendessen nimmt man dann im Partnerhotel in Nothweiler ein – der Shuttle ist inklusive. Bruchweiler-Bärenbach, Gartenstr. 78, ☏ 06 394-1661, gaestehaus-felsengarten.de. €€

Busch & Naab. Hier lockt eine für ihren Standort unerwartet moderne Bäckerei mit kleinem Cafébereich. Sehr (kinder-)freundliches Servicepersonal und leckerer Kuchen! Mo–Fr 5.30–15 Uhr, Sa 6–12 Uhr, So 7.30–10.30 Uhr. Busenberg, Hauptstr. 157, ☏ 06394-993899, busch-naab.de.

Landgasthof Krone. Die alten Balken der geöffneten Scheune stehen in tollem Kontrast zu den modern servierten Gerichten. Die Karte bietet eine vegetarische und fleischige Vielfalt. Donnerstags ist Burgertag. Besonders gelungen ist der Freisitz mit fließendem Übergang von Scheune zu Wiese. Auch einige eher kleinere Zimmer. Bundenthal, Hauptstr. 98, ☏ 06 394-301, landgasthauszurkrone.de. €€ (Zimmer), €€ (Restaurant)

***S **Naturhotel Wegelnburg.** Im Restaurant mit klassischer gutbürgerlicher Küche sind v. a. die Flammkuchen empfehlenswert. Das Lamm stammt aus eigener Zucht, das Wild aus der Region. Schön modernisierte Zimmer und attraktive Arrangements. Nothweiler, Hauptstr. 15, ☏ 06394-284, naturhotel-wegelnburg.de. €€ (Zimmer), €€ (Restaurant)

Hedwighaus von 1810. In der Ortsmitte von Erlenbach, unweit der Burg Berwartstein, werden die Gäste in einem liebevoll sanierten, denkmalgeschützten Vierseithof gut umsorgt, z. B. mit Flammkuchen, Lammbratwüsten (aus lokalem Fleisch) oder Heidelbeertorte. Einfach im Biergarten oder im Café sitzen, schauen und genießen! Mo/Mi 15–20 Uhr, Fr 15–21 Uhr, Sa 11–21 Uhr, So 11–20 Uhr. Erlenbach, Binsenhohlstr. 1, ☏ 06398-9931713, hedwighaus1810.de. €

Landhaus im Blumeneck. Zwei freundliche, rollstuhlgerechte und kinderfreundliche Ferienwohnungen in einem Doppelhaus. Perfekt für Gruppen bis zu 14 Pers., Mindestbuchdauer 5 Tage. Rumbach, Hauptstr. 46, ☏ 06394-993947, landhaus-blumeneck.de. €€

Naturcamping „Am Berwartstein". Naturorientierter, sauber geführter Platz mitten im Wald unweit des Berwartsteins und des Seehofs. Erwachsene 8 €, Kinder 5 €, Caravan und Zelt je 9 €. Südlich von Erlenbach, ☏ 0173-6844532, naturcampingplatz-berwartstein.de.

Haus am Grenzgängerweg. Bei der architektonisch wunderbar gelungenen Renovierung eines alten Bauernhauses sind zwei hochwertige Ferienwohnungen entstanden. Insgesamt Platz für 12 Pers. Nothweiler, Lembacherstr. 13, ☏ 06341-897502, haus-am-grenzgaengerweg.de. €€€€

Fischbach und Ludwigswinkel

Etwas abgeschieden ist es hier schon, aber die schöne Landschaft mit Burgen und Seen und ein toller Barfußpfad lohnen einen Aufenthalt am Ende der Pfalz.

Das an der Grenze zu Frankreich gelegene **Schönau** ist ein etwas verschlafenes Ferienörtchen. Es gibt viele „wanderbare" Kilometer, einen See und eine über den Ort wachende Kirche. Der Pfaffenfels bietet eine tolle Aussicht über das kleine Dorf. Doch in der Vergangenheit ging es in Schönau nicht immer so geruhsam zu wie heute. In dem örtlichen Hüttenwerk wurde einst Wasgauer Eisenerz verarbeitet. Der in der „Schönen Aue" gelegene ehemalige Klosterhof wuchs dank der Errichtung einer Eisenerzschmelze durch die Herzöge von Pfalz-Zweibrücken zum Ende des Mittelalters zu einem stattlichen Dorf heran. Eng verbunden mit der ehemaligen Schönauer Hütte ist der Name Gienanth. Die Industriellenfamilie kam im Zuge der Vertreibung der Hugenotten aus Frankreich in die Pfalz und wurde Besitzer vieler Hütten und Schmieden. Das Eisenwerk wurde 1883 stillgelegt; seither sind es vor allem der weitläufige Wald und die wohltuende Ruhe, die dem Ort durch Erholungssuchende eine wirtschaftliche Perspektive geben.

Im weiten Tal der Sauer, umgeben von Felsen und flacher werdenden Bergen, liegt der kleine Ort **Fischbach.** Südlich davon ragt der mehrgipflige, bereits in Frankreich gelegene Maimont (515 m) auf. Die Lage von Fischbach ist landschaftlich wunderschön, der 1318 erstmals urkundlich erwähnte Ort selbst hingegen wirkt etwas strukturlos. Das architektonisch beeindruckende, in seinen Hochzeiten als echter Besuchermagnet wirkende Biosphärenhaus ist nach unruhigen Zeiten erneut geschlossen. Ob sich ein neuer Träger mit einem zeitgemäßen Ausstellungskonzept findet, war zu Redaktionsschluss völlig offen.

Rund um **Ludwigswinkel** ist das Gelände weitläufig und nahezu eben, es gibt unzählige von Wald gesäumte Seen und Sümpfe. Der erst 1784 vom Landgrafen Ludwig IX. von Hessen-Darmstadt gegründete Ort wurde während des Zweiten Weltkrieges stark zerstört, historische Bausubstanz ist kaum noch vorhanden. Die zahlreichen Bade- und Wandermöglichkeiten sowie die Abgeschiedenheit sind optimal zur Erholung. Die seit vielen Jahren zu empfehlende Küche des Restaurants „Zum Landgrafen" ist ein weiterer Grund für eine erholsame Fahrt ans Ende der Pfalz.

Sehenswertes

Der 2 km lange *Wasser-Erlebnisweg* macht besonders an heißen Tagen viel Spaß, der in ein kleines Seitental abzweigende Weg mit elf Stationen bietet Kindern hingegen bei jedem Wetter zahlreiche Informationen und viel Abwechslung. Besonders beliebt sind das Wassertretbecken mit angeschlossener Pumpe und die Genussstation mit Hängematten und Bankschaukeln, aber auch der im hinteren Talbereich gelegene Spießwoog ist ein unspektakuläres, aber schönes Ziel. Zu Beginn des kleinen Tals, unterhalb des Biosphärenhauses, liegt der schöne Spielplatz „Keltenwiese".

Barfußpfad bei Ludwigswinkel

Das Biosphärenhaus mit Baumwipfelpfad und der besonders bei Kindern sehr beliebten Rutsche ist derzeit leider nicht geöffnet. Die Gemeinde und der Landkreis sind auf der Suche nach einem neuen Betreiber.

Maimont: Über den Kamm des mit 515 m höchsten Berges der Gegend verläuft die Grenze zu Frankreich. Rund um den Hauptgipfel zieht sich eine Ringwallanlage keltischen Ursprungs. Auf dem Nebengipfel befindet sich ein als Opferschale interpretierter Sandsteinblock mit einer Aushöhlung. Weitere keltische und auch römische Funde belegen, dass der Berg jahrhundertelang von großer Bedeutung war. Das in den 1950er-Jahren erstmals errichtete Friedenskreuz auf einem Felsvorsprung im Norden erinnert an die schweren und für beide Seiten verlustreichen Kämpfe, die sich hier zu Beginn des Zweiten Weltkrieges am 13. Mai 1940 abspielten. Das heutige Kreuz wurde

1990 durch in Deutschland stationierte US-Soldaten auf den Berg getragen. Auf einem Felsklotz am Nordosthang des Maimont thront in 361 m Höhe die *Ruine Blumenstein*. Sie ist eine typische Wasgauburg aus dem 13. Jh., die sich malerisch auf einem frei stehenden Felsen erhebt. Erhalten sind u. a. Teile der Schildmauer sowie gut sichtbare, rätselhafte Wetzrillen am oberen Burgeingang.

Praktische Infos

Information schoenau-pfalz.de; **Kultur- und Verkehrsverein Fischbach/Petersbächel im Sauertal e. V., Postfach**, 66996 Fischbach bei Dahn, ✆ 06393-8090143, fischbach-bei-dahn.de.

Kultur- und Verkehrsverein Ludwigswinkel, 66996 Ludwigswinkel, ✆ 06393-498, ludwigswinkel.de.

Baden Nördlich von Ludwigswinkel lockt der **Schöntalweiher** mit einer großzügigen Liegewiese und Kiosk. Auch der **Saarbacher Hammer** und der **Sägmühlweiher** werden gerne zum Baden genutzt.

mein Tipp **Barfußpfade** gibt es einige, aber in Ludwigswinkel stehen den Füßen besonders reizvolle Erlebnisse bevor. Ausgehend vom „Freizeitpark Birkenfeld" (dazu gehört auch Marinas Kiosk mit fairen Preisen, ein Schuhdepot und einer toller Spielplatz) führt der Weg u. a. über Wiesen, sandige und kieselige Bachbette sowie über Baumrinde durch die weite Talaue. Erwachsene 2 €, Kinder (4–16 J.) 1 €. ✆ 06393-498.

Übernachten/Essen **Die Heilsbach.** Zwischen Schönau und Fischbach liegt das ehemals unter katholischer Leitung stehende Haus. Heute wird für das 75 ha große Anwesen in traumhafter Lage nach neuen Wegen gesucht. (Freie) Trauungen, Yogakurse und Schweigemeditationen ergänzen das solidpreiswerte, sehr familienfreundliche Übernachtungsangebot. Im Sommer öffnet mittwochabends die Heilsbach ihren Biergarten, mit Grill, Cocktailbar und oft auch mit Livemusik. Kinder freuen sich über den großen Spielplatz und das große Freibad. Einige barrierefreie Zimmer. Schönau, An der Heilsbach 1, ✆ 06 393-8020, heilsbach-schoenau.de. **€€**

Gästehaus Herberger. Schöne Ferienwohnungen im Landhausstil in einem denkmalgeschützten Sandsteinhaus. Hinterm Haus befindet sich eine große, gepflegte Wiese, die direkt an einen Bach und den dahinter beginnenden Wald grenzt. Schönau, Von-Gienanth-Str. 15, ✆ 06393-2079850, hausherberger.de. **€**

mein Tipp **Zum Landgrafen.** Rustikal-gemütliches Restaurant, dessen Atmosphäre etwas an ein Brauhaus erinnert. Sonntags gibt es Burger, aber auch die anderen Gerichte sind sehr schmackhaft, preiswert und reichlich bemessen, das Wild kommt aus der Region. Do–Mo ab 11 Uhr, warme Küche 11.30–14 und 17–21 Uhr. Ludwigswinkel, Landgrafenstr. 33, ✆ 06 393-405, zumlandgrafen.de. **€€**

Unterpetersbächlerhof. Bei Fischbach und in Ludwigswinkel sind in historischen Gebäuden (Zollhöfe aus den 1930er-Jahren) insg. 18 Ferienwohnungen in feinstem Design entstanden. Die Preise sind gehoben, aber wer in der Region nach einer Unterkunft mit stilvollem Ambiente sucht, der findet hier die perfekte Lösung. Fischbach, Unterpetersbächler Hof 10–16; Ludwigswinkel, Fabrikstr. 8–8a, ✆ 06393-9937107, unterpetersbaechlerhof.de. **€€€**

Cafe Schoklädl. Im selbst sanierten Häuschen serviert die Inhaberin im Weiler Petersbächl feinste Torten und Pralinen. Sehr freundliches Wohnzimmer-Ambiente. Do–So 13–18 Uhr. Fischbach, Vogesenstr. 12, ✆ 06393-9934 467, Facebook: Schoklaedl.

Longhorn Ranch. Tief im Süden ist es ein bisschen wie im wilden Westen: schöne und gepflegte Zimmer im Ranch-Style, das Frühstück reichhaltig und gut und die Besitzer offen und freundlich. Wer möchte, kann hier mit Hund und/oder Pferd anreisen. Wer Interesse an Ausritten ohne eigenes Pferd hat, wird hier gut beraten. Schönau, Blumensteinstr. 6, ✆ 06 393-993737, longhornranchpfalz.de. **€€**

Wandern Im von verschiedenen Seiten zugänglichen Wanderheim **Hohe List** (Sa ab 11 Uhr, So und feiertags ab 10 Uhr, zwischen Pfingsten und Ende Oktober auch Mi 11–18 Uhr, auch 18 Übernachtungsplätze, hohelist.de) herrscht meist reges Treiben. Seit 1974 bewirtschaftet der Pfälzerwald-Verein das ehemalige Forstdienstgebäude aus dem Jahr 1832. Von Ludwigswinkel führt ein 18 km langer Rundweg durch das mit einem grünen Rechteck markierte Saarbachtal und an zwei

Felsen vorbei (grünes Kreuz auf weißem Grund) auf die Hohe List. Der Rückweg erfolgt mit dem rot-weißen Rechteck durchs Große Dielbachtal.

Auf die **Ruine Blumenstein** und den **Maimont** führt der 5 km lange Rundwanderweg Nr. 3 ab dem Wanderparkplatz „An der Schanze" östlich des Weilers Gebüg.

Wanderung 10: Sieben Burgen an einem Tag

→ Karte S. 224

Es gibt nicht viele Regionen, in denen man an einem einzigen Tag gleich sieben Burgen besteigen kann. Die geschichtsträchtige Vergangenheit in der heute deutsch-französischen Grenzregion macht es möglich. Ausnahmslos auf hohen Sandsteinfelsen erbaut, erfordern die Burgen manch steilen Zustieg, sodass auf der 23 km langen Tour insgesamt 1200 Höhenmeter zu bewältigen sind.

Ab dem **Parkplatz in der Schönauer Ortsmitte** **1** folgt man dem rot-gelben Balken einige Kilometer kontinuierlich bergauf. Das letzte Stück des Anstiegs auf die mit 572 m ü. d. M. höchstgelegene Burg der Pfalz, die **Wegelnburg** **2**, erfolgt durch einen lichten Wald. Der Blick von oben ist herrlich und weit und gibt einen Vorgeschmack auf die kommenden Burgen. Diese erreicht man über einen kurzen Abstieg zur Kaiser-Wilhelm-Schutzhütte und über die französische Grenze zum **Maidenbrunnen** **3**. Von hier aus erfolgt über den rot markierten Weg der kurze Aufstieg zu den **Ruinen Hohenbourg** **4** und **Löwenstein** **5**. Bergab geht es zum **Col Hohenbourg** und auf dem durch ein rotes Dreieck markierten, imposanten **Felsenpfad** **6** zum **Besucherzentrum der Burgruine Fleckenstein** **7**, einem ehemaligen Forsthaus. Vor dem Anstieg zur **Ruine Fleckenstein** **8** biegt der rote Balken links ab und führt durch den Wald hinunter in das Sauerbachtal. Unten angekommen, überquert man den Bach und steigt steil auf (roter Kreis). Anschließend führt der rote Balken an der südwestlichen Flan-

Im Pfälzerwald → Karte S. 201

Die Wegelnburg ist die höchstgelegene Burg der Pfalz

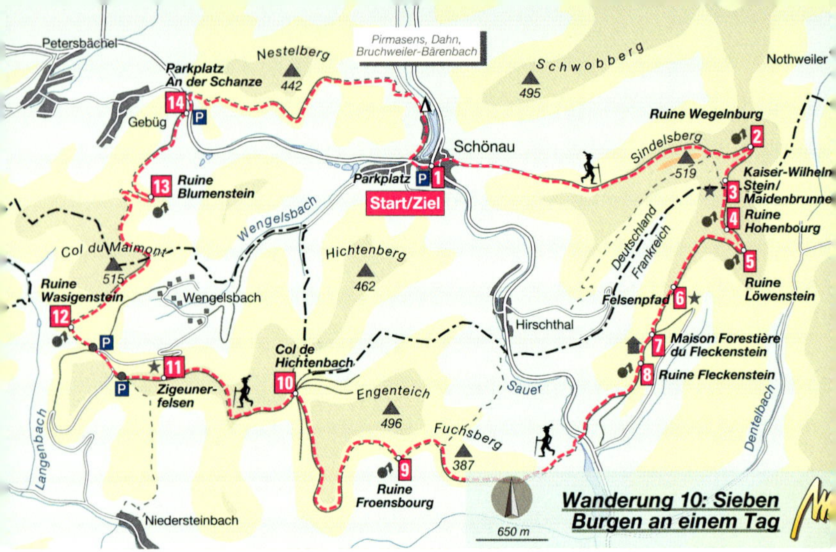

ke des **Fuchsbergs** eben und zuletzt durch den Wald wieder leicht absteigend zur **Ruine Froensbourg** 9, die durch eine gewagte Treppenkonstruktion erschlossen ist. Auf dem z. T. durch lichten Fichtenwald führenden Weg mit dem roten Balken geht es weiter über den **Col de Hichtenbach** 10 und die besteigbaren **Zigeunerfelsen** 11 zur **Ruine Wasigenstein** 12 (das letzte Stück auf einer gering befahrenen Straße). Der Rückweg nach Deutschland und zur letzten der sieben Burgen, der **Ruine Blumenstein** 13, erfolgt über den **Col du Maimont** entlang der roten Raute. Mit dieser geht es anschließend bis zum **Parkplatz An der Schanze** 14 und dann rechts (grüner Balken) zum Ausgangspunkt zurück.

Nur eingeschränkt empfehlenswerte Einkehrmöglichkeiten am Start- und Zielort **Schönau** sowie im Besucherzentrum der **Burgruine Fleckenstein.**

Die Schuhregion

Im 19. Jh. entwickelte sich die Schuhindustrie zum wirtschaftlichen Pfeiler des Wasgaus und der südwestlichen Pfalz. Außer den Hauptzentren Hauenstein und Pirmasens gab es viele weitere Orte mit kleinen Schuhfabriken oder -manufakturen.

Neben den Fabriken war es die Heimarbeit, die den Erfolg der Region ermöglichte. Frauen und Kinder leisteten am Küchentisch harte Arbeit, während ihre Männer und Väter in den aufstrebenden Schuhfabriken schufteten. Der politische und gesellschaftliche Wandel verbesserte allmählich die Arbeitsbedingungen, und der wirtschaftliche Erfolg brachte der gesamten Region einen bescheidenen Wohlstand. Als jedoch 1968 innerhalb der Europäischen Wirtschaftsgemeinschaft die Importzölle fielen, wurde aus dem Aufstieg ein rasanter und tiefer Abstieg. Einfach produzierte, preisgünstige italienische

Schuhe kamen über Nacht in großen Mengen auf den deutschen Markt und besiegelten den Niedergang der Südwestpfälzer Schuhindustrie. Heute stehen in vielen der kleinen Gemeinden verlassene Fabrikgebäude, hin und wieder sind sie Ansatzpunkte für neue Nutzungen.

Hauenstein

Von den Schuhen lebt Hauenstein seit über hundert Jahren. Einst boten Fabriken der armen Landbevölkerung Verdienstmöglichkeiten, heute sind die Fabrikverkäufe ein Anziehungspunkt für Shoppingbegeisterte und Touristen. Noch viel attraktiver ist aber die von zahllosen Wanderwegen erschlossene Waldlandschaft rund um den Luftkurort Hauenstein.

Im Pfälzerwald → Karte S. 201

Die erste Hauensteiner Schuhfabrik eröffnete 1886, 1900 gab es bereits elf Fabriken, 14 Jahre später war die Zahl auf 20 angestiegen. Fast 1200 Menschen fanden damals hier Arbeit. In den 1960er-Jahren erfolgte nach einem Boom mit 35 Schuhfabriken der rasche und schmerzhafte Abstieg. Heute gibt es nur noch eine in Hauenstein produzierende Fabrik, kaufen kann man Schuhe jedoch in über 20 Fachgeschäften. Am nördlichen Ortseingang liegen direkt an der B 10 zahlreiche Schuhgeschäfte. Der Weg von hier ins Zentrum führt durch den sog. Felsen, der für den Bau der Straße einst gesprengt wurde. Das Ortszentrum bietet eine solide Grundversorgung, ist aber kein echter Anziehungspunkt. Gut getroffen ist die Skulptur der Schuster in der Ortsmitte. Absolut empfehlenswert ist das **Deutsche Schuhmuseum**. Neben den eher technischen Details der Schuhproduktion werden die zeithistorischen Bezüge sehr anschaulich und interessant dargestellt Aber auch die katholische Kirche St. Bartholomäus mit ihren Heiligenstatuen und Bildern aus dem Mittelalter ist sehenswert.

Sehenswertes

Deutsches Schuhmuseum: In dem nüchternen Gebäude im klaren Bauhausstil, das bis 1976 als Schuhfabrik diente und heute unter Denkmalschutz steht, wird die Entwicklung der Schuhindustrie in der Region Pirmasens/Hauenstein seit 1998 durch zahlreiche Maschinen, Schuhe und ergänzende Exponate anschaulich dargestellt. 2022 eröffnete das Museum nach einer mehrmonatigen Überarbeitung neu: Die neue Ausstellung bringt den Besuchern die Entwicklung der Schuhe nahe, und der Einfluss von Zeitgeschichte, Mode und wirtschaftlichen Faktoren wird sehr anschaulich erzählt und dokumentiert.

Lieblinge der Besucher sind die getragenen Schuhe Prominenter: Joschka Fischers berühmte Turnschuhe, schwarze Stiefeletten von Angela Merkel und weiße Tennisschuhe von Boris Becker. Miroslav Klose und Bastian Schweinsteiger steuerten – wie könnte es anders sein – Fußballschuhe zur Sammlung bei.

Die *Ernst-Tillmann-Sammlung* ist mit 1800 Paar Schuhen die europaweit größte historische Schuhsammlung. Von der Römersandale bis hin zu waghalsigen Plateauschuhen aus den 1970er-Jahren ist hier allerlei Schönes und Nützliches, aber auch Kurioses zu sehen.

Seit 2011 beherbergt das Gebäude auch das *Pfälzische Sportmuseum*. Auf 250 m² präsentiert der Pfälzische Sportbund die Geschichte des Turnens und Sports in der Pfalz in den letzten 200 Jahren. 500 Exponate bieten Einblicke in den Rad- und Motorsport, in die Welt der „Elf Freunde" und der Schifferstadter Ringer. Und seit 2023 bietet das Museum einen speziellen Service für Ja-Sager: Durch die Anerkennung als Außenstelle des Standesamtes sind hier auch Trauungen möglich.

Tägl. 9.30–17 Uhr, Eintritt 8 €, ermäßigt 7 €. Turnstr. 5, ✆ 06392-9233340, deutsches-schuhmuseum.de.

Gläserne Schuhfabrik: Seit 2003 werden die einzigen noch in Hauenstein produzierten Schuhe in der Gläsernen Schuhfabrik der Firma Josef Seibel gefertigt. Besucher können fast täglich einen Einblick in die Abläufe der modernen Schuhproduktion gewinnen. Die Firma produziert viele ihrer jährlich 2,5 Mio. Paar Schuhe in Europa, vorwiegend in Ungarn und Rumänien. Hauenstein ist nach wie vor Firmensitz der internationalen Josef-Seibel-Gruppe, auch werden hier alle Prototypen und Mustermodelle hergestellt.

April bis Okt. Mo–Fr 10–12 und 12.45–16.30 Uhr, Sa/So nach Vereinbarung, Nov. bis März nur Mo–Fr. Eintritt frei. Führungen nach Verein-

Wölfe und Luchse im Pfälzerwald

In der Pfalz wird die Ankunft der neuen wilden Mitbewohner – wie in ganz Deutschland – interessiert beobachtet und engagiert diskutiert. Zunächst war es der Luchs, der neues Leben in die Weiten des Pfälzerwaldes brachte. Ursprünglich besiedelte der Eurasische **Luchs** alle größeren, ungestörten Wald- und Waldsteppengebiete in Nord- und Mitteleuropa. Durch das Verschwinden seiner Lebensbereiche gab es Mitte des 20. Jh. kaum noch Luchse. Im Pfälzerwald begann man 2016 mit der Wiederansiedlung von 20 Tieren aus der Schweiz und der Slowakei. Per GPS-Halsband und mit im Wald aufgehängten Kameras versucht man, mehr über die Tiere herauszufinden. Auf diese Weise erfuhr man, dass die ausgesetzten Tiere bis 2021 mindestens 18 Mal Nachwuchs bekamen. Die sehr menschenscheuen Luchse ernähren sich hautsächlich von Rehen, pro Woche erbeuten sie in etwa ein Tier. Übergriffe auf Nutztiere sind sehr selten. Ob es an den als lustig empfundenen Pinselohren oder der eher kleinen Statur liegt – die Wiederansiedelung des Luchses wurde in der Pfalz neutral bis euphorisch aufgenommen.

Bei dem nun den Pfälzerwald besiedelnden Wolf schwingen mehr Befürchtungen und Ängste mit. Der **Wolf** wandert auf der Suche nach einem neuen Revier tausend Kilometer weit. Immer wieder erreichen Neuankömmlinge die Pfalz. Ob und wo sie ihr Revier einnehmen, lässt sich nicht vorhersagen. So ist auch bei bestätigten Rissen durch Wölfe unklar: War es ein durchstreifender oder hier dauerhaft lebender Wolf?

Einst wurde der Wolf auch in der Pfalz sehr gefürchtet und gejagt: Weil ihre natürliche Nahrung aufgrund der starken Bejagung von Wildtieren im 19. Jh. immer mehr zurückging, suchten die hungrigen Wölfe nach Alternativen. Diese fanden sie vor allem in den

barung. Infos zur „1886 Genussfabrik" → Übernachten/Essen, S. 229. Waldenburgerstr. 1, ✆ 06392-9221371, glaeserne-schuhfabrik.de.

Teufelstisch in Hinterweidenthal: Der sagenumwobene Teufelstisch ist für manche das Wahrzeichen des Pfälzerwaldes. Auf jeden Fall ist er die größte Attraktion im westlich von Hauenstein gelegenen Hinterweidenthal. Sachlich betrachtet handelt es sich bei dem ikonischen Gebilde um zwei 8 m hohe Sandsteinpfeiler, die eine 300 t schwere Platte tragen. Die Form entstand durch die Einwirkung der Erosion auf unterschiedlich widerstandsfähige Gesteinspartien. Der Sage nach wurde der Tisch vom herumwandernden Teufel gebaut, der eine Pause machen wollte, aber keine passende Stelle fand. So packte er die Steine übereinander und hatte ein schönes Plätzchen zum Niederlassen.

MeinTipp Unterhalb des Teufelstischs liegt der schön gestaltete **Erlebnispark Teufelstisch** für kleine und große Kinder. Highlight ist die über ein Felsenmeer zu erkletternde 50 m lange Riesenrutsche. Wasserspielanlagen, Wippen, kleine Rutschen, jede Menge Sand, ein barrierefreier 12-Loch-Minigolfplatz sowie eine kostenfreie Toiletten-

von Menschen gehaltenen Nutztieren. Deren Verlust stellte zu damaliger Zeit eine massive Bedrohung der meist ohnehin kargen Existenz dar. Daher wurden Wölfe staatlich verordnet gejagt – bis sie schließlich ausgerottet waren.

Wie man im 21. Jahrhundert das Zusammenleben von Wölfen und Menschen organisiert, erforschen die Experten des Koordinationszentrums Luchs und Wolf (KLUWO) in Trippstadt. Reicht es, die Weiden massiv einzuzäunen? Werden bei Schafs- und Rinderherden Lamas oder Esel einziehen, um Wölfe abzuschrecken?

Für die Frage nach dem richtigen Verhalten bei einer Wolfsbegegnung gibt es schon klare Antworten:

- Ruhig verhalten und stehen bleiben.
- Nicht auf den Wolf zugehen, den Wolf keinesfalls füttern.
- Um den Abstand zu vergrößern, können Sie sich langsam zurückziehen.
- Im Normalfall zieht sich der Wolf von selbst zurück, falls nicht, machen Sie sich durch, z. B. Rufe, starkes Gestikulieren und Klatschen, bemerkbar. Nur bei weiterer Annäherung des Tieres mit Gegenständen werfen.
- Hundehalter sollten in Wolfsgebieten ihren Hund an der Leine halten. Bei einem Zusammentreffen mit dem Wolf die Leine möglichst kurz halten.
- Wenn Sie einen Wolf oder Luchs gesehen haben, bitte melden Sie die Sichtung mit möglichst genauer Ortsangabe an die Hotline ✆ 06306-911199.

▪ Genauere Infos über fawf.wald.rlp.de. Für gewünschte Wolfsichtungen bietet sich der Wild- und Wanderpark Silz an (→ S. 218).

anlage mit Wickelmöglichkeit runden das positive Bild ab.

▪ Der Eintritt ist frei, Hunde dürfen nicht auf das Gelände. Von April bis Anf. Nov. tägl. 10–18 Uhr. ✆ 06396-993276, urlaubsregion-hauenstein.de.

Wolfsgrub und Aufelsen: Ab der Ortsmitte von Wilgartswiesen kann man eine kurze Wanderung zu einer historischen Wolfsgrube machen. Man geht durch das Tal auf dem Fahrweg bergan, bis die unscheinbare Wolfsgrube – nahe des Rittersteins Wolfsgrub – erreicht ist. Hier wurde 1908 letztmals ein Wolf erlegt. Über den hangparallelen Forstweg geht es talauswärts weiter zum Aufelsen mit schöner Aussicht auf Wilgartswiesen und das Queichtal und von dort auf kleinen Pfaden hinunter nach Wilgartswiesen (insg. 3 km Strecke, 190 Höhenmeter).

Praktische Infos

Information **Tourist-Info-Zentrum Pfälzerwald.** Mo–Fr 9–12 und 13–16 Uhr. Hauenstein, Schuhmeile 1, ✆ 06392-9233380, urlaubsregion-hauenstein.de.

Einkaufen Große **Schuh-Outlets** finden sich direkt an der B 10. Manche Läden verkaufen aktuelle Kollektionen, andere vorwiegend Restbestände. Im Ortszentrum gibt es einige weitere Schuhgeschäfte. Kernöffnungszeiten: Mo–Sa 9.30–18 Uhr, März bis Okt. auch So 13–18 Uhr.

Aus dem Angebot ragt der **Findling** hervor. Ein modernes Shopkonzept gepaart mit coolen Outdoormarken wie La Sportiva und Hoka machen Lust auf Shopping. Im dazugehörigen **Jumpnshoez** liegt der Schwerpunkt auf Sneaker und Streetwear. Tägl. 10–18 Uhr, Sa ab 9.30 Uhr, So ab 13 Uhr. Alte Bundesstr. 1, ✆ 06392-8590066, jns.de.

Hollerbusch. Das vielseitige Angebot an vorwiegend regional erzeugten Lebensmitteln wird in einem liebevoll geführten Lädchen angeboten. Neu ist die Produktion von diversen Ölen in der Gläsernen Manufaktur. Di–Do 9.30–12.30 und 14–17 Uhr, Fr bis18 Uhr, Sa 8.30–14 Uhr, im Winter bis 12.30 Uhr. Turnstr. 12a (gegenüber dem Schuhmuseum), ✆ 06392-587268, hollerbusch-pfalz.de.

Baden **Wasgaufreibad.** In dem weitläufigen Freibad kann je nach Witterung von Mai bis Sept. tägl. 9.30–20 Uhr gebadet werden. Wenn man im 50-m-Becken seine Bahnen zieht, blickt man dabei auf den nahen Wald und die an den Hängen aufragenden Felsen. Spielplatz, Kletterwand und Beachvolleyball. Erwachsene 3,50 €, Jugendliche 2,50 €. ✆ 06392-409480, wasgaufreibad.de.

Im **Paddelweiher** (s. u.) ist das Baden nicht gestattet (und wird vermutlich auch nicht angestrebt).

Radfahren Über 50 km führt der landschaftlich vielfältige **Queichtalradweg** nach Germersheim. Wer nicht zurückradeln will, muss mit dem Bus 2 Std. Fahrzeit und einen Umstieg in Kauf nehmen.

Mountainbike Vier Touren bei Dahn sind auf der Internetseite „mountainbikepark-pfaelzerwald.de" ausführlich beschrieben. Am Dahner Sportplatz gibt es auch einen kostenfreien Bikepark. Aktuelle Infos auf Instagram: mtbparkpfaelzerwald.

Wandern Am Wanderparkplatz „Altwiesen" nahe dem Freibad kann man auf den aussichtsreichen, 10 km langen **Panoramaweg** rund um Hauenstein einsteigen. Der mit einem „P" markierte Weg verläuft meist in Sichtweite des Dorfes und führt über drei Aussichtsfelsen. Vom Schwimmbad aus erreicht man nach kurzem, knackigem Aufstieg den **Backelstein,** der früher als Fliehburg genutzt wurde. Steile Treppen und Leitern führen auf den kleinen Gipfel mit imposanter Aussicht (auch an der 60 m hohen Südseite des Felsens hinunter).

Eine schöne Kurzwanderung ist die 5,4 km lange **Geiersteine-Tour.** Sie startet im Zentrum von **Lug,** 4 km westlich von Hauenstein, wo sie hinter der Kirche in Serpentinen den Hang hinaufführt. Schnell ist ein erster Aussichtspunkt mit Blick über Lug in Richtung Hauenstein erreicht. Der gut zu gehende, klar markierte Weg steigt, vorbei an vielen bunten Felsen, weiter bergan bis zu den Geiersteinen, einem sehr eindrucksvollen Aussichtspunkt. Neben Feldern und Äckern in den weiten Tälern sind von hier zahlreiche Bergrücken zu sehen – auf einem thront der Trifels. Der Rückweg verläuft zunächst wieder an Felsen entlang und schließlich eher unspektakulär absteigend durch den Wald.

Veranstaltungen **Keschde in Hääschde.** Der traditionelle Kastanienmarkt mit vielen Gerichten aus und um die Esskastanie findet meist am vierten Sonntag im Oktober statt.

Hauensteiner Kerwe. Am ersten Septemberwochenende.

Weihnachtsmarkt. Der gemütliche, seit 1980 stattfindende Kunsthandwerkermarkt mit Anbietern aus der Pfalz und dem nahen Frankreich stimmt auf dem Johann-Naab-Platz am zweiten Adventswochenende auf die Weihnachtstage ein.

Übernachten/Essen *****S Waldhotel Felsentor.** Empfehlenswertes Hotel mit freundlichem Service, elegantem Komfort und seit dem Neustart etwas experimentierfreudigeren Küche. Zwischen den Schuh-Outlets und der Ortsmitte gelegen. Richtig erholsam ist der großzügige Garten. Mo–Fr 17.30–21 Uhr, Sa/So 12–14 und 17–21 Uhr. Hauenstein, Bahnhofstr. 88, ✆ 06392-4050, waldhotel-felsentor.de. **€€** (Zimmer), **€€** (Restaurant)

Bäckerei-Café Busch und Naab. Auch in Hauenstein bringt die regionale Kette frischen, schön designten Wind in den Ort. Bei gutem Wetter sitzt man auf dem neu gestalteten zentralen Marktplatz und genießt die leckeren Backwaren. Mo–Fr 5.30–17 Uhr, Sa 5.30–13 Uhr und So 7.30–11 Uhr. Marktplatz 34, ✆ 06392-9937666, busch-naab.de.

1886 Genussfabrik. Im Areal der Gläsernen Schuhfabrik von Josef Seibel wird in klarem Ambiente eine moderne Cross-over-Küche geboten. Im begrünten Innenhof sitzt man angenehm. Mi–Do 11.30–19.30 Uhr, Fr 11.30–21 Uhr, Sa 10–21 Uhr, So 10–19.30 Uhr. ✆ 06392-9944389, josef-seibel.de. **€€**

MeinTipp ****** Landhaus-Restaurant am Hirschhorn.** Hoch über dem Queichtal, am Rand des kleinen Örtchens Wilgartswiesen, liegt das Hotel mit der feinen (Fisch-)Küche. Außer der phänomenalen Aussicht ist der Wellnessbereich, den man auch als Tagesgast (ab 30 €) besuchen kann, ein Highlight des Hauses. Kein Ruhetag. Wilgartswiesen, Am Hirschhorn 12–14, ✆ 06392-581, hotel-hirschhorn.de. **€€€**

Wanderheim Dicke Eiche. Die gut besuchte Hütte des PWV Hauenstein bietet einfaches, sehr gutes Essen in klassischem Hüttenambiente. Zahlreiche Wanderwege haben die Hütte mit den vielen Sitzplätzen im Freien und dem großen Spielplatz zum Ziel. Sa/So 10–18 Uhr, Mai bis Okt. auch Mi geöffnet. Preiswerte Übernachtungsmöglichkeit in schlichten Zimmern, Selbstversorgerküche. ✆ 06392-9237174, pwv-hauenstein.de. Wanderheim: ✆ 06329-596. **€**

Paddelweiher-Hütte. Die Gaststätte mit Selbstbedienung liegt direkt am Paddelweiher

Blick auf Hauenstein

im oberen Queichtal. Im Schatten von Platanen kann man mit Blick ins grüne Tal ausspannen, während sich die Kinder im Tretboot oder auf dem schönen Kinderspielplatz austoben. Vom Parkplatz Farrenwiese bequem in 5 Min. auf dem Fahrweg zu erreichen. März bis Okt. tägl. ab 11 Uhr, Küche bis 19 Uhr, Nov. bis Feb. Sa/So ab 11.30 Uhr, Küche bis 18 Uhr. Hauenstein, Dahner Str. 100, ✆ 06392-994518, paddelweiher.de. **€€**

Zum alten Nussbaum. Das Restaurant in Schwanheim bietet deftig-feine Gerichte in spezieller Umgebung. Die Einrichtung wird von einigen als sehr gemütlich empfunden, andere finden es „too much“. Von den drei Tagesmenüs ist eines vegetarisch. Mo/Di Ruhetag, Mi–Sa 12–13.45 und 18–21 Uhr, So durchgehend. Schwanheim, Wasgaustr. 17, ✆ 06392-1886, zumaltennussbaum.de. **€€€**

Zwölf **Wohnmobilstellplätze** hinterm Deutschen Schuhmuseum in zentraler, ruhiger Lage mit allen Anschlüssen. 10 €./24 Std. Auskünfte bei der Tourist-Information (s. o.).

Wanderung 11: Von Hauenstein zur Dicken Eiche und zum Winterkirchel

Die abwechslungsreiche, 10 km lange Runde beginnt am **Schuhmuseum in Hauenstein** 1 und führt zunächst durch ein Wohngebiet sanft ansteigend zum Waldrand. Hier folgt man dem Hauensteiner Schusterpfad. Der Weg steigt an und streift zahlreiche Felsen und Aussichten: Der **Kahle Felsen** 2, die Fliehburg **Backelstein** 3 und der **Hühnerstein** 4 – der nur für Wanderer ohne Höhenangst erreichbar ist – liegen mal direkt, mal mit etwas Zustieg auf der Strecke. So nähert man sich dem **Wanderheim Dicke Eiche** 5 Weiter geht es auf dem Schusterpfad an den traurigen Resten der **Dicken Eiche** 6 vorbei bis zum - anders als der Name vermuten lässt - sehr offen gebauten **Winterkirchel** 7 Hier kreuzt der alte Schuharbeiterweg zwischen Erfweiler und Hauenstein, den die Arbeiter einst täglich auf dem Weg zur Arbeit gingen. An der höchsten Stelle steht die kleine Kapelle, deren Vorgängerin nach dem Dreißigjährigen Krieg als Dank für den hier gelegenen Unterschlupf errichtet wurde. Hier verlassen wir den Schusterpfad und steigen über den Weg Nr. 10 bergab ins Queichtal und zum **Paddelweiher** 8. An dessen Ende nutzen wir eine hölzerne Brücke und wechseln auf die rechte Talseite. Vorbei an Eseln geht es durch ein Wohngebiet zurück zum Schuhmuseum.

Einkehr möglich im **Wanderheim Dicke Eiche** und in der **Paddelweiherhütte**, Beschreibung → S. 229.

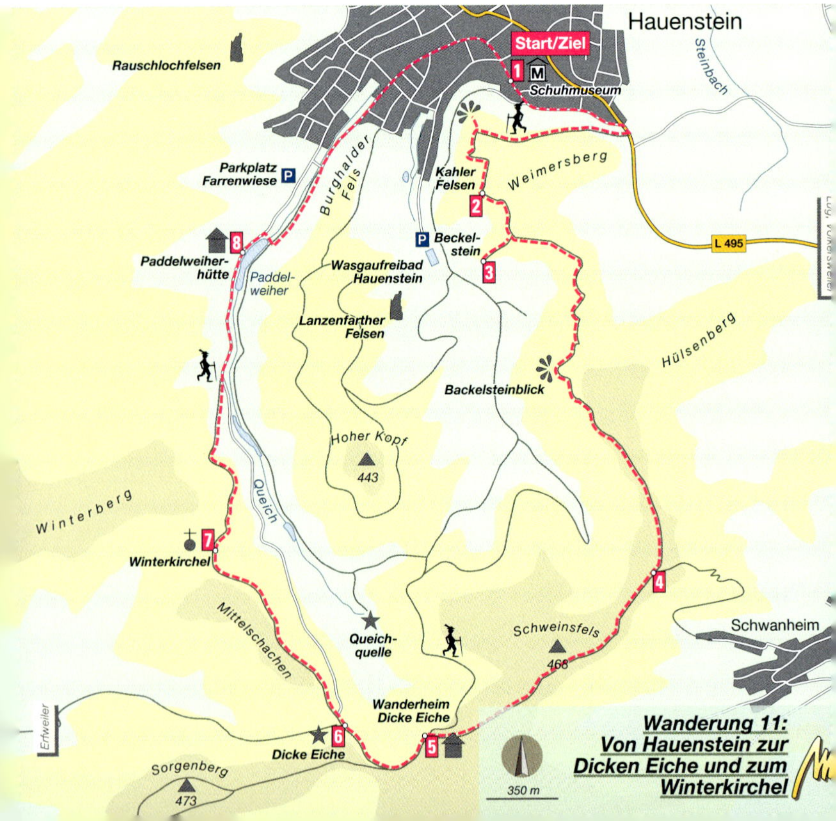

Pirmasens

Einst war die Stadt die ruhmreiche Schuhmetropole Deutschlands. Reizvoll auf vielen Hügeln an der Grenze zwischen dem Pfälzerwald und dem landschaftlich offenen Westrich gelegen, hält Pirmasens seit Jahrzehnten Ausschau nach neuen Perspektiven.

Umgeben von einer der schönsten Waldlandschaften Deutschlands bietet Pirmasens mit seinen alten Industriebauten und den steilen, dicht bebauten Straßen ein ganz besonderes Stadtbild. Neue Impulse erfährt der Ort zudem durch bemerkenswerte Projekte wie das Erlebnismuseum Dynamikum und die so großzügige wie boomende Jugendherberge. Und Familie Kunz setzt mit ihren vielseitigen Gastro- und Hotelprojekten qualitativ hochwertige Akzente.

Aber dennoch: Wenn Journalisten auf der Suche nach einer westdeutschen Gegend mit strukturellen Problemen sind, dann fällt sehr oft der Name Pirmasens. Dass die Region Probleme hat, sieht man tatsächlich an vielen Stellen. Als pittoresk kann man Pirmasens sicher nicht bezeichnen, von Weinstraßenromantik ist man hier weit entfernt. Besuchenswert ist die Stadt dennoch. Aus der Blüte der Stadt sind prächtige Sandsteinfassaden der Gründerzeit, v. a. im Umfeld der ehemaligen Fabrik Rheinberger, erhalten. Dominant sind die Schlosstreppe in der Innenstadt mit ihrer Stierplastik von Gernot Rumpf sowie die oberhalb gelegene Pirminiuskirche, das Alte Rathaus und der charakteristische Exerzierplatz. Schön ist das zu Füßen des Dynamikums gelegene Strecktal. Lange war das Tal durch Industriebrachen und Ödnis gekennzeichnet, heute befindet sich hier ein vielseitiger Park, der von den Bürgern gerne besucht wird.

Bis 1736 lebten die rund 200 Einwohner von Waldarbeit und Landwirtschaft. Dann beschloss der exzentrische

Im Pfälzerwald → Karte S. 201

Erinnert an glanzvolle Zeiten: der Schusterbrunnen in Pirmasens

Landgraf Ludwig IX. von Hessen-Darmstadt mitten im Wald eine Garnison zu errichten. 7000 Soldaten ließen sich nieder, um zur Freude des Landgrafen Paraden abzuhalten. Nach seinem Tod fehlte den Soldaten und ihren Familien der Sold, und so entstand die Idee, aus Uniformresten Schuhe zu fertigen und sie in der Umgebung zu verkaufen. Dies war so erfolgreich, dass binnen weniger Jahrzehnte Hunderte von Schuhfabriken entstanden und Pirmasens zum Inbegriff der deutschen Schuhindustrie wurde. Der gewaltige Boom führte zu einer wirtschaftlichen Monostruktur. Und so traf es die 30.000 Arbeiter in den Schuhfabriken hart, als in den 1960er- und 70er-Jahren aufgrund der internationalen Konkurrenz eine Fabrik nach der anderen geschlossen wurde. Bis heute jedoch prägen die Branche und das entsprechende Schuh-Know-how Stadt und Umgebung. Einige Schuhfabriken haben überlebt oder sich inzwischen erneut in der Region angesiedelt. Häufig werden die Schuhe hier aber nur noch designt, während die Produktion zumindest teilweise im lohngünstigeren Ausland stattfindet. In den letzten Jahren wird verstärkt versucht, schuhbegeisterte Shopper nach Pirmasens zu locken: 2018 eröffnete beispielsweise mit dem Werk 1 der schicke Fabrikverkauf der Traditionsmarke Peter Kaiser (→ 233), die „Schuhstadt Pirmasens" bleibt hingegen ein schönes Marketingkonzept für die Zukunft.

Sehenswertes

Dynamikum: Das 2008 eröffnete und 2018 überarbeitete Mitmachmuseum Dynamikum hat sich zu einer weit über die Grenzen der Stadt hinaus bekannten Institution entwickelt. Die 4.000 m^2 umfassende, auf zwei Etagen unterteilte Fläche ist fast ausschließlich mit interaktiven Elementen zu den Themen Geschwindigkeit, (täuschende) Wahrnehmung und interessanten physikalischen Phänomen bestückt. Spannend ist beispielsweise der Vergleich einer steilen zu einer flachen Rutsche. So viel Platz ist an anderer Stelle schwer zu bekommen, im eindrucksvoll sanierten Gebäude der ehemaligen Schuhfabrik Rheinberger war das kein Problem. In den 1920er- und 1930er-Jahren arbeiteten hier bis zu 2300 Menschen in der Schuhproduktion, Rheinberger galt damals als die größte Schuhfabrik Europas. Nach dem Niedergang der Pfälzer Schuhindustrie stand das imposante, am Hang errichtete siebenstöckige Gebäude größtenteils leer. Ab 2002 schließlich begann die Sanierung, Rheinberger wurde zum Impulsprojekt des Stadtumbaus.

Zu Füßen des Dynamikums, im Strecktal, gibt es eine **Discgolf-Anlage,** die zum Spielen nötigen Scheiben können im Dynamikum entliehen werden. Für eine komplette Spielrunde kann man mit einer Dauer von bis zu zwei Stunden rechnen.

▪ Mo–Fr 9–15 Uhr, Sa/So und feiertags 11–17 Uhr, Erw. 11 €, Kinder ab 6 J. 9,50 €. Discgolf kostenfrei, Mietgebühr für die Scheiben je 3 €. Im Rheinberger, Fröhnstr. 8, ✆ 06331-239430, dynamikum.de.

Stadtmuseum Altes Rathaus: Wer sich für die Geschichte der Stadt und der Schuhindustrie interessiert, dem sei dieses kleine, interessante Stadtmuseum in der Fußgängerzone empfohlen. Neben der Dauerausstellung „Wald, Schloss, Schuh" und einem Scherenschnittkabinett gibt es immer wieder auch Sonderausstellungen mit lokalem Bezug.

▪ Di–So 14–17 Uhr, Erw. 2,50 €, Kinder frei. Hauptstraße 26, ✆ 06331-1455819.

Westwall-Museum im Festungswerk Gerstfeldhöhe: 1938 wurde mit dem Bau des Festungswerks Gerstfeldhöhe begonnen, das mit insgesamt 14 km Hohlgängen für Maschinenhallen, Lazarett, Schmalspurbahnhöfen, Munitionsdepots und eine Kaserne für 800 Mann die

In der ehemaligen Schuhfabrik Rheinberger ist heute das Dynamikum

Im Pfälzerwald → Karte S. 201

größte unterirdische Anlage im Rahmen des Westwall-Bauprogramms werden sollte. Als die Arbeiten im Sommer 1940 eingestellt wurden, waren allerdings erst rund 5 km Hohlgänge geschaffen. Der 1 km lange Rundgang durch die Stollen ist ein bedrückendes, aber auch faszinierendes Erlebnis.

Sa/So 13–17 Uhr, von Nov. bis März geschlossen. Eintritt 8 €, ermäßigt 6 €. Aufgrund der niedrigen Temperaturen von ca. 8 °C im Museum wird warme Kleidung für den Besuch empfohlen. Kontakt über den Verein HGS Gerstfeldhöhe e. V. in Niedersimten, In der Litzelbach 2, ✆ 06331-46147, westwall-museum.de.

Praktische Infos

Information **Tourist-Information im Rheinberger.** Mo–Do 9–17 Uhr, Fr bis 14 Uhr. Fröhnstr. 8, 66954 Pirmasens, ✆ 06331-2394321, pirmasens.de.

Verkehrsverein Südwestpfalz e. V. Mo–Fr 8–12 Uhr, Mo–Mi auch 14–16 und Do 14–17 Uhr, i. d. R. kein Publikumsverkehr. Unterer Sommerwaldweg 40–42, 66953 Pirmasens, ✆ 06331-809126, suedwestpfalz-touristik.de.

meinTipp Baden **PLUB.** Das schöne Hallenbad ist großzügig und kinderfreundlich. Durch seine unterschiedlichen Becken lädt es sowohl zum sportlichen Schwimmen als auch zum gemütlichen Planschen ein. Von Mai bis Sept. ist das Freibad mit großer Liegewiese geöffnet. Tageskarte Schwimmbad ab 5 €, für Kinder ab 6 J. 3 €. Mo öffnet das Hallenbad um 12 Uhr, sonst um 9 Uhr. Abends kann man bis 21 Uhr schwimmen, sonntags bis 20 Uhr. Lemberger-str. 41, ✆ 06331-72500, plub.de.

Einkaufen **Wochenmarkt** jeden Di/Do/Sa 6–13 Uhr auf dem Exerzierplatz. Der Markt ist nicht groß, bietet aber ein gutes, regionales Sortiment an Obst und Gemüse sowie Käse, Fleisch, Backwaren und Wein – mit etwas Glück sind auch ganz frische Schokoküsse von Trauth (Herxheim) erhältlich (aber nur im 25er-Karton). Zweimal jährlich bietet der deutsch-französische Bauernmarkt ein wesentlich umfangreicheres (Feinkost-)Sortiment.

meinTipp **Teespezialitäten Engel.** Der Laden ist unauffällig, aber das tolle Angebot und die fachkundige Beratung machen das Geschäft zu einer der besten Einkaufsadressen in Pirmasens. Mo–Fr 9.30–18 Uhr, Sa 9–14 Uhr. Hauptstr. 1, ✆ 06331-2869155, tee-engel.info.

Wawi-Schokoladenfabrik. Fabrikverkauf und gläserne Produktion mit sehr einfacher Cafeteria. Mo–Sa 8–18 Uhr. Unterer Sommerwaldweg 19–20, ✆ 06331-239990, wawi-schokolade.de.

Werk 1 – Werksverkauf Peter Kaiser. In schönem Ambiente werden vorwiegend elegante Damen- und einige Herrenschuhe, aber auch Lurchi-Kinderschuhe verkauft. Ein stilvolles Café bietet leckere Kleinigkeiten. Mo–Fr 9.30–18 Uhr und Sa 9.30–16 Uhr. Lemberger Str. 74a, ✆ 06331-41025.

Einige weitere Outlets befinden sich entlang der aus dem Zentrum nach Westen führenden Blocksbergstraße.

Fahrradfahren Um die Fahrten über die zahlreichen Hügel etwas zu vereinfachen, können in der Tourist-Information im Rheinberger Pedelecs ausgeliehen werden (Mai bis Okt., 19 €/Tag). Der neue, nach Südwesten führende Dynamikum-Rundweg ist knapp 25 km lang.

Parken Zentrumsnah sind die Parkplätze im engen Pirmasens knapp. Zum kostenfreien Parken empfiehlt sich der große Parkplatz an der Messe (Zeppelinstraße). Hier befinden sich auch **Stellplätze für Wohnmobile,** eine Entsorgungsstation ist vorhanden (5 €/Tag). Zum Frühstücken bietet sich das nahe Café Grieve an.

Taxi **Taxi-Lang,** ✆ 06331-13315.

Übernachten/Essen **CityStar Jugendherberge Pirmasens.** Aus dem leer stehenden Klotz, der einst ein riesiges Postamt war, wurde eine der größten und modernsten Jugendherbergen Deutschlands. Innenarchitektonisch an einigen Stellen etwas überladen, ist es dennoch eine wunderbare, sehr preiswerte Unterkunft. Das neue Angebot lockt viele Besucher in die Stadt. Da das Umland zahlreiche Ausflugsmöglichkeiten bietet, funktioniert Pirmasens prima als Basislager! Schützenstr. 12–14, ✆ 06331-808180, diejugendherbergen.de/pirmasens. **€**

Hotel Martz. Familiär geführtes Hotel in zentraler Lage mit freundlichem Personal. Blumenstr. 8, ✆ 06331-508813, hotel-martz.de. **€€**

Café Grieve. Modern-gemütliches Café mit leckerem Frühstück und vielfältigem Mittagstisch. Außerdem locken frische Crêpes und gut belegte Focaccia. Mo–Fr 8.30–17 Uhr, Sa 9–14 Uhr. Dr.-Robert-Schep-Platz 1, ✆ 06331-6989907, cafe-grieve.de. **€€**

Restaurant Seven. Im Stadtteil Schachen bietet das beliebte Restaurant neben der guten, vorwiegend italienisch orientierten Küche auch eine gepflegt-entspannte Atmosphäre. Di–So 18–22 Uhr, Di–Do und So auch 11.30–14 Uhr. Paulstr. 8, ✆ 06331-94408, trc-seven.de. **€€**

Emils Burger. Direkt am Schwimmbad gibt es eine breite Auswahl an Burgern mit vielfältigen Beilagen. Pommes, Coleslaw oder Wedges – wer die Wahl hat, hat die Qual. Di–So 12–22 Uhr. Lembergerstr. 41, ✆ 06331-7256500, emilsburgerei.de. **€€**

Marcellos Sonne. Gemütlicher und familiärer Italiener etwas abseits vom Zentrum. Der Gastraum ist klein, aber stimmungsvoll, der Service sympathisch und freundlich. Di–Fr, So 11.30–14 und 17–22 Uhr, Sa nur 17–22 Uhr. Hohmärtelstr. 13, ✆ 06331-7268121, marcellossonne.eatbu.com. **€€**

Eiscafe Venezia (Hauptstr. 32, veneziaeismanufaktur.de) und **Eiscafé Cappuccino** (Hauptstr. 10); beide Eisdielen in der Fußgängerzone bieten leckeres Eis zu sehr fairen Preisen. In der Saison je nach Wetter von ca. 9–19 Uhr geöffnet.

Mein Tipp ****S **Hotel-Restaurant Kunz.** Im unscheinbaren Vorort Winzeln steht das familiengeführte, elegante Haus, dessen feine Küche ein tolles Preis-Leistungs-Verhältnis bietet. Das Verwöhnwochenende mit 5- und 6-Gänge-Menü gibt es ab 250 €/Pers. Die Zimmer sind solide, wer es modern mag, sollte lieber im dazugehörigen Emils Hotel einchecken. Tägl. 18–21.30 Uhr und So–Do 12–13.45 Uhr. Winzeln, Bottenbacher Str. 74, ✆ 06331-8750, hotel-kunz.de. **€€€**

Mein Tipp **Emils Hotel.** Die junge Ausgabe des renommierten Hotels Kunz überzeugt mit frischem Service und modernem Design. Das durchdachte Lichtkonzept und die bequemen Betten sind top! Die Bar ist täglich ab 16 Uhr geöffnet. Luitpoldstr. 2, ✆ 06331-87570, emilshotel.de. **€€**

Umgebung von Pirmasens

Nahe der französischen Grenze liegt der gemütliche Ort **Eppenbrunn.** In den Wäldern der Umgebung erstrecken sich zahlreiche Wanderwege. Am südlich von Eppenbrunn gelegenen Parkplatz „Am Spießweiher" startet eine 6 km lange Wanderung zu den **Altschlossfelsen** (Weg Nr. 3 und weißes Kreuz), die auf einer Strecke von über 1,5 km bis zu 35 m über den sandigen Grund ragen. Im hellen Sonnenlicht leuchten die im Buntsandstein gebildeten, gebänderten Türme in einem intensiven Rot.

Im Südosten von Pirmasens liegt das ausufernde **Lemberg.** Oberhalb des Ortes thront auf dem 458 m hohen Schlossberg die **Burgruine Lemberg.** Bereits Kelten und Römer siedelten hier, bevor Graf Heinrich I. von Pfalz-Zweibrücken vom Kloster Hornbach 1198 das Recht zum Burgbau erwarb.

Im 17. Jh. wurde das Anwesen zerstört. Die Burgruine ist derzeit leider nicht zu besichtigen.

Einkaufen **The Taste Dealer.** Auch tief im Wald gibt es eine Einkaufsmöglichkeit für Pfälzer Wein. Ergänzt werden der kenntnisreich angebotene Wein durch Essige von Lang (→ S. 155), Whiskey, Gewürze und Pfälzer Senf. Mi/Fr 16.30–20 Uhr, Sa 10–16 Uhr. Weiherstr. 21, ✆ 06335-8587078, thetastedealer.de.

Übernachten/Essen **Gasthaus Neupert.** Traditionsreiches Restaurant unterhalb der Burgruine Lemberg, 7 km südöstlich von Pirmasens. Mi–Sa 16.30–22 Uhr. Auch einige gut ausgestattete, ruhige Zimmer. Lemberg, Hauptstr. 2, ✆ 06331-69860, landgasthausneupert.de. **€** (Zimmer), **€€** (Restaurant)

Hotel Landgasthof Ständenhof. Die Lage an der Bundesstraße wirkt unschön, das Hotel ist aber ein sehr guter Standort für einen (Wander-) Aufenthalt in der Südwestpfalz. Die Zimmer sind modern und sehr komfortabel, das Essen gut und die nahe Straße ist vom Haus aus kaum zu bemerken. Wanderungen können direkt am der Haustür beginnen, durch die gute Anbindung sind auch alle Wanderziele in der Umgebung per Auto zügig zu erreichen. Mi/Do 11.30–14.30 und 18–21 Uhr, Fr–So durchgehend geöffnet. Ruppertsberg, Ständenhof 1, ✆ 06395-6276, hotel-landgasthaus-staendenhof.de. **€€** (Zimmer), **€€** (Restaurant)

mein Tipp **Baltzer's Café Restaurant.** Grandiose Neueröffnung in Eppenbrunn: Alle Gänge inkl. dem Gruß aus der Küche sind sehr gelungen. Saisonale, kreative Karte, die auch Veganes und Vegetarisches bietet. Eine frühzeitige Reservierung ist unumgänglich. Fr–Mi 11.30–22 Uhr, So nur bis 14.30 Uhr. Eppenbrunn, Hauptstr. 1, ✆ 06335-8590090, Instagram: baltzer_s_cafe_restaurant. **€€€**

Im Pfälzerwald → Karte S. 201

Zweibrücken und Hornbach

Nach dem Übergang vom Pfälzerwald in den weiten Westrich, kurz vor der Grenze zum Saarland, liegen die Rosen- und Pferdestadt Zweibrücken und das alte Kloster Hornbach.

Die weite Landschaft ist von welligen Feldern und unscheinbaren Dörfern durchsetzt. Die in den tief eingeschnittenen Tälern liegenden Orte sind bis heute landwirtschaftlich geprägt. Die grüne Stadt Zweibrücken, im 18. Jh. kulturelles Zentrum der Pfalz, muss um Aufmerksamkeit kämpfen. Seit einigen Jahren lockt vor ihren Toren das größte Outletcenter Deutschlands. Wenige Kilometer südlich befindet sich mit der kleinen Stadt Hornbach das Zentrum des Pirminiuslandes, in dem der weit gereiste Missionar Pirmin um 740 sein Kloster gründete.

Zweibrücken

Weitläufige Anlagen, das ausgedehnte Landgestüt und der romantische Rosengarten prägen die grüne, großzügig wirkende Stadt am westlichen Rande der Pfalz.

Zwischen 1477 und 1793 war Zweibrücken die Hauptstadt des Herzogtums Pfalz-Zweibrücken. In dieser Zeit entstanden prächtige Bauten, die der Stadt ihren beinahe herrschaftlichen Charakter geben. Das 1725 fertiggestellte Residenzschloss und die zwischen 1762 und 1772 erbaute barocke Herzogvorstadt stehen für die Zeit wirtschaftlicher Prosperität und politischer Bedeutung. In den meisten Repräsentativbauten sind heute Behörden und Verwaltungen untergebracht. Imposant ist der weitläufige Herzogplatz, der als Schnittstelle zwischen der Hauptstraße mit ihren Geschäften und dem in Richtung Landgestüt weisenden, baumbestandenen Goetheplatz fungiert. An den Goetheplatz schließt sich die Gestütsallee an, die parallel zum Schwarzbach und an den großflächigen Koppeln der Pferderennbahn vorbei bis zum romantischen Rosengarten führt.

Mit der Ansiedlung der 2001 eröffneten **Fashion Outlet Zweibrücken** im Osten der Stadt war der Wunsch verknüpft, Zweibrücken und die gesamte Region wirtschaftlich und touristisch zu fördern. Angesichts der großen Beliebtheit des bereits mehrfach erweiterten Einkaufsparadieses – das Center wird jährlich von bis zu 4 Mio. Menschen besucht – scheint dieser Wunsch zumindest teilweise in Erfüllung gegangen zu sein. Und so kann Zweibrücken, auch wenn es an sein glanzvolles 18. Jh. so schnell nicht wieder anknüpfen wird, einer steigenden Zahl von Besuchern die Pracht vergangener Tage zeigen. Der Einzelhandel im Zentrum der Stadt hat von den neuen Besuchern allerdings kaum profitiert.

Sehenswertes

Europas Rosengarten: Die Anfänge des Wahrzeichens Zweibrückens liegen im Jahr 1914, als der Verein „Pfälzer Rosenfreunde" hier eine Freiland-Rosenschau präsentierte. Damals blühten auf einer Fläche von 26.400 m² über 42.000 Rosen, bis heute wurde die Parkanlage auf 50.000 m² erweitert. Über 60.000 Rosen (gut 2000 Sorten und Arten) sind hier zu sehen. Schön ist der 2,5 km lange Spaziergang außerhalb des Gartengeländes am Schwarzbach entlang ins Naherholungsgebiet Fasanerie, wo der Wildrosengarten weitere Rosensor-

Wild und romantisch: der Wildrosengarten und die Fasanerie

ten zeigt. Etwas verwilderte Wildrosen sowie alte, ungefüllte Sorten, die als Zuchtbasis für moderne Rosenarten dienen, sind hier in verschwenderischer Fülle zu sehen. Im Juni wird während der Zweibrücker Rosentage alljährlich die Rosenkönigin gekrönt.

April und Okt. 9–18 Uhr, Mai/Sept. 9–19 Uhr, Juni bis Aug. bis 20 Uhr. Mo immer erst ab 11 Uhr. Eintritt 5,50 €, ermäßigt 3,50 €, Kinder ab 6 Jahren 2 €. Im Winter kostenloser Zugang über den Nebeneingang am Hotel Rosengarten. ✆ 06332-479330, europas-rosengarten.de.

Fasanerie: Am Standort des Hotels Fasanerie stand früher ein Lustschloss. Es wurde ab 1714 vom polnischen König Stanislaus Leszczynski erbaut, dem hier von Karl XII., König von Schweden und Herzog von Zweibrücken, Asyl gewährt wurde. Stanislaus gab dem Schloss im verspielten türkischen Stil den Namen „Tschifflick" (Landhaus). Charakteristisch war der nach Plänen von Jonas Erikson Sundahl gestaltete Garten mit großen Becken und Wasserspielen. Diese sehenswerte barocke Gartenanlage wurde 2007 rekonstruiert und ist frei zugänglich. Schön sind die spielerisch-erholsamen Elemente wie Kneippbecken, Schaukel und versteckte Bänke.

Landgestüt Zweibrücken: Weitläufige Koppeln und Reitanlagen, Wiesen und ausgedehnte Stallungen markieren das zwischen Innenstadt und Rosengarten gelegene Landgestüt. Nach einer Reise durch England Mitte des 18. Jh. war der Herzog von Pfalz-Zweibrücken so fasziniert von den dortigen Zuchtpferden, dass er kurz entschlossen Gestüte in seiner Heimat errichten und mit edlen britischen Pferden ausstatten ließ. Auch Napoleon war von den hier gezüchteten Zweibrücker Pferden begeistert und schenkte der Zucht 1806 seinen türkisch-arabischen Hengst Fayoum. Bis heute haben die Zweibrücker als leistungsfähige und freundliche Pferde einen guten Namen; die einst als Jagd- und Kurierpferde eingesetzten

Das Residenzschloss

Tiere sind auch im Pferderennsport erfolgreich. Mehrmals im Jahr wird eine Pferdegala gezeigt, auch bei anderen Veranstaltungen kann man einen Einblick in das Gestüt bekommen.

Gutenbergstr. 16, ✆ 06332-17556, landgestuet-zweibruecken.de.

Stadtmuseum: In der Dauerausstellung wird die Geschichte der Stadt übersichtlich dargestellt. Sehenswert ist v. a. das Zweibrücker Porzellan, von dem es weltweit nur noch rund 230 Teile gibt. Hin und wieder zeigt das Museum auch interessante Sonderausstellungen.

Di–So 14–18 Uhr. Eintritt 3 €, ermäßigt 1,50 €. Herzogstr. 9/11, ✆ 06332-871380, zweibruecken.de.

Praktische Infos → Karte S. S238/239

Information **Kultur- und Verkehrsamt.** Mo–Fr 8–12 Uhr, Mi bis 16 Uhr, Do bis 13 Uhr. Herzogstr. 1, 66482 Zweibrücken, ✆ 06332-871451, zweibruecken.de.

Aktivitäten **Stadtfest.** Am letzten Wochenende im Juli steigt in der Innenstadt eine große

Im Pfälzerwald → Karte S. 201

Party. Mit einer Kirmes, unzähligen Buden und neun Musikbühnen kommt viel Leben in die ansonsten so beschauliche Stadt. Infos über das Kulturamt.

Badeparadies. Schönes Hallenbad mit Wellenbad und großer Rutsche. Vielfältiger und großzügiger Saunabereich. Schwimmbad: Mo 10–20 Uhr, Di–So und feiertags 9–20 Uhr, So Eintritt (3 Std.) 5 €, ermäßigt 3,50 €. Sauna: Mo 13–20 Uhr, Di–So und feiertags 9 bis 20 Uhr, Eintritt (3 Std., inkl. Bad) 14 €, ermäßigt 12,50 €. Hofenfelsstr. 120, ✆ 06332-874460, badeparadies-zw.de.

Freibad Zweibrücken. Klassisches Freibad mit zwei Becken, Spielplatz und Beachvolleyballfeld. Bei gutem Wetter Mai bis Sept. tägl. 10–20 Uhr. Erw. 3 €, Kinder 2 €. Landauerstr. 111, ✆ 06332-41045, zweibruecken.de.

Einkaufen **Dornröschen** **3** Wintergarten mitten im Rosengarten mit schönen Accessoires rund um die Rose. Auch Kaffee und Kuchen. Tägl. 11–16.30 Uhr. Rosengartenstr. 60, ✆ 06332-9212602.

Fashion Outlet Zweibrücken **9** In 120 Shops (Adidas, Bogner, Falke, Levi's, Petit Bateau etc.) wird hochwertige Ware zu reduzierten Preisen angeboten. Das Center ist sehr beliebt und meist entsprechend voll. Die gastronomischen Angebote sind eher teuer. In der Centerinfo sind Informationen über die touristischen Angebote der Region erhältlich. Mo–Sa 10–19 Uhr, manchmal auch So 13–18 Uhr. Gut zu erreichen über die A 8, Abfahrt 34/Flughafen. Londoner Bogen 10–90, ✆ 06332-99390, zweibrueckenfashionoutlet.com.

Radsport Sieber **8** Radladen mit breitem Sortiment und Werkstatt in sehr zentraler Lage. Fruchtmarktstr. 21, ✆ 06332-568199, radsport-sieber.de.

Berghof Einöd. Nur einen kurzen Sprung ins Saarland und man erreicht den sehr engagiert geführten Hof. Auf den im Bliesgau gelegenen Feldern wachsen die Ölsaaten und der Senf für die erstklassigen Produkte heran, im Frühsommer ist die Kulisse entsprechend prächtig. Spezialität des Hofs ist das selten angebotene Leindotteröl. Do–Sa 9–12 und 13–16 Uhr. Homburg-Einöd, Berghof 2, ✆ 06848-7019990, berghof-einoed.de.

Parken Günstige Parkmöglichkeiten befinden sich zwischen Innenstadt und Rosengarten an der Saarlandstraße.

Taxi **Funk-Taxen-Vereinigung.** ✆ 06332-12345.

Übernachten/Essen ******S Landschloss Fasanerie** **6** Gut 2 km südwestlich der Innenstadt liegt das romantische Hotel mit ordentlichen bis modernen Zimmern und zwei Restaurants: das von Südtirol inspirierte Landhaus (Mo–Sa 14–23 Uhr, So ab 12 Uhr) und das gehobene, mediterran angehauchte Esslibris (tägl. 12–15 und 18–23 Uhr). Fasanerie 1, ✆ 06332-9730, landschloss-fasanerie.de. **€€€€** (Zimmer), **€€€€** (Restaurant Esslibris), **€€** (Restaurant Landhaus)

Mein Tipp ***** Hotel Rosengarten** **1** Freundliches Hotel mit relativ großen Zimmern und einer schöner Terrasse direkt am Rosengarten. Über das Hotel ist auch das zentral und schön im Naherholungsgebiet von Zweibrü-

cken gelegene Ferienhaus Schleusenwärter zu mieten, es bietet bis zu 5 Pers. Platz. Mit Terrasse und kleinem Garten. Rosengartenstr. 60, ✆ 06332-9770, rosengarten-am-park.com. **€€€**

Zum Storchennest **2** Ein Restaurant mit Anspruch: Die ambitionierte Küche ist regional und saisonal orientiert, die vorwiegend fein-deftigen Gerichte werden ansprechend serviert. Mi–So 11.30–14 und 18–22 Uhr, Sa nur ab 18 Uhr. Landauer Str. 106a (nahe dem Rosengarten), ✆ 06332-49410, zumstorchennest.de. **€€€**

Pizza Per Tutti **7** Unscheinbare Pizzeria mit freundlichem Service und ordentlichem Essen. Besonders die großen Salatplatten sind lecker und geteilt prima als Vorspeise geeignet! So–Fr 11.30–14.30 und 17.30–22 Uhr. Fruchtmarktstr. 8, ✆ 06332-75574. Instagram: pizzapertuttti.zw. **€**

MeinTipp **Ikigai** **5** Die kleine Restaurantkette punktet mit vielseitigem, aromatischem asiatischen Essen (Sushi, Flying Noodles, Pho, Curry) und einer modern-gemütlichen Atmosphäre. Sehr empfehlenswert! Preiswerter Mittagstisch, das Essen kann auch mitgenommen werden. Do–Di 11.30–14.30 und 17–22 Uhr. Gutenbergstr. 1, ✆ 06332-9068060, ikigai-restaurant-zweibruecken.eatbu.com. **€€**

Eiscafé La Perla **4** Am großzügigen Hallplatz gelegen, punktet dieses Café mit einem tollen Freisitz und vielfältigem Eis. Hallstr. 3, ✆ 06332-478555.

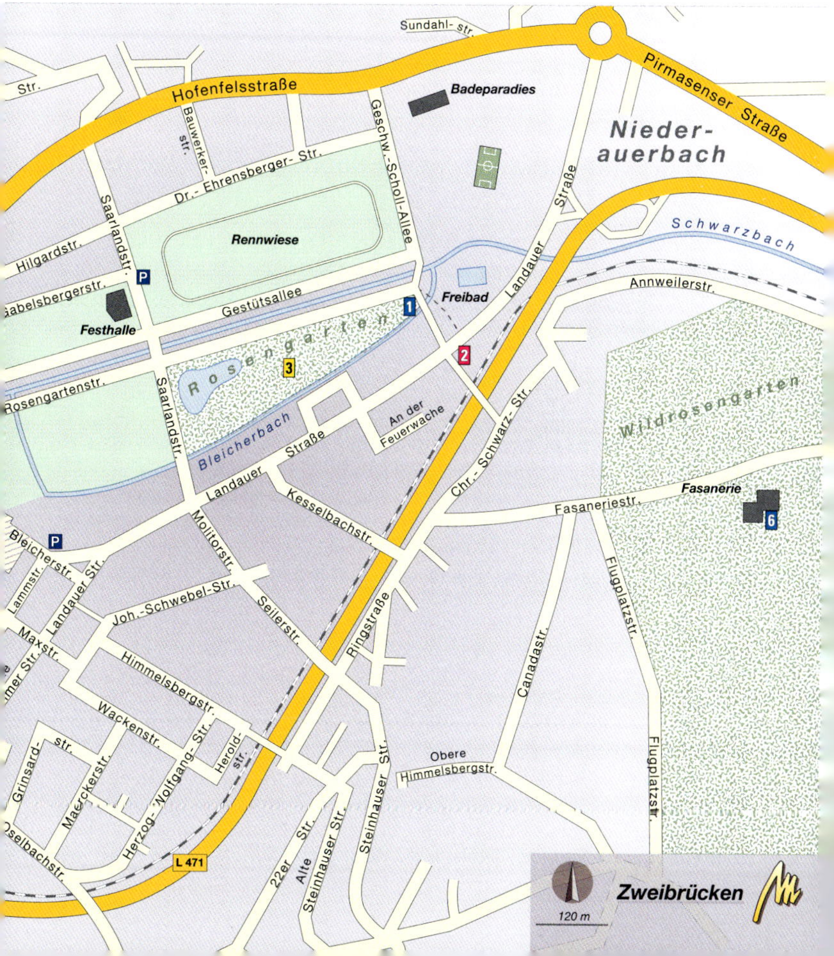

Im Garten des Klosters Hornbach

Hornbach

Der kleinen Stadt an der französischen Grenze ist die historische und kulturelle Bedeutung auf den ersten Blick kaum anzusehen. Durch eine vollkommen unauffällige Umgebung erreicht man den von stattlichen Steinmauern umgebenen, stimmungsvollen Klosterbezirk.

Als eine spannungsreiche Mischung aus kargen Mauerresten vergangener Epochen, klassizistischen Sakralbauten aus dem 18. Jh. und moderner Hotelarchitektur präsentiert sich heute das von dem missionarisch tätigen Mönch Pirmin gegründete **Kloster Hornbach.** Schon bald nach seiner Gründung 742 entwickelte sich das nach den benediktinischen Regeln geführte Kloster zum bedeutendsten geistigen und kulturellen Mittelpunkt zwischen den Bischofsstädten Speyer, Metz und Trier. Auch in anderen Teilen der Pfalz hatte es zahlreiche Besitzungen, so z. B. die Klostermühle in Münchweiler am Donnersberg.

Wie allen reichen Benediktinerklöstern wurde auch der Abtei Hornbach im 12. Jh. ein Stift angegliedert, dessen als einschiffige Kreuzkirche erbaute Stiftskirche nach dem heiligen Fabian benannt wurde und heute wieder zu besichtigen ist. Bei der Pirminiuskapelle und der Klosterkirche handelt es sich um Neubauten. Letztere wurde erst 1785/86 über Teilen der ehemaligen romanischen Basilika errichtet und überragt heute die gesamte Klosteranlage. Von der danebenliegenden ehemaligen Klosterkirche aus dem 11. Jh. sind nur noch Fragmente erhalten. Diese belegen, dass die dreischiffige Pfeilerbasilika mit einer Länge von 71 m größer war als der Speyerer Dom zu jener Zeit.

Aus der Remise und dem Refektorium entstand das im Mai 2000 eröffnete **Hotel Kloster Hornbach.** Es bietet dem Gast feine Speisen und eine

Unterkunft mit herausragender Atmosphäre. Die Sandsteingebäude sind mit klaren Farben und Formen wunderbar in Szene gesetzt, kein Wunder, dass das Hotel zum Feiern von Hochzeiten außerordentlich beliebt ist. Auch wenn Kaffee und Kuchen in der Klosterschänke nicht günstig sind, lohnen sie sich doch, um das herrliche Ambiente zu genießen. Auch der frei zugängliche Garten erlaubt ein Eintauchen in das besondere Flair des Hauses. Die schönen Zimmer und der sehr meditative Wellnessbereich bleiben den Hausgästen vorbehalten.

Einen interessanten Einblick in das Klosterleben und in die Arbeit des im Mittelalter hier lebenden Kräuterarztes Hieronymus Bock ermöglicht das **Historama Kloster Hornbach** im Alten Schulhaus, dessen multimediagestützte Ausstellung einen bunten und klingenden Überblick über die jahrhundertelange Blüte Hornbachs gibt.

▪ Di–Fr 10–17 Uhr, Sa/So 11–16 Uhr. Erwachsene 3,50 €, Familien 8 €. ✆ 06338-809153, klosterstadt-hornbach.de.

Übernachten/Essen ****** Hotel Kloster Hornbach.** Eine gehobene Küche wird derzeit am Abend im „Säulenzimmer" serviert, das Gourmetrestaurant „Refugium" hatte bei Redaktionsschuss gerade geschlossen – für aktuelle Infos anrufen. Die einfache Klosterschanke und der Klosterbiergarten hat Mo–So 12–22 Uhr geöffnet. Im Klosterbezirk, ✆ 06338-910100, kloster-hornbach.de. **€€–€€€€**

Capito. Gutes Restaurant mit moderner, etwas steaklastiger Küche im Bürgerhaus. Kleiner, angenehmer Biergarten mit Blick auf die Klosterkirche. Di–Sa ab 17 Uhr. Bahnhofstr. 4, ✆ 06338-99432820, restaurant-capito.de.

Großzügiger, beliebter **Wohnmobilstellplatz** mit Anschlüssen, zwei Hütten und Infotafeln. Stellplatz 9 €/Tag. Toiletten und Waschgelegenheiten zu den 26 Plätzen befinden sich in der nahen Pirminiushalle. Ganz in der Nähe ist auch ein Spielplatz und das Restaurant Capito (s. o.).

Aktivitäten Direkt neben den Wohnmobilstellplätzen befindet sich die neue **Sommer-Freizeitanlage:** Minigolf, Tischtennis, Boule – alles ist kostenfrei zu nutzen! Per Anruf erfährt man den Zahlencode für die Box mit der Ausrüstung, auch dank der Videoüberwachung hofft die Gemeinde auf sorgsamen Umgang mit dem Material.

Im Pfälzerwald → Karte S. 201

Im Herzen des Pfälzerwaldes

Neben einigen Burgruinen und einer parkähnlichen Landschaft rund um Heltersberg und Trippstadt gibt es zwischen der einstigen Schuhmetropole Pirmasens und der Westpfälzer Hauptstadt Kaiserslautern vor allem eines: Wald.

Wer mit Einsamkeit und Abgeschiedenheit nicht viel anzufangen weiß, der sollte sich von den wenigen Straßen und spärlich gesäten touristischen Highlights nicht allzu weit entfernen. Für Puristen dagegen ist die Gegend ein ruhiges Wanderparadies par excellence. Motorradfahrer und Mountainbiker lieben die Strecken rund um den Weiler Johanniskreuz. Einige Zufahrten sind sonntags für Motorradfahrer gesperrt, aber es ist nicht zu überhören, dass sich nicht alle an das Verbot halten. Auch bei Rennradfahrern sind die abgeschiedenen und bergigen Sträßchen beliebt, in den letzten Jahren sind die schmalen Reifen wieder zahlreicher geworden.

Rund um das Gräfensteiner Land

Unzählige Felsen und Steintürme verstecken sich in den weitläufigen Wäldern rund um die Burg Gräfenstein. Eintönigkeit und romantische Einsamkeit liegen hier oft dicht beieinander. Zwischen 1556 und 1794 gehörte die Region zur Markgrafschaft Baden.

Die an einem alten Grenzpunkt der Diözesen Speyer, Worms und Metz gelegene **Burg Gräfenstein** ist ein lohnendes Ziel für historisch Interessierte. Einzigartig in Deutschland ist der fensterlose, siebeneckige Bergfried, dessen Besteigung für Kinder ein tolles Erlebnis ist. Nach der Zerstörung im Bauernkrieg 1525 und dem kurz darauf erfolgten Wiederaufbau wurde die 1237 erstmals urkundlich erwähnte Burg durch einen Brand im Dreißigjährigen Krieg endgültig zur Ruine. Der Grundriss ist weitgehend erhalten, sodass man sich mithilfe der aufgestellten Tafeln gut vorstellen kann, wie das Leben hier einst organisiert war. Schön sind der deutliche Übergang von der Unterburg in die 12 m höher gelegene Oberburg und die dort befindlichen Fensternischen mit Sitzbänken im Wohntrakt zu sehen. Meist am zweiten Wochenende im Mai erwacht das Gemäuer: Beim mittelalterlich gestalteten Burgfest gibt es für Groß und Klein viel zu schauen, zu hören und mitzumachen.

Das von wunderbaren Wäldern umgebene **Rodalben** ist mit 7000 Einwohnern die größte Gemeinde im Gräfensteiner Land. Nahe der Marienkirche aus dem 14. Jh. erinnert eine bronzene „Grünesputschefraa“ an jene Frauen, die früher auf Märkten der Umgebung Suppengrün (Grünesputsche) verkauften und zu Rodalber Symbolfiguren wurden.

Etwas weiter im Norden liegt **Waldfischbach-Burgalben.** Die teilweise schöne, teilweise strukturlose Doppelgemeinde ist bekannt für das nahe gelegene katholische Zentrum Maria Rosenberg. Gute Einkaufsmöglichkeiten und ein größerer Gasthof machen den am Pfälzer Waldpfad gelegenen Ort für Besucher interessant.

Information **Tourist-Information Gräfensteiner Land.** Freundlicher Service, Mo–Fr 8.30–12 Uhr und 13–16 Uhr, Sa 9–12 Uhr (Sa und Fr-Nachmittag nur während der Hauptsaison von Mai bis Oktober). Am Rathaus 9, 66976 Rodalben, ✆ 06331-234180, rodalben.de.

Sehenswertes **Maria Rosenberg.** Der traditionsreiche Marienwallfahrtsort ist heute ein geistiges Zentrum im Bistum Speyer. Neben Wallfahrten finden hier Gottesdienste und Besinnungstage statt. Waldfischbach-Burgalben, Rosenbergstr. 22, ✆ 06333-923200, maria-rosenberg.de.

Wandern Der vom Deutschen Wanderverband als „Qualitätsweg Wanderbares Deutschland“ ausgezeichnete, 45 km lange **Rodalber Felsenweg** entfernt sich nie weit von Rodalben, sodass man ihn nach Belieben abkürzen oder auf zwei Tage verteilen kann. Er ist mit einem „F“ gut markiert und verbindet 20 Felsmassive, von denen einige auch Höhlen beherbergen. Die Rodalber **Bärenhöhle** ist die größte natürliche Buntsandsteinhöhle der Pfalz. Bei der Tourist-Information ist eine genaue Wegbeschreibung erhältlich. Direkt am Felsenweg gelegen ist das PWV-Wanderheim **Hilschberghaus** mit einfacher Kost und Übernachtungsmöglichkeit (Mi–Mo ab 12 Uhr, So ab 11 Uhr geöffnet, ✆ 06331-18020, hilschberghaus.de, **€**).

Einkaufen **Hubers Markthalle.** Die in dritter Generation geführte Metzgerei mit eigener Schlachtung ist das Herz der Markthalle. Das Sortiment wird durch Backwaren, Obst und Gemüse, Käsespezialitäten und Wein ansprechend erweitert. Vor Ort Kleinigkeiten in Leo's Bistro (ab 6 Uhr Frühstück und Vesper, ab 11 Uhr Mittagstisch). Mo–Fr 6–18 Uhr, Sa bis 14 Uhr. Waldfischbach-Burgalben, Alleestr. 2–4, ✆ 06333-2449, metzgerei-huber.de.

Übernachten/Essen **Gräfenstein Hütte.** Unterhalb der Gräfenstein gelegene PWV-Hütte, die seit 2023 von neuen Pächtern gut geführt wird. Auf der Karte stehen u. a. hausgemachte Flammkuchen, Salate und Pfälzer Klassiker. Mit der Ruine Gräfenstein ist die Hütte über einen historischen Hohlweg verbunden, die ca. 1,3 km lange Strecke mit 130 m Höhendifferenz lässt sich in 30 Minuten gehen. Parkmöglichkeiten bei der Hütte. Mi–So 11.30–21 Uhr, von Nov. bis März nur Mi und Sa/So geöffnet. ✆ 06395-7845, pwv-merzalben.de. **€**

Altes Postamt. Charmantes Gebäude direkt an der Rodalb und am Felsenwanderweg. Das Essen ist üppig-lecker und preiswert, der Service freundlich und der Biergarten oberhalb des Baches sehr einladend. Mi–So ab 17.30 Uhr, So zusätzlich 11–14 Uhr. Rodalben, Poststr. 1, ✆ 06331-804013, altes-postamt-rodalben.de. **€€**

Hotel Restaurant Bold's – Zum Grünen Kranz. Gediegen-modern präsentiert sich das Restaurant, das für seine gekonnt verfeinerte pfälzische Küche bekannt ist. Das ganze Team ist freundlich und kompetent. Auch einige, eher einfache Zimmer. Rodalben, Pirmasenserstr. 2, ✆ 06331-23170, boldskranz.de. **€€** (Zimmer), **€€** (Restaurant)

***** Hotel und Restaurant Zum Schwan.** Guter, zentral gelegener und von außen unscheinbarer Dorfgasthof mit einem schönen Biergarten. Das deftige Essen ist lecker und wird in üppigen Portionen gereicht. Empfehlenswert sind das Wild und die hervorragenden Bratkartoffeln. Die Zimmer sind teilweise mit modernen Holzmöbeln eingerichtet. Do Ruhetag. Waldfischbach-Burgalben, Hauptstr. 119, ✆ 06333-92420, zum-schwan-wfb.de. **€€** (Zimmer), **€€** (Restaurant)

meinTipp **Lisas Erdbeerbärmche.** Kleines, charmantes Café im modernen Landhausstil. Der Service ist sehr (kinder-)freundlich und der Kuchen sowie die selbst gemachten Pralinen sind sehr zu empfehlen! Mi/Do 14–17 Uhr, Fr 14–18 Uhr, Sa von Jun. bis Sept. 14.30–17 Uhr, von Okt. bis Mai 17–22 Uhr und So 11–17 Uhr. Hin und wieder Schließtage, werden über Instagram angekündigt. ✆ 06333-9937534. Instagram: lisas_erdbeerbaermche.

Camping Clausensee. Schön an einem von Wald gesäumten Badesee gelegen, bietet der behindertengerechte Campingplatz komfortable Stellplätze und eine kinderfreundliche Atmosphäre. Der schöne Badesee ist auch für externe Besucher gegen Gebühr zugänglich. Das Restaurant **Fischerhaus** (✆ 06333-9937060) hat täglich ab 12 Uhr geöffnet. Ganzjährig geöffnet. Komplexes Preisgefüge, Stellplätze zwischen 8 und 25 €. Waldfischbach-Burgalben, ✆ 06333-5744, campingclausensee.de.

Im Pfälzerwald → Karte S. 201

Trippstadt und Johanniskreuz

Alle mit einem einfarbigen Kreuz markierten Wanderwege des Pfälzerwalds führen in Johanniskreuz zusammen. Auch für Motorradfahrer ist die lose Siedlung auf 470 m Höhe der Treffpunkt schlechthin. Westlich unterhalb von Johanniskreuz liegt charmant zwischen Wiesen und Wäldern der kleine Ort Trippstadt.

Als schön kann man **Johanniskreuz,** eine von kaum enden wollenden Wäldern umgebene Ansammlung von Häusern, Straßen und Parkplätzen, nicht bezeichnen. Dass es dennoch so viele hierher zieht, liegt an der zentralen Lage und den kurvenreichen Straßen. Für Motorradfahrer ist der Ausflug an sommerlichen Sonntagen eine feste Größe – trotz einiger für sie gesperrter Zufahrtsstraßen. Auch die Touren des Mountainbikeparks Pfälzerwald führen alle über Johanniskreuz. Gerne besucht wird das **Haus der Nachhaltigkeit** mit seinen Ausstellungen und vielseitigen Veranstaltungen. Der Name der Siedlung geht auf drei Kreuze zurück, die beim ehemaligen Forsthaus am Straßenrand stehen. Das älteste von ihnen soll hier, wo sich schon zu keltischen Zeiten wichtige Wege kreuzten, im 15. Jh. eine Grenze markiert haben. Bis heute führt eine andere wichtige Grenze durch den Ort: die Wasserscheide zwischen Rhein und Mosel. Insgesamt ist Johanniskreuz ein vielzitierter Ort, der aber vor Ort dann doch etwas enttäuscht.

Für die Forstwirtschaft ist der scheinbar unendliche Wald rund um Johanniskreuz von besonderer Bedeutung. Die Wachstumsbedingungen sind hier ideal für Eichenholz in Premiumqualität. Die Wachstumsbedingungen für große und kräftige Eichen sind hier so gut wie kaum an einer anderen Stelle in Deutschland. Viel Sonne, Wärme und dabei ausreichend Regen, so können sich die jahrhundertealten Bäume gut entfalten. Da sie auf sehr nährstoffarmen Sandsteinböden stehen, wachsen sie langsam und sehr gleichmäßig. Damit eignet sich ihr Holz perfekt als Material für hochwertige Möbel.

Der schön gelegene Luftkurort **Trippstadt** erlangte Bedeutung, nachdem Ludwig Anton Freiherr von Hacke 1727 im nahen Karlstal den Grundstein für die Eisenindustrie gelegt hatte. Die Eisenwerke wurden 1804 von der in der gesamten Pfalz aktiven Familie von Gienanth übernommen und blieben bis 1892 in Betrieb. Das **Eisenhüttenmuseum** in der alten Schmiede, in der auch die Tourist-Information untergebracht ist (gleiche Öffnungszeiten, Eintritt frei), gibt mit über hundert Exponaten einen Einblick in die Geschichte der Trippstadter Eisenindustrie. Der im Karlstal angelegte **Eisenhüttenweg** führt in zwölf Stationen an den Resten alter Hütten vorbei. Die größte Sehenswürdigkeit **Trippstadts,** das am Ortsrand gelegene, zweigeschossige Rokoschlösschen, wurde 1767 gebaut und dient heute als Forschungsanstalt für Waldökologie und Forstwirtschaft. Von hier aus wird z. B. genau beobachtet, wie sich Luchs und Wolf im Pfälzerwald ausbreiten und welche Folgen das hat. Der 1780 vom Landschaftsarchitekten Friedrich Ludwig von Sckell überarbeitete Schlosspark steht den Besuchern offen, seine einstige Pracht lässt sich aber nur noch anhand der gelungenen Sichtachsen erahnen.

Etwas weiter nördlich liegt tief im Wald versteckt die **Pfälzer Weltachs.** Hier wird der Beweis erbracht, dass die Pfalz der Mittelpunkt des Weltgeschehens ist. Damit das so bleibt, wird die Weltachs einmal im Jahr rituell geschmiert. In einem Gedicht des Heimatdichters Paul Münch wird dies beschrieben: „Do werd die Weltachs inngeschmeert – unn uffgebasst, dass nix passeert!" Die Weltachs besteht aus einem Sandstein mit Vermessungsstein - die Kombination lässt die Assoziation einer Achse zu. Erreichbar ist dies heimatkundliche Monument zu Fuß, entweder vom Stüterhof (Markierung: weißer Punkt) oder vom Parkplatz der Kreuzung der K 49 und der B 48 (etwa 10 Min. Fußweg). Nicht weit von hier liegt das unscheinbare **Hochspeyer,** besuchenswert sind das angenehme Freibad und die moderne Jugendherberge.

Praktische Infos

Information **Tourist-Information Trippstadt.** Hauptstr. 26, 67705 Trippstadt, ✆ 06 306-341, trippstadt.de. Vor allem für Motorradfahrer sind die Infos auf johanniskreuz.de gedacht.

Baden **Warmfreibad Trippstadt.** Frisch renoviert lädt das Bad zum entspannten Planschen ein. Großzügige Liegewiese. Erwachsene 4,50 €, Kinder 2,50 €. Anf. Mai bis Anf. Sept. Mo 12–19 Uhr, Di–So ab 10 Uhr. ✆ 06306-701 495, cubo-sauna.de.

Mein Tipp **Freibad Hochspeyer.** Klein, aber fein! Das solarbeheizte Freibad mit zwei Becken, Sprungbrettern, 45 m langer Rutsche und einem Kleinkindbereich ist liebevoll gestaltet und sehr gut gepflegt. Erwachsene 3,50 €, Kinder 2 €. Im Sommer Mo–So 12–20 Uhr. Hochspeyer, Am Weiherberg 7, ✆ 06305-993826, schwimmbad-hochspeyer.eu.

Mountainbiken Alle im Rahmen des **Mountainbikeparks Pfälzerwald** erschlossenen Touren führen über Johanniskreuz. So gelangt man von hier über ausgeschilderte Wege nach Rodalben, Waldfischbach-Burgalben, Schopp, Kaiserslautern, Hochspeyer und Lambrecht. Am nördlichen Ortsausgang von Trippstadt ist ein **Bikepark** mit Sprunganlagen, Technikparcours etc. kostenfrei zu nutzen! Höhenprofile der Trails und mehr unter mountainbikepark-pfaelzerwald.de.

Swingolf Oberhalb von Hochspeyer, in schöner, weiter Landschaft liegt der **Geyersberger Hof.** Ein Schläger, ein etwas größerer Ball und ab geht es über die 10 ha umfassenden Grünanlagen. Ebenfalls vorhanden sind schöne Stellplätze für Wohnmobile, einige einfache Zimmer und eine Pferdepension. Golf (im Sommerhalbjahr): Mi–Sa 14–20 Uhr, So 10–20 Uhr. Erwachsene 10 €, Kinder 8 €. Café: Mi–So 14–18 Uhr, im Winter So auch 9–12 Uhr (Frühstücksbuffet). Hochspeyer, Geyersbergerhof 10, ✆ 06305-9942377, geyersbergerhof.de.

Sehenswertes **Haus der Nachhaltigkeit.** Das moderne, mit viel Holz errichtete Gebäude bietet eine 500 m² große Dauerausstellung zum Thema „Jeder bewegt was“. Für Kinder ist der Besuch mit viel Spaß und Information verbunden. Dazu kommen kleinere Wechselausstellungen oder auf Jahreszeiten bezogene Aktivitäten, wie das Sammeln von Pilzen oder die Waldweihnacht im Advent. Der Eintritt ist frei, geöffnet März bis Oktober So–Fr 10–17 Uhr. Trippstadt, Johanniskreuz 1a, ✆ 06306-9210130, hdn-pfalz.de.

Übernachten/Essen **Zum Schwan.** In dem seit 1726 bestehenden Landgasthof kann man gutbürgerlich essen, die Pauschalangebote werden von Radfahrern und Wanderern gerne genutzt. Fr–Mi 12–14 Uhr und Do–Di ab 18 Uhr. Auch einfache, weitgehend modernisierte DZ. Trippstadt, Kaiserslauterer Str. 2–4, ✆ 06306-92130, schwan-trippstadt.de. **€€** (Zimmer), **€€** (Restaurant)

meinTipp **Jugendherberge Hochspeyer.** Schön im Wald über Hochspeyer gelegen, bietet das komplett modernisierte Haus v. a. schöne Aufenthaltsmöglichkeiten im Freien. Im Umkreis gibt es leider kaum empfehlenswerte Übernachtungsalternativen. Hochspeyer, Trippstadterstr. 150, ✆ 06305-336, diejugendherbergen.de. **€**

Naturfreundehaus Finsterbrunnertal. Klassisches Naturfreundehaus, westlich von Trippstadt ruhig in einem Seitental gelegen. Ein uriges Ausflugsziel mit gutem Essen. Spielplatz vorhanden. Übernachtung in Zimmern mit 2 bis 12 Betten. Finsterbrunnertal, ✆ 06306-2882, naturfreunde-kaiserslautern.de. **€** (Zimmer), **€** (Restaurant)

Campingplatz Sägmühle. Der ruhig gelegene, große Platz in Richtung Trippstadt-Neuhof bietet nicht nur viele Stellplätze, sondern auch einen großen See zum Baden und Angeln. Ein Teil der Anlagen ist in die Jahre gekommen, aber die Lage ist traumhaft. Das Restaurant bietet (Pfälzer) Klassiker, aber auch vegetarische Gerichte. Stellplatz ab 11 €, Erwachsene ab 8,50 €, Kinder ab 5 €. Anfang Nov. bis Mitte Dez. geschlossen. ✆ 06306-92190, saegmuehle.de.

Wandern Der Pfälzerwald-Verein hat am Parkplatz Johanniskreuz eine große Schautafel mit knapp 20 Wandermöglichkeiten zwischen 5 und 21 km Länge aufgestellt, auch die entsprechenden Wegkennzeichnungen sind dargestellt. Der 143 km lange **Pfälzer Waldpfad** führt auch über Johanniskreuz. Die Etappe zurück (12 km) führt zum Naturfreundehaus Finsterbrunnertal, die nächste Etappe (14 km) hat das **Naturfreundehaus Heltersberg** (zuletzt leider ohne Pächter, naturfreunde-heltersberg.de) zum Ziel.

Wanderung 12: Durch das Karlstal

In Trippstadt beginnt die einfache, 10 km lange Wanderung durch das vielleicht schönste Tal der Pfalz. Idealer Ausgangspunkt ist der **Parkplatz** **1** (mit Spielplatz) am Warmfreibad in der Nähe des herrschaftlichen Schlossparks. Von hier führt das grün-gelbe Kreuz am **Rathaus** **2** vorbei, kurz durch den Ort und anschließend auf einem schmalen Pfad hinab in das Kottelbachtal mit verschiedenen Campingplätzen und dem zum Baden einladenden **Kottelbachweiher** **3**. Nun folgt der Weg Nr. 4 zunächst dem Waldrand, um dann im Wald auf den Großen Rothenberg zu führen. An dessen Südflanke gelangt man in das Tal der Moosalbe (rotes Kreuz). Wer mit dem Kinderwagen unterwegs ist, kann statt dem roten Kreuz auch einfach dem Fahrweg oberhalb folgen. Am **Oberhammer** **4** läuft man rund 100 m auf der Straße und steigt anschließend in das romantische Karlstal ab. Im weiteren Verlauf wird immer wieder der Bach auf flachen Holzbrücken überquert, in einem kleinen

Im Pfälzerwald → Karte S. 201

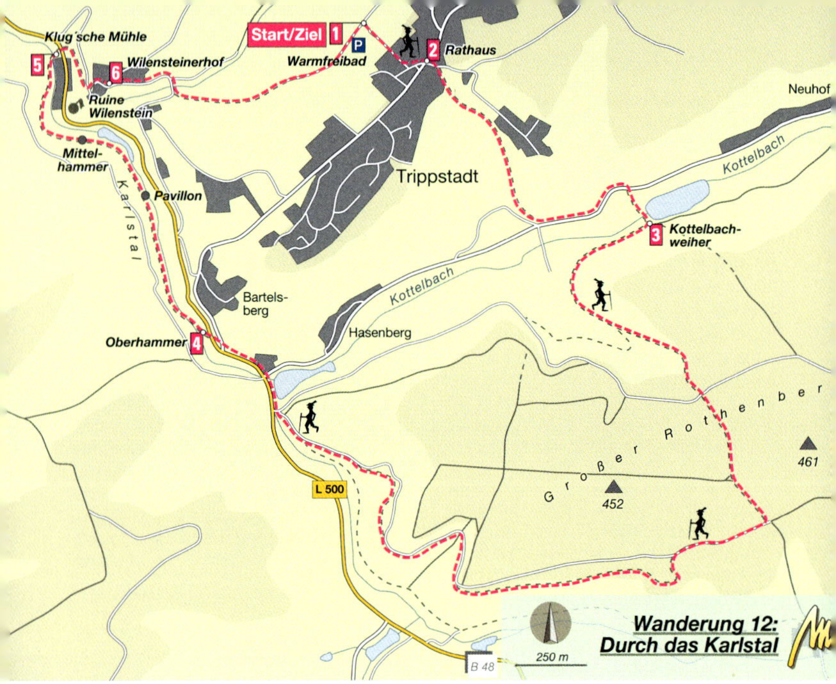

Pavillon kann man Rast machen. Da hier auch der Eisenhüttenweg verläuft, finden sich immer wieder Hinweise auf die montane Vergangenheit des heute so idyllischen Tals. Nach einem guten Kilometer überquert man bei der **Klug'schen Mühle** **5** die Moosalbe und die Straße und steigt anschließend am gegenüberliegenden Talhang zur heute als Schullandheim genutzten Burgruine Wilenstein und zum **Wilensteinerhof** **6** auf. Von hier aus erfolgt der Rückweg nach Trippstadt durch die offene, parkähnliche Landschaft.

Klug'sche Mühle. Günstige gutbürgerliche Küche mit wechselhaftem Service in zuletzt ungepflegtem Ambiente. Mi/Fr/Sa/So 11.30–18 Uhr. ✆ 06306-312, klugsche-muehle.de.

Elmsteiner Tal und Esthal

Das mal mehr und mal weniger enge Elmsteiner Tal stellt die Verbindung zwischen Johanniskreuz und der Weinstraße dar. Von der Weinstraße kommend, ist das Tal über das verschlafene, einst von der Tuchmacherindustrie geprägte Lambrecht oder über die landschaftlich sehr reizvolle Totenkopfstraße schnell erreicht.

Das Lambrechter Tal verbindet die Städte Neustadt und Kaiserslautern; v. a. für die Bahn ist das wenig besiedelte Tal wichtig. Weit weniger bedeutend als früher ist die namensgebende Stadt **Lambrecht.** Einst Klostersitz und nach Zuwanderung von Wallonen Zentrum der Tuchmacherei, ist die Stadt heute dabei, ihre historischen Wurzeln aufzuwerten. So wurde der Bereich rund um die ehemalige Klosterkirche kürzlich ansprechend umgestaltet, und den Tuchmachern gedenkt man mit einem gut ausgeschilderten Rundwanderweg „Aussichten der Tuchmacher" (10,6 km).

Alte Holzindustrie, kleine Siedlungen und Wanderparkplätze säumen das hinter Lambrecht abzweigende Elmsteiner Tal. Hier verkehrt das in Neustadt startende **Kuckucksbähnel** (Infos → Neustadt, S. 135). Während den Aufenthaltszeiten des Bähnchens ist im Tal einiges los, danach sagen sich Fuchs und Hase meist schnell wieder gute Nacht. Auch wenn das Tal von Ruhe beherrscht wird, gibt es einige interessante Ziele: Das in Elmstein beheimatete **Museum Alte Samenklenge** ist schön gestaltet und macht den Besucher mit kaum bekannten Formen und Aspekten der Waldbewirtschaftung bekannt. In den Räumen war einst die staatliche Forstsamendarre beheimatet. Nach der Ernte wurde hier das Saatgut für Waldbäume getrocknet, gereinigt und gelagert. Noch einem guten Kilometer talaufwärts, an der Kreuzung der Landstraßen 499 und 504 starten am Wanderplatz die **Trifterlebniswege Legelbach.** Bollerplätze, Wooge und Stützmauern. Per App erklärt der Triftknecht Johann König, was wo zu sehen ist und welche Bedeutung es für die Trift hat. Drei aufeinander aufbauende Strecken führen durch das abgeschiedene Tal und die umgebenden Berge. Das Thema Trift im Pfälzerwald ist interessant aufbereitet, die Strecke ist fast an allen Kreuzungen gut ausgeschildert. Aber auch der mit rund 2 km kürzeste Weg geht quer durchs Gelände – mit einem Kinderwagen kommt man nicht weit. Auf allen Wegabschnitten ist man weitgehend allein unterwegs, kaum vorstellbar, dass hier vor 200 Jahren so viel Action war.

Südlich von Elmstein, 2 km vom Kuckucksbähnel-Haltepunkt Helmbach entfernt, liegt in einem ruhigen Seitental der grüne, von Stegen gesäumte **Helmbachweiher.** Im Sommer lockt er mit seiner Liegewiese und dem kleinen Kiosk zum Faulenzen und Baden. Wer nicht nur baden möchte, kann zwischen zwei ergänzenden Wanderungen wählen. Ab Helmbachweiher führt der romantischen Wanderweg entlang des Kohlbachs zum gut 2 km entfernten Naturfreundehaus Lambrecht/Im Kohlbachtal. Für Kinder warten hier außer Essen und Getränke ein kleiner

Im Pfälzerwald → Karte S. 201

Helmbachweiher

Spielplatz und ein auch an heißen Tagen kalter, flacher Bach zum Spielen. Es gibt aber auch eine wunderbare Route zum Helmbachweiher: ab Wanderparkplatz Hornesselwiese einfach dem *Pfälzer Hüttenpfad* 3 km talaufwärts folgen. Der pittoreske, nahezu flache Pfad ist auch an heißen Tagen nicht zu anstrengend.

Oberhalb des Elmsteiner Tals liegt auf einer sanft gewellten Kuppe das überraschend große **Esthal.** Das Dorf entstand als Ansiedlung von Pottaschbrennern. Pottasche wurde bis zum ausgehenden 19. Jh. beispielsweise in Glashütten und zur Seifensiederei benötigt. Viele der Häuser wurden aus dem regional anstehenden Sandstein erbaut, so auch die 1934 geweihte katholische Bruder-Konrad-Kirche. Der Ort ist traditionell katholisch geprägt, dazu passt das große Kloster St. Maria am nördlichen Ortsrand. Ordensschwestern gibt es hier seit 2022 nicht mehr, dennoch versucht das einfache Haus, auch in Zukunft ruhige Aufenthalte mit religiösen, werteorientierten Impulsen zu verbinden.

Information **Tourist-Information Elmstein.** Mo–Fr 9–13 Uhr. Bahnhofstr. 14, 67471 Elmstein, ✆ 06328-234, elmstein.de.

Tourist-Information Lambrecht. Mo–Fr 8.30–12 Uhr, Mo auch 13.30–18 Uhr, Do bis 16 Uhr. Sommerbergstr. 3, 67446 Lambrecht, ✆ 06328-181110, vg-lambrecht.de.

Museum **Alte Samenklenge.** Wechselhafte Öffnungszeiten, zuletzt nur während der Aufenthalte des Kuckuckbähnels geöffnet, bei Interesse Anfrage unter ✆ 06328-234. Erwachsene 2 €, ermäßigt 1 €. Elmstein, Hauptstr. 52, alte-samenklenge.de.

Wandern Der **Trifterlebnisweg Legelbach** bietet drei Distanzen an: 2 km, 8,5 km und 13 km. Nach unserer Erfahrung ist die 8-km-Runde völlig ausreichend. Wer sich v. a. für die Flussverbauungen interessiert, wählt die 2 km lange Strecke. Die App, die speziell für die Strecke entwickelt wurde, ist über den QR-Code an der Starttafel oder über die Appstores aufs Smartphone downloadbar. Meist liegen auch informative Karten zum Mitnehmen bereit.

Rund um Esthal führt der **Brunnenwanderweg.** Er gliedert sich in zwei Etappen, 7 km und 8 km lang, der Start ist jeweils an der Bruder-Konrad-Kirche (Wandertafel vorhanden). Beide Etappen können getrennt begangen werden. Besonders schön ist der zweite Teil: Auf dem Weg befinden sich der interessant sprudelnde Goldbrunnen, der erfrischende Schelmenteichbrunnen sowie die **Wolfsschlucht-hütte** (PWV, Mi/Sa 11–19 Uhr, So ab 10 Uhr, ✆ 06328-1386, pwv-esthal.de, **€**). Die Wolfsschluchthütte ist auch auf einem einfachen, knapp 4 km langen Weg von Breitenstein im Elmsteiner Tal zu erreichen.

Fahrradverleih und Einkaufen **Iggelbacher Mini-Shop.** In dem kleinen Dorfladen kann man auch E-Montainbikes (30 €/Tag) leihen und Tipps für die bevorstehende Tour bekommen. Mo–Fr 9–18 Uhr, Sa bis 13 Uhr. Iggelbach, Schlossgasse 12a. ✆ 06328-902979.

Holzmanufaktur Janz. Lukas Janz war das Dasein als Forstwirt nicht vielseitig genug, nun baut er mit Holz aus der ganzen Pfalz rustikale Sitzmöbel für draußen. Kein regulärer Ladenbetrieb, bei Interesse anrufen oder mailen. Esthal, Klosterstr. 42b, ✆ 0176-21479957, holzmanufaktur-janz.de.

Aktivitäten **Zipline Park.** Wer keine Höhenangst und Spaß am Abenteuer hat, ist hier richtig: Von Baumplattform zu Baumplattform geht es in rasanter Fahrt mit Hilfe von an Stahlseilen laufenden Seilrollen. Erwachsene ab 35 €, Jugendliche ab 31 €. Nähere Infos und Anmeldung unter zipline-elmstein.de. Infos auch unter ✆ 06328-9849460.

Übernachten/Essen **Naturfreundehaus Elmstein.** Großes, beim letzten Check aber etwas ungepflegtes Haus mit riesigem Garten und Spielplatz. Von der Endstation des Kuckucksbähnels durch einen 30-minütigen Spaziergang zu erreichen. Elmstein-Harzofen, Esthaler Str. 63–67, ✆ 06328-229, naturfreunde haus-elmstein.de. **€**

Naturfreundehaus Lambrecht/Im Kohlbachtal. Am Wochenende und an Feiertagen ab 9 Uhr. Einfache, aber gute Küche. Günstige Übernachtungsmöglichkeiten in 4-, 7- und 13-Bett-Zimmern. Elmstein-Helmbach, Im Kohlbachtal, ✆ 06325-980666. **€** (Zimmer), **€** (Restaurant)

Kloster St. Maria. Einfache Zimmer und auch einfache Verpflegung in besonderer Lage. Esthal, Klosterstr. 60, ✆ 06328-95420, kloster-erleben.eu. **€**

Kaiserslautern

Das südlich der Innenstadt am Hang thronende Fritz-Walter-Stadion und das hohe Rathaus prägen das Gesicht Kaiserslauterns aus der Ferne. Von Nahem betrachtet, fallen der schöne Kern der Innenstadt zwischen Stiftskirche und St. Martinsplatz sowie die starke Präsenz von US-Amerikanern auf.

Im Pfälzerwald → Karte S. 201

Das unumstrittene Zentrum der Westpfalz mit rund 100.000 Einwohnern ist vom Fußball und vom Militär geprägt. Nach dem Zweiten Weltkrieg entstanden hier, abgeschieden auf halber Strecke zwischen den Ballungsräumen Mannheim/Ludwigshafen und Saarbrücken, ausgedehnte Kasernen der Amerikaner. Bis heute prägen diese die gesamte Region. Sie haben der Stadt auch einen eigenen Namen verpasst: **K-Town** ist unter den amerikanischen Bewohnern der gängige Name der Stadt. Teilweise wird er auch im deutschen Sprachgebrauch aufgegriffen, so z. B. von Reinhard Mey in seinem Lied „Alle Soldaten woll'n nach Haus".

Pfälzern am Rhein gilt Kaiserslautern und seine Umgebung als „Hinterpfalz". Dieser Begriff bezieht sich nicht nur auf die geografische Lage. Abgeschiedenheit und Provinzialität wird Lauterern dort gerne nachgesagt. Eine pulsierende Metropole ist die Stadt nicht, aber die 1970 gegründete **Universität** und einige damit verknüpfte Forschungsinstitute, wie z. B. das 2013 eröffnete Max-Planck-Institut für Softwaresysteme, haben der Stadt neue, positive Impulse gegeben. Außer den neuen Bauten und Arbeitsplätzen ist es der Uni zu verdanken, dass die 15.000 Studierenden Kneipen und Cafés und an schönen Tagen auch der Fußgängerzone Leben einhauchen. Auf dem **Betzenberg** treffen sich regelmäßig die Fans des 1. FC Kaiserslautern, der in guten Zeiten die gesamte fußballbegeisterte Pfalz zusammenhielt. Auch heute gelten für viele die Anfangszeilen des Betzelieds: „Wenn am Wochenend' die Massen in die Fußballstadien zieh'n, dann zieht's mich zum ‚Betze' hin". Das markante Stadion geht auf den 1920 gegründeten Sportplatz Betzenberg zurück, sein heutiges Gesicht erhielt das Stadion für die WM 2006. Es fasst nun knapp 50.000 Zuschauer. Und es funktioniert hier auch ohne Ball: Im Juni 2023 hat der bei Kaiserslautern – im nahen Winnweiler – groß gewordene und bekennende FCK-Fan Mark Forster hier mit 40.000 Fans ein gelungenes Heimspiel gefeiert.

Barbarossa-Brunnen

Dass Kaiserslautern schon bedeutendere Zeiten gesehen hat, beweist ein kurzer Blick in die Geschichte. Im Mittelalter im Zentrum des staufischen Reiches gelegen, erlebte die Stadt v. a. seit der Regierungszeit von Kurfürst Karl Theodor ihre Blüte. Zahlreiche repräsentative Gebäude entstanden in der Mitte des 19. Jh. Zerstörungen durch die Weltkriege und der Modernitätsglaube der zweiten Hälfte des 20. Jh. bedeuteten für viele der historischen Gebäude das Ende. Und so steht das 84 m hohe **Rathaus**, das bei seiner Eröffnung 1968 als das höchste in ganz Deutschland galt, für die architektonischen Höhepunkte der vergangenen Jahrzehnte. Der prominenteste Bau der letzten Jahre ist das „K in Lautern", ein 2015 eingeweihtes Shoppingcenter mit knapp 21.000 m² Verkaufsfläche in der Stadtmitte. Doch auch hier machen sich mittlerweile Leerstände breit. Die intensive Umgestaltung der Stadtmitte im Bereich des Busbahnhofs und die neue Art, die daneben liegenden Rest der Kaiserpfalz zu präsentieren, lassen auf positive Wirkung in den nächsten Jahren hoffen. Auch die hier ansässige Tourist-Information dürfte damit nun attraktiver werden.

Die Helden von Bern und die Helden der märchenhaften Meisterschaft

Fritz Walter ist die Identifikationsfigur des Fußballs in Kaiserslautern. Seit 1985 trägt das Stadion auf dem Betzenberg seinen Namen. Doch er war nicht der einzige „Lauterer", der 1954 in Bern den WM-Titel holte. Auch sein Bruder Ottmar und drei weitere Stammspieler des 1. FCK waren Teil der von Sepp Herberger geführten legendären Mannschaft. Den elf Freunden wird in Form von Fußball spielenden Betonfiguren im Löwenburgkreisel gehuldigt. Deutliches Zeichen für die damalige Stärke des 1. FCK waren auch die Titel als Deutscher Meister 1951 und 1953.

Doch auch in der jüngeren Vergangenheit hat sich eine Mannschaft Kultstatus erspielt. In der Saison 1995/96 war Kaiserslautern in die 2. Liga abgestiegen. Für den Neustart konnte der bei Bayern München frisch entlassene Otto Rehagel als Trainer gewonnen werden. Mit viel Teamgeist gelang in der Saison 96/97 der Wiederaufstieg in die 1. Liga. Und dann, verstärkt mit Spielern wie Michael Ballack, Ciriaco Sforza und Andy Brehme - und auch mit etwas Schadenfreude gegenüber dem Rekordmeister aus Bayern -, gelang den Lauteren das Märchen: Direkt nach dem Wiederaufstieg wurden sie am 9. Mai 1998 (zum vierten Mal) Deutscher Meister.

In der 1. Liga halten konnten sich die roten Teufel anschließend nicht. Aber auch in der 2. Liga geht bei Spielen im Fritz-Walter-Stadion die Post ab. Und manchmal wird auch noch das Grab von Fritz Walter auf dem Kaiserlauterer Hauptfriedhof angesteuert. Und wie sehr der Verein in der ganzen Pfalz verankert ist, spürt man an allen Ecken der Region: Irgendwo gibt es immer einen FCK-Aufkleber oder einen rot angesprühten Stromkasten.

Sehenswertes

Kaiserbrunnen: Der am Mainzer Tor am Ende der Altstadt gelegene Brunnen erzählt von der Geschichte und Gegenwart der Stadt. Gestaltet wurde das Wasserspiel mit seinen unzähligen figürlichen Darstellungen 1987 durch Gernot Rumpf. Mittel- und Höhepunkt sind die Rücken an Rücken stehenden Statuen von Friedrich Barbarossa und Rudolf von Habsburg. Zeichen der industriellen Prägung der Stadt ist eine Nähmaschine, die an die Firma Pfaff erinnern soll.

Fruchthalle: Einst war das mächtige Gebäude im Zentrum Getreideumschlagplatz, heute ist es der Kaiserslauterer Konzert- und Festsaal. Erbaut wurde die Markthalle von 1843 bis 1846 durch den Architekten August von Voit nach dem Vorbild des Palazzo Medici in Florenz. Historische Bedeutung erlangte das Gebäude 1849 als Sitz der pfälzischen Revolutionsregierung. Besonders prunkvoll ist der Festsaal im Obergeschoss.

Kaiserpfalz: Im Schatten des Rathausturms sind die Überreste der von Kaiser Friedrich Barbarossa ab 1152 errichteten Kaiserpfalz zu sehen. Zur besseren Vorstellung der einstigen Größe und Bedeutung gibt es informative Tafeln. Mit neu eingezogenen Metallträgern können die historischen Dimensionen besser erfasst werden. Eine Infostele aus Cortenstahl fokussiert den Blick auf die heute vorhandenen Reste der Kaiserpfalz, eine 3D-Visualisierung macht die Verhältnisse zu Beginn des 13. Jahrhunderts nachvollziehbar. Die erhaltenen Fluchtgänge aus der Stauferzeit können nur bei Stadtführungen besichtigt werden.

Pfalzgalerie: In dem zwischen 1875 und 1880 erbauten Museum, das ursprünglich als Gewerbemuseum gegründet wurde, wird vorwiegend Malerei und Plastik des 19., 20. und 21. Jh. präsentiert. Eine umfangreiche grafische Sammlung ist ebenfalls vorhanden.

▪ Di 11–20 Uhr, Mi–So 10–17 Uhr. Eintritt in die Dauerausstellung 3 € für Erwachsene, Schüler und Inhaber der Pfalzcard frei. Museumsplatz 1, ✆ 0631-3647201, pfalzgalerie.de.

Japanischer Garten: Der Garten, der erst 1997 in einem seit über 130 Jahren bestehenden Park eröffnet wurde, bietet einen wundervollen Einblick in die japanische Gartengestaltung und Architektur. Beeindruckend sind der 12 m hohe Wasserfall und die in unregelmäßigen Abständen stattfindenden Teezeremonien im Teehaus.

▪ Mitte März bis Ende April sowie Okt. 10–18 Uhr, Mai bis Sept. 10–19 Uhr. Erwachsene 6,50 €, Jugendliche (12–17 J.) 5,50 €. Hunde sind nicht gestattet. Lauterstr. 18, ✆ 0631-3706600 (Mo–Fr vormittags), japanischer garten.de.

Gartenschau Kaiserslautern: Die seit dem Frühjahr 2000 bestehende Gartenschau ist Kaiserslauterns saisonaler Stadtgarten. Neben Gärten mit verschiedenen Themen und Spielplätzen beherbergt sie die größte Dinosaurierausstellung Europas. Auf dem Dino-Lehrpfad können über 80 originalge-

Stiftskirche mit Markt

Im Pfälzerwald → Karte S. 201

treu nachgebaute Modelle von Dinosauriern, anderen Reptilien, Fischen und frühen Säugetieren besichtigt werden. Die Modelle sind schön in die Parklandschaft eingebunden. Über einen nicht sehr attraktiven Verbindungsweg gelangt man auf die obere Gartenschau-Etage auf dem Kaiserberg. Wer sich auf den Weg macht, wird v. a. mit einer weiten Aussicht über die Stadt in Richtung Pfälzerwald belohnt.

Anf. April bis Ende Okt. tägl. 9–19 Uhr, Hunde haben keinen Zutritt. Erwachsene 7 €, Kinder ab 6 J. 3,50 €. Turnerstr. 2 (direkt am Bahnhof Kaiserslautern-West), ✆ 0631-7100700, gartenschau-kl.de.

Service/Einkaufen

→ Karte S. 253

Information **Tourist-Information Kaiserslautern.** Di–Fr 9–17 Uhr, Sa 10–14 Uhr. Fruchthallstr. 14, 67657 Kaiserslautern, ✆ 0631-3652317, kaiserslautern.de.

Parken Einige der Parkhäuser sind gut und einladend erschlossen (z. B. Tiefgarage Pfalztheater, die Stunde bis zu 2 € oder im K in Lautern bis 1,50 €). Günstiger ist das Parken auf einem der beiden Parkplätze an der Meuthstraße (Centrum Nord).

Sightseeing Die Tourist-Information veranstaltet regelmäßig Führungen mit unterschiedlichen Themenschwerpunkten. Meist finden die Führungen am Fr oder Sa im Sommerhalbjahr statt.

Taxi **Funk-Taxi-Zentrale.** ✆ 0631-3667770.

Einkaufen Die Fußgängerzone ist verzweigt, die Geschäfte bieten vorwiegend Waren im unteren bis mittleren Preissegment. Manche Shoppingbegeisterte schätzen das **K in Lautern,** es gibt hier auch ein paar „amerikanische" Läden. (Mo–Sa 9.30–20 Uhr, Fackelrondell 1, k-in-lautern.de.)

Fahrradladen ConRad **10** Wenn auf der Radtour irgendein Zubehörteil vermisst wird, bekommt man es hier. Kleine Reparaturen werden nach Möglichkeit sofort erledigt. Mo–Fr 10–18 Uhr, Sa 10–15 Uhr. Glockenstr. 4, ✆ 0631-891489, conrad-fahrradladen.de.

Mein Tipp **Kaffeerösterei Kaiserslautern** **3** Die hier gerösteten Bohnen kann man mit nach Hause nehmen oder gleich vor Ort, perfekt zubereitet, genießen. Großzügige Einrichtung, praktisch für Kinderwagen und Rollstühle. Mo–Sa 9–18 Uhr, Frühstück bis 14 Uhr. Steinstr. 27, ✆ 0631-67581, kaffeeroesterei-kaiserslautern.de.

Sport/Kultur

Baden **Strandbad Gelterswoog.** Auf dem zwischen Kaiserslautern und Trippstadt gelegenen Badesee mit rotem Sandstrand kann man auch rudern, Kanu fahren oder auf einem SUP rumschippern. Mo 12–20 Uhr, Di–So ab 11 Uhr. Erwachsene 4 €, Kinder ab 6 J. 2,50 €. Gelterswoog 1, ✆ 0631-3503599, gelterswoog.com.

Freibad Waschmühle. Mit 165 m Länge und einer durchschnittlichen Breite von 45 m hat das historische Freibad im Eselsbachtal das größte nicht überdachte Schwimmbecken Europas. Mai bis Sept. tägl. 8–20 Uhr, Di ab 12 Uhr. Erwachsene 3 €, Kinder ab 6 J. 1,60 €. Waschmühle 1, ✆ 0631-3652313, kaiserslautern.de.

monte mare. Wenn das Wetter mal nicht so schön ist, lockt das vielfältige Sport- und Freizeitbad mit einer sehr schönen, toskanisch angehauchten Saunalandschaft. Schwimmbad: Mo–Fr 12–19 Uhr, Sa/So ab 10 Uhr. Erwachsene im Freizeitbad ab 5,50 €, Kinder über 1 m Größe ab 4 €, Sauna: Mo–So 9.30–22.30 Uhr, So bis 20 Uhr, ab 24,50 €. Mailänder Str. 6 (PRE-Park), ✆ 0631-30380, monte-mare.de.

Fußball Tickets für Heimspiele des **1. FCK** sind unter fck-ticketshop.de und im Pop Shop (Mo–Fr 10–18 Uhr, Sa 10–13 Uhr, St.-Martins-Platz 7, popshoptickets.de) erhältlich. Sonntags von 12–16 Uhr ist das Museum des 1. FCK geöffnet. Der Eingang befindet sich am Werner-Liebrich-Tor der LOTTO-Osttribüne, Eingang Block 18, 1. OG. Erwachsene 4 €, Kinder 2 €. ✆ 0631-31881900, fck.de.

Wandern Von verschiedenen Punkten im südlichen Stadtgebiet kann man zum 36 m hohen **Humbergturm** wandern. Ab dem Sommerhaus (s. u.) erreicht man den Aussichtsturm über einen 3,8 km langen Wanderweg. Infos unter humberg-kaiserslautern.de.

Kultur **Kammgarn.** Traditionsreiches Konzerthaus in den Räumen einer ehemaligen, un-

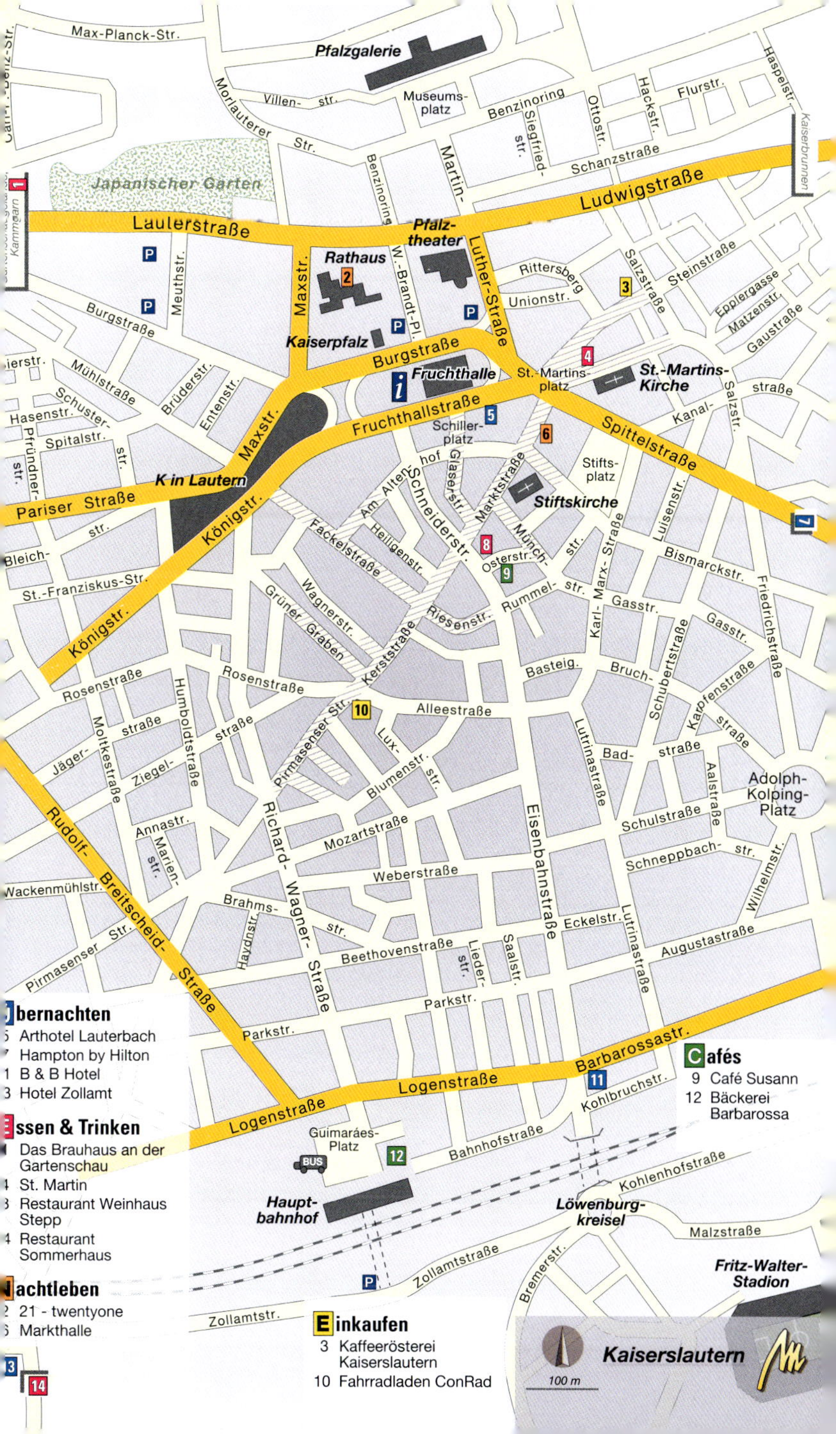

Kaiserslautern
100 m
Pfalzgalerie
Japanischer Garten
Rathaus
Pfalz-
theater
Kaiserpfalz
Fruchthalle
St.-Martins-
Kirche
Stiftskirche
K in Lautern
Hauptbahnhof
Löwenburgkreisel
Fritz-Walter-
Stadion
Adolph-
Kolping-
Platz
Guimaráes-
Platz
Schiller-
platz
St.-Martins-
platz
Stifts-
platz
Museums-
platz
Lauterstraße
Ludwigstraße
Burgstraße
Fruchthallstraße
Spittelstraße
Pariser Straße
Königstr.
Maxstr.
Rudolf-Breitscheid-Straße
Logenstraße
Barbarossastr.
Eisenbahnstraße
Richard-Wagner-Straße
Max-Planck-Str.
Benzinoring
Schanzstraße
Martin-Luther-Straße
Kerststraße
Alleestraße
Bahnhofstraße
Kohlenhofstraße
Zollamtstraße
Malzstraße
BUS
[Ü]bernachten
[5] Arthotel Lauterbach
[7] Hampton by Hilton
[1] B & B Hotel
[3] Hotel Zollamt
[E]ssen & Trinken
Das Brauhaus an der Gartenschau
[4] St. Martin
[8] Restaurant Weinhaus Stepp
[4] Restaurant Sommerhaus
[N]achtleben
[2] 21 - twentyone
[6] Markthalle
Cafés
9 Café Susann
12 Bäckerei Barbarossa
Einkaufen
3 Kaffeerösterei Kaiserslautern
10 Fahrradladen ConRad

ter Denkmalschutz stehenden Spinnerei. Nationale und internationale Größen der Sparten Rock, Pop und Blues geben hier Konzerte, auch Kabarettprogramme finden ihr Publikum. Schoenstr. 10, ✆ 0631-950034, kammgarn.de.

Pfalztheater. Das Dreispartenhaus ist in der Pfalz die einzige große Bühne mit festem Ensemble. Willy-Brandt-Platz 4+5, ✆ 0631-3675 209, pfalztheater.de.

Übernachten/Essen und Trinken/Nachtleben

→ Karte S. 253

Übernachten ****** Hotel Zollamt 13** Modernes, atmosphärisch sehr angenehmes Hotel hinterm Bahnhof in Richtung Uni. Von der Straßenseite wenig einladend, aber neben den Zimmern ist auch der terrassierte Garten auf der Rückseite freundlich gestaltet. Auf Wunsch bekommt man ein Zimmer mit extragroßem Bett. Buchenlochstr. 1, ✆ 0631-3166 600, hotel-zollamt.de. €€€

B & B Hotel Kaiserslautern 11 Zentral am Bahnhof gelegenes Budget-Hotel mit kleinen, aber schönen und sauberen Zimmern sowie freundlichem Personal. Barbarossastr. 2, ✆ 0631-414610, hotelbb.de. €€

*****Arthotel Lauterbach 5** Inhabergeführtes, eher kleines Hotel in zentraler Lage. Fürs Parken gibt es Spezialtarife im nahen Parkhaus des Pfalztheaters. Fruchthallstr. 15, ✆ 0631-362400, art-hotel-kl.de. €€

Hampton by Hilton 7 Großes, neues Hotel am Rand der Innenstadt. Von außen ist das Haus etwas öde, aber schöne Zimmer und ein gutes Frühstück sorgen für ein erholsames Flair. Zahlreiche kostenfreie Parkplätze. Im Erdgeschoss befindet sich mit dem **masons** auch ein hervorragendes Restaurant mit weltoffener Küche (masons-restaurant.de) Fischerstr. 78, ✆ 0631-205620, hilton.com. €€ (Zimmer), €€ (Restaurant)

Essen & Trinken **St. Martin 4** In schönster Lage auf dem St. Martinsplatz bei einem großen Brunnen. Im Inneren wirkt die Mischung aus Weinstube und Kaffeehaus einladend. Geboten wird Querbeet-Küche: Salate, Burger, Pasta und Schnitzel. Nicht gerade preiswert, die Atmosphäre des sommerlichen Platzes macht das wieder wett. Tägl. 10–24 Uhr, Fr/Sa bis 2 Uhr. St. Martinsplatz 4, ✆ 0631-3607490, st-martin-kl.de. €€

Café Susann 9 Eine der freundlichsten Locations in Kaiserslautern. Neben gutem Kaffee, feinen Kuchen und diversen Frühstücksvarianten gibt es einen vielseitigen Mittagstisch (mit eher kleinen Portionen). Die Zutaten sind soweit möglich regional und bio. Herausragend ist die charmante Atmosphäre, auch im kleinen Innenhof sitzt man schön. Di–Sa 10–18 Uhr. Osterstr. 7, ✆ 0631-84286771, cafesusann.de. €€

Restaurant Weinhaus Stepp 8 In die etwas biederen Räumlichkeiten ist frischer Wind eingezogen: Das nach Slow-Food-Kriterien arbeitende Pächterpaar bietet seinen Gästen eine moderne, kreative Küche mit freundlichem Service. Die Karte ist klein, umfasst aber Fisch und Fleisch sowie vegetarische Gerichte. Di–Sa ab 18 Uhr, Sa auch 12–14 Uhr. Osterstr. 2a, ✆ 0631-3614121, restaurant-weinhaus-stepp.com. €€€

Das Brauhaus an der Gartenschau 1 Schönes Brauhaus mit Biergarten am Haupteingang zur Gartenschau. Die Küche ist brauhaustypisch und gut, der Service ist etwas wechselhaft. Di–Sa 11.30–22 Uhr, So bis 21 Uhr, durchgehende Küche. Forellenstr. 6, ✆ 0631-3709703, das-brauhaus-kl.de. €€

Restaurant Sommerhaus 14 Das alte Wohnhaus des ehemaligen Bürgermeisters Walter Sommer beherbergt im grünen Univiertel ein freundliches, legeres Restaurant mit anspruchsvoller Küche. Die große Wiese und die Spielgeräte machen Kindern Spaß. Mo–Sa 11–23 Uhr, So bis 17 Uhr. Pfaffenbergstr. 114, ✆ 0631-25566, restaurant-sommerhaus.com. €€

Bäckerei Barbarossa. Die aus Kaiserslautern stammende Bäckereikette betreibt in der Stadt mehrere Bäckereien mit Café. Die Filiale am Bahnhof **12** ist schön gestaltet und Mo–Fr 5.30–17 Uhr, Sa 5.30–12 Uhr, So 6.30–15 Uhr geöffnet. Bahnhofstr. 26, ✆ 0631-92264, barbarossa-baeckerei.de.

Nachtleben **21 – twentyone 2** Restaurant-Bar im obersten Stockwerk des Rathauses. In der modern-kühlen Atmosphäre des Restaurants und auf seiner Terrasse kann man neben der Aussicht auf die Stadt auch eine Vielzahl internationaler Köstlichkeiten genießen. So–Do 17.30–1 Uhr, Fr/Sa bis 2 Uhr. Willy-Brandt-Platz 1, ✆ 0631-3204370, 21-lounge.de. €€

Markthalle 6 Seit 20 Jahren zieht die Markthalle Fr und Sa ab 21 Uhr ein bunt gemischtes Publikum in die Innenstadt. Gespielt wird schwerpunktmäßig Black Hip Hop. Marktstr. 9a, ✆ 0631-61316, markthalle-kl.de.

Umgebung von Kaiserslautern

Weilerbach

Die alte, um eine Apotheke gruppierte Ortsmitte von Reichenbach, das in luftiger Höhe gelegene Eulenbis mit grandioser Fernsicht und der versteckte, bäuerliche Weiler Pörrbach zählen zu den Höhepunkten im nördlichen Umland von Kaiserslautern. Wer Ruhe und Entspannung, Spazier- und Wandermöglichkeiten in ruhiger, ländlicher Umgebung sucht, ist in den zur Verbandsgemeinde Weilerbach gehörenden Dörfern genau richtig. 1874 entdeckte man in Rodenbach ein stattliches **Fürstengrab der Kelten.** Der hier bestattete Mann muss von großer gesellschaftlicher Bedeutung gewesen sein, die wertvollsten Beigaben waren ein goldener Armreif und ein goldener Fingerring. Die Originalfunde sind im Historischen Museum der Pfalz in Speyer (→ S. 48) zu sehen. Das Grab gilt aufgrund dieser Funde als bedeutendste Entdeckung der La-Tène-Zeit nördlich der Alpen. Während der Sommermonate kann die Grabkammer mit den rekonstruierten Grabbeigaben tagsüber besichtigt werden. Eine Nachbildung des Armreifs und andere Zeugnisse der lokalen Geschichte sind im **Reinhard-Blauth-Museum** in Weilerbach zu sehen.

■ So 15–17 Uhr, Eintritt frei, Schulstr. 6, ✆ 06374-1697, heimatmuseum-weilerbach.de.

Information **Verbandsgemeindeverwaltung Weilerbach.** Rummelstr. 15, 67685 Weilerbach, ✆ 06374-9220, weilerbach.de. Infos auch unter mackenbach.de und eulenbis.de.

Baden **Waldfreibad Rodenbach.** Schönes Schwimmbad mit drei Becken und einer großen Liegewiese, die einen guten Mix an Sonnen- und Schattenplätzen bietet. Tägl. 9–20 Uhr. Erwachsene 4 €, Jugendliche 2 €. Rodenbach, Sportstraße, ✆ 06374-5188, vgwerke-weilerbach.de.

Golf **Golfclub Barbarossa.** Der schöne 18-Loch-Platz, der sich über 85 ha erstreckt, lockt viele Gäste aus dem Umland, aber auch von weiter weg. Das Clubhaus (mit Restaurant, tägl. ab 11 Uhr geöffnet, bistrorante-rough.com, ✆ 06374-9924720, **€€**) und der Pro-Shop sind tägl. geöffnet, Golfkurse werden angeboten. Greenfee 18-Loch-Runde Mo–Fr 80 €, Sa/So 95 €. Mackenbach, Am Hebenhübel, ✆ 06374-994633, gcbarbarossa.de.

Wandern Die Dörfer rund um Weilerbach kann man schön über Felder und Wiesen erwandern. Lohnenswert ist ein Abstecher nach **Eulenbis,** das sich dicht unter dem 453 m hohen Eulenkopf an den Hang schmiegt. Der nicht immer geöffnete Turm auf dem Eulenkopf ist das weithin zu sehende, 1914 eingeweihte Wahrzeichen der Gemeinde. Durch Eulenbis führt die 15 km lange **Teufelstour.** Auf dem Premium-Wanderweg kann man auf schmalen Pfaden 300 Mio. Jahre Erdgeschichte durchwandern. Namensgebend ist der Teufelsstein, ein alter römischer Steinbruch. Der Fußballverein 1.FCK unterstützt die Route und so ist das teuflische Logo der Fußballer hier als Markierung im Einsatz. Nähere Infos unter tourenplaner-rheinland-pfalz.de.

Um Weilerbach und Rodenbach führt der 15 km lange **Themenweg zur Vor- und Frühgeschichte.** Start- und Zielpunkt ist der Dorfplatz in Rodenbach, unterwegs kommt man an Gräbern, dem Waldfreibad und dem heimatkundlichen Reinhard-Blauth-Museum (nur jeden 1. So im Monat, 15–17 Uhr geöffnet) vorbei.

Übernachten/Essen **Hofcafé Langenfelder Hof.** Das Hofcafé liegt zwar inmitten des Golfplatzes, hat damit aber wenig zu tun. In dem Inklusionsbetrieb geht es sehr lässig zu, Familien mit Kindern, aber auch Radler und andere Ausflügler sind hier richtig. Der hausgemachte Kuchen ist lecker! Besonders an heißen Tagen ist das nebenan erbaute neue Kneippbecken eine tolle Ergänzung. Mi–Sa 14–19 Uhr,

So ab 11 Uhr geöffnet. Im Winter nur bis 18 Uhr. ✆ 06374-995568, gemeinschaftswerk.de. €

Panorama-Gasthof Stemler. Auf dem Emmerwiesenhof am Ortsrand von Eulenbis ist die Aussicht herrlich: Von der Terrasse des kleinen Hofcafés (zurzeit nur für Hausgäste) sieht man den Donnersberg und die Kalmit. Die kinderfreundlichen Ferienwohnungen sowie Zimmer ermöglichen einen längeren Aufenthalt. Eulenbis, Emmerwiesenhof, ✆ 06374-4030, fewo-stemler.de. €

Eichwieserhof. Ein solides Blockhaus, ruhig gelegen inmitten von Weiden und Äckern. Die rustikale Gaststätte mit Selbstbedienung ist ein preiswertes Ausflugsziel. Fr ab 15 Uhr, Sa ab 11 Uhr, So ab 10 Uhr. Auch zwei rustikale Ferienwohnungen. Weilerbach, Eichwieserhof 3, ✆ 06374-992911, bernds-blockhaus.de. €

MeinTipp **Birnbaumhof.** Schöner Ferienhof mit Ferienwohnungen und Gästezimmern am Ortsrand von Schwedelbach. Die engagierte und sehr freundliche Besitzerin hat Teile des Hofes in ein gepflegtes Feriendomizil verwandelt. Preiswerte Wochenendarrangements. Schwedelbach, Mackenbacher Str. 19, ✆ 06374-5611, birnbaumhof.de. €€

Pörrbacher Hof. Pörrbach ist ein kleiner, malerischer Ortsteil von Schwedelbach. Im einzigen Restaurant des Weilers wird in den schönen Räumen einer alten Scheune eine deftige, aber dennoch feine Landküche zu moderaten Preisen serviert. Das Wild stammt aus eigener Jagd. Dicke Holzbalken in Kombination mit glänzenden Kronleuchtern ergeben eine gemütliche, sehr angenehme Atmosphäre. Im Sommer Biergarten unter großen Bäumen vorm Haus. Mi–Sa ab 17 Uhr, So ab 10 Uhr (Küchenpause von 13.30–17 Uhr). Schwedelbach-Pörrbach, Talstr. 16, ✆ 06374-70776, poerrbacherhof.de. €€

Otterberg

In den Randbereichen wirkt das Städtchen unspektakulär, aber in seinem Zentrum verbergen sich Kleinode. Das mit Abstand größte Kleinod ist die 1254 geweihte **Abteikirche.** Die sehr mächtige, lang gestreckte Sandsteinkirche liegt umgeben von kleinen Altstadthäusern. Nach dem Speyerer Dom ist die spätromanische bis frühgotische Kirche die zweitgrößte der Pfalz. Gegründet wurde die Kirche im Verbund mit dem nicht mehr vorhandenen Zisterzienserkloster. Nachdem das Kloster von der Pest und politischen Querelen geschwächt war, führte die Reformation 1559 zum Abzug des letzten Abtes. Die West-Ost-ausgerichtete Kirche ist im romanischen Stil erbaut. Schön gestaltet ist die Fensterrose als Abbild des Kosmos an der Westfassade. Seit Ende des Klosterbetriebs wird die Kirche als Simultankirche genutzt, von 1708 bis 1979 mit einer trennenden Zwischenmauer, die aber im Zuge von umfangreichen Renovierungsmaßnahmen und der fortschreitenden Ökumene wieder entfernt wurde. 1999 wurde die Wiedervereinigung der Kirche durch eine gemeinsame, größere Orgel gekrönt.

Der brunnenbestandene Kirchplatz lädt zum Verweilen ein. Es gibt schönes Fachwerk, vielseitige Gastronomie und um die Ecke einen Gemüseladen mit leckeren Quark- und Obstbechern (Obst und Gemüse Kühn, Mo–Do 7–13 und 15–18 Uhr, Fr 7–18 Uhr und Sa 7–12.30 Uhr).

Information **Tourist-Information Otterberg.** Mo–Fr 9–13 und 14–17 Uhr, Mi-Nachmittag geschlossen. April bis Okt. auch Sa 9.30–12.30 Uhr. Hauptstr. 27, 67697 Otterberg, ✆ 06301-31504, otterberg.de.

Stadtrundgang Im Bereich der Altstadt führt ein Eichhörnchen mit Hilfe von QR-Codes die Besucher an 30 Stationen in die Geschichte Otterbergs ein. Wer die Führung ortsunabhängig machen will, findet sie auch unter otterberg24.de.

Übernachten/Essen **Alte Apotheke.** Direkt gegenüber dem Kirchplatz trifft hier geballter historischer Charme auf eine engagierte, regional orientierte Bistroküche. Mi–Fr 17–22 Uhr, am ersten Sa im Monat Dampfnudeltag (10–14 Uhr)! Auf der Internetseite können viele interessante Details zum Gebäude nachgelesen werden. Hauptstr. 61, ✆ 06301-7987550, alte-apotheke-otterberg.de. €

Hotel Schippke. Das oberhalb von Otterberg gelegene Hotel erinnert an eine gepflegte Jugendherberge. Neben den einfachen Zimmern auch ein Restaurant mit vorwiegend deftigen Speisen. Mo–Sa 17–23 Uhr, So 11–14 Uhr. Schloßberg 5, ✆ 06301-1205, hotel-schippke.de. €€ (Zimmer), €€ (Restaurant)

Das kleine Städtchen Otterberg beherbergt die zweitgrößte Kirche der Pfalz

Im Nordpfälzer Bergland

Das Nordpfälzer Bergland ist eine vergleichsweise raue Gegend: Kühl weht der Wind über die bewaldeten Bergrücken, in den Tälern liegen abgeschiedene Dörfer zwischen Feldern und Weiden. Eine Draisinenstrecke und einige Radwege laden ein, die ruhige Landschaft zu erkunden.

Die höchste Erhebung des Pfälzerwaldes, der Donnersberg, war zu Zeiten der französischen Annexion des Linken Rheinufers (1794–1814) Namensgeber für ein französisches Département. Das Département du Mont-Tonnerre umfasste im Wesentlichen das Gebiet der heutigen Pfalz und Rheinhessens.

Hier, in der weiten Landschaft des Westrich am Übergang zwischen Pfälzerwald und Hunsrück, sind die Städte und Dörfer klein, und auf den Weiden tummeln sich zahlreiche Kühe und Schafe. Die wirtschaftliche Basis der Region war neben dem Bergbau die Landwirtschaft. Wo sie nicht genügend Erträge brachte, zogen die Menschen in ferne Länder: Im 18. und 19. Jh. vertrieben Hungersnöte und Verfolgungen viele Nordpfälzer aus ihrer Heimat. Nicht wenige von ihnen suchten ihr Glück als Wandermusikanten in Übersee.

Bis heute gilt die Region als strukturschwach. Der einst bedeutende Bergbau ist mittlerweile fast gänzlich zum Erliegen gekommen. Das Kalkbergwerk im Königsberg bei Wolfstein und die Gruben in Imsbach am Donnersberg zeugen von einer Zeit, als in der gesamten Region nach Rohstoffen geschürft wurde. Inzwischen beschränkt sich die Rohstoffgewinnung auf wenige Steinbrüche, markant ist der 50 ha große Steinbruch bei Rammelsbach.

In den letzten Jahren sind auf alten Höfen einige gemütliche Gaststuben und Pensionen entstanden, doch im Vergleich zur Weinstraße sind Touristen noch immer eine seltene Erscheinung.

Touristische Highlights der Gegend sind die Überreste einer großen Keltensiedlung auf dem Plateau des Donnersbergs, der Nachbau eines Keltendorfes in Steinbach und die Burg Lichtenberg mit dem Urweltmuseum Geoskop. Ansonsten erwartet die Besucher neben einigen kleineren Städtchen vor allem eine ruhige und abwechslungsreiche Landschaft.

Was anschauen?

Donnersberg: Der mächtige Berg mit seinem bewaldeten Plateau ist die höchste Erhebung der Pfalz. Von dem hier gelegenen Ludwigsturm hat man den perfekten Rundumblick über die Nordpfalz, den Pfälzerwald und die Rheinebene. Kein Wunder, dass sich schon die Kelten diesen Ort für den Bau einer Stadt ausgesucht haben. → S. 264

Kirchheimbolanden: Im Osten der Nordpfalz liegt das Städtchen mit seiner in Teilen erhaltenen Stadtbefestigung. Im 18. Jh. wurde es zur Sommerresidenz des nassauischen Fürsten Karl-August ausgebaut und bis heute sind neben der authentischen Altstadt barocke Schloss- und Gartenanlagen zu bewundern. → S. 260

Burg Lichtenberg: Die Burgruine, eine der größten Deutschlands, liegt bei Kusel und bietet von ihrem Burgfried einen guten Überblick über die hügelige Landschaft. In verschiedenen Museen erfährt man vieles über die Geologie der Pfalz und über die Kultur der Wandermusikanten, die der Region den Namen „Musikantenland" gab. → S. 280

Potzberg: Vom Potzberg aus bietet sich nicht nur ein schöner Blick über das Bergland. In dem hier gelegenen Wildpark gibt es auch Wildschweine und Elche zu bewundern. Besonderes Highlight ist die Greifvogelschau: Die passende Thermik vorausgesetzt, drehen Adler und Co. ihre Runden so weit über die Landschaft, dass man sie aus den Augen verliert. → S. 278

Wolfstein: In dem kleinen Städtchen im Lautertal wurde bis in die 1970er-Jahre Kalk abgebaut. Das Bergwerk lässt sich bis heute mit einer kleinen Grubenbahn befahren und ist eines von vielen Beispielen für die einst so bedeutsame Bergbautätigkeit in der Region. → S. 276

Was unternehmen?

Radfahren: Durch das Glan- oder Alsenztal geht es auf weitgehend ebenen Radwegen durch herrliche Landschaften. Spannend ist auch die Fahrt über den Fritz-Wunderlich-Weg. Er folgt der alten Bahnstrecke zwischen Kusel und Freisen (Saarland) durch Tunnel und über Brücken.

Wandern: Der dicht bewaldete Donnersberg lässt sich dank eines dichten Netzes an Wegen herrlich er- und umwandern. An seinen Ausläufern bei Imsbach führen Montanwanderwege zu ehemaligen Gruben. Aber auch andernorts in der Nordpfalz gibt es schöne Wege, die nie überlaufen sind.

Was sonst noch?

Das kleine Dorf Falkenstein westlich des Donnersbergs wartet mit einer kuriosen Besonderheit auf: Mit 25 % ist die dortige Dorfstraße die steilste Durchgangsstraße in Deutschland.

Kirchheimbolanden

Ein am Hang gelegenes, gemütliches Stadtzentrum mit üppig eingewachsenem Schlosspark, zur Bergseite hin abgeschlossen von einer malerischen Stadtmauer mit begehbarem Wehrgang und als Kontrast zur adretten Innenstadt eine wuchtige Malzfabrik – so präsentiert sich die „Kleine Residenz" Kirchheimbolanden.

Als Sitz der Verwaltung des Donnersbergkreises und durch einen vielseitigen Einzelhandel kommt der kleinen, hübschen Stadt Bedeutung bei der Versorgung der umliegenden Gemeinden zu. Rund um den modern gestalteten Marktplatz verlaufen die von viel historischer Bausubstanz geprägten, engen Straßen in alle Richtungen. Wie aus einem Bilderbuch vergangener Zeiten scheinen die vernachlässigt bis herausgeputzt wirkenden, detailreichen Gebäude zu sein. Eindrucksvoll sind die einheitlich strukturierte Amtsstraße mit zahlreichen Freitreppen und die authentisch sanierte Neue Allee, in der sich Kavaliershäuser im typischen Mansardenstil aneinanderreihen. Die Repräsentativbauten um das Schloss und die klotzige Paulskirche zeigen die einstige Größe der Stadt, die heute trotz vieler einladender Ecken eher verschlafen wirkt.

Der ansehnliche Rest der Kirchheimbolander Residenz

Seinen Höhepunkt erlebte Kirchheimbolanden unter nassauischer Herrschaft. Fürst Karl August (reg. 1719–1753) ließ es zur Mitte des 18. Jh. zur Sommerresidenz ausbauen und machte es neben Weilburg an der Lahn zum zweiten Mittelpunkt seines zerstückelten Fürstentums. Unter seinem Sohn Karl Christian (reg. 1753–1788) wurde die Stadt schließlich ständiger Regierungssitz und somit Residenz. Während der Regentschaft der beiden entstanden das Schloss mit Schlossgarten, die Hofkirche (heute Paulskirche), das Ballhaus und die schon erwähnten Kavaliersbauten. 1778 weilte Mozart in der „Kleinen Residenz" und spielte dabei auch auf der Orgel der Hofkirche. Zur Erinnerung trägt sie seinen Namen. Im Kampf um die Einheit und Freiheit des Vaterlandes gegen die Preußen fanden 1849 17 Freischärler im Kirchheimbolander Schlossgarten den Tod; ihnen wurde 1872 ein Denkmal am Eingang des Friedhofs gesetzt. Bis in das 19. Jh. hinein war die einstige Residenz eine reine Beamtenstadt. Erst spät setzte die Industrialisierung ein, große Ausmaße erreichte sie jedoch nie.

Sehenswertes

Stadtmauer und Türme: Die historische, 8 m hohe Stadtmauer schützte Kirchheimbolanden nach der Ernennung zur Stadt im Jahr 1368. Viele kleine Angriffe konnten dadurch abgewehrt werden, die Schäden infolge der kriegerischen Auseinandersetzungen

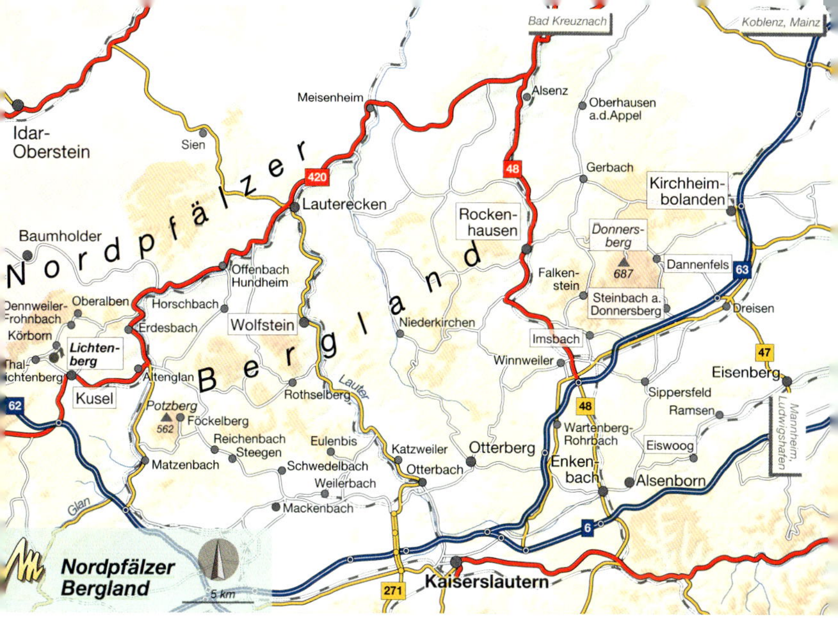

im 17. Jh. waren jedoch erheblich. Dass große Teile der Stadtmauer an der Süd- und Westseite der Altstadt heute wieder begehbar sind, ist der 1986 begonnenen und viele Jahre andauernden Altstadtsanierung zu verdanken. Am *Grauen Turm* kann man gut erkennen, wie die Stadtmauer durch große, 3 m weite Steinbögen mit einem Wehrgang kombiniert wurde. Hier kann der mittlerweile renovierte Teil des Wehrgangs auch bestiegen und bis zum markanten *Vorstadtturm* verfolgt werden, dessen Aussehen durch die vor 250 Jahren entstandene Barockkuppel geprägt ist. Der *Rote Turm* wäre dagegen vor 100 Jahren beinahe abgerissen worden, als für einen Straßendurchgang einfach ein Loch in die Stadtmauer gehackt wurde und nur eine kleine Mehrheit im Stadtrat verhinderte, dass man den Turm gleich mitbeseitigte. Dieses Gebäude, frisch restauriert und neu gedeckt, ist als 6 m dicker und 12 m hoher Eckpfeiler der Stadtmauer besonders eindrucksvoll.

Schloss: Seit im Jahr 2003 beim Bau der „Seniorenresidenz Schloss Kirchheimbolanden" die Umrisse der einst dreiflügligen Schlossanlage aufgegriffen und zumindest der Ostflügel in seinem ursprünglichen Stil gestaltet wurde, erinnert das Gebäude wieder an den früheren fürstlichen Hof. Karl August von Nassau-Weilburg und sein Sohn Karl Christian hatten das von 1738 bis 1740 unter dem Architekten und Baumeister Guillaume d'Hauberat errichtete Schloss als fürstliche Sommerresidenz und Regierungssitz genutzt. Mit dem Einmarsch Napoleons in Mainz verließen sie aber Kirchheimbolanden, und die Eigentümer des Anwesens wechselten binnen weniger Jahrzehnte mehrfach, wodurch es auch zu verschiedenen Um- und Rückbaumaßnahmen kam. Der bayerische Baumeister Leo von Klenze gehörte ebenso zu den neuen Besitzern wie die Familie Brunck, die schließlich auch den Schlosspark anlegen ließ.

Schlosspark: Der sich hinter dem Schloss erstreckende Schlosspark wird von schmiedeeisernen Toren und einer hohen Mauer umschlossen. Auch wenn Kirchheimbolanden keine turbulente

Großstadt ist, so ist die Ruhe innerhalb der Mauern doch wohltuend. Die Gartengestaltung, geplant und ausgeführt durch die Gebrüder Siesmayer, die auch den Frankfurter Palmengarten angelegt haben, orientiert sich am englischen Landschaftsgarten des 19. Jh. Die Setzlinge der Atlaszedern und Coloradotannen, die Heinrich Ritter von Brunck pflanzen ließ, sind heute Bäume von stattlicher Größe.

Paulskirche: Die um 1740 erbaute frühere Hofkirche ist sehenswerter Teil des schönen barocken Ensembles aus Mauern und Treppen. Leider ist sie außerhalb der Gottesdienstzeiten geschlossen, sodass man zur richtigen Zeit kommen muss, um auch den schönen Innenraum betrachten zu können. Prunkstück im Inneren ist eine der besterhaltenen Barockorgeln Deutschlands, die um 1745 durch Johann Michael Stumm gebaut wurde. Die Orgeln von Stumm und seinen Nachfahren waren von wesentlicher Bedeutung für den Pfälzer Orgelbau, bis ins 19. Jh. hinein entstanden über 380 der teils großartigen Instrumente. Besondere Berühmtheit erlangte die *Stummorgel* der Paulskirche durch ein Gastspiel von Wolfgang Amadeus Mozart. Er konzertierte 1778 auf Einladung der Fürstin Caroline, selbst eine ausgebildete Musikerin, an der Orgel. Deshalb wird das Instrument manchmal als Mozartorgel bezeichnet. Trotz des berühmten Namens und eindrucksvollen, schönen Klanges wären die Pfeifen am Ende des Zweiten Weltkrieges beinahe eingeschmolzen und zu Waffen verarbeitet worden.

An der Stadtmauer von Kirchheimbolanden

Praktische Infos

Information **Donnersberg-Touristik-Verband.** Mo–Fr 9–12.30 und 13.30–17 Uhr, Sa 10–14 Uhr (nur Apr. bis Okt). Langgasse 1, 67292 Kirchheimbolanden, ✆ 06352-1712, donnersberg-touristik.de.

Einkaufen Im Westen der Stadt sind zahlreiche **Einkaufsmärkte** angesiedelt. Meist Mo–Sa 8–21 Uhr.

Das Radhaus. Der hinter dem Schlossgarten gelegene Fahrradladen bietet alles rund ums Rad: Reparaturen, Dachträger, Helme und natürlich jede Menge Fahrräder. Mo/Di/Do/Fr 9.30–12.30 und 13.30–18 Uhr, Sa 9–13 Uhr. Neumayerstr. 35, ✆ 06352-1894, das-rad-haus.de.

Mein Tipp **Kaffeerösterei Christine Weidmann.** Die kleine Rösterei besticht durch Geschmack und Design. Den ausgezeichneten Kaffee der kleinen Rösterei gibt's bei zahlreichen Pfälzer Gastronomen und in den stilvollen, 2016 eröffneten Räumlichkeiten. Mo–Do 8–13 Uhr, Fr 8–18 Uhr, Sa 9–12 Uhr. Mühlstr. 6, ✆ 06352-7896669, kaffeemanufaktur-weidmann.de.

Veranstaltungen **Residenzfest.** Am zweiten Augustwochenende wird von Samstag bis Montag gefeiert. Es locken zahlreiche Bands und ein Orgelkonzert an der Stummorgel, Spezialitäten an historischen Orten und zum Abschluss am Montagabend ein großes Feuerwerk.

Der **Christkindelmarkt** findet am 2. Adventswochenende statt.

Übernachten/Essen ***** Hotel Braun.** Gepflegtes, familiäres Hotel in zentraler Lage unterhalb der Altstadt. Das Haus ist übrigens gut zu erkennen: Auf der Fassade prankt eine riesengroße Banane. Mit 40 kleinen, aber schönen Zimmern. In der gemütlichen Hotelbar werden abends auch kleine Gerichte serviert. Wellnessbereich mit Sauna und Dampfbad. Uhlandstr. 1, ✆ 06352-40060, hotelbraun.de. **€€**

***** Parkhotel Schillerhain.** Im herrlich sanierten ehemaligen Kurhaus und seinen Nachbargebäuden kann man nicht nur erholsame Nächte verbringen, sondern im schönen Ambiente auch hervorragend essen. Tägl. 18–22 Uhr. Schillerhain 1, ✆ 06352-7120, schillerhain.de. **€€€€** (Zimmer), **€€€** (Restaurant)

Akropolis. Name und Speisekarte des beliebten griechischen Restaurants sind klassisch, das neue Ambiente aufgeräumt modern und dennoch gemütlich. Di–Do 11.30–14.30 und 17.30–23 Uhr, Fr–Sa 17.30–23 Uhr, So 11.30–14.30 und 17.30–22 Uhr. Edenbornerstr. 9, ✆ 06352-6393, akropolis-kibo.de. **€€**

Eiscafé Venezia. Das kleine Eiscafé am Vorstadtturm ist seit über 50 Jahren eine Institution. Viele sagen, dass es hier das beste Eis der Stadt gibt. Tägl. 10–22 Uhr. Vorstadt 7c, ✆ 06352-8101.

Orangerie. Nachdem die barocke Orangerie südlich des Schlossgartens jahrzehntelang als Wohnhaus diente und zuletzt recht unansehnlich war, wurde das 1776 errichtete Ensemble vor einigen Jahren aufwendig restauriert. Neben der Stadthalle beherbergt es das Restaurant mit ambitionierter Küche und schönen Sitzgelegenheiten sowohl drinnen als auch auf der Terrasse. Do–So 11.30–14 und 17.30–22 Uhr, Mo nur 17.30–22 Uhr. Dr.-Edeltraut-Sießl-Allee 4, ✆ 06352-7408310, restaurant-orangerie.eatbu.com. **€€€**

Im Nordpfälzer Bergland → Karte S. 261

Rund um den Donnersberg

Egal, ob man von den höheren Bergen des nördlichen Pfälzerwalds, von der Rheinebene oder von Kaiserslautern kommt, immer ist der fast vollkommen bewaldete Donnersberg mit seiner wuchtigen, ruhigen Erscheinung präsent.

An seiner dominanten Ausstrahlung lag es wohl auch, dass die Kelten auf dem flachen Gipfelplateau eine für damalige Begriffe riesige Stadt errichteten. Zudem waren die natürlichen Rahmenbedingungen, die ihnen der Donnersberg bot, günstig. Aufgrund der besonderen geologischen Situation gab es ausreichende Erzvorkommen, die als Grundlage für die Herstellung von Waffen und Alltagsgegenständen dienten, und die am Fuß des Donnersbergs gelegenen Äcker und Wiesen brachten gute Erträge. Noch heute werden die sanften Hügel südlich und östlich des Donnersbergs intensiv landwirtschaftlich genutzt. Im Frühjahr ergeben die frisch gepflügten, roten Äcker, die intensiv gelben Rapsfelder und die blühenden Hecken und Obstbäume ein farbenprächtiges Mosaik. Nach Einstellung des Bergbaus konnten sich keine nennenswerten Folgeindustrien entwickeln, sodass die Region bis heute ländlich geprägt ist. Viele Bewohner pendeln in die umliegenden Städte, nicht wenige bis zur BASF nach Ludwigshafen. Davon, dass der Tourismus in den letzten Jahren immer mal wieder Beachtung erfährt, zeugen z. B. die Neuanlage des Golfplatzes bei Börrstadt und der Aufbau des Keltendorfes in Steinbach. 2013 wurde der **Pfälzer Höhenweg** eröffnet, einer der drei langen Prädikatswanderwege der Pfalz. Er verbindet Winnweiler und Wolfstein in sieben Etappen (zwischen 13 km und 21 km lang) miteinander. Südwestlich des Donnersbergs liegt der nördlichste Teil des Pfälzerwaldes: Der historische Stumpfwald mit einem einsamen See, dem Eiswoog.

Information Infos zur Region erteilt der **Donnersberg-Touristik-Verband.** Mo–Fr 9–12.30 und 13.30–17 Uhr, Sa 10–14 (nur Apr. bis Okt.). Langgasse 1, 67292 Kirchheimbolanden, ✆ 06352-1712, donnersberg-touristik.de.

Pfälzer Höhenweg Etappenbeschreibungen und mögliche Unterkünfte unter pfaelzer-wanderwege.de.

Der Donnersberg

Das aus mehreren Kuppen bestehende und mit 687 m höchste Bergmassiv der Pfalz ist zwar auch ein Ziel für Wanderer, beliebt ist es aber v. a. bei Bikern mit und ohne PS.

An schönen Sommertagen kommen unzählige Motorradfahrer und konditionsstarke Radfahrer über die gut ausgebaute Asphaltstraße auf das weitläufige, bewaldete Gipfelplateau. Von den großen Parkplätzen dort sind es nur ein paar Schritte zum markanten Adlerbogen auf dem Moltkefelsen, dem 1864/65 erbauten Ludwigsturm mit seinem tollen Ausblick und den Überresten des spätkeltischen Oppidums. Letzteres war Hauptort der einst in Rheinhessen und in der nördlichen Pfalz siedelnden Kelten und gleichzeitig eine der größten Keltensiedlungen nördlich der Alpen. Um 50 v. Chr. wurde sie ebenso wie andere keltische Höhensiedlungen in der Pfalz geräumt. Die Ausmaße des einstigen Oppidums lassen sich am besten erahnen, wenn man dem 9 km langen Keltenweg entlang dem Wall folgt. Dieser führt nicht nur an den Dokumentationsstationen der Grabungen vorbei, sondern auch am **Königsstuhl,** dem höchsten und aussichtsreichsten Punkt des Bergmassivs. Beschildert ist der Weg mit einem grünen Achsnagel auf weißem Grund.

Blick von Sippersfeld zum Donnersberg

Ein solcher, 12 cm langer, aus Bronze hergestellter und mit einer Maske verzierte Nagel wurde vor 2000 Jahren dafür genutzt, das Rad eines Wagens auf der Achse zu verzieren.

Von weitem zu sehen sind auf dem Donnersberg ein Sendeturm des SWR und ein unförmiges Gestell. Dabei handelt es sich um eine ehemalige Sendeanlage der U.S. Army, die einst vorhandenen Richtfunkantennen sind abgenommen.

Bei schönem Wetter hat man vom fast 27 m hohen, unter Denkmalschutz stehenden Ludwigsturm aus eine grandiose Sicht auf die komplette Nordpfalz. Nach dem Erklimmen der über 140 Stufen kann man sich am bunt sortierten Kiosk am Fuße des Turms stärken. Dieser wird – ebenso wie der Turm – vom Donnersbergverein ehrenamtlich betrieben. Geöffnet an Wochenenden und Feiertagen.

Essen & Trinken **Keltenhütte.** Die zum Hotel Bastenhaus (→ S. 266) und PWV gehörende Wanderhütte bietet sich als einfache und preiswerte Einkehrmöglichkeit an. Sa/So 10.30–18 Uhr. ✆ 06357-975900, bastenhaus.de. €

Dannenfels und Steinbach

Dannenfels, am steilen östlichen Abhang des Donnersbergs, liegt auf einer Höhe zwischen 380 m und 420 m inmitten von Obstplantagen. Der ruhige Ort ist das touristische Herz der Donnersbergregion, wobei die Vergangenheit hier ruhmreicher ist als die Gegenwart. Der Ausflugsverkehr setzte aufgrund der klimatisch angenehmen Lage im sonnenreichen Windschatten des Donnersberges in Dannenfels schon früh ein. 1856 gab es fünf Gastwirtschaften, noch im 19. Jh. folgte der Bau verschiedener Kurhäuser und Heilstätten. Der 2006 eröffnete Park der Sinne und das Ortszentrum am Haus Linn (Haus des Gastes) sind heute die überschaubaren Hauptattraktionen des Ortes.

Etwas weiter nördlich liegt das kleine Dorf **Steinbach** mit seinem sehr sehenswerten Keltendorf. Die wenigen Fakten, die über die Siedlungs- und Lebensweise der Kelten bekannt sind, werden hier anschaulich dargestellt und erlebbar gemacht. Die Grundrisse der Häuser und der umgebende Zaun entsprechen denen von Grabungen im südpfälzischen Westheim. Die genaue Ausgestaltung der Häuser, ihre Höhe und die Möblierung sind dagegen nur denkbare Möglichkeiten. Eine detailgetreue Rekonstruktion ist schwierig, da die Kelten keine schriftlichen Zeugnisse hinterlassen haben. In manchen Punkten helfen römische und griechische Schriften weiter, so auch bei Fragen zu Kampftechniken und zum Alltag. Die fachkundigen, unterhaltsamen Führungen geben auch Erwachsenen einen Einblick in das keltische Leben. Jede Führung endet in der Taverne, wo man die keltische Kultur in Form von Met oder Apfelsaft auch schmecken kann. Aussichtsreicher Abschluss eines Besuchs ist die Besteigung des Turms, von dem man den Donnersberg in ganzer Breite sehen kann.

Praktische Infos

Information **Tourist-Information im Haus Linn.** Di–Fr 14–17.30 Uhr, Sa 10–14 Uhr. Oberstr. 14, 67814 Dannenfels, ✆ 06357-1614, dannenfels.de.

Sehenswert **Park der Sinne.** Am westlichen Ortsausgang von Dannenfels in Richtung Bastenhaus liegt der Erholungspark. Als Erholung wird hier all das verstanden, was die Sinne anregt und zum Abschalten vom Alltag beiträgt. Wer den teils angenehmen, teils fordernden Barfußpfad hinter sich gebracht hat, kann den Füßen im Kneippbecken eine Erfrischung bieten und im Klimapavillon auf Holzliegen entspannen. Für Kinder sind neben dem Barfuß-

Blick vom Turm des Keltendorfs auf den Donnersberg

pfad auch die Spielgeräte von Interesse, die auf verschiedene physikalische Phänomene aufmerksam machen.

Keltendorf Steinbach April bis Oktober sonn- und feiertags 11–16 Uhr. Eintritt ins Keltendorf mit Führung und Getränk: Erwachsene 7 €, für 4- bis 12-jährige Kinder 5 €, Familienkarte 19 €. Eintritt mit Pfalzcard frei. Für Kinder und Erwachsene gibt es unter der Woche auch halb- und ganztägige Keltentage bzw. verschiedene Workshops. Weitere Infos unter keltendorf-steinbach.de und ✆ 06352-1712.

Veranstaltungen **Historischer Dorfmarkt** in Dannenfels in allen ungeraden Jahren am letzten Augustwochenende.

Wandern Zahlreiche Wanderwege führen um und auf den Donnersberg. Ein schöner Wanderparkplatz mit Wandertafel liegt etwas oberhalb von Dannenfels in der Nähe des Hotels Kastanienhof.

Golf **Golfclub am Donnersberg e. V.** Der ganzjährig geöffnete 18-Loch-Golfplatz, 5 km von Steinbach entfernt, verfügt über von Donald Harradine angelegte Bahnen, die sich schön in die Landschaft einfügen. Greenfee ab 60 €. Börrstadt, Röderhof 3b, ✆ 06357-96094, golfamdonnersberg.de.

Übernachten ****** Bastenhaus.** Das familiengeführte Hotel besticht v. a. durch seine herrliche Lage zwischen Wald und Wiesen. Im Sommer kann man das Panorama vom Schwimmbad im Garten aus genießen. Restaurant Mo–Sa 11.30–22 Uhr, nachmittags ohne warme Küche. Pfalzcard inklusive. Bastenhaus 1, ✆ 06357-975900, bastenhaus.de. **€€** (Zimmer), **€€** (Restaurant)

Essen/Einkaufen **Café Bistro Geg'nüber.** Gemütliches Café mit nostalgischem Flair im Haus Linn. Schöner Platz zum Draußensitzen. Mi–So 9.30–18 Uhr. Oberstr. 14, ✆ 06357-9898107, hotel-berg.de. **€**

Pfälzerwaldhütte Steinbach. Die Hütte oberhalb des Keltendorfs bietet einen wunderbaren Ausblick. Eher untypisch für eine Wanderhütte ist das Speisenangebot: Mit ihren vielseitigen und kreativen Gerichten (z. B. Saumagen-Burger im Brezel-Brioche-Bun oder Mango-Curry-Kokos-Sauce mit gebratenem Pfannengemüse) machen die Pächter Fleischfreunde und Vegetarier gleichermaßen glücklich. So–Mi 11–20 Uhr. ✆ 06357-5571. **€€**

Manfred Braun Ceramics. Modernes, eigenwilliges Keramikdesign, in dessen Mittelpunkt meist das Licht steht. Die Öffnungszeiten sind flexibel, Besuch ist nach Voranmeldung willkommen. Aber durchs Fenster kann man einen Teil der beeindruckenden Werke zumindest betrachten. Mittelstr. 21, ✆ 0157-5224 1515, manfredbraun-ceramics.de.

Imsbach und Falkenstein

Das idyllisch an die Ausläufer des Donnersbergs geschmiegte Dorf Imsbach entstand als Ansiedlung von Bergleuten, die einst in den zahlreichen Gruben Arbeit fanden. Schon Kelten und Römer schürften hier, in den vulkanischen Gesteinen des Donnersbergs, nach Erz. Etwas weiter nördlich thront die Ruine der einstigen Burg Falkenstein auf einem nicht mehr aktiven Vulkanschlot.

Der mittelalterliche Bergbau begann in Imsbach vermutlich um 1120. Gegen Ende des 15. Jh. sollen bis zu 500 Bergleute in den Gruben um Imsbach beschäftigt gewesen sein. Der Dreißigjährige Krieg brachte den Bergbau zunächst zum Erliegen, bevor ihm die Verwendung von Schießpulver zu Beginn des 18. Jh. neuen Aufschwung brachte. Fünfzig Zentner Kupfer und zwölf Pfund Silber sollen damals monatlich aus den Imsbacher Gruben gewonnen worden sein. Ab 1746 waren diese dann nur noch zeitweise in Betrieb und wechselten häufig die Besitzer. Die in der wohl endgültig letzten Bergbauperiode gewonnenen Erze kamen zur Aufbereitung in die zu Beginn des 20. Jh. eigens dafür gebaute Laugerei am östlichen Ortsende von Imsbach. 1923 wurde der Bergbau wegen zu geringer Fördermengen eingestellt. Die 1979 eröffnete Weiße Grube war das erste Besucherbergwerk des Ortes, die Grube Maria folgte 2006. Auch die jedes Jahr am dritten Septemberwochenende in der Gemeindehalle stattfindende Mineralien- und Fossilienbörse mit Tausenden von Besuchern knüpft erfolgreich an die montane Vergangenheit des 900-Seelen-Dorfes an.

Etwa zeitgleich mit den Imsbacher Gruben entstand im 12. Jahrhundert einige Kilometer weiter nördlich die Burg Falkenstein. Sie thront auf einem ehemaligen, fast 300 Mio. Jahre alten Vulkanschlot. Dessen magmatisches Gestein, der Dazit, war härter als die umgebenden Gesteine und bildete so im Laufe der Zeit eine Felskuppe, von der aus man heute einen herrlichen Blick in das Falkensteiner Tal hat. In den Sommermonaten ist die Freilichtbühne der Burgruine Falkenstein hin und wieder auch Schauplatz stimmungsvoller Theateraufführungen und Open-Air-Kino-Vorführungen.

Der unterhalb der Burg gelegene Ort Falkenstein rühmt sich einer kuriosen Besonderheit: Es hat mit 25 % Steigung die steilste Dorfstraße Deutschlands.

Sehenswertes

Unter dem Schlagwort **BergbauErlebnisWelt Imsbach** sind die Sehenswürdigkeiten des Ortes – das Pfälzische Bergbaumuseum, die Besucherbergwerke Weiße Grube und Grube Maria sowie drei Montanwanderwege – zusammengefasst. Im kleinen **Pfälzischen Bergbaumuseum** in einer ehemaligen Schule in der Ortsmitte wird ein Überblick über die in Imsbach und anderen pfälzischen Regionen geförderten Rohstoffe gegeben. Im Obergeschoss werden ab und zu ergänzende Sonderausstellungen gezeigt.

Die im Jahre 1145 erstmals in Betrieb genommene Silber- und Kupfermine **Weiße Grube** ist seit 1979 Besucherbergwerk. Weite Bereiche des Stollensystems wurden freigelegt und sind heute zugänglich. Beim Rundgang durch die mehrere hundert Meter begehbaren Stollen sowie großen unter- und übertägigen Abbauweitungen kann man die verschiedenen Bergbauepochen

Im Nordpfälzer Bergland → Karte S. 261

beobachten: von sauber mit Schlägel und Eisen bearbeiteten, trapezförmigen Bereichen aus dem Mittelalter bis hin zu den mit Sprengstoff herausgeschossenen, nahezu kreisrunden Partien der letzten Bergbauphase zu Beginn des 20. Jh. Die Arbeiten in der nassen Grube waren hart und unangenehm, ihre Schichten verbrachten die Bergleute im kalten Wasser kniend. Lungenentzündungen und eine Lebenserwartung von nur 35 Jahren waren die Folge.

In der über 250 Jahre alten **Eisenerzgrube Maria** erfahren die Besucher viel über die harte Arbeit der Bergleute. Die beiden Stollen der Grube sind mit einer Wendeltreppe miteinander verbunden.

▪ Die **BergbauErlebnisWelt** hat nur an einzelnen Aktionstagen geöffnet. Informationen unter bew-imsbach.de.

Praktische Infos

Information Die kleinen Orte verfügen über keine eigenen Tourist-Informationen. Zuständig ist das Tourismusbüro der Verbandsgemeindeverwaltung Winnweiler, Jakobstraße 29, 67722 Winnweiler, ✆ 06302-60261, winnweiler-vg.de.

Wandern Rund um Erze und deren Abbau drehen sich die 3–7 km langen Berbauwanderwege Eisenweg (E), Kuperweg I (K1) und Kuperweg II (K2). Ausgangspunkt ist die Ortsmitte von Imsbach (K1) und der Wanderparkplatz am Imsbach (E, K1). Über den Eisenweg kommt man auch zum **„Eisernen Mann"** – einem auf dem Beutelsfelsen gelegenen Aussichtspunkt. Zusammen mit dem bunten Männlein kann man die wunderbare Aussicht in Richtung Kaiserlautern und Pfälzerwald genießen.

Falkenstein liegt am **Pfälzer Höhenweg,** über den man von hier aus über das PWV-Haus Kronbuchenhütte (einfache Gerichte, Sa und So 12–18 Uhr) zum Gipfelplateau des Donnersbergs und weiter bis nach Dannenfels wandern kann (ca. 10 km).

Essen **Zum Eisernen Mann.** Der Name der Imsbacher Dorfgaststätte bezieht sich auf den „Eisernen Mann" (→ Wandern) und erinnert so an die Bergbau-Vergangenheit des Dorfes. Heute findet sich hier ein bodenständiger Italiener. Do Ruhetag, sonst 17–22 Uhr, So auch 11–14 Uhr. Gienanthstraße 35, 67817 Imsbach, ✆ 06302-609262. €

Burgstubb Falkenstein. Einfaches Restaurant direkt an der imposant gelegenen Burgruine. Besonders lecker sind die Burger mit selbst gemachten Buns und überwiegend regionalen Zutaten – natürlich auch in veganer Variante. Mo/Di geschlossen, sonst 13–21 Uhr.

Blick auf das ehemalige Bergbauörtchen Imsbach

Erdbebenmessungen am Donnersberg

In der Weißen Grube befindet sich eine von acht Erdbebenmessstationen in Rheinland-Pfalz. Mithilfe der Stationen kann die genaue Lage von Erdbebenherden bestimmt werden. Die Messstation besteht aus einem Seismografen und einem Computer, der Beben ab einer gewissen Stärke automatisch an den Zentralrechner im Landesamt für Geologie und Bergbau in Mainz weitermeldet. Geht dort von mindestens drei Stationen ein zur selben Zeit gemessenes Signal ein, wird der Erdbebenherd automatisch lokalisiert und berechnet. Bei weniger als drei Signalen kann man davon ausgehen, dass es sich um eine lokale Störung, beispielsweise eine Sprengung, handelt. Auch das gewaltige Tsunami-Beben im Indischen Ozean vom 26.12.2004 wurde in Imsbach aufgezeichnet. Das Beben fand um 1:58 Uhr MEZ statt. Bereits 8–10 Min. später wurden die ersten schnellen Erdbebenwellen durch den Seismografen in der Weißen Grube registriert. Um 3 Uhr wurden die Daten zusammen mit denen anderer Messstationen in die Zentrale nach Mainz übermittelt, wo dann um 3:20 Uhr eine automatische Lokalisierung ablief.

Der Standort in der Weißen Grube gehört zu den besten des Landes, da er keinerlei Störquellen in der Nähe wie stark befahrene Straßen oder Produktionsanlagen aufweist. Ein weiterer Vorteil liegt in dem sehr kompakten Gestein des Donnersbergs. Dadurch sind schon schwache seismische Wellen gut messbar. Eine weitere Messstation in der Pfalz befindet sich am Hochwasserbehälter Petersbächel im Dahner Felsenland.

Hauptstr. 49, 67808 Falkenstein, ✆ 06361-6494920, burgstubb-falkenstein.eatbu.com. **€€**

Max. In der Anfang des 20. Jh. gebauten Turn- und Festhalle der kleinen Gemeinde Winnweiler ist heute ein Restaurant untergebracht. Auf der Karte findet sich eine bunte Mischung von kleineren und größeren Leckereien. Mo/Di/Mi Ruhetag, sonst ab 17.30 Uhr, So auch 12–14 Uhr. Winnweiler, Schloßstr. 35, ✆ 06302-609494, max-winnweiler.de. **€€**

Stumpfwald und Eiswoog

Geologisch ist klar, dass der Stumpfwald zwischen Kaiserslautern und Grünstadt zum Pfälzerwald gehört. Aber vor Ort fühlt es sich anders an: Der häufig zu sehende Donnersberg, die eher flachen Berge, die zahlreichen Wooge und die drei markanten Viadukte der ehemaligen Eistalbahnlinie geben dem ruhigen Waldgebiet ein eigenes Flair.

Der einst von zahlreichen Handelswegen durchzogene Stumpfwald wird seit etlichen Jahrhunderten gemeinsam von den umliegenden Gemeinden genutzt. Das geschah nicht immer konfliktfrei. Daher richteten die Grafen von Leiningen 1323 ein Gericht ein, an dem Streitigkeiten bei der Waldnutzung

Im Nordpfälzer Bergland → Karte S. 261

verhandelt wurden: das **Stumpfwaldgericht.** Die neun im Kreis stehenden „Stühle" standen für jeweils eine der Stumpfwald-Gemeinden. Bis zum Ende des 16. Jh. wurden so etliche Streitigkeiten gelöst. Die heute inmitten des Stumpfwaldes an der Gemarkungsgrenze zwischen Ramsen und Enkenbach-Alsenborn zu bestaunenden Steine zeigen, wie das „Landgericht auf dem Stumpf" einst ausgesehen haben könnte. Errichtet wurden die neuen neun Stühle jedoch erst 1933 – etwa 300 m nördlich des ursprünglichen Standorts.

Mit dem Bau der **Eistalbahn,** die Grünstadt über Ramsen mit Enkenbach verband, wurde der Stumpfwald ab 1932 erstmals von einer Eisenbahnlinie durchschnitten. Vor allem für den Güterverkehr wurde die Strecke über drei Viadukte und einen fast 500 m langen Tunnel genutzt. Stillgelegt wurde der Abschnitt durch den Stumpfwald, den Kenner als eine der schönsten Bahnstrecken der Pfalz beschreiben, im Jahr 1988. Seitdem endet die Bahn von Grünstadt kommend in Ramsen, an Wochenenden am Eiswoog. Die immer wieder diskutierte Reaktivierung der Strecke scheiterte bislang immer an den Kosten für die Sanierung. Und so fahren heute auch über den Eistalviadukt, mit 271 m die längste Eisenbahnbrücke der Pfalz, keine Züge mehr.

Tief unter dem Viadukt breitet sich der **Eiswoog** aus. Sieben Quellen speisen den See und der See speist im Anschluss einige etwas tiefer gelegene Fischteiche. Der Eiswoog ist das touristische Zentrum des Stumpfwaldes: Radler, Schwimmer, Eisenbahnfans, Gourmets, Ruhesuchende, kleine Spielplatzfreunde und Fischkäufer – ein Ausflug zum Eiswoog passt zu den unterschiedlichsten Interessen.

Seinen Namen verdankt der Eiswoog aber nicht nur den niedrigen Temperaturen, sondern auch der einst damit verbundenen Funktion: Früher wurde hier noch spät im Winter Eis für Brauereien und Metzgereien der Umgebung gebrochen, was seit Erfindung der Kältemaschine zum einen überflüssig ist und in in Zeiten der Klimakrise auch nicht mehr funktionieren würde. Passend zu seinem Namen bietet das Ufer dem seltenen Eisvogel Nistmöglichkeiten. Stolz ist man im Gasthof Forelle auch auf die vier über den See ziehenden schwarzen Schwäne. Eisenbahnfreunde schätzen neben dem Eistalviadukt auch die museale **Stumpfwaldbahn.** Auf ihrer Spurweite von 600 mm saust die Bahn im Lauftempo durch den Wald. Die allesamt aus der Region stammenden alten Gruben- und Sägewerkloks ziehen ihre offenen Wagen von Ramsen durch den Stumpfwald über den Bahnhof Bockbachtal 4 km weit zum Eiswoog. Im Winter findet eine Fackelfahrt statt, bei der die Strecke komplett mit Fackeln ausgeleuchtet und auf dem Eiswoog ein gigantisches bengalisches Feuer entzündet wird. Der 3 km lange Naturerlebnispfad am Ufer des Eiswoogs ist auch für Rollstuhlfahrende und Kinderwagenschiebende ein angenehmes Erlebnis. Verschiedene umwelt- und naturpädagogische Stationen bringen den Besuchern die Tier- und Pflanzenwelt des Sees und des Ufers nahe.

Zwischen dem Stumpfwald und Kaiserslautern liegt eine der größten Heidelandschaften Süddeutschlands, die **Mehlinger Heide.** Der ehemalige Truppenübungsplatz steht seit über 20 Jahren unter Naturschutz und lädt zu schönen Spaziergängen ein. Der Hauptzugang befindet sich südlich von Mehlingen, hier gibt es auch einen kleinen Spielplatz.

Praktische Infos

Anfahrt Per Auto ist der Eiswoog über Ramsen oder Alsenborn zu erreichen, die Abfahrten an der A6 sind Wattenheim bzw. Enkenbach-Alsenborn.

Bahnhof Eiswoog der Stumpfwaldbahn

An Sonn- und Feiertagen ist ab Frankenthal über Freinsheim, Grünstadt, Eisenberg und Ramsen die Anfahrt per Regionalbahn möglich. Die Bahn endet hoch über dem See kurz vor dem Eistalviadukt.

Die Züge der **Stumpfwaldbahn** fahren von Mai bis Anfang Oktober an fast allen Sonn- und Feiertagen. Der genaue Fahrplan ist auf der Internetseite des Vereins Stumpfwaldbahn Ramsen e. V. einzusehen. Erwachsene hin und zurück 5 €, Kinder bis 3 J. frei, bis 12 J. 3,50 €. ✆ 06356-8035, stumpfwaldbahn.de.

Einkaufen **Der Laden.** Schöne Designartikel und leckere Kleinigkeiten bietet der dem Seehaus Forelle (s. u.) angeschlossene kleine Laden. Mi sowie 2. und 4. So im Monat 11–16 Uhr.

Übernachten/Essen **Seehaus Forelle Haeckenhaus.** Ob auf der Terrasse oder drinnen – einen schönen Blick über den See hat man von nahezu jedem Tisch aus. Feine (Fisch-)Gerichte aus regionalen, teilweise biologischen Zutaten sind typisch für die Seehaus-Küche. Eine der sehr empfehlenswerten Spezialitäten des Hauses ist die Fischsuppe, deren Rezept der Erzählung nach direkt von Marseillern Fischern stammt. Übernachtungsmöglichkeit in modernen Zimmern mit Seeblick. Mo/Di 12–15 Uhr, Mi–So 12–23 Uhr. Ramsen, Eiswoog 1, ✆ 06356-60880, seehaus-forelle.de. **€€€** (Restaurant), **€€** (Zimmer)

Landgasthof Waldglück. Dort, wo die Pfrimm den Stumpfwald verlässt, gibt es in dem 2022 eröffneten Gasthof ansprechende Klassiker und viel Vegetarisches. Do–Sa 17–22 Uhr, So 11.30–22 Uhr. Pfrimmerhof 3, 67729 Sippersfeld, ✆ 06357-975341. naturresort-waldglueck.de. **€€**

Retzberghütte am Sippersfelder Weiher. Wunderschön gelegene Wanderhütte, das perfekte Ziel bei einer Wanderung durch den Stumpfwald. Mi–Fr 11.30–17 Uhr, Sa/So 11.30–18 Uhr. Am Weiher 1, 67729 Sippersfeld, ✆ 06357-8880060, retzberghuette.de. **€**

***** Hotel Klostermühle.** Südlich von Imsbach kann man in einer alten Mühle des Klosters Hornbach (→ S. 240) in hellen, großzügigen Zimmern übernachten, im offenen Restaurant speisen und es sich im großen Naturgarten gut gehen lassen. Mi–Sa 18–23 Uhr, Fr auch 12–15 Uhr, So 12–15 Uhr. Münchweiler, Mühlstr. 19, ✆ 06302-92200, klostermuehle.com. **€€** (Zimmer), **€€€** (Restaurant)

***** Mühle am Schlossberg.** Ein beliebtes Ziel für Feinschmecker ist die nordwestlich von Otterberg gelegene, idyllische und modern gestaltete Mühle. Das Restaurant Mahlwerk bietet feine Küche in elegant-modernem Ambiente. Tägl. 12–14.30 Uhr und 18–23 Uhr. Die Zimmer des Hotels sind mit viel moderner Kunst gestaltet. Wartenberg, Schlossberg 16,

Im Nordpfälzer Bergland → Karte S. 261

Naturresort Waldglück

☏ 06302-92340, muehle-schlossberg.de. €€ (Zimmer), €€€ (Restaurant)

Camping Naturressort Waldglück. In den Ausläufern des Stumpfwaldes liegt rund um einen kleinen, aufgestauten See der Pfrimm dieser naturnahe und großzügige Campingplatz. Ein perfekter Ausgangspunkt für Wanderungen und Radtouren. Pfrimmerhof 3, 67729 Sippersfeld, ☏ 06357-975380. naturresort-waldglueck.de. €

Radfahren Der Eiswoog ist ein beliebtes Ausflugsziel für Radfahrer. Als Zwischenstopp auf dem Barbarossaradweg quer durch die Pfalz vom Rhein bei der Kaiserstadt Worms über die Barbarossastadt Kaiserslautern nach Glan-Münchweiler bei Kusel. Weitere Infos und die Route unter: pfalz.de/de/route/barbarossa-radweg.

Wandern Zahlreiche Wanderwege durchziehen den Stumpfwald. Besonders schön ist es rund um den Eiswoog und im Pfrimm- und Bruchbachtal bei Sippersfeld. Vom Eiswoog aus führt eine rund 7 km lange Wanderung zum Naturfreundehaus Rahnenhof (→ S. 93).

Wanderung 13: Rundtour durch den Stumpfwald: Zwischen Pfrimm und Eisbach

Ausgangspunkt der 14 km langen Runde ist das **Naturresort Waldglück** **1** bei Sippersfeld (alternative Startpunkte: Parkplätze am Eiswoog oder am Kleehof). Die Route folgt zunächst der Pfrimm, die hier gleich mehrfach zu respektablen Fischteichen aufgestaut ist. Nach Passieren der **Pfrimmquelle** **2** (Ritterstein) geht es durch den Stumpfwald bergan auf teils schmalen Pfaden Richtung Süden. Nach rund 4 km wird das **Stumpfwaldgericht** **3** erreicht, an dem zwischen dem 14. und 16. Jh. Gericht über die Streitigkeiten bei der Nutzung des Waldes gehalten worden sein soll. Anschließend folgt die Route zunächst dem Feldweg nach Süden, um dann unvermittelt auf einen kleinen Pfad nach Osten abzubiegen. Hier geht es durch den Wald steil bergab, bis man im Tal wieder auf einem breiteren Weg die **Dreibrunnental-Brücke** **4** der einstigen Eistalbahn erreicht. Wer sich vor steilen Hängen nicht fürchtet, kann von unten einen Abstecher auf die imposante Brücke machen. Anschließend führt die Strecke zur Straße und kurz danach wieder leicht bergan entlang der alten Bahnstrecke. Nach einer Verschnaufpause am **Eiswoog** **5** folgt der Weg zunächst den schmalen Gleisen der Stumpfwaldbahn bis zum

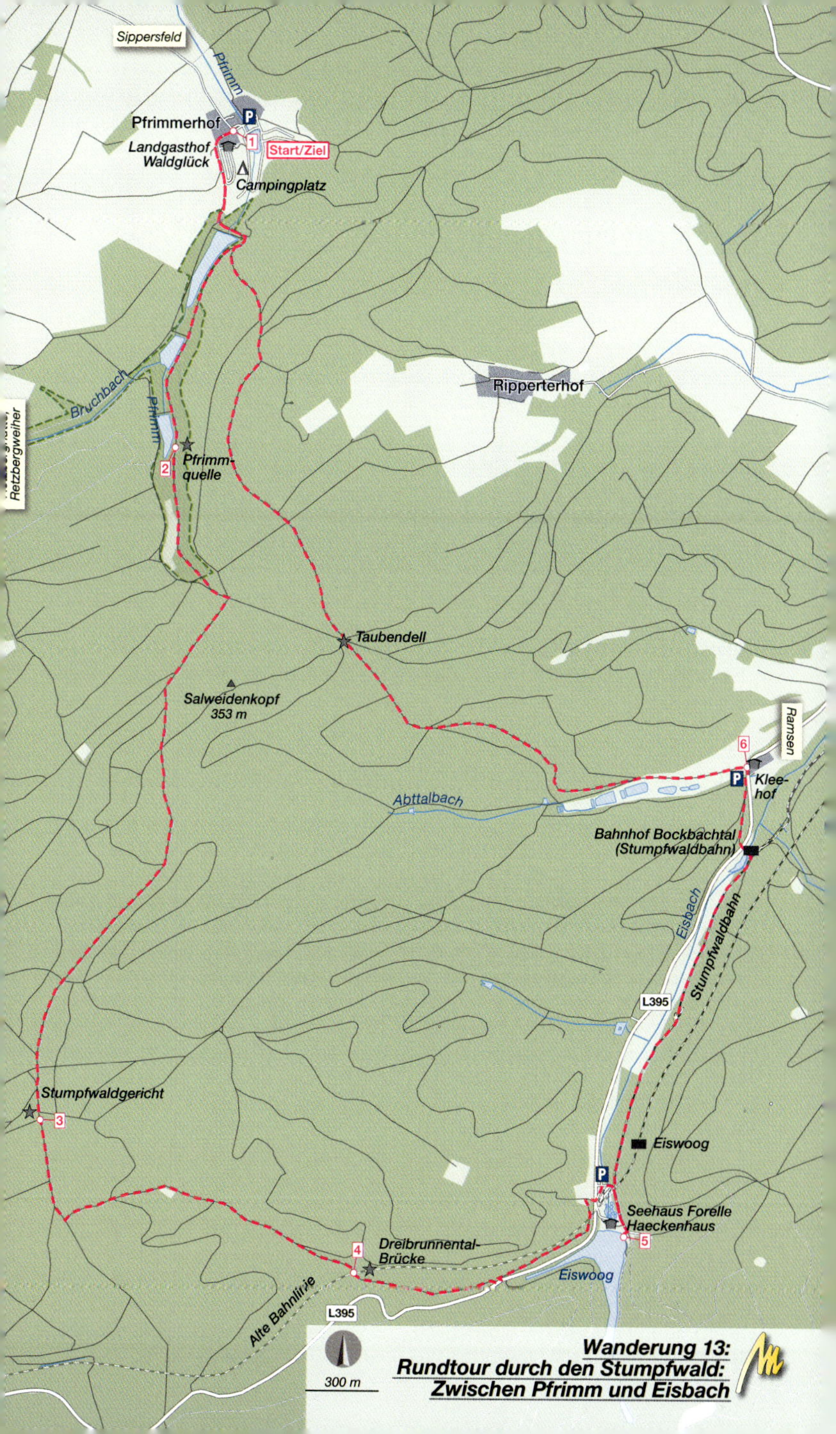

Wanderung 13:
Rundtour durch den Stumpfwald:
Zwischen Pfrimm und Eisbach

Bahnhof Bockbachtal und anschließend auf der anderen Straßenseite bis zum **Kleehof** **6**. Von hier geht es abermals entlang von Teichen und dann bergan durch den Wald entlang der Weggabelung Taubendell zurück zur Pfrimm.

Rockenhausen

Mit seiner kleinen Altstadt ist Rockenhausen ein sehr beschauliches Fleckchen. Neben einigen Läden, einem stilvollen (aber gerade nicht bewirtschafteten) Hotel im alten Schloss und schmalen, liebevoll restaurierten Gassen und Häusern locken Museen nicht nur Kunstliebhaber an.

Das heutige Erscheinungsbild der von viel Wald umgebenen und lange Zeit agrarisch geprägten Stadt entstand im frühen 19. Jh. Dicht gedrängt liegen zwischen Schloss- und Speyerstraße bescheidene, überwiegend im Fachwerkbau errichtete Wohn-, Bauern- und Geschäftshäuser. In den letzten Jahren hat man die weitgehend erhaltene barocke Innenstadt aufwendig restauriert. Einen Besuch lohnt besonders der mit Plastiken aufgewertete und von schönen Bürgerhäusern, dem Kahnweilerhaus sowie der barocken evangelischen Kirche von 1784 umgebene **Marktplatz.** Sehenswert ist neben der wuchtigen, erst 1917 entstandenen katholischen Kirche St. Sebastian, die Elemente aus Romanik und Jugendstil miteinander verbindet, auch das geschmackvoll renovierte **Schloss.** Schon im späten Mittelalter stand an seiner Stelle eine erste, von Wasser umgebene Burg, die 1571 durch ein repräsentatives Wohnschloss ersetzt wurde. Nach dessen Zerstörung im Dreißigjährigen und Pfälzer Erbfolgekrieg entstand das heutige Schloss wohl zur Mitte des 18. Jh. Ähnlich wie in Kirchheimbolanden (→ S. 260) verlor es mit den Revolutionskriegen seine Funktion als kurfürstlicher Amtssitz und wurde in den Folgejahren mehrfach versteigert. 1956 kam es in kommunalen Besitz, was zu einer Nutzung als Rathaus, Bücherei und Altentagesstätte führte, auch die Umwandlung des Schlossgartens in den heutigen Stadtpark erfolgte in dieser Zeit. Seit 2001 beherbergt das Schloss ein charmantes, modernes Hotel.

Sehenswertes

Gemessen an der Stadtgröße ist die Auswahl an Museen in Rockenhausen beeindruckend. Im **Nordpfälzer Heimatmuseum** werden umfangreiche Sammlungen zur Vor- und Frühgeschichte, Geologie und Paläontologie des Donnersbergraums und zum Bergbau und zu den Burgen in der Nordpfalz gezeigt. Eine der größten Turmuhrensammlungen Europas beherbergt das **Pfälzische Turmuhrenmuseum – Museum für Zeit,** das in einem idyllischen ehemaligen Hofgebäude untergebracht ist. Im **Museum für Kunst** zeigt die Stadt Rockenhausen Teile ihrer sehenswerten Sammlung deutscher Kunst des 20. Jh. Werke von bekannten Künstlern wie Karl Schmidt-Rottluff, Käthe Kollwitz, Max Slevogt, Otto Dix und Otmar Alt sind hier ebenso vertreten wie die weniger bekannter Künstler. Seit 2022 umfasst das Museum auch eine Ausstellung über den 1884 in Mannheim geborenen und von Rockenhausener Vorfahren abstammenden Daniel-Hénry Kahnweiler. Er war in Paris als Kunsthändler und Verleger tätig und gilt als Entdecker, Förderer und Freund Pablo Picassos. Regelmäßig finden auch Sonderausstellungen mit dem Schwerpunkt zeitgenössischer Kunst statt.

Nordpfälzer Heimatmuseum: Do und So 14.30–17.30 Uhr. Bezirksamtstr. 8, ✆ 06361-451214, nordpfaelzer-geschichtsverein.de.

Museum für Zeit – Pfälzisches Turmuhrenmuseum: Di–So 14.30–17.30 Uhr. Schlossstr. 10, ✆ 06361 3430, museum fuerzeit.de.

Museum für Kunst Rockenhausen: Di–So 14.30–17.30 Uhr. Speyerstr. 3, ✆ 06361-451121.

Der Eintritt ist jeweils frei, Spenden sind willkommen. Weitere Infos unter rockenhausen.de.

Praktische Infos

Information **Tourist-Information Rockenhausen** im Rathaus. Mo/Di 8–16 Uhr, Do bis 18 Uhr, Mi/Fr/Sa bis 12 Uhr. Bezirksamtsstr. 7, 67806 Rockenhausen, ✆ 06361-451 121, rockenhausen.de.

Baden **Natur-Erlebnisbad.** Schön gestaltete Schwimmteiche ohne Chlor mit Riesenrutsche, Sprungfelsen und einer ausgedehnten Liegewiese bieten von Mai bis Sept. Abwechslung und Abkühlung. Erwachsene 4,50 €, Kinder 2 €, Obermühle, ✆ 06361-993435, rockenhausen.de.

Einkaufen **Bücherhütte.** Die Buchhandlung führt eine Vielzahl von Büchern über die Pfalz. Teilweise stammen diese aus dem eigenen Verlag, in dem regionale Literatur und Postkarten erscheinen. Mo/Di/Do/Fr 9–18 Uhr, Mi/Sa bis 13 Uhr. Rognacallee 10 (im Finkenhof), ✆ 06361-21300, buecherhuette.de.

Amüse Köhl. Wer auf der Suche nach Tee, Kaffee, Schokolade, Gewürzen oder italienischen Spezialitäten ist, der sollte in diesem Feinkostladen vorbeischauen. Mo/Di/Do 10–13 und 14–17.30 Uhr, Fr 10–13 und 14–16 Uhr, Sa 10–12.30 Uhr. Bahnhofsstr. 3a, ✆ 06361-9296 007, amuese-koehl.de.

Essen **Pu-Tai Restaurant.** Das kleine vietnamesische Restaurant ist ein echtes Highlight im gastronomisch ausbaufähigen Rockenhausen. Qualität, Portionsgröße und Preise passen hier perfekt. Sehr beliebt, daher am besten reservieren. Di–Sa 11–14.30 und 17–22 Uhr. Rognacallee 6, ✆ 06361-9299144. **€**

Camping **Camping Donnersberg.** Großer und freundlicher Campingplatz mit Pool und Badesee 7 km nordöstlich von Rockenhausen. Gerbach, Kahlenbergweiher 1, ✆ 06361-8287, campingdonnersberg.com. **€**

Im Nordpfälzer Bergland → Karte S. 261

Das Kuseler Musikantenland

Schon immer war die Gegend im äußersten Nordwesten der Pfalz vergleichsweise arm. Die Landwirtschaft spielte eine wichtige Rolle, brachte aber aufgrund magerer Böden, schmaler Parzellen und ungünstiger Betriebsstrukturen wenig Ertrag. So zogen im 18. und 19. Jh. Tausende in fremde Länder, um dort ihr Glück zu versuchen.

Unter den Emigranten waren ab 1830 auch Tausende von Musikanten, die durch die ganze Welt reisten, mit ihrer Musik Erfolg hatten und so mit ihrem Einkommen halfen, die Familien in der verarmten Heimat zu ernähren. Einige der Musiker reisten mit Zirkussen, andere spielten in Kurorchestern oder Militärkapellen. Einer der berühmtesten Wandermusikanten war der 1874 in Erdesbach geborene Georg Drumm. Nach Zwischenstationen in Schottland und Irland erreichte er Amerika, wo er am Broadway als Komponist und Kapellmeister arbeitete. Seine bekannteste Komposition, der Marsch „Hail America“, wird in den USA seit den 1950er-Jahren bei offiziellen Anlässen wie z. B. der Amtseinführung des Präsidenten gespielt. Inzwischen wird in seiner Heimat aus der einstigen Not eine Tugend gemacht und die Region als Musikantenland vermarktet. Zu nennenswertem Reichtum sind die

Dörfer und kleinen Städte aber auch über hundert Jahre nach dem Höhepunkt der Auswanderungswelle nicht gekommen. Wirtschaftliche Probleme und die abgeschiedene Lage verleihen den Tälern teilweise ein tristes Aussehen. Schön sind die Weiden und Felder in den weitläufigen Höhenlagen. Über der Region thront die beeindruckende Burgruine Lichtenberg, in der nicht nur das Musikantenland-Museum an die musizierenden Bauernsöhne erinnert und das Geoskop Einblicke in die Erdgeschichte liefert. Das stattliche Gemäuer erinnert auch an jene Zeiten, in denen von hier aus das sogenannte Remigiusland rund um Kusel verwaltet wurde.

Informationen zur Region erteilt die Tourist-Information Pfälzer Bergland. Mo 8.30–16 Uhr, Do–Fr 8.30–12 Uhr. Bahnhofstr. 67, 66869 Kusel, ✆ 06381-424270, pfaelzerbergland.de.

Wolfstein und das Lautertal

Durch das breite und abwechslungsreiche Lautertal führt von Kaiserslautern aus der 40 km lange **Lautertalradweg** in die Abgeschiedenheit: Beginnend in der Großstadt folgt man ihm gemächlich durch die nördlichen Umlandgemeinden und ist spätestens ab Hirschhorn auf dem Land angekommen. Der Streckenverlauf ist gut ausgeschildert und nahezu flach, sodass auch Kinder mitfahren können. Durch die parallel verlaufende Bahnstrecke ist ein Abkürzen problemlos möglich. Nach zwei Dritteln der Strecke ist die Kleinstadt **Wolfstein** erreicht. Das Zentrum bietet rund um den zentralen Rathausplatz einige Anlaufstellen für hungrige Radfahrer, die hoch über dem Ortskern gelegene Jugendherberge eine weite Aussicht über das Umland. Die Hauptattraktion Wolfsteins aber ist das etwas außerhalb gelegene **Kalkbergwerk** im Königsberg, eines der wenigen Besucherbergwerke

Kalkbergwerk in Wolfstein

in der Pfalz. Mit einem Bähnchen geht es hinein in den kühlen Berg, 50 m unter Tage gewährt ein Rundweg dann Einblicke in die einstige harte Arbeit der Bergleute, die hier in den Gängen über Jahrhunderte nach einer Vielzahl an Bodenschätzen schürften. Der letzte Besitzer, Otto Kappel, arbeitete die letzten Jahre allein im Berg, auch das anschließende Brennen und Verkaufen des Kalks erledigte er weitgehend allein.

In **Lauterecken** empfängt einen die kleine Altstadt mit Resten des Alten Schlosses Veldenz. Über die Lauter führt kurz vor ihrer Mündung in den Glan die Rheingrafenbrücke, eine der schönsten und ältesten Steinbrücken der Pfalz.

Praktische Infos

Information Tourismusbüro der Verbandsgemeinde Lauterecken-Wolfstein. Mo–Fr 8.30–12 Uhr, Fr auch 14–16 Uhr. Schulstraße 6a, 67742 Lauterecken, ✆ 06382-791142, vg-lw.de.

Baden **Freizeitbad Königsberg.** Schönes, beheiztes Freibad mit Sprungturm. Mitte Mai bis Mitte Sept. Di 13–20 Uhr, sonst 10–20 Uhr. Eintritt 4 €, ermäßigt 2,50 €. Wolfstein, Am Schwimmbad, ✆ 06304-7808.

Kalkbergwerk Ende März bis Anfang Nov. So 13–18 Uhr. Festes Schuhwerk und warme Kleidung empfohlen. Besonders für Kinder ist die Führung ein spannendes Erlebnis. Erwachsene 7 €, Jugendliche 6 €. Infos erteilt die Verbandsgemeindeverwaltung Wolfstein, Bergstr. 2, ✆ 06382-791118, kalkbergwerk.com.

Wandern Rund um Wolfstein gibt es attraktive und gut ausgeschilderte Spazier- und Wanderrunden in verschiedenen Längen.

Radfahren Nähere Infos zum **Lautertalradweg** unter pfalz.de/de/route/lautertal-radweg

Übernachten/Essen **Brauhaus Lauterecken.** Direkt am Bahnhof und somit an der Draisine gelegen. Das günstige, wahlweise gutbürgerliche oder orientalische Essen ist lecker und reichlich, das Veldenzbräu wird frisch im Haus gebraut. Di–So 11–22 Uhr. ✆ 06382-8588, brauhauslauterecken.de. €

*** **Pfälzer Hof.** Engagierte Eigentümer haben das Hotel mit angeschlossenem Restaurant im gemütlichen, hellen Landhausstil herausgeputzt. Auf der Speisekarte finden sich sehr leckere klassische (Fleisch-)Gerichte und Käsespätzle. Mo, Fr, Sa 18–23 Uhr, So 12–15 Uhr. Lauterecken, Hauptstr. 12, ✆ 06382-7338, pfaelzer-hof.de. €€ (Zimmer), €€€ (Restaurant)

Mein Tipp **Pizzeria Gelateria La Piazzetta.** Direkt am Wolfsteiner Marktplatz lädt das in historischen Gemäuern untergebrachte Restaurant nicht nur zu Pizza und Pasta zu fairen Preisen ein, sondern im Sommer auch zu leckerem Eis. Mi–Sa 15–22 Uhr, So ab 11.30 Uhr. Wolfstein, Rathausplatz, ✆ 06304-9927665. €€

Jugendherberge Wolfstein. Die am Hang des Königsbergs gelegene Jugendherberge bietet neben einem herrlichen Blick über das Lautertal schöne, renovierte Zimmer (meist 4–6 Betten) und vielfältige Spielgelegenheiten. Wolfstein, Rötherweg 24, ✆ 06304-1408, die jugendherbergen.de. €

Im Nordpfälzer Bergland → Karte S. 261

Kusel und Umgebung

Die 5.000 Einwohner zählende Kreisstadt im engen Tal des Kuselbachs könnte mit den an den Hang gebauten Häusern und dem schönen klassizistischen Ensemble am Marktplatz durchaus reizvoll sein. Einige grobe Bausünden, Ladenleerstände und der Eindruck, dass die Stadt schon mal bessere Zeiten gesehen hat, rauben ihr jedoch einiges von diesem Potenzial.

Die Bebauung des etwas erhaben gelegenen Marktplatzes erfolgte nahezu geschlossen und gleichzeitig, da nach einem großen Stadtbrand um 1800 ein großflächiger Wiederaufbau notwendig war. Am Marktplatz entstanden vorwiegend repräsentative Bauten, während sich die Häuser der Handwerker um den etwas weiter südlich gelegenen Weiherplatz gruppierten.

Die Gründung der Stadt geht auf die Franken zurück, die hier auf den Ruinen eines römischen Gutshofes einen Königshof errichteten. Die Grafen von Veldenz, die auch die nahe Burg Lichtenberg (→ S. 280) erbauten, setzten sich später für den Ausbau Kusels ein, um ihre Machtposition zu stärken; 1346 wurden Kusel dann die Stadtrechte verliehen. Die Geschichte Kusels wird im kleinen **Stadt- und Heimatmuseum** gezeigt.

Di–So 14–17 Uhr; Eintritt frei, Marktstr. 27, ✆ 06381-8222, museum.kusel.de.

Glantal: Zwischen Kusel und dem Potzberg windet sich der Glan durch den breiten, grünen Talboden. Hier gibt es eine außergewöhnliche Fortbewegungsmöglichkeit: Die 1986 stillgelegte, eingleisige Teilstrecke der Glantalbahn kann von Altenglan über Lauterecken bis nach Staudernheim (Nahe) per Draisine befahren werden. Die mit Pedalen oder Handhebeln angetriebenen Draisinen verkehren von März bis Oktober: an geraden Tagen von Staudernheim und Lauterecken in Richtung Altenglan, an ungeraden Tagen umgekehrt.

Tagesmiete für Draisine je nach Modell unter der Woche 39–92 €, am Wochenende 49–96 €; Die Rückfahrt zum Startpunkt kann mit öffentlichen Verkehrsmitteln oder dem eigenen Fahrrad (Mitnahme auf der Draisine möglich) erfolgen. Mi 20 % Rabatt für Familien. Weitere Infos unter draisinentour.de.

Potzberg: Östlich des Glantals erhebt sich der „König des Westrichs" über die Landschaft und bietet den Besuchern ein schönes Panorama. Im 18. und 19. Jh. wurden an den Hängen des 562 m hohen Potzbergs Zinnobererze abgebaut, die für die Quecksilberproduktion benötigt wurden. Heute finden die Besucher neben dem schönen Ausblick und verschiedenen Wandermöglichkeiten ein verlassenes Hotel, das gerne als „Burg" bezeichnet wird, obwohl es weder Burg noch historisch ist, einen Aussichtsturm und einen ansprechenden Wildpark mit einer imposanten und kurzweiligen Greifvogelschau. Auch Elche leben hier fernab ihrer skandinavischen Heimat.

Die Innenstadt von Kusel

▪ Ganzjährig tägl. 10–18 Uhr, im Winter teils nur bis 17 Uhr. Vor allem im Winter ist es ratsam, die Öffnungszeiten telefonisch zu erfragen. Im Sommerhalbjahr findet tägl. um 15 Uhr die Greifvogel-Flugschau statt. Erwachsene 10,50 €, Kinder ab 4 J. 7 € (keine Kartenzahlung möglich). Föckelberg, Auf dem Potzberg, ✆ 06385-6249, wildpark.potzberg.de.

Remigiusberg: Gegenüber dem Potzberg liegt am Eingang des Glantals der historisch und geologisch interessante Remigiusberg. Auf der Kuppe ragen zwei kleine Gipfel über dem Glantal auf – einer mit der Kirche St. Remigius und der zweite mit einer kleinen Burgruine. Die *Michelsburg* wurde um 1260 vom Grafen von Veldenz errichtet. Die Zerstörung 1689 und die folgenden Jahrhunderte ließen neben der Schildmauer und der nördlichen Wehrmauer nur die Reste eines Rundturmes übrig. Die heute als Pfarrkirche von Haschbach genutzte Kirche *St. Remigius* trägt den Beinamen Probsteikirche. Doch das dazugehörige Kloster ist schon lange Geschichte. Gegründet wurde dieses 1127 als Filiale der Benediktinerabtei St. Remy (Reims). Mit Einführung der Reformation im Herzogtum Pfalz-Zweibrücken wurde das Kloster 1526 aufgelöst. Erhalten ist ein Großteil der Klosterkirche und die Bezeichnung Remigiusland für den Landstrich um Kusel und Altenglan. Die am großflächigen Remigiusberg befindlichen Steinbrüche sind heute teilweise wieder geschlossen, waren aber einst von großer wirtschaftlicher Bedeutung. Im 19. Jh. eroberte der hier anstehende, sehr harte Kuselit halb Europa: Viele Bahnstecken wurden mit diesem Stein geschottert und in Berlin und Paris flaniert man bis heute auch auf pfälzischem Pflaster.

▪ Zufahrt über Haschbach, am Ortsausgang in Richtung Remigiusberg zweigt nach links ein Feldweg ab, der zu einem jederzeit zugänglichen Aussichtspunkt mit Einblicken in den großflächigen Steinbruch am Remigiusberg führt. Infotafeln geben Einblick in die Geologie sowie die Verwendungsbereiche der gewonnenen Steine.

Einer der vielen Greifvögel vom Wildpark Potzberg

Praktische Infos

Baden **Sport- und Freizeitbad Altenglan.** Großes Freibad mit vier Becken. Mai bis Aug. tägl. 9–20 Uhr. Eintritt 4,50 €, ermäßigt 2,50 €. Altenglan, In der Godersbach, ✆ 06381-2606, vg-altenglan.de.

Einkaufen **Buchhandlung Wolf.** Traditionsreiche Buchhandlung im Zentrum von Kusel. Mo–Fr 9–18 Uhr, Sa 9–13 Uhr. Marktstr. 13–15, ✆ 06381-2207, buch-wolf.de.

Radfahren Der 24 km lange **Fritz-Wunderlich-Weg** führt auf der ehemaligen Bahntrasse Kusel–Türkismühle in sanfter Steigung über Thallichtenberg nach Freisen im Saarland (hier Anschluss an den Saarland-Radweg) und passiert dabei Brücken und Tunnel. Infos unter pfaelzerbergland.de/fritz-wunderlich-weg/.

Essen & Trinken **Daniels am Markt.** Daniel und Ulrike Bößhar haben das ehemalige Café am Markt in einen legeren, kreativen und stilvoll eingerichteten Feinschmeckertempel verwandelt. Auf der Karte finden sich verschiedene Menus mit vier bis sieben Gängen. Di/Mi Ruhetag, sonst 18–22 Uhr, So auch 11–14 Uhr. Kusel, Marktplatz 6, ✆ 06381-4252998, danielsammarkt.de. **€€€**

Mein Tipp **Café AusZeit.** Behutsam und mit Liebe zum Detail entstand in einem jahrelang leerstehenden Gasthaus ein gemütliches und freundliches Café. Auf der kleinen Karte finden sich neben verschiedenen Kaffee-Spezialitäten auch Sandwiches und Waffeln. Sa/So geschlossen, sonst 9–14, Mo bis 15, Fr bis 13 Uhr. Kusel, Marktstraße 16. Instagram: cafeauszeitkusel. **€**

Deutsches Haus. Die alteingesessene Gaststätte mit stilvoller Einrichtung ist vor allem für ihre großen Schnitzel und Steakgerichte bekannt. Aber auch Vegetarier kommen bei der Pasta auf ihre Kosten. Mi–So ab 17.15 Uhr, Mi–Fr und So auch 11–14 Uhr. Kusel, Am Weiherplatz 24, ✆ 06381-2178, Instagram: deutscheshauskusel. **€€**

*****S Waldhotel Felschbachhof.** Das auf den ersten Blick unscheinbare Hotel in ruhiger Lage oberhalb von Ulmet überrascht mit gepflegten Zimmern und einem sehr einladenden Restaurant. Die Speisen werden aus biologisch erzeugten Zutaten zubereitet. Interessante Zusatzangebote, z. B. Draisinenfahrt oder Eseltrekking. Restaurant So ab 15 Uhr, sonst durchgehend geöffnet, Küche 11.30–13.30 und 17.30–21.30 Uhr. Ulmet, Felschbachhof, ✆ 06387-9110, felschbachhof.de. **€€**

Zum Alten Keiler. Noch ein Stückchen ländlicher liegt der von außen sehr unscheinbare Alte Keiler. Die Küche hat aber alle Gastrotrends auf dem Schirm, manch Leckeres wie hausgemachte Limo oder Dry Aged Steak stehen auf der amitionierten Karte. Do–So 18–21.30 Uhr, So auch 11–14 Uhr. Horschbach, Hachenbacherstr. 9, ✆ 06387-7172, alterkeiler.de. **€€€**

Burgruine Lichtenberg

Auf einem Sporn liegt mit 425 m Länge eine der größten Burgruinen Deutschlands: die Lichtenberg. Neben einer Jugendherberge und einem Restaurant haben hier auch zwei Museen ihren Platz gefunden.

Die Burg wurde um 1200 von den Grafen von Veldenz auf dem Grund des in Reims ansässigen Klosters St. Remy erbaut. Nach dem Aussterben der Grafen ging sie 1444 an die Herzöge von Pfalz-Zweibrücken über. Im Gegensatz zu den meisten Burgen der Umgebung wurde sie nie von Feinden erobert oder zerstört, ein Großfeuer im Jahr 1799 beschädigte sie allerdings schwer. Vom Parkplatz kommend, betritt man die Burg von der alten Angriffsseite her. Durch zwei nacheinander entstandene Tore erreicht man die Oberburg. Hier sind das **Burgrestaurant** und die **Jugendherberge** harmonisch als Teil der Burgmauer in das Gesamtbild eingefügt. Zahlreiche Spuren der ursprünglichen Bebauung sind noch zu sehen. Der dominierende Bergfried ist jedoch keinesfalls so alt, wie er erscheint, sondern wurde mehrmals wiederaufgebaut. Auf der Spornspitze befindet sich der wohl älteste Teil der Anlage, die kaum noch auszumachende Unterburg. Zwischen Ober- und Unterburg stehen die wiedererrichtete Zehntscheune, die heute das Musikantenland-Museum und die sog. Naturschau beherbergt, sowie das 1998 modern erbaute Geoskop. Das etwas angestaubt wirkende **Musikantenland-Museum** vermittelt anhand von lebensgroßen Figuren einen Einblick in das Leben der Wandermusikanten und ihrer Familien. Das **Urweltmuseum Geoskop** und die **Naturschau** sind Zweigstellen des Bad Dürkheimer Pfalzmuseums für Naturkunde, das vom Naturkundeverein Pollichia getragen wird. Während in der Naturschau allerlei präparierte Tiere und einige Tafeln zur Flora und Fauna der Region zu sehen sind, erlaubt das Geoskop

Burgruine Lichtenberg

einen spannenden und eindrucksvollen Blick in die Erdgeschichte. Gezeigt werden hier z. B. Fossilien und prächtige Mineralien, der Schwerpunkt liegt auf der Zeit des Rotliegenden, dem für die Region prägendsten Erdzeitalter.

Information **Burgverwaltung Burg Lichtenberg.** April bis Okt. tägl. außer Mo 10–17 Uhr, Nov. bis März 10–12 und 14–17 Uhr. In der Zehntscheune, 66871 Thallichtenberg, ✆ 06381-8429, burglichtenberg-pfalz.de.

Anfahrt Mehrmals tägl. fährt der Burgenbus (Linie 297) ab dem Bahnhof Kusel über Thallichtenberg in 15 Minuten zur Burg.

Museen **Musikantenland-Museum und Naturschau.** April bis Okt. tägl. außer Mo 10–17 Uhr, Nov. bis März 10–12 und 14–17 Uhr. Eintritt 2,10 €, ermäßigt 1,50 €, Kinder unter 6 J. frei, Familienkarte (2 Erw. mit Kindern) 5,10 €. Musikantenland-Museum ✆ 06381-8429, Naturschau ✆ 06381-993450.

Urweltmuseum Geoskop. April bis Okt. tägl. außer Mo 10–17 Uhr. Nov. bis März 10–12 und 14–17 Uhr. Eintritt 2,60 €, ermäßigt 2,10 €, Kinder unter 6 J. frei, Familienkarte 6,10 €. ✆ 06381-993450, urweltmuseum-geoskop.de.

Kombikarte für beide Museen 3,60 €, ermäßigt 2,80 €, Familienkarte 9,20 €.

Veranstaltung **Mittelalterlicher Weihnachtsmarkt.** Neben Kunsthandwerk und teilweise altertümlich anmutenden Speisen gibt es am ersten Adventswochenende Ritter, Burgfräulein, Gaukler und Feuerspucker zu bewundern. Sa ab 14 Uhr, So ab 10 Uhr. Im Frühsommer findet auch ein ähnlicher Sommermarkt statt. burglichtenberg-weihnachts markt.de.

Übernachten **Jugendgästehaus Burg Lichtenberg.** Die neue und gepflegte Jugendherberge ist bei Schulklassen und Familien sehr beliebt, sodass für Ferienzeiten und lange Wochenenden trotz der 106 Betten eine zeitige Reservierung notwendig ist. ✆ 06381-2632, die jugendherbergen.de. **€**

Essen & Trinken **Burgrestaurant.** Im hellen, gemütlichen Burgambiente kann man gut essen oder Kaffee trinken, die Preise sind jedoch höher als unten im Tal. Di–So ab 10 Uhr, warme Küche 11.30–14 und 18–22 Uhr, dazwischen kleine Vesperkarte. ✆ 06381-9987236, burglichtenberg.de. **€€**

Im Nordpfälzer Bergland → Karte S. 261

Kloster Eußerthal

Nachlesen

& Nachschlagen

Höchster Punkt der Pfalz: der Donnersberg

Die Landschaften

Der Pfälzerwald mit seinen unzähligen, weithin sichtbaren Gipfeln prägt die Landschaft zwischen der flachen und dicht besiedelten Rheinebene im Osten, dem Elsass im Süden, dem Saarland im Westen und dem Nordpfälzer Bergland im Norden. Unmittelbar am östlichen Rand des Waldes verläuft die Deutsche Weinstraße durch die traditionsreiche Kulturlandschaft der Haardt.

Schon beim bloßen Durchfahren lernt man viel über die Geschichte der Landschaft, die sich im und am Rande des vor rund 40 Mio. Jahren gebildeten Oberrheingrabens entwickelt hat. Im Osten bildet der **Rhein** mit seinen großen Zentren Mannheim, Ludwigshafen und Karlsruhe sowie der einladenden und stimmungsvollen Landschaft der Altrheinarme die Grenze zwischen der Pfalz und Baden. Seit der Rheinbegradigung im 19. Jh. fließt der Rhein schneller und geradliniger seiner Mündung entgegen. Die verbliebenen Schlingen des einst wilden Flusses bieten ein großartiges Revier für Naturliebhaber, Wassersportler und Stechmücken.

Westlich des Rheins folgt das Hochgestade mit seinen fruchtbaren Böden und großflächigen Gemüsekulturen. Radieschen, Spargel, Salate und Kartoffeln wachsen prächtig auf dem feinsandigen Untergrund und bilden seit Langem die Hauptprodukte der hiesigen Landwirtschaft. Der südliche Abschnitt dieser ebenen, als **Vorder- oder Rheinpfalz** bezeichneten Region um die Städte Herxheim und Kandel gilt als eines der größten Tabakanbaugebiete Deutschlands, aber durch den Wegfall von EU-Subventionen für den Tabakanbau ist die Region im Umbruch begriffen. Und etwas weiter im Westen ist an der **Haardt** zwischen Pfälzerwald und Vorderpfalz die wohl bekannteste Sonderkultur der Pfalz zu Hause: der Wein. Überall werden die weitläufigen Weinberge gerne als „Rebenmeer" bezeichnet, an den Hängen des Pfälzerwalds scheint der Begriff aber besonders treffend: dort die steilen Klippen des Pfälzerwalds, hier die Weiten des grünen Meeres. Die 1935 eröffnete **Weinstraße** markiert wie eine lange Schnur den Uferbereich. Aufgereiht an ihr liegen die oft schmucken Orte mit langer Weinbautradition. Viele der Besucher kommen wegen des Weins, der hier auf rund 23.000 ha in sanft gewellten Lagen wächst und die Landschaft und die Dörfer mit ihrer Kultur unverwechselbar prägt. Im Sommer geben Rosenstöcke, die den Winzern frühzeitig den Befall durch Mehltau anzeigen, den Weinbergen einen freundlichen Charakter. Und im Herbst, wenn die klimatische Gunst der Region besonders spürbar wird, wenn Neuer Wein und Zwiebelkuchen locken und die Herbstfarben das Rebenmeer in ein wunderbares Licht tauchen, lohnt der Besuch der Weinstraße besonders.

Wenige Kilometer weiter westlich geht es im **Pfälzerwald** deutlich gemächlicher zu. Zusammen mit den französischen Vogesen bildet er das größte zusammenhängende Waldgebiet Mitteleuropas. Gut ausgeschilderte Wanderwege, endlose Weiten und gastfreundliche Hütten laden Naturliebhaber und Wanderer zu allen Jahreszeiten ein. Im Süden prägen bizarre Felsformationen und landwirtschaftlich genutzte Talauen das Bild, in seinem Zentrum ist er geprägt von kaum enden wollenden Mischwäldern. Nördlich an den Pfälzerwald grenzt schließlich das ländlich geprägte **Nordpfälzer Bergland** an. Mit dem Donnersberg überragt hier die höchste Erhebung der Pfalz die hügelige Landschaft, in der sich kleinere Wälder, Felder und Weiden abwechseln.

Geologie

Die Entstehung von Pfälzerwald und Rheinebene ist untrennbar miteinander verbunden. Im Tertiär vor rund 40 Mio. Jahren begann sich der Rheingraben zu senken, während sich die ihn begleitenden Mittelgebirge gleichzeitig hoben.

Die Rheinebene ist die nahezu flache Mitte des großen Grabenbruchs, dessen Schultern Pfälzerwald und Vogesen im Westen sowie Odenwald und Schwarzwald im Osten bilden. Bis zu 3000 m beträgt die Verwerfung zwischen den Flanken und dem Boden des Grabens. Dass die Höhenunterschiede in der Landschaft heute deutlich geringer sind als früher, liegt daran, dass sich im Laufe des Tertiärs und Quartärs mehrere Kilometer mächtige Sedimentschichten auf dem Boden des Grabens ablagerten. Die tektonischen Verwerfungen erfolgten jedoch nicht nur vertikal, auch in horizontaler Richtung drifteten die Grabenflanken einige Kilometer auseinander. Im Bereich des Pfälzerwalds wurden die älteren Gesteinsschichten aus dem Buntsandstein nach oben gehoben und durch die nachfolgende Erosion freigelegt. Die höchste so entstandene Erhebung ist mit 673 m die Kalmit bei Neustadt. Am Rande des Grabens bahnten sich vulkanische Gesteine ihren Weg durch die dünne Erdkruste (z. B. der Pechsteinkopf bei Forst) und verstärkten das geologische Durcheinander, das durch den Einbruch des Grabens entstanden war. Der Randbereich besteht aus verrutschten Schollen unterschiedlicher Erdzeitalter. Die damit verbundene Vielfalt an Gesteinen und Böden auf kleinstem Raum lässt die Lage zu einem besonderen Kriterium für den Weinanbau werden.

Durch die tektonische Sonderstellung des Oberrheingrabens sind die Temperaturen im Untergrund höher als anderswo. Während der Temperaturanstieg in der Erdoberfläche normalerweise rund 1 °C pro 30 m Tiefe beträgt, braucht man z. B. bei Landau nur 11–15 m, um diese Temperaturzunahme zu erreichen. Seit November 2007 macht sich dies das erste ganzjährig industriell nutzbare Erdwärmekraftwerk Deutschlands zunutze und versorgt 6000 Haushalte mit nachhaltig erzeugter Energie. Aus 3300 m Tiefe wird 160 °C heißes Wasser an die Oberfläche gepumpt und zur Stromerzeugung eingesetzt. Schon in den kommenden Jahren könnte hier auch Lithium gefördert werden, das im Grundwasser aus dem Untergrund gelöst ist und als wichtiger Grundstoff für die Herstellung von Batterien gilt. Bereits seit 1955 wird bei Landau Erdöl gewonnen. Jährlich fördern die charakteristischen Pferdekopfpumpen hier und bei Römerberg bei Speyer über 100.000 t Rohöl an die Oberfläche.

Sandsteinfelsen im Dahner Felsenland

Die Sandsteine des Pfälzerwalds sind älter als die Ablagerungen der Rheinebene. Sie entstanden vor rund 250 Mio. Jahren im Zeitalter des **Zechsteins** und **Buntsandsteins** und haben Mächtigkeiten von über 400 m. Damals herrschte in diesem Gebiet ein trocken-heißes, wüstenartiges Klima. Starker Wind transportierte feinen Sand und Staub, durch reißende Wasserläufe wurden Sand und Geröll in die Pfalz gebracht. In Senken entstanden abflusslose Seen, auf deren Grund sich Sande und Schluffe ablagerten. Im weiteren Verlauf wurden die Sedimente des Buntsandsteins ihrerseits von mächtigen Schichten überdeckt und wurden so zu festen Sandsteinen. Heute sind die jüngeren Schichten aus Muschelkalk, Keuper und Jura kaum noch erhalten. Verwitterung und Erosion haben aus den durch oxidiertes Eisen zumeist rot gefärbten Buntsandsteinschichten bizarre Landschaftsformen gemacht, die v. a. im Süden des Pfälzerwalds zu sehen sind. Ist der Buntsandstein hell (wie beispielsweise beim Haardter Sandstein), so wurde er durch zirkulierendes Kluftwasser gebleicht.

Unterhalb des Buntsandsteins liegen die harten und alten Gesteine des **Variskischen Gebirges**, die jedoch nur an wenigen Stellen zutage treten. Die Gneise im Steinbruch bei Albersweiler gehören ebenso dazu wie der Schiefer bei Burrweiler oder am Schieferkopf bei Hambach.

Anders als der Pfälzerwald stammen die anstehenden Gesteine des **Nordpfälzer Berglands** aus dem oberen Rotliegenden. Während sich vor rund 300 Mio. Jahren die Bereiche nördlich und südlich anhoben, sammelte sich in dem sog. Saar-Nahe-Becken der Schutt aus den umliegenden Hochgebieten. Aber auch Gesteine vulkanischen Ursprungs prägen die Region insbesondere um den Donnersberg und führten hier zur Entstehung von Erzen, die bis in das beginnende 20. Jh. abgebaut wurden.

Naturpark und Biosphärenreservat Pfälzerwald

Der touristischen Bedeutung der natürlichen Landschaft war man sich im Pfälzerwald schon früh bewusst. 1958 wurde der Naturpark als einer der ersten in Deutschland gegründet. Der zu 70 % aus Nadelhölzern bestehende bewaldete Bereich, der von den tiefen Tälern der Queich, des Speyerbachs und der Isenach durchschnitten wird und nur dünn besiedelt ist, gehört ebenso dazu wie Teile der touristisch intensiv genutzten Haardt. Aufgrund seines besonderen Modell- und Vorbildcharakters wurde der gesamte Pfälzerwald 1992 von der UNESCO als Biosphärenreservat anerkannt. Es dient – seit 1998 grenzüberschreitend als Biosphärenreservat Pfälzerwald-Nordvogesen – dem Schutz der Ökosysteme und der Erarbeitung nachhaltiger Wirtschaftsweisen gemeinsam mit den hier lebenden Menschen. Der größte Teil des südlichen Pfälzerwalds gehört zur sog. Pflegezone, in welcher der Erhalt der historisch gewachsenen Kulturlandschaft im Vordergrund steht. Das Biosphärenreservat und diverse Aspekte von Nachhaltigkeit sind auch Thema des Hauses für Nachhaltigkeit im Weiler Johanniskreuz (→ S. 245). Weitere Infos unter hdn-pfalz.de und pfaelzerwald.de.

Klima

Das Klima in der Rheinebene ist warm und niederschlagsarm. Zusammen mit einigen Gemeinden im südlichen Oberrheingraben streiten sich die Orte an der Weinstraße regelmäßig um das Prädikat des wärmsten Ortes Deutschlands.

Das langjährige Mittel liegt hier bei über 11 °C, im Sommer werden regelmäßig Höchsttemperaturen von über 30 °C erreicht.

Die föhnartig absteigenden Winde am Ostrand des Pfälzerwaldes führen dazu, dass die Weinstraße häufig keinen Niederschlag erhält, während es weiter westlich und östlich regnet. Mit knapp 600 mm Niederschlag und 1700 Sonnenstunden pro Jahr gehört die Weinstraße zu den sonnigsten Regionen Deutschlands. Bis in den Oktober hinein ist das Wetter oft traumhaft schön. Ab November kühlen die Niederungen jedoch rasch aus und Nebelbänke legen sich über die feuchte Rheinebene.

Im **Pfälzerwald** kann man sich selbst im Sommer gut abkühlen. Die Höhe, der dichte Wald und der Wind machen einen Aufenthalt meist angenehm erfrischend. Während der Sommermonate liegt die Temperaturdifferenz zwischen Weinstraße und Berghöhen bei über 4 °C. Im Winter ist sie geringer, dann sind auch die Temperaturen auf den Höhen vergleichsweise hoch, sodass selbst auf den Gipfeln des Pfälzerwalds nur selten Schnee liegt. Im Norden und äußersten Westen der Region, dem Nordpfälzer Bergland und dem Westrich, ist das Klima rauer. Die Temperaturen sind hier sommers wie winters niedriger als an der Weinstraße.

	Neustadt an der Weinstraße				Pirmasens			
	Ø Lufttemperatur (Tagesmittel in °C), Veränderung zur Periode 1961–1990		Ø Niederschlag (in mm), Veränderung zur Periode 1961–1990		Ø Lufttemperatur (Tagesmittel in °C), Veränderung zur Periode 1961–1990		Ø Niederschlag (in mm), Veränderung zur Periode 1961–1990	
Jan.	2,3	+1,0	48	-5	1,3	+0,9	82	+7
Febr.	3,3	+0,8	43	-8	2,0	+0,8	73	+6
März	7,1	+1,3	42	-10	5,3	+1,3	70	0
April	11,5	+1,9	38	-15	9,2	+1,8	53	-10
Mai	15,4	+1,3	56	-13	13,1	+1,3	75	-7
Juni	18,8	+1,5	54	-11	16,4	+1,4	74	-12
Juli	20,8	+1,6	54	-3	18,2	+1,8	79	+9
Aug.	20,3	+1,7	51	-2	17,6	+2,1	72	-2
Sept.	15,8	+0,6	44	-1	13,6	+0,9	69	+5
Okt.	10,8	+0,4	48	-1	9,7	+0,9	78	+5
Nov.	6,3	+1,0	51	-11	5,2	+1,2	82	-1
Dez.	3,3	+0,9	62	0	2,2	+0,9	105	+16
Jahr	**11,3**	**+1,2**	**589**	**-79**	**9,5**	**+1,3**	**912**	**+14**

Daten: Deutscher Wetterdienst, Periode 1991–2020

Wie überall ist der **Klimawandel** auch in der Pfalz deutlich messbar. Im Durchschnitt der Jahre 1991 bis 2020 lagen die Jahresdurchschnittstemperaturen über ein Grad höher als im Zeitraum 1961 bis 1990. Besonders stark fällt der Temperaturanstieg in den Sommermonaten aus. An der Station Bad Bergzabern wurden zuletzt durchschnittlich 11,7 Tage mit einer Maximaltemperatur von mindestens 30 °C gemessen, an 53 Tagen im Jahr stiegen die Thermometer auf mindestens 25 °C. Frostige Nächte dagegen gibt es hier immer weniger: Zwischen 1991 und 2020 lag das Temperaturminimum an durchschnittlich 50 Tagen unter dem Gefrierpunkt, im Vergleichszeitraum der 30 vorangegangenen Jahre wurden noch durchschnittlich 67 Frosttage pro Jahr registriert.

Flora und Fauna

Besonders eindrucksvoll ist die Vegetation an den exponierten Südhängen des Pfälzerwalds. Aber auch sonst haben Flora und Fauna der Pfalz einiges zu bieten.

Auf den nährstoffarmen und sehr trockenen Sandböden dominiert die **Kiefer** *(Pinus sylvestris)*, dazwischen wachsen Heidelbeeren und Heidekraut. Selbst an kühlen Wintertagen entsteht bei Sonnenschein ein würzig-intensiver Duft, der ein bisschen an Sommer am Mittelmeer erinnert. An weniger sonnigen Stellen findet sich meist Mischwald, mal dicht und dunkel, meist aufgelockert und hell. Mit einem Anteil von 35 % ist die **Buche** die inzwischen am häufigsten vorkommende Baumart des Pfälzerwaldes. Die für die Region typische **Esskastanie** *(Castanea sativa)* ist vorwiegend auf den ersten dem Wein folgenden Hügeln zwischen 200 und 400 m Höhe zu finden. Die Römer verhalfen dem Baum zum Durchbruch, da sich sein Holz hervorragend für den heute im Weinbau nicht mehr üblichen Kammertbau und für Weinfässer eignete. Mittlerweile sind v. a. die als stachelige Pakete zu findenden Früchte begehrt. Ab Oktober liefern sich sammelnde Wanderer und hungrige **Wildschweine** einen Wettkampf um die nährstoffreichen „Keschde".

In der Dämmerung hat man in der Pfalz gute Chancen, auf Mausohren, Abendsegler und Langohren zu treffen. So oder so ähnlich heißen die Fledermäuse, von denen fast 20 Arten in Teilen des Pfälzerwalds und an der Haardt zu Hause sind. Mit bis zu 40 cm Flügelspannweite sausen sie im Zickzackkurs durch die Luft. Tagsüber schlafen sie in Höhlen oder verlassenen Gebäuden.

Äußerst selten zu Gesicht bekommt man dagegen die scheuen **Wildkatzen,** die sich überwiegend in den ruhigen und wenig genutzten Weiten des Waldes aufhalten. Rund 500 der meist in kleinen Höhlen unterhalb von Felsen lebenden Tiere gibt es in der Pfalz. Der seit weit über 100 Jahren im Pfälzerwald ausgestorbene **Luchs** wird derzeit wieder angesiedelt. Die bis zu 110 cm großen Katzen mit den charakteristischen Ohrpinseln ernähren sich hauptsächlich von Rehwild. Das Biosphärengebiet Pfälzerwald-Nordvogesen ist durch seine Fläche für die Wiederansiedlung interessant, da ein ausgewachsener männlicher Luchs vermutlich eine – ungeteilte – Reviergröße von bis zu 400 km² benötigt. In den vergangenen Jahren wurden im Pfälzerwald zunehmend auch Spuren von **Wölfen** gefunden. Blut und Kot, aber auch gerissene Schafe und Ziegen deuten darauf hin, dass Wölfe das ausgedehnte Waldgebiet durchstreifen. Das Koordinationszentrum für Luchs und Wolf (KLUWO) in Trippstadt hat inzwischen rund 80 Fotofallen installiert, um mehr über die seltenen Wildtiere zu erfahren (→ S. 226). Eher unwahrscheinlich übrigens ist, dass sich Luchs und Wolf im Pfälzerwald über den Weg laufen. Zum einen weicht der Luchs Konfrontationen meist aus, zum anderen würde er sich als guter Kletterer im Fall der Fälle wohl flink auf einen Baum retten und dort abwarten, bis der Wolf sein Interesse verliert.

Am Übergang zwischen Pfälzerwald und Rheinebene ist der **Wiedehopf** zu Hause. Sein Bestand ist in Europa deutlich zurückgegangen, hier an der warmen und trockenen Haardt fühlt er sich jedoch wohl. Überhaupt sind die abwechslungsreichen, von Mauern und Hecken durchzogenen Weinberge, die von den großflächigen Flurbereinigungen der 1970er- und 1980er-Jahre verschont geblieben sind, ein beliebter Lebensraum. Bis zu 30 wärmeliebende Brutvogelarten sind hier anzutreffen, unter ihnen **Bluthänfling, Girlitz** und **Stieglitz** sowie seltene Vögel wie **Neuntöter, Zaunammer** oder **Steinschmätzer.** Bei einem Spaziergang durch die Weinberge, aber auch entlang der Felsen des Pfälzerwalds fällt vor allem ein weiteres charakteristisches Tier der Pfalz auf: die **Mauereidechse.** Da ein Exemplar dieser wärmeliebenden Reptilien gerade mal 5 m² Fels oder Trockenmauer als Lebensraum beansprucht, kann man sie zwischen Frühsommer und Herbst zuhauf beim Sonnenbaden beobachten.

Am Rhein prägen die urwüchsigen **Auwälder** die Landschaft. An ganz oder teilweise abgetrennten Rheinschlingen wachsen auf feuchtem, hin und wieder überschwemmtem Grund Weiden, Pappeln und andere feuchtigkeitsliebende Pflanzen. Früher war der Bereich der

Elwetritsche

Nicht nur Wildschweine und Füchse bevölkern die ausgedehnten Wälder des Pfälzerwalds. Seit Jahrhunderten sind im dichten Unterholz und am Fuße steiler Felsen auch die Elwetritsche zu Hause. So recht beschreiben kann man sie nicht, sind sie doch äußerst scheu und zeigen sich kaum in der Öffentlichkeit. Am ehesten noch haben sie Ähnlichkeit mit Hühnern. Und aus solchen sollen sie auch entstanden sein: Einst verirrten sich Hühner, Enten und Gänse im Wald, paarten sich mit Kobolden und Feen und gründeten ihre eigene bunte und lustige Familie. Wo genau dies geschehen sein soll, darüber streitet man sich bis heute. Fest steht, dass den eigenartigen Fabelwesen nicht nur etliche Denkmäler und Brunnen gewidmet sind (v. a. der 1978 von Gernot Rumpf gestaltete Elwetritschebrunnen in Neustadt), sondern dass die vielerorts angebotene Jagd nach ihnen auch eine äußerst heitere und feuchtfröhliche Sache ist.

Auwälder deutlich größer und wilder, durch die Rheinregulierung wurden sie jedoch stark zurückgedrängt. An einigen Stellen lässt sich die Vergangenheit als „Amazonas vom Oberrhein" aber noch erahnen. Dazu tragen in feuchten Sommern auch die trotz intensiver Bekämpfung zahlreich vorhandenen Stechmücken, lokal als „Schnaken" bezeichnet, bei.

Geschichte

Schon die Kelten hinterließen ihre Spuren und errichteten auf dem Donnersberg eine riesige Stadtanlage. An der Weinstraße sind vor allem die Spuren der Römer prägend: Sie bauten Straßen und Häuser und brachten der Region den Wein. Im Pfälzerwald schließlich zeugen unzählige Burgen von der Bedeutung, die der Region im ehemaligen Kaiserreich zukam.

Die Geschichte der Pfalz ist lang und verworren. Viele Kriege brachen über sie herein und bescherten den Bewohnern neben Elend, Tod und Zerstörung v. a. eines: wechselnde Herrschaften. Die Römer brachten den Wein, die Staufer die Insignien der Macht, der Sonnenkönig und Napoleon verheerende Kämpfe und Verwüstungen. Mit der Angliederung an Bayern verlor die Pfalz schließlich ihre Eigenständigkeit, die sie als Pfalzgrafschaft und Kurpfalz seit dem 12. Jh. zu einer wichtigen machtpolitischen Größe im Alten Reich gemacht hatte.

Von Kelten, Römern und Franken

Die Spuren früher Siedlungen in der Pfalz sind überschaubar. Neben den Resten eines jungsteinzeitlichen Dorfs bei Herxheim in der Südpfalz ist es vor allem der Goldene Hut von Schifferstadt, der Mitte des 19. Jh. für Aufsehen unter Archäologen sorgte: Der 30 cm hohe Hut aus verziertem Goldblech entstand um 1300 v. Chr. und diente vermutlich als Kultobjekt. Ab 800 v. Chr. stießen die Kelten auf das Territorium der heutigen Pfalz vor. Neben Ringwallen und einstigen Städten, die, wie auf dem Donnersberg oder oberhalb von Bad Dürkheim, noch immer Rätsel aufgeben, zeugen v. a. Scherben, einfache Werkzeuge und alltägliche Gebrauchsgegenstände aus der Zeit bis 50 v. Chr. von der keltischen Kultur.

Deutlich präsenter ist die Besiedlung der Pfalz durch die Römer. Sie betrieben hier Weinbau und kultivierten Äcker. Gut erhaltene und sorgsam restaurierte Fundamente zeugen von der Organisationsform des römischen Lebens. Die aus dem Mittelmeerraum mitgebrachten Weinstöcke gediehen vortrefflich im warmen Klima auf kieseligen und lehmigen Böden. Funde erhalten gebliebener Rebsamen deuten darauf hin, dass neben Wildreben schon damals Frühformen von Riesling-, Traminer- und Burgundertrauben angebaut wurden. Die Produktion mittels Tretkeltern, in denen die Winzer mit den bloßen Füßen den Saft aus den Trauben pressten, mutet allerdings aus heutiger Sicht gewöhnungsbedürftig an. Im 2. Jh. n. Chr. entwickelte sich Tabernae auf der Gemarkung des heutigen Rheinzabern zum bedeutendsten Töpferzentrum nördlich der Alpen. Über eine Million Gefäße sollen hier zur Blüte alljährlich aus flammend roter Feinkeramik entstanden und in weite Teile Europas exportiert worden sein.

Um 400 n. Chr. wurden die Römer durch eindringende Alemannen abgelöst, rund 100 Jahre später kamen die Franken an den Rhein und in die ihn begleitenden Berge. Um den Merowingerkönig Dagobert I. (reg. 629–639) und seine Güte ranken sich in der Pfalz sagenhafte Geschichten. Der Tod Karls des Großen im Jahr 814 läutete schließlich auch in der Pfalz das Ende der fränkischen Zeit ein. Die Zeit des Umbruchs war geprägt durch Beutezüge der Normannen und Ungarn, vor denen die Pfälzer auf Fliehburgen Schutz suchten. Deren Überreste bei Hambach oder Deidesheim sind bis heute beliebte Wanderziele.

Blick vom römischen Weingut auf Bad Dürkheim

Salier und Staufer in der Pfalz

Es waren die Salier, die im ehemaligen Ostfrankenreich das Erbe der Karolinger antraten. Heinrich I. gliederte Lothringen 925 in das ostfränkisch-deutsche Reich ein und legte damit die Grundlage für die zentrale historische Bedeutung der Pfalz. 1024 wurde Konrad II. zum König und wenige Jahre später in Rom zum Kaiser gekrönt. Zwei Pfälzer Großbaustellen folgten den Krönungen: Der Legende nach soll er am gleichen Tag den Grundstein zum Ausbau seines Stammsitzes auf der Limburg oberhalb Bad Dürkheims und den des Speyerer Doms gelegt haben. Beides diente der Demonstration seiner Macht und sollte die Bedeutung des Adelsgeschlechts sichern. Doch die Macht der Salier währte nicht einmal mehr hundert Jahre. Nachdem Heinrich IV., der Enkel Konrads II., seine Krone durch den Gang nach Canossa knapp hatte retten können, wurde er 1104 von seinem eigenen machtbesessenen Sohn Heinrich V. abgesetzt.

Tausende kamen mit wehenden Fahnen zum Hambacher Fest

Nach dessen Tod 1125 übernahmen die Staufer die Herrschaft in der Pfalz. Unter ihnen wurde der Trifels oberhalb Annweilers zu einer der Hauptburgen des großen Reiches. Von 1155 bis 1190 war der Staufer Friedrich I., auch Barbarossa genannt, Kaiser des römisch-deutschen Reiches. Die Bedeutung der Pfalz wuchs weiter, Hofbeamte und Berater des Kaisers stammten aus der Region, ein Großteil der bis heute als Ruinen die Landschaft prägenden Burgen entstand während dieser Zeit. Markward von Annweiler befehligte das Heer, das im Auftrag Heinrichs VI. 1194 Palermo eroberte und den Normannenschatz auf den Trifels brachte. Sein Nachfolger Friedrich II. liebte die Eroberungen im Süden. Die Pfalz war ihm weniger wichtig, und so konnten regionale Fürsten immer mehr Rechte durchsetzen. Sie erhielten Gerichtsbarkeit und Münzrechte und waren in den von ihnen verwalteten Ländereien kaum Kontrollen unterworfen. 1214 belehnte Friedrich II. das bayerische Haus Wittelsbach mit der Pfalzgrafschaft und leitete damit die Bildung des pfälzischen Kurfürstentums ein. Der Habsburger Rudolf I. wurde als einer der letzten mit der Pfalz verbundenen Könige 1291 wie seine Vorgänger im Speyerer Dom bestattet. Sein Bildnis auf der sandsteinernen Grabplatte gilt als das erste im Mittelalter entstandene lebensechte Porträt.

Die Kurpfalz

Die Jahrhunderte unter Wittelsbacher Herrschaft brachten der Kurpfalz, zu der auch rechtsrheinische Gebiete gehörten, neben einigen Stadtgründungen v. a. eines: Streit. Streit um die Vormacht in der Herrscherfamilie, in der es 1294 zur Trennung in eine bayerische und eine pfälzische Linie kam; Streit um die Territorien, auf die neben den Kurfürsten auch die Grafen von Leiningen (um Grünstadt) sowie die Bischöfe von Worms und Speyer Ansprüche erhoben; und Streit mit Eroberern von außen und Aufständischen von innen. Das 14. Jh. brachte die Pest, das 15. Jh. Streitigkeiten zwischen den Vettern Schwarzer Ludwig (Pfalzgraf Ludwig von Veldenz) und Pfälzer Fritz (Kurfürst Friedrich I.), das 16. Jh. den Bayerisch-Pfälzischen Erbfolgekrieg sowie den Bauernkrieg und das 17. Jh. schließlich den Dreißigjährigen Krieg. Am schlimmsten aber kam es für die Pfalz, als Erbstreitigkeiten nach dem Tod von Kurfürst Karl II. dazu führten, dass Frankreich unter dem absolutistischen Sonnenkönig Ludwig XIV. auf eine Vereinigung der Territorien bestand. Mit zuvor kaum beobachteter Brutalität wurden die Dörfer, Klöster und Felder im sog. Pfälzischen Erbfolgekrieg (1688–1697) planmäßig und erfolgreich in Schutt und Asche gelegt. „Brûlez le Palatinat!" („Verbrennt die Pfalz!") war die Parole des französischen Kriegsministers François Michel Le Tellier de Louvois, die das Verhältnis zwischen Frankreich und der Pfalz für viele Jahrhunderte empfindlich stören sollte. Das 18. Jh. begann mit dem Spanischen Erbfolgekrieg und der Religionsdeklaration von 1705. Ersterer brachte erneute Zerstörungen, wobei es nicht zuletzt um die Frage der „richtigen" Religion ging, Letztere war ein Zeichen der religiösen Toleranz: Kurfürst Johann Wilhelm garantierte darin die gleichberechtigte Religionsausübung aller christlichen Konfessionen in der Kurpfalz. In allen Orten mit zwei Kirchen sollte die eine den Protestanten, die andere den Katholiken zufallen. Und in Orten mit nur einer Kirche sollte der Chor den Katholiken und das Langhaus den Protestanten zugesprochen werden. Bis heute bestehen entsprechend getrennte Kirchen in einigen Orten.

Von Napoleons Kriegen zur bayerischen Provinz

Die Zeit der französischen Revolutionskriege gegen Ende des 18. Jh. bescherte den Pfälzern wiederum unsagbare Leiden. Verwüstete Weinberge, Brandschatzungen und zerstörte Dörfer waren die Folgen der heftigsten kriegerischen Auseinandersetzungen seit den Erbfolgekriegen. Nach dem Sieg der napoleonischen Truppen wurde das linksrheinische Gebiet der Kurpfalz, also die heutige Pfalz, französisch. Die nicht gerade beliebten Herrscher brachten während weniger Jahre zwischen 1801 und 1814 wichtige Neuerungen. Viele der liberalen Grundrechte und gesicherten Rechtsverhältnisse blieben auch nach der Übergabe der Pfalz an die Bayern 1816 bestehen und trugen zur Bildung eines republikanisch-liberalen Nährbodens bei, der den autoritären bayerischen Herrschern nicht nur Freude bereitete. Mit dem Hambacher Fest fand die Demokratiebewegung auf Pfälzer Boden 1832 ihren Höhepunkt.

Auch in den Weinbergen hinterließ Napoleon seine Spuren. Nach der Geburt seines Sohnes im März 1811 fanden nicht nur landesweite Jubelfeiern statt, es wurde auch verfügt, dass an den Landstraßen und Wirtschaftswegen beschattete Ruhebänke eingerichtet werden sollten. Bis heute noch finden sich solche steinernen Napoleonbänke – teilweise nachgebildet – an vielen Weinbergwegen der Pfalz. Auch die danebenstehenden Lockensteine dienten der Erholung. Denn während die Winzer ihre Lasten mit Schubkarren von und zu ihren Weinbergen beförderten, trugen ihre Frauen die Lasten auf den Köpfen. Zum Ausruhen oder als Hilfe für das Auf- und Abladen kamen die Lockensteine gerade recht, da die schweren Säcke und Körbe bequem in Kopfhöhe abgestellt werden konnten.

Das 20. Jahrhundert

Das 20. Jh. verlief nicht minder verworren als die Jahrhunderte zuvor. Die Pfalz wurde zu einem Land der Gegensätze. Nach der Niederlage des Kaiserreichs im Ersten Weltkrieg und dem Ende der Pfalz als bayerische Rheinpfalz wurde sie – wieder einmal – von französischen Truppen besetzt. Und während die Pfalz im 19. Jh. zum Vorreiter der Demokratiebewegung aufgestiegen war, entwickelte sie sich nun zu einem äußerst fruchtbaren Nährboden für Antidemokraten. 1940 rühmten sich die nationalsozialistischen Machthaber damit, in der Pfalz durch den populistischen und beliebten Gauleiter Bürckel den ersten judenfreien Gau Deutschlands geschaffen zu haben. Jener trinkfeste Gauleiter war es auch, der 1935 die Deutsche Weinstraße einweihte. Auch als 1938 das größte militärische Bauprojekt an der Westgrenze Deutschlands entstand, schien die Begeisterung grenzenlos: Der Westwall, der vom Rhein bei Karlsruhe bis in die Nähe von Zweibrücken führte, entwickelte sich zu einer gigantischen Baustelle. Die 40.000 Arbeiter, die für den Bau in die Pfalz kamen, wollten versorgt und unterhalten werden. Die Reste

Judentum in der Pfalz

In vielen Orten der Pfalz sind jüdische Friedhöfe und ehemalige Synagogen zu finden. Manche Stätten haben vor allem Erinnerungscharakter, bisweilen erlauben die aufgestellten Grabsteine und die erhaltenen Gebäude auch Einblicke in vergangenes jüdisches Leben. Je nach Zeitpunkt, Größe und Charakter der Gemeinden lebten die Juden in sehr unterschiedlichen Verhältnissen, sodass auch die erhaltenen Zeugnisse von diversen Lebenssituationen erzählen.

Nach dem Zweiten Weltkrieg wurden in vielen Orten kleine Erinnerungsstätten saniert bzw. wiederhergestellt. Die ehemaligen Synagogen werden, wie in Weisenheim am Berg (→ S. 95) oder in Fußgönheim (→ S. 29), heute oft als Räume für Kulturveranstaltungen genutzt. Die Friedhöfe sind nach jüdischer Bestattungskultur auf unbegrenzte Dauer angelegt. Auch wenn die Totenruhe in der Zwischenzeit oft gestört war, so bleiben die Gräber, abgesehen von Sicherungsmaßnahmen, heute mit bisweilen nostalgischem Charme erhalten – auch wenn keine neuen Bestattungen mehr vorgenommen werden.

Während des Mittelalters gab es bedeutende jüdische Gemeinden in der Pfalz. Die heute am deutlichsten sichtbare historische jüdische Gemeinde befand sich in Speyer. Die aufwendig sanierten Bauten erzählen von jüdischem Leben zwischen dem 12. und 14. Jh.: Die Mikwe (Judenbad) und Überreste der mittelalterlichen Synagoge liefern – zusammen mit Stätten in Worms und Mainz – einen deutschlandweit einzigartigen Einblick in das jüdische Leben des Mittelalters. In dieser Zeit zog es zahlreiche Gelehrte in die sogenannten SchUM-Städte. Zu einer Zeit, in der nur wenige christliche Bewohner schulisch gebildet waren, konnten 40% der jüdischen Bürger – egal ob Mann oder Frau – lesen und schreiben.

Die ab dem 14. Jh. stattfindenden Pestprogrome beendeten diese Epoche gewalttätig. Begründet wurden die Progrome mit der Anschuldigung, dass

der Anlage erinnern noch heute an diese Zeit und die Jahre danach, als auch die Pfalz vom Zweiten Weltkrieg stark getroffen wurde, insbesondere die großen Städte am Rhein.

1946 wurde die Pfalz Teil des Bundeslandes Rheinland-Pfalz. Aus einem Zankapfel entwickelte sich eine Region, in der die Europäische Integration eine große Rolle spielte. Und mit dem Fall der Grenzen fallen auch die Vorbehalte in den Köpfen. Pfalz und Elsass, Pfälzerwald und Vogesen rücken immer näher zueinander.

Der Wirtschaftraum Pfalz heute

Ihre Geschichte hält die Pfalz zusammen. Wirtschaftlich dagegen ist sie eher von Gegensätzen geprägt: In Ludwigshafen am Rhein, der zweitgrößten Stadt des Bundeslandes Rheinland-Pfalz, werden rund 10 % des Bruttoinlandsprodukts des Landes generiert, die Westpfalz dagegen gilt als eine der strukturschwächsten Regionen Deutschlands.

In Ludwigshafen sorgte der weltweit agierende Chemie-Gigant BASF lange Zeit für einen breiten Wohlstand. Es zeigt sich mittlerweile, dass auch dieser Konzern bei Weitem nicht unverwundbar

die Juden für die todbringende Seuche verantwortlich seien. In den Progromen entlud sich eine schon länger schwelende antisemitische Haltung. In Speyer wurde die mittelalterliche jüdische Gemeinde mit Attacken am 22. Januar 1349 nahezu ausgelöscht.

Nach der Französischen Revolution war die Pfalz in vierzig verschiedene Herrschaften aufgesplittert; je nach der rechtlichen Stellung von Juden bildeten sich im 18. und frühen 19. Jh. regionale Siedlungsschwerpunkte heraus. Im Hochstift Speyer gab es wenige jüdische Bürger, während in den Dörfern der Leininger Grafen und mancher adligen Kleinterritorien Juden willkommen waren – wie in Grünstadt oder Busenberg. Hinter dieser Toleranz standen bisweilen handfeste, fiskalische Interessen der Territorialherren: Die häufig nicht wohlhabenden pfälzischen Juden waren wegen der von ihnen zu entrichtenden Schutz- und Leibzollgelder eine als Einnahmequelle willkommene Bevölkerungsgruppe.

Durch weit verbreitete Berufsverbote wurden Juden jahrhundertelang vom Ackerbau und den in Zünften organisierten Handwerken ausgeschlossen. Damit konzentrierte sich die jüdische Erwerbstätigkeit in den Handelsberufen. Besonders unter den Vieh-, Wein- und Tabakhändlern waren viele Juden zu finden. Aber auch der Kleinhandel durch Hausieren war eine wichtige Einkommensquelle.

Im südpfälzischen Ingenheim, in dem Anfang des 19. Jh. knapp 30% der Bevölkerung Juden waren, hat sich eine Projektgruppe von interessierten Bürgern und Historikern daran gemacht, die jüdische Geschichte des Ortes nachvollziehbar zu machen. Dazu zählen im Internet zugängliche Kartierungen, Informationen im gesamten Ort und interessante Führungen. Auch ohne weitere Informationen ist der Jüdische Friedhof in Ingenheim sehenswert, die Fülle der Grabsteine aus unterschiedlichen Epochen ist beeindruckend. Weitere lokalhistorische Informationen sind unter juedisches-leben-in-ingenheim.de zu finden.

ist. Mitte 2023 ließ der Konzernchef in einem Interview offen, inwieweit die 39.000 Stellen im Stammwerk Bestand haben werden.

Von so vielen Arbeitsplätzen kann man im Pfälzerwald indes nur träumen. Die niedergegangenen Schuh- und Bekleidungsindustrien führen noch immer zu hoher Arbeitslosigkeit und geringen Einkommen. So landet Pirmasens in Studien zur privaten Verschuldung bundesweit immer wieder auf dem schlechtesten Platz. Das geschichtsträchtige Kaiserslautern im Zentrum der heutigen Pfalz kann dank seiner innovativen technischen Universität sowie einigen sanierten und auch umstrukturierten Unternehmen eine positivere wirtschaftliche Entwicklung vorweisen. Die Region wird zudem stark von den 50.000 hier lebenden Amerikanern geprägt. Ein Großteil von ihnen arbeitet auf dem weltweit größten US-Militär-Stützpunkt außerhalb der USA – in Ramstein.

Prächtig scheint es dagegen um die Paradeprodukte der Pfälzer Landwirtschaft bestellt zu sein: Nicht nur der Wein, der die Region und deren Wahrnehmung von außen entscheidend prägt, hat sich inzwischen endgültig von seinem miesen Ruf der 1980er-Jahre erholt, auch weiter östlich, auf dem Hochgestade des Rheins, wird mit Obst und Gemüse gutes Geld verdient. Das milde Klima und die fruchtbaren Böden sorgen dafür, dass hier fast das ganze Jahr über Gemüse angebaut werden kann. In den vergangenen 20 Jahren hat sich die Fläche dieses größten geschlossenen Gemüseanbaugebiets Deutschlands mehr als verdoppelt. Nicht ohne Stolz wird darauf verwiesen, dass acht von zehn Radieschen, die in Deutschland verkauft werden, aus der Pfalz kommen. Da die Dimensionen immer mehr zunehmen, ging 2022 in Mutterstadt eine neue Halle des Pfalzmarktes in Betrieb: Nun werden die Pfälzer Frischeprodukte auf einer Fläche von 30.000 Quadratmetern für den Transport verarbeitet. Insgesamt werden pro Jahr 200.000 Tonnen Gemüse (und etwas Obst) umgeschlagen. So machen sich dann täglich bis zu 250 Lastwagen mit Pfälzer Gemüse auf den Weg zu den Verbrauchern im In- und Ausland.

Winzergenossenschaft Wachenheim

Kunst und Kultur

Die Pfalz blickt auf eine lange kulturelle Tradition zurück, auf deren Spuren man allerorten trifft. Aber auch die Gegenwart hat einiges zu bieten. Vielfältige Museen, Theater und Konzerte haben ihren festen Platz im Pfälzer Kulturkalender.

Die Pfälzer sind – so heißt es – offen und direkt. Um auf einem Weinfest ins Gespräch zu kommen, braucht es oft keine großen Mühen. Was die Offenheit der Pfälzer nicht ermöglicht, das besorgt der Wein. Allerdings sollte man sich vorsehen und nicht jedes Wort auf die Goldwaage legen. Denn im Pfälzischen gehört es dazu, geradewegs „loszubabble".

Auch in der Kunst ist es diese Direktheit, welche die Bilder der großen Pfälzer Maler prägt. *Otto Dill* (1884–1957) machte v. a. durch seine dramatische Tiermalerei von sich reden. Daneben sind es seine impressionistischen Heimatbilder, die ihn zu einem der bedeutendsten Maler der Pfalz gemacht haben. Heute ist ihm in Neustadt ein ganzes Museum gewidmet. Nicht minder bedeutend und in den hellen Räumen der Villa Ludwigshöhe oberhalb von Edenkoben sympathisch in Szene gesetzt ist *Max Slevogt* (1868–1932). Seine vom deutschen Impressionismus geprägten Werke transportieren das mediterrane Flair der Pfalz, zeigen die Landschaft und die sie gestaltenden Winzer. Etliche seiner Arbeiten entstanden in dem oberhalb von Leinsweiler gelegenen Schloss Neukastel. Daneben stößt man in der Pfälzer Landschaftsmalerei immer wieder auf den Namen Croissant. *August Croissant* (1870–1941) prägte das Bild der Pfalz mit leuchtenden Ölbildern und Aquarellen. Der aus Edenkoben stammende Maler wurde auch für seine Postkartenmotive bekannt, die er im Auftrag des Pfälzerwald-Vereins anfertigte. Auch sein Sohn *Eugen* (1898–1976) und sein Neffe *Hermann Croissant* (1897–1963) haben es mit harmonischen Darstellungen ihrer Pfälzer Heimat zu einiger Berühmtheit geschafft. Andere Maler wurden in der Region geboren, arbeiteten jedoch fernab ihrer Heimat, so z. B. *Julius Exter* (1863–1939), *Hans Purrmann* (1880–1966) oder *Anselm Feuerbach* (1829–1880).

Deutlich präsenter als die Werke der meisten Maler sind die des aus Kaiserslautern stammenden Bildhauers *Gernot Rumpf*. Der 1941 geborene Künstler hat eine kaum noch zu überschauende Zahl von Brunnen und Plastiken entworfen, die in über einem Dutzend Pfälzer Städten und Dörfern zu finden sind. Die meisten der von ihm gestalteten Szenen sind amüsant bis spöttisch, sie zeigen Fabelwesen (Elwetritschebrunnen in Neustadt), religiöse (Lutherbrunnen Ludwigshafen) oder historische (Kaiserbrunnen Kaiserslautern) Motive. Ernsthafter und klassisch-modern sind dagegen die Werke des 1931 geborenen *Martin Mayer* wie z. B. die Skulpturen des überlebensgroßen Jakobspilgers in Speyer, Martin Luthers in Landau oder des sitzenden Keilers auf dem Kirchheimbolander Römerplatz.

In musikalischer Hinsicht blickt v. a. die Nordwestpfalz auf eine stattliche Geschichte zurück. Lange bevor sich Mannheim durch die Erfolge Xavier Naidoos und der Söhne Mannheims zur Pop-Metropole Deutschlands aufschwang, wurden Wandermusiker aus dem Kuseler Musikantenland im 19. Jh. zum Pfälzer Exportschlager. Der aus Kusel stammende Tenor *Fritz Wunderlich*

(1930–1966) erlangte schließlich Weltruhm in klassischen Gefilden. Heute gibt es einige gut besetzte Konzertreihen. Im Rahmen des „Kultursommers Rheinland-Pfalz" (kultursommer.de) finden thematisch und räumlich weit gestreute Veranstaltungen statt. Für Freunde des Jazz und der Weltmusik findet bereits seit 1998 jährlich die Konzertreihe „Palatia Jazz" an malerischen und romantischen Orten statt (palatiajazz.de).

Auch in der aktuellen Musik hinterlassen Pfälzer ihre Spuren: Zusammen mit Udo Lindenberg veröffentlichte der Ludwigshafener Rapper *Apache 207* Anfang 2023 das Lied Komet, das so lange auf Platz 1 der deutschen Single-Charts blieb wie keines vor ihm. Der Song ist auch Teil des Apache-Albums *Gartenstadt*, mit dem der Musiker an seine Heimat in einer Hochhaussiedlung in diesem Ludwigshafener Stadtteil erinnert. Ebenfalls aus der Pfalz stammt der in Winnweiler aufgewachsene *Mark Forster*. Seine Heimat-Konzerte gibt er inzwischen in Kaiserslautern, wo sich im Fritz-Walter-Stadion auf dem Betzenberg zuletzt 40.000 Fans versammelten.

Zu den bekanntesten Pfälzer Mundartdichtern gehört die 1862 in Speyer geborene *Lina Sommer*. In ihrer „Pälzer Hausapothek" hat sie ihre Lieblingsgedichte über Heimat und Zeitgeschehen zusammengestellt. Ein anderer Pfälzer macht vor allem mit politisch unkorrektem Kabarett in (Kur-)Pfälzer Mundart von sich reden: *Christian Habekost*, genannt *Chako*, belebt mit seinen Bühnenprogrammen die Tradition der Mundartdichtung, die im Rahmen von Wettbewerben um die besten Lieder und Gedichte alljährlich, beispielsweise in Bockenheim und Dannstadt, ihre Höhepunkte findet.

Die Pfalz und der Wein

Was wäre die Pfalz ohne ihren Wein? Auch wenn die Region noch so viele andere Besonderheiten und Stärken aufweist, am Ende scheint sich doch fast alles um den Wein zu drehen. Weingüter, Weinstuben, Weinfeste, Weinberge, Weinbaugemeinden, Weinprinzessinnen und Weinwanderungen – die Präsenz des alkoholischen Kultgetränks kennt kaum Grenzen.

Die Römer waren es, die den Wein vor über 2000 Jahren in die Pfalz brachten. Denn auch fernab der Heimat galt dieser als eines der wichtigsten Getränke, auf das man keineswegs verzichten wollte. Der Transport des fertigen Produkts über die Alpen galt als zu aufwendig, und so entschloss man sich zum Anbau in den nördlichen Provinzen. Im klimatisch begünstigten Oberrheingebiet gediehen die importierten Reben auf besonders fruchtbaren Böden. In den folgenden Jahrhunderten wurden Weine v. a. in Klöstern kultiviert und ausgebaut. Erst nach der Eroberung durch Napoleon entwickelten sich private Weingüter in großer Zahl. Für viele Landwirte war der Wein bis nach dem Zweiten Weltkrieg nur ein Anbauprodukt neben anderen. Erst dann setzten die heute weitgehend abgeschlossene Spezialisierung und die anhaltende Intensivierung des Weinbaus ein. In den letzten 30 Jahren hat sich die Zahl der Winzer nahezu halbiert, heute gibt es in der Pfalz 3600 Weinbaubetriebe.

Die Zeiten, in denen Pfälzer Wein einzig als billiges Massenprodukt galt und allenfalls jene überzeugen konnte, die vom Wein und seiner Qualität wenig Ahnung hatten, sind glücklicherweise vorüber. Zu den guten klimatischen Bedingungen und kleinräumig hervorragenden mineralischen Böden kommt seit einigen Jahren ein wachsendes Qualitätsbewusstsein der Jungen Winzergeneration. Einst waren es nur wenige traditionsreiche Häuser an der Mittelhaardt, die aus der Masse des Pfälzer Weins herausragten und dieser Region besonders früh den Ruf eines guten Weinlandes beschieden. Im Süden und Norden dagegen gab es wenig, was echte Weinenthusiasten befriedigen konnte. Hier wie da waren es vor allem die Jungen, die nach Lehrjahren und Ausbildungen fernab der elterlichen Betriebe neuen Wind in die Pfälzer Weinkultur brachten. Mit neuen Rebsorten, zeitgemäßen Ausbaumethoden und einer Senkung des Flächenertrags haben sie inzwischen bewiesen, dass Pfälzer Wein durchaus in der oberen Liga mitmischen kann. In der Pfälzer Abteilung des Verbands Deutscher Prädikats- und Qualitätsweingüter e. V. (VDP, vdp-pfalz.de) haben sich die wohl besten Weingüter der Pfalz zusammengeschlossen. Die 26 Betriebe haben sich zu stetiger Qualitätssteigerung, traditionsreichen Sorten und umweltschonendem Anbau verpflichtet. Und entgegen der weit verbreiteten Annahme, dass Winzergenossenschaften schlechte, bestenfalls beliebige Weine produzieren, brauchen sich einige von diesen nicht mit ihrem Angebot zu verstecken. Die Vereinigungen in Bad Dürkheim, Ungstein, Kallstadt und Wachenheim gehören alljährlich zu den Preisträgern der Deutschen Landwirtschafts-Gesellschaft (DLG). Und ein neuer Trend macht sich auch in der Pfalz bemerkbar: Es muss nicht immer Alkohol sein – immer häufiger bieten Weingüter auch einen alkoholfreien Wein an.

Weinbau im Jahresgang

Auch wenn die Arbeit der Winzer zur Zeit der Weinlese am offensichtlichsten

Vom Weinberg in den Keller: frisch gelesene Trauben

ist, erfordert der Wein doch das ganze Jahr hindurch Aufmerksamkeit. Nach der Lese per Hand oder mit dem Vollernter im September und Oktober folgt im November die Einlagerung des jungen Weins. Im Dezember ist die Zeit der *Eisweinlese* gekommen: Wenn die durch Netze geschützten Trauben bei mindestens -7 °C durchgefroren sind, werden sie geerntet und in gefrorenem Zustand gepresst. Das neue Jahr beginnt mit dem Rebschnitt. Während früher mehrere Fruchtruten am Weinstock gelassen wurden, bleibt heute i. d. R. nur noch eine Rute mit wenigen Knospen stehen. Der Ertrag wird dadurch geringer, die Qualität jedoch macht einen deutlichen Sprung. Im Laufe des Februars wird der in Edelstahltanks und Fässern gegorene Wein geklärt und kann nun reifen. Im Weinberg sind die Rebdrähte und Pfosten zu warten, sodass im März die neuen Fruchttriebe angebunden werden können. Ab Mai werden bereits die ersten

Der Dubbeschoppe

Getrunken wird der Wein traditionell im Pfälzer Schoppen. Einen halben Liter fasst das charakteristische Glas, das bei Festen und beim abendlichen Weinstubenbesuch weit verbreitet ist. Passend zur sprichwörtlichen Pfälzer Geselligkeit war es v. a. früher Brauch, sich Wein und Glas zu teilen. Statt jeder für sich, trank man zusammen einen Schoppen nach dem anderen, bis man schließlich den Überblick über die abendliche Menge verlor. Die von Hand zu Hand gehenden, zylinderförmigen Gläser glitten den Durstigen auf den Wein- und Schlachtfesten dabei nicht selten aus den Händen. Dürkheimer Metzger erfanden deshalb das Dubbeglas, das sich nicht nur trichterförmig nach unten verjüngt, sondern durch zahlreiche runde Vertiefungen bestens in der Hand liegt.

Weine des neuen Jahrgangs abgefüllt und bald danach den kritischen Zungen der Weinfreunde übergeben. Über den Sommer werden die Reben meist mehrmals beschnitten. Damit lenkt der Rebstock seine Energie in die Frucht statt in das Laub, zudem werden die Trauben von mehr Sonne erreicht. Im August erfolgt die „Grüne Ernte". Noch bevor die Trauben Zucker einlagern, werden sie ausgedünnt und zwischen den Rebzeilen liegen gelassen.

Rebsorten

Mit gut 23.000 ha Anbaufläche stellt die Pfalz das zweitgrößte Weinanbaugebiet Deutschlands dar. Auch wenn die Anbaufläche für Rotweinsorten in den vergangenen Jahren entsprechend der gestiegenen Nachfrage deutlich zugenommen hat, werden bis heute auf fast 70 % der Fläche Weißweinsorten angebaut. Davon könnte die Pfalz in den kommenden Jahren profitieren, schließlich scheint sich der Trend zu roten Weinen seinem Ende zuzuneigen. Die meisten Weingüter der Pfalz verspüren ein neu entdecktes Interesse an guten Weißweinen.

Mit rund 25 % der Anbaufläche führt mit Abstand der *Riesling*. Der „König der Weißweine" stellt hohe Anforderungen an seine Lage und ist sowohl als junger Schoppen als auch als lagerfähiger Qualitätswein schon lange sehr beliebt. Dagegen wird der süffige bis blumige *Müller-Thurgau* oder *Rivaner* inzwischen nur noch auf 7 % der Fläche angebaut. Den zweiten Rang hat ihm der dunkelrote *Dornfelder* abgelaufen. Als beliebtester Rotwein der Pfalz wird dieser, ursprünglich als Deckwein zur farbgebenden Beimischung in helleren Rotweinen gezüchtet, auf rund 11 % der Flächen angebaut. Ob als fruchtiger, junger Rotwein oder als strukturbetonter Barriquewein erfreut er sich einer enormen Nachfrage. Nur der helle, angenehm vollmundige und süffige *Portugieser* (5 %) und der anspruchsvolle *Spätburgunder* (7 %) können flächenmäßig Anschluss finden. Ersterer dominierte einst die Pfälzer Rotweine, letzterer wird zunehmend qualitätsvoll als kräftig-roter Wein mit wenig Säure im Barrique ausgebaut.

Zu den bedeutenden Weißweinen zählen auch die überaus beliebten, leichten und fruchtigen *Weißen* (6 %) *und Grauen Burgunder* (9 %), die sich – meist trocken ausgebaut – als Sommer- und Menüweine eignen. Letztere gab es edelsüß und gehaltvoll ausgebaut schon lange als *Ruländer* auf den Weinkarten,

Ersterer wird zunehmend unter seinem französischen Namen *Pinot Blanc* vermarktet. Der vielseitige *Kerner* (3 %) wird nicht nur in allen Qualitätsstufen vom süffigen Schoppen bis zur trockenen Spätlese angeboten, sondern auch als Sekt. Oft ist der säurebetonte und fruchtige Wein einen Hauch aromatischer als sein Verwandter, der Riesling. Besondere Ansprüche an die Böden stellt der frostempfindliche *Silvaner* (2 %). Der meist jung getrunkene Wein passt hervorragend zum Pfälzer Spargel. Der *Chardonnay* gilt als eine der erfolgreichsten Weinsorten der Welt. Nach anfänglicher Skepsis wird er inzwischen in guten Burgunderlagen wie der Südlichen Weinstraße äußerst erfolgreich produziert (4 %). Im Barriqueausbau kombinieren sich die fruchtigen Aromen mit feinen Holznuancen. Für den ursprünglich aus Frankreich stammenden *Sauvignon blanc* hat sich die Pfalz inzwischen als bedeutendstes Anbaugebiet in Deutschland etabliert (3 %).

Zu den „kleinen" Weinen, die für die Pfalz trotz nur geringer Anbauflächen von einiger Bedeutung sind, gehört der *Gewürztraminer* (2 %). Bei Rhodt befindet sich der älteste sortenreine Gewürztraminer-Weinberg der Welt. Seit über 400 Jahren werden hier Trauben geerntet und zu aromatisch-würzigen Weinen verarbeitet. Auch die *Huxelrebe* wird ähnlich wie die *Scheurebe* außer in der Pfalz nur in wenigen anderen Weinregionen angebaut. Ihre Anteile sind zuletzt aber nochmals zurückgegangen. Die gehaltvollen Weine mit fruchtigem Bukett eignen sich zum Dessert und als Aperitif. Der *Muskateller*, den angeblich schon Kaiser Friedrich Barbarossa schätzte, wird in klimatischen Gunstlagen rund um den Ort Gleiszellen geerntet und überzeugt durch sein blumiges Bukett. Während dem *Riesling* die Folgen der klimatischen Veränderungen eher Probleme bereiten, erfreuen sich Sorten wie *Merlot, Cabernet Sauvignon* und *Saint Laurent* gerade aufgrund der steigenden Temperaturen zunehmender Beliebtheit. Zunehmend Verbreitung finden auch die pilzwiderstandsfähigen Weinsorten. Die sogenannten PiWi-Weine müssen seltener gegen Pilzerkrankungen gespritzt werden und sind damit umweltfreundlicher. Da der Green Deal der EU vorgibt, dass der Einsatz von Pflanzenschutzmittel bis 2030 halbiert werden muss, hat jeder Weinbaubetrieb das Thema auf dem Schirm. Die Vermarktung ist jedoch noch schwierig, die Kunden müssen sich erst mit den neuen Sorten anfreunden. Ein Pionier der PiWi-Sorten ist der rote *Regent*. Er ist bereits seit 1994 zur Qualitätsweinproduktion zugelassen und erinnert durch seinen gehaltvollen, säurearmen Charakter an südländische Rotweine. Bei der Bundesgartenschau 2023 in Mannheim wurde als Wein eine BUGA-Sonderedition angeboten: ein *Sauvignac* von der Winzergenossenschaft Herxheim am Berg. Die Kreuzung aus Riesling und Sauvignon blanc kam bei den Gartenschaubesuchern prima an.

Ein saisonal reichlich getrunkener Wein ist der *Federweiße*, der auch als *Neuer Wein* bezeichnet wird. Während der Lese wird ein Teil des gekelterten, meist weißen Weins frisch angegoren an zahlreichen Ecken angeboten. Oft wird dazu auch Zwiebelkuchen, der traditionelle Begleiter, verkauft.

Bei konstanter Temperatur lagert der Wein in alten Holzfässern

Der Wein und die Reblaus

Die Kulturgeschichte des Weins ist uralt. Im europäischen Mittelmeerraum, im Nahen Osten und im südlichen Kaukasus entstanden schon vor Tausenden von Jahren die ersten Weinkulturen. Über Griechenland und das Römische Reich schließlich traten die Reben und die daraus gewonnenen Getränke schließlich ihren Siegeszug durch Europa und in die gesamte Neue Welt an. Doch als Folge der im 19. Jh. zunehmenden Austauschbeziehungen zwischen Amerika und Europa gab es herbe Rückschläge für die empfindlichen europäischen Gewächse: Echter und Falscher Mehltau wurden zwischen 1850 und 1880 von Amerika aus nach Europa eingeschleppt und gefährdeten die Bestände. Eine noch größere Bedrohung legte nach ihrer Invasion 1863 den gesamten französischen Weinbau lahm: Die von der Ostküste der USA eingeschleppte Reblaus hätte der europäischen Weinkultur um Haaresbreite ein Ende bereitet. Drei Jahrzehnte lang musste man der raschen Verbreitung des Schädlings, der die Wurzeln der Pflanzen angreift, machtlos zusehen. Erst gegen 1900 schließlich zeichnete sich eine Lösung ab: Die traditionsreichen europäischen Rebsorten wurden auf reblausresistente Unterlagsreben aus den USA gepfropft und waren so nicht mehr anfällig. Bis heute werden die Reben so vor der Reblaus geschützt.

Weinfeste

Beim Blick auf den alljährlich erscheinenden Weinfestkalender fallen einige Häufungen während der Früh- und Spätsommerwochenenden auf, an denen sich die einzelnen Gemeinden gegenseitig überbieten. Neben der Kerwe, die traditionell als Erntedankfest in der gesamten Pfalz gefeiert wird, finden an der Weinstraße inzwischen oftmals noch weitere Weinfeste in Form von Weinwanderungen, Hoffesten oder Bauernmärkten statt. Der Festrahmen ist meist ähnlich: Lokale Winzer und die gastronomischen Betriebe bieten Weine und Speisen in unterschiedlicher, meist jedoch durchgängig guter Qualität an. Die Zunahme der Feiern in den vergangenen Jahren hat dazu geführt, dass die Konkurrenz um Weinfestbesucher stetig steigt, worunter auch die Restaurantbesitzer zu leiden haben. Für die Einheimischen gehören v. a. die traditionsreichen Feste am Ort zu einer festen gesellschaftlichen Größe. Der alljährlich am zweiten und dritten Septemberwochenende stattfindende **Wurstmarkt** in Bad Dürkheim ist nicht nur das bekannteste Weinfest der Pfalz, sondern angeblich auch das größte der Welt. Auf dem Ende September/Anfang Oktober in Neustadt stattfindenden **Deutschen Weinlesefest** wird neben der Pfälzischen auch die Deutsche Weinkönigin gekürt.

Gemütlicher als auf den großen Kerwen und Weinfesten geht es auf den kleinen Festen der Weingüter zu. Einmal im Jahr rufen diese ihre Kunden zur gemeinsamen Feier und können in den meisten Fällen auf regen Zuspruch bauen. Zu gutseigenem Wein und je nach Anspruch des Weinguts mehr oder minder einfachen Speisen versammeln sich die Besucher in den Gärten, in Festzelten oder in den Hallen der Winzerbetriebe. Zunehmend gehen die Weingüter dazu über, den Standard ihrer Weinfeste zu erhöhen: Ausgefallene und hochwertige Speisen gehören ebenso dazu wie namhafte Musiker. Neben den Festlichkeiten bieten die meisten Weingüter rund ums Jahr **Weinproben** an.

Die Termine der Weinfeste findet man online unter pfalz.de oder in der von Pfalzwein e. V. herausgegebenen App „Zum Wohl. Die Pfalz". Über Weinfeste bei den Winzern informieren Zeitungen und Tourist-Informationen vor Ort sowie Hinweistafeln und Plakate.

Essen in der Pfalz

In den letzten Jahren konnte nicht nur die Qualität der Pfälzer Weine deutlich gesteigert werden. Quasi nebenbei entwickelte sich die Region rings um die Weinstraße zu einer Art Feinschmeckerlandschaft.

Die Fülle an mediterranen Zutaten, hervorragende Weine und die Nähe zum Elsass waren dabei die wohl wichtigsten Faktoren. Und so kommen immer mehr Leute in die Pfalz, um neben Trank auch Speis zu versuchen. Dass sich traditionelle Hausmannskost und Sterneküche dabei nicht ausschließen, wird schnell deutlich. Am augenscheinlichsten vielleicht im Weinort Deidesheim, in dem einst Altkanzler Helmut Kohl seine Gäste mit Pfälzer Gerichten verwöhnen ließ und das bis heute zu den kulinarischen Höhepunkten an der Weinstraße gehört.

Für ihr Essen ist die Pfalz schon lange bekannt. So beschreibt die Mundartdichterin Lina Sommer in ihren Strophen über das „Pälzer Ländsche" die Pfalz als das schöne und liebe Land, „wo mer mit der Gawwel / in sein Pälzer Schnawwel / stoppt die Lewwerknepp mit Koppsalat".

Neben *Lewwerknepp* (Leberknödel) mit Sauerkraut lassen sich die Pfälzer auch *Flääschknepp* (Fleischklöße) mit Meerrettichsoße schmecken. Wer es lieber vegetarisch mag, dem seien die tennisballgroßen, meist mit einer salzigen Kruste gebackenen *Dampfnudeln* empfohlen. Traditionell gibt es diese in den katholischen Orten freitags mit Wein- oder Vanillesoße. Herzhaft und lieblich passen aber auch bei einer weiteren Spezialität vortrefflich zusammen: *Grumbeersupp mit Quetschekuche* (Kartoffelsuppe mit Zwetschgenkuchen) wird im Spätsommer und Herbst vielerorts angeboten und überzeugt bisweilen auch Nichtpfälzer.

Nur halb so kurios wie sein Name ist der *Saumagen*: Tatsächlich wird diese Pfälzer Spezialität im Magen von Schweinen zubereitet, aber die Füllung ist sorgsam komponiert. Schweinebauch und -schinken sowie Kartoffeln werden in kleine Würfel geschnitten, mit Eiern, eingeweichten Brötchen und Bratwurstbrät gemischt. Saisonale Abwandlungen, wie z. B. mit Kastanien, sind beliebt. Gut vermengt wird die Füllmasse in zuvor gereinigten Mägen mehrere Stunden im Wasser gegart. Dazu

Leberknödel und Kraut

gibt es, wie fast immer und überall in der Pfalz, Sauerkraut. In Landau wird alle zwei Jahre der beste Saumagen der Welt gekürt. Wer sich dafür nicht erwärmen kann, sollte auf Weine aus Kallstadt ausweichen, wo eine Lage den Namen Saumagen trägt. Im Kallstadter Weinhaus Henninger gibt es beides: Weine und das Gericht nach dem Rezept der Großmutter. Und kann man sich auch dazu nicht entschließen, dann sollte man zumindest die groben Pfälzer *Bratwürste* versuchen. Diese gibt es – wie viele andere Pfälzer Klassiker – in der urigen Speyerer Weinstube Eulenspiegel auch in veganer Variante.

Zu vielen Gelegenheiten wird in der Pfalz kalt gegessen. Leber- und Griebenwurst nach Hausmacherart gehören ebenso auf einen Vesperteller wie Schwartenmagen und Weißer Käs. Letzterer ist mit Rahm, Zwiebeln, Paprika, Pfeffer und Salz angemachter Quark, der auf vielen Weinfesten und in den Hütten des Pfälzerwald-Vereins großen Absatz findet. Hin und wieder findet man auf den Karten auch aus Sauermilchquark hergestellten Handkäs. Wird er „mit Musik" gereicht, dann ist er mit Zwiebeln, Essig, Öl und Kümmel angemacht. Zu diesem Gericht gibt es auch das passende Fest, das „Loschter Handkeesfescht" in Lustadt.

Zwei weitere Besonderheiten prägen die Pfälzer Küche jahreszeitlich: Im Frühsommer gedeiht der Spargel auf den Feldern der Vorderpfalz und wird an Ständen entlang der Straßen zum Verkauf angeboten. Im Herbst sind die Keschde (Kastanien) reif und schmecken köstlich zur Martinsgans. Und zu allem gibt es Grumbeeren (Kartoffeln): Als Reiwekuche, Gebredelte, Gequellte oder Gereschde runden sie (fast) jedes Pfälzer Essen ab. Nur beim Zwiebelkuchen, der im Herbst traditionell zum Neuen Wein angeboten wird, verzichtet man auf die sättigende Beilage. In der Südpfalz schlägt sich die Nähe zum Elsass nieder: Im Holzofen gebackene Flammkuchen, klassisch mit Zwiebeln und Speck oder süß mit Apfel und Calvados, stehen hier sehr oft auf den Speisekarten. Als weitere Süßigkeit empfiehlt sich auch der Kerscheplotzer. Sein Name rührt daher, dass man die Kirschen in den Teig plotzen (fallen) lässt. Für viele ist der Genuss dieses Kuchens erst perfekt, wenn man zwischendurch die mitgebackenen Steine entsorgen muss.

Handkäse auf dem Handkeesfescht in Lustadt

Essen gehen

Auswärts essen ist in der Pfalz nicht immer einfach. In den touristisch interessanten Bereichen ist die Dichte an guten Restaurants teilweise überwältigend. Hat man sich entschieden, muss man die Hürde nehmen, einen Tisch zu ergattern: In beliebten Häusern sollte man v. a. an Wochenenden vier Wochen vorab reservieren. Ist schon alles voll, braucht es einen Plan B. Nicht selten findet man so durch Zufall ein neues Lieblingsrestaurant. Nicht nur Restaurants und Gaststätten bieten Pfälzer Gerichte in vernünftiger Qualität, auch Weinstuben und Straußwirtschaften gehören zum ausgezeichneten kulinarischen Angebot der Region.

Preise Essen

€	bis 13 Euro
€€	13–27 Euro
€€€	27–45 Euro
€€€€	über 45 Euro

Die im Buch bei den Restaurants angegebenen Preise beziehen sich jeweils auf ein Hauptgericht.

Gaststätten, Weinstuben und Restaurants: Neben den einfachen Hütten des Pfälzerwald-Vereins, in denen schmackhafte Lewwerknepp, Weißer Käs und Bratwürste zum Standardrepertoire gehören, den Dorfgaststätten, die klassische Speisen in zünftiger Atmosphäre servieren, und den Weinstuben mit ihrem großen Angebot an heimischen Weinen und bodenständiger Küche haben sich an der Weinstraße und in der Südpfalz im Laufe des vergangenen Jahrzehnts einige erstklassige Restaurants positionieren können. Dazu gehören einige traditionsreiche Häuser wie die *Krone* in Herxheim-Hayna oder der *Schwarze Hahn* im Deidesheimer Hof. Zu den mittlerweile acht Pfälzer Sternerestaurants gehören aber auch junge und kreative Küchen wie die der *Alten Pfarrey* in Neuleiningen, im Neustadter Restaurant *Urgestein* oder im *Intense* in Wachenheim an der Weinstraße. Mit dem *L. A. Jordan* in Deidesheim gibt es neuerdings an der Weinstraße erstmals auch ein mit zwei Sternen dekoriertes Haus. Daneben gibt es viele kleine Betriebe, die zu angemessenen Preisen eine innovative und qualitativ hochwertige Küche bieten. Nicht selten setzen sie auf regionale Produkte, von denen die Pfalz ein breites Spektrum aufweist. Wein und Gemüse sowieso, aber auch Fleisch von Partnerbetrieben des Biosphärenreservats oder Fische aus Teichen im Pfälzerwald finden Verwendung in den guten Küchen.

Straußwirtschaften: In den Sommermonaten und im Herbst gibt es an der Weinstraße eine Alternative zu Weinstuben und Restaurants. In urig-rustikalen Straußwirtschaften bieten die Winzer neben ihren eigenen Weinen auch einfache Gerichte an. In den entsprechend hergerichteten Wirtschaftsgebäuden der Weingüter sitzt man nicht selten dicht gedrängt an Biertischen. Die Straußwirtschaften haben hier eine lange Tradition. Ursprünglich zeigte ein mit bunten Bändern geschmückter Strauß am Eingang, dass drinnen Speis und Trank angeboten wurden. Vor allem in den Monaten vor der Ernte war die Möglichkeit des eigenen Ausschanks für die Winzer eine gute Möglichkeit, restliche Bestände aus Fässern und Keller an die Kunden zu bringen. Heute hat sich diese Form des gastronomischen Angebots längst etabliert: In großen Straußwirtschaften werden immer öfter auch kleine kulinarische Highlights kredenzt, und das in aller Regel zu fairen Preisen. Und wer echte Pfälzer Hausmannskost nach Omas schnörkellosen Rezepten sucht, der ist hier sicherlich am besten aufgehoben. Während der Ernte wandelt sich, sofern es die Arbeitssituation zulässt, das Angebot vieler Straußwirtschaften. Ihren Gästen wird dann Neuer Wein und deftiger Zwiebelkuchen angeboten.

Unterwegs im Pfälzerwald

Reisepraktisches

Anreise und unterwegs vor Ort

Der überwiegende Teil der Pfalz-Besucher reist mit dem Auto an. Nicht nur wegen des Weins, der einigen Platz im Kofferraum verschlingen kann, sondern auch aufgrund der Flexibilität beim Wandern ist das Auto keine schlechte Wahl. Häufig sind Ausgangspunkte für Wanderungen nur mit dem Auto zu erreichen, und auch im nur schlecht mit öffentlichen Verkehrsmitteln erschlossenen Pfälzerwald und in Teilen der Nordpfalz gibt es kaum Alternativen dazu. Dagegen sind die großen Städte am Rhein (Mannheim, Ludwigshafen, Speyer, Karlsruhe), einige Orte an der Weinstraße und Kaiserslautern sehr gut mit dem Zug zu erreichen.

Mit dem Auto oder Motorrad: Die meisten Straßen der Region sind gut ausgebaut und mit Ausnahme der Weinstraße oder während des Berufsverkehrs problemlos zu befahren. Die 1935 zur Steigerung des Tourismus eröffnete, 85 km lange Deutsche Weinstraße ist die älteste Touristikroute Deutschlands und verbindet die meisten Weinbaugemeinden an der Haardt. Auch wenn in den vergangenen Jahren in vielen Gemeinden Umgehungsstraßen entstanden sind und v. a. die Autobahn A 65 und die Bundesstraße B 271 wichtige Alternativen zur Reise entlang der Haardt darstellen, sind zwischen Juli und Oktober viele der Weinstraßendörfer überlastet. Liegen nicht wirklich wichtige Gründe vor, dann sollte man entweder die Umgehungen nutzen oder aber sein Auto an den meist ausgeschilderten Parkplätzen abstellen und die Orte zu Fuß erkunden. Viele der kleinen Gassen und urigen Höfe lassen sich ohnehin nur auf diesem Weg kennenlernen. Wer partout nicht auf die Fahrt durch die engen Ortsdurchfahrten verzichten will, dem sei zumindest eine leider nicht immer selbstverständliche defensive Fahrweise empfohlen. Schließlich leiden einige Orte durchaus darunter, dass sich Gäste wie Einwohner als Fußgänger nicht sicher fühlen können. Weitere wichtige Straßen in und durch die Pfalz sind als West-Ost-Verbindungen die A 6 und weiter südlich die A 8 mit den Verbindungsstraßen B 10 und A 65 zwischen Pirmasens und Karlsruhe sowie die B 9 als Nord-Süd-Verbindung am Rhein.

Für Motorradfahrer ist v. a. die mitten im Wald auf 473 m gelegene, kleine Höhensiedlung Johanniskreuz ein wichtiges Ziel. An schönen Sonntagen trifft man hier auf einige Hundert Biker, welche die kurvenreichen Straßen der Umgebung zu schätzen wissen. Die durch das Elmsteiner Tal hierher führende Straße ist allerdings am Wochenende sowie an Feiertagen von April bis Oktober für Motorräder gesperrt. Grund dafür sind die in der Vergangenheit zahlreichen Unfälle mit Motorrädern auf der schmalen, idyllischen Straße. Auch auf anderen schmalen Straßen kommt es weiterhin leider immer wieder zu unschönen Begegnungen. Beliebt bei Bikern ist auch der Donnersberg im Nordpfälzer Bergland.

Mit Bus und Bahn: Zwischen Rhein und Weinstraße sind das gut ausgebaute Netz und die aufeinander abgestimmten Verbindungen im Rahmen des Rheinland-Pfalz-Taktes (der-takt.de) teilweise eine gute Alternative zum Auto. Vom zentralen ICE-Knotenbahnhof Mannheim ist man mit der S-Bahn RheinNeckar (s-bahn-rheinneckar.de) zügig in Neustadt (S 1/S 2) und von dort in den Orten entlang der Weinstraße. Die meist halbstündlich verkehrende S-Bahn verbindet auch Neustadt mit Kaiserslautern (S 1/S 2) sowie Mannheim und Ludwigshafen mit Speyer, Germersheim (S 3/S 4) und Karlsruhe (S 4). Wer die Region aus der Bahn heraus kennenlernen möchte, dem seien die *Rhein-Haardt-Bahn* und der *Elsass-Express* empfohlen. Während die Rhein-Haardt-Bahn (Straßenbahnlinien 4) auf ihrer rund 45 Min. langen Fahrt zwischen Mannheim/Ludwigshafen und Bad Dürkheim einen guten Einblick in die Landschaft der Pfälzer Rheinebene bietet, verkehrt der Elsass- und Weinstraßen-Express in den Sommermonaten an Sonn- und Feiertagen zwischen Mainz bzw. Koblenz und Weißenburg (Wissembourg) und passiert dabei die wichtigsten Orte der Weinstraße.

Mit der Einführung des Deutschland-Tickets ist die Nutzung des ÖPNV für viele deutlich attraktiver geworden. Ohne große Tarif-Überlegungen sind nun Steckenwanderungen im Bereich von Zug- und Busstrecken möglich (→ Wanderungen 3 und 6).

Der *„Bundenthaler"* ist ein Ausflugszug mit Tradition. Nach jahrzehntelanger Unterbrechung fährt er während der Ausflugssaison mittwochs und sonntags wieder von Neustadt nach Bundenthal im Dahner Felsenland. Die Wieslauterbahn bringt an Sams- und Sonntagen Ausflügler aus Karlsruhe, Wörth und Bad Bergzabern ins Felsenland. Statt der kompletten Rückfahrt kann man auch über die Berwartstein nach Bad Bergzabern zurück wandern – eine tolle, mit knapp 22 km aber auch anstrengende Steckenwanderung! Die Anreise über die landschaftlich sehr schöne Wieslauterbahn kann ein guter Anlass für die Wanderung zwischen Wieslautertal und Bad Bergzabern sein. Der *„Felsenland-Express"* fährt samstags und sonntags um 9.16 Uhr ab Karlsruhe mit Halt unter anderem in Wörth (ab 9.29 Uhr), Kandel und Landau nach Bundenthal. Zurück nach Karlsruhe geht es ab Bundenthal sonntags um 16.47 Uhr und samstags um 17.47 Uhr. An den Wochenenden werden einige Ausflugsziele von Bussen angefahren. Entsprechende Fahrten wollen allerdings gut geplant sein, weil der Fahrplan zu den Ausgangspunkten der Wanderungen oder auf die Aussichtsberge meist vergleichsweise dünn ausfällt. Der Verkehrsverbund Rhein-Neckar gibt u. a. Informationsbroschüren zu Wanderungen im nördlichen Pfälzerwald und rund um Johanniskreuz heraus. Diese liegen ebenso wie wichtige Streckenpläne an den Bahnhöfen und bei den Tourist-Informationen in der Region aus.

Tickets Die gesamte Pfalz und Mannheim liegen im Tarifgebiet des Verkehrsverbundes Rhein-Neckar (VRN) – auch Worms, Heidelberg und Würzburg sind darin gelegen. In dieser Region gibt es ein einheitliches Tarifsystem. Neben regulären Fahrkarten wird die **Tages-Karte** für Einzelpersonen und Kleingruppen angeboten. Das bis 3 Uhr des Folgetages gültige Ticket kostet je nach Geltungsbereich 6–17 € für eine Person, bei mehr Personen wird es günstiger. Alle eigenen Kinder unter 6 J. fahren kostenfrei mit. Informationen zu Tarifen und Fahrplänen unter ✆ 01805-8764636 oder vrn.de. Infos zum Deutschland-Ticket unter deutschland-ticket.de.

Wer neben der Pfalz auch andere Regionen des Bundeslandes Rheinland-Pfalz und des benachbarten Saarlands erkunden will, der kann für 26 € (Einzelperson, jede weitere Person 6 € mehr, beim Kauf im DB-Reisezentrum 2 € Aufschlag) das in allen Nahverkehrszügen gültige **Rheinland-Pfalz-Ticket** lösen. Es gilt werktags von 9 bis 3 Uhr des Folgetages und an Wochenenden ab 0 Uhr im gesamten Bundesland sowie in den Regionalzügen nach Mannheim und Karlsruhe. Infos unter ✆ 01805-8764636, vrn.de, der-takt.de oder bahn.de/rheinland-pfalz.

Ermäßigungen

In einigen Gemeinden der Pfalz wird bei Übernachtung Kurtaxe erhoben. Als Gegenleistung erhält der Besucher eine **Gästekarte,** die vor Ort Vergünstigungen bringt. In seltenen Fällen (z. B. in Bad Dürkheim) ist die Fahrt mit öffentlichen Verkehrsmitteln darin eingeschlossen.

In einigen Unterkünften, unter anderem in allen Jugendherbergen der Region, erhalten Gäste kostenfrei die Pfalzcard. Diese beinhaltet nicht nur die freie Fahrt mit Bussen und Bahnen im kompletten VRN-Gebiet, sondern auch zahlreiche Eintritte in Schwimmbäder, Burgen und Museen. Infos unter pfalzcard.de.

Information

Die Orte entlang der Weinstraße verfügen fast ausnahmslos über eine gute touristische Infrastruktur. Auskünfte erteilen die unter der Woche ganztags sowie – zumindest in den größeren Orten während der Saison – am Wochenende stundenweise geöffneten Tourist-Informationen, die neben ortsspezifischen Angeboten auch Material über die gesamte Weinstraße bereithalten. Ein Großteil der Rheinebene wird durch die Tourist-Informationen des Kreises Germersheim und der Stadt Speyer abgedeckt. In den weniger erschlossenen Teilen der nördlichen und westlichen Pfalz sind die Tourist-Informationen teilweise im Rathaus oder in der Kreisverwaltung untergebracht und ihre Öffnungszeiten oft auf eine Tageshälfte begrenzt. Informationsmaterial zur gesamten Pfalz gibt es bei **Pfalz.Touristik e. V.,** Martin-Luther-Str. 69, 67433 Neustadt, ✆ 06321-39160, pfalz.de.

Wer ganz aktuelle Informationen zu Restaurants, Festen und Wanderzielen sucht, der wird in vielen Fällen im Internet fündig. Auf **Instagram** gibt es einige der genannten Tourismusverbände und Blogger, die fundiert und gut aufgemacht über ihre Themen in der Pfalz berichten. Interessant sind z. B. die Accounts zumwohldiepfalz, yannickscherthan, wandercroissant, DIE_PFALZ_VON_OBEN, weinstrassen momente, und suedpfalz_tourismus.

Literatur

Das Angebot an Veröffentlichungen über die Pfalz ist in den letzten Jahren stark gewachsen. Heute gibt es nicht nur allerlei Touristisches, sondern auch Landeskundliches und einige Pfalzkrimis.

Bildbände Yannick Scherthan, „Sagenhafte Pfalz. Eine Reise zu mythischen Orten" (Frederking & Thaler 2022, 39,90 €): Wer sich noch nicht entschieden hat, in die Pfalz zu reisen, wird sich nach Ansehen dieses Buches ganz sicher sein: Ja, ich will. Felsen, Wolken und Weite – v. a. der südliche Teil des Pfälzerwaldes wird hier sehr stimmungsvoll präsentiert.

Uwe Ittensohn, „Weinbar. Essbar. Wanderbar." (Gmeiner-Verlag, 2. Aufl. 2022, 28 €): Man kann den Trend zu stylischen Weinbars auf grünen Wiesen lieben oder nicht, das informative Buch gibt mit vielfältigen Fotos einen guten Überblick über die in den letzten Jahren entstandenen Locations. Dazu gibt es einige Wandertipps.

Landeskundliches: Michael Geiger, „Die Landschaften der Pfalz entdecken: Geo-Touren für Familien" (Verlag Regionalkultur 2018, 34,80 €): Ansprechend gestalteter Geo-Führer mit vielen Hintergrundinformationen zur Geologie und zur Geschichte der Landschaft.

Michael Geiger, „Geographie vor Ort" (Verlag Pfälzische Landeskunde 2013, 34,80 €): In dem vielseitigen Buch werden die Orte der Pfalz und ihre jeweiligen thematischen Schwerpunkte anschaulich und reich bebildert vorgestellt.

Sport und Freizeit: Antje und Gunther Schwab, „Pfälzerwald und Deutsche Weinstraße" (Michael Müller Verlag 2016, 14,90 €): Wanderführer mit 38 sorgfältig beschriebenen Touren zwischen 6 und 22 km im Pfälzerwald, entlang der Deutschen Weinstraße und in der Nordpfalz.

Jens Richter und Sabine Tittel, „Kletterführer Pfalz. Klettern im Buntsandstein des Pfälzer Felsenlandes" (Panico Alpinverlag 2022, 44,80 €): Der bereits in der sechsten Auflage erschienene Führer beschreibt auf über 500 Seiten alles Wissenswerte über die Klettergebiete im südlichen Pfälzerwald.

Alex Wenner, „Die Pfalz. Das Buch. Palatinum" (Panico Alpinverlag 2023, 44,80 Euro): In dem mehr als 3 Pfund schweren Buch werden die Pfälzer Kletterfelsen genauso beleuchtet wie die Größen der seit 120 Jahren aktiven Kletterszene. Viele der rund 300 Fotos geben einen hervorragenden Einblick in den Pfälzer Kletterkosmos.

Krimis/Romane: Jürgen Mathäß, „Seligmacher" (emons, 12 €): Spannender Krimi mit jeder Menge Lokalkolorit zwischen Villa Ludwigshöhe und dem Ludwigshafener Hemshof.

Katrin Tempel, „Mandeljahre" (Piper 2015, 14 €): Historische Fakten über eine große Bad Dürkheimer Kaffeerösterei verschmelzen mit einer fiktiven Liebesgeschichte und ergeben so einen spannenden Roman mit vielen Details zur Region.

Uwe Ittensohn, „Winzerblut" (Gmeiner Verlag 2023, 16 €): Neben Vinotheken gilt die Passion des Speyerer Autors den Krimis. In diesem Band werden neben der Hauptstory unterschiedliche Weinbauphilosophien beleuchtet – doppelt interessant!

Sport und Freizeit

Baden und Wellness: Während der heißen Sommermonate bieten die Baggerseen am Rhein willkommene Abkühlung. Die Seen im Einzugsgebiet der großen Städte (z. B. Blaue Adria bei Altrip) sind an Wochenenden stark frequentiert, unter der Woche fällt es schon leichter, ein ruhiges Plätzchen zu finden. Der Besuch ist, im Gegensatz zum Parken, meist kostenfrei. Einige Seen sind mit DLRG-Stationen und Kiosken ausgerüstet. Abkühlung im Pfälzerwald versprechen der herrlich gelegene Eiswoog bei Ramsen, der Helmbachweiher im Elmsteiner Tal und der malerische Seehof unterhalb der Burg Berwartstein. Die größeren Orte verfügen über Hallen- und Freibäder. Ein Beispiel für einen erstklassigen und entsprechend teuren Wellnessbereich ist das Pfalzblick Wald Spa Resort in Dahn. Das Kurzentrum Bad Dürkheim und die Südpfalz-Therme Bad Bergzabern bieten eine breite Palette an Wellnessmöglichkeiten auf weniger schickem Niveau, aber dafür zu deutlich günstigeren Preisen. Sehr einladend und preiswert ist auch das PLUB in Pirmasens.

Golf: Aufgrund des milden und trockenen Klimas sind viele der Plätze ganzjährig bespielbar. An der Weinstraße gibt es z. B. bei Freinsheim (Golfgarten Deutsche Weinstraße), Neustadt (Golfclub Pfalz) und Landau (Golfanlage Landgut Dreihof) schöne Plätze. Viele Besucher lockt auch der Golfclub Barbarossa westlich von Kaiserslautern an. Vom Südwesten der Pfalz aus gibt es die Möglichkeit, im französischen Bitche in schöner Landschaft 27 Bahnen zu bespielen.

Kanufahren: Die offenen Täler des Pfälzerwalds, das Glantal in der Nordpfalz sowie die Altrheinarme und Baggerseen geben einen prächtigen Rahmen für meist einfache Kanutouren. Bislang hat sich der Kanutourismus in der Pfalz dennoch nicht im großen Stil etablieren können, freie Kanuvermietungen gibt es nur wenige. Informationen über die Gewässer der Pfalz gibt es beim Pfälzischen Kanu-Verband e. V. (kanupfalz.de).

Klettern in der Südpfalz

Klettern: Vor allem im Dahner Felsenland, aber auch in anderen Teilen des Pfälzerwalds gibt es zahlreiche und gerne genutzte Möglichkeiten zum Klettern an den häufig senkrecht aufragenden Buntsandsteinfelsen. Beliebt sind z. B. der Asselstein bei Annweiler, die Fladensteine oberhalb von Bärenbach und die zahlreichen Felsen rund um den Bärenbrunnerhof. Eine interessante Variation der Kletterei sind die neu entstandenen Kletterparks bei Speyer, Kandel und Kaiserslautern.

▪ Auf pfaelzer-kletterer.de kann man sich nicht nur über interessante Routen, sondern auch über saisonale Sperrungen, beispielsweise wegen brütender Falken, informieren. Tolle Kurse bietet AdrenalinConzeptz unter pfalzklettern.com an. Es sind auch einige spezielle Kletterführer zur Pfalz erschienen.

Nordic Walking: Von zahlreichen Parkplätzen starten gut ausgeschilderte Routen mit verschiedenen Längen und Schwierigkeitsgraden. Infos bei den örtlichen Tourist-Informationen.

Radfahren und Mountainbiken: Zahlreiche Radfernwege durchziehen die Pfalz. Besonders in der Rheinebene und am Haardtrand ist ein dichtes Netz gut ausgeschilderter Wege entstanden. Am Rheinhauptdeich führt der Rhein-Radweg entlang. Aber auch viele der in den Rhein fließenden Flüsse bringen – v. a. in der Südpfalz – ihren eigenen Radweg mit, so z. B. den Klingbach- und den Queichtalradweg. Durch die fruchtbare Landschaft der Süd- und Vorderpfalz verläuft der Kraut-und-Rüben-Radweg vorbei an etlichen zur Rast einladenden landwirtschaftlichen Betrieben. Entlang der Haardt führt der insgesamt 95 km lange Radweg Deutsche Weinstraße durch Weinberge und die dazwischengelegenen Städte und Dörfer von Bockenheim nach Schweigen. Am südlichen Ende der Weinstraße in Schweigen bietet der Lautertalradweg die Möglichkeit, sich in Richtung Rhein zu orientieren oder aber flussaufwärts in Richtung Wasgau weiterzuradeln. Auch nördlich von Kaiserslautern fließt eine Lauter. Auf dem sie begleitenden Lautertalradweg kann man durch ruhige Flussauen von Kaiserslautern bis nach Lauterecken (36 km) radeln.

Mountainbiker finden im Pfälzerwald ein interessantes und abwechslungsreiches Terrain vor. Rund 300 km Wege wurden im Zuge der Einrichtung des Mountainbikeparks Pfälzerwald rund um Johanniskreuz geschaffen. Wer lieber mit dem Rennrad unterwegs ist, wird im Pfälzerwald rund um Trippstadt und Heltersberg ebenfalls fündig. Besonders beliebt ist auch die rund 6 km lange Fahrt von Maikammer an der Weinstraße auf die Kalmit, den höchsten Berg des Pfälzerwalds. Cracks benötigen für die Strecke auch ohne Motor nur gut 15 Minuten - unglaublich!

Radfahren Wie fürs Wandern so ist auch hier die Tourenplanung über outdooractive.com hervorragend geeignet, um maßgeschneiderte Routen zu finden.

Geführte Radtouren werden z. B. von Genussradeln Pfalz angeboten. ✆ 06323-6209, genussradeln-pfalz.de.

Mountainbike/Rennrad Umfangreiche Informationen inkl. GPS-Downloads unter mountainbikepark-pfaelzerwald.de.

Reiten: Die Weiten des Pfälzerwalds und das Nordpfälzer Bergland sind bei Wanderreitern beliebt. Der Verein *Die Pfalz zu Pferd e. V.*, (diepfalzzupferd.de) bietet auf seiner Internetseite Tipps zur Planung von Routen und andere Informationen.

Für Pferdeliebhaber gibt es übers Jahr verteilt einige Veranstaltungen im Landesgestüt Zweibrücken (→ S. 237) Über Pfingsten lockt das Große Pfingstturnier des Reit- und Fahrvereins Zeiskam bis zu 30.000 Besucher an. ✆ 06347-700222, rv-zeiskam.de.

Wandern und Trekking: Wohl kein zweiter Verein ist für die Pfalz gleichermaßen typisch und prägend wie der

Mountainbiker im Pfälzerwald

Pfälzerwald-Verein (PWV). Vor über hundert Jahren wurde er in Ludwigshafen am Rhein gegründet. Heute betreuen die Mitglieder der knapp 230 Ortsgruppen 12.000 km Wanderwege und zahlreiche Hütten. Der Gründer des Vereins, *Karl Albrecht von Ritter*, war es auch, der überall im Pfälzerwald große Findlinge mit Inschrift aufstellen ließ, die auf besondere Orte hinweisen. Rund 300 dieser Rittersteine gibt es heute. Die Vermutung vieler Kinder, dass ein Ritter an den Standorten edle Taten vollbracht hat, ist damit eigentlich widerlegt …

Am Haardtrand, im tiefen Pfälzerwald, aber teilweise auch in der Rheinebene betreut der Pfälzerwald-Verein über hundert Hütten, manche nur an Sonntagen, einige auch mittwochs und samstags, andere zumindest während der Sommer- und Herbstferien an jedem Wochentag. Die Grundlagen: eine Hütte an schönen Wanderrouten mit einfachen Sitzgelegenheiten drinnen und draußen sowie einer Selbstbedienungstheke, an der günstige Getränke und einfache Pfälzer Gerichte angeboten werden. Zusätzlich zu den PWV-Hütten gibt es private Wirts- und bewirtschaftete Forsthäuser sowie Naturfreundehäuser, die, ebenfalls einfach und preiswert, auch Übernachtungsmöglichkeiten bieten.

Für einen Großteil der Wanderwege und ihre Markierungen ist der Pfälzerwald-Verein zuständig. Die meisten der mit farbigen Kreuzen, Balken und Punkten beschilderten Wege führen kreuz und quer durch den Wald. Die einfarbigen Zeichen markieren Mehrtagestouren, von denen sich Teilstücke zu kleineren und größeren Runden kombinieren lassen. So kann man sich beim Blick auf die Karte unendlich viele Routen für jeden Schwierigkeitsgrad zusammenstellen. Und für diejenigen, die mit Karten nicht so recht was anzufangen wissen, gibt es in den meisten Orten zusätzliche Rundwanderwege: früher einmal mit schwarzen Zahlen auf weißem Grund markiert, heute meist mit fantasievollen Namen und einprägsamen Zeichen (z. B. die „Aussichten der Tuchmacher" bei Lambrecht). Ein Tipp: Ein Foto mit dem Handy von der Wanderkarte am Parkplatz hilft später im Wald auch bei schlechtem Mobilnetz bei der Orientierung.

In den letzten 15 Jahren sind neben den traditionellen Markierungen zunehmend neue Wege und Schilder entstanden. Dazu gehören die drei langen Fernwanderwege Pfälzer Höhenweg (in der Nordpfalz, 112 km von Winnweiler nach Wolfstein), Pfälzer Waldpfad (im Pfälzerwald, 140 km von Kaiserslautern durch die weiten Wälder und das Dahner Felsenland bis an die Weinstraße nach Schweigen-Rechtenbach) sowie der Pfälzer Weinsteig (am Ostrand des Pfälzerwaldes, 150 km von Neuleiningen bis zur französischen Grenze). Auch neue Wegweiser, mit Weg-, Ziel- und Kilometerangaben erleichtern die Orientierung. An den großen Schilderbäumen mit zahlreichen Wegweisern ist aber Vorsicht geboten: Oft ist ein und dasselbe Ziel über unterschiedliche Wege und Richtungen angegeben. Daher immer schauen, dass man nicht nur weiß, wo man hinmöchte, sondern auch auf welcher Route.

Wandern an der Weinstraße

Die bisweilen verwirrende Vielzahl an alten und neuen Wegen und Markierungen ist auch ein Grund dafür, dass aktuell ein neues Konzept für den Pfälzerwald erstellt wird, mit dem die Länge des Hauptwegenetzes beinahe halbiert werden soll. Pfälzerwald-Verein und das Land wollen so die Besucherlenkung verbessern und den Tieren im Pfälzerwald wieder etwas mehr Ruhe gönnen. Die hierdurch entstehende Konzentration auf weniger Routen tut der Attraktivität des Pfälzer Waldes keinen Abbruch.

Wer lieber abseits der viel besuchten Hütten unterwegs ist und das Abenteuer im Zelt sucht, der kann im südlichen Pfälzerwald und in der Nordpfalz auf Trekkingtour gehen. Zwischen der Ruine Guttenberg bei Bad Bergzabern und der Kalmit bei Neustadt sowie im Nordpfälzer Bergland liegen 15 Trekking-Zeltplätze versteckt im Wald. Nach der Online-Buchung kann hier ungestört und ohne Tamtam in der Natur übernachtet werden. Pro Nacht und Platz max. 4 Zelte, pro Zelt 15 € Gebühr. Detailierte Infos unter trekking-pfalz.de.

Information/Karten Auf der Basis von Open-Street-Map-Daten gibt es von NaturNavi wasserfeste Wanderkarten (Maßstab 1:25.000) zu kaufen (naturnavi.de, 10,90 €). Die Karten des Landesvermessungsamtes werden aus Kostengründen nicht mehr neu gedruckt, sie sind nur noch als Restposten erhältlich. Auf der Internetseite des Pfälzerwald-Vereins (pwv.de) gibt es einen interaktiven Tourenplaner mit vielen Infos. Für wenige Euro verkauft der Pfälzerwald-Verein (Fröbelstr. 24, 67433 Neustadt, ✆ 06321-33879, pwv.de) ein Verzeichnis aller Hütten. Wie in vielen Wanderrevieren ist auch in der Pfalz die Tourenplanung mit der Internetseite outdooractive.com hervorragend geeignet, um maßgeschneiderte Routen zu finden. Einen Überblick über passende Routen kann man sich auch auf wandermenue-pfalz.de verschaffen.

Übernachten

Rund 5 Mio. Übernachtungen wurden vor der Corona-Pandemie jedes Jahr in Pfälzer Betrieben gezählt. 2022 wurde dieser Wert zwar noch nicht wieder erreicht, aber die Beliebtheit der Region als Urlaubsziel ist ungebrochen hoch. Die meisten Gäste bleiben für zwei oder drei Nächte. Vor allem entlang der Weinstraße ist das Angebot an Unterkünften groß. Die Konkurrenz und anspruchsvolle Gäste haben dazu geführt, dass die Qualität der Unterkünfte oft sehr gut ist. Neben Hotels und Weingütern, die Zimmer anbieten, gibt es eine Vielzahl ansprechender Ferienwohnungen. Seit einigen Jahren erleben **Wohnmobile** auch in der Pfalz einen enormen Boom; darauf haben Gemeinden und viele Winzer reagiert: In den letzten Jahren sind Stellplätze auf gefühlt allen erdenklichen Flecken entstanden. Manche davon sind reizvoll, andere, für den Massenansturm ausgelegte Schotterplätze wirken hingegen weniger einladend. Einzelne, uns besonders aufgefallene Plätze werden im Buch erwähnt, zur genaueren Planung sind spezielle Camper-Verzeichnisse hilfreich.

Im Pfälzerwald und in der Nordpfalz sind die Übernachtungspreise geringer, das Angebot beschränkt sich jedoch auf kleinere Inseln. Außerhalb dieser fällt es schwer, ansprechende Übernachtungsmöglichkeiten zu finden. Hotels gibt es nur wenige, und die privaten Unterkünfte sind teilweise auf dem Stand des Wandertourismus der 1960er-Jahre. Häufig werden die Defizite durch die Freundlichkeit der Vermieter ausgeglichen, aber als echte Reisetipps sind die Betriebe meist nicht geeignet.

Preise Übernachten

(DZ inkl. Frühstück in der Hauptsaison)

€	bis 90 Euro
€€	90–140 Euro
€€€	140–200 Euro
€€€€	über 200 Euro

Die im Buch genannten Preiskategorien beziehen sich, wenn nicht anders angegeben, auf ein Doppelzimmer (DZ) mit Frühstück für zwei Personen und bei Ferienwohnungen auf eine Nacht ohne Frühstück.

Einkaufen

Noch bis vor Kurzem waren regionale Lebensmittel in der Pfalz auf das Gemüse der Vorderpfalz, einige Gemeinden mit Obstanbau und natürlich den Wein beschränkt. Das Angebot hat sich in den letzten fünf Jahren erheblich erweitert. Soweit möglich, haben wir herausragende Hersteller am oder in der Nähe ihres Produktionsortes erwähnt. In einigen der ebenfalls neu entstandenen, teils sehr liebevoll geführten Dorfläden, aber auch in den Wasgau-Supermärkten, den CAP-Märkten oder bei dem regional vertretenen EDEKA-Ableger SBK, sind viele der regionalen Produkte erhältlich.

Wer aus der Ferne die Vielfalt der Pfälzer Winzer testen möchte, kann beispielsweise über die Internetseite wasgau-weinshop.de bestellen. Ein Großteil der Winzer bietet die Möglichkeit der Online-Bestellung an. Auf die vor Ort fast immer mögliche Weinprobe muss dann auch nicht immer verzichtet werden – es gibt diverse Angebote für Online-Weinproben.

Kartenverzeichnis

Radtouren und Wanderungen

Zeichenerklärung für die Karten und Pläne

- Autobahn
- Bundesstraße
- Hauptverkehrsstraße
- Nebenstraße
- Forstweg/Piste
- Fußweg
- Tour (mit Wegpunkt)
- Fahrradtour
- Wanderung
- Speyer – im Kapitel näher beschriebener Ort

- Berggipfel
- Aussicht
- Hütte
- Brunnen

Höhenstufung

- über 600 m
- 500-600 m
- 400-500 m
- 300-400 m
- 200-300 m
- bis 200 m

- Information
- Parkplatz
- Bushaltestelle
- S-Bahn-Haltestelle
- Post
- Sehenswürdigkeit
- Museum
- Kirche
- Moschee
- Schloss/Burg
- Schloss-/Burgruine
- Zoo

Alles im Kasten

Fotonachweis

Alle Fotos : Stefanie und Ansgar Schmitz-Veltin, außer: Annika Schmitz-Veltin S. 2 | Stiftung Hambacher Schloss S. 292 | Südliche Weinstraße e.V. S. 186 | Matthias Strauß S. 219

Impressum

Text und Recherche: Stefanie und Ansgar Schmitz-Veltin **Lektorat:** Peter Ritter, Waltraud Grill (Überarbeitung) **Redaktion:** Nathalie Kaufmann **Layout:** D&M Services GmbH: Alina Drewello, Jessica Jilge, Jana Locker, Sven Talaron **Karten:** Carlos Borrell, Theresa Flenger, Judit Ladik, Stephan Moskophidis, Thomas Klein **Fotos:** siehe Fotonachweis **Innentitel:** Maria Immaculata in Hainfeld **GIS-Consulting:** Rolf Kastner **Covergestaltung:** Karl Serwotka **Covermotiv:** Morgenstimmung in der Südwestpfalz © Stefanie und Ansgar Schmitz-Veltin

ISBN 978-3-96685-086-5

 Druck: Livonia Print, Riga.

Haftungsausschluss

Die in diesem Reisebuch enthaltenen Informationen wurden von den Autoren nach bestem Wissen erstellt und von ihnen und dem Verlag mit größtmöglicher Sorgfalt überprüft. Dennoch sind, wie wir im Sinne des Produkthaftungsrechts betonen müssen, inhaltliche Fehler nicht mit letzter Gewissheit auszuschließen. Daher erfolgen die Angaben ohne jegliche Verpflichtung oder Garantie der Autoren bzw. des Verlags. Autoren und Verlag übernehmen keinerlei Verantwortung bzw. Haftung für mögliche Unstimmigkeiten. Wir bitten um Verständnis und sind jederzeit für Anregungen und Verbesserungsvorschläge dankbar.

Aktuelle Infos zu unseren Titeln, Hintergrundgeschichten zu unseren Reisezielen sowie brandneue Tipps erhalten Sie in unserem regelmäßig erscheinenden Newsletter, den Sie im Internet unter **michael-mueller-verlag.de** kostenlos abonnieren können.

Abruzzen ■ Ägypten ■ Albanien ■ Algarve ■ Algarve ■ Allgäu ■ Altmühltal & Fränk. Seenland ■ Amsterdam ■ Andalusien ■ Apulien ■ Australien – Der Osten ■ Auvergne & Limousin ■ Azoren ■ Bali & Lombok ■ Barcelona ■ Berlin ■ Bodensee ■ Bornholm ■ Bremen mit Bremerhaven ■ Bretagne ■ Brüssel ■ Budapest ■ Chalkidiki ■ Chiemgau & Berchtesgadener Land ■ Chios ■ Cilento ■ Comer See ■ Cornwall & Devon ■ Costa Brava ■ Costa de la Luz ■ Costa Rica ■ Côte d'Azur ■ Cuba ■ Dänemark Nordseeküste ■ Dolomiten ■ Dolomiten ■ Dominikanische Republik ■ Dresden ■ Dublin ■ Düsseldorf ■ Ecuador ■ Eifel ■ Elba ■ Elsass ■ Fehmarn ■ Florenz & Chianti ■ Föhr & Amrum ■ Franken ■ Fränkische Schweiz ■ Fränkische Schweiz ■ Friaul-Julisch Venetien ■ Fuerteventura ■ Gardasee ■ Gardasee ■ Golf von Neapel ■ Gomera ■ Gran Canaria ■ Hamburg ■ Harz ■ Haute-Provence ■ Ibiza & Formentera ■ Irland ■ Island ■ Istanbul ■ Istrien ■ Jerusalem ■ Kalabrien & Basilikata ■ Kanada – der Westen ■ Karpathos ■ Kärnten ■ Katalonien ■ Kefalonia & Ithaka ■ Köln ■ Kopenhagen ■ Korfu ■ Korsika ■ Korsika ■ Kos ■ Krakau ■ Kreta ■ Kreta ■ Kroatische Inseln & Küstenstädte ■ Kykladen ■ Lago Maggiore ■ Lago Maggiore ■ La Palma ■ La Palma ■ Languedoc-Roussillon ■ Lanzarote ■ Latium mit Rom ■ Lesbos ■ Ligurien ■ Ligurien ■ Limnos ■ Liparische Inseln ■ Lissabon & Costa de Lisboa ■ Lissabon ■ London ■ Lübeck ■ Lüneburg & Lüneburger Heide ■ Madeira ■ Madeira ■ Madrid ■ Mailand ■ Mainfranken ■ Mainz ■ Mallorca ■ Malta, Gozo, Comino ■ Marken ■ Marseille ■ Mecklenburgische Seenplatte ■ Mecklenburg-Vorpommern ■ Menorca ■ Midi-Pyrénées ■ Mittel- und Süddalmatien ■ Montenegro ■ Moskau ■ München ■ Münster & Münsterland ■ Naxos ■ Neuseeland ■ New York ■ Niederlande ■ Nord- u. Mittelengland ■ Nord- u. Mittelgriechenland ■ Norddalmatien ■ Norderney ■ Nordkroatien ■ Nördliche Sporaden ■ Nordportugal ■ Nordseeküste – Schleswig Holstein ■ Nordspanien ■ Normandie ■ Norwegen ■ Nürnberg, Fürth, Erlangen ■ Oberbayerische Seen ■ Oberitalien ■ Oberitalienische Seen ■ Odenwald ■ Oslo ■ Ostfriesland – Ostfriesische Inseln ■ Ostseeküste – Mecklenburg-Vorpommern ■ Ostseeküste – von Lübeck bis Kiel ■ Paris ■ Peloponnes ■ Pfalz ■ Piemont & Aostatal ■ Piemont ■ Polnische Ostseeküste ■ Porto ■ Portugal ■ Potsdam ■ Prag ■ Provence & Côte d'Azur ■ Provence ■ Regensburg ■ Rhodos ■ Rom ■ Rügen, Stralsund, Hiddensee ■ Rumänien ■ Rund um Meran ■ Salzburg & Salzkammergut ■ Samos ■ Santorini ■ Sardinien ■ Schottland ■ Schwarzwald Mitte/Nord ■ Shanghai ■ Sizilien ■ Sizilien ■ Slowakei ■ Slowenien ■ Spreewald ■ Sri Lanka ■ St. Petersburg ■ Steiermark ■ Stockholm ■ Straßburg ■ Südböhmen – Böhmerwald ■ Südengland ■ Südfrankreich ■ Südnorwegen ■ Südschwarzwald ■ Südschweden ■ Südtirol ■ Südtoskana ■ Südwestfrankreich ■ Sylt ■ Tallinn ■ Teneriffa ■ Teneriffa ■ Tessin ■ Thailand – der Norden ■ Thassos & Samothraki ■ Thüringen ■ Toskana ■ Toskana ■ Tschechien ■ Türkei ■ Türkei – Lykische Küste ■ Türkei – Mittelmeerküste ■ Türkei – Südägäis ■ Türkische Riviera – Kappadokien ■ Umbrien ■ USA – Südwesten ■ Usedom ■ Valdarno, Casentino & Florenz ■ Vancouver & Seattle ■ Varadero & Havanna ■ Venedig ■ Venetien ■ Wachau, Wald- u. Weinviertel ■ Wales ■ Warschau ■ Westböhmen & Bäderdreieck ■ Wien ■ Zakynthos ■ Zypern

MM-Travel **MM-City** **MM-Wandern**

Register

Die in Klammern gesetzten Koordinaten verweisen auf die herausnehmbare Karte.

mmtravel® App

Testen Sie mit Ihrem persönlichen Freischaltcode die App zum Buch!

Unsere mmtravel App® bietet Ihnen über **100 vollständige Offline-Reiseführer** mit:

- **97.000 Points of Interest**
  mit so vielen Eigenschaften wie in keiner anderen Reise-App
- **Such- und Filterfunktion**
  zur individuellen Gestaltung der Reise
- **GPS**
  entdecken Sie alle Tipps und Touren in der Nähe
- **vergrößerbarer Schrift**
  für Ihr perfektes Leseerlebnis

Weniger Handgepäck geht nicht!

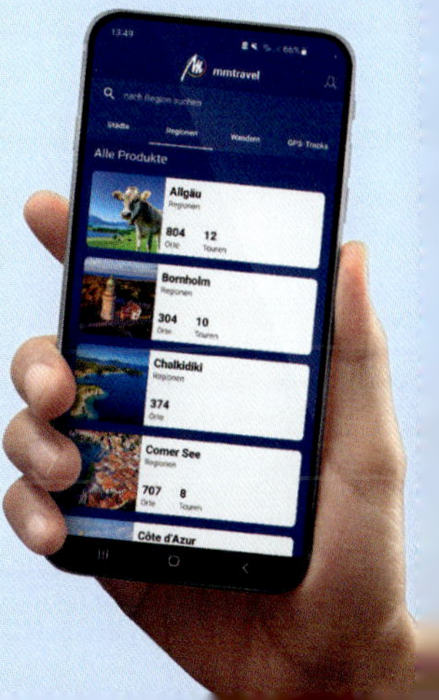

Mehr Infos finden Sie auf **mmtravel.com** und **michael-mueller-verlag.de**.

wilhelmhackmuseum
Außen Miró –
Innen Mondrian:
Moderne Kunst
in Ludwigshafen!
Samstags freier Eintritt!
www.wilhelmhack.museum
Ludwigshafen
Stadt am Rhein